T'es branché? 2

Second Edition

Author

Toni Theisen

With the collaboration of

Jacques Pécheur

Contributing Writers

Caroline Busse
Pasadena, CA

Nathalie Gaillot
Lyon, France

Jennifer Kilmore
West Memphis, AR

Lynne I. Lipkind
West Hartford, CT

Todd Losié
Detroit, MI

Diana I. Moen
St. Paul, MN

Annie-Claude Motron
Paris, France

Virginie Pied
Salt Lake City, UT

Joanne Tracy
Eden Prairie, MN

Ann Trinkaus
Middletown, CT

Pamela M. Wesely
Iowa City, IA

EMC Publishing®

ST. PAUL, MINNESOTA

Publisher: Alex Vargas
Developmental Editors: Nathalie Gaillot, Diana I. Moen
Copy Editor: Kristin Hoffman
Assistant Editor: May Vang
Photo Editor: Tanya Brown
Director of Production: Deanna Quinn
World Language Production Editor: Emily Tope
Cover and Text Designer: Leslie Anderson
Illustrators: Marty Harris; Patti Isaacs, Parrot Graphics; Katherine Knutson
Production Specialists: Leslie Anderson (lead), Tammy Norstrem, and Ryan Hamner
Reviewers: Henry Menninger, Sébastien DeClerk, and Jennifer Kilmore

Credits: Photo Credits, Reading Credits, Art Credits, and Realia Credits follow the Index.

ISBN 978-1-53381-629-0

875 Montreal Way
St. Paul, MN 55102
Email: info@carnegielearning.com
Website: www.emcschool.com

Printed in the United States of America

26 25 24 23 22 21 20 19 5 6 7 8 9 10

To the Student

Rebonjour! (Hello again!)

Knowing French is like having a passport to many locations in the world you can travel to and practice your French. In your second year of studying the French language and Francophone culture, you will learn more about places in the world where French is spoken, or **la Francophonie**. What do you remember about these places from your first year of study? See if you can match each statement to one of the photos.

1. I can explore **les souks**.
2. I can go to Mardi Gras.
3. I can visit the European Parliament.
4. I can eat **les accras de morue**.
5. I can eat at a restaurant that serves couscous.
6. I can see people wearing bright patterned clothing.
7. I can listen to **zouk** music.
8. I can hike or ski in **les Alpes**.
9. I can visit peanut farms.
10. I can see houses centered around a patio garden.
11. I can see the monuments of the capital from a **bateau-mouche**.
12. I can travel alongside the Saint-Lawrence River.

A. L'Amérique du Nord.

B. Les Antilles.

C. Le Maghreb.

This year you will learn many exciting things, such as how to talk about the parts of a car, describe a day at the amusement park, talk about professions that interest you, discuss your daily routine and household chores, and say what goes on at a farm. You will also develop more skills for traveling, like navigating a French airport, describing a painting you see at a museum, reserving a room in a hotel, and ordering breakfast.

D. L'Afrique.

E. L'Europe.

Bonne continuation as you resume your learning about French language and Francophone cultures!

Contents

Unité 3
La vie quotidienne 128

Unité 4
Autrefois 184

Unité 5
Bon voyage et bonne route! 240

Unité 6
Les arts maghrébins 304

Unité 7

En province 368

Unité 8

Les Antilles 424

Unité 9
La vie contemporaine 480

Unité 10
En vacances 536

Francophonie World Map

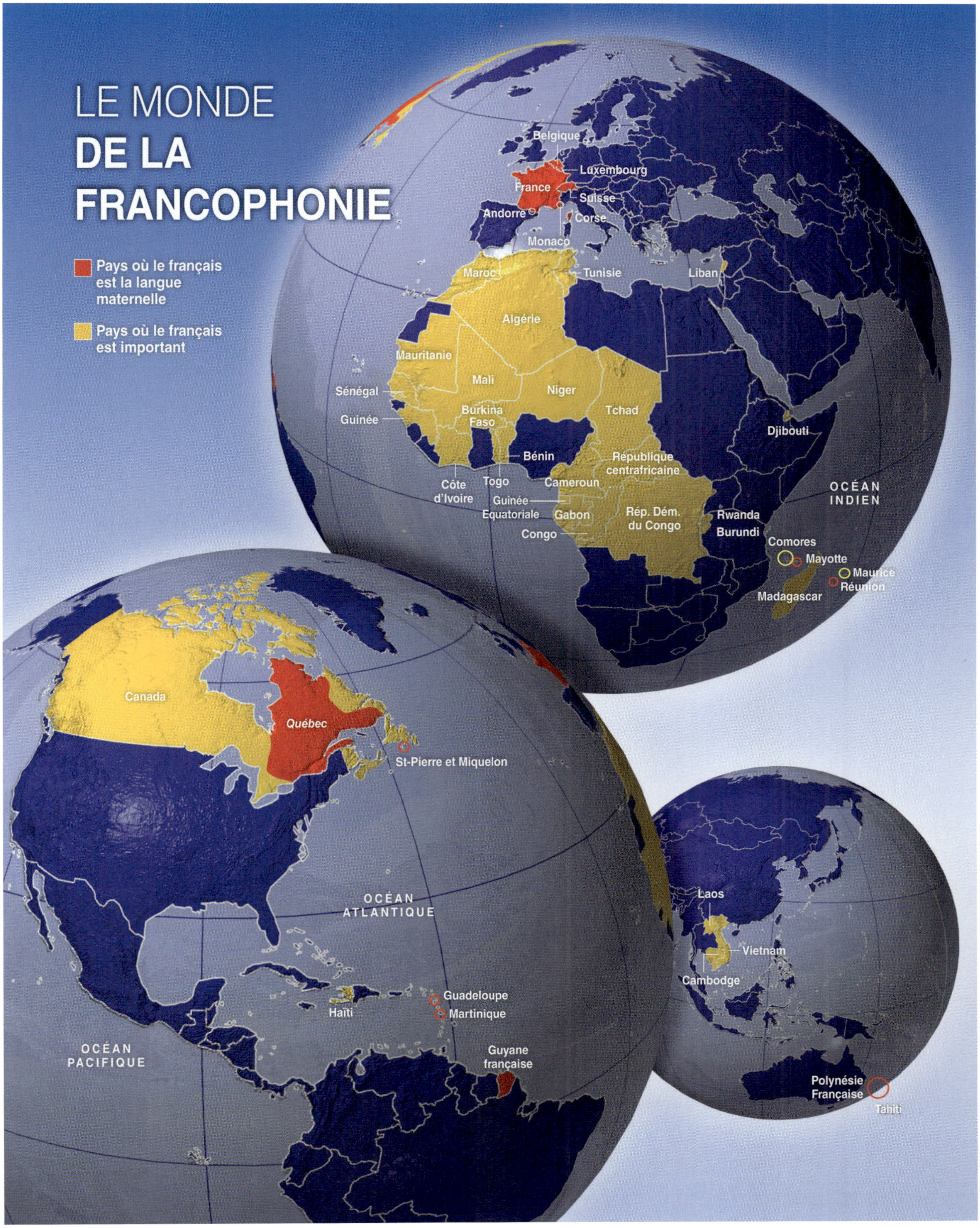

Topographic Map of France

Administrative Map of France

Regions and Departments

Map of Paris

CLICHY
LEVALLOIS-PERRET
Arche de la Défense
Avenue Charles de Gaulle
NEUILLY-SUR-SEINE
Bd G. St. Cyr
Boulevard Berthier
Bd Bessières
Av. de Clichy
Av. de St-Ouen
Bd Malesherbes
17e
Bd des Batignolles
Gare Saint-Lazare
Rue d'Amsterdam
Av. de la Grande Armée
Pl. Charles de Gaulle
Arc de Triomphe
Bd Haussmann
8e
L'Opé
Av. Foch
Avenue des Champs-Élysées
Place de la Concorde
R. Royale
Bd Lannes
Av. Victor Hugo
Av. Kléber
Bois de Boulogne
16e
la Seine
Tour Eiffel
Av. Bosquet
Champ de Mars
Invalides
7e
Bvd St-Germ
Bvd Raspail
Bd Suchet
Statue de la liberté
Bvd de Grenelle
Bd. Garibaldi
Av. Émile Zola
Bd Exelmans
Avenue de Versailles
Rue de la Convention
15e
Bd Pasteur
Bd du Montparn
Luxe
Gare Montparnasse
Rue de Vaugirard
Av. du Maine
Bvd Victor
R. de Vouillé
14
Bd Lefèbvre
Rue
Boulevard Brune
BOULOGNE-BILLANCOURT
ISSY-LES-MOULINEAUX
VANVES
MALAKOFF
MONTROUGE
0
1 Mile
0
1 Kilometer

Aéroport Roissy-Charles de Gaulle
ST-OUEN
AUBERVILLIERS
PANTIN
LE PRÉ-ST-GERVAIS
LES LILAS
BAGNOLET
MONTREUIL
VINCENNES
ST-MANDÉ
CHARENTON-LE-PONT
IVRY-SUR-SEINE
18e
19e
10e
9e
20e
2e
1er
3e
11e
4e
6e
5e
12e
13e
Sacré-Cœur
Parc de La Villette
Parc des Buttes-Chaumont
Gare du Nord
Gare de l'Est
Palais Royal
Centre Pompidou
Musée du Louvre
Pont-Neuf
Musée d'Orsay
Place Dauphine
Notre-Dame
Place de la République
Place des Vosges
Place de la Bastille
Opéra Bastille
Cimetière du Père-Lachaise
Place de la Nation
Panthéon
Palais de Bercy
Bois de Vincennes
Canal St-Martin
la Seine
Marne
Boulevard Ney
Bd MacDonald
Bd Ornano
Bd Barbès
Bd de la Chapelle
Bd de Clichy
Bvd de Rochechouart
Rue La Fayette
Rue de Flandre
Avenue Jean Jaurès
Bd Sérurier
Bd de la Villette
Rue de Belleville
Bd Montmartre
Bd Poissonnière
Bd de Magenta
Rue du Faubourg du Temple
Bd de Belleville
Bd Mortier
Av de la République
Av Gambetta
R. Belgrand
Bd de Sébastopol
Rue de Rivoli
Rue des Francs-Bourgeois
Boulevard Voltaire
Bd de Ménilmontant
Bd de Charonne
Bd Davout
Rue du Faubourg St Antoine
Cours de Vincennes
Bd Diderot
Avenue Daumesnil
Bd de Reuilly
Bd Saint Michel
Bd Raspail
Bd de Port Royal
Bd Arago
Av des Gobelins
Bd de l'Hôpital
Quai de Bercy
Bd Auriol
Bd Blanqui
Rue de Tolbiac
Av. d'Italie
Bd Masséna
Bd Kellermann
Boulevard Jourdan
d'Alésia
a de Paris
din des ileries
alais du mbourg

Le monde francophone

Des musiciens sénégalais

Ville de Sidi Bou Saïd, en Tunisie

Le canal du Luxembourg

Déjeuner à Marseille

Un souk à Marrakech

Le port de Labadie, à Haïti

La Saint-Jean, à Montréal

Au Carnaval de la Martinique

Unité
1 Comment je passe l'été

Question centrale ?

What do young people do in the summer in other cultures?

À savoir

Le Parc Astérix, un parc d'attractions à thème près de Paris, a fêté ses 20 ans en 2009.

Citation

"En vacances, vous pouvez faire ce que vous désirez sans obligation ni contrainte, et réaliser les activités dont vous avez eu envie pendant l'année…."

During vacation, you can do what you want without obligation or constraint, and do the activities you wanted to do during the year….

—*Le dico des filles,* Dominique Alice Rouyer

Conseil pratique

Make a study plan to review last year's grammar and vocabulary, such as using graphic organizers or organizing study sessions with a classmate or group.

Pourquoi Charlotte va mal?

Contrat de l'élève

Leçon A I will be able to:

- ask and tell when something takes place.
- talk about the city of Quebec, its 400th anniversary, and some francophone holidays.
- use regular verbs, possessive adjectives, and negation; ask questions; and tell dates.

Leçon B I will be able to:

- ask for and give an opinion.
- talk about Luxembourg, TV in France and Luxembourg, and reality programs in France.
- use demonstrative adjectives, the irregular verbs **avoir** and **être** in the present tense, indefinite articles in negative sentences, and descriptive adjectives.

Leçon C I will be able to:

- inquire about and respond to future plans.
- talk about amusement parks in France and Quebec.
- talk about where I'm going and what I'm going to do there, what I'm doing, and what I've just done; use the prepositions **de** and **à** with a definite article; and tell time.

Leçon A

Vocabulaire actif

Les fêtes

le 1er janvier

le Jour de l'an

le 14 février

la Saint-Valentin

le 24 juin

la Saint-Jean

le 1er juillet

le 4 juillet

le 14 juillet

la fête nationale

octobre*

l'Action de grâce (f.)

novembre**

Thanksgiving

le 1er novembre

la Toussaint

le 25 décembre

Noël

*le deuxième lundi d'octobre
**le quatrième jeudi de novembre

un feu de joie

un feu d'artifice

Samian est un chanteur québécois **autochtone** qui chante en français et en anglais.

Pour la conversation

How do I ask if someone celebrates a particular holiday?

» Est-ce que **tu fêtes** la Saint-Valentin?
Do you celebrate Valentine's Day?

How do I ask when something takes place?

» Le concert de Samian, il **a lieu** quand?
Samian's concert takes place when?

How do I respond?

» **Vers** minuit….
Around midnight….

» Le 24 juin.
On June 24.

Et si je voulais dire…?

les jours fériés	*holidays*
l'Épiphanie (f.)	*Epiphany (January 6)*
Mardi gras	*Mardi Gras*
Pâques	*Easter*
l'indépendance (f.)	*independence*
religieux, religieuse	*religious*

1 C'est quand, cette fête?

Interpretive Listening

Écrivez les numéros 1–7 sur votre papier. Écoutez les dialogues. Ensuite, choisissez la lettre de la fête qui correspond à chaque description.

A. la Saint-Valentin
B. le Jour de l'an
C. la fête nationale
D. la Toussaint
E. la Saint-Jean
F. Noël
G. Thanksgiving

> **Connexions**
> **Social Science**
> Discuss with a partner what practices are representative of the following holidays in different cultures: **le Jour de l'an**, **la Saint-Valentin**, **la fête nationale**, **l'Action de grâce**, and **Noël**.

2 Quand est-ce que… a lieu?

Interpersonal Speaking

Posez des questions à un(e) camarade de classe pour savoir quand chaque événement a lieu.

MODÈLE ta fête d'anniversaire
A: Quand est-ce que ta fête d'anniversaire a lieu?
B: Ma fête d'anniversaire a lieu le 13 août.

1. la rentrée
2. le contrôle de maths
3. l'anniversaire de ton meilleur ami ou ta meilleure amie
4. ta fête préférée
5. la teuf de ton ami(e)
6. le contrôle d'histoire

3 Questions personnelles

Interpersonal Speaking

Répondez aux questions avec un partenaire.

1. Est-ce que tu fêtes Thanksgiving dans ta famille?
2. Si oui, qu'est-ce que toi et ta famille, vous mangez?
3. Quelle est la date de l'Action de grâce cette année?
4. Qu'est-ce que tu offres à ton meilleur ami ou ta meilleure amie pour Noël?
5. Qu'est-ce que tu as fait le 4 juillet?
6. Est-ce qu'il y a une fête dans ta ville? Quand?

La Saint-Jean à Québec

Nicolas fait un appel vidéo avec Robert, son copain québécois qui habite à Québec.

Nicolas: C'est une grande fête, le 24 juin?
Robert: Oui, tu n'imagines pas l'ambiance… la nuit de la Saint-Jean… des concerts gratuits sur les plaines d'Abraham!
Nicolas: Au fait, c'est où, les plaines d'Abraham?
Robert: À Québec, comme de raison. Pas loin du Complexe Parlementaire.
Nicolas: Qui est au programme?
Robert: J'y vais pour écouter la musique de Samian, un chanteur autochtone.
Nicolas: Et le concert de Samian, il a lieu quand?
Robert: Aux abords de minuit. Ça va être tiguidou!
Nicolas: Ça finit quand?
Robert: Très tôt ou très tard, dépendamment de ton point de vue.
Nicolas: Tu vas faire une nuit blanche, n'est-ce pas?
Robert: Effectivement. En plus des concerts, il y a des feux de joie et des feux d'artifice!
Nicolas: Avec qui est-ce que tu vas au concert?
Robert: Avec un groupe de mes chums.
Nicolas: J'attends ton Skype demain, alors, et tous les détails!

Stratégie

Create a poster of the event mentioned in the dialogue, including all the information mentioned (time, location, events, etc.).

Les expressions

 **Au Québec**	 **En France**
comme de raison	bien sûr
aux abords de	vers
tiguidou	chaud, cool
dépendamment	selon
effectivement	c'est sûr
chums	copains
C'est le boss des bécosses.	C'est le petit chef.
se pogner le beigne	se tourner les pouces (perdre son temps)
être vite sur ses patins	démarrer au quart de tour (être réactif)
avoir une montée de lait	s'énerver
pas de chicane dans ma cabane	pas de bagarre chez moi

4 La Saint-Jean à Québec

Répondez par une phrase complète.

1. Où est-ce que Nicolas habite?
2. Où est-ce que Robert habite?
3. Quelle est la date de la Saint-Jean au Québec?
4. Est-ce que Robert doit payer pour les concerts sur les plaines d'Abraham?
5. Quel type de musique et quel chanteur est-ce que Robert aime?
6. À quelle heure est-ce que le concert de Samian a lieu?
7. Est-ce que Robert va dormir cette nuit?
8. Avec qui est-ce que Robert va aller au concert?

EXTENSION **Les fêtes francophones**

Une journaliste interviewe les passants devant un grand magasin pendant les fêtes de Noël.

Journaliste: Vous aimez Noël?
Passant 1: Oui, c'est vraiment ma fête préférée. Regardez comme c'est beau—les lumières, l'ambiance....
Journaliste: Et pour vous, Noël, c'est aussi votre fête préférée?
Passant 2: Ah non, chez nous, au Québec, c'est la Saint-Jean... des pique-niques, des concerts, des feux d'artifice!

EXTENSION Les passants préfèrent quelles fêtes? Pourquoi?

Points de départ

Pre-AP

Question centrale ? What do young people do in the summer in other cultures?

La Francophonie

Profil touristique

La ville de Québec

Québec, situé sur le fleuve Saint-Laurent, est la capitale de la province de Québec. C'est l'une des plus vieilles villes de l'Amérique du Nord. Un grand port et un centre administratif, culturel, commercial, et industriel, elle a deux quartiers différents—le Vieux-Québec, fréquenté par les touristes, et le quartier moderne. Deux sites importants de la ville sont le Château Frontenac, un hôtel élégant qui ressemble à un château gothique, et les plaines d'Abraham. C'est sur ce dernier qu'une grande bataille* entre l'armée britannique et l'armée française a eu lieu le 13 septembre 1759. Les deux généraux, Wolfe et Montcalm, sont morts, et la bataille a mis fin au régime français en Nouvelle-France. Le Carnaval d'hiver, qui a lieu en janvier et février, est un événement important à Québec.

Situé dans le quartier du Vieux-Québec, le Château Frontenac est en face du fleuve Saint-Laurent.

Recherche: ville de québec site officiel, carnaval de québec

bataille *battle*

Produits

Créé en 1984, **le Cirque du Soleil** est une entreprise québécoise de cirque contemporain qui présente 18 spectacles à travers le monde dont huit à Las Vegas et Orlando. C'est un mélange de spectacle de rue et de spectacle acrobatique avec une grande importance accordée à la musique.

Recherche: cirque du soleil

Traditions et pratiques

Le territoire québécois est constitué de régions qui ont des cultures variées et dynamiques. L'art est riche en traditions d'origines diverses.

Le Cirque du Soleil a commencé dans les années 1980 par une petite troupe de théâtre de Québec.

Fêtes et spectacles

Les 400 ans de la ville de Québec

La ville de Québec date de 1608. Le 400ème anniversaire de la fondation de la ville de Québec a donc été fêté en 2008. Il célèbre le fondateur Samuel Champlain. Parmi* les nombreux événements*, le Moulin à images*, le Potager des visionnaires*, le Louvre à Québec, les concerts de Céline Dion et de Paul McCartney sur les plaines d'Abraham, et le spectacle pyrotechnique sur le fleuve Saint-Laurent ont été les événements les plus populaires.

Mon dico québécois

Ferme la trappe! *Be quiet!*
Pantoute *Pas du tout*
T'as du guts! *Tu es courageux!*
Va jouer dans le trafic! *Va-t'en!*

Comparaisons

Quelle est la plus vieille ville des États-Unis? Faites des recherches en ligne.

Recherche: le 400ème anniversaire de la ville de québec

Parmi *Among*; **événements** *events*; **Moulin à images** *Image Mill*; **Potager des visionnaires** *Visionaries' Garden*

Les fêtes en France et au Canada

Il existe trois fêtes nationales au Canada: la fête nationale (1er juillet), la fête de la Reine Victoria (24 mai), et la fête du travail (le premier lundi de septembre). Le Québec célèbre sa fête nationale le 24 juin, jour de la Saint-Jean-Baptiste. Pendant la journée, beaucoup de familles organisent des pique-niques. Sur les plaines d'Abraham il y a beaucoup d'activités, comme des clowns, des maquillages*, et des ateliers de bricolage*. Le soir du 23 juin, il y a des concerts sur les plaines d'Abraham et des feux d'artifice. Les Amérindiens célèbrent aussi de nombreuses fêtes pendant l'été, et les Canadiens irlandais fêtent la Saint-Patrick.

En France, la fête nationale est le 14 juillet. On célèbre le jour où, en 1789, les Parisiens ont pris la Bastille, la prison royale, et ont commencé la Révolution française. Chaque année, il y a un grand défilé* à Paris sur les Champs-Élysées et des feux d'artifice dans toutes les villes et tous les villages.

D'autres fêtes importantes en France sont le 1er mai (fête du travail), le 8 mai et le 11 novembre pour la fin de la Seconde et de la Première Guerres mondiales; et la Toussaint, le 1er novembre. Ce jour-là les gens vont au cimetière et mettent des fleurs sur les tombes de leurs parents* qui sont morts. Parmi les fêtes récentes, les plus populaires sont la Fête de la musique (21 juin), la Fête du cinéma (fin juin), et la Nuit blanche* (septembre). La Journée internationale de la Francophonie se fête le 20 mars, jour du printemps.

Recherche: jours fériés canada, fêtes au québec, jours fériés France, fêtes en france

maquillages *face paintings*; **ateliers de bricolage** *do-it-yourself workshops*; **défilé** *parade*; **parents** *relatives*; **la Nuit blanche** *all night festival*

Cœur de pirate

Chanteuse, parolière, auteur-compositrice-interprète et pianiste canadienne née à Montréal, Cœur de pirate, avec ses multiples tatouages*, s'est fait connaître en 2008 avec ses chansons "Ensemble" et "Comme des enfants" qui lui ont valu de nombreux prix. Après les albums *Cœur de pirate*, *Blonde*, et *Trauma*, elle sort en 2015 *Roses*, où elle chante en deux langues. Sa personnalité artistique attachante* doit* beaucoup à sa voix et à son style musical où ses textes parlent de sa vie, ses amours, et ses valeurs personnelles.

Recherche: cœur de pirate

tatouages (m.) *tattoos*; **attachante** *endearing*; **doit** *owes*

5 Activités culturelles

Faites les activités suivantes.

1. Faites un album de photos de Québec avec le Château Frontenac, les endroits du Vieux-Québec, et les plaines d'Abraham.
2. Regardez une vidéo du Cirque du Soleil et décrivez ce que vous voyez.
3. Faites un axe chronologique des dates importantes dans l'histoire de la ville de Québec. Commencez par ses origines et continuez jusqu'au présent.
4. Faites une liste de chansons de Cœur de pirate et écoutez-en quelques-unes. Laquelle est votre préférée? Pourquoi?

Perspectives

Marie-Chantal Perron, actrice canadienne, dit à propos de la Saint-Jean: "La porte est ouverte/La table est mise pour un grand banquet/Une belle veillée." Quelle est l'ambiance au Québec quand on fête la Saint-Jean?

Révision: Present Tense of Regular Verbs Ending in *-er*, *-ir*, and *-re*

To form the present tense of a regular **-er** verb, remove the **-er** ending from the infinitive to find the stem. Then add the ending **-e**, **-es**, **-e**, **-ons**, **-ez**, or **-ent**, depending on the subject.

écouter			
j'	**écoute**	nous	**écoutons**
tu	**écoutes**	vous	**écoutez**
il/elle/on	**écoute**	ils/elles	**écoutent**

Qu'est-ce que tu **écoutes?** — *What are you listening to?*
J'**écoute** de la musique de Cœur de pirate. — *I'm listening to music by Cœur de pirate.*

Jérôme écoute sa playlist sur son smartphone et il télécharge des films.

To form the present tense of a regular **-ir** verb, remove the **-ir** ending from the infinitive to find the stem. Then add the ending **-is**, **-is**, **-it**, **-issons**, **-issez**, or **-issent**, depending on the subject.

choisir			
je	**choisis**	nous	**choisissons**
tu	**choisis**	vous	**choisissez**
il/elle/on	**choisit**	ils/elles	**choisissent**

Vous **choisissez** un cadeau d'anniversaire? — *Are you choosing a birthday gift?*
Oui, je **choisis** un album pour André. — *Yes, I am choosing an album for André.*

To form the present tense of a regular **-re** verb, remove the **-re** ending from the infinitive to find the stem. Then add the ending **-s**, **-s**, **—**, **-ons**, **-ez**, or **-ent**, depending on the subject.

vendre			
je	**vends**	nous	**vendons**
tu	**vends**	vous	**vendez**
il/elle/on	**vend**	ils/elles	**vendent**

Qu'est-ce que vous **vendez**? — *What are you selling?*
Nous **vendons** notre vieille voiture. — *We're selling our old car.*

Comparaisons

Which of these verbs is regular in English in the present tense?
- to be
- to walk
- to have

6 Un voyage scolaire

Presentational Speaking or Writing

Anne note des affaires que ses camarades de classe vendent pour payer leur voyage scolaire. Dites ce qu'on vend.

1. tu

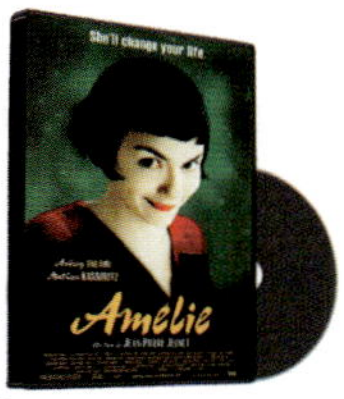

2. je

3. Gabriel et moi, nous

4. Nicole

5. Koffi et toi, vous

6. Étienne et Alexis

7. Nasser

> **Connexions**
> **Entrepreneurship**
> Find ideas for a fundraiser to help your school finance a trip or cultural event that will enhance learning outside of the French classroom.

7 La rentrée

Presentational Speaking or Writing

Complétez l'histoire de Stéphanie et son amie Clara avec les formes convenables des verbes de la liste. Utilisez le présent.

téléphoner finir marcher arriver porter trouver attendre

1. Stéphanie… un nouvel ensemble.
2. Elle… son petit déjeuner dans la cuisine.
3. Elle… son sac à dos avec ses nouveaux cahiers et stylos dans sa chambre.
4. Elle… à son amie Clara.
5. Elle demande: "Nous… ensemble?"
6. Les filles… à l'école en avance.
7. Elles… leurs amis devant l'école.

Stéphanie porte son nouvel ensemble pour la rentrée.

8 La nuit de la Saint-Jean

Interpretive Listening

Écrivez les numéros 1–8 sur votre papier. Écoutez chaque dialogue deux fois et choisissez la phrase qui décrit (describes) *le mieux la situation.*

A. Rachid écoute de la musique sur les plaines d'Abraham.
B. On vend des drapeaux québécois devant le Complexe parlementaire.
C. Le concert finit vers minuit.
D. Laurent va faire un appel vidéo avec son ami.
E. Les amis de Jean ne paient rien pour les concerts.
F. Les copains choisissent de passer une nuit blanche pour la Saint-Jean.
G. Les musiciens jouent de la musique québécoise.
H. On descend de l'autobus devant le Complexe parlementaire.

Révision: Negation

To make a verb negative in French, put **ne (n')** before the verb and either **pas**, **personne**, **rien**, **jamais**, or **plus** after it.

Question	Negative response
Maude est à la maison?	Non, elle **n'**est **pas** là.
Elle est **toujours** bavarde? (*always*)	Non, elle **n'**est **jamais** bavarde.
Il y a **quelqu'un** avec elle? (*someone, somebody*)	Non, il **n'**y a **personne** avec elle.
Elle achète **quelque chose**? (*something*)	Non, elle **n'**achète **rien.**
Elle fait **souvent** du sport? (*often*)	Non, elle **ne** fait **jamais** de sport.
Elle est **toujours** en forme? (*still*)	Non, elle **n'**est **plus** en forme.

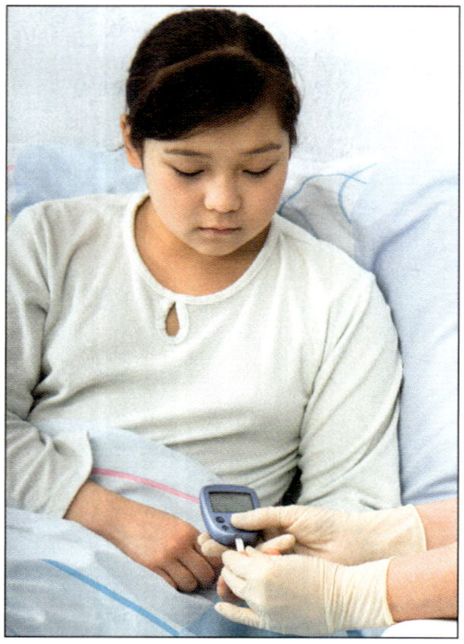

Maude n'est plus en forme depuis (*since*) sa maladie.

On recycle!

Think of some activities or chores you or your family members used to do. Tell your partner that you no longer do them, and explain why.

MODÈLE **Ma grande sœur ne va plus au cinéma parce qu'elle préfère télécharger des films sur des sites web.**

jouer au tennis | **faire du vélo** | **faire la vaisselle**
aller au cinéma | **acheter un DVD** | **faire du cheval**
manger au restaurant | **sortir le soir** | **lire un livre**
faire du shopping dans un magasin
dîner dans la salle à manger | **faire du patinage**

9 Sur la côte d'Azur

Presentational Writing

Comparez les deux dessins. Ensuite, répondez aux questions en suivant le modèle.

MODÈLE Il y a quelqu'un sur la plage?
L'après-midi il y a des gens sur la plage, mais à minuit il n'y a personne sur la plage.

1. Est-ce que les enfants nagent?
2. Il y a des ados qui mangent?
3. Il y a quelqu'un qui joue au volley?
4. Est-ce que le vendeur de glace est là?
5. Est-ce qu'on achète quelque chose?
6. Il fait toujours beau à la plage?

10 Awa a changé

Interpretive Reading, Presentational Writing

Lisez le mail qu'Awa a écrit quand elle avait 14 ans. Maintenant elle a 16 ans et tout a changé. Récrivez le paragraphe en utilisant des expressions négatives.

À Chloé
Cc:
Sujet: Salut!

Salut, Chloé!

Je m'appelle Awa et j'ai 14 ans. Je fais souvent des promenades dans le parc et je joue au foot. Après les cours, j'aide toujours ma mère dans la cuisine. Après le dîner, je regarde souvent des drames à la télé. Le weekend, je téléphone à mes copains. Je les attends en ville et j'achète quelque chose. Ensuite, je prends quelque chose au café. Je suis toujours une très bonne élève.

Awa

Révision: Possessive Adjectives

Possessive adjectives show ownership or relationship. They agree in gender (masculine or feminine) and in number (singular or plural) with the nouns that follow them.

	Singular				Plural	
	Masculine		**Feminine before a Consonant Sound**			
my	**mon**	programme	**ma**	fête	**mes**	vacances
your	**ton**		**ta**		**tes**	
his, her, one's, its	**son**		**sa**		**ses**	
our	**notre**		**notre**		**nos**	
your	**votre**		**votre**		**vos**	
their	**leur**		**leur**		**leurs**	

Before a feminine singular word beginning with a vowel sound, **ma** becomes **mon**, **ta** becomes **ton**, and **sa** becomes **son**.

Tu as **ton** affiche? *Do you have your poster?*

11 Les objets

Presentational Speaking

Formez un groupe de quatre ou cinq élèves. Chaque élève met deux objets sur une table. À tour de rôle, distribuez les objets selon le modèle.

MODÈLE **C'est ton stylo et ta photo....**

12 Les grandes vacances commencent!

Presentational Speaking or Writing

Dites que les personnes suivantes commencent leurs activités d'été.

MODÈLE Sylvain (les leçons de tennis)
Sylvain commence ses leçons de tennis.

1. Nathalie (le shopping pour les vêtements d'été)
2. Ma famille et moi, nous (les vacances sur la côte d'Azur)
3. je (le nouveau livre de Stephen King)
4. Simon (le cours de maths)
5. Noah et toi, vous (le voyage en Afrique)
6. tu (l'aventure en Suisse)
7. Justine et Coralie (les jobs d'été)

Révision: Forming Questions

Form a question in French in one of the following ways:

1. Place **est-ce que** before the statement.
2. Place the subject pronoun after the verb and join it to the verb with a hyphen (inversion).

Using est-ce que...?	Using Inversion
Est-ce que je vais au concert?	**Vais-je** au concert?
Est-ce que tu vas au concert?	**Vas-tu** au concert?
Est-ce qu'il/elle va au concert?	**Va-t-il/va-t-elle** au concert?
Est-ce que nous allons au concert?	**Allons-nous** au concert?
Est-ce que vous allez au concert?	**Allez-vous** au concert?
Est-ce qu'ils/elles vont au concert?	**Vont-ils/vont-elles** au concert?

- With the pronoun **je**, use **Est-ce que...?** (rather than inversion). Inversion is often reserved for formal French and for writing.
- When using inversion with an **-er** verb and **il/elle/on**, add **-t-** between the verb and the pronoun.

  Mange-t-il maintenant? *Is he eating now?*
- A question word or phrase (**quand? pourquoi? où? comment? avec qui?**) may be placed before **est-ce que** or before the inverted form.

  Quand est-ce que vous allez au concert?
  Quand allez-vous au concert?
  } *When are you going to the concert?*

You can change a statement into a simple "yes/no" question in either of the following ways:

1. Add a question mark and use rising intonation:
   Tu vas au concert? *You're going to the concert?*
2. Add a comma followed by **n'est-ce pas?** to the end of the sentence:
   Tu vas au concert, **n'est-ce pas?** *You're going to the concert, right?*

Usage Tip

In French, inversion is somewhat formal and would most likely be used in writing.

13 Une interview

Interpersonal Speaking

À tour de rôle, demandez ce que votre partenaire préfère faire. Suivez le modèle.

MODÈLES jouer au basket, faire du ski

A: Est-ce que tu préfères jouer au basket ou faire du ski?

B: Je préfère jouer au basket. Et toi, préfères-tu jouer au basket ou faire du ski?

A: Moi aussi, je préfère jouer au basket.

1. faire la cuisine, manger dans un restaurant
2. télécharger des chansons, acheter des CD
3. aller au cinéma, écouter de la musique
4. offrir une carte cadeau, faire un gâteau pour l'anniversaire d'un ami

14 Qu'est-ce qu'on fait cet été?

Interpersonal Speaking

À tour de rôle, demandez à votre partenaire de clarifier les situations suivantes en utilisant l'inversion. Votre partenaire va répondre en utilisant l'information entre parenthèses. Suivez le modèle.

MODÈLE Les Girard visitent les musées. (les châteaux)

A: Les Girard visitent-ils les musées?

B: Non, ils visitent les châteaux.

1. Yasmine et sa famille voyagent en Algérie. (en Espagne)
2. Marcel passe l'été au bord de l'océan. (à la montagne)
3. Il prend le train. (la voiture)
4. Émilie et Jean-Luc font du roller. (du footing)
5. Alain travaille. (voyage)
6. Monique et Leïla vont au Québec. (en Allemagne)

On recycle!

Demandez à votre partenaire dans quel pays ou ville on peut voir les choses suivantes:

un étang **une route**
une forêt **une cascade**
une vallée **un lac** **un château**
un océan **un train**

Révision: Dates

To express the date in French, use **le** before the number for the day, followed by the month.

C'est **le 14 juillet**. *It's July fourteenth*.

To say *the first* of any month, use **le premier** before the month.

Nous sommes **le premier août**. *It's August first.*

When using numerals, the date comes before the month.

le douze septembre, 12/9

Nous sommes le 14 février.

15 Les concerts à Bercy

Interpretive Viewing, Interpersonal Speaking

À tour de rôle, demandez à votre partenaire quand sont les concerts suivants. Votre partenaire va répondre en utilisant l'information dans l'affiche. Suivez le modèle.

MODÈLE 1/7 Black Eyed Peas

A: C'est quand, le concert des Black Eyed Peas?
B: C'est le premier juillet.

Communiquez!

16 Les fêtes nationales

Presentational Writing and Speaking

Create an illustrated monthly calendar online that includes at least one American holiday per month. Then research and add another holiday that is celebrated in a francophone country. Print out your calendar and add photos or drawings. Then describe five holidays to a partner.

Recherche: calendrier des fêtes, fêtes nationales, jours fériés dans les pays francophones

17 Tu reviens de Montréal?

Interpersonal Speaking

You are having lunch with your cousin who returned from a trip to **Montréal**. Ask your partner, who will play the role of your cousin, ten questions about his or her trip. Include at least four different topics (weather, food, practices, monuments and tourist sites, interactions with people, etc.). Your partner's answers will include specific details related to places, sites, and culture.

18 Fixons rendez-vous

Interpersonal Speaking, Presentational Writing

Your youth group is planning a fundraising event and needs to set the date. In groups of three, one of you will play the role of the co-chair and suggest four dates. The first three dates conflict with a special holiday or a school event, but the fourth date will work. As dates are suggested, you or your partner will provide details to explain why the date will not work; when the fourth date is suggested, you accept it. Write a report to the youth group leader explaining which dates were suggested, which one was retained, and why.

Connexions

Reading

Once you have completed your calendar in **Activité 16**, practice reading aloud to your group. Read the dates you selected, have each classmate write them, and check their responses. Then switch places with another group member.

Prononciation

Articulation

» In French, all the syllables in a phrase or sentence are pronounced with equal emphasis, unlike in English where some syllables receive more emphasis than others.

A **La télé**

Repeat each group of words, making sure each syllable is pronounced equally.

1. (*3 syllables*) une sitcom
2. (*4 syllables*) une émission
3. (*5 syllables*) un documentaire
4. (*6 syllables*) un jeu télévisé
5. (*7 syllables*) une comédie romantique

Notre-Dame-des-Victoires à Québec

B **À Québec**

Write the number of syllables you hear.

1. On va au Carnaval d'hiver.
2. C'est le musée de l'Amérique française.
3. On marche au Vieux-Port.
4. On visite l'église Notre-Dame-des-Victoires.
5. Samian chante au concert.

The Vowels /y/ and /ø/

» The sound /y/ is the vowel sound in **du**. The sound /ø/ is the vowel sound in **deux**.

C **Au café**

Repeat the pairs of sentences, paying attention to the sounds /y/ and /ø/.

1. Il demande **du** café. Il demande **deux** cafés.
2. Achète **du** fromage! Achète **deux** fromages!
3. Il y a **du** gâteau. Il y a **deux** gâteaux.
4. Je voudrais **du** coca. Je voudrais **deux** cocas.

D **À l'épicerie**

Write **u** if you hear the vowel sound in **du**, or **eu** if you hear the vowel sound in **deux**.

Leçon B

Vocabulaire actif

À la télé

un guide (télévisé)

En ce moment | **Ce soir à la télé** | 2ème partie de soirée

M6 17:00

un dessin animé

W9 21:55

un jeu (télévisé)

TF1 17:55

les informations/les infos

TMC 22:00

la météo/un bulletin météorologique

CANAL+ 18:10

un reportage sportif

NT1 23:40

un feuilleton

3 19:15

une série/une sitcom

arte 1:50

une émission de musique

NRJ12 20:40

une émission de télé-réalité

5 2:00

un film

un présentateur | une présentatrice

une animatrice | un animateur

une publicité (une pub)

une télécommande

Pour la conversation

How do I ask for an opinion?

» À ton avis, est-ce que les émissions de télé-réalité sont **passionnantes**?

In your opinion, are reality shows exciting?

How do I give an opinion?

» **J'ai horreur des** émissions de télé-réalité.

I can't stand reality shows.

How do I find out what someone is thinking?

» Tu ne trouves pas que ce sont **surtout** des acteurs **ratés**?

Don't you think they're mostly failed actors?

How do I agree or disagree?

» Je suis **tout à fait** d'accord.

I completely agree.

» Pas tout à fait.

Not completely.

Et si je voulais dire...?

un(e) cinéphile	*movie connoisseur*
par câble	*on cable*
par satellite	*by satellite*
un téléfilm	*made-for-TV movie*
un téléspectateur	*TV viewer*

1 Vendredi à la maison

Interpretive Reading

*Lisez le journal de Sophie. Ensuite, dites si chaque phrase est vraie ou fausse. Si la phrase est fausse, corrigez-la (*correct it*).*

Sophie a un feuilleton préféré.

Je suis malade, et je dois passer la journée à la maison. Il est huit heures du matin, et je n'ai rien à faire. C'est bien; ma mère m'a donné du jus d'orange. Qu'est-ce que je vais faire? Hmm... Je vais lire le guide télévisé. Je vais regarder des dessins animés de neuf heures à dix heures, une série à dix heures et quart, et mon feuilleton préféré cet après-midi. Mais je commence avec un bon petit déjeuner!

1. Sophie est à la maison parce qu'il y a une fête aujourd'hui.
2. Sophie consulte ses amis pour choisir des émissions.
3. Elle va regarder des dessins animés à 9h00.
4. La série commence à 10h00.
5. Sophie a un feuilleton préféré.
6. Elle commence sa journée avec un bon petit déjeuner.

2 Les émissions à la télé

Interpretive Reading

Consultez le programme de TV5 Monde pour identifier un exemple de chaque type d'émission.

• 12:00	TV5 MONDE LE JOURNAL
• 12:24	L'INVITÉ
• 12:57	MONSIEUR DICTIONNAIRE
• 13:00	LES SOMMETS DE LA SCIENCE
• 13:52	MAISON, JOLIES MAISONS
• 14:00	LE JOURNAL DE LA TSR
• 14:26	UN LIVRE UN JOUR
• 14:30	BOB L'ÉPONGE
• 14:32	LES PLUS BELLES ÎLES DU LITTORAL FRANÇAIS…
• 14:51	FOOTBALL
• 16:00	FOOTBALL
• 16:52	PLUS BELLE LA VIE
• 17:16	ZAK STORM
• 17:39	CHABOTTE ET FILLE SUBT (série)
• 18:02	LE JOURNAL DE FRANCE 2
• 18:30	LE JOURNAL DE L'ÉCONOMIE SUBT
• 19:30	QUESTIONS POUR UN CHAMPION
• 20:00	TV5 MONDE LE JOURNAL
• 20:30	SUR LA PLANÈTE SUBT
• 22:30	TV5 MONDE LE JOURNAL

1. un jeu télévisé
2. un dessin animé
3. un reportage sportif
4. les informations
5. un match de football
6. une émission sur l'économie
7. une émission sur les sciences

3 Qu'est-ce qu'on regarde à la télé?

Interpretive Listening

*Isabelle et son amie Roxanne parlent de ce qu'elles vont regarder à la télé ce soir. Écoutez le dialogue deux fois. Écrivez **V** si les phrases sont vraies ou **F** si elles sont fausses.*

1. Roxanne veut regarder les informations.
2. Isabelle aime les informations mais elle déteste le bulletin météo.
3. Isabelle et Roxanne veulent regarder une émission de télé-réalité.
4. Isabelle aime les dessins animés.
5. Roxanne aime bien la série "Les Simpson."
6. On va regarder une émission de musique.
7. L'émission de musique est à 9h00.
8. D'abord, elles regardent un jeu.

4 Questions personnelles

Interpersonal Speaking

Répondez aux questions avec un partenaire.

1. Quelles émissions de télé préfères-tu?
2. De quelles émissions as-tu horreur?
3. Quelles émissions de musique est-ce que tu regardes?
4. Quelles sitcoms regardes-tu?
5. Quelle émission est-ce que tu as vue récemment avec un(e) ami(e) ou des ami(e)s?

Une émission luxembourgeoise

Manon et Madiba cherchent une émission à regarder à la télé.

Madiba: Ah non! On ne va pas regarder *On n'est pas couché*; c'est bon pour mes parents, mais ça ne me tente pas.
Manon: Et pourquoi pas *Koh-Lanta** sur la Une? À ton avis, est-ce que les émissions de télé-réalité sont passionnantes?
Madiba: J'ai horreur des émissions de télé-réalité. Regarder des gens manger du serpent ou faire griller des insectes? Non, merci.
Manon: Moi, je ne trouve pas ça horrible. Ça m'amuse, mais bon….
Madiba: Enfin, Manon, toutes les émissions de télé-réalité sont nulles!
Manon: Non, ce n'est pas mon avis. On découvre parfois de belles personnalités attachantes.
Madiba: Tu ne trouves pas que ce sont surtout des acteurs ratés?
Manon: Pas tout à fait. J'ai une idée… *Ça va se savoir** sur RTL9, une chaîne du Luxembourg. Tu connais?
Madiba: Non….
Manon: Mince, cette télécommande ne marche plus!
Madiba: On peut regarder en ligne. L'écran de mon ordinateur portable est plus petit que l'écran de télé, mais les images sont très claires.

Koh-Lanta la version française de *Survivor*; ***Ça va se savoir*** une émission qui ressemble à un talk show américain

5 Une émission luxembourgeoise

Choisissez la lettre correspondant à l'expression qui complète chaque phrase.

1. Madiba et Manon cherchent une…
2. *On n'est pas couché* est meilleur…
3. *Koh-Lanta* est une émission…
4. Manon pense qu'on découvre…
5. RTL9 est une chaîne…
6. Les filles vont regarder l'émission *Ça va se savoir* en ligne parce que…

A. la télécommande ne marche plus.
B. pour les parents.
C. de belles personnalités attachantes dans les émissions de télé-réalité.
D. luxembourgeoise.
E. émission de télé à regarder ensemble.
F. de télé-réalité.

EXTENSION **Une soirée sans télé**

Deux mères parlent au café.

Mme Joly: Vous sortez beaucoup?
Mme Roussin: Non, on se met devant la télé chaque soir.
Mme Joly: Quelles émissions* est-ce que tes enfants aiment regarder?
Mme Roussin: Des films de Disney, des dessins animés….
Mme Joly: Chez moi, c'est les matchs de football et les reportages sportifs.
Mme Roussin: À mon avis, on devrait négocier une soirée sans télé.
Mme Joly: Oh oui, bonne idée….

EXTENSION Quelle femme a des enfants qui sont toujours très jeunes?

***Je parle bien!**

In French words like **émissions**, the second syllable is pronounced *meece*—not *meesh*!

Points de départ

Pre-AP

Question centrale ? What do young people do in the summer in other cultures?

La Francophonie

Profil touristique

Le Luxembourg

Le Luxembourg est un petit pays de 580 000 habitants, situé entre la France, la Belgique, et l'Allemagne. Il est trilingue (français, allemand, luxembourgeois). C'est l'un des six pays fondateurs* de l'Union européenne. La Cour* de justice de l'Union européenne a son siège* à Luxembourg. Le Luxembourg est une place financière* importante (144 banques) et le premier centre de fonds d'investissements* en Europe. Les compagnies Amazon, Apple iTunes, eBay, PayPal, Skype, etc., ont maintenant un siège au Luxembourg.

Le Luxembourg est un petit pays européen.

Recherche: luxembourg office national du tourisme

fondateurs *founding*; **Cour** *Court*; **siège** *headquarters*; **place financière** *financial market*; **investissements** *investments*

Les médias

La télévision française et luxembourgeoise

France Télévisions, TF1, Canal+, et M6 sont les quatre principaux groupes de chaînes de télévision. France Télévisions est un service public. Les autres chaînes sont privées. TF1 est la chaîne des émissions de télé-réalité (*Koh-Lanta*), des séries populaires, et des émissions de variétés et de l'équipe de football de France. Canal+ est une chaîne sur abonnement* qui diffuse* des films en exclusivité, des programmes sportifs, et de grandes séries. Il existe aussi LCI (La Chaîne Info), CNews, BFM TV, et France 24. TV5 est la chaîne francophone généraliste (France, Suisse, Belgique, Québec). La TNT (télévision numérique terrestre) offre 27 chaînes gratuites. Sur abonnement, le câble et le satellite donnent accès à des centaines de chaînes thématiques.

Avec RTL Group (Radio Télévisions Luxembourg), le Luxembourg possède un des médias les plus populaires en Europe, qui émet* en plusieurs langues. Il participe à 60 chaînes de télévision dans 8 pays européens et compte 31 stations de radio. Aujourd'hui, les jeunes utilisent des applications mobiles pour voir la télé en streaming.

Comparaisons

Quels films américains ont été réalisés en co-production avec Canal+?

Produits

Versailles est une série dramatique très populaire sur Canal+. Elle présente la vie du roi Louis XIV.

abonnement *subscription*; **diffuse** *broadcasts*; **émet** *broadcasts*

Les émissions de télé-réalité en France

La télé-réalité (*reality television*) est un genre très populaire en France. Il fait le succès des chaînes privées comme M6 et TF1. C'est avec *Loft Story*, en 1999, que la télé-réalité devient un vrai phénomène de société. Les succès d'aujourd'hui comprennent: *The Voice* pour la découverte de nouvelles stars de la chanson, *MasterChef* et *Top Chef* pour la gastronomie, *L'Ile de la tentation* et *L'amour est dans le pré* pour les relations amoureuses, *Koh-Lanta* pour l'aventure, *La Ferme Célébrités* pour le contact social, et *La France a un incroyable talent* pour la compétition.

Parmi les inconnus devenus célèbres sont les chanteurs Julien Doré, Christophe Willem, et les chanteuses Louane, Jenifer et Nolwenn Leroy.

Julien Doré est le vainqueur de la Saison 5 de *La Nouvelle Star*.

Comparaisons

À quelles émissions américaines ressemblent les émissions mentionnées dans le paragraphe?

Recherche: the voice, koh-lanta, top chef, la france a un incroyable talent, la ferme célébrités, bachelor, le gentleman célibataire, danse avec les stars…

6 Activités culturelles

Faites les activités suivantes.

1. Remplissez la fiche du Luxembourg.
   - situation géographique
   - nombre d'habitants
   - langues
   - institution européenne
   - média
2. Recherchez les programmes d'une soirée de télévision en France à partir de 20h00 jusqu'à minuit sur les chaînes suivantes: TF1, France 2, France 3, France 4, France 5, Canal+, M6, Arte, France 24, ou TV5. Comparez ces programmes avec les programmes d'une chaîne de télévision américaine.

Recherche: téle 7 jours, télé loisirs

3. Cherchez une émission de télé-réalité française que vous aimeriez présenter à votre classe. Dans votre présentation, parlez du genre de l'émission, des personnages importants, des gagnants (*winners*), etc.

À DISCUTER

De quelle manière la programmation à la télé devient-elle globalisée?

Structure de la langue

Révision: Present Tense of the Irregular Verbs *avoir* and *être*

Here are the present tense forms of the irregular verbs **avoir** (*to have*) and **être** (*to be*).

avoir			
j'	**ai**	nous	**avons**
tu	**as**	vous	**avez**
il/elle/on	**a**	ils/elles	**ont**

Tu **as** des frères et sœurs? *Do you have brothers and sisters?*
Non, mais j'**ai** un chien. *No, but I have a dog.*

Remember that expressions such as **avoir soif** and **avoir faim** are translated with the verb *to be* in English: *to be hungry, to be thirsty*.

être			
je	**suis**	nous	**sommes**
tu	**es**	vous	**êtes**
il/elle/on	**est**	ils/elles	**sont**

Où **êtes**-vous? *Where are you?*
Nous **sommes** en ville. *We're downtown.*

Les copains ont un ballon de foot. Ils sont au parc.

7 Faim ou soif?

Presentational Speaking or Writing

Regardez ce que les vacanciers à Biarritz prennent au restaurant et dites si chaque personne a faim ou soif. Suivez le modèle.

MODÈLE *nous*
Nous avons faim.

1. vous

2. Kofi, Élodie, et moi, nous

3. je

4. Olivier et Paul

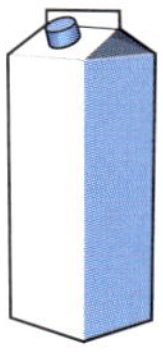

5. on

6. tu

7. Guillaume

8. Brigitte

8 Où est tout le monde?

Presentational Speaking or Writing

Marc parle avec des amis pour savoir où ils sont. Dites où sont les personnes suivantes selon leurs activités. Suivez le modèle.

MODÈLE Sabine écoute de la musique.
Elle est au concert.

à Québec	**à la piscine**	**au stade**	**à la gare**	**au centre commercial**
au bureau	**au café**	**à la médiathèque**		

1. Abdoul travaille sur l'ordinateur au lycée.
2. Nous prenons le train pour Tours à 8h00.
3. Des copains jouent au foot.
4. Vous cherchez un jean dans un nouveau magasin.
5. Tu vas à la fête de la Saint-Jean.
6. Je nage.
7. Vous prenez un sandwich et une eau minérale.
8. La mère de Thomas travaille.

9 Avoir ou être?

Interpretive Listening

Écrivez les numéros 1–10 sur votre papier. Puis, écoutez chaque question et choisissez la bonne réponse.

A. Non, il n'est pas disponible.
B. Nous avons 15 ans.
C. Oui, j'ai cours à 10h00.
D. Oui, Nathalie et moi, nous sommes très sportives.
E. Elles viennent de France.
F. Oui, j'ai faim.
G. Elles sont très intelligentes.
H. Nous sommes sur les plaines d'Abraham.
I. Il a la grippe.
J. Oui, nous avons soif.

Révision: Indefinite Articles in Negative Sentences

In a negative sentence, **un**, **une**, and **des** become **de** or **d'**.

Il y a **un** jeu télévisé ce soir? *Is there a game show tonight?*	Non, il n'y a pas **de** jeu télévisé ce soir. *No, there is no game show tonight.*
Vous cherchez **une** émission de sport? *Are you looking for a sports show?*	Non, nous ne cherchons pas **d'**émission de sport. *No, we are not looking for a sports show.*
On vend **des** tickets pour le concert? *Do they sell tickets for the concert?*	Non, on ne vend pas **de** tickets dans ce magasin. *No, they don't sell tickets in this store.*

However, **un**, **une**, and **des** do not change after a form of **être** in a negative sentence.

C'est **une** émission de musique? *Is this a music show?*	Non, ce n'est pas **une** émission de musique. *No, it's not a music show.*
Ce sont **des** dessins animés? *Are these cartoons?*	Non, ce ne sont pas **des** dessins animés. *No, these are not cartoons.*

10 Qu'est-ce qu'on ne regarde pas aux États-Unis?

Presentational Speaking or Writing

Des élèves français passent l'été aux États-Unis. Indiquez ce que ces personnes ne regardent pas à la télé.

MODÈLE Koffi a horreur de *Jeopardy!* et *Wheel of Fortune*.
Alors, il ne regarde pas de jeux télévisés.

1. Marcel et moi, nous avons horreur de *This Is Us*.
2. Raoul et Michèle ont horreur du baseball.
3. J'ai horreur de l'émission *Les Simpson*.
4. Véronique a horreur de *Survivor* et *The Amazing Race*.
5. Vous avez horreur de *NCIS* et *CSI*.

11 Qu'est-ce qu'on achète pour le pique-nique?

Interpersonal Speaking

C'est la Saint-Jean et les ados organisent un pique-nique. La première personne dans le groupe dit ce qu'elle achète pour le pique-nique. La deuxième dit qu'elle n'achète pas cette chose et indique quelque chose de différent, etc.

MODÈLE **A: J'achète de l'eau minérale. Et toi?**
B: Non, je n'achète pas d'eau minérale. J'achète du coca. Et toi?
C: Non, je n'achète pas de coca. J'achète des baguettes....

Révision: Demonstrative Adjectives

Demonstrative adjectives point out specific people or things. They agree in gender and number with the nouns that follow them.

	Masculine before a Consonant Sound	Masculine before a Vowel Sound	Feminine
Singular	**ce** feuilleton	**cet** animateur	**cette** série
Plural	**ces** feuilletons	**ces** animateurs	**ces** séries

Est-ce que vous aimez **ce** jeu télévisé? *Do you like this game show?*
Non, mais j'aime **cette** émission de musique. *No, but I like this music program.*

12 Qu'est-ce que tu préfères à la télé?

Interpersonal Speaking

À tour de rôle, demandez à votre partenaire ce qu'il ou elle aime. Utilisez l'adjectif démonstratif pour répondre.

MODÈLE émission de musique

A: Tu aimes l'émission de musique *The Voice*?

B: Oui, j'aime cette émission.

ou

Non, j'ai horreur de cette émission.

1. jeu télévisé
2. dessin animé/sitcom
3. reportage sportif
4. émission d'informations
5. feuilleton
6. animateur
7. présentatrice

13 Qu'est-ce que j'achète?

Interpersonal Speaking

Vous êtes en vacances à Québec et vous voulez acheter des souvenirs pour vos amis. Vous avez 100 dollars canadiens. Qu'est-ce que vous achetez? Demandez l'avis (opinion) de votre partenaire. Suivez le modèle.

MODÈLE Julie aime les tee-shirts.
A: Qu'est-ce que j'achète pour Julie?
B: Achète ce tee-shirt pour Julie!

1. Solange a besoin d'un sac à dos.
2. Jean-Pierre aime les casquettes de sport.
3. Amadou aime la musique d'autres pays.
4. Martine collectionne des affiches.
5. Yasmine veut voyager au Québec.

Révision: Agreement and Position of Adjectives

To make many adjectives feminine, add an **e** to the masculine form.

Ce feuilleton est **américain**.
This soap opera is American.

Cette série est **américaine**.
This series is American.

The following groups of adjectives have irregular feminine forms.

	Masculine	Feminine
no change	**rouge**	**rouge**
-eux → **-euse**	**paresseux**	**paresseuse**
-er → **-ère**	**dernier**	**dernière**
double consonant + **-e**	**bon**	**bonne**

Some adjectives are the same in both the masculine and feminine forms:

orange, **marron**, **super**, **sympa**, **bon marché**

Some other adjectives have irregular forms in the feminine:

blanc → **blanche**; **frais** → **fraîche**; **long** → **longue**

SINGULAR		PLURAL	
Masculine *(before consonant)*	**Feminine**	**Masculine**	**Feminine**
beau	belle	beaux	belles
nouveau	nouvelle	nouveaux	nouvelles
vieux	vieille	vieux	vieilles

French adjectives usually follow the nouns they describe.

J'ai une voiture **bleue**. *I have a blue car.*

Some short, common adjectives come before the nouns they describe. They express beauty, age, goodness, and size (*BAGS*): **beau**, **joli**, **nouveau**, **vieux**, **bon**, **mauvais**, **grand**, and **petit**.

Il y a un **nouveau** film belge à la télé ce soir.
There is a new Belgian movie on TV tonight.

Comparaisons

When you have two or more adjectives in English, where are they placed in the sentence?

There's an *interesting new* sitcom on TV tonight.

The forms **bel**, **nouvel**, and **vieil** are used before a masculine singular noun beginning with a vowel sound. (These forms have the same pronunciation as their corresponding feminine singular forms.)

un **bel** homme	un **nouvel** appartement	un **vieil** ami
a beautiful man	*a new apartment*	*an old friend*

14 Ils sont comment?

Interpretive Viewing, Presentational Speaking or Writing

Utilisez deux adjectifs (un de chaque liste) pour décrire chaque personne ou objet. Suivez le modèle.

MODÈLE **C'est une petite fille sympa.**

grand vieux joli beau nouveau petit
violet intelligent fort méchant généreux américain rouge sympa

1. 

2. 

3. 

4. 

5. 

6. 

Révision: Comparative of Adjectives

To compare people and things in French, use the following forms:

plus (*more*)	+	ADJECTIVE	+	**que (qu')** (*than*)
moins (*less*)	+	ADJECTIVE	+	**que (qu')** (*than*)
aussi (*as*)	+	ADJECTIVE	+	**que (qu')** (*than*)

The adjective agrees in gender and in number with the subject of the sentence.

La présentatrice est **plus intéressante que** le présentateur. — *The female presenter is more interesting than the male presenter.*

Les informations sont **moins drôles que** le jeu télévisé. — *The news is less funny than the game show.*

15 Comparaisons

Interpretive Viewing, Presentational Speaking or Writing

Utilisez la forme correcte d'un adjectif de la liste pour comparer ces personnes. Suivez le modèle.

bavard vieux énergique passionné intelligent grand

MODÈLE **Mme Ming est plus vieille qu'Anne.**

1.

2.

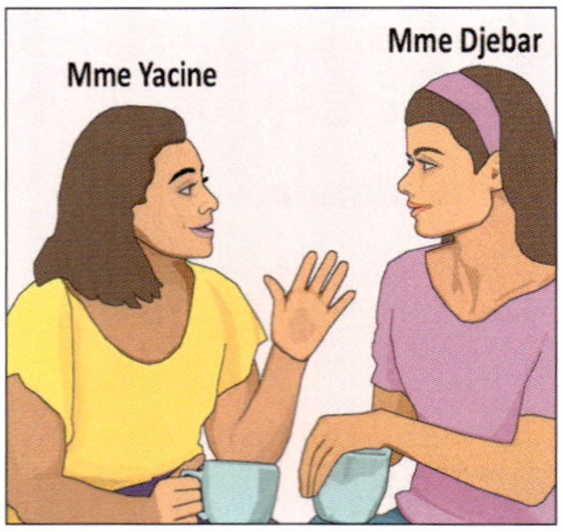

3.

4.

5.

6.

16 Deux présentatrices

Interpretive Viewing, Presentational Speaking or Writing

Comparez les deux présentatrices en utilisant l'adjectif donné.

1. vieux
2. grand
3. beau
4. petit
5. moche

17 À ton avis

Presentational Speaking or Writing

Utilisez un adjectif de la liste pour comparer les personnes et choses suivantes. Parlez de personnes et choses réelles. Suivez le modèle.

MODÈLE deux profs
Mon prof de français est moins strict que mon prof de maths.

strict petit énergique beau fort intelligent grand
bavard généreux sportif égoïste cher vieux joli
génial nouveau paresseux moche

1. deux athlètes
2. deux magasins
3. deux acteurs
4. deux actrices
5. deux villes
6. deux voitures
7. deux sitcoms américaines
8. deux fêtes

À vous la parole

Communiquez!

18 La télé au Luxembourg ou en France

Interpretive Reading, Interpersonal Speaking

Imagine you are planning a **soirée télé** (*TV night*) with a friend. Look at an online TV guide for France or Luxembourg. Then use your selected shows in a conversation with your friend. In your conversation, do the following:

Ask what is on TV tonight.	Say what program you would like to watch.
Ask what type of program it is.	Say what type of program it is.
Ask at what time it starts.	Say at what time it starts.
Ask at what time it finishes.	Say at what time it finishes.
Say what program you would like to watch.	

Recherche: guide tv luxembourg

19 La télé-réalité

Interpretive Viewing, Presentational Speaking

Select one of the French reality shows mentioned in this lesson and research it online. What kind of situations or "realities" does it present? How does it compare with reality TV shows in the United States? After learning as much as you can about the show, work with a group of classmates to create a skit that pokes fun at the show. Present your skit to the class.

Recherche: koh-lanta, l'Ile de la tentation, top chef, la france a un incroyable talent, télé-réalité en france

20 On déménage à Luxembourg!

Interpretive Reading, Interpersonal Speaking

Imagine that you and your family are moving to Luxembourg for the year. To prepare for the move, do some research to find the following:

- a house or apartment in the city of Luxembourg
- a public or private school for you to attend
- a local supermarket and pharmacy
- leisure activities your family would enjoy

Present your findings to two other students who will react to the information as if they were your parents.

Recherche: where to live in luxembourg, luxbazar, le quotidien luxembourg, éducation au luxembourg

Pre-AP

Communiquez!

Un spot publicitaire

Presentational Writing

1. Working with a partner, you will be creating a TV commercial for a real or imaginary product you wish to sell in France. First, watch several French TV commercials online and determine the technique used to sell the product.

Recherche: spots publicitaires france, publicités france

Here are some techniques you might see. (You can find more online.)

Facts and figures: Uses statistics or objective factual information to sell the product.

"Plain folks": Uses popular appeal to show how the product is good for ordinary people.

Snob appeal: Uses examples of glamorous lifestyles to make the consumer feel part of an elite group.

Testimonial: Uses a famous personality to promote the product.

Bandwagon: Shows the consumer that he or she will be a "winner" when using the product.

Recherche: advertising techniques

2. Create the images and text for storyboards 2 and 3 for the advertisement below. Storyboards 1 and 4 have been done for you.

Technique: "Plain folks"

[long shot of beach, fade to close-up of teen boy]

1: À la plage, sans lunettes de soleil, Jean-Marc ne voit pas la beauté du monde en couleur.

[traveling shot of beach scene from perspective of teen boy, fade to close-up of smiling teen boy, fadeout to boy's eyes wearing glasses]

4: Achetez des "Lunettes Ambiance" et découvrez un autre point de vue. Les "Lunettes Ambiance" sont disponibles dans des magasins de plage et en pharmacie près de chez vous.

3. Next, decide on a product to advertise. Using an advertising technique, create a storyboard of four to six scenes with images and text. One frame should use a command. Here is an example: **Achetez des "Lunettes Ambiance"!**

Vocabulaire actif

Au parc d'attractions

la galerie des miroirs déformants

les autos tamponneuses (f.)

la maison hantée

Marie-Paule **fait un tour de manège**.

Les copains font un tour de **montagnes russes**.

Marc et Amina essaient **les jeux d'adresse**.

On fait un tour de **grande roue**.

On a **une consultation** avec **la voyante**.

Pour la conversation

How do I inquire about future plans?

» C'est quoi, **le programme**?
What's the plan?

How do I respond?

» On **compte** faire un tour de montagnes russes et visiter la maison hantée.
We're planning on riding the roller coaster and visiting the haunted house.

Et si je voulais dire...?

la barbe à papa	*cotton candy*
kiffer	*to like [slang]*
une pomme d'amour	*candied apple*
le stand de tir	*shooting range*

1 Viens avec nous!

Interpretive Reading

Lisez le mail de Rose. Ensuite, répondez aux questions.

À Sabrina
Cc:
Sujet: Salut!

Salut, Sabrina!

On va au parc d'attractions! Viens avec nous! Jean-Luc va être là, aussi Mohammed, Sylvie, et Zohra. C'est quoi, le programme? Je sais que tu aimes les sports, donc on peut essayer les jeux d'adresse. C'est amusant aussi dans la galerie des miroirs déformants. On va bien rigoler. Nous n'avons pas besoin de faire un tour de montagnes russes, et on ne doit pas entrer dans la maison hantée. Je sais que tu n'aimes pas ça. Je voudrais aussi avoir une consultation avec la voyante. Tu viens avec moi? Il faut essayer la grande roue. J'adore ça. Tu vas l'aimer. Alors, que dis-tu? Départ à 14h00!

À bientôt,

Rose

1. Où vont les amis de Sabrina?
2. Qu'est-ce que les amis vont essayer?
3. Où va-t-on rigoler?
4. Qui veut avoir une consultation avec la voyante?
5. Qu'est-ce que Rose adore?
6. Les amis vont partir à quelle heure?

2 Si on aime....

Presentational Speaking or Writing

Lisez chaque description et dites quelle attraction on choisit au parc d'attractions.

MODÈLE Si on aime aller très haut, on choisit....
Si on aime aller très haut, on choisit les montagnes russes ou la grande roue.

1. Si on aime imaginer sa vie dans le futur, on choisit....
2. Si on aime aller très vite....
3. Si on aime avoir des frissons....
4. Si on aime les effets visuels....
5. Si on aime tourner en rond....
6. Si on aime les compétitions....

Moi, j'aime tourner en rond!

On recycle!
Practice the verb **choisir** by telling your partner which rides members of your family choose when they go to an amusement park. Use all subject pronouns.

3 Une journée au parc d'attractions

Presentational Writing

*Vous êtes à la foire (*fair*) avec des amis. Vous envoyez un texto à un ami qui va rejoindre votre groupe. Vous lui dites où vous êtes et quelles attractions vous allez essayer avec vos tickets. (Vous en avez 20.)*

MODÈLE un jeu d'adresse (1)
une consultation avec la voyante (5)
Nous sommes aux jeux d'adresse. Je vais essayer un jeu d'adresse.
Alex, Stéphanie et moi, nous allons avoir une consultation avec la voyante.

1. les autos tamponneuses (3)
   la galerie de miroirs déformants (4)
2. la grande roue (2)
   les montagnes russes (8)
3. un hamburger, des frites, un coca (4)
   la maison hantée (5)

4 Au parc d'attractions

Interpretive Listening

Écrivez les numéros 1–7 sur votre papier. Ensuite, écoutez Laeticia raconter le programme pour sa journée au parc d'attractions. Choisissez l'illustration qui correspond à chaque description que vous entendez.

A. 

B. 

C. 

D. 

E. 

F. 

G. 

5 C'est quoi, le programme?

Interpersonal Speaking

Avec un(e) partenaire, parlez des activités que vous allez faire.

MODÈLE 22/9, au concert de Youssou N'Dour
A: C'est quoi, le programme le 22 septembre?
B: On compte aller au concert de Youssou N'Dour.

1. 1/10, à la teuf d'Amélie
2. 15/10, au parc d'attractions
3. 5/11, au café
4. 9/11, au cinéma
5. 17/12, au match de basket

6 Questions personnelles

Interpersonal Speaking

Répondez aux questions avec un partenaire.

1. Est-ce que tu as déjà visité un parc d'attractions? Si oui, quand?
2. Est-ce que tu préfères faire un tour de manège, de montagnes russes, ou de grande roue? Pourquoi?
3. Et tes ami(e)s, est-ce qu'ils ou elles sont d'accord avec toi, ou est-ce qu'ils ou elles préfèrent d'autres activités?
4. Tu veux essayer les jeux d'adresse?
5. As-tu eu une consultation avec une voyante? Qu'est-ce que tu as appris sur ta vie dans l'avenir (*future*)?

Rencontres culturelles

À la fête des Loges

Rachid et Nicolas discutent de leur journée à une fête foraine.

Nicolas: La grande roue, c'était génial! Quelle vue d'en haut!
Rachid: Moi aussi, j'ai vraiment kiffé.
Nicolas: Et la galerie des miroirs déformants….
Rachid: Qu'est-ce qu'on a rigolé. Ah, toi avec ta tête de Quasimodo…. Mais on n'a pas tout fait. Bon, on y retourne quand?
Nicolas: Je suis disponible mardi prochain. Et c'est quoi, le programme?
Rachid: On se réunit à 10h00…. On va faire un tour de montagnes russes; puis on va à la maison hantée….
Nicolas: Et on emmène Manon et Madiba, Madiba qui a peur du vide!
Rachid: Frissons garantis!
Nicolas: On rend visite à Louis-Do maintenant? Madiba et Manon viennent aussi. On va parler de la rentrée.
Rachid: Désolé, je viens de téléphoner à ma mère… je fais la cuisine avec elle ce soir… du couscous avec de l'agneau. Je file!

7 À la fête des Loges

Répondez aux questions.

1. Qu'est-ce que Nicolas a aimé quand il a fait un tour de grande roue?
2. Quand les garçons ont-ils rigolé?
3. Quand est-ce que les garçons vont retourner à la fête des Loges?
4. Quel est le programme?
5. Qui va accompagner les garçons?
6. De quoi Madiba a-t-elle peur?
7. Que fait Nicolas ce soir?
8. Que fait Rachid?

EXTENSION Une journée au Parc Astérix

M. et Mme Levot, leur fils Ludovic, et son ami Jean sont en route pour le Parc Astérix.

M. Levot: Alors, les garçons, vous avez apporté votre courage? Nous allons attaquer les attractions qui offrent les sensations les plus fortes!
Ludovic: Oui, Tonnerre de Zeus est la plus grande montagne russe d'Europe! C'est encore plus sensationnel que sur les publicités!
Jean: C'est vrai, et le Grand 8! C'est du tonnerre à lui tout seul!
Ludovic: Jean, tu es déjà descendu sur la Trace du Hourra? Ça me donne des frissons rien qu'à y penser! Qu'en penses-tu, Maman?
Mme Levot: Moi, je commence à avoir peur du vide rien qu'à vous écouter. Je pense que je vais vous laisser vous amuser tous seuls.

EXTENSION Quels manèges intéressent le plus les garçons?

Points de départ

Pre-AP

Question centrale ? What do young people do in the summer in other cultures?

La fête des Loges

Chaque été plus de trois millions de personnes vont à la fête des Loges, une fête foraine. Elle a lieu à Saint-Germain-en-Laye, près de Paris, et elle date de 1652. Certains viennent pour la nourriture qu'on peut acheter dans l'allée des Cuisines: spécialités françaises, suisses, bavaroises, espagnoles, brésiliennes, et indiennes. D'autres apprécient les 130 attractions: des manèges, des loteries, et des jeux d'adresse.

Recherche: la fête des loges

Chaque été, la fête des Loges attire des millions de visiteurs à Saint-Germain-en-Laye.

Traditions et pratiques

Les Français sont très attentifs à la cuisine qu'ils font, qu'ils achètent, et qu'ils vendent. Le plat le plus célèbre de la fête des Loges est le cochon de lait grillé à l'ancienne, qui est fait avec la même recette depuis 1652!

Les parcs de loisirs en France

Il existe de nombreux parcs de loisirs très différents en France. Il y a des zoos comme celui de La Palmyre (qui a 1 500 animaux de 115 espèces différentes), des parcs animaliers comme le parc des oiseaux à Villars-lès-Dombes et le zoo de Thoiry en région parisienne, des parcs d'attractions comme Disneyland Paris et Futuroscope (sur le cinéma), des parcs aquatiques comme l'Aquaparc Isis, des parcs d'aventures comme le Puy du Fou dans un décor de Moyen Âge, et des parcs à thèmes comme la Cité de l'espace, et le Parc Astérix. Au Parc Astérix, on traverse le monde d'Astérix dans des lieux différents: Via Antiqua, l'Empire romain, la Grèce antique, les Vikings, À travers le temps, et Bienvenue chez les Gaulois*.

Recherche: parc des oiseaux villars les dombes, zoo et parc de thoiry, disneyland paris, parc du futuroscope, aquaparc isis à dole, parc d'attractions le puy du fou, cité de l'espace, parc astérix

les Gaulois *name for inhabitants of France before and during the Roman Empire*

Produits

Le nom du **Parc Astérix**, et son thème, vient d'une bande dessinée qui s'appelle *Astérix*, créée par le scénariste René Goscinny et le dessinateur Albert Uderzo. Un guerrier (*warrior*) gaulois, de l'ère (*era*) des Romains, il vit beaucoup d'aventures avec son camarade Obélix.

Recherche: astérix le site officiel

Comparaisons

Quels sont les parcs de loisirs dans votre région? Comment est-ce qu'ils se comparent aux parcs français?

La Francophonie

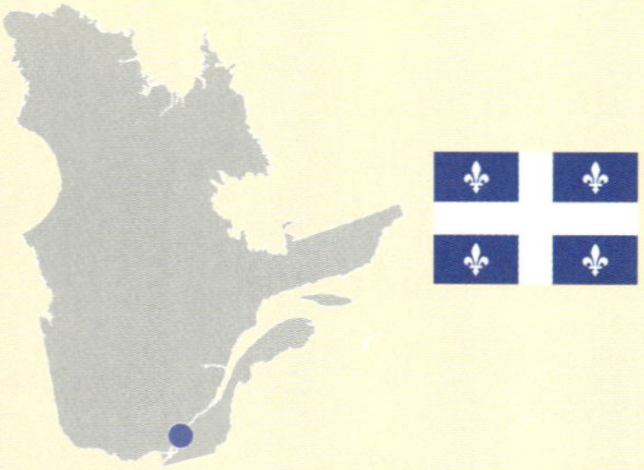

Parcs et loisirs

La Ronde

Au Québec, le plus célèbre parc d'attractions est La Ronde sur l'île Sainte-Hélène à Montréal avec ses 42 attractions. On peut faire un tour de montagnes russes sur Goliath, les montagnes russes les plus hautes et les plus rapides du Canada; essayer l'Aqua Twist (un manège rempli d'eau) ou encore le manège aérien le Vol Ultime; ou visiter la Maison Rouge hantée. Il y a aussi des classiques comme la grande roue. À La Ronde on peut aussi trouver des jeux d'adresse et un spectacle de ski nautique. Le soir on peut voir un grand spectacle de feux d'artifice.

Recherche: la ronde, parc d'attractions, montréal

Perspectives

Comment décrire l'expérience à La Ronde? En un mot: intense!
–Pascal

Ce spectateur a-t-il une bonne ou mauvaise impression du parc d'attractions?

8 Activités culturelles

Faites les activités suivantes.

1. Nommez un parc pour chaque catégorie:
   - un parc animalier
   - un parc d'attractions
   - un parc aquatique
   - un parc d'aventures
   - un parc à thèmes
2. Faites une carte et identifiez tous les parcs de loisirs dans la lecture. Indiquez aussi la ville la plus proche de chaque parc.
3. Dites quel type de parcs vous préférez et pourquoi.
4. Faites un programme pour une sortie au Parc Astérix ou à La Ronde.

À DISCUTER

Comment est-ce que les parcs de loisirs reflètent la culture où ils sont situés?

La Ronde se trouve à Montréal.

Question centrale ? What do young people do in the summer in other cultures?

Le bilinguisme au Canada

Introduction

Qu'est-ce que ça veut dire d'habiter dans une nation bilingue comme le Canada? Dans l'activité suivante, vous allez réfléchir à cette question et travailler en équipes pour trouver des réponses.

9 Investigation

Copiez le tableau suivant sur une feuille de papier. Dans la première colonne, écrivez ce que vous savez déjà du bilinguisme au Canada. Dans la deuxième colonne, écrivez des questions que vous avez sur le bilinguisme au Canada. À la fin de votre investigation, dans la troisième colonne, écrivez ce que vous avez appris.

Ce que je sais déjà	Ce que je voudrais savoir	Ce que j'ai appris
Ex. Le Canada est un pays bilingue.	Est-ce que tous les élèves apprennent le français et l'anglais?	

10 Recherches

D'abord, écrivez au tableau votre liste de questions de la deuxième colonne. Ensuite, relevez les thèmes les plus intéressants. Avec un groupe de camarades, choisissez un thème à explorer et organisez le travail de recherche.

Suggestions:

- Comment est-ce que le bilinguisme influence le monde du travail?
- Faut-il parler deux langues pour trouver un emploi au Canada?
- Si oui, pour quels emplois

Recherche: craigslist montréal, craigslist toronto—voir "emplois"

- Comment est-ce que le bilinguisme influence l'éducation?
- Est-ce que tout le monde est bilingue? Est-ce que tout le monde apprend le français et l'anglais?

Recherche: immersion canada, nepean high school ottawa ontario, bodwell high school vancouver british columbia—voir "academics" or "graduation requirements"

- Est-ce que les produits du gouvernement, comme les sites web, sont en français et en anglais?

Recherche: public works and government services canada, passport canada, canadian tourism commission, environnement canada site officiel

Structure de la langue

Révision: Present Tense of the Irregular Verbs *aller* and *faire*

Here are the present tense forms of the irregular verbs **aller** (*to go*) and **faire** (*to do, to make*).

Nous allons au stade pour voir l'équipe de Marseille.

aller			
je	**vais**	nous	**allons**
tu	**vas**	vous	**allez**
il/elle/on	**va**	ils/elles	**vont**

Où est-ce que vous **allez**? — *Where are you going?*
Nous **allons** à la galerie des miroirs déformants. — *We're going to the funhouse.*

To express what is going to happen in the near future, use the conjugated form of **aller** followed by an infinitive:

Marc et Jo **vont** essayer les jeux d'adresse. — *Marc and Jo are going to try the games of skill.*

To make these sentences negative, put **ne** before the conjugated form of **aller**, and put **pas**, **plus**, **rien**, or **jamais** after it.

Je **ne vais plus** aller au parc d'attractions. — *I am not going to go to the amusement park anymore.*

faire			
je	**fais**	nous	**faisons**
tu	**fais**	vous	**faites**
il/elle/on	**fait**	ils/elles	**font**

Qu'est-ce que tu **fais**? — *What are you doing?*
Je **fais** mes devoirs. — *I'm doing my homework.*

When used in some expressions, the verb **faire** may be translated using a verb other than *to do* or *to make*.

Je **fais** la cuisine. — *I'm cooking.*

Comparaisons

What is the English equivalent of the sentence below?

Je fais un tour de manège.

11 Où va-t-on et qu'est-ce qu'on fait?

Presentational Speaking or Writing

*Complétez la première partie de la phrase par la forme correcte du verbe **aller** et la deuxième partie de la phrase avec la forme correcte du verbe **faire**.*

MODÈLE Les Lenoir... à la montagne, où ils... du ski.
Les Lenoir vont à la montagne, où ils font du ski.

1. Jules... au stade, où il... du sport.
2. Nous... au parc, où nous... une promenade.
3. Tu... en ville, où tu... du shopping.
4. Marc et Sophie... à la médiathèque, où ils... leurs devoirs.
5. Éric et toi, vous... à la campagne, où vous... du vélo.
6. Je... à la maison, où je... la cuisine.

12 Au parc d'attractions

Presentational Speaking or Writing

Dites ce que tout le monde va faire au parc d'attractions.

MODÈLE je
Je vais circuler dans une auto tamponneuse.

1. je

2. vous

3. Julie

4. mes copains et moi, nous

5. tu

6. Les Lambert

7. nous

Révision: De and *à* + Definite Articles

The preposition **de** (*of, from*) changes before the definite articles **le** and **les**. No change occurs with **la** and **l'**.

de + le = du	Tu achètes **du** pain?
de + les = des	Nous mangeons **des** pommes.
de + la = de la	Tu reviens **de la** fête foraine?
de + l' = de l'	Je fais du couscous avec **de l'**agneau.

The preposition **à** (*to, at, in*) also changes before the definite articles **le** and **les**. No change occurs with **la** and **l'**.

à + le = au	Marseille est **au** sud de Paris.
à + les = aux	Il y a un concert **aux** plaines d'Abraham.
à + la = à la	On va **à la** campagne.
à + l' = à l'	Nous allons **à l'**école samedi.

Comparaisons

Do prepositions change in front of articles in English?

Are you going to the haunted house?
She's going to the roller coaster.

13 On revient de vacances

Presentational Speaking or Writing

C'est la fin des vacances. Dites d'où on revient.

MODÈLE Ahmed et sa famille (le nord de l'Afrique)
Ahmed et sa famille reviennent du nord de l'Afrique.

1. les Bonnet (l'océan)
2. les profs de français (les pays ouest-africains)
3. Evenye et sa cousine (la campagne)
4. les touristes (le sud de la France)
5. les Bernard (la montagne)
6. Béatrice et son frère (le lac Léman en Suisse)

La famille Jacquin revient de la côte d'Azur.

Connexions

Geography

Ask your partner to identify the nationality of the people mentioned in **Activité 13**.

14 Je veux te montrer mes photos de vacances!

Presentational Speaking or Writing

Dites à qui on montre ses photos de vacances le jour de la rentrée.

MODÈLE André (les camarades de classe)
André montre ses photos aux camarades de classe.

1. Saniyya (le prof d'EPS)
2. Lamine (le proviseur)
3. Sabrina (la prof d'anglais)
4. Coralie (les amis de son camarade de classe)
5. Gabrielle (le meilleur ami de sa sœur)
6. Clément (la cousine d'Isabelle)
7. Amidou (l'oncle de Yasmine)

Révision: The Irregular Verb *venir*

Here is the present tense of the irregular verb **venir** (*to come*).

venir			
je	**viens**	nous	**venons**
tu	**viens**	vous	**venez**
il/elle/on	**vient**	ils/elles	**viennent**

Je **viens** du Maroc. — *I come from Morocco.*
Laurent **vient** à la fête. — *Laurent is coming to the party.*

To say what just happened in the past, use **venir de** (or **d'**) followed by an infinitive.

venir + **de** (**d'**) + INFINITIVE

Nous **venons de** voir la maison hantée. — *We have just seen the haunted house.*
Venez-vous **d'**essayer les jeux d'adresse? — *Did you just try the games of skill?*

The verbs **devenir** (*to become*) and **revenir** (*to come back*) are conjugated like **venir**.

Comparaisons

How would you say this sentence in English?

Je viens de manger.

Do English and French have the same rule?

15 D'où viennent-ils?

Interpretive Viewing

Regardez le tableau des arrivées à l'aéroport Roissy–Charles-de-Gaulle, et dites d'où tout le monde vient.

MODÈLE Sophie: 17h35
Sophie vient d'Alger.

1. Mireille/16h10
2. tu/18h05
3. Damien, Richard, et Luc/15h05
4. Marianne et toi, vous/17h00
5. Chantal et Martine/18h50
6. Moussa/17h35
7. Marcel et moi, nous/18h40
8. je/15h45

Arrivées			
New York	AIRFRANCE	15h05	>
Toronto	AIR CANADA	15h45	>
Montréal	AIR CANADA	16h10	>
Port-au-Prince	AIR CARAÏBES	17h00	>
Alger	AIRFRANCE	17h35	>
Los Angeles	AIRFRANCE	18h05	>
Bruxelles	AIRFRANCE	18h40	>
Londres	AIRFRANCE	18h50	>

16 On vient de le faire

Presentational Speaking or Writing

Dites ce que vos amis et vous venez de faire.

MODÈLE Émilie (sortir avec Ahmed)
Émilie vient de sortir avec Ahmed.

1. Sylvie (voir la tour Eiffel)
2. Bertrand (marquer un but)
3. Hugo et moi, nous (organiser une teuf)
4. Augustin (lire tous les livres d'*Astérix*)
5. Saniyya et Nayah (trouver un bel ensemble pour la rentrée)
6. Sarah et toi, vous (acheter un scooter)

Marie vient d'avoir un petit accident.

17 Devinettes

Interpersonal Speaking

Dites à votre camarade deux ou trois choses que vous avez faites. Il ou elle va deviner ce que vous venez de faire. Suivez le modèle.

MODÈLE **A: J'ai beaucoup joué et j'ai gagné un petit chien.**
B: Tu viens de jouer aux jeux d'adresse?
A: Oui, c'est ça!
ou
Non, ce n'est pas ça. Je viens de (d')...!

Révision: Telling Time

To ask what time it is in French, say **Quelle heure est-il?** To tell what time it is, say **Il est... heure(s)**.

Il est une heure.

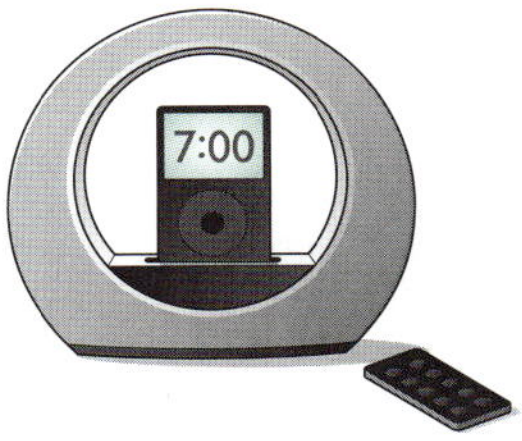

Il est sept heures.

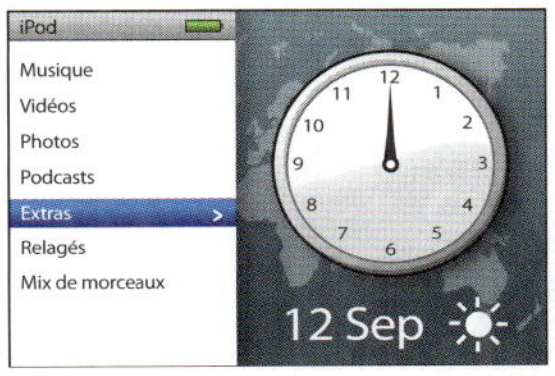

Il est midi.

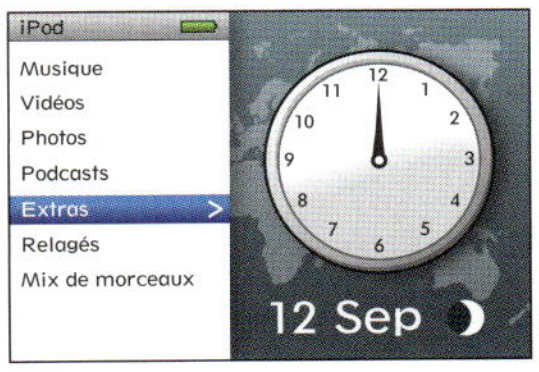

Il est minuit.

{ Il est dix heures et quart.
{ Il est dix heures quinze.

{ Il est deux heures et demie.
{ Il est deux heures trente.

{ Il est cinq heures moins le quart.
{ Il est quatre heures quarante-cinq.

{ Il est neuf heures moins dix.
{ Il est huit heures cinquante.

18 Quelle heure est-il?

Interpretive Viewing

Il y a six heures de différence entre Québec et Paris. Donnez l'heure à Québec, puis à Paris.

MODÈLE **Il est une heure à Québec.**
Il est sept heures à Paris.

1. 

2. 

3. 

4. 

5. 

6. 

7. 

19 À quelle heure?

Interpretive Listening

Écrivez les numéros 1–10 sur votre papier. Ensuite, écrivez l'heure que vous entendez dans chaque conversation.

20 L'agenda de Catherine

Presentational Speaking or Writing

C'est samedi. Dites ce que Catherine fait aux heures indiquées.

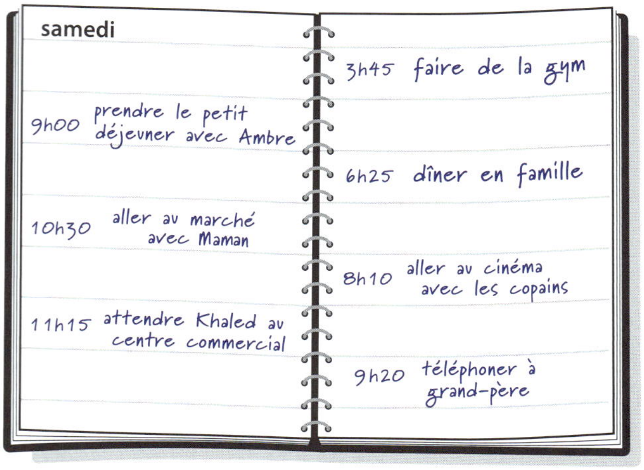

À vous la parole

Communiquez!

21 Le parc d'attractions

Interpersonal Speaking

You are at an amusement park when you run into a friend. Tell your friend two things you just did, and say which one is more or less interesting than the other. Talk about other activities you like to do and don't like to do at the park. Then decide on an activity to do together.

22 Les parcs d'attractions en Europe

Interpretive Reading, Presentational Speaking

Research and plan a day at an animal, water, or other leisure park in a French-speaking country in Europe. Present your plan to the group. State the name of the park and where it is located. Then tell what you are going to do during each hour of the day at the park.

MODÈLE **Nous allons à Disneyland Paris. Nous allons arriver à 8h00. À 8h30, nous allons faire un tour de montagnes russes**....

Recherche: parcs d'attractions en europe

23 On se retrouve!

Interpersonal Speaking

You are getting together with your high school friends for your winter break from college. Call your good friend, who has already talked to the rest of the group, to discuss the plan.

Greet your friend and ask what the plan is.

Respond to the greeting. Say where the group is counting on going and what you are going to do there.

Say you just went there. Respond that you also are counting on going to a different place in the afternoon, and say what you are going to do.

Agree with the suggestion and give details. Ask at what time you will be meeting.

Respond.

Tell your friend you will see each other at the agreed-upon time and day.

End the call.

Say good-bye.

Lecture thématique

Pre-AP

Le journal d'Aurélie Laflamme

Rencontre avec l'auteur

India Desjardins (1976–) est une écrivaine québécoise. Dans sa série *Le journal d'Aurélie Laflamme*, une jeune adolescente pleine d'imagination raconte ses aventures quotidiennes dans un journal intime. Dans cet extrait, c'est le jour avant la rentrée du lycée. À votre avis, comment Aurélie va-t-elle passer la dernière journée des vacances d'été?

Pré-lecture

Tenez-vous un journal intime? Pourquoi (pas)? Si oui, qu'est-ce que vous écrivez dedans (*in it*)?

Stratégie de lecture

Visualizing. Visualizing is transferring the meaning of a text into images. As you read the journal entry, use the graphic organizer that your teacher provides. Visualize each quote from the story in the left column and insert a photo, image, or drawing of your own in the right column. An example has been done for you.

Quotes in the reading	Image the quote brings to mind
1. premier paragraphe (l. 1 à 5) "… heure approximative, car je n'ai pas vraiment regardé l'heure, mais plutôt les yeux de Nicolas…"	
2.	
3.	
4.	
5.	

Outils de lecture

Character Names. The name of a fictional character often carries a hidden or obvious meaning. Research the meaning of Aurélie's last name. What does it suggest about the character? What physical, emotional, or intellectual description would you give the character based on her name?

Le journal d'Aurélie Laflamme

18h50 (heure approximative, car je n'ai pas vraiment regardé l'heure, mais plutôt les yeux de Nicolas–voir anecdote plus bas. Alors, par souci d'exactitude, j'ai cherché sur un site de météo l'heure approximative à laquelle se couche habituellement le soleil le 3 septembre)

Si on oublie ce petit, disons, incident matinal qui a retardé notre arrivée à La Ronde, je pourrais me souvenir de cette date et l'enregistrer* dans le top cinq des plus belles journées de ma vie. Je ne tiens pas encore de tels palmarès*, mais ce serait bien, au cas où j'aurais d'autres expériences de mort imminente. Ainsi, mon cerveau pourrait tout de suite puiser* des souvenirs à même* cette liste.

Nous avons fait tous les manèges, même les nuls*. Parlé de tout et de rien. Ri. Tripé*. Tommy a même gagné un gros nounours* affreux qu'il a été obligé de transporter toute la journée. C'était la quatrième fois que nous faisions le Goliath et j'admirais le paysage pendant la première montée* vers le ciel rose, bleu, mauve où brillait un soleil orange très foncé qui se cachait à moitié derrière la ligne d'horizon.

Tout le monde m'a fait promettre de garder les yeux ouverts cette fois-ci. C'est que la première montée de la montagne russe est très haute et la première chute, vertigineuse*. Ça donne carrément l'impression de tomber, de voler et, à chaque fois, prise de panique, je ferme les yeux.

Au moment du départ du train, je me suis tournée vers Kat et Emmerick, assis à côté de Nicolas et moi, pour leur dire à quel point le ciel était beau. Kat, paniquée, s'est écriée: – On s'en fout* du ciel! Oh non, oh non, pourquoi je suis venue ici? Oh non, oh non!!! Emmerick a ri et a crié super fort pour la taquiner*. Nicolas m'a regardée, a pris ma main, celle encore souillée* par la sucette*, a entrelacé* mes doigts avec les siens et a lancé: – Je t'aime, Aurélie Laflamme, et je ne te lâche* plus.

Et j'ai su, à ce moment, qu'il n'y avait qu'une seule chose au monde capable d'empêcher mon visage* d'afficher ce sourire béat* et de me faire détourner les yeux de Nicolas: la première descente du Goliath. J'ai fermé les yeux et j'ai crié:
–WOUAAAAAAAHHHHHHH! AU SECOOOOOUUUUUURS!

Pendant la lecture
1. Quel jour est-ce?

Pendant la lecture
2. Où va Aurélie?

Pendant la lecture
3. À quoi Aurélie compare-t-elle sa journée à La Ronde?

Pendant la lecture
4. Combien de fois les copains ont-ils fait un tour de Goliath?

Pendant la lecture
5. Pourquoi Aurélie ferme-t-elle les yeux sur cette montagne russe?

Pendant la lecture
6. Qu'est-ce qu'Emmerick a fait?

Pendant la lecture
7. Qu'est-ce que Nicolas a fait?

---

enregistrer *to record*; **palmarès** *awards*; **puiser** *to draw*; **à même** *directly from*; **les nuls** *bad ones*; **tripé** *to panic (fam.)*; **un nounours** *un ours (fam.)*; **la montée** *climbing*; **vertigineuse** *dizzying*; **On s'en fout...** *Who cares about...*; **taquiner** *to tease*; **souillée** *dirty*; **sucette** *lollipop*; **entrelacé** *intertwined*; **lâche** *let go*; **visage** *face*; **sourire béat** *blissful smile*

Post-lecture

D'après la narratrice, qu'est-ce qui lui donne des sensations fortes?

Le monde visuel

Jean-Louis Ernest Meissonier (1815–1891) a peint (*painted*) ce tableau dans le style réaliste. Il est surtout connu (*known*) pour ses sujets militaires. Les tableaux réalistes montrent des personnes, situations, et objets quotidiens (*everyday*). Dans le tableau *Les blanchisseuses à Antibes*, quels aspects de la vie de tous les jours voyez-vous? Comment ces femmes s'habilleraient-elles si elles allaient participer à un jeu ou une activité physique?

Analyse

À votre avis, quels vêtements Aurélie et ses amis portent-ils pour aller à La Ronde? Comparez les vêtements d'aujourd'hui à ceux du 19ème siècle. Comment est-ce que la mode, l'esthétique, le confort et les pratiques ont changé?

Les blanchisseuses à Antibes, 1869. Jean-Louis Ernest Meissonier. Musée d'Orsay, Paris.

24 Activités d'expansion

1. Utilisez les images de votre schéma et écrivez quelques phrases pour expliquer comment Aurélie se sent pendant la journée.
2. Dans ce passage, comment la sensation de faire des montagnes russes est-elle comparable à la sensation de tomber amoureux? Êtes-vous d'accord avec cette comparaison? À quelles autres sensations fortes pourriez-vous comparer les montagnes russes?
3. Écrivez un paragraphe pour décrire un moment où vous avez éprouvé (*felt*) des sentiments forts (amour, amitié, peur, joie, colère, etc.).

Les copains d'abord: De retour, enfin!

Communiquez!

25 Le Carnaval de Québec

Connecting to Critical Thinking and Problem Solving

Interpretive Reading, Interpersonal Speaking

You are planning a weekend trip to the winter carnival in Quebec City. With your partner, explore the carnival website and read the information about the activities, competitions, and events. Then discuss your plans for the carnival. Discuss where you will stay, the weather, what you will do the first night, where and what you will eat, and what you will do the next day.

Recherche: carnaval de québec, québec tourisme

26 Les fêtes internationales

Connecting to Media Literacy, Information Literacy, Technology Literacy, Leadership and Responsibility

Interpretive Reading, Presentational Writing and Speaking

You want to visit a francophone location during a festive time of year. In order to make your decision about when to visit, research a country's holidays and celebrations. Create a short presentation about when different holidays and celebrations take place in that location, and explain how they are typically celebrated. Include information about where people go to celebrate, what they do, and how it compares to a similar American holiday.

Recherche: fêtes et festivals (+ PAYS)

27 Une journée au parc

Connecting to Collaboration, Critical Thinking, and Problem Solving

Interpersonal Speaking, Interpretive Reading, Presentational Writing

You are planning a trip with friends to a leisure park in a French-speaking country, and your group must work together to create an itinerary. Each person should research the selected type of leisure park (zoo, water park, etc.) while making a list of all the attractions and features he or she would like to visit there and stating why. Then group members come together to negotiate the itinerary. Ask and answer questions about where each person wants to go, what he or she wants to do, and how long he or she thinks it will take. Decide on a final itinerary.

Recherche: parcs d'attractions (+ PAYS)

Finale

Projets finaux

A Connexions par Internet: les maths

Les montagnes russes

What are some of the tallest and most famous roller coasters in the world? Research in French ten of these roller coasters and find out their location, height (in meters), and speed (in kilometers per hour). Create a graph showing the height and speed of each roller coaster. Then find an online map program and plot the cities where each roller coaster is located. Present your work to a partner.

Recherche: montagnes russes

B Communautés en ligne

Festivals aux États-Unis et dans la Francophonie

Create a wiki where contributors may share information about local festivals in their area. Invite students from different francophone countries to provide information about a festival in their area and to upload pictures, videos, and descriptions of these festivals. Be sure to share information about a festival in your area.

C Passez à l'action!

Un nouveau parc

- Create your own amusement park.
- Draw a map of the park.
- Write a legend describing the rides and attractions in the park.
- Create an advertisement for the park for radio, TV, or print media.
- Create two advertisements for events that will take place at the park; for example, a concert, a costume day, or a teen day.
- Prepare and give a presentation about your park to the class.

D Faisons le point!

Diagramme

Complete a diagram like the one that follows to show your understanding of how teens spend their summer vacation in other cultures. An example has been done for you.

Leçon A Vocabulaire actif: What holiday do Canadian teens celebrate? →	Canadian teens living in Quebec celebrate la Saint-Jean and July 1.
Leçon A Rencontres culturelles: What holiday is Robert going to celebrate? How? →	
Leçon A Points de départ: Produits: What type of acts does a teen see at a Cirque du Soleil performance? →	
Leçon A Points de départ: La Francophonie: When do French teens celebrate their national holiday? →	
Leçon B Rencontres culturelles: How do Madiba and Manon spend their evening? →	
Leçon B Points de départ: Les émissions de télé-réalité: What French reality shows do teens watch? →	
Leçon C Rencontres culturelles: À la fête des Loges: Where do Nicolas and Rachid spend their day? →	
Leçon C Points de départ: Les parcs de loisirs en France: Where do French teens go with their families? →	
Leçon C Points de départ: La Francophonie: Parcs et loisirs: What amusement park do teens in Quebec go to? →	

Pre-AP

Évaluation

A Évaluation de compréhension auditive

Select the appropriate response for each conversation.

1. A. Je vais dîner en famille.
   B. C'est le premier janvier.
   C. Nous sommes le Jour de l'an.
2. A. C'est un concert de rock.
   B. C'est le 24 juin, le jour de la Saint-Jean.
   C. C'est à 8h00.
3. A. Et devant la galerie des miroirs déformants.
   B. Oui, j'adore les autos tamponneuses.
   C. Je n'aime pas les montagnes russes.
4. A. Devant le cinéma.
   B. Le film avec Bruce Willis.
   C. À 7h30.
5. A. Un reportage alors!
   B. Un film comique avec Dany Boon.
   C. Non, j'ai horreur des sitcoms.
6. A. On va à l'école!
   B. On va voir les feux d'artifice!
   C. On va filer!
7. A. Oui, il a fini à 2h00.
   B. Oui, il vient de jouer au foot.
   C. Il n'est pas fini.
8. A. Oui, et autochtone aussi.
   B. Il est moins beau qu'Alexis.
   C. C'est ma télécommande.

B Évaluation orale

Role-play a conversation between two friends planning to go to an amusement park. In your conversation, do the following:

- talk about the rides and attractions you both like and don't like.
- make a plan to go to the park on a particular date.
- decide when and where to meet.
- tell each other good-bye.

C Évaluation culturelle

In this activity, you will compare francophone cultures with American culture. You may need to do some additional research on American culture.

1. **Les fêtes nationales.** Compare the national holidays of Quebec and France with the 4th of July in the United States. Give dates and describe how people celebrate. Include a personal account of your own family's July 4 celebrations.
2. **Les 400 ans de la ville de Québec.** Compare the 400th anniversary of the founding of Quebec with the American bicentennial in 1976. Do online research, or ask elder relatives or acquaintances what they remember. Which activities would you have liked if you had attended these celebrations?
3. **Les émissions de télé-réalité.** Compare French reality shows to American reality shows. What types of reality shows do the French seem to like? What types do Americans seem to like? Which types of reality shows do both groups like? (You may make a Venn diagram to show your ideas rather than write a paragraph.)
4. **Les parcs d'attractions.** Compare **La Ronde** and **le Parc Astérix** with an amusement park you have visited or with which you are familiar. How are they similar? How are they different? Would you rather go to **La Ronde** or **Le Parc d'Astérix**? Why?

D Évaluation écrite

Imagine you are on vacation in France. Send a friend in the United States an e-mail in which you do the following:

- Greet your friend.
- Explain where you are and why you are there.
- Say what you plan to do while on vacation.
- Say what you're going to watch on French TV tonight.
- Compare the program to an American TV show.
- Ask your friend how he or she is.
- Say good-bye.

E Évaluation visuelle

Write the conversation that takes place between the two teens in the illustration. What do they decide to watch?

F Évaluation compréhensive

Create a storyboard with four to six frames that recounts a trip to an amusement park or a holiday celebration. Instead of writing captions, tell your story orally to a group of classmates, using the images in your storyboard to help you recall important details.

Vocabulaire de l'Unité 1

l' **Action de grâce (f.)** Thanksgiving (Canada) *A*
l' **agneau (m.)** lamb *C*
l' **ambiance (f.)** atmosphere *A*
amuser to amuse *B*
un **animateur, une animatrice** TV host *B*
attachant(e) likeable *B*
au: au fait by the way *A*
une **auto: auto tamponneuse** bumper car *C*
autochtone native *A*
avoir: avoir horreur de to hate *B*; **avoir lieu** to take place *A*; **avoir peur (de)** to be afraid (of) *C*; **avoir peur du vide** to be afraid of heights *C*
bien: bien sûr of course *A*
un **bulletin météo(rologique)** weather forecast *B*
c'est: c'est sûr that's for sure *C*
ça: ça va se savoir it will be revealed (known) *B*
une **chaîne** channel *B*
clair(e) clear *B*
un **complexe** center *A*
compter to plan to do something *C*
une **consultation** consultation *C*
couché(e) in bed *B*
découvre: on découvre one discovers *B*
un **dessin: dessin animé** cartoon *B*
un **détail** detail *A*
discuter (de) to discuss *C*
une **émission** TV show *B*; **émission de musique** music show *B*; **émission de télé-réalité** reality TV show *B*
emmener to bring (person) *C*
en: en haut at the top *C*; **en plus de** in addition to *A*
enfin come on *B*
faire: faire un appel vidéo to send a video call *A*; **faire griller** to barbecue *B*; **faire un tour** to go on a ride *C*; **faire un tour de grande roue** to go on a Ferris wheel ride *C*; **faire un tour de manège** to ride a carousel *C*; **faire un tour de montagnes russes** to go on a roller coaster ride *C*; **faire une nuit blanche** to stay up all night *A*
la **fête** holiday *A*; **fête foraine** (traveling) carnival *C*; **fête nationale** national holiday *A*
fêter to celebrate *A*
un **feu: feu d'artifice** fireworks *A*; **feu de joie** bonfire *A*
un **feuilleton** TV soap opera *B*
filer to run, leave *[inform.]* *C*
la **galerie: galerie des miroirs déformants** funhouse *C*
garanti(e) guaranteed *C*
gratuit(e) free *A*
un **groupe** group *A*
un **guide (télévisé)** (TV) guide *B*
horrible awful, horrible *B*
une **image** image, picture *B*
imaginer to imagine *A*
les **informations (infos) (f.)** news *B*
un **insecte** insect *B*
les **jeux (m.): jeux d'adresse** games of skill *C*; **jeu télévisé** (TV) game show *B*
le **Jour de l'an** New Year's Day *A*
kiffer to like *[inform.]* *C*
la **maison: maison hantée** haunted house *C*
marcher to work *B*
la **météo** weather forecast *B*
mince darn, shoot *B*
Noël Christmas *A*
nul, nulle bad *[inform.]* *B*
un **parc: parc d'attractions** amusement park *C*
parfois sometimes *B*
parlementaire parliamentary *A*
passionnant(e) exciting *B*
une **personnalité** celebrity *B*
une **plaine** plain *A*
un **point de vue** viewpoint *A*
un **présentateur, une présentatrice** news anchor *B*
prochain(e) next *C*
le **programme** program *A*; plan *C*
une **publicité (pub)** commercial *B*
raté(e) failed *B*
rendre: rendre visite à (+ PERSON) to visit (person) *C*
la **rentrée** back to school/work (after vacation) *C*
un **reportage: reportage sportif** sports coverage *B*
se **réunir** to meet, get together *C*
la **Saint-Jean** national Quebec holiday *A*
la **Saint-Valentin** Valentine's Day *A*
selon according to *A*
une **série** series *B*
un **serpent** snake *B*
une **sitcom** sitcom *B*
sportif, sportive athletic *B*
surtout mostly *B*
tard late *A*
télé: à la télé on TV *B*
la **télécommande** TV remote control *B*
tenter to tempt *B*
Thanksgiving Thanksgiving (US) *A*
tôt early *A*
la **Toussaint** All Saints Day *A*
tout: tout à fait completely *B*
venir de (+ INFINITIVE) to have just (done something) *C*
vers around *A*
la **version** version *B*
le, la **voyant(e)** fortune teller *C*
y there *[pronoun]* *A*

Unité
2 Dans la capitale

Question centrale

What stories are told by the art and architecture of Paris?

À savoir

Cette fontaine se trouve devant le Centre Pompidou, un musée dont les tuyaux (*pipes*), normalement invisibles, sont visibles à l'extérieur, et identifiés par des couleurs (bleus pour l'air climatisé, verts pour l'eau, jaunes pour l'électricité, rouges pour les ascenseurs).

Citation

"Devant la nature elle-même, c'est notre imagination qui fait le tableau."

When faced with Nature herself, our imagination does the painting.

—Paul Gauguin, artiste français

Conseil pratique

Improve your accuracy. Ask yourself: Do I need a feminine adjective here? Am I using the right tense? Is the adverb in the correct place?

Que veut Jean-Charles?

Quel est le nom de ce musée?

Contrat de l'élève

Leçon A I will be able to:

- describe a painting.
- talk about different museums in Paris and the types of art they showcase.
- use the past tense with **avoir** and the present with **suivre**, **mettre**, **prendre**, and **voir**.

Leçon B I will be able to:

- say that I am lost and ask for and give directions.
- talk about famous neighborhoods of Paris.
- use the verbs **vouloir**, **pouvoir**, **devoir**, and **falloir**; use irregular past participles with the past tense of **avoir**; and give commands.

Leçon C I will be able to:

- ask about transportation and say what means of transportation I am taking.
- talk about tourist bureaus, the **RER**, and the palace of Versailles.
- use the verbs **sortir** and **partir** in the present tense, the past tense with **être**, and the superlative of adjectives

Leçon A

Vocabulaire actif

À l'exposition

un tableau/ une peinture

À **l'exposition (f.)**

un(e) artiste

un autoportrait réaliste

une sculpture

un objet d'art

un chef-d'œuvre

Le travail de l'artiste

La peintre met des couleurs **vives**.

Le peintre **a dessiné une nature morte**.

L'ambiance est **sombre**.

C'est **un portrait abstrait**. **Le sujet a l'air sérieux.**

Il est...

amusant	laid
célèbre	pauvre
content	riche
dynamique	sérieux
heureux	triste
jeune	

Elle est...

amusante	laide
célèbre	pauvre
contente	riche
dynamique	sérieuse
heureuse	triste
jeune	

Pour la conversation

How do I describe a painting?

» C'est **une scène** impressionniste.
It's an Impressionist scene.

» **On remarque** des gens **au premier plan**.
We notice people in the foreground.

Et si je voulais dire...?

les beaux-arts (m.)	*fine arts*
un cadre	*frame*
une copie	*copy*
une esquisse	*sketch*
un original	*original painting*
une salle d'exposition	*exhibition hall*

1 Les musées de Paris

Interpretive Reading

Lisez la description que Coralie fait de sa journée. Ensuite, répondez aux questions.

Quelle aventure à Paris! Je viens de visiter des musées où j'ai vu beaucoup d'œuvres d'art différentes. J'ai visité le Louvre ce matin, et là, j'ai vu des tableaux réalistes. Après, j'ai continué à pied au musée d'Orsay pour voir des peintures impressionnistes. Après le déjeuner, j'ai pris le métro pour aller au Centre Pompidou où j'ai regardé de l'art abstrait avec des couleurs vives. J'ai passé une journée formidable! Ce soir, je suis fatiguée, mais heureuse!

1. Qu'est-ce que Coralie a fait le matin?
2. Quelle sorte d'art est-ce qu'elle a vu le matin?
3. Où est-ce qu'elle a vu des tableaux abstraits?
4. Quel moyen de transport est-ce que Coralie a pris pour visiter le troisième musée?
5. Qu'est-ce que Coralie pense de son tour des musées?

2 Les adjectifs

Presentational Writing

Choisissez un adjectif logique pour compléter les phrases.

1. Une personne qui n'a pas d'argent est....
2. Une belle femme n'est pas....
3. Les vieilles personnes ne sont pas....
4. Quand on a beaucoup d'énergie, on est....
5. Une très bonne élève est....
6. Pablo Picasso est un peintre très....
7. Quand on rigole, souvent c'est parce que quelque chose est....
8. Quand on n'est pas du tout triste, on est....

Julie n'est pas heureuse. Elle est triste.

3 Comment est-ce?

Interpretive Viewing, Presentational Speaking or Writing

Décrivez les tableaux.

1. 

2. 

3. 

4. 

4 Visite du musée

Interpretive Listening

Écrivez les numéros 1 – 6 sur votre papier. Écoutez les descriptions et choisissez le tableau qui correspond à chaque description.

A.

B.

C.

D.

E.

F.

5 Questions personnelles

Interpersonal Speaking

Répondez aux questions avec un partenaire.

1. Est-ce qu'il y a un musée d'art dans ta ville ou région? de quelle sorte?
2. As-tu déjà visité un musée d'art? quel genre?
3. Est-ce que tu préfères les tableaux réalistes ou impressionnistes? pourquoi?
4. Comment tu trouves l'art abstrait? passionnant? dynamique? horrible?
5. Quel(le) artiste célèbre préfères-tu?

Connexions

Art History

Research the kinds of art mentioned in **Activité 5**, and present a list of ideas and characteristics that define **le classicisme**, **le réalisme**, **l'impressionnisme**, and **l'art abstrait**. Create a timeline that includes several events and artists considered significant to the emergence of the genre.

Un tableau impressionniste

Manon suit un cours de dessin et elle décrit pour son prof un tableau de l'artiste Claude Monet: *Terrasse à Sainte-Adresse.*

Professeur: Prends ton temps. Je peux t'aider.
Manon: Il y a une très belle lumière. Évidemment, c'est une scène impressionniste, au bord de la mer.
Professeur: Oui, la lumière baigne le tableau. Et tu as raison. Tu as remarqué la composition? Elle est remarquable.
Manon: Les groupes sont disposés comme sur une scène de théâtre.
Professeur: La scène est vue de derrière et au-dessus. Et la perspective?
Manon: On voit quatre niveaux de perspective. On remarque un couple assis au premier plan, un couple debout entre les drapeaux, un voilier derrière eux, et toutes sortes de bateaux—vieux et modernes—à l'horizon.
Professeur: Il a créé un mouvement avec des taches de couleurs vives. L'œil suit les bateaux.
Manon: Oui! Les gens regardent la mer et la mer les regarde. L'instant est magique.
Professeur: Oui, Manon. On y est, n'est-ce pas? C'est ça, la beauté.

6 Un tableau impressionniste

*Écrivez **V** si la phrase décrit le tableau, ou **F** si la phrase ne décrit pas le tableau.*

1. C'est une scène réaliste.
2. Dans la scène, il y a des gens sur une terrasse, des bateaux, et des drapeaux.
3. Les couleurs sont sombres.
4. Il y a une très belle lumière.
5. La composition est bien organisée.
6. Il y a deux niveaux de perspective.
7. Les gens sont dynamiques.

EXTENSION **Une nouvelle affiche**

Léo et Pierre parlent d'une affiche que Léo vient d'acheter.

Léo: Elle m'a plu tout de suite.
Pierre: L'impression est très étrange… le visage coupé, le corps entier.
Léo: C'est compliqué, mais simple en même temps avec toutes ces formes géométriques.
Pierre: Toutes ces couleurs vives….
Léo: Eh bien, voilà, c'est fait. Elle a trouvé tout de suite sa place dans ma chambre.

EXTENSION C'est un portrait réaliste, impressionniste, ou abstrait?

Points de départ

Pre-AP

Question centrale ? What stories are told by the art and architecture of Paris?

Le musée du Louvre

Le musée du Louvre, créé en 1793 après la Révolution, occupe l'espace de l'ancien palais* des rois de France. Il est aujourd'hui célèbre pour sa pyramide d'entrée, conçue* par l'architecte sino-américain Ieoh Ming Pei lors de son réaménagement* (1983 – 2001). Les sept départements de sa collection sont les antiquités orientales, les antiquités égyptiennes, les antiquités grecques et romaines, les sculptures, les objets d'art, les peintures, et les "arts premiers" (des objets d'art de sociétés traditionnelles). On peut y trouver d'importants chefs-d'œuvre: la *Joconde*, le *Scribe accroupi*,* la *Victoire de Samothrace*, la *Vénus de Milo*, les *Captifs** de Michel-Ange* et la *Nymphe* de Benvenuto Cellini. L'École française, avec Poussin, La Tour, Watteau, et Delacroix, est aussi bien représentée au Louvre. Aujourd'hui, le musée possède deux extensions: le Louvre-Lens (dans le Pas-de-Calais) et le Louvre Abou Dhabi.

Recherche: louvre site officiel

ancien palais *former palace*; **conçue** *designed*; **réaménagement** *restoration*; **le *Scribe accroupi*** *the Seated Scribe*; ***Captifs*** *Slaves*; **Michel-Ange** *Michelangelo*

Traditions et pratiques

Les Français ont toujours fréquenté les musées. Les plus visités sont les musées des Beaux-Arts et d'art moderne, les musées d'histoire naturelle et de sciences, de société et civilisation, d'architecture, et de photographie.

Le Centre Pompidou

Ouvert en 1977, le Centre Pompidou est célèbre pour son architecture colorée d'inspiration industrielle. C'est le Président Georges Pompidou qui a voulu sa construction. Il regroupe* une bibliothèque publique, la collection du musée national d'art moderne, le centre de création industrielle et l'institut de recherche et de coordination acoustique-musique (IRCAM). Le Centre Pompidou accueille* de grandes expositions temporaires, propose des performances et une programmation de cinéma. La collection du musée national d'art moderne rassemble* de nombreux chefs-d'œuvre du fauvisme (Matisse, Derain), du cubisme (Braque, Picasso), de l'abstraction (Mondrian, Kandinsky, Klee, Delaunay, Malevitch), du figuratif (Chagall), du surréalisme (Chirico, Ernst, Magritte, Dali), de l'École de Paris (Staël, Vieira da Silva, Poliakoff), du nouveau réalisme (Arman, Tinguely, Niki de Saint-Phalle, Klein), de l'abstraction des années 1960 (Pollock, Rothko, Sam Francis, Soulages) du pop'art (Warhol) et d'artistes inclassables* comme Bacon, Giacometti ou Balthus.

Recherche: centre pompidou site officiel

regroupe *gathers*; **accueille** *welcomes*; **rassemble** *gathers*; **inclassables** *that cannot be classified*

Produits

Le Centre Pompidou a deux extensions: le Centre Pompidou Metz au nord-est de la France, et le Centre Pompidou Málaga en Espagne.

Le musée d'Orsay

Le musée d'Orsay se trouve dans une ancienne* gare. Ouvert* en 1986, il regroupe des tableaux, des sculptures, et des collections d'arts décoratifs du 19ème siècle. Il est surtout visité pour sa collection impressionniste et post-impressionniste (plus de 1000 toiles*). Manet, précurseur de l'impressionnisme, occupe une place particulière avec *l'Olympia* et *Le Balcon*. La collection impressionniste a des œuvres très célèbres de Monet (*La gare Saint-Lazare, Régates à Argenteuil*), Renoir (*Les baigneuses*), Degas (*L'absinthe*), et Pissarro (*Les toits rouges*). Van Gogh (*L'Arlésienne*), Cézanne (*Les joueurs de cartes*), Gauguin (*Femmes de Tahiti*), Toulouse-Lautrec (*La toilette*), et Bonnard (*Crépuscule*) représentent les courants post- et néo-impressionnistes, aussi exposés* dans le musée.

Recherche: musée d'orsay site officiel

ancienne *former*; **Ouvert** *Opened*; **toiles** *canvasses*; **exposés** *exhibited*

7 Activités culturelles

Faites les activités suivantes ou répondez aux questions.

1. Quel musée est associé à…?
   - un palais
   - une vieille gare
   - un secteur industriel
2. Dans quel musée est-ce qu'on trouve…?
   - des œuvres abstraites
   - des antiquités grecques et romaines
   - des œuvres impressionnistes
   - des sculptures du 19ème siècle
   - l'École française
   - des tableaux cubistes
3. Quels musées ont créé des extensions et où se trouvent-elles?
4. Choisissez une œuvre d'un des trois musées, et expliquez pourquoi cette œuvre vous intéresse.
5. Indiquez un mouvement d'art pour les peintres suivants:
   - Matisse
   - Monet
   - Braque
   - Klee
   - Van Gogh
   - Niki de Saint Phalle
6. Faites des recherches pour trouver un tableau intéressant qui correspond à chacun des peintres mentionnés.

Le Centre Pompidou Málaga, en Espagne

Perspectives

Pendant la Deuxième Guerre mondiale (*World War II*), les Français ont caché (*hid*) la plupart des trésors du Louvre pour les protéger des Nazis. Qu'est-ce que cela montre des valeurs (*values*) des Français vis-à-vis de leur art?

Du côté des médias

Lisez les informations sur le musée.

★MUSÉE DU **QUAI BRANLY JACQUES CHIRAC**

Le musée du quai Branly–Jacques Chirac ou musée des arts et civilisations d'Afrique, d'Asie, d'Océanie et des Amériques (civilisations non occidentales), inauguré en *2006*, est situé quai Branly le long du quai de la Seine et au pied de la tour Eiffel. Le projet, voulu par Jacques Chirac, a été réalisé par l'architecte Jean Nouvel. Le bâtiment principal est un pont sur lequel sont accrochées *36* boîtes colorées de formats différents.

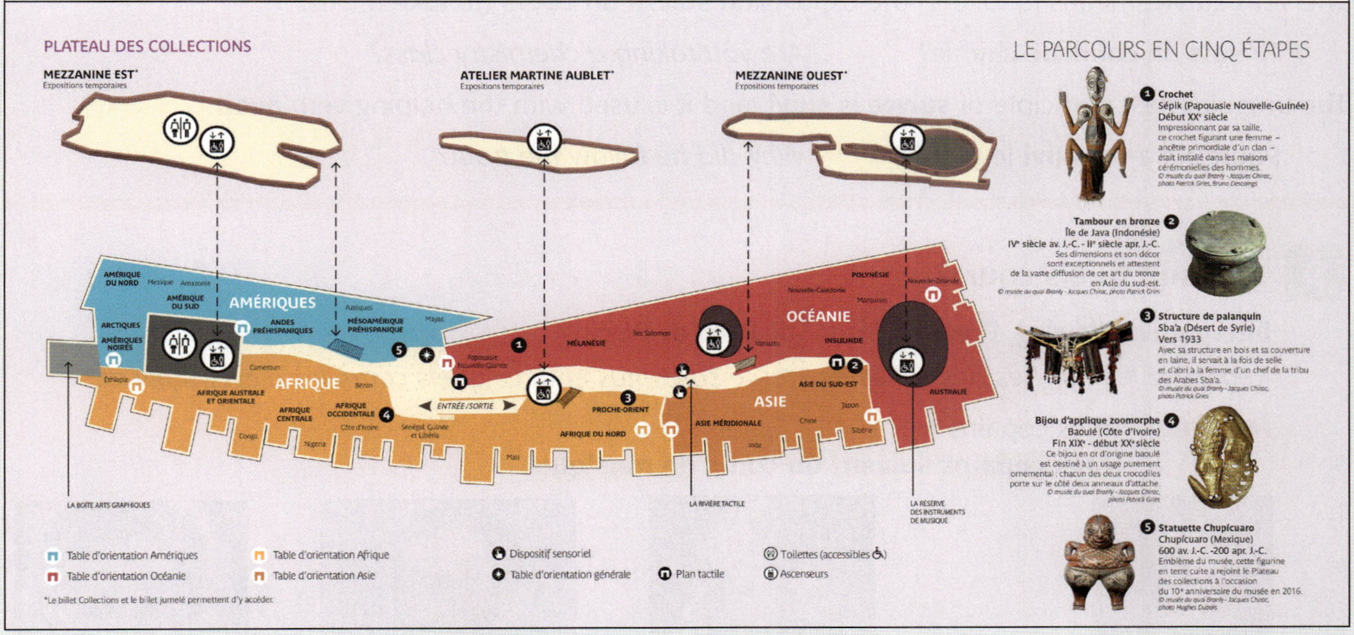

8 Au musée du quai Branly

Répondez aux questions.

1. Quels continents sont représentés?
2. À quelle mezzanine faut-il aller pour voir la statuette Chupícuaro?
3. Quelles expositions aimeriez-vous voir et pourquoi?

Révision: Present Tense of the Irregular Verb *suivre*

Here are the present tense forms of the irregular verb **suivre** (*to follow*).

suivre			
je	**suis**	nous	**suivons**
tu	**suis**	vous	**suivez**
il/elle/on	**suit**	ils/elles	**suivent**

Suis-tu la voiture bleue? — *Are you following the blue car?*
Non, je **suis** la voiture rouge. — *No, I'm following the red car.*

The verb **suivre** means *to take* in the expression **suivre un cours** (*to take a class*).

Tu **suis** un cours de chimie? — *Are you taking a chemistry class?*

The irregular past participle of **suivre** is **suivi**, and it is used with the helping verb **avoir**.

Pourquoi a-t-il **suivi** le train? — *Why did he follow the train?*

9 On suit quels cours?

Interpretive Viewing, Presentational Speaking or Writing

Regardez les affiches des salles de classe suivantes et dites quels cours les élèves suivent.

MODÈLE mes copains
Mes copains suivent un cours de musique.

Ludwig van Beethoven

Albert Einstein

1. tu

Vincent van Gogh

2. vous

Marie Curie

3. Jean

Napoléon

4. Diane et moi, nous

William Shakespeare

5. Mayanne et Fatima

Jacques Prévert

6. je

10 Au Louvre

Presentational Speaking or Writing

Dites quel guide ces personnes suivent au musée du Louvre.

	Mme Garnier	M. Robin	Mme Leroy
toi	✔		
Jérémy		✔	
Alima			✔
Nayah	✔		
moi			✔
Mehdi		✔	

1. moi
2. Nayah
3. Jérémy et Mehdi
4. toi
5. Alima
6. Nayah et toi, vous
7. Alima et moi, nous

Révision: Passé composé with *avoir*

To talk about completed actions in the past, the French use the **passé composé***.* To form the **passé composé** for most verbs, use the present tense of **avoir** as a helping verb and the past participle of the main verb.

To form the past participle of **-er** verbs, replace the **-er** with **-é**.

j'ai mangé

Tu **as aimé** le fim? — *Did you like the movie?*
Non, j'**ai détesté** le film. — *No, I hated the movie.*

To form the past participle of **-ir** verbs, replace the **-ir** with **-i**.

j'ai choisi

Amira **a fini** la course? — *Did Amira finish the race?*
Oui, elle **a réussi**. — *Yes, she succeeded.*

To form the past participle of **-re** verbs, replace the **-re** with **-u**.

j'ai perdu

Meshe et Talia **ont attendu** leurs copains devant le cinéma. — *Meshe and Talia waited for their friends in front of the movie theater.*

Paul et Irène ont choisi un gâteau.

	manger	choisir	perdre
j'	**ai mangé**	**ai choisi**	**ai perdu**
tu	**as mangé**	**as choisi**	**as perdu**
il/elle/on	**a mangé**	**a choisi**	**a perdu**
nous	**avons mangé**	**avons choisi**	**avons perdu**
vous	**avez mangé**	**avez choisi**	**avez perdu**
ils/elles	**ont mangé**	**ont choisi**	**ont perdu**

To make a sentence negative, put **n'** before the form of **avoir** and **pas** after it.

Elle **n'**a **pas** vendu son vélo. *She didn't sell her bike.*

For questions using inversion, put the subject pronoun after the form of **avoir**.

Avez-vous **fini** les devoirs d'histoire? *Have you finished the history homework?*

For questions using inversion, you will also need to add **-t-** between **a** and the subject pronouns **il/elle/on**.

A-t-elle déjà **mangé**? *Has she already eaten?*

11 Au musée du Louvre

Presentational Speaking or Writing

Dites quelle œuvre les élèves du cours d'art de M. Morin ont copiée au Louvre.

La Pietà
(Villeneuve-lès-Avignon)

1. Charlotte

La Joconde
(Léonard de Vinci)

2. Amidou et Lucas

La Belle Jardinière
(Raphaël)

3. je

Les Noces de Cana
(Paul Véronèse)

4. Éric et toi, vous

Le tricheur à l'as de carreau
(Georges de La Tour)

5. Juliette et Olivier

Pierrot
(Antoine Watteau)

6. Marc-Antoine

12 À Paris

Presentational Speaking or Writing

Après chaque phrase, il y a deux expressions. Dites dans quel ordre logique on a fait les activités suivantes. Suivez le modèle.

MODÈLE Brian a visité le musée d'Orsay.
(envoyer les cartes postales à la poste, acheter des cartes postales à la boutique du musée)
D'abord, il a acheté des cartes postales à la boutique du musée, puis il a envoyé les cartes postales à la poste.

1. Amber et Heather ont choisi de prendre leur déjeuner au Café de Flore.
(demander des sandwichs, payer l'addition)
2. Justin a trouvé une bonne pâtisserie.
(manger le gâteau, choisir un gâteau)
3. Kendra a visité le musée d'Orsay.
(trouver les tableaux post-impressionnistes, dessiner l'autoportrait de Van Gogh)
4. Tiffany et Garrett ont dîné chez les Rousseau ce soir.
(manger un bon repas, acheter des fleurs pour Mme Rousseau)

John et Sarah ont visité la tour Eiffel, puis ils y ont attendu leurs copains.

13 Weekend à Paris

Interpretive Listening

Écrivez les numéros 1–6 sur votre papier. Écoutez chaque question et choisissez une réponse logique.

A. Oui, nous avons visité la tour Eiffel après la visite du musée.
B. Oui, un artiste m'a vendu un tableau dans la rue.
C. Oui, cet artiste a choisi une belle femme comme sujet.
D. Non, nous avons décidé de prendre la voiture.
E. Oui, nous avons dîné au restaurant.
F. Oui, on a regardé des portraits réalistes.

14 Pendant les grandes vacances

Interpersonal and Presentational Speaking

*Posez des questions à cinq camarades de classe en utilisant les expressions du tableau ci-dessous (*below*). Puis, dites à la classe combien d'élèves ont fait chaque activité.*

MODÈLE **A: Laurent, as-tu visité un musée?**
B: Oui, j'ai visité le musée de l'air et de l'espace.
ou
Non, je n'ai pas visité de musée.

visiter un musée
regarder une émission de télé-réalité
voyager
travailler
acheter quelque chose en ligne
choisir un cadeau d'anniversaire pour ton père ou ta mère
perdre quelque chose
attendre quelqu'un au centre commercial
visiter un parc d'attractions

Révision: Present Tense of the Irregular Verbs *mettre*, *prendre*, and *voir*

Here are the present tense forms of the irregular verbs **mettre** (*to put, to put on, to set*), **prendre** (*to take, to have food/beverages*), and **voir** (*to see*).

mettre			
je	**mets**	nous	**mettons**
tu	**mets**	vous	**mettez**
il/elle/on	**met**	ils/elles	**mettent**

Mon frère **met** le couvert. — *My brother is setting the table.*
Marie **met** une robe le dimanche. — *Marie puts on a dress on Sundays.*

prendre			
je	**prends**	nous	**prenons**
tu	**prends**	vous	**prenez**
il/elle/on	**prend**	ils/elles	**prennent**

Qu'est-ce que vous **prenez** quand vous allez à la plage? — *What do you take when you go to the beach?*

Nous **prenons** un parasol. — *We take an umbrella.*

Michel voit un gros bateau.

voir			
je	**vois**	nous	**voyons**
tu	**vois**	vous	**voyez**
il/elle/on	**voit**	ils/elles	**voient**

Qu'est-ce que vous **voyez** dans le tableau? — *What do you see in the painting?*

Je **vois** des couleurs sombres. — *I see dark colors.*

15 Dans la classe de peinture

Presentational Speaking or Writing

Dites ce que tout le monde met dans ses tableaux.

MODÈLE tu
(des couleurs vives)
Tu mets des couleurs vives.

1. Hélène
   (un petit garçon qui a l'air heureux)
2. Marie-Alix et toi, vous
   (un artiste qui dessine un portrait réaliste)
3. je
   (une vive lumière)
4. Noémie et Cédric
   (une ambiance sombre)
5. Emma et moi, nous
   (un objet d'art)
6. Lamine
   (une belle femme triste)

16 À la boutique du musée

Interpretive Reading, Presentational Speaking or Writing

Dites quelle œuvre ces personnes prennent en carte postale à la boutique du musée d'Orsay, selon l'artiste qu'elles préfèrent.

	Cézanne	Degas	Gauguin	Monet	Pissarro	Renoir	Toulouse-Lautrec	Van Gogh
L'absinthe		✔						
L'Arlésienne								✔
Danse à la ville						✔		
Femmes de Tahiti			✔					
La gare Saint-Lazare				✔				
Les joueurs de cartes	✔							
Jane Avril dansant							✔	
La moisson					✔			

MODÈLE Awa aime les tableaux de Monet.
Awa prend *La gare Saint-Lazare*.

1. Monsieur Tremblay aime les tableaux de Degas.
2. Robert et toi, vous aimez les tableaux de Pissarro.
3. Julien et Jean aiment les tableaux de Gauguin.
4. Mademoiselle Percebois aime les tableaux de Toulouse-Lautrec.
5. Mes sœurs et moi, nous aimons les tableaux de Van Gogh.
6. Chantal et Michèle aiment les tableaux de Cézanne.
7. Ma prof d'art aime les tableaux de Renoir.
8. Allez en ligne pour voir ces tableaux. Quel tableau est-ce que vous préférez?

17 Devinez!

Interpersonal Speaking

Indiquez le genre du film que vous voulez voir ce soir. Ensuite, votre partenaire va essayer de deviner le titre du film. Enfin, changez de rôles.

un film de science-fiction **un drame** **une comédie**
un film d'horreur **une comédie romantique** **un documentaire**

MODÈLE **A: C'est une comédie.**
B: Est-ce que tu vois *Bienvenue chez les Ch'tis*?
A: Oui, je vois *Bienvenue chez les Ch'tis*.
ou
Non, je ne vois pas *Bienvenue chez les Ch'tis*.

Communiquez!

18 On va au musée Marmattan Monet

Interpretive Reading, Presentational Speaking

Research the **musée Marmottan Monet** and select a painting that interests you; prepare to present it to your teacher and classmates. Identify the artist and any ideas that influenced the work. Describe the work of art and explain what you like or do not like about it. After you share your research, ask your classmates to give their opinions. As a class, determine which work of art is the favorite.

Recherche: musée marmottan monet

19 Aidez l'artiste!

Interpersonal Speaking

You are an artist who makes posters. You have injured your hand, so you must dictate your ideas to your assistant. Your poster should show the outdoors and contain at least one person. Speak back and forth so the final product displays what you had imagined. After your assistant has created an acceptable poster, switch roles.

20 Critique d'art

Interpersonal Speaking

With a partner, role-play a conversation between an art teacher and a student. In your conversation, discuss a real or imaginary painting. The student describes the composition and the colors in the painting, and the teacher comments on the perspective and ambience (overall effect). Both the student and teacher should give their opinion of the painting. Present the conversation and painting to the class.

Prononciation

Emphasizing the Last Syllable

» In French, all syllables except for the last one generally receive the same emphasis in a phrase. For example, in the phrase *Le château de Ver**sailles***, only the syllable **-sailles** is slightly emphasized.

A À Versailles

Repeat these phrases, slightly emphasizing the last syllable.

1. le RER **C**
2. la galerie des **Glaces**
3. les fêtes musi**cales**
4. le bassin d'Apo**llon**
5. le domaine de la **Reine**

B À quelle heure?

Repeat each question, slightly emphasizing the underlined syllables.

1. Quelle heure est-**il**?
2. Tu arrives à quelle **heure**?
3. À quelle **heure** est ton rendez-**vous**?
4. Tu finis tes cours **quand**?

The Sounds /ø/ and /u/

» The sound /ø/ is the vowel sound in **deux**, **peux**, and **veux**. The sound /u/ is the vowel sound in **vous**, **douze**, **rouge**.

C Pouvoir et vouloir

Repeat the following sentences, paying attention to the sounds /ø/ in **veux** and **peux** and /u/ in **vous**.

1. Je veux vous voir.
2. Je peux vous voir?
3. Je veux vous attendre.
4. Je peux vous attendre?

D The Vowels /ø/ and /u/

Write **eu** if you hear a vowel like the one in **deux** or **ou** if you hear a vowel like the one in **douze**.

Vocabulaire actif

Mon quartier

Pour la conversation

How do I say I'm lost?

» Je suis perdu(e).
I'm lost.

How do I tell someone not to worry?

» **Ne t'inquiète pas.**
Don't worry.

How do I ask for directions?

» Tu peux **m'indiquer** le chemin?
Can you show me the way?

How do I give directions?

» Tu dois tourner à droite et aller jusqu'à la brasserie.
You should turn right and go all the way to the café-restaurant.

Et si je voulais dire...?

un opticien	*optician*
un foodtruck	*food truck*
un bar à beauté	*beauty bar*
une parfumerie	*perfume store*
la bistronomie	*high-end fast food*
un piéton	*pedestrian*
une zone piétonne	*pedestrian area*
un commissariat de police	*police station*

La tante de Nasser habite près de la Sorbonne.

1 Aventure à Paris

Interpretive Reading

Nasser rend visite à sa tante Rachida à Paris. Lisez son mail à son frère. Puis répondez aux questions.

Salut, Hamid!

Ça va? Je vais super bien. Tante Rachida est venue me chercher à l'aéroport et on a visité tous les grands monuments. J'ai adoré, surtout le Centre Pompidou, tous les tableaux abstraits de Picasso! Le soir, on est rentré chez elle. Elle habite un quartier sympa près de l'Université de la Sorbonne. Il y a beaucoup de petits commerçants, et le kiosque à journaux vend même des journaux du Maroc! La capitale est géniale et après une semaine, je ne suis plus perdu. L'autre jour, un touriste m'a demandé où trouver à manger dans le quartier. J'ai indiqué le chemin pour trouver mon stand de crêpes préféré. C'est à droite de chez Rachida, entre l'église et la pharmacie, après la librairie. Bon, j'ai faim, alors je vais y aller maintenant. Dis bonjour à tout le monde au Maroc!

Ton frère, Nasser

1. Comment est-ce que Nasser a voyagé à Paris?
2. Quel genre d'art est-ce que Nasser a regardé?
3. D'où vient Nasser?
4. Comment est le quartier de sa tante?
5. Qui est-ce que Nasser a aidé?
6. Où va Nasser maintenant?

2 Qu'est-ce que Caroline a fait hier?

Interpretive Listening and Viewing

Écrivez les numéros 1 – 8 sur votre papier. Écoutez ce que Caroline a fait, et choisissez la lettre de l'image qui correspond à chaque description.

A. 

B. 

C. 

D. 

E. 

F. 

G. 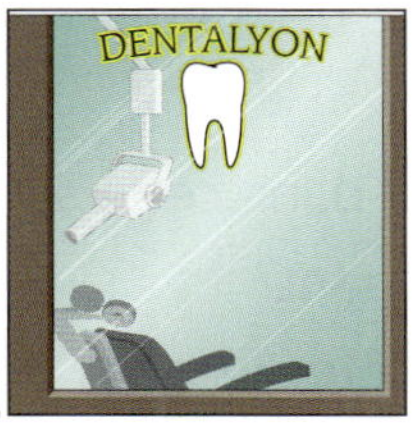

H. 

3 Questions personnelles

Interpersonal Speaking

Répondez aux questions avec un partenaire.

1. Quels petits commerçants est-ce qu'il y a dans ton quartier?
2. Est-ce que tu vas à la pharmacie ou chez le médecin quand tu es malade?
3. Qu'est-ce que tu aimes prendre au café ou à la brasserie?
4. Est-ce que tu as jamais mangé une crêpe? De quelle sorte?
5. Est-ce que tu as déjà été perdu(e)? Qu'est-ce que tu as fait?
6. Qu'est-ce que tu fais quand tu es perdu(e)?

Quand est-ce que tu vas à la pharmacie?

Produits

Unlike large pharmaceutical chains in the United States, most French pharmacies are independently owned and operated.

Rencontres culturelles

Perdu en ville

Le cousin de Rachid, Karim, est perdu dans le quartier de Saint-Germain-des-Prés et l'appelle pour lui demander son chemin.

Karim: Je ne comprends pas. J'ai pu demander au kiosque de m'indiquer où se trouve la rue. Il m'a informé que c'est à droite après la pharmacie et je suis… je ne sais pas où je suis. Désolé, je suis perdu. Tu peux m'indiquer le chemin?

Rachid: Mais tu as pris quelle sortie de métro?

Karim: Je ne sais pas… la sortie!

Rachid: Mais il y a plusieurs sorties dans cette station!

Karim: Et comment je fais maintenant?

Rachid: Ne t'inquiète pas! Lève la tête. Tu peux regarder le nom de la rue?

Karim: Rue du Four.

Rachid: Bon, c'est facile. Après le salon de coiffure, tu dois tourner à droite et aller jusqu'à la brasserie…. Là, tu es dans la rue… tu vas reconnaître. Il ne faut pas marcher loin.

Karim: Ah bon? C'est aussi facile que ça? Dis, je veux manger quelque chose. On se retrouve à la brasserie?

Rachid: D'accord. Disons dans dix minutes!

Stratégie

Make a list of all the expressions used by Karim to indicate his confusion.

4 Perdu en ville

Donnez le nom de la personne décrite.

1. Il est perdu à Paris.
2. Il a pris le métro.
3. Il appelle son cousin pour demander le chemin.
4. Il dit (*says*), "Tu peux regarder le nom de la rue."
5. Il va arriver à la brasserie dans dix minutes.

EXTENSION **En route**

Elsa et Luis sont en voyage.

Elsa: Je ne reconnais plus rien… je ne sais pas où on est.

Luis: Bon, alors, sors la carte!

Elsa: Quelle carte? C'est toi qui as les cartes.

Luis: Oui, mais celle-là, je ne l'ai pas.

Elsa: C'est vrai, on connaît les lieux par cœur… mais là, je ne reconnais rien!

Luis: Tu vois le clocher là-bas? Il va bien nous ramener quelque part, c'est sûr!

EXTENSION Elsa et Luis sont-ils en ville ou à la campagne?

Pre-AP

Question centrale ? What stories are told by the art and architecture of Paris?

Les nouveaux quartiers de Paris: Rive droite

Paris est divisé en 20 arrondissements. L'île de la Cité est le cœur historique de Paris. Sur la rive droite, au nord de la Seine, l'axe République-Bastille-Porte Dorée (11ème et 12ème arrondissements) attire une population jeune. On y trouve des anciens ateliers* dédiés* aujourd'hui à l'économie numérique*, des boutiques à la mode, des cafés à thème, des cinémas, et des salles de spectacles. Les Parisiens vont à Ménilmontant (20ème) pour admirer des galeries d'art, à SoPi ("South Pigalle") (9ème) pour des nuits festives et musicales, et à Barbès et la Goutte d'Or (18ème) pour des événements culturels jeunes, pluridisciplinaires et multiethniques.

Recherche: paris rive droite, arrondissements de paris

ateliers *workshops*; **dédiés** *dedicated*; **numérique** *digital*

Produits

Les Batignolles sont un quartier parisien historique des Impressionnistes.

Comparaisons

Que fait votre ville pour se moderniser?

Rive gauche

C'est aux deux extrémités de la rive gauche (au sud de la Seine) que les choses bougent. Dans le 15ème arrondissement se trouve le monde des médias, de la culture et du commerce (France Télévisions, musée du quai Branly, parc André-Citroën, centre commercial Beaugrenelle). Dans le 13ème arrondissement, on observe une nouvelle architecture avec des centres intellectuels (Bibliothèque nationale, site François-Mitterrand, Université Paris-VII), des lieux de loisirs (multiplexe MK2 Bibliothèque, Fondation Jérôme Seydoux-Pathé dédié au cinéma muet), et des espaces dédiés à la mode et au design de la future Cité numérique.

Recherche: paris rive gauche, paris cité numérique

5 Activités culturelles

Faites les activités suivantes.

1. Situez sur un plan de Paris les quartiers et les lieux cités dans le texte pour chaque rive.
2. Écrivez le nom des quartiers de la rive droite associés aux fonctions suivantes:
   - le quartier des festivals
   - le quartier de l'art
   - le quartier de la mode et du numérique
3. Dans la rive gauche, nommez des centres ou bâtiments qui représentent les éléments suivants:
   - les loisirs
   - la culture
   - les médias
   - le commerce
   - les études
4. Faites des recherchers sur Internet sur le quartier de Paris qui vous intéresse le plus. Faites une publicité touristique.

Recherche: quartiers de paris, arrondissements de paris

Traditions et pratiques

Saint-Germain-des-Prés a attiré* beaucoup d'écrivains après la Deuxième Guerre mondiale*, tels* Jean-Paul Sartre et Simone de Beauvoir (philosophes de l'existentialisme), et Boris Vian (amateur des caves de jazz). C'est aussi le quartier des cafés (le Flore, les Deux Magots) et des brasseries (Lipp) célèbres où se retrouve le monde des arts, des lettres*, et de la politique.

---

a attiré *attracted*; **Deuxième Guerre mondiale** *WWII*; **tels** *such as*; **des lettres** *literature*

À DISCUTER

Qu'est-ce que le mot *quartier* évoque pour vous?

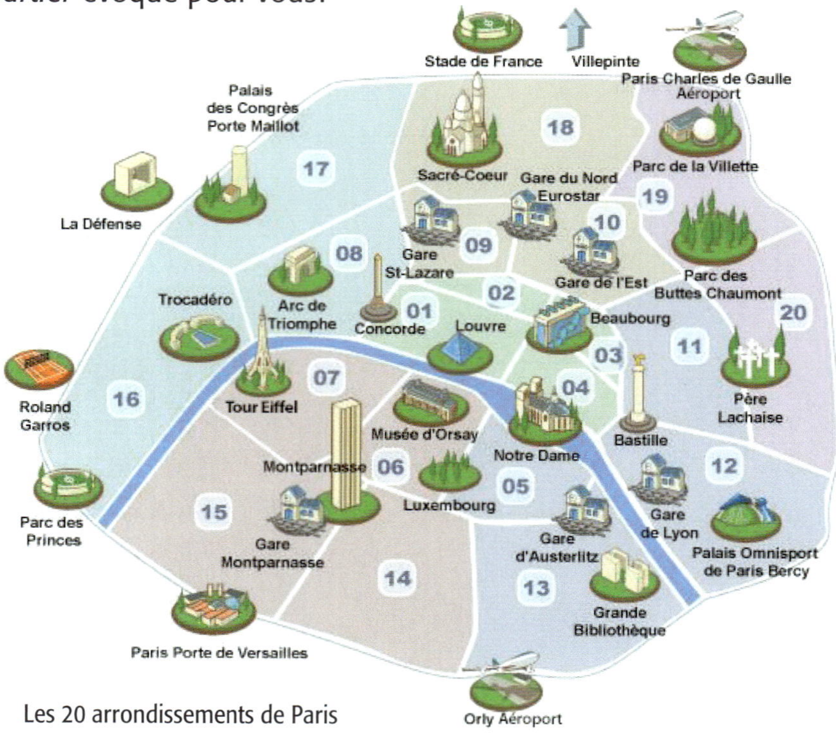

Les 20 arrondissements de Paris

6 Le métro parisien

Cherchez un plan de métro en ligne et faites les activités suivantes.

1. Vous prenez le métro. Vous êtes à Concorde et vous allez à Porte des Lilas. Puis, vous êtes à Châtelet et vous allez à Pasteur. Complétez les informations suivantes pour chaque voyage.
   - destination finale
   - nom de la ligne
   - correspondances (*transfers*)
   - nouvelle direction (nom de la nouvelle ligne)
2. Le métro et l'histoire: trouvez le nom des stations qui font référence aux éléments suivants:
   - un scientifique
   - un homme politique
   - un artiste
   - une ville française
   - une bataille (*battle*)

Recherche: plan du métro paris, ratp

Traditions et pratiques

Ce ne sont pas seulement les jeunes Français sans voiture qui prennent les transports en commun, mais tous ceux qui ne veulent pas prendre leur voiture en ville, soucieux (*caring for*) de l'économie et de l'écologie.

Une bouche de métro parisienne

Révision: Present Tense of the Irregular Verbs *vouloir, pouvoir, devoir,* and *falloir*

Here are the present tense forms of the irregular verbs **vouloir** (*to want*), **pouvoir** (*to be able to, can*), and **devoir** (*to have to, must*).

vouloir			
je	**veux**	nous	**voulons**
tu	**veux**	vous	**voulez**
il/elle/on	**veut**	ils/elles	**veulent**

Veux-tu aller à la librairie? — *Do you want to go to the bookstore?*
Oui, je **veux** acheter des livres. — *Yes, I want to buy some books.*

Usage Tip

In French, **je voudrais** (*I would like*) instead of **je veux** is used to ask for something politely. For example, **Je voudrais une crêpe au chocolat, s'il vous plaît.**

pouvoir			
je	**peux**	nous	**pouvons**
tu	**peux**	vous	**pouvez**
il/elle/on	**peut**	ils/elles	**peuvent**

Vous **pouvez** m'indiquer le chemin? — *Can you show me the way?*
Oui, nous **pouvons** t'aider. — *Yes, we can help you.*

devoir			
je	**dois**	nous	**devons**
tu	**dois**	vous	**devez**
il/elle/on	**doit**	ils/elles	**doivent**

Où est-ce que vous **devez** aller? — *Where do you have to go?*
Nous **devons** aller au cabinet du médecin. — *We have to go to the doctor's office.*

The only present tense form of the verb **falloir** (*to be necessary*) is **il faut** (*it is necessary*). Note that the phrase **il faut** expresses an obligation and may be translated in different ways: *it is necessary…, one has to…, one must…, we have to…, we must….*

	falloir
Il	**faut**

Il **faut** aller à la pharmacie. — *It's necessary to go to the pharmacy. (We have to go to the pharmacy.)*

7 Mercredi après-midi

Presentational Speaking or Writing

Dites ce que tout le monde veut faire pendant le weekend.

aller en ville **faire du shopping** **écouter de la musique** **jouer au foot**
lire **faire du roller** **regarder un dessin animé** **aller au cinéma**

MODÈLE je
Je veux jouer au foot.

1. tu

2. Solange et moi, nous

3. Aïcha

4. je

5. Marcel et toi, vous

6. Monique et Jérôme

7. Thomas

8 Qu'est-ce qu'on peut faire à Paris?

Presentational Speaking or Writing

Dites ce que ces personnes peuvent faire selon leurs préférences.

aller au stand de crêpes | **faire une promenade au jardin des Tuileries**
acheter quelque chose à la boutique du musée | **acheter *Pariscope* au kiosque à journaux**
visiter le musée d'Orsay | **faire du shopping au Printemps**
choisir des livres à la librairie | **prendre quelque chose à la brasserie**

MODÈLE Marie-Alix adore les crêpes.
Marie-Alix peut aller au stand de crêpes.

1. Toi, tu aimes l'art impressionniste.
2. Dikembe et Robert aiment les livres.
3. Toi et ton ami, vous aimez marcher.
4. Sandrine aime manger.
5. Mon frère et moi, nous aimons les objets d'art.
6. Sandrine et toi, vous aimez acheter des vêtements.
7. J'aime aller au cinéma.

On recycle!
Avec un partenaire, décrivez un objet de l'Activité 8 (un vêtement, un tableau, une salle de cinéma, etc.) avec des adjectifs (taille, couleur, etc.).

9 Le bulletin de notes

Presentational Speaking or Writing

Dites ce que les élèves du cours de M. Lambert doivent ou ne doivent pas faire selon ce qu'il a écrit sur leur bulletin de notes.

MODÈLE Marc: Faites tous les devoirs!
Marc doit faire tous les devoirs.

1. Salim et Lamine: Parlez plus en classe!
2. je: Essayez d'écrire plus!
3. Chloé: Complétez votre projet culturel!
4. tu: Arrivez à l'heure!
5. Anne et moi, nous: Ne parlez pas en classe!
6. Luc: Finissez vos devoirs!
7. Alice et toi, vous: Ne mangez pas en classe!

10 On doit? On peut? On veut?

Interpersonal Speaking

À tour de rôle, posez des questions à votre partenaire en utilisant les éléments donnés.

MODÈLE tu/devoir/aller au cabinet dentaire demain
A: Est-ce que tu dois aller au cabinet dentaire demain?
B: Oui, je dois aller au cabinet dentaire demain. Et toi?
A: Non, je ne dois pas aller au cabinet dentaire demain.

1. tes parents/devoir/acheter quelque chose à la pharmacie
2. tu/devoir/mettre le couvert le soir
3. on/pouvoir/dîner dans une brasserie samedi
4. ta mère/pouvoir/acheter *Pariscope* au kiosque à journaux
5. ton frère/vouloir/acheter un livre à la librairie
6. ta famille et toi, vous/vouloir/visiter un parc d'attractions cet été
7. tu/vouloir/regarder un reportage sportif ce soir

11 Où faut-il aller?

Presentational Speaking or Writing

Lisez ce que ces personnes veulent faire et dites où il faut aller.

au kiosque à journaux **au cabinet du médecin** **au musée**
à la brasserie **à la pharmacie** **au salon de coiffure** **à la librairie**

MODÈLE Thomas veut voir des tableaux.
Alors, il faut aller au musée.

1. Manu veut voir un médecin.
2. Khaled veut acheter quelque chose pour sa sœur qui est malade.
3. Mayanne et Chantal veulent acheter des livres.
4. Viviane veut acheter un journal (*newspaper*).
5. Luc et moi, nous voulons prendre le déjeuner.
6. Christophe et Isabelle veulent une nouvelle coiffure (*hairstyle*).

Il faut aller au bureau de tabac pour acheter un billet de loterie.

Révision: Irregular Past Participles

Here are the verbs you've learned that have irregular past participles in the **passé composé** formed with the verb **avoir**.

Infinitive	Past Participle	Passé Composé
avoir	**eu**	J'**ai eu** peur sur les montagnes russes.
devoir	**dû**	Tu **as dû** emmener ta sœur à la teuf.
être	**été**	Il **a été** malade lundi dernier.
faire	**fait**	Elle **a fait** un tour de grande roue samedi.
falloir	**fallu**	Il **a fallu** demander le chemin.
lire	**lu**	**Avez**-vous **lu** ce livre?
mettre	**mis**	L'artiste **a mis** des couleurs vives.
offrir	**offert**	Nous **avons offert** un cadeau à notre mère.
pleuvoir	**plu**	Il **a plu** toute la journée hier.
pouvoir	**pu**	Hier soir, je n'**ai** pas **pu** aller au concert.
prendre	**pris**	Elles **ont pris** le métro jusqu'à la gare.
suivre	**suivi**	**As**-tu **suivi** un guide au musée d'Orsay?
voir	**vu**	Qu'est-ce qu'il **a vu** au Louvre?
vouloir	**voulu**	Nous n'**avons** pas **voulu** regarder la télé.

Il a plu quand Diane a fait un tour à vélo.

12 Qu'as-tu fait le weekend dernier?

Interpersonal Speaking

À tour de rôle, demandez à votre partenaire s'il ou elle a fait les choses suivantes le weekend dernier.

MODÈLE voir le concert

A: Est-ce que tu as vu le concert le weekend dernier?

B: Oui, j'ai vu le concert le weekend dernier./Non, je n'ai pas vu le concert le weekend dernier.

1. suivre un cours de dessin
2. prendre le déjeuner à la brasserie
3. voir ton feuilleton préféré à la télé
4. être malade
5. mettre un nouvel ensemble
6. avoir peur sur les montagnes russes
7. faire un tour de ton quartier
8. devoir faire tes devoirs

13 Une journée à Paris

Interpretive Reading, Presentational Speaking or Writing

Lisez le journal d'Edwige et dites ce qu'elle a fait le premier jour de son voyage à Paris.

MODÈLE **Edwige a pris une photo du groupe à 6h00.**

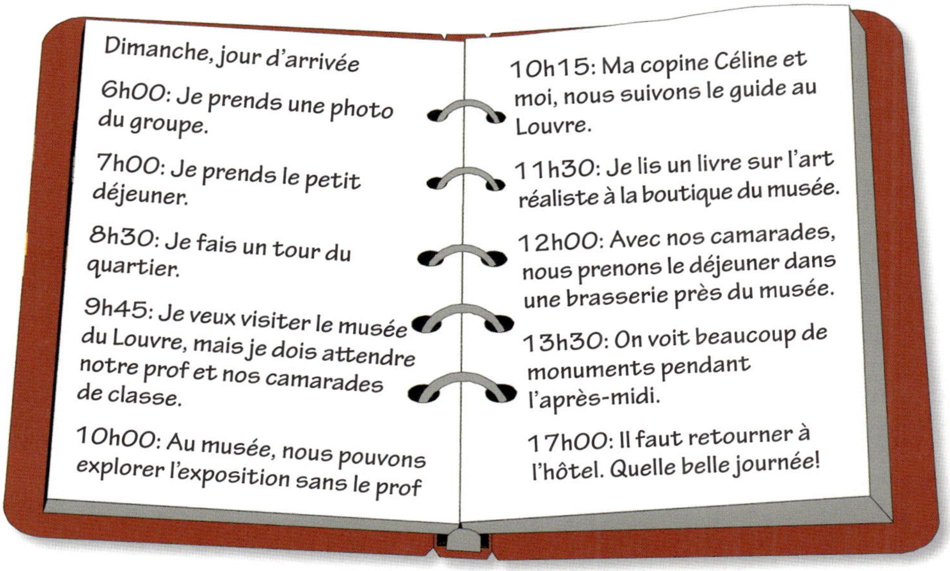

14 Qu'est-ce que tu as fait?

Interpretive Listening

*Xavier et Leïla parlent d'un voyage à Paris. Écrivez les numéros 1 – 6 sur votre papier. Ensuite, écoutez leur conversation, et dites si les phrases suivantes sont vraies (**V**) ou fausses (**F**).*

1. Leïla a fait un voyage en famille.
2. Elle a pris l'avion pour aller à Paris.
3. Leïla a pu voir des chefs-d'œuvre au Louvre.
4. Leïla et sa famille ont mangé des crêpes à midi.
5. Ils ont vu un match de foot.
6. La lumière n'a pas été bonne.

Révision: The Imperative

The imperative is used to give commands and make suggestions. Each verb has three imperative forms that are the same as the **tu**, **nous**, and **vous** forms of the present tense. Here are the imperative forms of regular **-er**, **-ir**, and **-re** verbs. As in English, the subject pronoun is dropped for all imperative forms; the **tu** form of **-er** verbs drops the final **s**.

	écouter	finir	attendre
(tu)	Écoute!	Finis!	Attends!
(nous)	Écoutons!	Finissons!	Attendons!
(vous)	Écoutez!	Finissez!	Attendez!

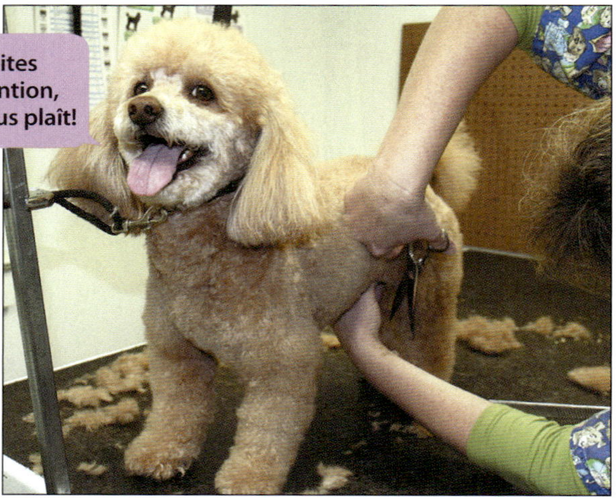

Finis tes devoirs! — *Finish your homework!*
Finissez vos devoirs! — *Finish your homework!*
Finissons nos devoirs! — *Let's finish our homework!*

To make imperative forms negative, put **ne** (**n'**) in front of the verb and **pas** after it.

Ne suivez **pas** cette rue! — *Don't follow (take) this street!*

15 Fais quelque chose!

Interpersonal Speaking

À tour de rôle, dites à votre partenaire de faire une chose et pas l'autre.

MODÈLE dîner dans une brasserie ou faire la cuisine?
A: Est-ce que je dois dîner dans une brasserie ou faire la cuisine?
B: Dîne dans une brasserie! Ne fais pas la cuisine!

1. visiter un musée ou regarder un match à la télé?
2. manger du chocolat ou finir mes devoirs?
3. faire du shopping ou aider mes parents?
4. faire une promenade en ville ou jouer aux jeux vidéo?
5. aller en ville avec des amis ou rendre visite à mes grands-parents?
6. choisir d'aller au concert ou rester à la maison?
7. prendre le déjeuner à table avec ma famille ou manger devant la télé?

Comparaisons

Is the imperative regular in English? How would you translate these sentences?

Attendez le prof!
Attendons nos amis!

16 Vous pouvez m'indiquer le chemin?

Interpretive Viewing, Interpersonal Speaking

Avec un partenaire, jouez les rôles d'un(e) touriste qui demande à la réceptionniste de l'hôtel le chemin pour aller à chaque site sur le plan. Vous commencez toujours à l'hôtel (rue Pasteur).

MODÈLE la banque

A: Pouvez-vous m'indiquer le chemin pour aller à la banque, s'il vous plaît?

B: Prenez la rue Pasteur, continuez tout droit jusqu'à la rue Malbec, tournez à gauche et la banque est à votre droite.

1. la brasserie
2. le musée
3. la poste
4. le kiosque à journaux
5. la librairie
6. la pharmacie
7. l'église

À vous la parole

Question centrale ? What stories are told by the art and architecture of Paris?

Communiquez!

17 As-tu déjà...?

Interpersonal Speaking

Interviewez vos camarades de classe pour trouver s'ils ont fait les choses suivantes.

1. être perdu(e) dans une grande ville
2. faire du patinage artistique
3. mettre un costume de pirate
4. voir *La Joconde*
5. voyager au Québec
6. avoir une consultation avec une voyante
7. offrir une carte cadeau d'une librairie
8. rencontrer une personne célèbre

18 Je suis perdu(e)

Interpretive Viewing, Interpersonal Speaking

A friend is trying to find your apartment building and calls you for directions. Using the map on p. 97 and the imperative, give directions from the post office to your apartment building at **96, rue Pasteur**, behind the **pharmacie**.

19 Allons au musée!

Interpretive Reading, Interpersonal Speaking

Your French-Canadian e-pal is visiting you in Paris. You are meeting at the **Centre Pompidou**. Ask him or her where he or she is staying; then use the museum's website to find the nearest metro stop and determine the route. Give him or her directions from the metro stop to the museum.

Recherche: carte interactive de paris

Pre-AP

Communiquez!

Vahine no te tiare, 1891. Paul Gauguin.

Sur la plage, 1873. Édouard Manet.

Une description d'art

To describe a portrait:

- describe the person's physical appearance: hair color, eye color, and size
- give the person's age and nationality
- describe what the person is wearing
- describe the person's personality or character using **avoir l'air** + ADJECTIVE(S)
- describe the setting of the portrait if there is one

To describe an outdoor scene:

- tell what season it is
- state the time of day
- describe the weather
- describe what is seen in the foreground (**au premier plan**), middle ground (**au second plan**), and background (**à l'arrière-plan**).

20 Deux tableaux français

Interpretive Reading

*Dites si la phrase décrit **A**, le portrait, ou **B**, la scène.*

1. Elle a les cheveux longs et noirs, et les yeux noirs.
2. Au premier plan, il y a des gens sur une plage.
3. À l'arrière-plan, on voit des voiliers et d'autres bateaux à l'horizon.
4. Les couleurs jaune et orange sont très vives et prennent presque toute la place du tableau.
5. Les couleurs sont assez sombres.
6. Le sujet a l'air assez sérieux.

21 Un tableau que j'aime au Louvre

Interpretive Viewing

Allez sur le site officiel du musée du Louvre. Cliquez sur "Œuvres," puis "Collections et Départements," puis "Peintures." Trouvez un tableau que vous aimez et décrivez-le. Répondez aux questions suivantes pour organiser votre paragraphe.

1. Est-ce un portrait ou une scène?
2. Est-ce un tableau de la Renaissance (du 14ème siècle au début du 17ème siècle), un tableau baroque (1580–1670), classique (1650–1760), rococo (1740–1800), néo-classique (1770–1830), ou romantique (1800–1880)?
3. Comment sont les couleurs?
4. Quelle est l'ambiance du tableau?
5. Comment est le sujet ou paysage (*landscape*) du tableau? Décrivez-le.

Recherche: musée du louvre

Leçon C

Vocabulaire actif

On se déplace....

Les moyens de transport (m.). On se déplace…

en voiture

en autobus, en bus

en taxi

en bateau

en train

en métro

en RER

en avion

en scooter

à vélo

à pied

en Vélib'

en Autolib'

Versailles

le château de Versailles

la chapelle

une reine, un roi

la galerie des Glaces

la chambre de la Reine dans les petits appartements

le hameau de la Reine

les jardins de Versailles

Pour la conversation

How do I ask about transportation?

» Qu'est-ce qu'on fait pour aller à Versailles?
How do we get to Versailles?

How do I respond?

» On **fait une excursion** en RER.
We are taking a trip by RER.

Et si je voulais dire...?

une aire de repos	*rest area*
l'autoroute (f.)	*highway*
avoir le mal de mer	*to be seasick*
avoir le mal des transports	*to have motion sickness*
un port	*port, harbor*
une trottinette	*(foot-powered) scooter*

1 Quelle ambiance!

Interpretive Reading

Augustine fait sa première visite de Paris. Lisez son mail à ses parents à Montréal. Ensuite, répondez aux questions.

À Papa et Maman
Cc:
Sujet: Paris

Salut! C'est moi à Paris!

J'adore Paris! Avant-hier (*the day before yesterday*), on est allé au Louvre en métro le matin. L'après-midi, on a circulé en ville à vélo. C'est le moyen de transport le plus facile pour voir beaucoup de choses et le meilleur pour l'environnement! Hier, on a fait une excursion en RER pour visiter le château de Versailles. Pendant la visite, j'ai appris beaucoup de choses sur les reines et les rois de France. Dans la galerie des Glaces, vous ne pouvez pas imaginer la lumière. Ça crée une ambiance magique. Les jardins et le hameau de la Reine sont aussi remarquables. J'ai décidé que Paris et Versailles sont les plus jolis endroits du monde. Mais ne vous inquiétez pas, Maman et Papa. Je vais rentrer après l'excursion!

À bientôt,

Augustine

1. Quel musée Augustine a-t-elle visité à Paris?
2. Quel moyen de transport est-ce qu'elle a pris pour aller au musée?
3. Quel moyen de transport est-ce qu'Augustine a utilisé en ville?
4. Quelle est son opinion de ce moyen de transport?
5. Quel autre endroit est-ce qu'Augustine a visité pendant son voyage?
6. Quels aspects de cet endroit est-ce qu'Augustine a beaucoup aimés?
7. Quelle est son opinion de Paris?

2 On y va comment?

Presentational Speaking or Writing

Expliquez comment on se déplace.

1. Pour faire une excursion de Paris à Versailles, on peut y aller....
2. Si les ados habitent à côté du lycée, ils y vont....
3. Pour bien voir Paris depuis (*from*) la Seine, on visite la ville....
4. Circuler... est plus rapide que de circuler....
5. Aller... est bon pour l'environnement.
6. On peut voyager... pour aller à Londres.

3 Tu y vas comment?

Interpretive Listening and Viewing

Écrivez les numéros 1–7 sur votre papier. Écoutez les dialogues. Ensuite, choisissez la lettre de l'image qui correspond à chaque description.

A.

B.

C.

D.

E.

F.

G.

4 Questions personnelles

Interpretive Speaking

Répondez aux questions avec un partenaire.

1. Quels moyens(s) de transport(s) préfères-tu utiliser avec des ami(e)s? en famille?
2. Comment est-ce que tu viens au lycée le matin?
3. Comment vas-tu en ville ou au centre commercial?
4. À ton avis, quel est le moyen de transport le plus facile? le plus rapide? le moins cher? le plus simple?
5. La dernière fois que tu as fait quelque chose avec des ami(e)s, comment est-ce que vous avez fait pour arriver à votre destination?
6. Est-ce que tu as déjà vu un château? Si oui, où?
7. Que penses-tu du château de Versailles?

Une excursion à Versailles

Rachid rend visite à Madiba pour regarder le site du château de Versailles sur Internet.

Madiba: Bon, tu es venu en métro?

Rachid: En métro, puis à pied. Tu habites loin de chez moi.

Madiba: Tu es sorti avec Manon hier soir?

Rachid: Oui, on a dansé en boîte. C'était formidable!

Madiba: Bon, qu'est-ce qu'on fait pour aller à Versailles?

Rachid: Regarde! Deux possibilités: on fait une excursion en RER à Versailles-Rive-Droite ou en train à Versailles-Rive-Gauche par la gare Montparnasse.

Madiba: Le plus simple pour nous, c'est de partir en RER.

Rachid: Et on visite quoi? Qu'est-ce qu'il y a à voir?

Madiba: Qu'est-ce qu'il y a à voir?! Tu te moques de moi?

Rachid: Non, pas du tout. C'est ma première visite.

Madiba: On peut faire la visite du château avec la galerie des Glaces, la chapelle, la chambre du Roi et de la Reine, les petits appartements… la totale!

Rachid: La dernière fois, tu es allée au syndicat d'initiative. On peut demander un plan des jardins? Ça t'intéresse?

Madiba: Ah! Je vois… toi, ça serait plutôt jardin? Mais j'insiste sur un tour de l'intérieur d'abord.

Rachid: Et pour moi, les bassins, les Grandes Eaux, les bosquets, l'Orangerie… c'est ce que Louis XIV préférait.

Madiba: Alors, si le roi Rachid XIV le dit… alors, partons!

5 Une excursion à Versailles

Mettez les événements suivants dans l'ordre chronologique.

1. Madiba veut visiter la galerie des Glaces et les chambres du Roi et de la Reine.
2. Rachid veut demander un plan des jardins au syndicat d'initiative de Versailles.
3. Rachid danse en boîte.
4. On veut faire une promenade dans l'Orangerie du château.
5. On suggère d'aller à Versailles en RER.

EXTENSION Un voyage en famille

Brigitte et sa cousine Méline parlent des vacances de Brigitte et sa famille.

Méline: Et vous partez quand?

Brigitte: Dans dix jours… on prend l'avion le soir du départ en vacances. On a loué à Alger et ensuite, on part en voiture vers le sud.

Méline: Tu vas voir, c'est superbe, le sud. Allez jusqu'au désert. Vos parents ont préparé un itinéraire?

Brigitte: Tu les connais… c'est moi qui vais le faire!

EXTENSION Brigitte et sa famille vont passer les vacances en Europe, aux Caraïbes, en Afrique subsaharienne, ou en Afrique du Nord?

Points de départ

Pre-AP

Question centrale ? What stories are told by the art and architecture of Paris?

Offices de tourisme

La France compte plus de 2 400 offices de tourisme, 1 100 points d'informations, et 400 syndicats d'initiatives. Ces offices de tourisme s'occupent de* la valorisation et de la promotion d'une ville ou d'une région. On trouve des informations sur les hôtels et maisons d'hôtes*, la restauration*, les espaces de loisirs*, les monuments à visiter, les promenades et excursions à faire. Les offices de tourisme diffusent* également* l'information sur les manifestations* culturelles et les activités sociales. Les offices de tourisme proposent de nouveaux outils numériques: un guide i-mobile qui met à disposition des visiteurs* un guide Internet consultable sans connexion Internet; des points i-mobile qui permettent aux visiteurs de profiter d'une connexion wifi gratuite* (et sécurisée) et de charger leurs appareils* mobiles.

Recherche: offices de tourisme de france, tourisme.fr

s'occupent *are responsible for*; **maisons d'hôtes** *bed-and-breakfasts*; **restauration** *restaurants*; **espaces de loisirs** *entertainment areas*; **diffusent** *give out*; **également** *also*; **manifestations** *events*; **met à disposition des visiteurs** *makes available to visitors*; **profiter d'** *to benefit from*; **gratuite** *free*; **appareils** *devices*

À DISCUTER

What is the advantage of going to a tourist office or visitor center when you already possess a mobile device with Internet access?

Le RER

Le réseau* express régional d'Île-de-France, plus connu sous le nom de RER, est un moyen de transport express qui sert Paris et les banlieues* parisiennes. Partie métro, partie train, il a cinq lignes: A, B, C, D, et E. Il y a 249 stations de RER sur 587 km (365 miles) de voies*. Le RER transporte presque trois millions de voyageurs par jour. Il est interconnecté à la fois au métro, aux grandes gares parisiennes (Gare de Lyon, Gare du Nord) et aux aéroports (Roissy–Charles de Gaulle et Orly).

réseau *network*; **banlieues** *suburbs*; **voies** *tracks*

Produits

Le RER a inspiré plusieurs cinéastes francais; on le retrouve dans *Subway* avec Isabelle Adjani et Christophe Lambert, *Buffet froid* avec Gérard Depardieu, et *La fille du RER* avec Catherine Deneuve.

Le RER va plus loin et se déplace plus vite que le métro.

Versailles

Le château de Versailles est l'un des monuments les plus visités de France et l'un des plus grands châteaux du monde. Le château a 900 pièces, et il est entouré* d'un immense parc. Les pièces les plus célèbres sont les appartements du Roi et de la Reine et la galerie des Glaces. C'est Louis XIV qui fait construire* le château au 17ème siècle et en fait sa résidence officielle. Le château est aussi la résidence des rois Louis XV et Louis XVI jusqu'en 1789, où* commence la Révolution française. À part son importance comme résidence royale, le château a joué d'autres rôles dans l'histoire. C'est ici, dans la galerie des Glaces, qu'on a signé le traité de Versailles qui a mis fin à la Première Guerre mondiale* (1919).

Dans le domaine de Versailles, on peut visiter les appartements royaux et la galerie des Glaces du grand château, les jardins avec leurs fontaines, deux autres petits châteaux qui s'appellent le Grand Trianon et le Petit Trianon, le hameau de la Reine, et l'Orangerie. Le hameau est une petite ferme que Marie-Antoinette, la dernière reine de France avant la Révolution, a fait construire pour s'amuser avec ses amis.

L'emblème du Roi-Soleil, Louis XIV, se retrouve sur les portes et portails du château.

Recherche: versailles site officiel

entouré *surrounded*; **fait construire** *has built*; **où** *when*; **Première Guerre mondiale** *World War I*

Comparaisons

Faites la conversion de 715 hectares, la taille du parc de Versailles, en *acres*.

6 Activités culturelles

Faites les activités suivantes.

1. Retrouvez dans les différents textes ce à quoi correspondent ces chiffres:
   - 249
   - 900
2. Dites à quels événements correspondent ces deux dates:
   - 1789
   - 1919
3. Préparez un séjour en France. Aidez-vous du site Internet de l'office de tourisme des endroits (*places*) que vous allez visiter.
4. Faites un plan de Versailles. Sur votre plan, indiquez les différents édifices cités dans le texte.
5. Faites une recherche sur Internet sur la représentation (actrices, pays d'origine des films, scénario) de Marie-Antoinette au cinéma.

L'office de tourisme de Versailles

Recherche: tourisme.fr, versailles, films sur marie-antoinette

Versailles est connu pour ses jardins superbes.

La chapelle a été construite en 1689.

Du côté des médias

7 Prenons le RER!

Trouvez un plan du RER sur le site de la RATP. Puis faites les activités suivantes.

1. Prenez le RER! Vous partez de la tour Eiffel pour aller à Disneyland-Paris. Indiquez votre itinéraire par le RER.
2. Dites quelle ligne de RER on prend pour aller:
   - au Stade de France pour voir un match.
   - au musée d'Orsay pour voir les tableaux impressionnistes.
   - au quartier de La Défense pour voir l'Arche.
   - à la Cité internationale universitaire de Paris.
   - au parc de la Villette.
   - à Bercy pour un concert.

Recherche: plan du rer paris, ratp

Question centrale: What stories are told by the art and architecture of Paris?

Visite du musée d'Orsay

Introduction

Êtes-vous passionné(e) d'arts plastiques? Visitez-vous parfois des musées d'art? Vous allez d'abord naviguer sur le site web du musée d'Orsay, puis faire le programme d'une visite.

Investigation

8 On découvre le musée d'Orsay

Avec un partenaire, suivez ces étapes pour découvrir le musée d'Orsay.

1. Allez sur le site officiel du musée d'Orsay. Cliquez sur "Collections" et trouvez "l'histoire du musée." Qu'est-ce que le musée était avant?
2. Cliquez sur "Visite." Naviguez et trouvez:
   - un plan du musée.
   - des photos et des vidéos des œuvres de la collection.
   - des renseignements pratiques (*practical information*).
   - la boutique.

Recherche: musée d'orsay site officiel

9 J'ai visité le musée...

Écrivez un mail à votre professeur de français et parlez de votre visite au musée d'Orsay. Dans votre mail, utilisez les informations sur le site web et:

- dites quel jour et à quelle heure vous avez visité le musée.
- dites combien vous avez payé pour entrer dans le musée.
- faites une description de votre tableau préféré.
- mentionnez trois choses que vous avez achetées à la boutique et combien vous avez payé.
- dites à quelle heure vous avez fini votre visite.

10 Réflexions

Répondez individuellement en anglais aux questions suivantes. Ensuite, discutez de vos idées avec vos camarades de classe.

1. In your opinion, why is the **musée d'Orsay** such a popular museum? Which museums in the United States enjoy the same kind of popularity? Why?
2. What kind of stories about art and architecture does Paris tell? Is visiting a museum a good way to learn about a city, region, or country? Why or why not?

Present Tense of the Irregular Verbs *partir* and *sortir*

Here are the present tense forms of the irregular verbs **partir** (*to leave*) and **sortir** (*to go out/to leave*).

Julie sort avec ses amies.

partir			
je	**pars**	nous	**partons**
tu	**pars**	vous	**partez**
il/elle/on	**part**	ils/elles	**partent**

À quelle heure **partez**-vous? *At what time are you leaving?*
Je **pars** à huit heures. *I am leaving at 8:00.*

Usage Tip

With **partir** and **sortir**, include the preposition **de** when indicating the place from which one is leaving. Include the preposition **à** when indicating the place out to which one is going/for which one is leaving.

On part **de** l'église à midi. *We're leaving church at noon.*
Vous sortez **au** Canada? *Are you leaving for Canada?*

sortir			
je	**sors**	nous	**sortons**
tu	**sors**	vous	**sortez**
il/elle/on	**sort**	ils/elles	**sortent**

Elle **sort** souvent avec ses amies? *Does she go out often with her friends?*
Mes parents ne **sortent** jamais. *My parents never go out.*

Comparaisons

What Is the English equivalent of this sentence?

On part de la librairie à midi.

11 Comment partent-ils?

Interpretive Viewing, Presentational Speaking or Writing

*Dites comment les personnes suivantes partent en utilisant la bonne forme du verbe **partir**.*

MODÈLE je
Je pars en métro.

1. Julie et Valérie

2. nous

3. Marc et Annie

4. Kemajou

5. Gilberte

6. tu

7. vous

12 Avec qui est-ce qu'on sort?

Presentational Speaking or Writing

C'est le weekend. Dites qui sort avec qui.

MODÈLE Ghislaine/sa cousine
Ghislaine sort avec sa cousine.

1. Christine et moi, nous/Chantal
2. je/ma sœur
3. Akim et toi, vous/votre famille
4. Étienne/sa copine
5. tu/Théo
6. Chadia et Patrick/leurs amis
7. Céline/son mari

Où sortent les Perrin?

Révision: Passé composé with être

You have learned that the **passé composé** is made up of the present tense form of a helping verb and the past participle of the main verb.

To form the past participle of **-er** verbs, drop the **-er** and add **-é**.
To form the past participle of most **-ir** verbs, drop the **-ir** and add **-i**.
To form the past participle of most **-re** verbs, drop the **-re** and add **-u**.

visiter → visit**é**
partir → part**i**
attendre → attend**u**

While **avoir** is the most common helping verb, some verbs form their **passé composé** with the helping verb **être**.

Étienne **est sorti** de la maison. *Étienne went out of the house.*

(*helping verb*) (*past participle of* ***sortir***)

Martine est allée chez le médecin après le match de foot.

The form of **être** agrees with the subject. The past participle of the verb agrees with the **gender** (masculine, feminine) and **number** (singular, plural) of the subject. An **-e** is added to the past participle if the subject is feminine. An **-s** is added if the subject is plural. For example, in **nous sommes allées**, the subject is both feminine and plural.

	aller		**partir**		**descendre**	
je (m.)	**suis**	**allé**	**suis**	**parti**	**suis**	**descendu**
je (f.)	**suis**	**allée**	**suis**	**partie**	**suis**	**descendue**
tu (m.)	**es**	**allé**	**es**	**parti**	**es**	**descendu**
tu (f.)	**es**	**allée**	**es**	**partie**	**es**	**descendue**
il	**est**	**allé**	**est**	**parti**	**est**	**descendu**
elle	**est**	**allée**	**est**	**partie**	**est**	**descendue**
on	**est**	**allé**	**est**	**parti**	**est**	**descendu**
nous (m. pl.)	**sommes**	**allés**	**sommes**	**partis**	**sommes**	**descendus**
nous (f. pl.)	**sommes**	**allées**	**sommes**	**parties**	**sommes**	**descendues**
vous (m. sing.)	**êtes**	**allé**	**êtes**	**parti**	**êtes**	**descendu**
vous (f. sing.)	**êtes**	**allée**	**êtes**	**partie**	**êtes**	**descendue**
vous (m. pl.)	**êtes**	**allés**	**êtes**	**partis**	**êtes**	**descendus**
vous (f. pl.)	**êtes**	**allées**	**êtes**	**parties**	**êtes**	**descendues**
ils	**sont**	**allés**	**sont**	**partis**	**sont**	**descendus**
elles	**sont**	**allées**	**sont**	**parties**	**sont**	**descendues**

Most verbs that use **être** in the **passé composé** express motion or movement of the subject from one place to another. Some verbs have irregular past participles.

	Infinitive	Past Participle	Meaning
	all**er**	all**é**	*went*
	arriv**er**	arriv**é**	*arrived*
	descend**re**	descend**u**	*went down, got off*
	entr**er**	entr**é**	*entered*
	mont**er**	mont**é**	*went up, got on, got in*
	rentr**er**	rentr**é**	*came home, returned, came back*
	rest**er**	rest**é**	*stayed, remained*
	retourn**er**	retourn**é**	*returned*
	part**ir**	part**i**	*left*
	sort**ir**	sort**i**	*went out*
but:	ven**ir**	ven**u**	*came*
	deven**ir**	deven**u**	*became*
	reven**ir**	reven**u**	*came back, returned*

To make a sentence negative in the **passé composé**, put **ne** (**n'**) before the form of **être** and **pas** after it.

Nous **ne** sommes **pas** descendus à Châtelet. *We did not get off at Châtelet.*

To use inversion to ask a question in the **passé composé**, put the subject pronoun after the form of **être** and join the two with a hyphen.

Sont-elles **montées** à la tour Eiffel? *Did they go up (to the top of) the Eiffel Tower?*

13 Qu'est-ce qu'on a fait?

Presentational Speaking or Writing

Complétez les phrases suivantes par la forme correcte du participe passé du verbe entre parenthèses.

MODÈLE Amélie est... avec un copain. (sortir)
Amélie est sortie avec un copain.

1. Les amies sont... à Paris à huit heures. (arriver)
2. Robert est... pour le château de Versailles. (partir)
3. Je ne suis pas... au musée d'Orsay. (aller)
4. Mes parents ne sont pas... du hameau de la Reine. (venir)
5. Julie est-elle... hier matin? (rentrer)
6. Les copines sont... malades après le voyage. (devenir)
7. Madame, êtes-vous... chez vous? (rester)

M. Lamare et son chien sont allés au café.

14 On est allé où?

Interpretive Viewing, Presentational Speaking or Writing

C'est la rentrée. Les élèves parlent de leurs voyages pendant les vacances. Dites comment ils sont partis et où ils sont allés.

MODÈLES

Jean
Jean est parti en métro.
Il est allé à la tour Eiffel.

1. Jamila

2. moi, je

3. Khaled et toi, vous

4. Jean-François et Karine

5. toi

6. Brigitte et moi, nous

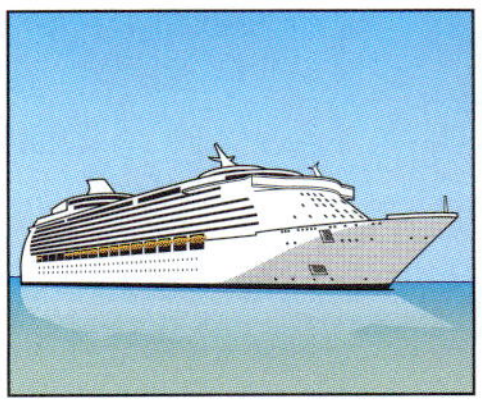

7. Michèle et Laure

15 Avec qui es-tu sorti(e)?

Interpersonal Speaking

Demandez à votre partenaire ce qu'il ou elle a fait le weekend dernier. Suivez le modèle.

MODÈLE vendredi soir
A: Avec qui es-tu sorti(e) vendredi soir?
B: Vendredi soir, je suis sorti(e) avec un copain.
A: Où êtes-vous allé(e)s?
B: Nous sommes allé(e)s à la brasserie et au ciné.
A: À quelle heure êtes-vous parti(e)s du ciné?
B: Nous sommes parti(e)s à minuit.

1. samedi matin
2. samedi après-midi
3. samedi soir
4. dimanche matin
5. dimanche après-midi

16 Au présent ou au passé composé?

Interpretive Listening

Écrivez les numéros 1–8 sur votre papier. Écrivez **P** *si la phrase est au présent, ou* **PC** *si la phrase est dans le passé.*

Révision: Superlative of Adjectives

To say that someone or something is the most or the least of a certain quality, use the following construction:

le/la/les + plus/moins + ADJECTIVE

Both the definite article and the adjective agree in gender and in number with the noun they describe. If an adjective follows a noun, its superlative form also follows it. If an adjective precedes a noun, so does its superlative form.

C'est **le plus joli** tableau.	*It's the prettiest painting.*
C'est le tableau **le plus célèbre**.	*It's the most famous painting.*

Le scooter, c'est le meilleur moyen de transport!

The superlative of **bon** is **meilleur**.

Ce sont les **meilleurs** jardins.	*These are the best gardens.*
Nous avons la **meilleure** voiture.	*We have the best car.*

In superlative constructions, the word *in* is translated by **de** (**d'**).

Vous êtes le **meilleur** prof de l'école.	*You are the best teacher in the school.*
Ce sont les **meilleurs** musées de Paris.	*These are the best museums in Paris.*
J'ai vu les **meilleures** peintures du musée.	*I saw the best paintings in the museum.*

Comparaisons

Are the rules governing the placement of superlative adjectives the same in English as they are in French?

The TVG is the *fastest* train in France.
My mom bought the *most beautiful* painting!

17 Les lieux les plus....

Interpretive Reading

Mettez en ordre les éléments donnés pour faire des phrases en utilisant le superlatif.

1. le château/de France/le plus/est/le château de Versailles/célèbre
2. du château/la plus/la chapelle/sombre/est/la salle
3. la chambre du Roi et la chambre de la Reine/belles/de Versailles/sont/les plus/salles
4. a été/le plus/de France/Louis XIV/le roi/riche
5. vieux/les jardins de Versailles/les plus/jardins/de France/sont
6. la galerie des Glaces/salle/de Versailles/la plus/grande/est

18 Qui est le plus ou le moins...?

Interpersonal Speaking

À tour de rôle, demandez à votre partenaire son opinion sur les élèves et les profs de l'école.

MODÈLES l'élève (le plus sportif)
A: Qui est l'élève le plus sportif de l'école?
B: Amir est l'élève le plus sportif de l'école.

le prof (le plus nouveau)
A: Qui est le plus nouveau prof?
B: M. Kusick est le plus nouveau prof.

1. l'élève (la plus sérieuse)
2. le garçon (le plus charmant)
3. les élèves (les moins paresseux)
4. la prof (la plus nouvelle)
5. la fille (la plus grande)
6. le prof (le plus jeune)
7. la fille (la moins bavarde)
8. les élèves (les plus bavards)
9. le garçon (le plus beau)
10. la prof (la plus sympa)

À vous la parole

Question centrale ? What stories are told by the art and architecture of Paris?

Communiquez!

Vocabulaire utile

un carrosse *horse-drawn carriage;* **un canal** *canal*

19 Visite guidée avec le roi et la reine

Interpersonal Speaking

In groups of four, create and present a conversation in which King Louis XVI and Queen Marie-Antoinette give a tour of their home at Versailles to two royal guests. In your conversation, the king and queen should exchange greetings with their guests and discuss their guests' trip to Versailles. Then the royal couple should ask what their guests would like to see, make some suggestions, and explain which modes of transportation they can use to get around the grounds.

Recherche: versailles site officiel

20 Mon quartier de Paris

Interpretive Reading, Presentational Speaking

Imagine you spent a month in an apartment in Paris in one of the neighborhoods you have studied in this unit. Make an album of the places you frequented and the people you met in your **quartier**, and tell what you did in these places. For example, **Je suis allé(e) chez les petits commerçants où j'ai acheté mon pain, mon fromage, et mon pâté**. Present your neighborhood to several classmates. To do your research, find out which **arrondissement** your **quartier** is in and do searches like those below.

Recherche: boulangerie 5ème (quartier latin)

21 Un voyage

Presentational Speaking

You are spending a year in France on a study-abroad program. You have just come back from a holiday trip to one of France's neighboring countries. Say when you left; then describe the mode of transportation you took to get there and how you got from place to place. Describe what you saw. What was the most beautiful site? the most famous?

Recherche: SNCF, tourisme en (+ PAYS)

Art

Rencontre avec l'auteur

Yasmina Reza (1959–) est l'un des auteurs dramatiques francophones les plus joués au monde. Ses pièces (*plays*) mettent en scène des personnages contemporains dont elles révèlent les défauts (*defects*) et le ridicule. Cette sélection vient de la pièce la plus célèbre de Reza, *Art* (1994), traduite en 35 langues et jouée dans le monde entier. Qu'est-ce que vous apprenez de la pièce en lisant les indications scéniques et le dialogue de cette sélection?

Pré-lecture

Que pensez-vous de l'art moderne?

Stratégie de lecture

Drama Basics. Play scripts include stage directions and dialogue. Stage directions are notes that give information about how to perform the play. They may describe the setting, lighting, music, sound effects, entrances and exits, props, and movement of characters. Dialogue is the conversation between two or more characters. To understand these key elements of a play script, complete a chart like the one below as you read.

Setting:	
Characters:	
Conversation topic(s):	
Plot:	
What makes this dialogue humorous:	
Information provided by the stage directions:	

Outils de lecture

Finding Evidence in the Text. Based on their personal experience and evidence in the text, readers draw conclusions about what a piece of literature means. In this play, the two characters have opposing ideas about the value of modern art. Which character values modern art highly? Which one does not value it at all? Find evidence in the stage directions and dialogue to support your conclusions. You may have to make inferences to find the support you need. What does the playwright say about the nature of art?

Jeux d'été, 2005. Marc Laberge. Collection privée.

Art

Chez Serge.
Posée à même le sol*, une toile* blanche, avec de fins liserés* blancs transversaux*.*
Serge regarde, réjoui, son tableau.*
Marc regarde le tableau.
Serge regarde Marc qui regarde le tableau.
Un long temps où tous les sentiments se traduisent sans mot*.*

Marc: Cher?
Serge: Deux cent mille.
Marc: Deux cent mille?…
Serge: Handington me le reprend* à vingt-deux.
Marc: Qui est-ce?
Serge: Handington?!
Marc: Connais* pas.
Serge: Handington! La galerie Handington!
Marc: La galerie Handington te le reprend à vingt-deux?…
Serge: Non, pas la galerie. Lui. Handington lui-même*. Pour lui.
Marc: Et pourquoi ce n'est pas Handington qui l'a acheté*?
Serge: Parce que tous ces gens ont intérêt à vendre à des particuliers*. Il faut que le marché circule.
Marc: Ouais*….
Serge: Alors? Tu n'es pas bien là? Regarde-le d'ici. Tu aperçois* les lignes?
Marc: Comment s'appelle le….
Serge: Peintre. Antrios.
Marc: Connu*?
Serge: Très. Très!
Un temps.
Marc: Serge, tu n'as pas acheté ce tableau deux cent mille francs*?
Serge: Mais mon vieux*, c'est le prix*. C'est un ANTRIOS!
Marc: Tu n'as pas acheté ce tableau deux cent mille francs!
Serge: J'étais* sûr que tu passerais à côté*.
Marc: Tu as acheté cette cam* deux cent mille francs?!
Serge: Comment peux-tu dire "cette cam"?
Marc: Serge, un peu d'humour! Ris*!… Ris, vieux, c'est prodigieux que tu aies acheté ce tableau!
Marc rit.

Pendant la lecture
1. Que regardent Serge et Marc?

Pendant la lecture
2. Combien est-ce que Handington offre à Serge?

Pendant la lecture
3. De quoi Handington est-il le propriétaire (*owner*)?

Pendant la lecture
4. Qu'est-ce que Serge veut que son ami apprécie?

Pendant la lecture
5. Comment s'appelle l'artiste?

Analyse
In your own words, rewrite the dialogue in French from lines 8–27. Use complete sentences and try to capture the essence of the message expressed in each line.

Posée *Positioned*; **sol** *floor*; **une toile** *canvas*; **liserés** *raised strings of paint*; **transversaux** *criss-crossing*; **réjoui** *delighted*; **se traduisent** *are communicated*; **mot** *word*; **me le reprend** *is taking it off me*; **Connais** *know*; **lui-même** *himself*; **l'a acheté** *bought it*; **particuliers** *private individuals*; **Ouais** oui; **aperçois** *notice*; **Connu** *Known*; **francs** *currency in France before euro*; **mon vieux** mon camarade; **prix** *price*; **J'étais** *I was*; **passer à côté** *to miss (something)*; **cam (camelote)** *piece of junk*; **Ris** *Laugh*

Post-lecture

Quelle évidence trouvez-vous dans la sélection que Serge et Marc sont de bons amis?

Le monde visuel

Marc Laberge (1971–), peintre québécois, fait des tableaux modernes. L'art moderne est caractérisé par l'absence de personnes ou d'objets réalistes. Que manque-t-il dans ce tableau (p. 117)?

22 Activités d'expansion

Faites les activités suivantes.

1. Utilisez votre schéma pour résumer la sélection dans un paragraphe.
2. Imaginez que Serge a un autre tableau moderne. Trouvez ce tableau et récrivez les lignes 22–27.
3. Relevez les doutes de Marc et expliquez son attitude envers (*towards*) le tableau dans un paragraphe.
4. Qu'est-ce qu'il y a de comique dans la sélection?
5. Dessinez ou trouvez un tableau que Serge aimerait (*would like*).

Les copains d'abord: Au Centre Pompidou

Communiquez!

23 Une exposition

Connecting to Critical Thinking and Problem Solving
Interpretive Reading, Presentational Writing

Your class is organizing an exhibit of French art from the Louvre. With a partner:

- Determine the type of art you will feature (paintings, sculptures, etc.).
- Explore the Louvre's website and prepare a list of ten works of art.
- Create a poster to advertise each piece, including detailed information about the art and artist.
- Present each piece of art to your class.

Recherche: louvre.fr

24 Une visite illustrée

Connecting to Information Literacy
Presentational Speaking

With a partner, use an online storytelling tool to describe an imaginary school trip to Versailles. Find six photos to show where you stayed and what you did on the trip. Then write and record a voice-over narration. Include the dates of your trip, what you did and where, the modes of transportation you used, and a detailed description of what you saw in Versailles.

25 Un nouveau monument

Connecting to Creativity and Innovation, Initiative and Self-Direction
Presentational Speaking

You are part of a team that has been chosen to design the newest monument in Paris. Decide what your monument should represent and where in Paris it should be located. Design the monument; then present it to your group, including the background information, an explanation of the design, and the new location.

26 Les quartiers de Paris

Connecting to Leadership and Responsibility, Global Awareness
Presentational Writing

You are writing a piece for a travel blog after your recent trip to Paris. Select two or three **quartiers** and highlight the diversity of each and what each has to offer, including behind the scenes information about what locals do there.

Recherche: arrondissements de paris

Projets finaux

Vocabulaire utile

est mort(e) *died;* **influencer** *to influence*

A Connexions par Internet: l'art

Paris au 20ème siècle

Paris was at the center of the western art world in the early 20th century. Many American artists, writers, and performers, such as Man Ray, Ernest Hemingway, and Josephine Baker, made Paris their home between 1918 and 1939. They came to the City of Light in search of artistic inspiration and European sophistication. At the same time, many Europeans began to appreciate American ingenuity, engineering, and popular culture as a result of their exposure to American artists. With a partner, research an American artist living in Paris between 1918 and 1939, and create a timeline of key events in his or her life. Then select a work of art that is representative of this artist and write a description of it. Present your timeline and description, as well as your opinion of this artist and his or her work, to your classmates. In your presentation, include:

- the profession of the person (**artiste**, **écrivain**, **musicien**).
- the type of art for which the artist was famous and the artistic movement(s) to which he or she belonged.
- where and when the artist was born.
- information about the artist's parents' professions.
- when the artist went to Paris.
- the names of other artists he or she influenced.
- the age of the artist today, or when he or she died.

Duke Ellington a habité à Paris dans les années 1930.

B Communautés en ligne

Un sondage d'une ville francophone

With your group, create a survey to find out about the city or town in which students in a francophone country live. Include questions about the types of businesses, lodging, museums, parks, festivals, and transportation that exist in their neighborhood, and questions asking if there is anything students would do to improve the place where they live. With the help of your teacher, find a school in a francophone country and have those students complete your survey. Compile the data you receive in a graph, chart, pyramid, or other graphic, and share your findings with the class.

Recherche: sondages pour adolescents francophones, ados sondages

La Grand-Place de Bruxelles, en Belgique

Le village médiéval de Sidi Bou Saïd, en Tunisie

C Passez à l'action!

Un dépliant de ma ville

In small groups, design a tourist brochure for French-speaking visitors to your town or city. Assign each of these tasks to a group member to create your brochure:

- Research information on the city's history, art, monuments, festivals, and transportation.
- Collect online images or take photos.
- Design the layout for the brochure.
- Research important contact information for tourists (phone numbers and websites).

When you complete your brochure, post it on your school's website or on a francophone website.

D Faisons le point!

Mes progrès

Your teacher will give you a chart like the one below. Fill it in to show what you have learned about the French language and francophone cultures in this unit.

Je comprends	Je ne comprends pas encore	Mes connexions

In trying to learn and use the content of this unit, what did I do well?	What should I do in the next unit to learn and use the content even better?
How can I effectively communicate to others what I have learned?	What was the most important concept I learned in this unit?

Évaluation

A Évaluation de compréhension auditive

Write the numbers 1–8 on your paper. Listen to the conversation between Sébastien and Sylvie. Then write **V** if the sentence is **vrai**, or **F** if it is **faux**.

1. Sylvie est arrivée l'après-midi à Versailles.
2. Sylvie et ses parents n'ont pas acheté de billet pour la visite des jardins.
3. Sylvie a beaucoup aimé le château.
4. Sylvie et ses parents ont fait une promenade dans les jardins.
5. Les parents de Sylvie ont pris le petit train pour retourner au château.
6. Un guide du château a aidé Sylvie.
7. Sylvie a trouvé ses parents après deux heures.
8. Les parents de Sylvie ont pris le déjeuner au château.

B Évaluation orale

You and your partner are in an art museum looking at Renoir's ***Bal du moulin de la Galette***. In advance, print out a copy of the painting to view during your conversation. In your conversation, do the following:

Say it's a lovely Impressionist scene by Renoir.

Describe what you notice in the painting.

Say how the people seem.

List the colors Renoir puts in the painting.

Say you're late for an appointment at the hair salon.

Tell your friend that you have to buy a birthday present and can shop while he or she is at the hair salon.

Say you should go by taxi.

Invite your friend to go to the café afterwards.

Suggest a time to meet.

Say good-bye.

C Évaluation culturelle

In this activity, you will compare francophone cultures with American culture. You may need to do some additional research on American culture.

1. **Les musées d'art.** Compare an art museum in Paris with an art museum in your city or region. What kind of art does each museum have? Which art movements are represented? Which museum do you prefer? Why?

2. **Les quartiers intéressants.** Compare an interesting neighborhood in your area with **l'île de la Cité**, **le Quartier latin**, or **Saint-Germain-des-Prés**. What historical and cultural attractions do they offer?
3. **Le métro parisien et le RER.** Using a chart or other graphic organizer, compare the Paris rail system (subways and the **RER**) to a public transportation system in your area. Compare the price of a ticket, a monthly pass, the area(s) served, and the number of users per month or year. Then assess which system better serves its clientele.
4. **Syndicats d'initiative.** Consider the many ways a French tourist office promotes its city or area. Does your city, region, or state have a tourist bureau? If so, how does it attract visitors to your area? What types of accommodations, leisure activities, monuments, green spaces, and cultural events appeal to tourists in your region? If your area has no tourist bureau or visitor center, how might it benefit from one? What could it promote to attract tourists?
5. **L'histoire vivante.** Make a chart that compares Versailles with a historical building or attraction in your region. Compare the historical period in which the structure was built, what happened there, how it affected history, and what tourists can see there today.

D Évaluation écrite

Imagine that you visited Versailles while on the school trip to Paris. In an e-mail to a friend back home, say:

- you went to Versailles yesterday.
- you took the subway and the **RER**.
- you walked from the **RER** to the palace.
- what you saw inside and outside at the palace.
- what impressed you (use the superlative).
- when you returned to your hotel in the evening.
- what there is in your hotel's neighborhood.
- what you will do in Paris tomorrow.
- good-bye to your friend.

E Évaluation visuelle

Two different people stop and ask you for directions in your Paris neighborhood today. The first asks for directions from the church to the dentist's office. The second asks for directions from the doctor's office to the pharmacy. Write directions for both of them, referring to the map on the right.

F Évaluation compréhensive

Create a storyboard with six frames. In each frame, draw a place in or around Paris and the type of transportation you used to get there. Share the story of your excursion with a small group of students.

Vocabulaire de l'Unité 2

à: à l'horizon on the horizon *A*
abstrait(e) abstract *A*
l' **ambiance (f.)** ambiance *A*
amusant(e) funny *A*
appeler to call *B*
l' **art (m.)** art *A*
un(e) **artiste** artist *A*
assis(e) sitting *A*
au: au bord de la mer by the seaside *A*; **au premier plan** in the foreground *A*
l' **Autolib' (m.)** car sharing service *C*
un **autoportrait** self-portrait *A*
un **avion** airplane *C*
avoir: avoir l'air to look *A*; **avoir raison** to be right *A*
baigner to bathe *A*
un **bassin** pond, pool *C*
la **beauté** beauty *A*
une **boîte** nightclub *C*
un **bosquet** grove *C*
une **brasserie** café-restaurant *B*
un **bureau de tabac** store that sells tobacco, stamps, lottery tickets *B*
le **bus** bus *C*
ça: ça serait it would be *C*
un **cabinet: cabinet dentaire** dentist's office *B*; **le cabinet du médecin** doctor's office *B*
célèbre famous *A*
une **chapelle** chapel *C*
un **chef-d'œuvre (des chefs-d'œuvre)** masterpiece *A*
chez: chez le dentiste at the dentist's *B*; **chez le médecin** at the doctor's *B*
une **composition** composition *A*
content(e) happy *A*
un **couple** couple *A*
créer to create *A*
debout standing *A*
décrire to describe *A*
se **déplacer** to get around *C*
un **dessin** drawing *A*
dessiner to draw *A*
disposé(e) laid out *A*
dynamique dynamic *A*
une **église** church *B*
en: en Autolib' by Autolib' *C*; **en (auto)bus** by bus *C*; **en avion** by plane *C*; **en bateau** by boat *C*; **en métro** by subway *C*; **en RER** by RER *C*; **en scooter** by scooter *C*; **en taxi** by taxi *C*; **en train** by train *C*; **en Vélib'** by Vélib *C*; **en voiture** by car *C*
eux them *A*
évidemment obviously *A*
une **excursion** trip *C*
une **exposition** exhibit *A*
faire: faire une excursion to take a trip *C*
un(e) **fleuriste** florist *B*
la **fois** occasion, time *C*
formidable awesome *C*
la **galerie: galerie des Glaces** Hall of mirrors *C*
un **hameau** hamlet *C*
heureux, heureuse happy *A*
impressionniste Impressionist *A*
indiquer to indicate, to point out/to *B*
informer to inform *B*
insister (sur) to insist (on) *C*
intéresser to interest *C*
l' **intérieur (m.)** inside *C*
jeune young *A*
un **kiosque à journaux** news stand *B*
laid(e) ugly *A*
lève: Lève la tête! Look up! *B*
une **librairie** bookstore *B*
une **lumière** light *A*
magique magical *A*
la **mer** sea *A*
moderne modern *A*
se **moquer (de)** to make fun (of) *C*
un **mouvement** movement *A*
un **moyen: moyen de transport** means of transportation *C*
une **nature morte** still life *A*
un **niveau** level *A*
un **nom** name *B*
un **objet: objet d'art** art object *A*
l' **œuvre (f.)** work *A*
l' **orangerie (f.)** orangery *C*
par through, via *C*
pauvre poor *A*
le/la **peintre** painter *A*
une **peinture** painting *A*
la **perspective** perspective *A*
un(e) **petit(e) commerçant(e)** shopkeeper *B*
une **pharmacie** drugstore *B*
plusieurs several *B*
plutôt rather *C*
un **portrait** portrait *A*
une **possibilité** possibility *C*
préférait preferred *C*
le **quartier** area, district *B*
rapide fast *C*
réaliste realistic *A*
reconnaître to recognize *B*
une **reine** queen *C*
remarquable remarkable *A*
remarquer to notice *A*
le **RER** express train from Paris to suburbs *C*
riche rich, wealthy *A*
une **rive** river bank *C*
un **roi** king *C*
un **salon de coiffure** hair salon *B*
une **scène** scene *A*
un **scooter** scooter *C*
une **sculpture** sculpture *A*
sérieux, sérieuse serious *A*
un **site** site *C*
sombre dark *A*
une **sorte** kind, sort *A*
une **sortie** exit *B*
un **stand de crêpes** crepe stand *B*
une **station** station *B*
suivre to follow, to take (a class) *A*
un **sujet** subject *A*
un **syndicat: syndicat d'initiative** tourist information office *C*
t'inquiète: ne t'inquiète pas don't worry *B*
une **tache** spot *A*
un **taxi** taxi *C*
le **théâtre** theatre *B*
totale: La totale! The whole deal! *C*
triste sad *A*
le **Vélib'** bicycle sharing service *C*
vif, vive vivid *A*
un **voilier** sailboat *A*

Bilan cumulatif

Pre-AP

Listening

I. You will hear a short conversation. Select the reply that would come next. You will hear the conversation twice.

1. A. Le plus simple, c'est de prendre l'avion.
   B. Prends ton temps.
   C. Eh bien, va au coin et prends à gauche. Tu vas reconnaître la brasserie Léopold en face.
   D. Il ne faut pas marcher plus loin.

II. Listen to the conversation. Select the best completion to each statement that follows.

2. Renaud a....
   A. rendez-vous avec Pascale
   B. l'air malade
   C. besoin de partir
   D. beaucoup de livres d'art
3. Renaud doit....
   A. étudier pour son cours d'arts plastiques
   B. aider son amie Pascale
   C. aller au stade après les cours
   D. lire avec Pascale à la médiathèque
4. Pascale et Renaud sont....
   A. perdus dans la médiathèque
   B. deux peintres impressionnistes
   C. malades dans la médiathèque
   D. deux élèves sérieux

Reading

III. Read Arianne's journal. Then select the best completion to each statement.

le 1er mai
Ma classe et moi, nous avons fait un voyage en France. Nous sommes partis le 1er avril de Los Angeles en avion et, après une nuit blanche, nous sommes arrivés à Paris le jour suivant. De l'aéroport, nous avons pris le train jusqu'à la ville de Versailles, où nous avons passé quinze jours chez une famille française. Bien sûr, on a visité le château de Versailles. J'ai beaucoup aimé la galerie des Glaces, la chambre de la Reine, et les jardins. On a aussi fait plusieurs excursions en RER à Paris. On a fait un tour des musées—le Louvre, le musée d'Orsay, le Centre Pompidou. Je préfère les artistes impressionnistes. Mon artiste préféré, c'est Monet. J'adore ses tableaux avec la belle lumière et les taches de couleurs vives. Ça a été un voyage tout à fait génial!

1. Arianne a pris... pour aller en France.
   A. un bateau-mouche
   B. l'avion
   C. le bus
   D. une photo
2. Arianne....
   A. est perdue
   B. a logé à l'hôtel
   C. a logé chez une famille française
   D. est allée au parc d'attractions
3. Arianne a surtout apprécié....
   A. voir le Roi et la Reine de France
   B. prendre l'avion
   C. manger au restaurant
   D. visiter le château et les jardins de Versailles

Writing

IV. Write appropriate words or expressions to complete the dialogue between Élodie and her mother.

La mère d'Élodie: N'oublie pas que ___1___ cousine Noémie vient de Lyon demain pour passer la ___2___ du 14 juillet chez nous. Le soir, nous allons nous déplacer à la tour Eiffel pour regarder les feux d'artifice.

Élodie: Ah, oui! Ça va être génial. Elle prend le train, n'est-ce pas? Je peux venir la chercher ___3___ gare.

La mère d'Élodie: Mais, bien ___4___. Après, on peut faire une ___5___ dans le jardin des Tuileries. Il y a la foire pour le 14 juillet. Vous pouvez faire un tour de manège ou de ___6___ roue si vous voulez.

Élodie: Bonne idée, Maman! J'ai ___7___ du vide, mais si Noémie vient avec moi, la grande ___8___, ça va aller. On va dîner dans le quartier?

La mère d'Élodie: Oui, il y a une ___9___ brasserie à côté ___10___ pharmacie. Si on y va ___11___ 18h00, on va avoir assez de temps pour manger et ensuite aller à la tour Eiffel.

Élodie: On va y aller en voiture ou ___12___ pied? Je ne veux pas prendre le métro. Il y a toujours trop de gens les jours de fête.

La mère d'Élodie: On va y aller ___13___ à vélo. Nous avons des vélos pour toute la famille et pour Noémie. C'est le moyen de transport le ___14___ simple et rapide. Bon, on regarde la météo? Je veux voir s'il va faire ___15___ demain!

V. Complete Sylvain's e-mail to his mother with the **passé composé** of the verb indicated.

Chère Maman,

Je ___16___ chez mon copain Joël vers 9h00. Nous ___17___ rendez-vous avec d'autres amis à la place Royale. Ils ___18___ me montrer le Vieux-Québec. Nous ___19___ une promenade au quartier Petit Champlain à pied. Joël m' ___20___ qu'on ___21___ le 400ème anniversaire de Québec en 2008. Le soir, nous ___22___ faim, alors nous ___23___ dans une bonne brasserie manger de la poutine dans le quartier du Vieux-Québec. Après, on ___24___ aux plaines d'Abraham. Là, nous ___25___ un concert de musique autochtone gratuit.

Je t'embrasse fort,
Sylvain

16. arriver; 17. prendre;
18. vouloir;
19. faire;
20. dire; 21. fêter;
22. avoir; 23. aller;
24. retourner;
25. voir;

Composition

VI. Your Parisian host family took you to Versailles for the day to tour the palace and gardens. Write a journal entry about your excursion. Include....

- when you left your host family's house ▪ what means of transportation you took and how long it took to get to the palace ▪ a list of the rooms in the palace, the outdoor areas you visited, and what you thought of them ▪ where you ate and when you arrived back at your host family's home

Speaking

VII. Take turns giving directions to your partner, who will ask for directions to a place on the map on p. 97. You both start at the brasserie.

Unité 3

La vie quotidienne

Question centrale

How do the routines of people in other cultures differ from mine?

À savoir

Chaque Français dépense entre 135€ et 515€ par an pour les produits d'hygiène-beauté et les parfums.

Citation

"Métro, boulot, dodo."

Subway, work, sleep.

— Pierre Béarn, journaliste et écrivain français

Conseil pratique

To be able to talk about your daily routine and social life, ask your teacher for vocabulary you need that isn't in the textbook.

Qui est cette femme?

C'est le drapeau de quel pays africain?

Contrat de l'élève

Leçon A I will be able to:

- complain and respond to a complaint, and express frustration.
- talk about the Republic of Cameroon and **la Francophonie**.
- use reflexive verbs in the present tense, and irregular plural forms of nouns and adjectives.

Leçon B I will be able to:

- compare what I do with what someone else does, respond to a comparison, and express injustice.
- talk about the Ivory Coast, current issues in Africa, and immigration from Africa to France.
- use the imperative forms of reflexive verbs and the present tense forms of **s'asseoir**.

Leçon C I will be able to:

- ask if someone remembers an event and recount past events.
- talk about Senegal, the singer Youssou N'Dour, and oral storytellers called **griots**.
- use reflexive verbs in the past tense.

Vocabulaire actif

Je me prépare pour la journée

Les affaires (f.) de toilette (f.)

le maquillage

le rouge à lèvres

le mascara

la brosse à cheveux

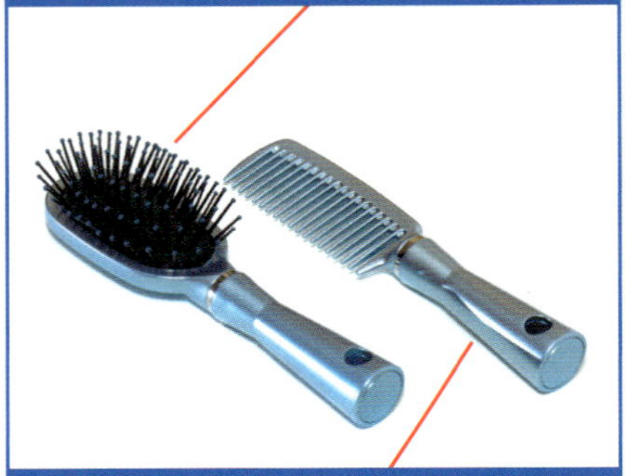

le peigne

le dentifrice

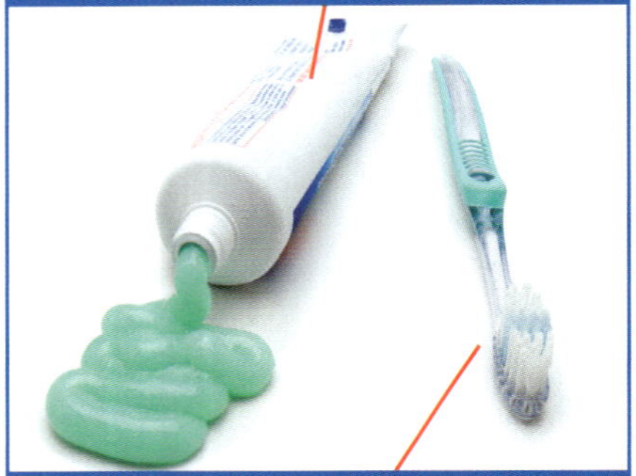

la brosse à dents

le gant de toilette

la serviette

la glace

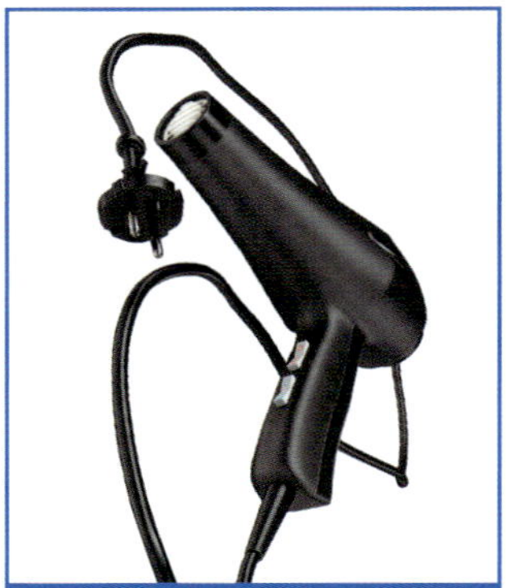

le sèche-cheveux

le savon

le shampooing

le rasoir

La routine de Caro

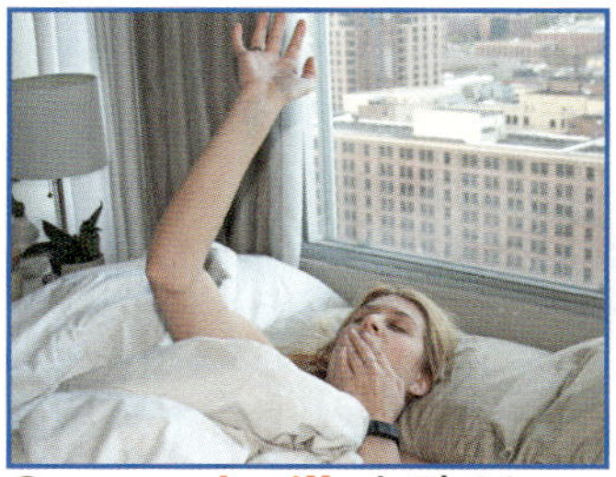
Caro **se réveille** à 7h00.

Elle **se lève** à 7h15.

Elle **se lave**.

Elle **se brosse les dents**.

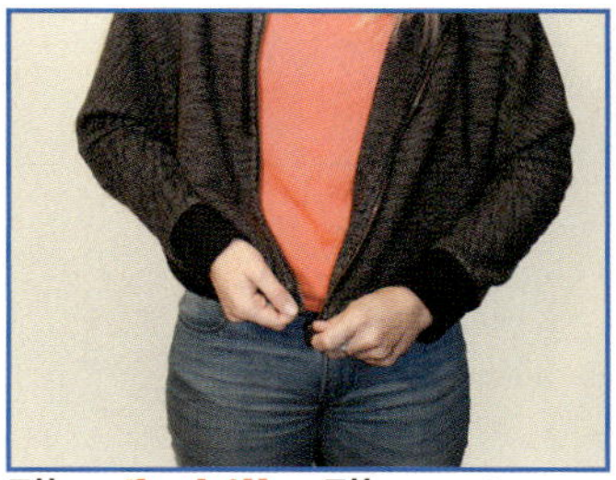
Elle **s'habille**. Elle met un jean et une veste.

Elle **se regarde** dans la glace.

Elle **se peigne**.

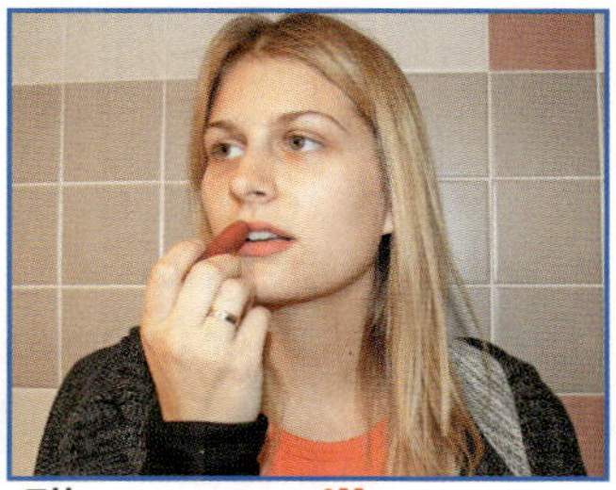
Elle **se maquille**.

Elle **se repose** après les cours.

Elle **se déshabille**.

Elle **se couche** à 23h00.

Pour la conversation

How do I complain?

» Tu **traînes** dans la salle de bains.
You're dawdling in the bathroom.

How do I respond to a complaint?

» Je suis **presque** prêt(e).
I'm almost ready.

How do I express frustration?

» **Tu m'agaces.**
You're getting on my nerves.

How do I respond?

» **Calme-toi!**
Calm down!

Et si je voulais dire...?

se doucher	*to take a shower*
s'endormir	*to go to sleep, to fall asleep*
se sécher	*to dry (oneself)*
la crème à raser	*shaving cream*
le déodorant	*deodorant*
le vernis à ongles	*nail polish*

1 Les affaires de toilette

Presentational Speaking or Writing

Identifiez les objets qu'il faut utiliser pour faire les choses suivantes.

MODÈLE se maquiller
Il faut du rouge à lèvres, du mascara, et une glace pour se maquiller.

1. se brosser les cheveux
2. se raser
3. se regarder
4. se peigner
5. se laver la figure
6. se brosser les dents
7. se laver les cheveux

2 Qu'est-ce que Julie fait le matin et le soir?

Interpretive Listening and Viewing

Écrivez les numéros 1–8 sur votre papier. Choisissez l'illustration qui correspond à chaque description que vous entendez.

A.

B.
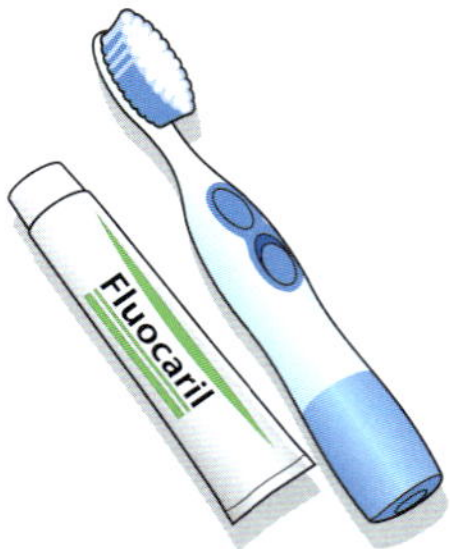

C.

D.

E.

F.
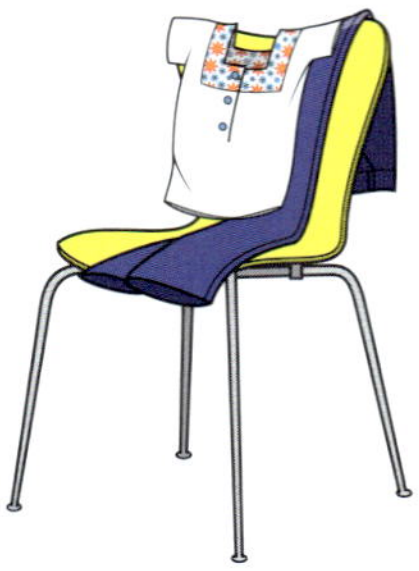

G.

H.

3 La routine

Interpretive Viewing, Presentational Speaking or Writing

Regardez les illustrations et racontez la routine d'André.

1. 

2. 

3. 

4. 

5. 

6. 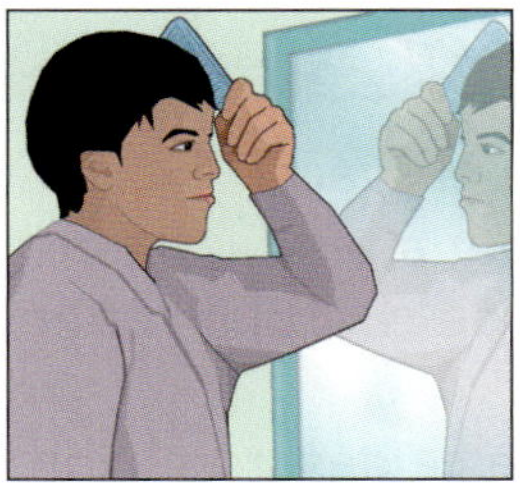

7. 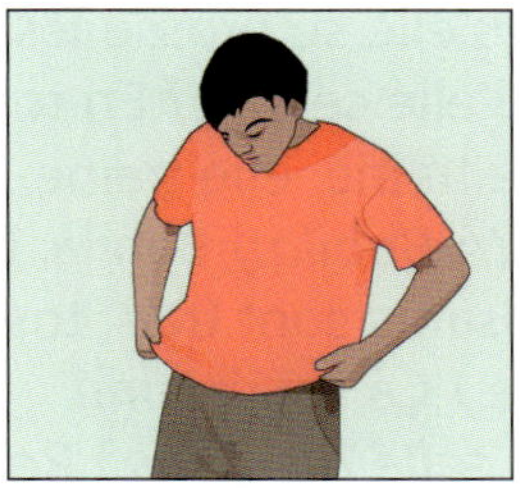

8. 

4 Questions personnelles

Interpersonal Speaking

Répondez aux questions avec un partenaire.

1. Avec quoi est-ce que ta mère se brosse les cheveux?
2. Est-ce que tu es généralement en avance, à l'heure, ou en retard le matin?
3. Il y a une grande glace dans ta chambre?
4. Quelle marque (*brand*) de shampooing est-ce que tu préfères? de savon? de rasoir?
5. Dans ta famille, qui se prépare vite pour la journée? Qui traîne le matin?
6. À quelle heure est-ce que ton père ou ta mère se couche? Ton frère ou ta sœur?

La salle de bains

Madiba veut se servir de la salle de bains, mais sa petite sœur Babila y est entrée avant elle.

Madiba: Tu as vu l'heure?
Babila: Je suis presque prête.
Madiba: Presque prête, ça veut dire quoi?
Babila: Ça veut dire presque prête.
Madiba: Maman, Babila traîne encore dans la salle de bains. Je vais être en retard!
Mère: Qu'est-ce qu'elle fait?
Madiba: Je ne sais pas! Est-ce qu'elle se brosse les dents? Est-ce qu'elle se brosse les cheveux? Est-ce qu'elle se lave? En tout cas, elle traîne, elle traîne, elle traîne, et ça m'agace!
Mère: Calme-toi, chérie! *(À Babila:)* Babila, ta sœur attend.... Viens prendre ton petit déjeuner. Les croissants sont frais, ton bol de chocolat t'attend*.
Babila: *(Elle ouvre la porte.)* Ça va, j'ai fini!
Madiba: *(Elle entre dans la salle de bains.)* Regarde ce désordre! Son gant de toilette, le savon, le shampooing, la brosse à cheveux, le sèche-cheveux... il y en a partout! Et où est mon rouge à lèvres... et mon mascara?
Babila: Je ne sais pas!

5 La salle de bains

Répondez aux questions.

1. Qui veut entrer dans la salle de bains?
2. Qui est dans la salle de bains?
3. Qu'est-ce que la mère suggère à Babila?
4. Qu'est-ce que Madiba voit quand elle entre dans la salle de bains?
5. Qui a pris le rouge à lèvres et le mascara de Madiba?

***Je parle bien!**

« Remember that ending consonants are usually not pronounced in French. The phrase **t'attend** sounds exactly like the word **tatan** (*auntie*). »

EXTENSION Les pratiques quotidiennes des Français

Devant le grand magasin Le Printemps, une journaliste interviewe les passants sur les pratiques quotidiennes des Français.

Journaliste: C'est quoi, votre premier geste dans la salle de bains le matin?
Passante 1: Je me peigne, je ne pense à rien....
Passante 2: Je me brosse les dents... et je fais mon programme de la journée.
Passant 3: Je me lave: la douche, tout de suite!
Passant 4: Je ne sais pas... je ne suis pas assez réveillé.
Passante 5: Je me maquille... ça me rassure.

EXTENSION Tu ressembles le plus à quel passant? Pourquoi?

Points de départ

Pre-AP

Question centrale ? How do the routines of people in other cultures differ from mine?

La Francophonie

Danse d'étudiants camerounais

Profil touristique

Le Cameroun

Le Cameroun, ou la République du Cameroun, se trouve en Afrique centrale, une région d'Afrique qui, avec l'Amazonie, est le principal pôle d'équilibre écologique de la planète. Les Portugais y ont commencé le commerce des esclaves* au 15ème siècle. La colonisation du Cameroun a commencé après l'abolition de l'esclavage (pendant les années 1830 dans les pays européens, et en 1865 aux États-Unis). De 1885 à 1919, le Cameroun a d'abord été une colonie allemande. Ensuite, elle est devenue une colonie française. Le pays a enfin gagné son indépendance en 1960. Le Cameroun compte aujourd'hui 24 millions d'habitants et les principales villes sont Yaoundé, la capitale politique, et Douala, la capitale économique. C'est un melting pot de plus de 280 ethnies et de 242 langues.

Recherche: tourisme cameroun, histoire du cameroun, la france au cameroun

commerce des esclaves *slave trade*

Traditions et pratiques

Le Cameroun est membre de l'Organisation internationale de la Francophonie (OIF) depuis 1995. Le français (80%) est l'une des deux langues officielles du Cameroun, avec l'anglais (20%).

Mon dico camerounais

un bombo *un copain*
une nga *une fille*
cadotter *offrir un cadeau*
C'est gâté. *C'est en panne.*
Il m'a souillé(e). *Il m'a fait honte.*

Produits

Le Ngondo est une fête sacrée (*sacred*) traditionnelle des Sawa, le peuple de l'eau, qui habitent sur la côte du Cameroun. Cette fête a lieu en hommage aux ancêtres au bord du fleuve Wouri. Il y a une course de bateaux, des danses traditionnelles, l'élection de Miss Ngondo, et des rites d'initiation pour les jeunes gens.

Comparaisons

À quelle époque a existé l'esclavage aux États-Unis? Quand est-ce que les colonies américaines ont obtenu leur indépendance? Et les esclaves noirs leur émancipation? Quelles régions de l'Afrique les Britanniques ont-ils principalement colonisées?

Le Cameroun

Habitants	24 millions
Villes principales	Yaoundé Douala
Ethnies	280+
Langues officielles	français, anglais
Produits	cacao, café, pétrole, aluminium

Informations

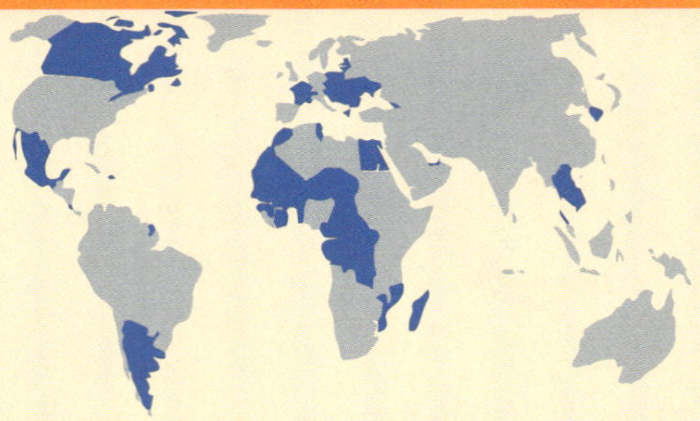

La Francophonie

Après la décolonisation (1960), on a posé la question de la place et du rôle de la langue française en Afrique. L'OIF (Organisation internationale de la Francophonie), une organisation multilatérale francophone, a vu le jour* en 1986 à Paris. Aujourd'hui, l'OIF rassemble 800 millions d'habitants répartis* sur cinq continents: en Europe, en Afrique, en Amérique et aux Caraïbes, en Asie, et en Océanie. L'OIF se préoccupe de la solidarité économique; de l'écologie (déforestation, eau); de l'éducation et la formation; de la culture (diversité, promotion, éducation); de la santé publique contre les épidémies (SIDA*, Ébola, etc.); de la jeunesse (la formation, l'insertion* socioprofessionnelle, la citoyenneté*), et de la promotion de la langue française et la francophonie numérique* (communication).

Recherche: charte de la francophonie, OIF, jeunesse francophone

---

a vu le jour est créée; **répartis** *spread out*; **SIDA** *AIDS*; **l'insertion** *integration*; **la citoyenneté** *citizenship*; **numérique** *digital*

Comparaisons

Quelles sont les langues les plus parlées dans le monde?

Traditions et pratiques

La Francophonie (avec un F majuscule) désigne les gouvernements et pays où l'usage du français est courant. **La francophonie** (avec un f minuscule) désigne les personnes ou communautés qui parlent entièrement français. Il existe près de 280 millions de francophones dans le monde.

Produits

La Charte de la Francophonie est un document qui légalise l'ensemble des institutions francophones (La Francophonie). Elle a été créée en 1997, puis révisée en 2005.

Connexions

Geography

Faites une carte du monde francophone. Quels pays et régions francophones sont les plus proches de chez vous? Lesquels sont les plus loin? Indiquez en couleur les endroits où vous aimeriez voyager.

6 Activités culturelles

Faites les activités suivantes.

1. Expliquez l'importance des dates suivantes dans l'histoire du Cameroun: 1885, 1919, et 1960.
2. Situez sur une carte les sites suivants: le mont Cameroun, les villes de Douala et de Yaoundé, les pays voisins (*neighboring*) du Cameroun.
3. Indiquez à quoi correspondent les chiffres suivants: 24 millions et 280.
4. Expliquez la différence entre la francophonie (avec un *f* minuscule) et la Francophonie (avec un *F* majuscule), ou donnez-en un exemple.
5. Que fait l'Organisation internationale de la Francophonie pour les pays francophones?
6. Trouvez sur le site de l'OIF la liste de ses pays membres. Choisissez trois pays que vous ne connaissez pas bien. Quelle est leur situation géographique? leur situation économique? leur lien (*link*) avec la langue française? Quelles sont leurs traditions culturelles? Faites un schéma pour montrer ce que vous avez appris.

Recherche: organisation internationale de la francophonie

Perspectives

L'auteur Mongo Béti a critiqué les Français pour avoir justifié (*for justifying*) la colonisation des Camerounais avec le christianisme. Ferdinand Oyono a dénoncé (*exposed*) les pratiques autoritaires de l'administration et de la police françaises. Pourquoi pensez-vous que, malgré leur attitude critique envers la colonisation française, les Camerounais ont choisi la langue française comme langue officielle?

Recherche: camfranglais

Du côté des médias

Regardez l'affiche de publicité pour "Écrans Noirs," un événement à Yaoundé, au Cameroun.

7 Écrans Noirs

Complétez les phrases.

1. L'événement Écrans Noirs a lieu du 29 mai au….
2. Cet événement réunit (*brings together*) les gens qui aiment le….
3. On rend hommage au metteur en scène et à l'acteur qui s'appelle….
4. Les films vont passer dans… lieux. (Indiquez-en le nombre.)
5. Tous ces films sont d'origine….

Structure de la langue

Reflexive Verbs

Pourquoi Romain se peigne-t-il?

To describe daily routines, such as getting up, getting dressed, and going to bed, French speakers use reflexive verbs.

Je **me lève** à 7h00 du matin. — *I get up at 7:00 in the morning.*
Thomas **s'habille** dans sa chambre. — *Thomas gets dressed in his bedroom.*
Vous **vous couchez** à 22h00. — *You go to bed at 10:00.*

Note in the sentences above that the same person performs and receives the action of the verb. In other words, the action is "reflected" back on the subject. Reflexive pronouns (**me**, **te**, **se**, **nous**, **vous**) are used with reflexive verbs.

Here are the present tense forms of the reflexive verb **se préparer**, which means *to get (oneself) ready*. Note the reflexive pronoun that precedes each verb form.

se préparer			
je	**me prépare**	nous	**nous préparons**
tu	**te prépares**	vous	**vous préparez**
il/elle/on	**se prépare**	ils/elles	**se préparent**

Comparaisons

How is the idea of a reflexive action expressed in English?

I wash myself with *Colombe* soap.

Tu **te prépares** maintenant? — *Are you getting ready now?*
Oui, je **me prépare**. — *Yes, I'm getting ready.*

Note that **me**, **te**, and **se** become **m'**, **t'**, and **s'** before a verb beginning with a vowel or silent *h*: je **m'**habille, ils **s'**amusent, etc.

Reflexive verbs often express the action of doing something to a part of one's own body. Thus, after a reflexive verb, the definite article (**le**, **la**, **l'**, **les**) is used instead of the possessive adjective (**mes**, **nos**, etc.).

Je me lave **les** mains. — *I'm washing my hands.*
Alexis se lave **les** cheveux. — *Alexis is washing his hair.*

A subject *performs* the action of a verb; an object *receives* the action of a verb. All French verbs that take an object are made reflexive by adding the reflexive pronoun that refers back to the subject.

Elle **lave** le chien. — *She's washing the dog.*
Elle **se lave**. — *She's washing herself.*
Il **regarde** les photos. — *He's looking at the photos.*
Il **se regarde** dans la glace. — *He's looking at himself in the mirror.*

Unlike in English, the reflexive pronoun in French is placed before the verb. To make a sentence negative, put **ne** before the reflexive pronoun and put **pas** after the verb.

Nous **ne** nous réveillons **pas** tard le lundi. — *We don't wake up late on Mondays.*

To ask a question using inversion, move the subject pronoun after the verb and keep the reflexive pronoun in front of it.

Tu **te** lèves. — *You get up.*
À quelle heure **te** lèves-tu? — *At what time do you get up?*

8 La routine des Mbida

Interpretive Reading

*Complétez chaque phrase par le pronom réfléchi (*reflexive*) qui convient: **me, te, se, nous,** ou **vous**.*

Salut! Je suis Koffi, du Cameroun. Chez moi, c'est difficile le matin. Nous traînons et ça m'agace! Dans ma famille, il y a six personnes. Mon père et ma mère ... réveillent à 6h30. Mon frère Ayuk et moi, nous ... levons à 6h45. Je ... lave dans la salle de bains et mon frère ... prépare dans notre chambre. Ensuite, mes sœurs Marame et Fatou ... réveillent à 7h00. Elles ... lavent après moi. Je ... habille dans ma chambre. Mes sœurs ... maquillent avec du mascara et du rouge à lèvres. Puis elles ... regardent dans la glace. Et toi, à quelle heure est-ce que tu ... réveilles? Est-ce que tes frères et sœurs et toi, vous traînez quand vous ... préparez pour l'école?

9 On part de l'Hôtel Palmier

Interpretive Reading, Presentational Speaking

Vous visitez Yaoundé, la capitale du Cameroun, avec un groupe de touristes. Voici l'horaire de l'autobus qui part de l'Hôtel Palmier. Lisez ce que tout le monde voudrait faire et dites à quelle heure chacun se lève. Attention! Pour être à l'heure, il faut se lever une heure avant le départ du bus.

MODÈLE Diane veut voir les fleurs et les animaux africains.
Elle se lève à sept heures pour visiter le parc zoo botanique.

1. Tu veux apprendre des détails sur l'histoire du Cameroun.
2. Koffi et toi, vous aimez la montagne.
3. Karim veut pique-niquer et faire du footing.
4. Awa et moi, nous voulons acheter des souvenirs.
5. Denise et Rachid s'intéressent aux monuments nationaux.
6. Je m'intéresse aux religions du monde.
7. Madiba et Babila aiment les animaux et les plantes.

L'autobus part à...:

7h00—visiter la grande mosquée
7h20—visiter le parc Kiriakides
8h00—visiter le parc zoo botanique
8h45—faire du shopping au marché des œuvres artisanales
9h15—monter (*go up*) au sommet du mont Fébé
10h05—prendre des photos du monument de la Réunification
10h25—visiter le musée national

10 Soyez logique!

Interpretive Viewing, Presentational Speaking or Writing

Dites si on fait les activités suivantes avec l'objet représenté. Soyez logique!

MODÈLES

Marie-Alix et Sophie se maquillent.
Marie-Alix et Sophie se maquillent avec du mascara.

Tu te brosses les dents.
Tu ne te brosses pas les dents avec du rouge à lèvres.

1. Je me rase.

2. Nous nous lavons.

3. Awa se lave les mains.

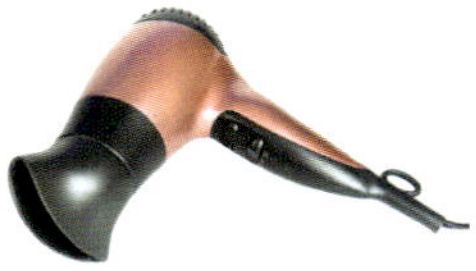

4. Lamine et toi, vous vous lavez les cheveux.

5. Sabine se maquille.

11 Les produits les plus populaires

Interpersonal Speaking, Presentational Writing

Faites un tableau comme celui de dessous (below). Demandez à dix camarades de classe quels produits ils utilisent pour faire les activités suivantes. Enfin, écrivez un paragraphe pour présenter les produits les plus populaires.

MODÈLE **A: Avec quel produit est-ce que tu te laves la figure?**
B: Je me lave la figure avec le savon Colombe.

	1	2	3	4	5	6	7	8	9	10
1. se laver la figure										
2. se laver le corps										
3. se brosser les dents										
4. se raser										
5. se maquiller les yeux										
6. se maquiller les lèvres										

MODÈLE **Six élèves utilisent du savon pour se laver la figure. Parmi (*Among*) eux, quatre élèves utilisent Belle Peau….**

12 La routine de David

Interpretive Listening

*Écrivez les numéros 1–10 sur votre papier. Écoutez la routine de David. Écrivez **CH** s'il est dans sa chambre, **SB** s'il est dans la salle de bains, et **C** s'il est dans la cuisine.*

13 La routine de ma correspondante camerounaise

Interpersonal or Presentational Speaking

Utilisez une expression de chaque colonne pour poser des questions à votre correspondante camerounaise sur sa routine quotidienne.

À quelle heure	se réveiller
Avec quel dentifrice	se lever
Avec quoi	prendre le petit déjeuner
Comment	se brosser les dents
	se laver la figure
	se peigner ou se brosser les cheveux
	s'habiller
	rentrer à la maison
	se coucher

MODÈLE **À quelle heure te réveilles-tu?**

Irregular Plural Forms of Nouns and Adjectives

You already know that most nouns and adjectives are made plural by adding **s** to their singular forms.

Anne a fait des **autoportraits abstraits**.

However, some masculine nouns and adjectives have irregular plural forms. On the next page is a list of some of those nouns and adjectives.

Les musiciens sont des animaux.

Noun and Adjective Endings

	SINGULAR	PLURAL
	-eau	**-eaux**
NOUN	un bat**eau**	des bat**eaux**
ADJECTIVE	b**eau**	b**eaux**
	nouv**eau**	nouv**eaux**
	-eu	**-eux**
NOUN	un j**eu**	des j**eux**
ADJECTIVE	hébr**eu**	hébr**eux**
	-al	**-aux**
NOUN	un anim**al**	des anim**aux**
ADJECTIVE	nation**al**	nation**aux**
	-s	**-s**
NOUN	un autobu**s**	des autobu**s**
ADJECTIVE	frai**s**	frai**s**
	-x	**-x**
NOUN	un pri**x**	des pri**x**
ADJECTIVE	fau**x**, vieu**x**	fau**x**, vieu**x**

Comparaisons

How are the following nouns made plural in English?

goose, knife, fox, octopus, tornado, memorandum, nanny

- Note that some nouns and adjectives ending in **-eu** add **s** to form their plural:

  un pneu → des pneus (*tires*) **bleu → bleus** (*blue*)

- Several nouns and adjectives ending in **-al** add **s** to form their plural:

  un bal → des bals (*dances*)
  un carnaval → des carnavals (*carnivals*)
  un festival → des festivals (*festivals*)
  banal → banals (*banal, commonplace*)
  natal → natals (*native*)

- Some adjectives are *invariable*—that is, they never change form, whether masculine or feminine, singular or plural:

  orange, marron, super, sympa, bon marché

- The following nouns also have irregular plurals:

  un bijou → des bijoux (*jewels*)
  un œil → des yeux (*eyes*)
  un travail → des travaux (*construction work*)

- Although singular in English, the following nouns are generally used in the plural in French:

  des céréales (f.) (*cereal*)
  des cheveux (m.) (*hair*)
  des vacances (f.) (*vacation*)

14 Finissons les phrases!

Interpretive Reading, Presentational Writing

Utilisez la forme plurielle d'un adjectif ou d'un nom de la liste pour compléter les phrases suivantes.

sympa délicieux heureux animal
bon marché bateau beau feu

MODÈLE Mes copains n'ont pas cours mercredi après-midi. Ils sont **heureux**.

1. Claire va acheter des pantalons en solde. Ils sont....
2. J'aime mes nouveaux camarades de classe. Ils sont....
3. Je vais manger une religieuse et un millefeuille de la pâtisserie. Ils sont....
4. Les touristes à Paris aiment voir la Seine. Ils prennent des....
5. Le 14 juillet il y a beaucoup de... d'artifice.
6. Nous avons un chat et un chien. J'aime beaucoup nos.....
7. Les élèves sont... parce que les vacances arrivent bientôt.
8. Ces monuments ne sont pas moches; ils sont....

15 En solde!

Presentational Speaking

Dites au vendeur que vous voulez deux de chaque chose dans la publicité.

MODÈLE 

le chapeau allemand
Monsieur, deux chapeaux allemands, s'il vous plaît!

1. un joli cadeau
2. un jeu vidéo
3. un tableau impressionniste
4. un cheval espagnol
5. un manteau gris

Question centrale ? How do the routines of people in other cultures differ from mine?

Communiquez!

16 La routine

Interpersonal and Presentational Speaking

Prepare a table like the one below. Ask about your partner's routine, and log the answers. Then share with a small group of classmates what you learned about your partner.

Activités	Heure (pendant la semaine)	Heure (le weekend)
se réveiller		
se lever		
prendre le petit déjeuner		
faire ses devoirs		
se coucher		

MODÈLE **A: À quelle heure est-ce que tu te réveilles pendant la semaine, et le weekend?**
B: Je me réveille à six heures et demie pendant la semaine, et à dix heures le weekend.

17 La trousse de toilette

Presentational Speaking

You love to blog and help people get organized. Create a video demonstrating how to pack a toiletry bag for a trip. Narrate your demonstration by going through a typical morning grooming routine. You may also want to include suggestions or reminders of what to bring.

Recherche: affaires de toilettes, produits de toilette essentiels

18 Les pratiques quotidiennes des ados américains

Interpersonal Speaking, Presentational Writing

In groups, one of you plays the role of a reporter, modeling the **Extension** dialogue on p. 134. The rest of the students respond according to their routine. Another student writes the results to hand in.

Prononciation

Intonation in Declarative Sentences

» In French, declarative sentences have falling intonation. All syllables receive equal stress, but the pitch of the voice drops on the last syllable.

A **Il fait beau?**

Repeat each declarative sentence, making sure each syllable is pronounced with equal stress and that there is falling intonation throughout the sentence.

1. Il fait beau.
2. Il fait très beau.
3. Il fait vraiment beau.
4. Il ne fait pas vraiment beau.
5. Il ne fait pas vraiment très beau.

B **La routine de Pierre le matin**

You will hear questions with rising intonation. Respond with an affirmative sentence that uses descending intonation.

1. Est-ce que Luc se lève bientôt?
2. Est-ce qu'il s'habille d'un jean?
3. Est-ce qu'il prend le petit déjeuner?
4. Est-ce qu'il se brosse les dents?

The Vowels /y/ and /u/, and the Semi-Consonants /ɥ/ and /w/

» The vowel sounds /y/ and /u/ can be found in **vu** and **vous**. The sounds of the semi-consonants /ɥ/ and /w/ can be found in **lui** and **Louis**.

C **J'entends la différence!**

*Pronounce these pairs of words that are similar, but not identical. (The past participles of **lire** and **boire**, "to drink," are **lu** and **bu**.)*

	/y/	/u/
1.	vu	vous
2.	lu	Loulou
3.	bu	bouteille
	/ɥ/	**/w/**
4.	lui	Louis
5.	suit	oui
6.	nuits	éblouies (*dazzling*)

D **Tu as vu Louis?**

*Write **u** if you hear the sound as in **vu**, **ou** if you hear the sound in **vous**, or **w** if you hear the sound as in **Louis**.*

Leçon B

Vocabulaire actif

On fait le ménage

Les Richard **font le ménage**

Alicia **range** ses pulls.

Océane **fait la lessive**.

M. Richard **fait sécher le linge**.

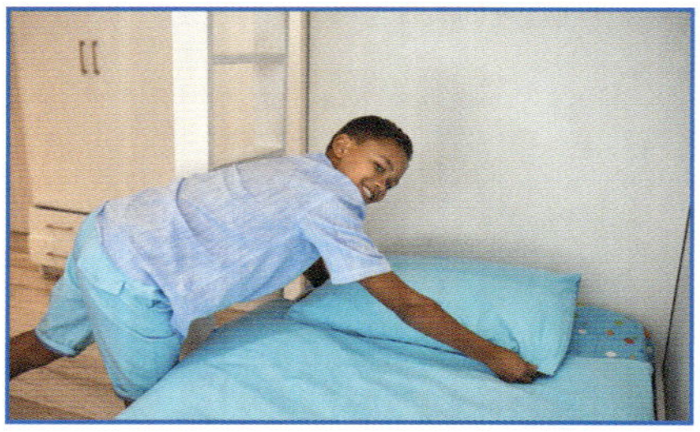

Antoine **change les draps**.

Mme Richard **repasse** les vêtements.

La grand-mère **arrose les plantes**.

M. Richard **fait la vaisselle**.

Antoine **passe l'aspirateur**.

Antoine **sort la poubelle**.

Le grand-père **tond la pelouse**.

Les affaires de ménage

une machine à laver

un sèche-linge

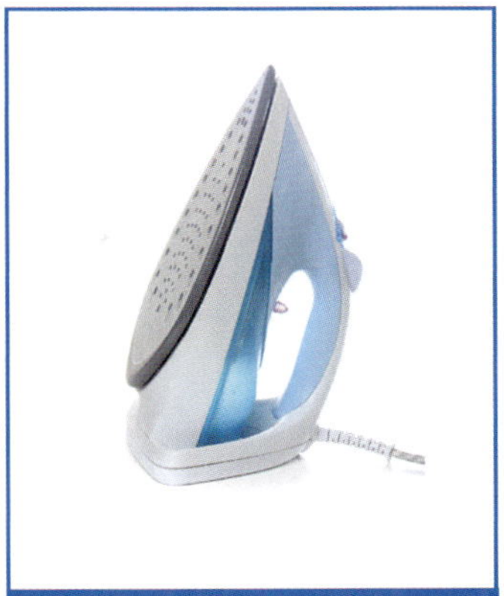
un fer à repasser

un lave-vaisselle

un aspirateur

une tondeuse

Pour la conversation

How can I compare?

» Je fais beaucoup **plus de corvées** à la maison que mes frères.

I do more chores at home than my brothers.

How do I respond?

» **C'est pareil** chez moi.

It's the same at my house.

How can I express injustice?

» Ce n'est pas **juste**.

It's not fair.

Et si je voulais dire...?

débarrasser la table	*to clear the table*
essuyer la vaisselle	*to dry the dishes*
faire la poussière	*to dust*
faire le lit	*to make the bed*
laver les vitres	*to wash the windows*
nettoyer	*to clean*
organiser le bureau	*to organize the office*
salir	*to make (something) dirty*

1 Les corvées

Interpretive Viewing, Presentational Speaking

*Identifiez les affaires de ménage et dites quelle activité y est associée. (**utiliser** = to use)*

repasser les chemises **tondre la pelouse** **sécher les tee-shirts**
nettoyer (*to clean*) le salon **faire la lessive** **faire la vaisselle** **changer les draps**

MODÈLE

On utilise une machine à laver pour faire la lessive.

1. 

2. 

3. 

4. 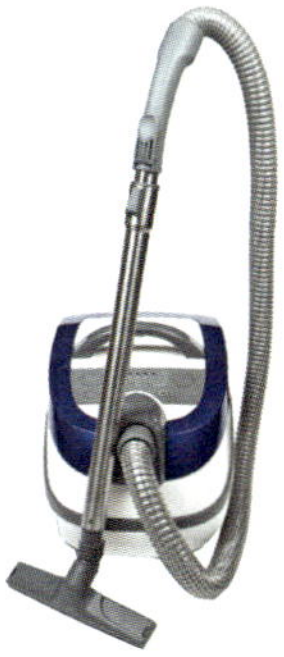

5. 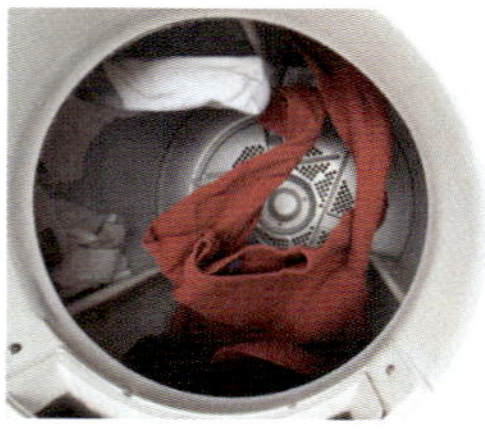

6. 

2 On fait le ménage chez les Roux

Interpretive Reading, Presentational Writing

Indiquez une solution à chaque problème chez les Roux.

faire la vaisselle **ranger** **tondre la pelouse** **faire la lessive** **arroser les plantes**
changer les draps **passer l'aspirateur** **sortir la poubelle** **sécher le linge**

MODÈLE Les assiettes sont sales (*dirty*).
Alors, on doit faire la vaisselle.

1. Les plantes ont soif.
2. La pelouse est trop longue.
3. On vient de laver et sécher les draps.
4. On a lavé les vêtements.
5. La maison est en désordre (*disarray*).
6. On a mangé des chips dans la chambre.
7. Il y a du chocolat sur les vêtements.
8. Il y a trop de choses dans la poubelle.

3 On fait le ménage

Interpretive Listening and Viewing

Écrivez les numéros 1–8 sur votre papier. Écoutez chaque description et choisissez la lettre de l'illustration qui y correspond.

A. 

B. 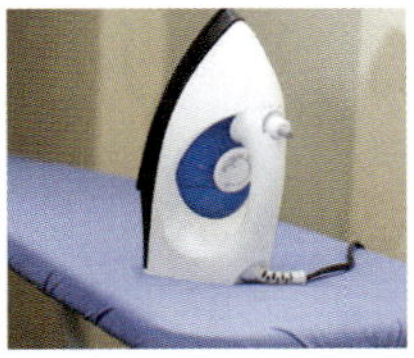

C. 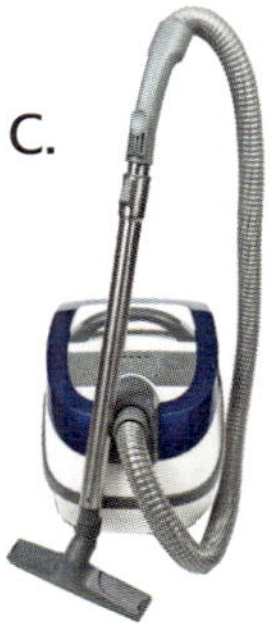

D. 

E. 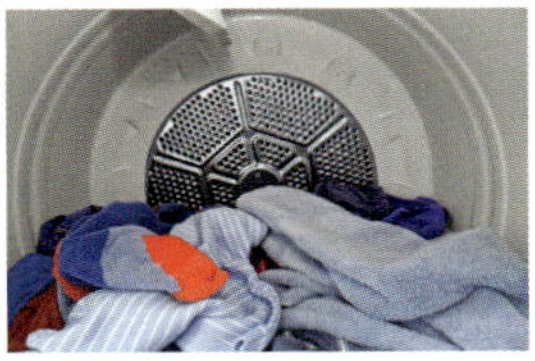

F. 

G. 

H. 

4 Questions personnelles

Interpersonal Speaking

Répondez aux questions avec un partenaire.

1. Quelles corvées est-ce que tu dois faire chez toi?
2. Quelles corvées est-ce que tu n'aimes pas faire?
3. Quel jour est-ce qu'on fait le ménage chez toi?
4. Qui fait la vaisselle chez toi?
5. Combien de fois par semaine est-ce que tu ranges ta chambre?
6. Selon toi, qui fait le plus de corvées dans une famille, les parents ou les enfants? les pères ou les mères? les garçons ou les filles? Est-ce que c'est juste?

Ce n'est pas juste!

Madiba et Adjoua, son amie ivoirienne, se parlent chez Adjoua, qui arrose les plantes.

Madiba: Alors, c'est sûr, tu ne viens pas?

Adjoua: Non, pas aujourd'hui. Aujourd'hui, c'est aspirateur. Et je dois passer l'aspirateur dans tout l'appartement.

Madiba: Et tes frères, ils ne peuvent pas le faire?

Adjoua: Mes frères, c'est: "Adjoua, je pars, tu sors la poubelle?" "Adjoua, t'es une fille, tu arroses les plantes?"

Madiba: Et ta mère, qu'est-ce qu'elle dit?

Adjoua: Ma mère, elle dit: "Adjoua, repasse! Adjoua, remplis la machine à laver! Adjoua, change les draps!"

Madiba: Mais ce n'est pas juste! Remarque, avec ma mère, c'est pareil chez moi.

Adjoua: Ce qui est sûr, c'est que je fais beaucoup plus de corvées à la maison que mes frères.

Madiba: Il ne faut pas accepter cela! Demain tu dis: "Salut, je vais au cinéma avec une copine." Je t'accompagne au ciné.

Adjoua: Imagine leur tête! Assieds-toi! Il faut trouver un bon film sur AlloCiné.

Analyse

What solution does Madiba offer to solve Adjoua's dilemma? Can you predict what might happen if Adjoua follows her advice? Would you give Adjoua a different suggestion? Why or why not?

5 Ce n'est pas juste!

Répondez aux questions.

1. Quelle corvée est-ce qu'Adjoua doit faire aujourd'hui?
2. Comment est-ce que les frères d'Adjoua s'excusent (*excuse themselves*) des corvées?
3. Qu'est-ce que la mère d'Adjoua dit à sa fille de faire?
4. Qu'est-ce que Madiba pense de la situation d'Adjoua?
5. Comment est-ce qu'elles vont se révolter?
6. Qu'est-ce que Madiba va chercher dans AlloCiné?

EXTENSION **Deux fils**

Deux mères parlent de leurs fils.

Mme Thomas: Non, moi, ça se passe plutôt bien, François m'aide beaucoup.

Mme Moreau: Ah oui, il fait quoi?

Mme Thomas: Ben… il sort la poubelle, il passe l'aspirateur, il fait la lessive.

Mme Moreau: Ah oui, il fait plus de choses que Julien.

Mme Thomas: Pourquoi? Julien ne t'aide pas beaucoup?

Mme Moreau: Il fait la vaisselle… de temps en temps, mais c'est tout.

EXTENSION Quel fils aide sa mère le plus?

Points de départ

Pre-AP

Question centrale: How do the routines of people in other cultures differ from mine?

La Francophonie

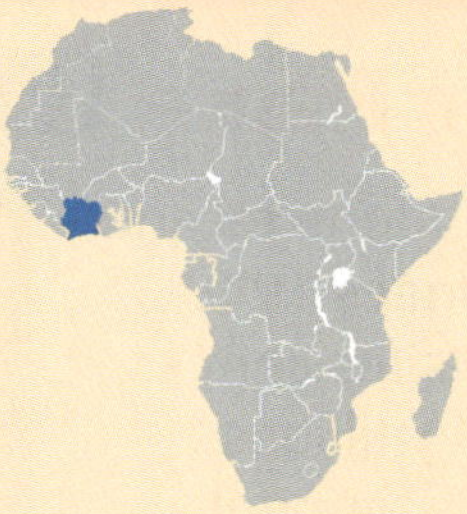

Profil touristique

La Côte d'Ivoire

Situation géographique	fait partie des pays de l'Afrique occidentale s'étend sur 330 000 km² (comparable au Nouveau-Mexique) 27 millions d'habitants
Ethnies	Les Akans (40% de la population) représentent l'ethnie la plus importante.
Villes	Yamoussoukro (capitale) Abidjan (capitale économique)
Langue	français langue officielle
Principaux secteurs d'activité	gros producteur de bananes, d'ananas, et de canne à sucre* gros exportateur de bois*

Recherche: côte d'ivoire tourisme, la france en côte d'ivoire, voyageurs côte d'ivoire

---

canne à sucre *sugar cane*; **bois** *wood*

Les artistes de la Côte d'Ivoire

Littérature	Ahmadou Kourouma, Véronique Tadjo, Josué Guébo, Sylvain Kean Zoh
Bande dessinée	Lassane Zohoré
Peinture	Michel Kodjo, Jacques Samir Stenka, Pascal Konan
Musique	Alpha Blondy (reggae), Magic System (musique zouglou), Aïcha Koné (musique mandingue), DJ Arafat (coupé-décalé), et Debordo Leekunfa (coupé-décalé)

Traditions et pratiques

La Côte d'Ivoire, qui est l'un des membres fondateurs du mouvement francophone, a créé le poste du secrétaire général de la Francophonie en 1995. Qui est le secrétaire général de la Francophonie aujourd'hui?

Produits

Le coupé-décalé est un genre musical basé sur la danse. Paru en 2000, il connaît un succès international grâce aux DJs (en Afrique subsaharienne et en France). Le coupé-décalé est une musique fusion, popularisée par Douk Saga et son clip "Sagacité."

L'immigration africaine en France

L'immigration africaine est un phénomène récent. Elle s'est développée à partir des années 1970. Les Africains, qui étaient 20 000 dans les années 1960, sont aujourd'hui 570 000 (1,1 millions avec la 2ème génération). Les Africains forment le troisième groupe des 7,7 millions d'immigrés en France, après les immigrés européens (1,7 millions) et ceux du Maghreb (1,5 millions). Les trois principaux pays d'origine de l'immigration africaine sont le Sénégal, le Mali, et la Côte d'Ivoire. Pour lutter* contre l'immigration illégale, le gouvernement français a négocié des accords* avec certains pays (le Gabon, le Sénégal, le Congo, le Bénin, le Burkina Faso) pour mettre en place* une immigration légale.

Les immigrés en France luttent (*fight*) pour obtenir des droits égalitaires (*equal rights*).

Recherche: immigration africaine en france

lutter *to fight*; **des accords** *agreements*; **mettre en place** *to establish*

Les mots-clés du débat sur l'immigration

L'assimilation est l'adoption progressive par les individus d'un groupe minoritaire des traits culturels du groupe majoritaire qui les "accueille." C'est le modèle politique traditionnel.

L'intégration exprime une dynamique d'échange; l'adhésion aux règles de fonctionnement et aux valeurs de la société d'accueil n'interdit pas* les différences.

La naturalisation s'obtient* chaque année pour 120 000 à 150 000 immigrés étrangers en France. Ceux nés en France et résidents depuis plus de 5 ans (40% du total) bénéficient du droit du sol*.

Les mariages mixtes sont de deux types: ceux qui se déroulent* sur le territoire national (30%) sont considérés comme un signe d'intégration; ceux qui sont contractés à l'étranger (60% sont enregistrés au Maghreb, dans les pays d'Afrique francophone, ou en Turquie) témoignent* souvent d'un repli communautaire*.

Comparaisons

Quels sont les principaux groupes d'immigrants aux États-Unis? Quels termes pouvez-vous utiliser pour caractériser leur présence dans la société américaine?

n'interdit pas *does not prohibit*; **s'obtient** *is acquired*; **droit du sol** *birthright citizenship*; **se déroulent** *occur*; **témoignent** *show evidence*; **un repli communautaire** *rejection of the wider community*

6 Activités culturelles

Faites les activités suivantes.

1. Écrivez un article pour présenter la Côte d'Ivoire. Intégrez les informations suivantes:
   - nombre d'habitants
   - majorité ethnique
   - capitale politique
   - capitale économique
   - langue officielle
   - production agricole (*agricultural*)
2. Choisissez une catégorie artistique (littérature, peinture, musique, autre) et présentez un artiste et le mouvement auquel il appartient (*to which he or she belongs*).
3. Retrouvez:
   - le nombre d'immigrés africains en France.
   - leurs principaux pays d'origine.
4. Cherchez un événement ou un incident en France où l'immigration est discutée. Décrivez l'événement, relevez (*point out*) les faits, présentez les opinions, et donnez votre propre conclusion.

Recherche: lemonde, news in france

À DISCUTER

Les immigrés doivent-ils abandonner ou conserver leurs habitudes traditionnelles dans leur pays d'accueil (*host country*)? En groupes, faites une liste d'arguments pour et contre.

Du côté des médias

Préparez un tableau (chart) *ou autre graphique qui montre les saisons dans les deux zones climatiques.*

Climat en Côte d'Ivoire

La Côte d'Ivoire peut être divisée en deux zones climatiques. Le sud a un climat équatorial marqué par une température quasi-constante la plupart de l'année (par exemple, de 27° à 32° à Abidjan) et par de fortes pluies. Bien que le sud soit régulièrement arrosé, on distingue quatre saisons:

- grande saison sèche de décembre à avril
- grande saison des pluies de mai à juillet
- petite saison sèche en août et septembre
- petite saison des pluies en octobre et novembre

Au-delà de la zone forestière, le climat du nord est plus contrasté. La température y est sensiblement plus élevée et l'amplitude thermique plus marquée (par exemple, de 22° à 35° à Bouaké), les pluies plus faibles et l'ensoleillement plus constant. On distingue deux saisons:

- la saison des pluies de mai à novembre
- la saison sèche de novembre à mai

Vers janvier-février souffle l'harmattan, le vent du Sahara, transportant du sable et desséchant tout sur son passage. La période de novembre à mars est cependant la période la plus confortable pour voyager.

Present Tense of the Irregular Verb *s'asseoir*

Le père d'Amidou s'assied dans son fauteuil préféré.

The reflexive verb **s'asseoir** (*to sit down*) is irregular.

s'asseoir			
je	**m'assieds**	nous	**nous asseyons**
tu	**t'assieds**	vous	**vous asseyez**
il/elle/on	**s'assied**	ils/elles	**s'asseyent**

Où est-ce que tu **t'assieds**? *Where do you sit?*

Je **m'assieds** à gauche de Salim. *I sit to the left of Salim.*

7 L'avant-première

Presentational Speaking or Writing

Votre classe va à l'avant-première d'un film sur les aventures d'un jeune Africain en France. Regardez l'illustration et dites où les personnes suivantes s'asseyent à la première. Utilisez ces expressions: ***à gauche de, à droite de, entre, devant, derrière, à côté de.***

MODÈLE Paul
Paul s'assied entre Vanessa Paradis et Dany Boon.

1. Mme Tautou
2. Claire
3. M. Boon et Paul
4. moi, je
5. Lamine
6. Marie, Mme Tautou, Claire, M. Merad, et Lamine
7. M. Merad
8. Mme Fleury

8 En bus et en voiture

Interpretive Viewing, Presentational Speaking or Writing

Ce matin, il n'y a plus de place dans le bus, alors ceux qui prennent le bus doivent rester debout (standing). *Mais ceux qui prennent la voiture peuvent s'asseoir. Dites qui s'assied et qui ne s'assied pas selon le modèle.*

MODÈLE

Hervé
Hervé s'assied.

Jeanne et Marc
Jeanne et Marc ne s'asseyent pas.

1. vous

2. tu

3. nous

4. je

5. Leïla et Moussa

6. Serge

The Imperative of Reflexive Verbs

To form an affirmative command with a reflexive verb, drop the subject pronoun and attach the reflexive pronoun to the verb with a hyphen.

Asseyez-**vous**!	*Sit down!*
Lavons-**nous** les mains!	*Let's wash our hands!*

Te becomes **toi** after the verb.

Couche-**toi**!	*Go to bed!*

To form a negative command, put the reflexive pronoun in front of the verb.

Ne **vous** reposez pas!	*Don't rest!*
Ne **te** maquille pas!	*Don't put on makeup!*

Comparaisons

What are the rules to make these English commands negative?

Wash your face!
Let's sit down!

9 Une matinée de baby-sitting

Interpretive Viewing, Presentational Speaking or Writing

Vous faites du baby-sitting pour votre cousin qui a dix ans. Dites-lui de faire les choses représentées par les objets suivants.

MODÈLE

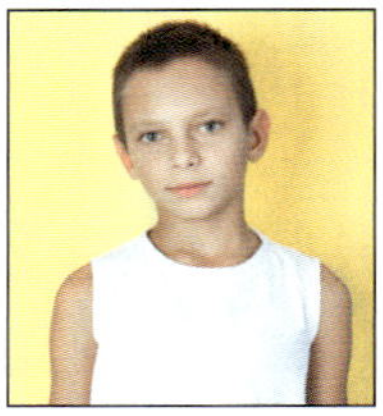

Réveille-toi!

1. 

2. 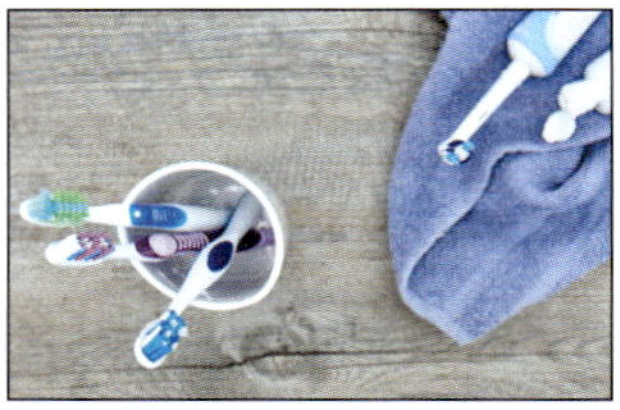

3. 

4. 

5. 

6. 

10 Je suis le prof!

Interpretive Viewing, Presentational Speaking

Jouez le rôle de votre professeur et dites aux élèves ce qu'ils doivent faire. (Pay attention to whether the verb is reflexive or not.)

fermer la porte **se présenter** **se lever** **aller au tableau** **offrir un crayon** **s'asseoir** **fermer le livre**

MODÈLE

Fermez la porte!

Présentez-vous!

1. 

2. 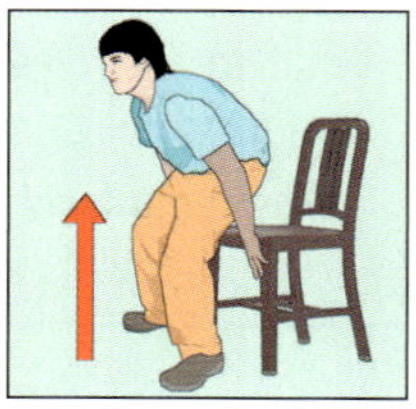

3. 

4. 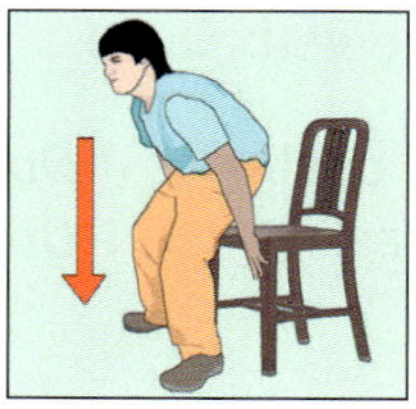

5. 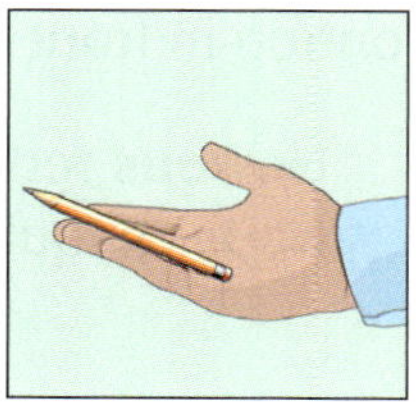

11 Les corvées de samedi matin

Interpretive Reading, Presentational Speaking or Writing

Lisez les listes de corvées de la famille d'Éric. Si la corvée est cochée (checked off)*, dites à la personne (aux personnes) de se reposer. Si elle n'est pas cochée, dites lui (leur) de ne pas se reposer.*

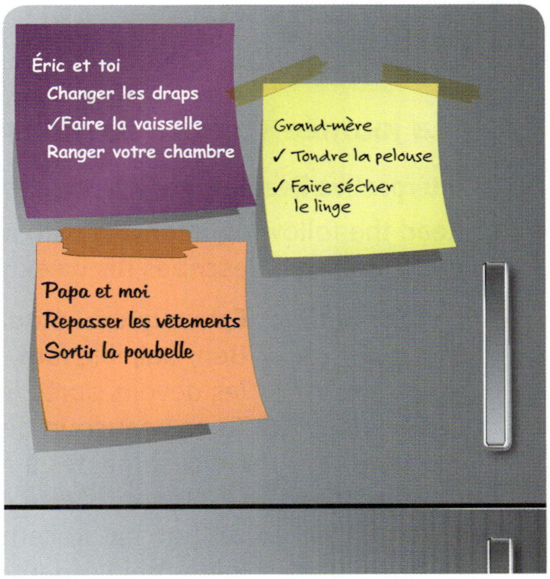

MODÈLE

Grand-mère
Repose-toi!

Éric et toi (vous)
Ne vous reposez pas!

1. Papa et moi (nous)

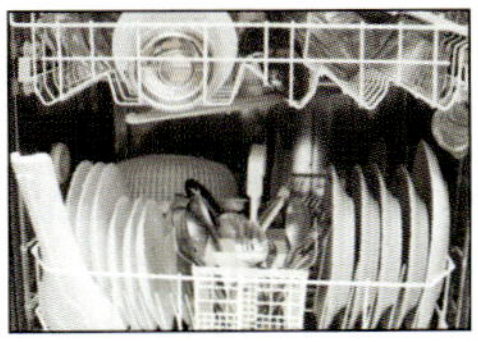

2. Éric et toi (vous)

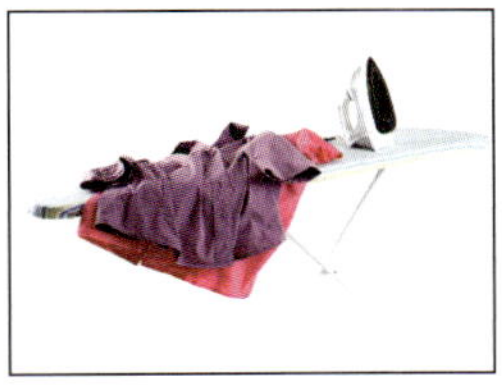

3. Papa et moi

4. Grand-mère

5. Éric et toi

12 À qui parle-t-elle?

Interpretive Listening and Viewing

Écrivez les numéros 1–8 sur votre papier. Selon les illustrations, choisissez à qui Mme Linh donne des ordres ou fait des suggestions.

A.

B.

C.

Question centrale ? How do the routines of people in other cultures differ from mine?

Communiquez!

13 La journée scolaire de Moussa

Interpretive Reading, Presentational Writing

Read the following interview with Moussa, a student from the Ivory Coast. Then write a paragraph that describes his weekly routine. The questions that follow will help you.

Le journaliste: Est-ce que tu étudies chaque jour?
Moussa: Ben, oui, il le faut, trois heures par jour, minimum. C'est normal. Le soir, c'est les devoirs après le dîner.
Le journaliste: Tu as beaucoup de vacances pendant l'année scolaire?
Moussa: Deux semaines à Noël, et à Pâques aussi.
Le journaliste: Quels sports est-ce que tu pratiques?
Moussa: Le foot, naturellement, trois fois par semaine. Il y a un match samedi.
Le journaliste: Parle-moi un peu de ton école.
Moussa: Bon, ben, je me lève à 6h15. Les cours commencent à 7h30 le matin. À 12h30 je rentre chez moi pour déjeuner. Les cours recommencent à 15h00 et finissent à 18h00.
Le journaliste: Alors, tu n'aimes pas la cantine de l'école?
Moussa: Si, mais on vend seulement des sandwiches et des sodas. Comme dessert ma mère prépare de l'aloko, que j'adore.
Le journaliste: C'est quoi exactement?
Moussa: Des bananes frites avec du sucre. C'est vraiment délicieux.
Le journaliste: Je vois que tu portes un uniforme. C'est obligatoire?
Moussa: Oui. Tout le monde préfère les jeans, les tee-shirts, et les tennis, mais ce n'est pas possible de les porter au lycée.

1. À quelle heure est-ce que Moussa doit se lever?
2. Comment s'habille-t-il?
3. Les cours commencent à quelle heure?
4. Où est-ce qu'il prend son déjeuner?
5. Qu'est-ce qu'il mange comme dessert?
6. Quel sport est-ce qu'il pratique trois fois par semaine?
7. Qu'est-ce qu'il fait après le dîner?
8. Quelles sont les différences et les ressemblances entre ta vie et la vie de Moussa?

14 Faisons le ménage

Presentational Writing

You and your partner are camp counselors at a **colonie de vacances** (*summer camp*) in the south of France, where each group of campers will be staying for one week in cabins that sleep six. The campers are responsible for the daily housekeeping of their cabin and the dining hall, as well as preparing their cabin for the next group of campers. You and your partner must organize the housekeeping tasks for the cabin and dining hall for the week. Determine which tasks must be done each day and by whom. Then write your plan, including a list of responsibilities for the cabins and the dining hall.

15 Une émission de micro ouvert

Interpersonal Speaking

With a partner, play the roles of a radio talk-show host and a parent who calls to ask for parenting advice. In your conversation, do the following:

Greet the caller and ask what the problem is.

Give your name; then say your children annoy you because they don't help with the housework.

Tell the parent to calm down and say you know it's not fair.

List four specific chores your children must do.

Tell the caller to talk to the children, explaining how hard he or she works and that he or she needs their help. Suggest the parent start with the most important chore.

Thank the host.

Pre-AP

Communiquez!

Telling a Story through Pictures

"Une image vaut mille mots." This saying means that a single image can communicate a very complex idea. Often, one picture may inspire an entire story or narrative. In this activity, you will tell a story about a daily routine based on a series of pictures.

16 La routine

Presentational Speaking and Writing

1. Study the illustrations. Use French vocabulary, structures, and linking words that you know to create a story about what is happening in the pictures. Be sure to include reflexive verbs in the present and imperative. Then tell your story to a partner.
2. Consider these steps when creating your story:
   A. Choose a point of view. You might tell the story in the *first person,* either as a direct participant or as an observer (real or imagined) who witnessed the events firsthand. Or you might tell the story in the *third person,* which allows greater objectivity.
   B. Determine the sequence of events. Use transition words like **d'abord**, **ensuite**, **puis**, **alors**, and **enfin** to help present events in a logical order.
   C. Choose names for your characters. Describe physical and psychological characteristics if you think they are needed to tell the story.
   D. Add dialogue to make your story come alive!

1. 

2. 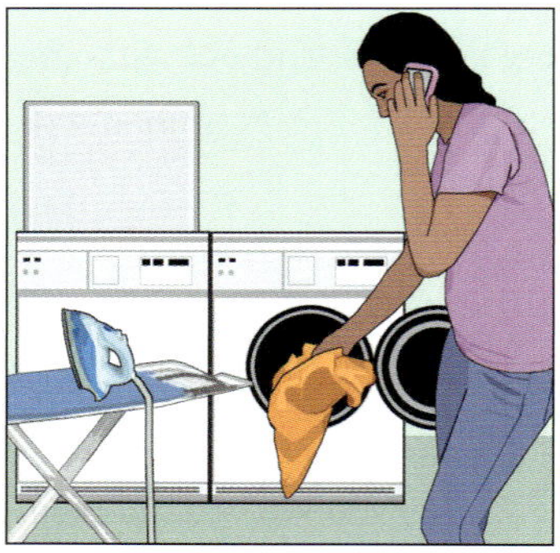

3. 

4. 

Leçon C

Vocabulaire actif

Je me souviens…

se détendre

s'amuser

se remettre (à)

s'entendre

se disputer

se rappeler
se souvenir (de)

se rendre (à)

se dépêcher

se rencontrer

se retrouver

Pour la conversation

How do I find out if someone remembers something?

» Tu te souviens du concert de Youssou N'Dour?
Do you remember the Youssou N'Dour concert?

How do I recount past events?

» **Scotchés à** la musique…. On s'est bien amusé.
Glued to the music…. We had a lot of fun.

» On s'est dépêché **comme des fous**.
We hurried like crazy.

Et si je voulais dire…?

s'appeler	*to be named*
s'arrêter	*to stop*
s'ennuyer	*to get bored*
s'occuper de	*to take care of*
se promener	*to take a walk*

1 On fait quoi?

Interpretive Listening and Viewing

Choisissez l'illustration qui correspond à chaque description.

A.

B.

C.

D.
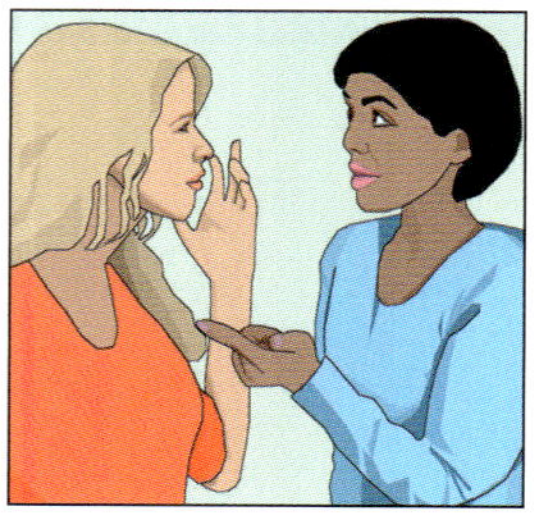

E.

F.

G.

H.

2 Réponses logiques

Presentational Writing

Utilisez la bonne forme d'un verbe de la liste pour répondre aux questions.

s'amuser	**s'asseoir**	**se rappeler**	**se dépêcher**	**se remettre (à)**
se retrouver à 16h20	**se rendre au parc d'attractions**	**se détendre**	**se coucher**	

MODÈLE Est-ce que tu te souviens des pages qu'il faut lire pour le cours d'histoire?
Oui, je me rappelle ces pages!

1. Qu'est-ce que tu fais quand tu es fatigué(e)?
2. Qu'est-ce que tes amis et toi, vous faites pour vous amuser le weekend?
3. Qu'est-ce que tu fais quand le bus arrive mais que tu n'es pas prêt(e)?
4. À quelle heure est-ce que tu vois tes amis après les cours?
5. Ta copine et toi, vous allez finir vos devoirs après le dîner?
6. On sort avec les copains ce soir?
7. Il est tard. Tu es fatigué?
8. Tu vas regarder la télé avec moi?

3 Tes activités du weekend

Interpersonal Speaking

À tour de rôle, utilisez l'expression entre parenthèses pour poser une question à votre partenaire au sujet de ses activités du weekend.

MODÈLE se souvenir (de quoi)
A: De quoi est-ce que tu te souviens?
B: Je me souviens du match.

1. se rendre aujourd'hui (où?)
2. s'amuser le weekend (comment?)
3. s'entendre (avec qui?)
4. se retrouver (toi et Alexis, où?)
5. se dépêcher (quand?)
6. se remettre (à quoi?)

4 Les Martin

Interpretive Listening and Viewing

Écrivez les numéros 1–6 sur votre papier. Choisissez l'illustration qui correspond à chaque description que vous entendez.

MODÈLE You hear: Mme Martin se rend au supermarché.
You write: **B**

A. 

B. 

C. 

D. 

E. 

F. 

5 Questions personnelles

Interpersonal Speaking

Répondez aux questions avec un partenaire.

1. Comment est-ce que tu t'amuses le weekend? Et ton frère et ta sœur?
2. Est-ce que tu te souviens de ton dixième anniversaire?
3. Avec qui est-ce que tu te disputes souvent?
4. Comment est-ce que tu te rends au lycée? Et tes amis, comment est-ce qu'ils se rendent au lycée?
5. Est-ce que tes amis et toi, vous vous retrouvez souvent le weekend? Où?
6. À quoi est-ce que tu te remets après le dîner?
7. Où est-ce que tu te détends?

Je me dépêche pour aller chez mes copains.

Le concert de Youssou N'Dour

Nicolas et Rachid essaient de faire leurs devoirs dans la chambre de Nicolas.

Nicolas: Et là, qu'est-ce qu'elle a dit, la prof?
Rachid: Il faut rendre un exposé sur la colonisation en Afrique mercredi… je n'ai rien écrit.
Nicolas: Bon, Wikipédia, au secours! Tape "colonisation Afrique"; on va voir ce qu'ils disent….
Rachid: Oh! Youssou N'Dour a un nouvel album.
Nicolas: Je vois, t'es plus musique que devoirs!
Rachid: Tu te souviens du concert?
Nicolas: Je me souviens aussi qu'on était en retard!
Rachid: On s'est dépêché comme des fous!
Nicolas: Heureusement qu'on s'est rencontré devant le guichet.
Rachid: Et puis… quel spectacle!
Nicolas: Scotchés à la musique…. On s'est bien amusé. Bon, on s'y remet….

Stratégie
Use the verb tenses in the sentences to separate the events mentioned in the dialogue into three categories: past, present, and future. Make a diagram.

6 Le concert de Youssou N'Dour

Mettez les événements dans l'ordre du dialogue.

1. On a cherché des informations sur Internet.
2. On a écouté Youssou N'Dour chanter au concert.
3. On a appris que Youssou N'Dour a un nouvel album.
4. On s'est dépêché comme des fous.
5. Rachid a parlé à la prof.
6. On s'est rencontré devant le guichet.

EXTENSION Voyage aventure

M. Muller téléphone à la responsable de l'agence de voyages pour lui parler de ses vacances dans un endroit francophone.

Responsable: Alors, vous vous êtes amusés?
M. Muller: Beaucoup. On a fait un superbe voyage.
Responsable: Rassurez-moi: vous vous êtes reposés aussi?
M. Muller: On s'est bien détendu.
Responsable: Vous avez pu faire beaucoup de choses?
M. Muller: On s'est rendu à la plage chaque jour! On a même passé une journée à la Martinique.
Responsable: Et cette fois-ci, je peux vous aider comment?
M. Muller: Un voyage pas trop cher et pas aussi loin…. Une autre aventure…. Vous avez bien ça?

EXTENSION Quelle était la destination de M. Muller?

Pre-AP

Question centrale ? How do the routines of people in other cultures differ from mine?

La Francophonie

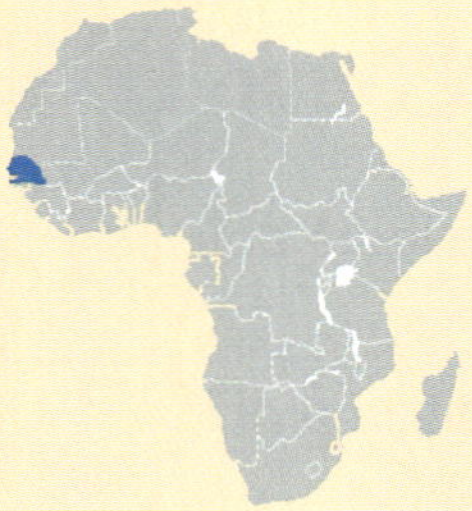

Profil touristique

Le Sénégal

Situation géographique	fait partie des pays de l'Afrique de l'Ouest superficie de 196 000 km² (comparable au Dakota du Sud) 14 millions d'habitants
Villes	Dakar (capitale) Touba, Thiès, Saint-Louis
Langues	français langue officielle 6 langues populaires (dont le wolof)
Principaux secteurs d'activité	la pêche*, le tourisme et les services
Histoire	Indépendant depuis 1960, le Sénégal est devenu une république démocratique sous l'influence du président-poète Léopold Sédar Senghor. C'est l'un des pays fondateurs du mouvement francophone. C'est aussi au Sénégal, sur l'île de Gorée, que l'on trouve le site le plus important de la traite des esclaves*.
Culture	Écrivains: Birago Diop, Ousmane Sembène (également* cinéaste), Aminata Sow Fall, Fatou Diome Sculpteur: Ousmane Sow Musiciens: Youssou N'Dour, groupe Touré Kunda

Recherche: découvrir le senegal, guide de voyage senegal

la pêche *fishing*; **la traite des esclaves** *slave trade*; **également** aussi

Traditions et pratiques

Dakar est un haut lieu de la mode, où les créateurs occidentaux viennent chercher leur inspiration.

Comparaisons

Quelles traces de l'esclavage sont toujours présentes aux États-Unis?

Produits

Léopold Sédar Senghor (1906–2001) a été président du Sénégal, homme politique, poète, et essayiste. Il est considéré comme l'un des pères fondateurs de la Francophonie. Senghor a écrit "Le lion rouge," un poème qui est devenu l'hymne national sénégalais.

Personnalités

Les griots

À l'origine, les griots sont des conteurs* proches* des rois. Ils racontent l'histoire des royaumes* pour la transmettre de génération en génération. Ils s'accompagnent d'une kora, un instrument traditionnel à cordes comme la guitare. De conteurs, ils sont devenus poètes et musiciens. Mory Kanté (*Yéké, yéké*, son disque le plus célèbre), Salif Keïta, Kadialy Kouyaté, et Babou Diabaté continuent aujourd'hui cette tradition.

Recherche: griots d'afrique, griots modernes, la kora

Amy Koïta, une griotte malienne, joue de la kora.

des conteurs *storytellers*; **proches** *close*; **des royaumes** *kingdom*

Youssou N'Dour

Les albums *The Lion*, *7 Seconds*, *Eyes open*, *Egypt*, et *Dakar-Kingston* ont assuré la notoriété internationale du chanteur sénégalais Youssou N'Dour. Né en 1959, il vient d'une famille de griots. Il a commencé à chanter au Sénégal en 1971 et a connu ses premiers succès hors* d'Afrique en France en 1984 et aux États-Unis en 1986.

Recherche: youssou n'dour site officiel, mbalax youssou n'dour

hors *outside*

Produits

Youssou N'Dour a popularisé un rythme wolof très complexe: **le mbalax**, une musique dansante très percussive.

Le mbalax mélange des instruments africains traditionnels aux instruments modernes.

7 Activités culturelles

Faites les activités suivantes.

1. En groupe, faites des recherches sur Internet sur le président Léopold Sédar Senghor. Choisissez un thème: l'écrivain, le président, ou le fondateur du mouvement francophone.
2. L'île de Gorée fait partie de la mémoire universelle. Retracez l'histoire de l'île et son lien avec le commerce des esclaves en Afrique.
3. Choisissez une personnalité de la vie culturelle du Sénégal et faites un petit exposé avec texte, sons, ou images.
4. Écoutez des chansons de Youssou N'Dour. Choisissez un morceau qui vous plaît et présentez-le à la classe. Dites pourquoi vous l'aimez.

L'île de Gorée reste un lieu de mémoire et d'inspiration pour les écrivains noirs.

À DISCUTER

Pour quelles raisons est-ce que beaucoup d'Africains parlent plusieurs langues?

Du côté des médias

Lisez l'affiche ci-dessous.

FITMA FASHION WEEK Dakar

par FITMA AFRIQUE

Date et heure

ven., 24 nov., 08:30 – dim., 26 nov, 23:30

Description

FITMA FASHION WEEK Dakar Mode – Tourisme – Culture – Artisanat

Programme

Vendredi 19 Mai:

- Ouverture du Salon Exposition et de Promotion des Talents
- Soirée Gala des Festivaliers Sénégalais et la remise de prix

Samedi 20 Mai:

À partir de 19h00 le défilé de la haute couture et la remise de prix des festivaliers Africains.

- Concours de Jeunes Stylistes
- Concours de Mannequins Espoirs
- Concours de Photographie

SÉNÉGAL, GAMBIE, MAURITANIE, MAROC, GUINÉE BISSAU, MALI, GUINÉE, SIERRA LEONE, CÔTE D'IVOIRE, BURKINA FASO, TOGO, BÉNIN & GHANA

Adresse

Place de Souvenir Dakar, 2030 Sénégal

8 La FITMA Fashion Week

Répondez aux questions.

1. Quel est cet événement et où se passe-t-il?
2. Quels arts sont représentés?
3. Quels pays et régions d'Afrique sont représentés?

Controverse: Le burkini

Le burkini a fait son apparition sur les plages de France pendant l'été 2016. C'est un maillot de bain qui couvre tout le corps. Il est destiné aux femmes musulmanes qui souhaitent aller à la plage tout en respectant leur religion. De nombreuses polémiques existent. Des maires de la Côte d'Azur interdisent le port du burkini sur les plages de leur ville pour "des risques de trouble à l'ordre public." Les partisans du burkini sont soutenus par la Ligue internationale des droits de l'homme et le Collectif contre l'islamophobie en France. En revanche, de nombreux partis politiques prennent position contre "le prosélytisme religieux qui enferme la femme," et "le caractère odieux de l'instrumentalisation communautariste du corps de la femme."

9 Perspectives

Lisez les perspectives suivantes. Relevez l'identité et l'opinion de chaque personne.

Nous nous opposons à une tenue* de plage manifestant de manière ostentatoire une appartenance religieuse, alors que la France et les lieux de culte* religieux sont actuellement la cible* d'attaques terroristes.

–Mairie LR* de Cannes (*Journal Alpes-Maritimes*)

une tenue *outfit*; **culte** *worship*; **la cible** *target*; **LR (Les Républicains)** *(political party)*

Porter le voile* permettrait aux femmes de manifester publiquement leur identité musulmane, et de réduire les risques d'être exposées à des comportements* susceptibles de heurter* leurs convictions (ou celles de leur entourage*). Cela pourrait* donc être un moyen de concilier* un mode de vie libéral et l'appartenance* à une communauté plus traditionnelle. L'extension du port du voile s'expliquerait ainsi par un essor conjoint* des valeurs* religieuses et des opportunités d'intégration économique et sociale des musulmans.

–J-P. C., professeur (*Le Monde*)

le voile *veil*; **comportements** *behaviors*; **susceptibles de heurter** *likely to offend*; **entourage** *the people around them*; **pourrait** *could*; **un moyen de concilier** *a way to reconcile*; **l'appartenance** *belonging*; **essor conjoint** *joint awareness*; **valeurs** *values*

Le burkini, c'est juste un maillot de bain! Sauf que* pour les musulmanes pratiquantes, la religion interdit* la nudité. Il faut être pudique*. On protège les bras, les cheveux, le corps. C'est pour ça qu'on a inventé* ce maillot. On peut se baigner* avec, sans déranger* qui que ce soit*. Ce n'est pas une tenue* exubérante!

–Wahiba, musulmane (*Midi Libre*)

sauf que *except that*; **interdit** *prohibits*; **pudique** *modest*; **c'est pour ça qu'on a inventé** *that's why they invented*; **se baigner** *to go for a swim*; **déranger** *bother*; **qui que ce soit** *anybody*; **une tenue** *outfit*

10 Faire le point

Faites un tableau pour répondre à la question suivante: Est-ce que les institutions doivent s'adapter pour intégrer les groupes qui ne font pas partie de la majorité?

Pour chaque commentaire, notez si la personne est pour ou contre le port du burkini, et donnez son raisonnement principal. Enfin, dites ce que vous pensez dans une autre colonne de votre tableau.

Passé composé of Reflexive Verbs

The **passé composé** of reflexive verbs is formed with **être**.

Comment la petite Martine s'est-elle habillée?

Comparaisons

French speakers say, "**Je me suis lavé *la* figure**" using the definite article. What type of word is used in English?

SUBJECT	(ne)	REFLEXIVE PRONOUN	PRESENT TENSE FORM OF être	(pas)	PAST PARTICIPLE	
Marc		**s'**	**est**		**habillé.**	*Marc got dressed.*
Élodie et ses copines	ne	**se**	**sont**	pas	**amusées.**	*Élodie and her friends didn't have fun.*

The past participle *usually* agrees in gender (masculine, feminine) and in number (singular, plural) with the subject.

se coucher

je	**me suis couché(e)**	nous	**nous sommes couché(e)s**
tu	**t'es couché(e)**	vous	**vous êtes couché(e)(s)**
il	**s'est couché**	ils	**se sont couchés**
elle	**s'est couchée**	elles	**se sont couchées**
on	**s'est couché**		

If a body part follows the verb, the past participle does not agree with the subject.

Elle s'est **lavée**. — *She washed herself.*
but
Elle s'est **lavé** les mains. — *She washed her hands.*

To make a reflexive verb in the **passé composé** negative, put **ne** in front of the reflexive pronoun and **pas** after the form of **être**.

Nous **ne** nous sommes **pas** réveillés à 8h00. — *We didn't wake up at 8:00.*

To ask a question using inversion with the **passé composé** of a reflexive verb, invert the subject pronoun with the form of **être** and join it to the verb with a hyphen.

T'es-**tu** reposé après les cours? — *Did you rest after class?*

The past participle of **s'asseoir** is **assis**.

Aïcha s'est **assise** avec ses parents. — *Aïcha sat down with her parents.*

11 On s'est préparé pour l'école

Interpretive Reading

Dites ce que tout le monde a fait pour se préparer pour l'école. Complétez les phrases suivantes avec les expressions de la liste.

Il s'est **Elle s'est** **Ils se sont** **Elles se sont**

1. ... levé à 7h15.
2. ... lavées avec un gant de toilette.
3. ... rasés avec un rasoir.
4. ... regardé dans la glace.
5. ... peignée avec un peigne.
6. ... maquillées dans la salle de bains.
7. ... bien habillés.
8. ... mal habillée.

Ghislaine s'est levée. Elle s'est lavé la figure après le petit déjeuner.

12 Samedi soir

Interpretive Reading, Presentational Writing

Lisez chaque description. Ensuite utilisez un verbe de la liste pour dire ce que tout le monde a fait pour se préparer samedi soir.

se raser **se dépêcher** **se brosser les dents** **se maquiller** **s'habiller** **se laver les cheveux**

1. Jacques a mis du dentifrice sur sa brosse à dents.
2. J'ai choisi un nouvel ensemble.
3. Caro a acheté du mascara.
4. M. Marin a pris son rasoir.
5. Les Perrin ont essayé un nouveau shampooing.
6. Élisabeth était en retard.

13 Hier ou aujourd'hui?

Interpretive Listening

Écrivez les numéros 1–8 sur votre papier. Écoutez et écrivez ***P*** *si les phrases sont au présent, ou* ***PC*** *si elles sont au passé composé.*

14 Au concert

Interpretive Viewing, Presentational Speaking or Writing

Les personnes suivantes sont allées au concert de Youssou N'Dour. Dites si elles se sont amusées ou pas.

MODÈLE

Evenye
Evenye ne s'est pas amusée.

Karim et Romane
Karim et Romane se sont amusés.

1. Abdoul

2. Aïcha et moi, nous

3. Saleh et toi, vous

4. moi

5. Amina et Denise

6. toi

7. Assane

15 Ce matin

Interpersonal Speaking, Presentational Writing

Choisissez une phrase interrogative de la liste à gauche et un verbe de la liste à droite. À tour de rôle, posez des questions à votre partenaire. Ensuite écrivez un paragraphe pour décrire (to describe) *la routine de votre partenaire.*

À quelle heure? Quand? Pourquoi? Où? Avec quoi? Comment?	se réveiller se lever se laver la figure se brosser les dents se peigner s'habiller se regarder se préparer pour l'école se laver les cheveux s'asseoir pour prendre le petit déjeuner

MODÈLE **A: À quelle heure t'es-tu réveillé(e) ce matin?**
B: Je me suis réveillé(e) à huit heures.

Communiquez!

16 Un beau souvenir

Interpersonal Speaking

With a partner, role-play a conversation in which you talk about an activity you did together. In your conversation, do the following:

- Greet each other.
- Ask how the other person is doing.
- Ask if your friend remembers an experience.
- Say what you remember about the experience.
- Say you had fun.
- Suggest an activity to do together.
- Accept or refuse the invitation.

17 La musique africaine

Presentational Writing

Create a playlist of well-known Cameroonian, Ivorian, and Senegalese singers and groups, including musicians mentioned in this unit. For each song, list the singer or group's name, the title of the song, the genre of music, and your recommendations. Post your playlist on a blog, wiki, or other Internet site. Share your playlist with another class in your school or in a different school.

Recherche: musique de l'afrique de l'ouest, musiciens célèbres du cameroun/de la côte d'ivoire/du sénégal

18 On a manqué le bus!

Interpersonal Speaking

You missed the bus because your sibling overslept and took too long to get ready. Your parent had already left for work. The school contacted your parents when you arrived late to school. When your parent comes home, explain to him or her everything your sibling did before you could leave for school that morning, and why you missed the bus.

Le ventre de l'Atlantique

Rencontre avec l'auteur

Fatou Diome (1968–) est née au Sénégal et habite à Strasbourg, en France. Elle s'est fait connaître avec un recueil de nouvelles (*collection of short stories*), *La préférence nationale* (2001). Son premier roman (*novel*), *Le ventre de l'Atlantique,* a paru en 2003. Ses récits sont des aller-retours entre la France et l'Afrique qui traitent du (*deal with the*) présent et de la mémoire. *Le ventre de l'Atlantique* raconte (*tells*) avec beaucoup d'humour et de larmes (*tears*) l'histoire de Salie qui va tout faire pour que son frère Madiké, resté au pays, renonce à ses rêves (*dreams*) d'émigration. Elle, en France, sait la réalité de l'immigration. Quels souvenirs a-t-elle du Sénégal?

Pré-lecture

Quel(le) athlète est-ce que vous admirez? Pourquoi?

Stratégie de lecture

Sensory Details. Sensory details are words and phrases that describe how things look, sound, smell, taste, or feel. The use of sensory details is a characteristic of descriptive writing. As you read, list each sensory detail in the grid under the appropriate category, if applicable. An example has been done for you.

Sight	Sound	Touch	Taste	Smell
		L'ombre des cocotiers		

Outils de lecture

Making Inferences. As you read, sometimes you need to make inferences in order to fully understand what the author wishes to express. When you make an inference, you "read between the lines." That is, you draw conclusions based on hints, facts, clues, etc., in the reading. For example, when the author talks about "**d'autres horizons**," she wants you to think of Africa. What can you infer from the following line from the selection? "**J'avance les pas lourds de leurs rêves, la tête remplie des miens.**" What does it say about people who leave one country and emigrate to another?

Joueurs de foot, 20ème siècle. Anonyme.

Le ventre de l'Atlantique

Le 29 juin 2000, je regarde la Coupe d'Europe de football. L'Italie affronte les Pays-Bas en demi-finale. Mes yeux fixent la télévision, mon cœur contemple d'autres horizons. [...]

Voilà bientôt dix ans que j'ai quitté* l'ombre* des cocotiers*. Heurtant le bitume*, mes pieds emprisonnés se souviennent de leur liberté d'antan*, de la caresse du sable chaud, de la morsure* des coquillages* et de quelques piqûres d'épines* qui ne faisaient que* rappeler la présence de la vie jusqu'aux extrêmes oubliés du corps. Les pieds modelés*, marqués par la terre africaine, je foule* le sol européen. [...] J'avance les pas lourds* de leurs rêves*, la tête remplie des miens*. [...]

Le bruit* de la télévision me sort de ma rêverie. Chaque fois que les reporters crient le nom de Maldini*, un visage* se dessine* sur l'écran. À quelques milliers de kilomètres de mon salon, à l'autre bout* de la Terre, au Sénégal, là-bas, sur cette île à peine* assez grande pour héberger* un stade, j'imagine un jeune homme rivé* devant une télévision de fortune pour suivre le même* match que moi.... Nos yeux se croisent* sur les mêmes images. Battements de cœur, souffle*, gestes de joie ou de désarroi*, tous nos signes émotionnels sont synchronisés la durée d'un match, car nous courons* derrière le même homme: Paolo Maldini.

Pendant la lecture
1. Quand est-ce que cette Coupe d'Europe a eu lieu?

Pendant la lecture
2. En quelle année la narratrice a-t-elle quitté le Sénégal?

Pendant la lecture
3. Elle se rappelle des événements ou des sensations?

Pendant la lecture
4. Elle pense à quelqu'un qu'elle connaît ou qu'elle ne connaît pas?

Pendant la lecture
5. Elle imagine que le jeune Sénégalais court avec elle derrière qui?

---

j'ai quitté *I left*; **l'ombre** *shade*; **cocotiers** *coconut trees*; **Heurtant le bitume** *Colliding with asphalt*; **d'antan** *of former times*; **morsure** *bite*; **coquillages** *sea shells*; **piqûres d'épines** *thorn pricks*; **qui ne faisaient que** *that did nothing but*; **modelés** *molded*; **je foule** *I tread*; **pas lourds** *heavy footsteps*; **rêves** *dreams*; **remplie des miens** *full of my own; bruit noise*; **Maldini** un footballeur italien de l'AC Milan, capitaine de l'équipe nationale italienne; **un visage** une figure; **se dessine** *is drawn*; **bout** *end*; **à peine** *scarcely*; **héberger** *to accommodate*; **rivé** *riveted*; **même** *same*; **se croisent** *cross*; **souffle** *breath*; **désarroi** *helplessness*; **nous courons** *we run*

Post-lecture

La narratrice habite en France. Mais de quelle(s) façon(s) est-elle toujours au Sénégal?

Le monde visuel

Les joueurs de foot est un exemple de batik, une technique d'impression sur étoffe (*cloth*) populaire en Afrique de l'Ouest. Cet art consiste à appliquer de la cire (*wax*) chaude sur des zones de tissu où l'on ne veut pas de coloration. Ce style de batik est naïf. Les peintres naïfs font souvent des dessins simples où ils ne montrent pas de notion de perspective. Comment décririez-vous l'usage de la couleur et des lignes dans cette impression?

19 Activités d'expansion

Faites les activités suivantes.

1. Écrivez un paragraphe qui résume (*summarizes*) les détails de la grille que vous avez préparée pour montrer comment l'écrivain évoque ses souvenirs du Sénégal.
2. Faites une deuxième grille comme celle à la page 174. Complétez les catégories par des descriptions de la vie dans les pays de l'Ouest. Utilisez cette grille pour écrire un paragraphe qui décrit la vie d'un Africain qui a émigré en Europe ou en Amérique du Nord.
3. Faites des recherches en ligne sur Paolo Maldini. À votre avis, pourquoi est-ce que la narratrice l'admire?

Les copains d'abord: Bonne nouvelle, mauvaise nouvelle

Pre-AP 21

Question centrale ? How do the routines of people in other cultures differ from mine?

Communiquez!

20 Une enquête

Connecting to Media Literacy

Interpretive Reading, Presentational Speaking

In a group, research online advertising for a shampoo used in a francophone country and analyze it. Who is the target market (**public visé**)? What advertising techniques are being used (bandwagon, glittering generalities, celebrity endorsement, etc.)? What is the message (**le slogan**)? Is the advertising effective? Why or why not? Share the results of your research and analysis with the class.

Recherche: publicité et marketing (+ PAYS/PRODUIT)

21 Les fêtes d'Afrique

Connecting to Collaboration, Critical Thinking and Problem Solving, and Global Awareness

Interpretive Viewing, Interpersonal Speaking, Presentational Writing

You are preparing to attend a music festival with your friend in Cameroon, Senegal, or the Ivory Coast. With a partner, look up an itinerary from a past festival, and decide which tasks you will need to accomplish, and when, in order to be ready and on time for each event. Then create a schedule for your trip, including tasks, times, and events for each day. Mention at what time will you need to get up to be ready, shower, get dressed, go to bed, meet your friends, etc.

Recherche: fête de la musique (+ PAYS)

22 Les griots se retrouvent

Connecting to Information Literacy, Productivity and Accountability

Interpersonal Writing, Presentational Speaking

With your class, organize a **griot** evening at your school. In small groups, find a **griot** story or fable. Choose the main events from the story and have each group member illustrate at least two events. Use the illustrations to tell the story to the audience, and write down new words and expressions for all to learn.

Recherche: fables africaines

Finale

Projets finaux

A Connexions par Internet: L'éducation civique

Symboles nationaux

Research online the symbols of the different countries presented in this outline and complete a grid like the one below. Then write a report in which you compare the symbols of African countries with those of the United States. How do these symbols reflect the characteristics (geography, history, and values) of each country? Make a poster showing the symbols of one of the countries. Share your poster with the class.

Emblèmes	le Cameroun	la Côte d'Ivoire	le Sénégal	les États-Unis
drapeau (couleurs/symboles)				
devise				
hymne national (titre et thème)				
arbre national				
animal national				

Recherche: emblèmes du cameroun, de la côte d'ivoire, du sénégal, des usa

B Communautés en ligne

Nos routines

Working with three classmates, create a video in French that shows the typical daily routine of an American student. Also include personal care products commonly used for the specific routines in your video. Upload your video and invite other French-speaking teens in your online francophone community to share their daily routines with you via video.

Le baobab, qui produit d'énormes fruits, les calebasses, symbolise souvent la fécondité (*fertility*) dans les contes africains.

C Passez à l'action!

Nous sommes des griots!

Groups of people who share a common heritage also share traditions and the same cultural history. Storytellers, such as **griots**, help preserve and pass these traditions and knowledge on to younger generations. Imagine that you are a **griot** in your community. Working with a partner or group, use an online storytelling site to tell a story in French about a tradition, historical event, or well-known legend pertaining to your school, city, state, or region. Share the story with your classmates and your online francophone community.

D Faisons le point!

Diagramme

Complete a diagram like the one that follows to show your understanding of how daily routines differ in other cultures. An example has been done for you.

Leçon A Rencontres culturelles: La salle de bains What is the morning conflict in Madiba's home? →	Madiba's sister takes too long in the bathroom.
Leçon A À vous la parole: La routine How does my routine differ from my partner's? →	
Leçon B Rencontres culturelles: Ce n'est pas juste! What do Madiba and Adjoua have in common in their households? →	
Leçon B À vous la parole: La routine scolaire de Moussa What is Moussa's school day routine? →	
Leçon C Rencontres culturelles: Le concert de Youssou N'Dour What do Nicolas and Rachid do after school? →	
Leçon C Points de départ: Les griots What are griots and what do they do? →	
Leçon C Lecture thématique: *Le ventre de l'Atlantique* What does the character do to relax? →	

Pre-AP

Évaluation

A Évaluation de compréhension auditive

Listen to each conversation and choose the appropriate response.

1. A. Je me couche à 9h00.
   B. Je me lève à 7h00 aussi.
   C. Je me réveille à 7h15.

2. A. Moi, je me couche à 10h00.
   B. J'aime me détendre devant la télé.
   C. Je me dépêche de rencontrer Tristan.

3. A. Je me déshabille vers 10h00.
   B. Je me lève, je me lave, et je m'habille.
   C. Je regarde la télé jusqu'à 22h00, et je me couche.

4. A. Je vais dans la salle de bains à 7h30.
   B. Je me dépêche, donc je ne prends pas le petit déjeuner.
   C. Je me maquille, et ensuite je me brosse les cheveux.

5. A. Je me suis levé à 8h00.
   B. Moi? Je me suis couché tôt.
   C. Je me suis beaucoup amusé.

6. A. Je me suis lavé à Bercy.
   B. Oui, je me suis bien reposé.
   C. Non, je n'ai pas regardé la télé.

7. A. Il est à 8h00.
   B. Non, je ne suis pas fatigué.
   C. Oui, mais dépêche-toi!

8. A. Non. Je ne me suis pas maquillée, et je ne me suis même pas peignée!
   B. Je me suis réveillée tôt.
   C. Je suis allée à un concert hier soir.

B Évaluation orale

Compare Sophie's daily morning routine to that of her best friend Florence.

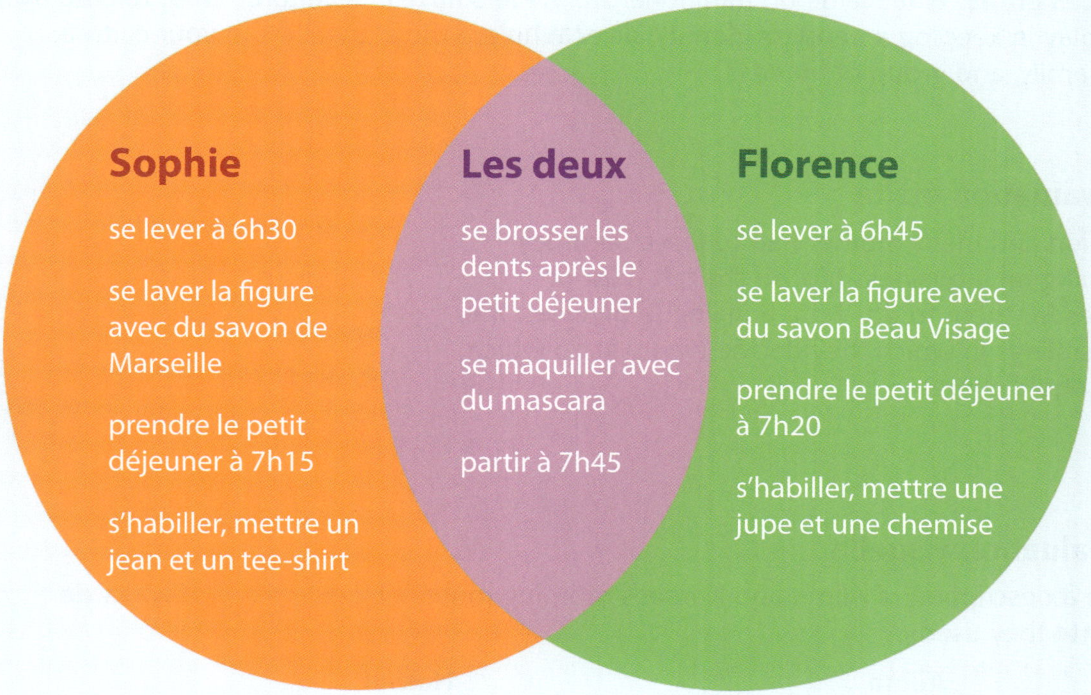

C Évaluation culturelle

In this activity, you will compare francophone cultures with American culture. You may need to do some additional research on American culture.

1. **Le Cameroun, la Côte d'Ivoire, le Sénégal, et les États-Unis.** Make a chart that shows the country or countries that colonized each nation mentioned in the heading and the year in which each became independent.
2. **Un dico africain et un dico américain.** Create **un dico** (*dictionary*) of expressions commonly used in **la Côte d'Ivoire** or **le Sénégal**. Then create **un dico** for your region, highlighting common words that come from non-English speakers. Consider words related to food, entertainment, sports, and music that come from other cultures, such as *croissant*, *taco*, or *reggae*.
3. **Les défis (*challenges*) en Afrique et dans votre région.** Research a political, economic, social, environmental, or health issue in Cameroon, Ivory Coast, or Senegal. Then do research to see if a similar situation exists in the United States. Compare the issue in both countries, and hypothesize why the situation is similar or different, and propose solutions.
4. **L'immigration en France et aux États-Unis.** You learned that the French government is working with some African nations to facilitate legal immigration to France. How many immigrants does the United States allow to enter the country each year? Which countries do most immigrants come from? Why do people have strong opinions about immigration?

5. **La musique en Côte d'Ivoire et au Sénégal.** Listen to the selection of **zouglou** from the Ivory Coast or **mbalax** from Senegal. Explain how it is the same as, or different from, the type(s) of music you listen to.
6. **Les griots.** What value do traditional storytellers have in a culture? What role do they play in keeping a people's identity alive? Who are the storytellers in your culture, family, and group of friends?

D Évaluation écrite

Damien and Inès's mother had to leave Saturday morning on a business trip, so she left a list of chores for them to do. Write a dialogue between the two siblings in which they decide who will do which household chores.

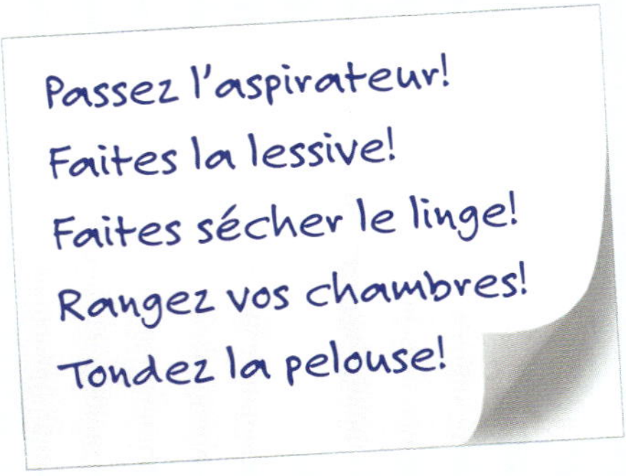

E Évaluation visuelle

Write a description of Alima and Nasser's morning routine, based on the **affaires de toilette** they used.

Alima

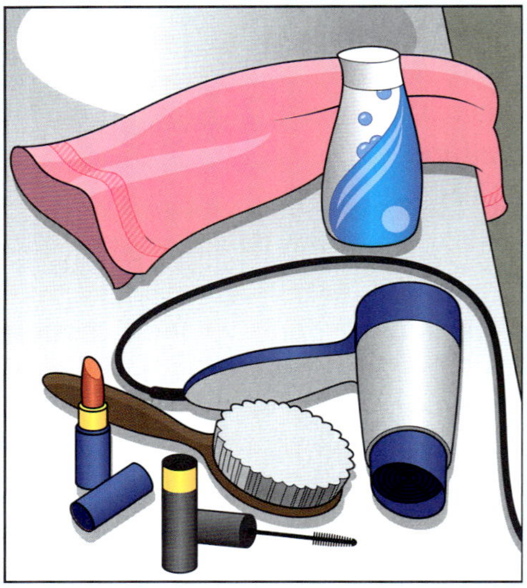

Nasser

F Évaluation compréhensive

Create a storyboard with four to six frames that tells about someone remembering an event, perhaps a vacation or an activity done with a friend. Use "thought bubbles" to show what happened in the past, and incorporate as much vocabulary from the unit as possible, especially from **Leçon C**.

Vocabulaire de l'Unité 3

accepter to accept *B*
les **affaires (f.): affaires de ménage** housecleaning items *B*; **affaires de toilette** toiletries *A*
agacer to annoy *A*; **Tu m'agaces!** You're getting on my nerves! *A*
un **album** album *C*
s' **amuser** to have fun *C*
arroser to water *B*
un **aspirateur** vacuum cleaner *B*
s' **asseoir** to sit down *B*
au: au secours help *C*
avant before *A*
une **brosse: brosse à cheveux** hairbrush *A*; **brosse à dents** toothbrush *A*
se **brosser: se brosser les cheveux** to brush one's hair *A*; **se brosser les dents** to brush one's teeth *A*
ça: ça veut dire it/that means *A*
se **calmer: Calme-toi!** Calm down! *A*
cas: en tout cas in any case *A*
ce: ce qui what *B*
cela that, this *B*
changer to change *B*
chéri(e) honey *A*
la **colonisation** colonization *C*
une **corvée** chore *B*
se **coucher** to go to bed *A*
le **dentifrice** toothpaste *A*
se **dépêcher (de)** to hurry *C*
se **déshabiller** to get undressed *A*
le **désordre** disorder *A*
se **détendre** to relax *C*
se **disputer** to argue *C*
les **draps (m.)** sheets *B*
encore still *A*
s' **entendre** to get along *C*
un **exposé** presentation *C*
faire: faire la lessive to do the laundry *B*; **faire la vaisselle** to wash the dishes *B*; **faire le ménage** to do housework *B*; **faire sécher le linge** to dry clothes *B*
un **fer à repasser** (clothes) iron *B*
un **fou, une folle** crazy person *C*; **comme des fous** like crazy *C*
un **gant de toilette** washcloth *A*
la **glace** mirror *A*
s' **habiller** to get dressed *A*
heureusement fortunately *C*
juste fair *B*
se **laver** to wash (oneself) *A*
un **lave-vaisselle** dishwasher *B*
se **lever** to get up *A*
une **machine: machine à laver** washing machine *B*
le **maquillage** makeup *A*
se **maquiller** to put on makeup *A*
le **mascara** mascara *A*
pareil: c'est pareil it's the same *B*
passer: passer l'aspirateur to vacuum *B*
le **peigne** comb *A*
se **peigner** to comb one's hair *A*
la **pelouse** lawn *B*
une **plante** plant *B*
plus de (+ NOUN) more *B*
la **poubelle** garbage can *B*
se **préparer** to get (oneself) ready *A*
presque almost *A*
quotidien(ne) daily *A*
ranger to arrange, to pick up *B*
se **rappeler** to remember *C*
se **raser** to shave *A*
un **rasoir** razor *A*
se **regarder** to look at oneself *A*
remarque look, well *B*
se **remettre (à)** to start something again *C*; **on s'y remet** let's get back to it *C*
remplir to fill *B*
se **rencontrer** to meet *C*
rendre to turn in, give back *C*
se **rendre (à)** to go, to show up *C*
repasser to iron *B*
se **reposer** to rest *A*
se **réveiller** to wake up *A*
le **rouge à lèvres** lipstick *A*
la **routine** routine *A*
le **savon** soap *A*
scotché(e) (à) glued (to) *C*
un **sèche-cheveux (des sèche-cheveux)** hairdryer *A*
un **sèche-linge** clothes dryer *B*
une **serviette** towel *A*
se **servir (de)** to use *A*
le **shampooing** shampoo *A*
sortir to take out *B*
se **souvenir (de)** to remember *C*
un **spectacle** show *C*
une **tondeuse** lawn mower *B*
tondre to mow *B*
traîner to dawdle, hang around *A*
vouloir: vouloir dire to mean *A*

Unité

4 Autrefois

Question centrale

How does the past shape us?

À savoir

Au 18ème siècle, Montmartre avait beaucoup de moulins (*windmills*). Il y en a seulement deux aujourd'hui—le Moulin de la Galette et le Moulin Rouge.

Citation

"Ne perdons rien du passé. Ce n'est qu'avec le passé qu'on fait l'avenir."

Let's not lose anything of the past. It's only with the past that we make the future.

—Anatole France, écrivain français

Conseil pratique

When preparing a written or an oral presentation, ask yourself: "Am I using the right tense?", "Does the adjective agree with the noun?", etc.

Que va faire Patrick?

Comment s'appelle ce moyen de transport?

Contrat de l'élève

Leçon A I will be able to:

- reminisce and describe past events.
- talk about French agriculture and rural life today.
- use the imperfect tense with time expressions and use the irregular verb **croire**.

Leçon B I will be able to:

- describe past events, and say what usually happened.
- talk about Montmartre and Toulouse-Lautrec.
- use **il y a** with time expressions and the **imparfait** and **passé composé** together.

Leçon C I will be able to:

- make a suggestion, and describe a habit in the past.
- talk about demonstrations in France, student protests in 1968, and two French universities.
- use the irregular verb **dire**, and **si** clauses with the imperfect to make a suggestion or express a wish.

Vocabulaire actif

À la ferme

Les animaux (m.)

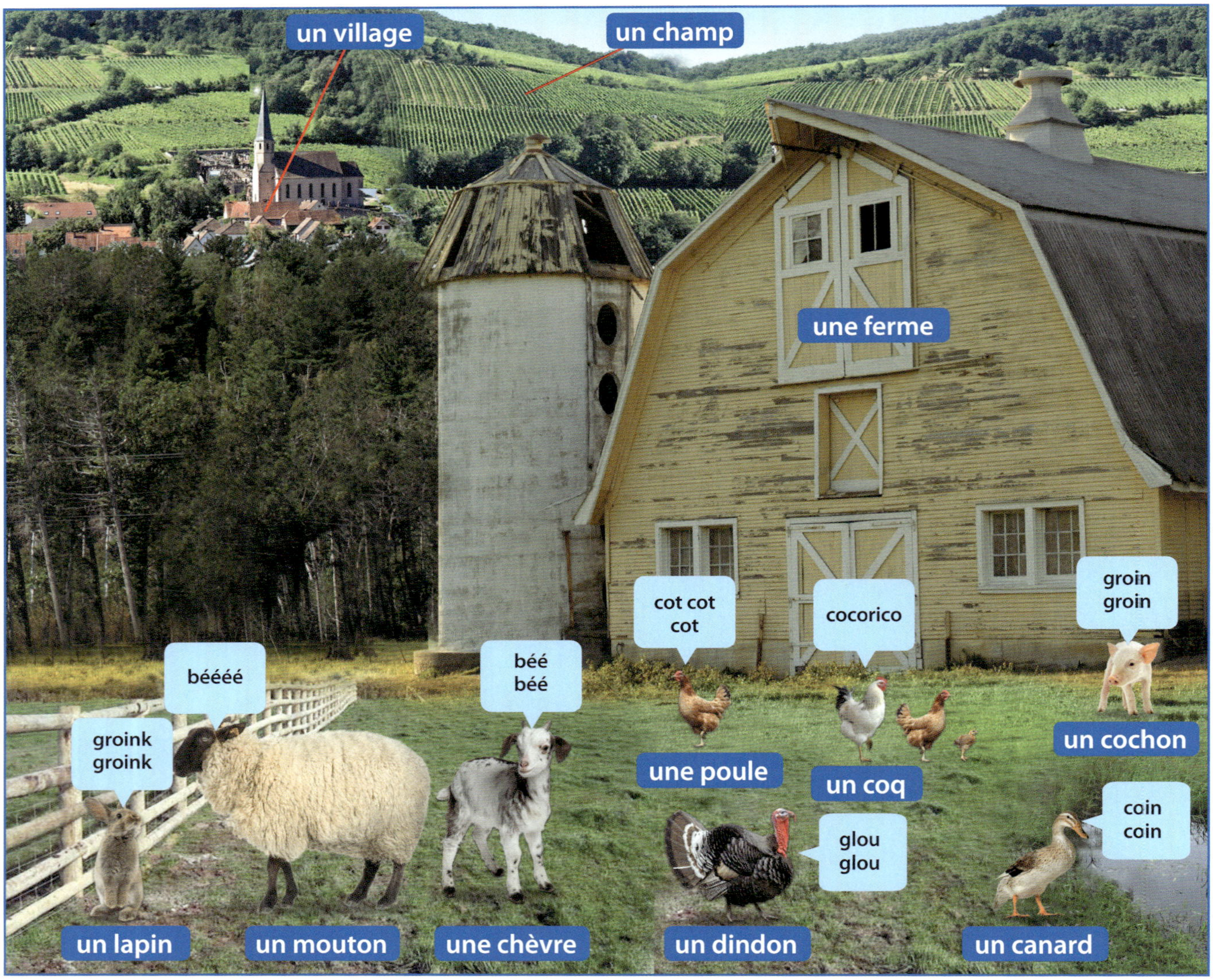

Le travail à la ferme

Le fermier nourrit les animaux.

La fermière trait les vaches.

Le grand-père **nettoie la grange**.

Marine **fait du cheval**.

Pour la conversation

How do I reminisce?

» C'était **le bon vieux temps**.
It was the good old days.

How do I describe past events?

» **Autrefois, on ne prenait pas de vacances.**
In the past, we didn't go on vacation.

» **La vie** était plus simple.
Life was more simple.

» **Tous les soirs**, **il fallait** traire les vaches.
Every night, we had to milk the cows.

Et si je voulais dire...?

la basse-cour	*barnyard*
le blé	*wheat*
l'écurie (f.)	*stable*
la moisson	*harvest (of grain)*
la paille	*straw*
la récolte	*harvest*
le tracteur	*tractor*
le troupeau	*herd*

1 À la campagne

Interpretive Viewing, Presentational Speaking or Writing

Dites quels animaux ou quelles personnes il y a dans l'illustration.

MODÈLE

dans la maison du fermier

Dans la maison du fermier, il y a un chat et un chien.

1. dans le champ

2. à la ferme

3. au marché

4. dans le champ

5. dans l'étang

6. devant la maison du fermier

2 Les responsabilités quotidiennes

Interpretive Viewing, Presentational Speaking or Writing

Indiquez ce que chaque personne fait à la ferme. Utilisez un verbe ou une expression de la liste.

faire du cheval **traire** **nettoyer** **nourrir**

1. M. Rivard

2. Cédric et Moussa

3. Amande et moi, nous

4. Ludovic

5. Martine

3 À la ferme!

Interpretive Listening

Écrivez les numéros 1–8 sur votre papier. Eric décrit la vie à la ferme chez ses grands-parents. Choisissez l'illustration qui correspond à chaque description que vous entendez.

A. 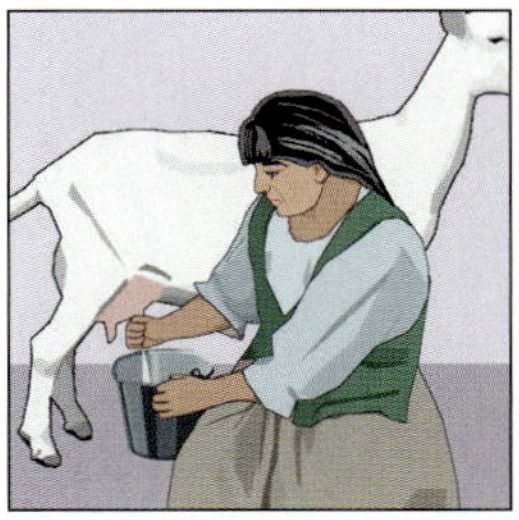

B. 

C. 

D. 

E. 

F. 

G. 

H. 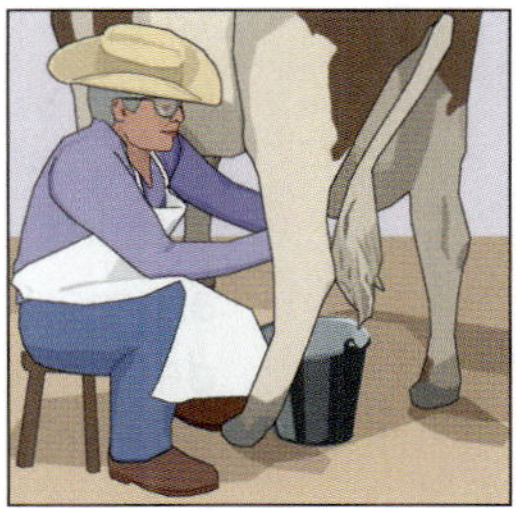

4 Questions personnelles

Interpersonal Speaking

Répondez aux questions avec un partenaire.

1. Est-ce que tu as déjà visité une ferme? Si oui, qu'est-ce que tu as vu à la ferme? Qu'est-ce que tu as fait?
2. Qu'est-ce que tu aimerais essayer de faire dans une ferme?
3. Tu préfères habiter en ville ou dans un village? Pourquoi?
4. Où est-ce que tu aimes faire du cheval?
5. Qu'est-ce que tu nettoies pour aider tes parents?
6. Qui nourrit tes animaux chez toi?

On recycle!
Find all the verbs in **Activité 4**. Use them to make sentences in the **passé composé** to describe things you did (have done), or never did (have never done), as a child.

Le bon vieux temps?

Nicolas parle à son grand-père de la vie à la ferme autrefois.

Grand-père: Oui, vraiment, la vie à la ferme était très dure.
Nicolas: Ce n'était pas le bon vieux temps, quoi!
Grand-père: En un sens, si*. Je crois que la vie était plus simple.
Nicolas: Plus simple mais plus dure.
Grand-père: Hiver comme été, chaque matin, il fallait aller aux champs.
Nicolas: Et Mamy, elle t'aidait?
Grand-père: Ta grand-mère? Elle s'occupait des poules, des canards, et des lapins. Et puis, tous les matins et tous les soirs il fallait traire les vaches et nourrir les animaux. On avait aussi des cochons, des moutons… on n'arrêtait pas de travailler. Ton père nourrissait les animaux avant et après l'école.
Nicolas: Il y allait en bus?
Grand-père: En bus, non. C'était loin; il y allait à bicyclette. Il devait partir tôt. Et l'été, il allait aux champs.
Nicolas: Et les vacances?
Grand-père: Quoi? Je ne connaissais pas ce mot-là! Autrefois, on ne prenait pas de vacances.

*Je parle bien!

The phrase **En un sens, si** is an alliteration that requires a pause after **sens** and before **si**, to correctly pronounce the ending and beginning **s** sounds. Say, "**an-nain-cense-ci**."

5 Le bon vieux temps?

Donnez le nom de la personne décrite: Nicolas, son grand-père, sa grand-mère, ou son père.

Cette personne….

1. allait à l'école à vélo
2. ne prenait pas de vacances
3. croit que la vie était plus simple autrefois
4. nourrissait les animaux le matin
5. s'occupait des poules, des canards, et des lapins

EXTENSION **Une ferme en Corse**

David parle à sa voisine Sandrine.

David: Tu n'as jamais vécu à la campagne, Sandrine?
Sandrine: Non, jamais… tu sais, moi, sortir de Paris… c'est déjà une aventure.
David: Moi, mes grands-parents habitaient dans une ferme à la montagne, en Corse.
Sandrine: C'était comment?
David: C'était très difficile pour eux. Ils avaient quelques moutons, ils faisaient des fromages, ils tuaient les cochons pour la charcuterie….

EXTENSION Qui connaît mieux la vie à la ferme, Sandrine ou David?

Points de départ

Pre-AP | Question centrale ? How does the past shape us?

La France agricole

L'image de la France a longtemps été celle* d'une France rurale avec une agriculture diversifiée et adaptée à ses paysages* et à ses climats. Il en reste les vins*, les fromages, et les spécialités régionales. Les paysans*, peu nombreux (922 000 agriculteurs contre 7 millions en 1946), sont devenus des entrepreneurs. Premier producteur agricole européen, aujourd'hui l'agriculture française est devenue une agriculture industrielle, spécialisée, fortement exportatrice. 4,7% des exploitations agricoles françaises cultivent aujourd'hui en mode biologique. De grandes marques* françaises comme Danone et Lactalis (pour les yaourts et les produits laitiers) contribuent au succès de l'agroalimentaire* dans le monde.

En France l'industrie agroalimentaire s'est modernisée.

Recherche: marques agroalimentaires, agriculture française, produits agricoles

celle *that*; **paysages** *landscapes*; **vins** *wines*; **paysans** fermiers; **marques** *brand names*; **agroalimentaire** *agribusiness*

Perspectives

Cherchez une image du tableau de Jean-François Millet, *L'Angélus*. Quelle est la perspective du peintre?

Recherche: l'angelus de millet

Produits

Le tableau de Jean-François Millet, ***L'Angelus***, est le symbole de la France paysanne, laborieuse, nombreuse, conservatrice, et catholique qui a dominé le pays jusqu'au milieu du 20ème siècle.

Performances de l'agriculture française

La France est le 4ème exportateur mondial.

Produits	Rang mondial
vin (*wine*)	1
viande bovine (bœuf)	1
lait	3
blé (*wheat*)	5
colza (*rapeseed*)	5
fruits et légumes	5
sucre	7

Comparaisons

Quels produits agricoles sont développés dans votre région?

Traditions et pratiques

Les Français consomment 26 kilos de fromages par an. Ce sont les plus gros consommateurs mondiaux! Il y a aujourd'hui entre 900 et 1000 fromages différents.

Les fromages préférés des jeunes sont le camembert (51%), les fromages parfumés aux herbes (comme le Boursin) et les fromages crémeux nature (Caprice des Dieux).

Le fromage français le plus consommé à l'étranger est le camembert. Il est produit en Normandie.

La vie rurale

Il ne reste en France plus que 350 000 fermes, et l'agriculteur est devenu un entrepreneur. Son mode de vie a beaucoup changé; il bénéficie d'équipements audiovisuels ou numériques. De nombreux jeunes agriculteurs vivent aujourd'hui en ville avec leur famille et vont passer la journée à la ferme. Quand ils vivent sur leur exploitation*, ils ont de longues journées de travail par tous les temps*; un peu moins pendant le weekend, et parviennent* à prendre des vacances s'ils ont des voisins ou parents qui peuvent les aider. Beaucoup de jeunes hésitent à prendre la succession de leurs parents par peur* d'avoir une vie trop contraignante* et de ne pas trouver une personne qui veuille* bien partager cette vie.

Les fermiers font la récolte (*harvest*) avec des machines modernes.

Recherche: agriculture en france, ministère de l'agriculture

---

exploitation *farm*; **par tous les temps** *in all seasons*; **parviennent** *manage*; **par peur (de)** *for fear (of)*; **contraignante** *restrictive*; **veuille** *would agree*

6 Activités culturelles

Faites les activités suivantes.

1. Nommez trois caractéristiques de la situation de l'agriculture en France aujourd'hui.
2. Faites une grille: "Performances de l'agriculture américaine." Comparez-la à la grille "Performances de l'agriculture française."
3. Comment les agriculteurs d'aujourd'hui sont-ils différents des agriculteurs du passé?
4. Quelles sont les difficultés de la vie paysanne aujourd'hui?
5. Pourquoi les jeunes n'ont-ils pas envie de reprendre l'exploitation de leurs parents?

Éleveurs d'huîtres (*oyster farmers*) à Grandcamp-Maisy, en France

À DISCUTER

Vous avez presque certainement des ancêtres qui étaient fermiers. Qu'est-ce que vous savez d'eux?

Du côté des médias

Le Salon International de l'Agriculture

SALON INTERNATIONAL DE L'AGRICULTURE	25 FÉVRIER – 5 MARS PARIS EXPO PORTE DE VERSAILLES WWW.SALON-AGRICULTURE.COM			
LES 4 UNIVERS DU SALON	**Élevage et ses filières**	**Cultures et Filières Végétales, Jardin & Potager**	**Produits des Régions de France, d'Outre-Mer et du Monde**	**Services et Métiers de l'Agriculture**

	Le Salon International de l'Agriculture, ce sont plus de 3 850 animaux réunis en un seul et même lieu.	Venez prendre une bouffée d'oxygène dans l'univers Cultures et Filières Végétales !	Une promenade savoureuse et riche en découvertes gustatives	Des métiers, des hommes, des savoir-faire !
Notre vache égérie	**Découvrez Fine, l'égérie du Salon International de l'Agriculture!**			
Contactez notre équipe	***Horaires d'ouverture***	***Accès & Transports***	***Plan du Salon***	***Liste des Exposants***

7 Le salon de l'Agriculture

Répondez aux questions.

1. Dans quelle ville est organisé ce salon? Les produits qu'il expose sont de quels pays ou régions?
2. Quels sont les différents secteurs de cette exposition?
3. Qui est Fine?
4. Consultez le site Web de cette exposition et cherchez quelques marques françaises. Quels produits ces compagnies vendent-elles? Présentez ces informations dans un graphique.

Recherche: salon international de l'agriculture, salon agriculture

Imperfect Tense

You have already learned the most common past tense, the **passé composé**. Another important tense used to talk about the past is the **imparfait** (*imperfect*). The imperfect tense differs from the **passé composé** in both form and meaning. Whereas the **passé composé** is formed with a helping verb and a past participle, the imperfect consists of only one word. And while the **passé composé** describes a completed action, the imperfect is used to describe what *was happening*, what *used to happen*, or how people or things *were*.

À 16 ans, Jeannette faisait du cheval dans le cirque.

Le fermier **travaillait** tous les jours. — *The farmer worked (= used to work) every day.*

To form the imperfect of any verb except **être**, drop the **-ons** from the present tense **nous** form and add the appropriate ending: **-ais**, **-ais**, **-ait**, **-ions**, **-iez**, or **-aient**.

aller			
j'	**allais**	nous	**allions**
tu	**allais**	vous	**alliez**
il/elle/on	**allait**	ils/elles	**allaient**

Où est-ce que vous **alliez**? — *Where were you going?*
Nous **allions** à la grange. — *We were going to the barn.*

The only verb with an irregular stem in the imperfect is **être**. Its stem is **ét-**, but its endings are the same as those of other verbs.

Elle **était** à la ferme. — *She was on the farm.*

The imperfect tense is used to describe:

1. people or things as they were or used to be	J'**avais** treize ans. La vie **était** simple.	*I was 13 years old.* *Life was simple.*
2. conditions as they were or used to be (setting the scene)	Il **faisait** froid. Tout le monde **faisait** du cheval.	*It was cold.* *Everyone was horseback riding.*
3. past actions that took place regularly or repeatedly	Il **nettoyait** la grange. Je me **levais** tôt.	*He used to clean the barn.* *I used to get up early.*

Note the different time expressions used with the **passé composé** and the **imparfait** on the next page.

Expressions de temps

Passé composé	Imparfait
samedi, un samedi *Saturday, one Saturday*	le samedi *on Saturdays*
un matin, un soir *one morning, one evening*	le matin, le soir *in the mornings, in the evenings*
une fois *once*	d'habitude *usually*

Comparaisons

The **imparfait** is a *simple tense*; in other words, each of its conjugated forms consists of just one word. Is the imperfect in English a simple tense? Is *to be* regular?

I *used to get up* early in the winter.
It *was* cold.

8 La vie de votre grand-mère à la ferme

Interpretive Viewing, Presentational Speaking or Writing

Vous regardez l'album de photos de votre grand-mère, qui montre sa vie à la ferme quand elle était jeune. Utilisez un verbe de la liste pour dire ce que chaque personne faisait.

nettoyer nourrir aller se lever donner de l'eau

1. mon père et ma mère

2. mon frère et moi, nous

3. ma sœur

4. Georges et Bernard

5. ma mère et moi, nous

Connexions

Agriculture

With a partner, play the role of a farmer and a potential summer hire. The farmer asks five questions, and the applicant answers, stressing his or her desirable skills and experience.

9 Souvenirs d'enfance à la ferme

Interpretive Listening

*Écoutez Amélie qui se souvient des vacances quand elle était enfant. Ensuite écrivez **V** si la phrase est vraie ou **F** si elle est fausse.*

1. Amélie passait l'été chez sa tante.
2. Amélie se levait à 5h30.
3. Le matin, elle s'occupait des animaux.
4. Amélie donnait à manger aux vaches.
5. Amélie et sa grand-mère servaient toujours des œufs au déjeuner.
6. L'après-midi, Amélie faisait du cheval dans les champs.
7. Le soir, Amélie se couchait tôt.
8. Amélie n'aimait pas trop la vie à la ferme.

10 Le bon vieux temps

Presentational Speaking

Dites si on faisait les choses suivantes ou pas dans les années 1960.

MODÈLES regarder la télé en noir et blanc
On regardait la télé en noir et blanc.

parler à ses amis avec un portable
On ne parlait pas à ses amis avec un portable.

1. circuler en voiture
2. télécharger des chansons
3. faire du camping
4. surfer sur Internet
5. jouer aux jeux vidéo
6. voir un film à la maison
7. envoyer des textos
8. aller à la plage
9. être plus content qu'aujourd'hui

11 Qu'est-ce que tu faisais?

Interpersonal Speaking

À tour de rôle, demandez où était et ce que faisait votre partenaire à certains moments de la semaine.

MODÈLE ce matin
A: Où étais-tu ce matin?
B: J'étais à la médiathèque.
A: Qu'est-ce que tu faisais?
B: Je surfais sur Internet.

1. hier soir
2. samedi soir
3. hier après-midi
4. dimanche matin
5. vendredi soir

On recycle!
Make a list of ten sports and leisure activities. Ask your partner if he or she did those activities in elementary school. Use the **imparfait**.

Present Tense of the Irregular Verb *croire*

The verb **croire** (*to believe, to think*) is irregular.

croire			
je	**crois**	nous	**croyons**
tu	**crois**	vous	**croyez**
il/elle/on	**croit**	ils/elles	**croient**

Tu crois que la ferme date de 1880?

Est-ce que tu **crois** que la vie à la ferme est plus dure que la vie en ville? — *Do you think life on the farm is harder than life in the city?*

Oui, je **crois** que la vie à la ferme est plus dure. — *I think that life on the farm is harder.*

The irregular past participle of **croire** is **cru**.

Nous n'**avons** pas **cru** le reportage. — *We didn't believe the report.*

12 Un sondage sur les problèmes de la société

Interpretive Reading

Les personnes suivantes ont répondu à un sondage. Faites des comparaisons pour indiquer ce que ces personnes croient.

	L'éducation (f.)	La criminalité	La pollution	L'économie (f.)
moi	2	3	4	1
toi	3	2	1	4
Raoul	1	3	2	4
Nathalie	4	1	3	2
Mohamed	2	4	3	1

(1) très important (2) assez important (3) peu important (4) pas important

MODÈLE je, la pollution, l'éducation
Je crois que la pollution est moins importante que l'éducation.

1. je/l'économie/la criminalité
2. Raoul/l'éducation/l'économie
3. Mohamed et moi, nous/la pollution/l'économie
4. Nathalie/l'éducation/la criminalité
5. Raoul et toi, vous/l'économie/la pollution
6. Mohamed/la criminalité/la pollution
7. tu/l'économie/la pollution
8. Nathalie et Mohamed/la pollution/l'économie

13 Les cours

Interpersonal Speaking

À tour de rôle, demandez à votre partenaire son opinion sur les matières suivantes. Choisissez un adjectif de la liste et suivez le modèle.

intéressant difficile facile passionnant ennuyeux (*boring*) important

MODÈLE l'allemand
A: Je crois que l'allemand est difficile. Et toi?
B: Je crois que l'allemand est intéressant.

1. l'histoire américaine
2. l'anglais
3. l'espagnol
4. les SVT (sciences de la vie et de la terre)
5. la physique
6. la biologie
7. les maths
8. l'EPS

Communiquez!

14 Une visite à la ferme

Presentational Speaking

You are on a school trip to France and are staying with a host family. Today you visited a working farm and helped that family do chores. In groups, take turns telling your host parents about your experience by answering the questions that follow.

1. Comment s'appelaient le fermier et la fermière?
2. Avaient-ils des enfants? Quel âge avaient-ils?
3. Quels animaux est-ce qu'il y avait à la ferme?
4. Où était chaque animal?
5. Comment avez-vous aidé la famille?

15 Des comparaisons

Presentational Writing

Writers often compare humans to animals, giving them their characteristics. Comparisons like these usually use the word **comme** (*like*, *as*) in French and are called *similes*. Write five similes comparing people to five different animals—for example, **Antoine est rusé comme un renard**. (*Antoine is sly as a fox*.) You may need to look up some words in a French-English dictionary.

Recherche: dictionnaire français-anglais larousse

16 Une maison de ferme

Presentational Speaking

Find a photo of a French farmhouse; then describe it to your class or small group. Include information in your description that answers the questions that follow.

1. La maison est dans quelle région de France?
2. La maison est près de quel village ou de quelle ville?
3. Comment est la maison?
4. Il y a combien d'étages? de chambres?
5. Est-ce qu'il y a une piscine? des champs? des animaux?

C'est une petite ferme typique de la Normandie.

Recherche: fermes traditionnelles françaises, fermes modernes en france

Prononciation

Unpronounced /ə/

» In standard French, the /ə/ is often unpronounced when it falls between two consonants.

A Le matin

Repeat the first sentence after the speaker. Then restate it using the pronoun ***on***. Pay attention to the dropped /ə/. Listen to the model.

MODÈLE **Je me réveille difficilement. On se réveille difficilement.**

1. Je me lève rapidement.	On....
2. Je me brosse les dents énergiquement.	On....
3. Je me prépare soigneusement.	On....
4. Je me dépêche tout le temps (*all the time*)!	On....

Standard, Informal, and Familiar Registers of Speech

» You should use standard French with your teachers and other adults. However, you may wish to use more familiar speech with people your age, and a relaxed style when you talk to a friend.

B Registres courant, familier, et populaire

Repeat the following sentences, paying attention to the different styles of speech.

Registre courant	Registre familier	Registre populaire
1. Je ne trouve pas de peigne!	Je ne trouve pas de peigne!	Je ne trouve pas de peigne!
2. Je ne vois pas de glace!	Je ne vois pas de glace!	Je ne vois pas de glace!
3. Je ne sais pas.	Je ne sais pas.	Je ne sais pas.
4. Je ne comprends pas.	Je ne comprends pas.	Je ne comprends pas.

C Registre courant, familier, ou populaire?

Write **C** if you hear the **courant** style, **F** if you hear the **familier** style, and **P** if you hear the **populaire** style.

Pronounced /ə/

» The /ə/ in **le** is pronounced when dropping it would result in too many consonants in a row.

D Tes activités

Repeat the following questions, being sure to pronounce the /ə/ in **le**.

1. Tu préfères l**e** sport ou la musique?
2. Tu regardes l**e** film ou la vidéo?
3. Tu sors l**e** weekend ou la semaine?
4. Tu vas prendre l**e** bus ou la voiture?
5. Tu visites l**e** musée ou la cathédrale?

Vocabulaire actif

Les professions (f.) et les métiers (m.) d'autrefois

Pour la conversation

How do I describe past events?

» Montmartre était un village quand la ville de Paris l'**a annexé** en 1860.

Montmartre was a village when the city of Paris annexed it in 1860.

» **D'habitude**, Toulouse-Lautrec **fréquentait les music-halls** le soir.

Usually, Toulouse-Lautrec frequented music halls in the evening.

Et si je voulais dire...?

un agriculteur, une agricultrice	*farmer*
le barbier	*barber*
l'éleveur, l'éleveuse	*breeder*
un glaneur, une glaneuse	*crop gatherer*
le maçon	*builder*
cultiver	*to grow/farm*
enseigner	*to teach*

1 Le bon vieux temps

Interpretive Reading

*D'abord, lisez l'histoire des Desjardins. Ensuite, dites si chaque phrase est vraie (**V**) ou fausse (**F**). Corrigez les phrases qui sont fausses.*

Mme Desjardins habitait à Montmartre pendant les années 1880. Son mari travaillait pour le maire. Quand ses enfants étaient à l'école, elle faisait les courses. Elle achetait du sucre et des pots de confiture chez l'épicier. Elle achetait des baguettes chez la boulangère. Elle achetait du jambon chez le charcutier. Le tailleur faisait ses robes. Le weekend, d'habitude, les Desjardins allaient au Moulin Rouge pour écouter les chansonniers et regarder les danseurs.

1. M. Desjardins travaillait pour le tailleur.
2. Quand ses enfants étaient avec l'institutrice, Mme Desjardins faisait les courses.
3. Elle achetait de la confiture au marché.
4. Elle achetait des saucisses chez le boucher.
5. Au Moulin Rouge, les Desjardins regardaient l'artiste Toulouse-Lautrec.

2 Les métiers du village

Interpretive Viewing, Presentational Speaking or Writing

Identifiez les professions selon le modèle.

MODÈLE Je crois que c'est **un charcutier**.

1. 

2. 

3. 

4. 

5. 

6. 

3 Les métiers d'autrefois

Interpretive Listening

Écrivez les numéros 1–8 sur votre papier. Choisissez la lettre de l'illustration qui correspond à chaque description que vous entendez.

A. 

B. 

C. 

D. 

E. 

F. 

G. 

H. 

Rencontres culturelles

Montmartre et Toulouse-Lautrec

Nicolas parle à son ami québécois, Robert, dont le père travaille à Paris cette année.

Robert: Toute la légende de Montmartre est sur ses affiches: le Moulin Rouge, le Moulin de la Galette….
Nicolas: Mais Toulouse-Lautrec, il habitait à Montmartre?
Robert: Oui, bien sûr. Il a habité Montmartre pendant dix ans. D'habitude, il fréquentait les music-halls le soir.
Nicolas: Tu en sais des choses! Tu es québécois, et tu connais mieux son histoire que moi! Alors, la chanteuse, la Goulue, la danseuse Jane Avril, le chansonnier Aristide Bruant, ils étaient ses amis.
Robert: Montmartre était un village: tout le monde se connaissait.
Nicolas: Ce n'était pas un village, c'était dans Paris.
Robert: Montmartre était un village quand la ville de Paris l'a annexé en 1860; et Montmartre ressemble toujours à un village.
Nicolas: Comme dans *Amélie** ou dans *Un Américain à Paris*.
Robert: Presque… la boulangère, le charcutier, le boucher sont toujours là; mais l'épicier et le tailleur ont disparu.
Nicolas: Heureusement, il y a les expositions et les films!

*Le vrai nom du film est *Le fabuleux destin d'Amélie Poulain.*

Strategie

In a graph, record the information from the dialogue. Make note of different places, people, and historical events.

4 Montmartre et Toulouse-Lautrec

Dites si la phrase décrit le Montmartre d'autrefois ou d'aujourd'hui.

1. On tourne (*films*) le film *Amélie*.
2. Montmartre est un village.
3. Il y a des tailleurs.
4. Toulouse-Lautrec fréquente les cabarets.
5. Paris annexe Montmartre.
6. Il y a des expositions de Toulouse-Lautrec.

EXTENSION **Montmartre hier et aujourd'hui**

Arnaud et Alice sont dans la brasserie Aux Deux Moulins à Montmartre.

Arnaud: Ah! Maintenant je reconnais… je ne savais pas qu'*Amélie* avait été tourné là.
Alice: Si, le metteur en scène Jeunet habite dans le quartier… c'est un grand nostalgique.
Arnaud: Toulouse-Lautrec, Picasso, les cabarets, les photographes, le cinéma, Montmartre a tellement fait rêver….
Alice: N'oublie pas le Sacré-Cœur!
Arnaud: Mais tout ça, c'est quand même du passé! Regarde la place du Tertre, c'est une horreur! Et où sont passés les petits commerces, la vie de quartier? Il n'y a plus rien.
Alice: C'est comme partout, les bistrots sans histoire, les hôtels pour touristes, les boutiques de fringues (*clothes*), et les horreurs en souvenirs!

EXTENSION Comparez le Montmartre d'autrefois et d'aujourd'hui.

Points de départ

Pre-AP

Question centrale ? How does the past shape us?

Montmartre

Le quartier de Montmartre est dominé par la basilique du Sacré-Cœur. C'est le quartier le plus haut de Paris. Avec ses rues en pente*, ses escaliers, ses moulins* (le Moulin de la Galette et le Moulin Rouge), il a souvent été peint, décrit, photographié, ou filmé (*Amélie*). Au début du 20ème siècle c'était le lieu préféré des artistes (les écrivains Verlaine et Apollinaire) et surtout des peintres (Renoir et Picasso).

Aujourd'hui le village, qui garde son vignoble* et son funiculaire*, mélange des côtés multiculturel et bourgeois-bohème. Il reste aussi un quartier recherché par les artistes. Mais il est surtout devenu un quartier qui attire de très nombreux touristes pour sa vue sur Paris. Boutiques de souvenirs, boutiques ethniques, bars, sandwicheries, et restaurants ont envahi* la butte*.

Le funiculaire de Montmartre

Recherche: le sacré-cœur, le funiculaire de montmartre, montmartre, photos de montmartre

en pente *sloping*; **moulins** *windmills*; **vignoble** *vineyard*; **funiculaire** *cable car*; **ont envahi** *have invaded*; **butte** *hill*

Henri de Toulouse-Lautrec

Toulouse-Lautrec (1864–1901) est un peintre très connu pour ses tableaux et ses affiches Art nouveau qui évoquent le monde de la nuit (cafés-concerts, théâtres, bals) et du spectacle. Peintre post-impressionniste, son nom est lié* à Montmartre, au Moulin Rouge, aux cabarets, à la vie de bohème*. Parmi* les personnes célèbres qu'il a représentées sont les chanteuses Jane Avril et Yvette Guilbert; la danseuse créatrice du cancan, la Goulue; le poète et cabaretier Aristide Bruant. Ses tableaux, comme ses affiches, révèlent son art du geste et de l'expression. On retrouve cet art aussi dans des tableaux comme *Bal au Moulin Rouge*, *Salon rue des Moulins* ou encore *La Goulue arrivant au Moulin Rouge* mais aussi dans *La Blanchisseuse* ou *La Femme à sa toilette*. Pour certains, Toulouse-Lautrec représente le début de la commercialisation et la popularisation de l'art, tels qu'on les voit dans les artistes américains comme Andy Warhol.

Comparaisons

Dans les films américains, on filme surtout quelles villes et quels endroits de ces villes?

Toulouse-Lautrec a réalisé cette affiche pour le Moulin Rouge.

Recherche: toulouse-lautrec, musée d'orsay (collections: recherche simple)

lié(e) *linked*; **bohème** *bohemian*; **parmi** *among*

Produits

L'art de **l'affiche** est né en France. À l'époque de Toulouse-Lautrec, on collait (*plastered*) des affiches au mur pour faire de la publicité pour les music-halls, les théâtres, etc.

Recherche: encyclopédie larousse: "affiche"

Comparaisons

Qu'est-ce que les affiches de concert américaines ont en commun avec les affiches de Toulouse-Lautrec?

5 Questions culturelles

Faites les activités suivantes.

1. Sur un plan du quartier de Montmartre, trouvez ces lieux:
   - le Sacré-Cœur
   - le Moulin Rouge
   - le funiculaire
   - la place du Tertre
2. Cherchez sur Internet qui étaient Jane Avril, la Goulue, Yvette Guilbert, Aristide Bruant. Ensuite trouvez une affiche de Toulouse-Lautrec qui représente chacun de ces personnages (*characters*).
3. Choisissez un tableau ou une affiche de Toulouse-Lautrec et présentez-le à la classe. Décrivez-le et dites pourquoi vous l'aimez ou vous ne l'aimez pas.

À DISCUTER

Pour quelle époque historique ou artistique votre ville ou région est-elle connue?

Une vue pittoresque de Montmartre

Du côté des médias

Lisez les informations sur la saga de François Truffaut.

Sur les traces d'Antoine Doinel… un Montmartre signé Truffaut

Le cinéaste François Truffaut (1932–1984) est l'un des inventeurs de la Nouvelle Vague qui révolutionna la manière de filmer. Entre 1959 et 1979, il a filmé une série de quatre films consacrés à un personnage que beaucoup considèrent comme un personnage autobiographique : Antoine Doinel.

François Truffaut a passé toute son enfance entre les 9ème et 18ème arrondissements de Paris, c'est-à-dire sur et autour de la fameuse butte Montmartre, qui sert de cadre à tout ou à une partie de ces films.

FILM	ACTEUR PRINCIPAL	QUARTIERS DE MONTMARTRE
Les quatre cents coups (1959)	Jean-Pierre Léaud (Antoine Doinel, mineur délinquant)	**Place Clichy, place Gustave Toudouze, place Blanche, boulevard de Clichy, rue Lepic, rue Puget, rue Forest** Antoine (13 ans) fait "les quatre cents coups"… c'est-à-dire beaucoup de bêtises…
Baisers volés (1968)	Jean-Pierre Léaud (Antoine Doinel, après l'armée)	Antoine vit ses hésitations amoureuses entre **l'avenue Junot** (Hôtel Alsina où a logé Édith Piaf), **la place Clichy, le square d'Anvers, la rue de Steinkerque** (où il habite avec vue sur le Sacré-Cœur).
Domicile conjugal (1970)	Jean-Pierre Léaud (Antoine Doinel, père de famille)	La vie conjugale et la paternité se révèlent trop compliquées pour Antoine qui déserte le foyer familial, se réfugie à l'hôtel Floride, **boulevard de Clichy** et se remet à fréquenter les nightclubs mal fréquentés de la **place Pigalle**.
L'amour en fuite (1979)	Jean-Pierre Léaud (Antoine Doinel, romancier)	Montmartre n'est plus qu'un souvenir aperçu sur des photos en noir et blanc. Antoine revient, le temps d'une séquence au **cimetière Montmartre** (où Truffaut est aujourd'hui enterré), sur la tombe de sa mère, en compagnie de l'amant de celle-ci.
Le dernier métro (1980)	Catherine Deneuve (Marion Steiner, actrice), Gérard Depardieu (Bernard Granger, directeur de troupe de théâtre)	Truffaut ne revient une seule fois à Montmartre ; l'action se déroule au Théâtre de Montmartre, aujourd'hui **Théâtre de l'Atelier, place Charles-Dullin** et le temps d'une séquence au pied de **l'escalier du Sacré-Cœur**.

6 Sur les traces d'Antoine Doinel…

Répondez aux questions.

1. Trouvez en ligne une carte détaillée du quartier Montmartre. À partir de (*using*) la carte, tracez l'itinéraire d'une visite de Montmartre à travers (*through*) les films de Truffaut ci-dessus (*above*), dans l'ordre chronologique. Faites un petit résumé de chacun des films (cinq lignes maximum). Indiquez pour chaque étape sa caractéristique.
2. Trouvez sur Internet une vidéo qui illustre une séquence de chacun des films dans son rapport à Montmartre, et imaginez une narration. Présentez votre narration en montrant les vidéoclips à votre classe.

Recherche: plan de montmartre

Structure de la langue

Il y a + TIME EXPRESSIONS

To say how long ago something happened, use:

il y a + TIME EXPRESSION

Il y a deux semaines, où était Martin?

Maman a nourri les animaux **il y a** deux heures. — *Mom fed the animals two hours ago.*

Il y a une heure, nous faisions le ménage. — *An hour ago, we were doing housework.*

7 L'agenda d'Abdoulaye

Interpretive Reading, Presentational Speaking or Writing

C'est dimanche. Il y a combien de jours qu'Abdoulaye a fait les activités suivantes?

MODÈLE Abdoulaye a fêté l'anniversaire de son père.
Abdoulaye a fêté l'anniversaire de son père il y a trois jours.

1. Abdoulaye a joué au foot avec l'équipe.
2. Il est allé au café avec Théo.
3. Il est sorti avec ses copains.
4. Il a fini son projet d'histoire.
5. Il a rendu visite à ses grands-parents.

8 Tu te souviens...?

Interpersonal Speaking

*À tour de rôle, utilisez **il y a** et les informations données pour poser des questions à votre partenaire.*

MODÈLE où/habiter/10 ans
A: Où habitais-tu il y a dix ans?
B: J'habitais à Boston. Et toi, où habitais-tu il y a dix ans?
A: J'habitais à Santa Fe.

1. quel sport/faire/4 ans
2. où/être/5 ans
3. à quelle école/aller/6 ans
4. quelle musique/aimer/2 ans
5. avec quels amis/sortir/un an
6. quel genre de film/voir/3 ans

The *imparfait* and the *passé composé*

Although the **imparfait** and the **passé composé** are both past tenses, they are not interchangeable. Each one gives different kinds of information and has specific uses, depending on the type of action being described.

Imparfait	Passé Composé
• "How were things?"	• "What happened?"
• repeated actions	• completed actions
• background information	• events that took place and are finished
• description of conditions or circumstances	• action that interrupted an ongoing action

Quand Heather était à Paris, qu'est-ce qu'elle a acheté?

Toulouse-Lautrec **était** un artiste français. — *Toulouse-Lautrec was a French artist.*

Il **est venu** à Montmartre. — *He came to Montmartre.*

The **imparfait** and the **passé composé** are sometimes used in the same sentence. This can occur when something going on in the past is "interrupted" by another action. You use the **imparfait** to describe the ongoing action or condition and the **passé composé** to describe the completed action that "interrupts" it.

(*how things were*) (*what happened*)

Quand j'**étais** à Montmartre, **j'ai vu** le Moulin Rouge. — *When I was in Montmartre, I saw the Moulin Rouge.*

Je **prenais** une photo du Sacré-Cœur quand il **a commencé** à pleuvoir. — *I was taking a photo of Sacré-Cœur when it began to rain.*

Non-action verbs that describe a mental activity or state are generally in the **imparfait** in the past. These include **adorer**, **aimer**, **avoir**, **croire**, **être**, **pouvoir**, **penser**, **préférer**, and **vouloir**.

Marc **voulait** être danseur. — *Marc wanted to be a dancer.*

When telling a story, use the **imparfait** to give background information and to describe conditions or circumstances in the past. The **imparfait** answers the question, "What were things like?" Use the **passé composé** to talk about completed actions or events in the past. The **passé composé** answers the question, "What happened?"

Montmartre **était** un village, mais en 1860 il **est devenu** un arrondissement de Paris. Beaucoup d'artistes **habitaient** dans cet arrondissement. Un de ces artistes **s'appelait** Toulouse-Lautrec. Il **a dessiné** plusieurs affiches et tableaux célèbres.

Montmartre was a village, but in 1860 it became a district of Paris. Many artists lived (= used to live) in this district. One of these artists was named Toulouse-Lautrec. He drew several posters and famous paintings.

Notice that in the preceding paragraph, verbs in the **imparfait** (**être**, **habiter**, **s'appeler**) describe states of being or continuous actions in the past, while the verbs in the **passé composé** (**devenir**, **dessiner**) indicate completed actions or one-time events.

Comparaisons

In the following paragraph, decide which verbs would take the **imparfait** in French, and which would take the **passé composé**:

When I *was* in Paris, I *went* to Montmartre. I *visited* the Sacré-Cœur and *took* a photo of the place du Tertre where the artists *were painting* and *selling* their paintings. I *bought* a painting of the neighborhood at night.

9 Il a commencé à pleuvoir!

Interpretive Viewing, Presentational Speaking

Dites ce que les résidents de Paris faisaient quand il a commencé à pleuvoir.

MODÈLE M. André
M. André faisait du footing quand il a commencé à pleuvoir.

M. André

1. M. et Mme Nicolas

2. Monique

3. ta famille et toi, vous

4. je

5. toi et moi, nous

6. les enfants

10 Les copains d'abord: l'année dernière

Presentational Writing

Complétez les phrases par l'imparfait et/ou le passé composé pour retracer les activités d'Antoine, Florence, Marie-Alix, et Mathéo.

MODÈLE Quand Antoine et Florence (être) dans le bus, ils (remarquer) Marie-Alix.
Quand Antoine et Florence étaient dans le bus, ils ont remarqué Marie-Alix.

1. Quand Marie-Alix (inviter) Antoine au café, Florence (ne pas être) d'accord.
2. Les copains (manger) à la cantine quand Antoine (déclarer) son amour pour Florence.
3. Mathéo et Florence (faire) du shopping quand Antoine (inviter) Marie-Alix au cinéma.
4. Les filles (nager) quand Mathéo (essayer) d'aider Antoine avec ses problèmes.
5. Quand Mathéo (acheter) un jean pour Florence, les copains (être) au marché aux puces.
6. Quand Marie-Alix et Antoine (aller) chez Mathéo, Antoine (être) anxieux.
7. Quand Florence (être) stressée, Antoine et Marie-Alix (donner) des pâtisseries à Florence.
8. Les copains (vouloir) faire une balade, alors ils (choisir) des vélos de Vélib'.
9. Quand les vacances (arriver), les copains (partir) en vacances.

11 La routine de Fatimah

Interpretive Listening

*Écrivez les numéros 1–8 sur votre papier. Écrivez **PC** si la phrase est au passé composé ou **IMP** si elle est à l'imparfait.*

12 Biographie de Toulouse-Lautrec

Presentational Writing

Mettez les verbes entre parenthèses à l'imparfait ou au passé composé pour compléter la biographie suivante.

L'artiste Toulouse-Lautrec (passer) son enfance à Albi, dans le sud de la France. Il (venir) d'une vieille famille aristocratique. À l'âge de 14 ans, il (avoir) un accident de cheval. Il (perdre) de sa taille (*size*) et il (rester) petit le reste de sa vie. En 1881, il (réussir) son bac et il (partir) pour Paris. Il (habiter) à Montmartre pendant longtemps. Il (suivre) des cours à l'École des Beaux-Arts. En 1884, il (aller) en Espagne parce qu'il (aimer) les tableaux du Greco et Diego Vélasquez. Toulouse-Lautrec et ses amis (passer) régulièrement des heures au Moulin Rouge et à d'autres music-halls. En 1893, il (dessiner) *Aristide Bruant dans son cabaret*, un exemple de ses affiches.

À vous la parole

Question centrale ? How does the past shape us?

Communiquez!

13 Un album de Montmartre

Presentational Writing

Find six photos of Montmartre to create an album and write a caption for each one. Or pretend you visited each location on a recent trip to Paris and tell what you saw and did at each place.

Recherche: quartier de montmartre tourisme

Les affiches de Toulouse-Lautrec sont très connues.

14 Montmartre au 19ème siècle

Interpretive Viewing, Presentational Writing

Find a poster, painting, or lithograph by Toulouse-Lautrec of a place in Montmartre. Describe the setting and what the people are doing in the work. Or find a poster of a famous person like Aristide Bruant, Jane Avril, or la Goulue—acquaintances of Toulouse-Lautrec—and write a short biography of him or her. Display the artwork in your classroom, alongside the text you wrote.

Recherche: affiches toulouse lautrec, art toulouse lautrec

15 Autrefois

Interpersonal or Presentational Speaking

Find an amusing picture of yourself, or one of your parents or grandparents from a previous decade. Describe the picture to a classmate, including information about the year, age, hairstyle, clothing, and what the person was doing in the picture.

16 Regarde cette photo!

Interpersonal or Presentational Speaking

From the pictures on your phone, a photo album, or a magazine, select an event such as a celebration. Show the picture to a classmate and talk about it. Set the scene by describing the weather, time of day, and location. Then explain what happened. For example, at a birthday party, you may want to say who made the cake, who took pictures, and if the guests brought gifts.

Pre-AP

Communiquez!

Writing an Oral History

An oral history is a story about historical or biographical events based on live interviews or recordings. You will be interviewing a grandparent or an older adult to write an oral history in French.

Interview

Interpersonal Speaking, Presentational Writing

A. Choose a time period or event in the person's life, such as childhood, college years, marriage, children, or work.
B. Write a list of simple open-ended questions in English (avoid "yes/no" questions).
C. Interview your subject in person or over the phone. Take notes of his or her responses. Ask follow-up questions when you can to learn more detail.
D. Write a synopsis of the person's oral history by following the steps below.

Writing Your Draft

Presentational Writing

In your oral history:

- write an introduction that answers these questions: **Comment s'appelle la personne? Quel âge a-t-elle? De quel moment de sa vie a-t-il/elle discuté? Quand est-ce que l'histoire a eu lieu?**
- put the events in chronological order using these questions to help you: **Quand est-ce que l'histoire a commencé? Et après? Comment est-ce que l'histoire prend fin?**
- use quotes from the person: **Qu'est-ce qu'il ou elle a dit d'intéressant?**
- find a moral in the story or describe what it shows: **La morale, c'est.... Cette histoire montre que [mon grand-oncle Bob] est....**

Tip: If you don't know how to say something, try to circumlocute (a way of working around an unknown word by rephrasing with less specific words and phrases that get the meaning across), as in these examples:

- *He lived in a rural part of Alabama.* → Il habitait à la campagne dans l'Alabama.
- *Women had not joined the police force.* → Les femmes ne travaillaient pas dans la police.

Editing Your Draft

Presentational Writing

Proofread for spelling, grammar, and vocabulary errors, or ask a classmate to do it for you. Ask yourself:

- Did I use structures and vocabulary I know?
- Did I use the **passé composé** and the **imparfait** tenses correctly?
- Did I add dates (**en 1985**) and transitions (**d'abord**, **ensuite**, **enfin**) to anchor the events?

Leçon C

Vocabulaire actif

La vie de l'étudiant(e)

s'inscrire

l'université (f.)

un étudiant

une étudiante

une faculté

se spécialiser

la cité universitaire

le resto-U

Talia s'inscrit à l'université. Elle va à l'Université de Lyon 2. Talia est étudiante. Elle étudie à la faculté des lettres. Elle se spécialise en lettres modernes. Elle habite à la cité universitaire. Elle mange au resto-U.

Pour la conversation

How do I make a suggestion?

» Si on regardait ton album de photos?
How about looking at your photo album?

How do I describe a habit in the past?

» On allait aux **manifs**.
We would go to demonstrations.

Et si je voulais dire...?

un(e) candidat(e)	*candidate*
une classe préparatoire	*preparatory class for an elite university*
une grande école	*an elite university*
un IUT	*institute of technology*
assister à un cours magistral	*to attend a lecture*
être reçu(e) à	*to pass an exam*
se présenter à un concours	*to take a competitive exam*

1 La vie universitaire

Presentational Writing

Complétez le paragraphe par les mots de la liste.

cité universitaire **étudiants** **se spécialiser** **s'inscrire** **faculté** **université**

Avant de commencer les études après le bac, les… doivent… dans une…. On peut… en lettres, par exemple. Quand on étudie à l'…, il est possible d'habiter près de la fac à la….

2 Les spécialisations

Presentational Writing or Speaking

Dites quel(le) prof dans votre lycée s'est spécialisé(e) dans chacune des matières suivantes.

MODÈLE français
Mme Anderson s'est spécialisée en français.

1. maths
2. histoire
3. espagnol
4. chimie
5. biologie
6. anglais
7. arts plastiques

M. Renaud s'est spécialisé en chimie.

3 Je vais à l'université

Interpersonal and Presentational Speaking

Imaginez que nous soyons cinq années dans l'avenir et que vous alliez à l'université. Interviewez dix élèves sur l'université qu'ils ont choisie; écrivez leurs réponses dans une grille comme celle de dessous. Présentez les résultats à la classe.

Nom	Nom de l'université	Spécialisation	Logement
1. Tiffany	Stanford	physique	la cité universitaire
2. Justin	University of Wisconsin-Madison	arts plastiques	un appartement

MODÈLE Brittany: **Tu t'es inscrite à quelle université?**
Tiffany: **Je me suis inscrite à Stanford.**
Brittany: **En quoi te spécialises-tu?**
Tiffany: **Je me spécialise en physique.**
Brittany: **Où habites-tu?**
Tiffany: **J'habite à la cité universitaire.**

4 Des suggestions

Presentational Writing

Choisissez la suggestion qui correspond le mieux à chaque situation.

1. Si on allait au café?
2. Si on nettoyait la cuisine?
3. Si on nourrissait les animaux?
4. Si on parlait au tailleur?
5. Si on visitait Harvard?

A. Médor et Fifi mangent.
B. Brian et Mark sont à Cambridge, dans le Massachusetts.
C. Audrey et Julie veulent porter de nouvelles robes.
D. M. et Mme Dupont font la vaisselle.
E. Mélanie prend un coca, et Suzanne prend une omelette.

5 Quel métier?

Interpretive Listening

*Xavier et Adrien parlent de leurs projets d'avenir. Écoutez leur conversation deux fois. Ensuite écrivez **V** si la phrase est vraie ou **F** si elle est fausse.*

1. Adrien s'est déjà inscrit à la fac.
2. Xavier s'est inscrit en fac de lettres.
3. Adrien et Xavier veulent être avocats.
4. Adrien pense que le métier de peintre va être difficile.
5. Le grand-père d'Adrien était boulanger.
6. Les grands-parents de Xavier étaient fermiers.

6 Questions personnelles

Interpersonal Speaking

Répondez aux questions avec un partenaire.

1. Veux-tu continuer les études après le lycée? Pourquoi, ou pourquoi pas?
2. En quoi voudrais-tu te spécialiser?
3. Tu as un frère, une sœur, ou un cousin qui va à l'université maintenant? Cette personne s'est inscrite à quelle université?
4. Où est-ce que cette personne habite?
5. Est-ce que cette personne prend ses repas au resto-U?

L'album de photos

Manon parle à sa grand-mère de son expérience à la Sorbonne.

Manon: Qu'est-ce que je pourrais raconter de neuf sur le sujet?
Grand-mère: Et, c'est quoi, ton sujet?
Manon: Les années 1960. Je dois parler des jeunes de 1968... toujours pareil. Et si on regardait ton album de photos de ces années-là?

(La grand-mère de Manon ouvre son album de photos et lui montre une photo.)

Grand-mère: Voilà! J'étais étudiante. Je suis entrée à l'université cette année-là.
Manon: Quel drôle de pantalon! Et ces lunettes! Tu faisais quoi?
Grand-mère: Je me suis inscrite en lettres.... J'étais en première année d'études, mais je pensais surtout à sortir avec Alain. On habitait à la cité universitaire.
Manon: Ah oui, je vois... et à nous, on nous dit de penser d'abord aux études.
Grand-mère: Nous, on pensait d'abord à l'amour et... à la révolution! À cette époque-là, le travail ne manquait pas.
Manon: Tu l'as fait, la révolution?
Grand-mère: On a occupé la fac et on allait aux manifs. Tu vois là, sur cette photo, c'est moi. Et là, c'est Alain, ton grand-père.
Manon: C'est toi?! Et après, qu'est-ce que vous avez fait comme révolution?
Grand-mère: En septembre nous nous sommes mariés... et voilà, j'attendais ta mère!
Manon: Eh bien, voilà, j'ai trouvé mon sujet: c'est toi, Grand-mère!

7 L'album de photos

Répondez aux questions.

1. Qu'est-ce que Manon doit faire?
2. Qu'est-ce que sa grand-mère lui montre?
3. Où est-ce que sa grand-mère habitait en 1968?
4. À quoi est-ce que la grand-mère de Manon pensait d'abord?
5. Qu'est-ce que les étudiants de la Sorbonne ont fait en 1968?
6. Qu'est-ce que la grand-mère a fait en septembre 1968?

EXTENSION **Le bon vieux temps à l'université**

Bernard rencontre Claude, un vieil ami, à Lyon. Bernard n'a pas vu son ami depuis le début des années 1970.

Stratégie

Using the information provided in the **Extension** dialogue, write a story about the two characters. **Quand ils avaient 20 ans, Claude et Bernard....**

Bernard: Claude, ça fait longtemps....
Claude: C'est incroyable! Ce sont les places qu'on occupait quand on était étudiant!
Bernard: Oui, Sophie et moi, on est parti comme coopérant en Algérie... pas pour faire fortune!
Claude: Non... pour aider la révolution algérienne.
Bernard: On a enseigné pendant deux ans et on en est revenu... et on a continué à croire à 1968, à la révolution, aux idéaux....
Claude: Et maintenant les révolutionnaires sont des responsables! Et toi, tu fais quoi?
Bernard: Je suis juge.
Claude: Et moi, je suis PDG*.

PDG *equivalent of CEO*

La salle de lecture de la bibliothèque municipale de Lyon est moderne.

EXTENSION Comment les vies de Bernard et Claude ont-elles changé depuis les années 1970?

Connexions

Professional Development

Write a list of significant events in your life that would be worth adding to your résumé. Mention what happened, where and when, and what skills you gained.

Points de départ

Pre-AP | Question centrale ? How does the past shape us?

Les manifestations

La manifestation en France est un rituel. L'affrontement* est le mode principal de relation et d'expression. D'abord on manifeste, ensuite on négocie. C'est par une manifestation que, le 6 octobre 1789, le peuple de Paris est venu à Versailles et a ramené* le roi Louis XVI à Paris. Parmi les grandes manifestations, il y a eu les suivantes*:

- 1936 (Front Populaire) pour obtenir les congés payés*, la semaine de 40 heures et les assurances sociales*;
- 1958 en Algérie pour ramener le général de Gaulle au pouvoir;
- mai 1968: manifestations étudiantes d'abord, ouvrières ensuite, politiques enfin;
- 1984 et 1994 sur l'école et la défense de l'école privée, puis de l'école publique;
- 1995 contre la réforme du système de protection sociale et des retraites*;
- 2010 contre la réforme des retraites;
- 2016 contre la réforme du code du travail…

À Nantes, des étudiants protestent contre des mesures du gouvernement.

Recherche: manifestations en france, manifestations des étudiants

affrontement *confrontation*; **a ramené** *brought back*; **suivantes** *following*; **congés payés** *paid vacation*; **assurances sociales** *equivalent to Social Security*; **retraites** *retirement*

Produits

L'époque de révolte des années 1960 était accompagnée de **chansons révolutionnaires** comme, par exemple, "Chacun de vous est concerné" de Dominique Grange.

Comparaisons

Qu'est-ce qui s'est passé dans les universités américaines pendant les années 1960?

Traditions et pratiques

Les Français sont les champions de la manifestation! Dès qu'il s'agit d'exprimer une opinion contestatoire à une loi politique, ou de revendiquer un droit social, on organise "une manif" et les gens concernés descendent dans la rue. Souvent, les travailleurs font la grève (*go on strike*). Il y a en moyenne (*on average*) une manifestation par jour en France. Pour les Français, c'est un droit (*right*) démocratique.

Mai 1968

Le président de Gaulle a quitté le pouvoir peu après les manifestations de 1968.

En mai 1968, les étudiants en France commencent un mouvement qui devient révolutionnaire. Très vite les ouvriers* se montrent solidaires. Ils font une grève* de cinq semaines. Le pays est paralysé et le pouvoir* politique du président est déstabilisé.

Le 13 mai, les étudiants et les ouvriers font une immense manifestation. Les étudiants occupent la Sorbonne. Les ouvriers occupent les usines*. Il n'y a plus d'essence*. Le mouvement connaît son moment le plus dramatique avec la disparition volontaire et le retour du général de Gaulle et la contre-manifestation du 31 mai qui met fin au mouvement. Mai 68 a profondément et durablement marqué la société française: c'est la génération de 1968 qui a porté* la vision de l'école, de la justice, du rapport à la société et au travail dans la politique, de l'économie, de la culture et du social. Avec le président Emmanuel Macron, l'arrivée d'une génération de trentenaires* née bien après 1968 marque la fin de cette époque.

Recherche: encyclopédie larousse: mai 1968, affiches mai 1968

Produits

Emmanuel Macron est le plus jeune président de la République française. C'est le premier président qui n'appartient ni à la gauche, ni à la droite, à être élu.

---

ouvriers *workers*; **font une grève** *go on strike*; **pouvoir** *power*; **usines** *factories*; **essence** *gas*; **a porté** *carried*; **trentenaires** *30-year-olds*

L'Université de Paris Vincennes–Saint-Denis

Un centre universitaire expérimental est né en mai 1968—l'université libre et autonome de Vincennes. C'est le contre-modèle de la Sorbonne dans le Quartier latin qui représente le conservatisme universitaire. Vincennes invente un nouveau rapport entre l'université et le monde extérieur. C'est une université ouverte aux non-bacheliers*, aux étrangers*, et aux travailleurs grâce à* de nombreux cours le soir. Connue aujourd'hui sous le nom d' "Université de Paris 8 Vincennes–Saint-Denis," elle offre de nouveaux enseignements*: cinéma, psychanalyse, arts plastiques, théâtre, urbanisme, hypermédia, informatique, ou encore intelligence artificielle. Vincennes sera aussi une référence en matière de linguistique.

Aujourd'hui, les arts sont reconnus comme essentiels à la vie universitaire.

Recherche: paris 8 université de vincennes–saint-denis

---

non-bacheliers *students who have not graduated from high school*; **étrangers** *foreigners*; **grâce à** *thanks to*; **enseignements** *areas of study*

8 Activités culturelles

1. Faites un axe chronologique comme celui de dessous. Écrivez des légendes (labels) pour décrire chaque manifestation.

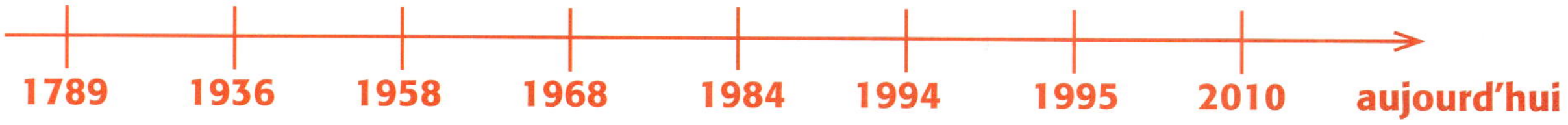

2. Trouvez une photo des étudiants de mai 1968. Décrivez-les ou expliquez ce qu'ils font sur la photo.

Recherche: mai 1968 photos

3. Qu'est-ce que le gouvernement Macron apporte de nouveau à la France?

4. Faites des recherches sur la Sorbonne et l'Université de Vincennes–Saint-Denis. Ensuite complétez une grille comme celle de dessous pour comparer les deux universités.

	Sorbonne	Paris 8
1. Quartier(s) de Paris		
2. Fondée en....		
3. Enseignements		

Perspectives

En 1968, la chanteuse française Dominique Grange a chanté "Même si le mois de mai/Ne vous a guère touché.../Chacun de vous est concerné (*affected*)." Selon la chanson, qui est-ce que la révolution a touché?

La Sorbonne (Paris, France)

Du côté des médias

Lisez les informations sur une balade dans le Quartier latin.

Balade à Paris, Quartier latin

Cette balade vous emmènera au Quartier latin, un des quartiers historiques de Paris. Le Quartier latin s'étend de la Sorbonne au Panthéon, des bords de Seine au jardin du Luxembourg.

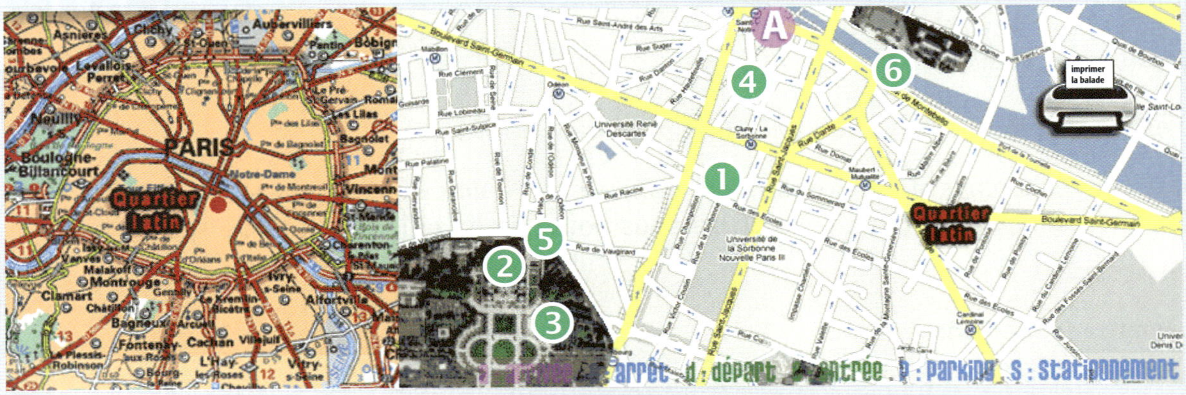

Pont Saint Michel

Description des points principaux de la balade. (Voir le plan)

(A) – Accès par le métro ou le RER Station Saint-Michel.

(1) Les grands lycées (Henri IV, Louis-le-Grand, École alsacienne, Collège Stanislas), les universités (Sorbonne, Descartes, Panthéon, Jussieu, Assas) les grandes écoles (École normale supérieure de la rue d'Ulm, École nationale supérieure des beaux-arts, ParisTech, les Instituts Curie et Pasteur), les bibliothèques (Sainte-Geneviève), et le Collège de France montrent la dimension universitaire du quartier.

(2) Le **palais du Luxembourg** est aujourd'hui le siège du Sénat.

(3) Le **jardin du Luxembourg** offre de grandes allées favorisant la promenade et la flânerie.

(4) Parcourez les petites rues: la rue de la Harpe et ses restaurants, la rue de la Huchette et ses boutiques.

(5) Le **théâtre de l'Odéon**/théâtre de l'Europe, les cinémas d'art et d'essai (Champollion, Grand Action, Panthéon, Luxembourg), les musées (musée du Luxembourg, Muséum national d'histoire naturelle, musée de la Monnaie) sont au cœur culturel du Quartier latin.

(6) La cathédrale **Notre-Dame de Paris** est le site le plus visité de France.

9 Balade à Paris, Quartier latin

*Écrivez **oui** si vous allez voir l'endroit ou le monument pendant la promenade. Si vous n'allez pas le voir, écrivez **non**.*

1. Notre-Dame
2. la tour Eiffel
3. le musée du Luxembourg
4. les Champs-Élysées
5. le cinéma Grand Action
6. l'École normale supérieure
7. la rue de la Huchette
8. l'Arc de Triomphe

Les manifestations

Introduction et interrogations

En regardant le monde francophone et les États-Unis, nous allons explorer et comparer des manifestations récentes. Pourquoi est-ce qu'on manifeste aujourd'hui? Quels objectifs et résultats les manifestations américaines ont-elles en commun avec celles des pays francophones?

10 Trouver

Sur Internet, allez chercher:

1. l'exemple d'une manifestation qui a eu lieu pendant les cinq dernières années dans un pays francophone.

Recherche: manifestation france (pays francophone)

2. l'exemple d'une manifestation qui a eu lieu pendant les cinq dernières années aux États-Unis.

Recherche: united states demonstrations/protests

11 Décrire

Faites une liste des caractéristiques de ces deux manifestations en répondant à ces questions:

- Qui a manifesté?
- Pourquoi?
- Contre quoi?
- Où?
- Pendant combien de temps?
- Avec quel résultat (*result*)?
- Comment? (grèves, violence, panneaux, slogans)

12 Contraster

Complétez un diagramme comme celui de dessous.

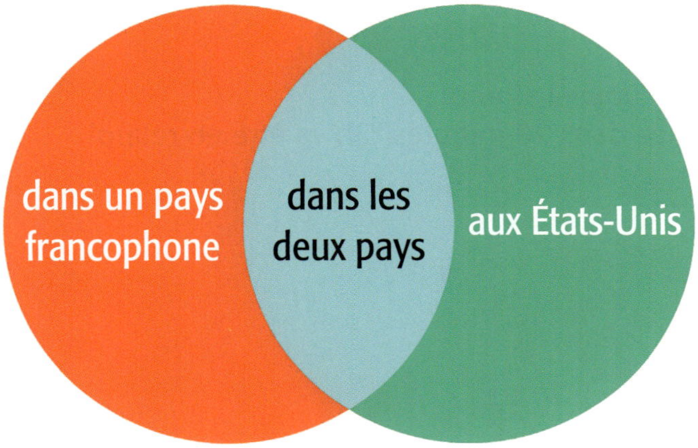

Si on + IMPERFECT

To make a suggestion, French speakers often use the expression **Si on….** followed by a verb in the imperfect.

Dis, Jean, si on **étudiait** ensemble? — *Say, John, how about studying together?*

To express a wish, French speakers also often use the imperfect.

Ah, si **j'étais** à Paris…. — *If only I were in Paris….*

13 Pendant les vacances

Interpersonal Speaking or Presentational Writing

Proposez une activité à faire en fonction de ce que vos amis vous disent.

télécharger une chanson **se détendre à la plage** **prendre un taxi**
manger une crêpe **regarder ton album** **voir une comédie** **aller à l'exposition**

MODÈLE Martine: J'ai des photos de vacances!
Si on regardait ton album?

1. J'adore les affiches de Toulouse-Lautrec!
2. Je suis fatiguée!
3. J'ai faim!
4. Je voudrais rigoler!
5. Youssou N'Dour a un nouvel album!
6. Le concert commence dans 20 minutes. On va être en retard!

14 Qu'est-ce qu'on fait?

Interpretive Listening and Viewing

Écrivez les numéros 1–6 sur votre papier. Choisissez l'illustration qui correspond à chaque suggestion que vous entendez.

A. 

B. 

C. 

D. 

E. 

F. 

15 Si j'étais....

Presentational Writing

Utilisez un adjectif de la liste pour exprimer un souhait (wish) *pour chaque situation.*

diligent(e) célèbre grand(e) musical(e) drôle artistique

MODÈLE Vous voulez acheter un nouveau portable, mais vous avez seulement (*only*) cinq euros.
Si j'étais riche!

1. Vous voulez entrer dans une discothèque où il y a des stars ce soir.
2. Vos amis aiment rire, mais vous n'êtes pas amusant(e).
3. Vous voulez dessiner un ensemble chic.
4. Vous ne pouvez pas bien voir les musiciens au concert.
5. Vous n'avez pas fini vos devoirs de maths.
6. Vous ne chantez pas très bien.
7. Et vous, personnellement?

16 Projets de weekend

Interpersonal Speaking

*Faites un tableau comme celui de dessous. Faites des suggestions à cinq camarades de classe et, dans chaque case, écrivez **oui** s'ils acceptent ou **non** s'ils n'acceptent pas.*

	1	2	3	4	5
1. étudier pour le contrôle de maths					
2. s'inscrire à un cours de salsa					
3. aller au concert de Natasha St-Pier					
4. organiser une teuf pour samedi soir					
5. visiter l'université					
6. dîner au restaurant algérien					

MODÈLE **A: Si on étudiait pour le contrôle de maths?**
B: Désolé(e), je ne peux pas! Je vais au parc d'attractions avec des amis.
ou
D'accord! C'est une bonne idée!

Present Tense of the Irregular Verb *dire*

The verb **dire** (*to say, tell*) is irregular.

dire			
je	**dis**	nous	**disons**
tu	**dis**	vous	**dites**
il/elle/on	**dit**	ils/elles	**disent**

Qu'est-ce que vous **dites**? — *What are you saying?*
Je **dis** que je vais être en retard. — *I'm saying that I'm going to be late.*

The irregular past participle of **dire** is **dit**.

Elle **a dit** à son père qu'elle se marie en juin. — *She told her father that she is getting married in June.*

17 Qu'est-ce que tu dis quand...?

Presentational Speaking or Writing

Dites ce qu'on dit dans chaque situation.

bon appétit **mettez le couvert** **attention** **joyeux Noël**
désolé(e) **bonne idée** **bon anniversaire**

MODÈLE **Nous disons "Joyeux Noël!"**

nous

1. Marielle

2. toi, tu

3. vous

4. M. et Mme Girard

5. nous

6. moi, je

18 À l'université

Presentational Speaking or Writing

Dites en quoi les personnes suivantes vont se spécialiser quand elles vont aller à l'université.

MODÈLE Awa
Elle dit qu'elle va se spécialiser en arts plastiques.

1. toi, tu

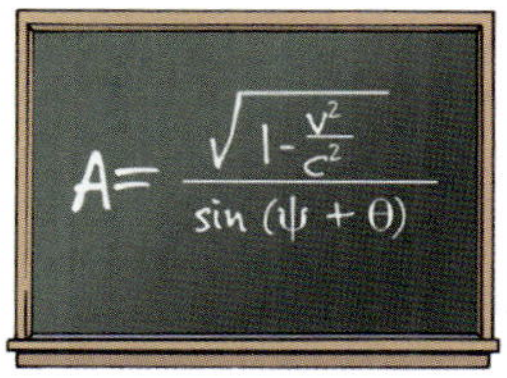

2. Nicole et Djamel

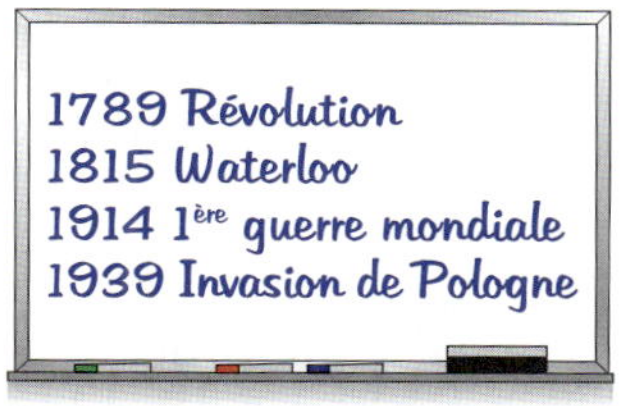

3. Sandrine

4. Nicolas et Manon

5. moi, je

6. Julien

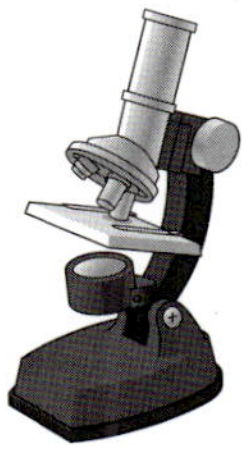

7. Mehdi (f.)

Communiquez!

19 Si on…?

Presentational Speaking and Writing

You are in Lyon for the weekend and would like to do something special with your friend, but you are having a little trouble deciding what to do. Each time you suggest something, your friend gives a reason to turn down the idea. Write the conversation; then present it to your class.

Recherche: ville de lyon, lyon activités

Connexions

Economy and Sociology

Interview at least five adults at school about what they specialized in after high school. Did they end up directly using their post-secondary education on the job? If not, what prevented them from doing so? With a partner, analyze the data, and present it in the form of a graph.

20 Pourquoi est-ce que les Français manifestent?

Interpretive Reading, Presentational Writing

Read online blogs or view videos about recent French demonstrations. What key words and concepts keep coming up on these sites? Make a word cloud with these words and expressions. Give your word cloud a title, such as **Les idées de Jacques: manif 2019**, and post it in your classroom.

Recherche: blog manif protection sociale, blog manif retraités

21 Mai 1968

Presentational Writing and Speaking

Find four or five photos from **mai 1968**. Then find the lyrics to a revolutionary song from that time period and use them to write a caption for each photo. Describe the photo and explain the lyrics to a classmate or a group.

Recherche: mai 68 chansons révolutionnaires, mai 68 photos

Pre-AP

L'enfant et la rivière

Rencontre avec l'auteur

Henri Bosco (1888–1976) venait d'une famille mi-provençale, mi-italienne. Dans ses livres, la nature joue un grand rôle. Elle attire (*attracts*) et fait peur, mais elle révèle aussi l'invisible à l'homme. *L'enfant et la rivière* (1945) parle de la découverte (*discovery*) progressive du monde par un enfant. Au centre de cette découverte est la rivière, frontière entre le monde connu de la ferme et du village et le monde inconnu de la nature. Est-ce que les parents de l'enfant lui ont donné la permission de jouer près de la rivière tout seul?

Stratégie de lecture

Text Organization. Henri Bosco uses the seasons to organize this selection from his novel, *L'enfant et la rivière*. As you read the selection, fill in a chart like the one below with facts about the river in the fall, winter, spring, and summer. One example has been done for you. Then think about the ways in which the river is like a character that interacts with the family.

L'automne	L'hiver	Le printemps	L'été
		D'autres eaux sont venues des Alpes; les champs sont devenus un grand étang.	

Outils de lecture

Fact versus Opinion. A fact is a statement that can be proven or verified. An opinion is a statement of belief or judgment that may express feelings, preferences, or biases. The author says, "**Quand j'étais tout enfant, nous habitions à la campagne.**" (*When I was a child, we lived in the countryside.*) Is this statement a fact or an opinion?

Pré-lecture

Quand vous étiez petit(e), est-ce vous avez fait quelque chose qu'on vous a interdit (*forbid*) de faire? Parlez de ce souvenir.

L'enfant et la rivière

Quand j'étais tout enfant, nous habitions à la campagne. La maison qui nous abritait* n'était qu'une petite métairie* isolée au milieu des champs. Là nous vivions* en paix.* (...)

Autour de* nous, on ne voyait que champs, longues haies* de cyprès, petites cultures* et deux ou trois métairies solitaires.

Ce paysage monotone m'attristait.*

Mais au-delà* coulait* une rivière.

On en parlait souvent, à la veillée*, surtout l'hiver, mais je ne l'avais jamais vue. Elle jouait un grand rôle dans la famille, à cause du bien et du mal qu'elle faisait à nos cultures. Tantôt* elle fertilisait la terre, tantôt elle la pourrissait*. Car c'était, paraît-il, une grande et puissante* rivière. En automne, au moment des pluies, ses eaux montaient*. On les entendait qui grondaient* au loin. Parfois elles passaient par-dessus les digues* de terre et inondaient* nos champs. Puis elles repartaient en laissant de la vase*.

Au printemps, quand les neiges fondaient* dans les Alpes, d'autres eaux apparaissaient*. Les digues craquaient sous leur poids* et de nouveau les prairies à perte de vue* ne formaient qu'un seul étang. Mais en été, sous la chaleur* torride, la rivière s'évaporait. Alors des îlots* de cailloux* et de sable coupaient* le courant et fumaient* au soleil. (...)

Mon père m'avait averti*:

—Amuse-toi, va où tu veux. Ce n'est pas l'espace qui te manque*. Mais je te défends* de courir du côté de la rivière. (...)

Il n'en fallait pas plus* pour me faire rêver* de la rivière, nuit et jour.

Pendant la lecture
1. Où habitaient l'enfant et ses parents?

Pendant la lecture
2. Est-il jamais allé voir la rivière?

Pendant la lecture
3. En quelle saison est-ce que la rivière montait?

Pendant la lecture
4. Qu'est-ce que la rivière a fait aux champs?

Pendant la lecture
5. Qu'est-ce que le père a défendu à son enfant de faire?

---

abritait *sheltered*; **métairie** ferme; **vivions** *lived*; **en paix** *in peace*; **Autour de** *Around*; **haies** *hedges*; **cultures** *lands under cultivation*; **m'attristait** *made me sad*; **au-delà** *beyond*; **coulait** *flowed*; **la veillée** le soir; **tantôt... tantôt** *sometimes... sometimes*; **pourrissait** *ruined*; **puissante** *powerful*; **montaient** *rose*; **grondaient** *scolded*; **digues** *dams*; **inondaient** *flooded*; **vase** *silt, mud*; **fondaient** *melted*; **apparaissaient** *appeared*; **poids** *weight*; **à perte de vue** *as far as the eye could see*; **chaleur** *heat*; **îlots** *little islands*; **cailloux** *stones*; **coupaient** *cut*; **fumaient** *steamed*; **m'avait averti** *had warned me*; **manque** *is lacking*; **défends** *forbid*; **Il n'en fallait pas plus** *That's all it took*; **rêver** *to dream*

Stratégie

Draw two pictures of the landscape where the river runs, one in the summer and one in the winter, based on the description in the reading.

Post-lecture

Faites votre prédiction. Qu'est-ce que l'enfant va faire?

Le monde visuel

Camille Pissarro (1830–1903) a peint *La ferme à Osny* dans un style typiquement impressionniste. Les impressionnistes s'intéressaient au moment présent. Leur technique consistait à mettre une couleur pure à côté d'une autre pour que de loin, l'œil combine les couleurs pour en faire d'autres. Les impressionnistes aimaient peindre en plein air (*outdoors*) et pas dans un atelier (*studio*) comme leurs prédécesseurs. Dans ce tableau, qu'est-ce qui semble (*seems*) toucher l'eau, l'herbe, et les maisons?

La ferme à Osny, 1883. Camille Pissarro. Galerie Daniel Malingue, Paris, France.

22 Activités d'expansion

Faites les activités suivantes.

1. Utilisez les notes de votre grille pour écrire un paragraphe qui décrit la rivière à chaque saison.
2. Complétez cette comparaison de la rivière décrite dans *L'enfant et la rivière*: "La rivière est comme un voisin qui…."
3. Imaginez la première fois que l'enfant va à la rivière. C'est à quelle saison? Qu'est-ce qu'il y fait? Est-ce qu'il parle de l'expérience à son père ou est-ce qu'il la garde en secret? Écrivez un paragraphe qui décrit cette histoire.

Les copains d'abord: De bons conseils

Communiquez!

23 Faisons un film!

Connecting to Creativity and Innovation

Presentational Writing

Allociné is an entertainment website that contains information about movies and where they are showing in France. Create an ad about a French movie of your choice for the magazine. Include: ▪ the name of the movie, year of release, and length of film ▪ the genre (**comédie**, **drame**, etc.) and actors in it ▪ a description of the setting and plot ▪ the names of a few theaters showing the movie

Recherche: première, amélie, allociné

24 Un réseau social rétro

Connecting to Creativity and Innovation

Presentational Writing

What if social media had existed years ago? Using professions and trades from the past, select a historical person, famous or not, for which you will create a mock social media page on paper. Consider what that person would have posted after a week of work or a weekend of fun.

25 Un mail de l'université

Connecting to Communication, Initiative and Self-Direction

Interpretive Reading, Interpersonal Writing

The university in France to which you are applying has sent an e-mail to applicants to gather more background information on each candidate. Read the e-mail below and answer all questions, giving as many details as possible and applying elements of writing a formal letter.

De: Monsieur le Directeur
Objet: Votre candidature
Cher candidat(e), Nous vous remercions de l'intérêt que vous portez à notre université. Nous voudrions mieux vous connaître pour nous assurer que vous êtes bien préparé(e) à la vie et aux études à notre université. En général, ces questions-réponses sont bien indicatives de la préparation et du succès des étudiants. Elles nous seront utiles pour prendre une décision sur votre candidature. –Pourquoi avez-vous choisi cette université et quels sont vos buts (*goals*)? –Qu'est-ce que vous avez fait pendant vos années au lycée pour vous préparer à vous intégrer à l'université? Nous vous souhaitons une bonne fin d'année scolaire. Bien cordialement, Monsieur le Directeur

Finale

Question centrale ? How does the past shape us?

Projets finaux

A Connexions par Internet: le cinéma

Un film sur Montmartre

Watch some scenes from the movie ***Le fabuleux destin d'Amélie Poulain*** (as selected by your teacher), noting the sites of Montmartre. Make a list of your impressions. Then research online what Montmartre is like today. Based on your impressions and research, write a poem about Montmartre that begins as follows: **À Montmartre, on**.... or **À Montmartre, il y a**...., followed by a list of verbs or nouns.

B Communautés en ligne

Un test de goût à l'aveugle

In this unit, you learned that France exports many food products. Look in your supermarket for a food product from France. Bring it to school for a taste test. Have students put on blindfolds, taste the food, and rate it on a scale of 1 to 10. Share your findings with a French-speaking audience. You may also wish to ask a francophone community you know to organize a taste test using American food products. Then you might discuss how easy or hard it is to get used to food products from another country.

C Passez à l'action!

Un zoo

Imagine that your group is going to start a petting zoo for the children in a French city who have never visited a farm before. Work with your group to plan the zoo, assigning each person one of the following tasks:

1. List the animals you would like to have at the petting zoo.
2. Draw a map of what the petting zoo will look like and where the animals will live. Then label the animals.
3. Write a letter to the mayor explaining the project and asking for his support.
4. Write a form letter to farmers in the area asking them to donate some animals.
5. Make a list of activities for children to do at the zoo. Activities should teach the children about each animal.
6. Make a brochure with text and photos to advertise your petting zoo. Don't forget to include your zoo's name.

D Faisons le point!

Mes progrès

Your teacher will give you a chart to fill out that will help you gauge your learning in this unit.

Pre-AP

Évaluation

A Évaluation de compréhension auditive

Listen to the conversation between Jean and his grand-father. Then choose the letter of the phrase that completes the sentence.

1. Jean veut que son grand-père....
   A. lui parle de sa mère
   B. lui parle de son enfance
   C. regarde la télé avec lui
2. ... que le grand-père habite à la ferme.
   A. Il y a très longtemps
   B. Il y a 10 ans
   C. Il n'y a pas longtemps
3. Le père de Jean n'habite plus à la ferme parce qu'il....
   A. travaille en ville
   B. habite très loin de la ferme
   C. n'aime pas les animaux
4. Comme jeune garçon, le grand-père....
   A. allait à l'école et regardait la télé
   B. préparait le petit déjeuner
   C. aidait ses parents et étudiait
5. Le grand-père allait à l'école....
   A. à pied
   B. en bus
   C. à cheval
6. Le grand-père trouvait la vie à la ferme....
   A. sympa
   B. trop dure
   C. sérieuse
7. Le grand-père aimait... autrefois.
   A. se retrouver avec des amis de la campagne
   B. regarder la télé
   C. parler au téléphone avec des amis
8. Dans l'avenir, Jean veut travailler....
   A. à la ferme
   B. à la fac
   C. pour le gouvernement

B Évaluation orale

Role-play a conversation with your partner about what your life was like two years ago. Use expressions such as **tous les matins**, **tous les soirs**, and **d'habitude**. Conclude your conversation with one of you suggesting an activity to do together and setting a time and place to meet.

C Évaluation culturelle

In this activity, you will compare francophone cultures with American culture. You may need to do some additional research on American culture.

1. **La France agricole.** Research and make a list of agricultural products that French farmers export to the United States and products that American farmers export to France.

2. **Montmartre.** Explain what makes Montmartre special. Comment on how Montmartre has been portrayed in art and film. Do you know of a neighborhood in the United States that has inspired artists and writers? How does it compare with Montmartre?
3. **Toulouse-Lautrec.** Describe how Toulouse-Lautrec's work connects him with a particular time and place. Compare him to an American artist or writer who is associated with a particular location or period of time. What do you like or dislike about Toulouse-Lautrec's art?
4. **Les manifestations.** Identify some famous protests in France. Can you identify any past or recent protests in the United States? If so, what prompted them? What causes would you support by protesting?
5. **Mai 1968.** What important student events took place at this time in both France and the United States? What part of 1960s culture interests you?

D Évaluation écrite

Write a paragraph about your plans for college. Say at what university you plan to register, to which department you will go for your classes, what will be your major, where you will live, and where you will have your meals. If you do not plan to go to college, describe the experience of a college student you know, or someone who has been to college, such as one of your teachers.

E Évaluation visuelle

Tell a story about your day in Montmartre, based on the illustration. Use both the imperfect and the **passé composé** in your description. Give the date and say what the weather was like. Say what you saw and did.

F Évaluation compréhensive

Create a storyboard with six frames. In each frame, draw a scene showing rural or city life a century ago. Tell a group of classmates a story about a character who lived in one of these locations and what his or her life was like.

Vocabulaire de l'Unité 4

	à: à bicyclette on a bicycle *A*
l'	**amour (m.)** love *C*
	annexer to annex *B*
	attendre to expect *[baby]* *C*
	autrefois formerly, in the past *A*
une	**bicyclette** bicycle *A*
	bon: le bon vieux temps the good old days *A*
un	**boucher, une bouchère** butcher *B*
un	**boulanger, une boulangère** baker *B*
un	**canard** duck *A*
	ce: ce mot-là this/that word *A*
un	**champ** field *A*
un	**chansonnier, une chansonnière** cabaret singer *B*
	chaque each *A*
un	**charcutier, une charcutière** deli owner *B*
une	**chèvre** goat *A*
une	**chose** thing *B*
la	**cité universitaire** university dormitory *C*
un	**cochon** pig *A*
	connaître to know *A*
se	**connaître** to know each other *B*
un	**coq** rooster *A*
un	**couturier, une couturière** dressmaker *B*
	croire to believe, to think *A*
	d'habitude usually *B*
un	**danseur, une danseuse** dancer *B*
	de neuf new *C*
le	**destin** destiny *B*
un	**dindon** turkey *A*
	dire to say, to tell *C*
	disparaître to disappear *B*
	dont whose *B*
	dur(e) difficult *A*
	en: en un sens in a way *A*; **Tu en sais des choses.** You sure know a lot about it. *B*; **en première année** in the first year *C*
	entrer à l'université to go to college *C*
un	**épicier, une épicière** grocery store owner *B*
une	**époque** era, period *C*
les	**études (f.)** studies *C*
un(e)	**étudiant(e)** student *C*
une	**expérience** experience *C*
	fabuleux, fabuleuse fabulous *B*
une	**fac (faculté)** college *C*
	faire du cheval to go horseback riding *A*
	falloir: il fallait we had (to do something) *A*
la	**ferme** farm *A*
le	**fermier, la fermière** farmer *A*
	fréquenter to frequent, to hang out *B*
la	**grange** barn *A*
	il: il y a (+ TIME) (time) ago *B*
s'	**inscrire** to register *C*; **s'inscrire en lettres** to declare a major in humanities *C*
un	**instituteur, une institutrice** elementary school teacher *B*
un(e)	**jeune** young man/woman *C*
un	**lapin** rabbit *A*
la	**légende** legend *B*
les	**lunettes (f.)** glasses *C*
le	**maire, madame le maire** mayor *B*
	Mamy grandma *A*
une	**manif (manifestation)** street demonstration *C*
	manquer to lack *C*
se	**marier** to get married *C*
un	**mouton** sheep *A*
un	**music-hall** music hall *B*
	nettoyer to clean *A*
	neuf, neuve new *C*
	nourrir to feed *A*
	occuper to occupy *C*
s'	**occuper (de)** to take care (of) *A*
une	**poule** hen *A*
	prendre des vacances to take a vacation *A*
	quoi you know what I mean *A*
	raconter to tell *C*
le	**resto-U (restaurant universitaire)** university cafeteria *C*
la	**révolution** revolution *C*
	si how about, if only, what if *C*
se	**spécialiser (en)** to major (in) *C*
un	**tailleur** tailor *B*
	tout: tous les soirs every night *A*
	traire to milk *A*
l'	**université (f.)** university *C*
une	**vache** cow *A*
la	**vie** life *A*
un	**village** village *A*

Bilan cumulatif

Pre-AP

Listening

I. You will hear a short conversation. Select the reply that would come next. You will hear the conversation twice.

1. A. Oui, j'ai oublié mon album photos.
   B. Oui, mais les photos peuvent me rappeler le bon vieux temps.
   C. Non, ta grand-mère était à la campagne.
   D. Non, la vie était plus simple.

II. Listen to the conversation. Then select the best completion to each statement that follows.

2. Solenne parle avec....
   A. son grand-père
   B. sa professeur
   C. les hommes et les femmes de l'époque
   D. sa grand-mère
3. Solenne s'intéresse....
   A. à la vie d'autrefois
   B. à la Révolution Française de 1789
   C. au travail de charcutiers
   D. aux lapins et canards
4. Après la révolution, les femmes....
   A. ont travaillé en ville comme les hommes
   B. sont restées à la ferme
   C. sont devenues bouchères de la ville
   D. n'ont pas aimé que les choses changent à la campagne

Reading

III. Read Yvonne's letter. Then select the best completion to each statement.

Il y a longtemps que j'ai envie de t'écrire, ma chère. Mais comme tu le sais bien, le travail à la ferme est dur et la vie y est dure aussi. Nous devons nous lever très tôt et nous occuper des animaux jour et nuit. On n'a jamais de temps pour se reposer, ou pour écrire. Je comprends pourquoi tu as choisi de t'inscrire à la fac. Ça va être plus facile d'être étudiante que d'être fermière! Tu n'es pas la seule à partir à la ville, et pas en vacances. Beaucoup de fermiers le font aussi pour chercher du travail. C'est fini, le bon vieux temps où les hommes et les femmes travaillaient ensemble à la campagne à s'occuper des animaux. Il n'y a pas beaucoup de fermes. C'est peut-être un peu triste, mais heureusement tu es à Paris maintenant. Être institutrice, c'est un bon métier. On veut tout savoir sur la vie à la cité universitaire et comment tu vas. Écris-nous vite!

Je t'embrasse bien fort,

Maman

5. Yvonne écrit à sa fille qui est partie....
   A. étudier à Paris
   B. travailler à Paris
   C. prendre des vacances à la campagne
   D. travailler à la ferme
6. Au bon vieux temps les hommes et les femmes....
   A. travaillaient ensemble à la campagne
   B. s'occupaient des animaux
   C. A et B
   D. ni A, ni B
7. La fille d'Yvonne se spécialise en....
   A. lettres
   B. éducation
   C. maths
   D. sciences

Writing

IV. Complete the paragraph with appropriate words or expressions.

Jean-Luc et sa sœur Françoise n'aiment pas le samedi. Leur mère, qui est prof, offre un cours spécial à l' ___1___ et ils doivent faire le ___2___ chez eux. Après chaque repas, il faut faire la ___3___. Pauvre Élodie! Elle fait la lessive et fait sécher le ___4___. L'après-midi elle doit repasser les ___5___ et ranger les chambres. Le soir, Jean-Luc passe l' ___6___ et sort la ___7___. En plus, au printemps et en été, il doit tondre la ___8___, et sa sœur ___9___ les plantes. Quel travail!

Complete André's composition about Montmartre with the **imparfait** or the infinitive of the verbs in parentheses.

Il y a cent ans, avant d'être annexé par la ville de Paris en 1860, Montmartre ___10___ un village. Il y ___11___ des moulins (*windmills*) et des vignobles (*vineyards*). Pour s'amuser, les gens ___12___ le soir et ___13___ les music-halls et cabarets. C'est là où Toulouse-Lautrec ___14___ peindre les danseuses comme Jane Avril. Il ___15___ des affiches du Moulin Rouge. Lui et beaucoup d'autres artistes ___16___ ce quartier. Nous pouvons toujours ___17___ le Moulin Rouge et ___18___ des promenades dans les rues pittoresques de Montmartre.

10. (être)
11. (avoir)
12. (se rencontrer)
13. (fréquenter)
14. (aimer)
15. (faire)
16. (habiter)
17. (visiter)
18. (faire)

Composition

V. Imagine that you have just spent a leisurely Saturday morning. You slept late and had all the time in the world to get ready to meet friends later on. Write a paragraph describing everything you did this morning. Tell when you woke up, the things you did to prepare yourself for the day, and the beauty products and items you used.

Speaking

VI. Describe what life was like in the village of Bellevue 100 years ago. Use the illustration to guide you.

Unité 5

Bon voyage et bonne route!

Question centrale

What do you need to know to travel successfully?

À savoir

L'UNESCO a inscrit le port de la Lune à Bordeaux sur la liste du patrimoine mondial au titre d'ensemble urbain exceptionnel.

Citation

"Rien ne développe l'intelligence comme les voyages."

Nothing develops intelligence like travel.

—Émile Zola, écrivain français

Conseil pratique

Practice reading out loud or singing in French to develop your accent and a natural cadence.

Que voient Charlotte et Chadia?

Contrat de l'élève

Leçon A I will be able to:

- describe health problems and give instructions.
- talk about Air France, Paris airports, and Bordeaux.
- use the direct object pronouns **me**, **te**, **nous**, and **vous**.

Leçon B I will be able to:

- express that I'm looking forward to something.
- talk about French car companies and driving in France.
- use the direct object pronouns **le**, **la**, **l'**, and **les**; direct object pronouns in the **passé composé**; and the verb **conduire**.

Leçon C I will be able to:

- get a hotel room by talking to the receptionist.
- talk about French hotels.
- use the indirect object pronouns **lui**, **leur**, **me**, **te**, **nous**, and **vous**; the verb **boire**; and the adjective **tout**.

Vocabulaire actif

À l'aéroport

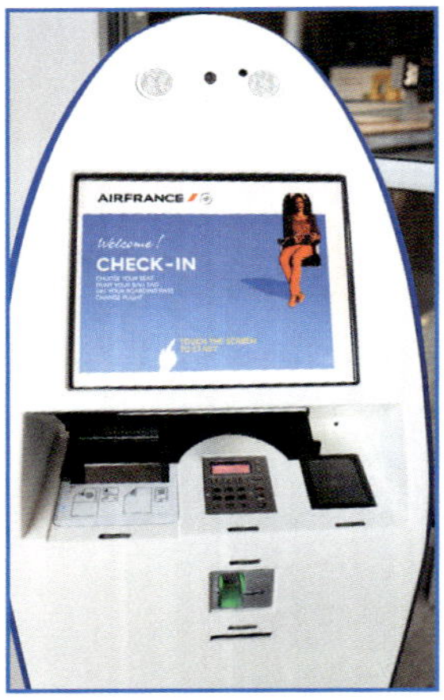

Une passagère trouve **une borne libre-service**.

AIRFRANCE BOARDING PASS

Passenger Name
JEANNE ALBIN

From
PARIS

Carrier
THE BEST AIRLINES

To
RIO DE JANEIRO

Date 09JUN | Time 08:40

Flight F 0575 | Seat 55L | Gate 22 | Board till 08:10

BOARDING PASS

Passenger Name
JEANNE ALBIN

From
PARIS

To
RIO DE JANEIRO

Date 09JUN | Time 08:40 | Gate 22

Flight F 0575 | Seat 55L | Board till 08:10

Elle **retire** sa **carte d'embarquement**.

un(e) agent(e)

Elle **s'avance** vers **le comptoir** d'Air France.

une valise

La **dame fait enregistrer ses bagages**.

le contrôle de sécurité

Elle **passe** le contrôle de sécurité.

la porte d'embarquement

Elle va attendre **son vol** à la porte d'embarquement.

La prochaine fois, elle va **s'enregistrer** en ligne.

À bord de l'avion

Un passager **monte à bord**.

Un steward met sa valise dans **le compartiment à bagages**.

L'avion **décolle**.

L'avion **atterrit**.

L'hôtesse de l'air **sert** une boisson.

Pour la conversation

How do I describe a health problem?

» Il **se plaint** d'avoir toujours mal au ventre.
He complains of still having a stomachache.

How do I give instructions?

» Imprime le billet!
Print the ticket!

» Prends ta petite valise **à roulettes**!
Take your little wheeled suitcase!

Et si je voulais dire...?

une correspondance	*connection*
la douane	*customs*
le douanier/la douanière	*customs officer*
une pièce d'identité	*identification document*
déclarer quelque chose	*to declare something*
faire un séjour	*to stay somewhere*
faire (une) escale	*to have a layover*
fouiller	*to search*

1 À l'aéroport ou à bord?

Interpretive Reading

*Indiquez si ces activités ont lieu à l'aéroport (**A**) ou à bord de l'avion (**B**).*

1. On fait enregistrer ses bagages.
2. On cherche la porte d'embarquement.
3. On met sa valise dans le compartiment à bagages.
4. On demande de voir votre passeport.
5. On passe au contrôle de sécurité.
6. Le steward sert une boisson.
7. On décolle.

Où est-ce qu'on vous demande votre passeport?

2 À l'aéroport de Bordeaux-Mérignac

Interpretive Viewing, Presentational Writing or Speaking

Utilisez au moins deux phrases pour décrire ce qui se passe ci-dessous.

1. 

2. 

3. 

4. 

5. 

3 M. Huvet voyage à Bordeaux

Interpretive Listening

*Écrivez les numéros 1–8 sur votre papier. Écoutez l'aventure de M. Huvet à l'aéroport d'Orly. Ensuite, écrivez **oui** s'il fait les choses suivantes ou **non** s'il ne les fait pas.*

1. L'avion de M. Huvet part à 6h00.
2. M. Huvet va à Paris.
3. Il enregistre ses bagages.
4. Il va directement à la porte d'embarquement.
5. Il passe le contrôle de sécurité d'abord.
6. Un agent vérifie le billet de M. Huvet à la porte d'embarquement.
7. M. Huvet a perdu sa carte d'embarquement.
8. Il monte à bord et se repose.

4 Questions personnelles

Interpersonal Speaking

Répondez aux questions avec un partenaire.

1. As-tu déjà voyagé en avion? Si oui, où est-ce que tu es allé(e)?
2. De quoi est-ce que les passagers se plaignent en général?
3. Quand tu voyages, préfères-tu une grande ou une petite valise? Pourquoi?
4. Est-ce que tu préfères voyager en train, en voiture, en bateau, ou en avion? Pourquoi?
5. Où est-ce que tu voudrais voyager un jour?

Rencontres culturelles

Un voyage à Bordeaux

Nicolas rend un service à son père, qui a besoin de faire un voyage en avion.

Père de Nicolas: Oh, écoute, je n'y comprends rien. Ça ne marche pas. Tu m'aides?
Nicolas: Qu'est-ce que tu as encore fait?
Père de Nicolas: J'essaie tout simplement de réserver un vol pour Bordeaux.
Nicolas: Tu vas à Bordeaux?
Père de Nicolas: Oui, ton grand-père ne va pas bien.
Nicolas: Qu'est-ce qu'il a?
Père de Nicolas: On ne sait pas… il se plaint d'avoir toujours mal au ventre.
Nicolas: Bon, donne-moi tes dates de départ et de retour. Ah oui, et tu veux partir et revenir à quelle heure?
Père de Nicolas: Départ vendredi, début de matinée; retour dimanche, début de soirée.
Nicolas: Dis donc, tu as de la chance! Il y a une promo à 39€. Donne-moi ta carte de crédit. Je te fais la réservation tout de suite.
Père de Nicolas: Imprime le billet pendant que tu y es… ça va me faire gagner du temps.
Nicolas: Et prends ta petite valise à roulettes…. Comme ça tu ne dois pas faire enregistrer des bagages* avec un agent. Tu la mets tout simplement dans le coffre à bagages.
Père de Nicolas: Bien chef!

***Je parle bien!**

The last syllable of the word **bagages** rhymes with that of **fromage**.

5 Un voyage à Bordeaux

Identifiez la personne décrite.

1. Il part à Bordeaux vendredi.
2. Il veut acheter un billet d'avion en ligne.
3. Il ne va pas bien.
4. Il devient impatient avec l'ordinateur.
5. Il a des suggestions pour comment on doit voyager.
6. Il ne veut pas demander son billet à l'aéroport.

Stratégie

In small groups, read the dialogue aloud with a partner while two other students translate what you are saying without looking at the script.

Les passagers attendent leur vol.

EXTENSION **À Roissy–Charles-de-Gaulle**

Dominique et Hervé partent pour leur séjour linguistique à Miami.

Agent: Vous avez des bagages?
Hervé: Une valise chacun.
Agent: Voilà vos billets… vous embarquez porte 36, après le contrôle des passeports et la sécurité tout de suite à gauche. Nous commençons l'embarquement dans une heure.
Bon voyage!
Hervé: J'ai encore le temps d'aller acheter un livre.
Dominique: Moi, je vais faire un tour au *duty free*.
Hervé: Bon, rendez-vous porte 36 dans un quart d'heure….

EXTENSION Où sont Hervé et Dominique dans l'aéroport à la fin du dialogue?

Points de départ

Pre-AP | Question centrale ? What do you need to know to travel successfully?

Air France

La compagnie aérienne Air France fait partie d'une alliance avec la compagnie néerlandaise* KLM. Son activité principale est le transport de passagers. Avec ses filiales* HOP! et Transavia, Air France exploite* 400 avions (Airbus et Boeing) et assure 1 600 vols par jour sur tous les continents. L'image de marque de la compagnie est liée* à la couleur bleue, que l'on retrouve à intérieur des avions, et dans les tenues* des personnels* habillés aujourd'hui par le couturier Christian Lacroix.

L'Airbus A380

- **1933** Air France est créée.
- **1945** Air France est nationalisée.
- **1974** Son hub devient Roissy–Charles-de-Gaulle.
- **1999** Air France devient une compagnie privée.
- **2000** L'alliance SkyTeam avec Delta AirLines est créée.

Produits

Le symbole de la compagnie Air France est l'hippocampe (*seahorse*); on l'appelle familièrement "la crevette" (*shrimp*).

Recherche: air france

néerlandais(e) *Dutch*; **filiales** *affiliates*; **exploite** *operates*; **liée** *associated*; **tenues** *uniforms*; **personnels (m.)** *staff*

Les aéroports de Paris

Paris compte trois aéroports exploités sous la marque Paris Aéroport: Paris–Le Bourget (LBG), Paris–Orly (ORY), et Roissy–Charles-de-Gaulle (CDG). Le pilote américain Charles Lindbergh a atterri à LBG en 1927. Il a été le premier pilote à traverser l'Atlantique sans escale* en solitaire. Orly a deux aérogares (Ouest et Sud), et Charles-de-Gaulle a trois aérogares avec huit terminaux pour l'Aérogare 2. Ensemble les deux aéroports accueillent* près de 100 millions de passagers chaque année. Orly est surtout spécialisé dans le trafic national, l'accueil des compagnies low cost, et les vols vers le Maghreb, alors que Roissy traite le trafic européen et intercontinental et accueille les grandes compagnies internationales.

L'aéroport de Roissy

Perspectives

Pour acheter mon billet d'avion, je vais directement sur la page web de la compagnie, c'est souvent moins cher!
–Magali

Quelle est la stratégie de cette femme?

Recherche: aéroports de paris

sans escale *nonstop*; **accueillent** *welcome*

Bordeaux

La ville de Bordeaux est située près de l'océan Atlantique dans le sud-ouest de la France. C'est une ville de 250 000 habitants (800 000 habitants si on compte les banlieues*). Elle est célèbre dans le monde entier par le nom des vins de Bordeaux. C'est une ville historique; son port de la Lune a été classé en 2007 au patrimoine mondial par l'UNESCO.

La ville de Bordeaux est au bord du fleuve la Garonne.

C'est aussi une ville industrielle avec des compagnies qui produisent des voitures (Ford et Michelin), des avions (Dassault, EADS, et Thales), et des produits pharmaceutiques (Sanofi-Aventis). Le quai des Chartrons est l'un des plus importants centres de diffusion de l'art contemporain avec le CAPC musée d'art contemporain de Bordeaux. Bordeaux a aussi produit d'importants groupes musicaux comme Les Nubians (hip-hop).

Recherche: bordeaux tourisme, bordeaux patrimoine unesco

banlieues *suburbs*

Produits

Les Nubians est un groupe de hip-hop composé de deux sœurs, Hélène et Célia Faussart. Faites une discographie (une liste de leurs albums avec titres et dates).

Traditions et pratiques

In addition to drivers, pedestrians in Bordeaux who commit traffic violations (such as jaywalking) may be fined.

Produits

Le canelé (de Bordeaux) est très "tendance." C'est un petit gâteau parfumé au rhum et à la vanille et recouvert de caramel.

Comparaisons

Quels sont les endroits américains classés au patrimoine mondial par l'UNESCO? Recherchez un exemple, peut-être un endroit de votre région.

Perspectives

Je ne vais pas vous mentir, j'adore ma ville. Les points positifs sont les différents quartiers, la diversité, l'accès rapide et facile au centre-ville par le tram, les plages, et la montagne à proximité.
–Lili, Bordelaise

Qu'est-ce que cette jeune femme valorise dans sa ville?

6 Activités culturelles

Faites les activités suivantes.

1. Expliquez le rapport entre Air France et les chiffres suivants:
   - 1 600
   - 400
   - 1927
2. Faites des recherches sur l'évolution du logo d'Air France. Lequel préférez-vous et pourquoi? Pourriez-vous en dessiner un autre?

Recherche: air france

3. Dites de quel aéroport on part pour aller à....
   - Bordeaux
   - Francfort
   - New York
   - Tunis
   - Hong Kong
4. Indiquez les codes AITA pour les trois aéroports de Paris. (Par exemple, le code pour Minneapolis–St. Paul est MSP.)
5. Trouvez une entreprise à Bordeaux qui produit des....
   - voitures
   - avions
   - produits pharmaceutiques
6. Pourquoi est-ce que le quartier du port de la Lune a été inscrit par l'UNESCO au patrimoine mondial? Faites un exposé avec texte et photos.

Perspectives

L'UNESCO essaie de sauvegarder les endroits qui ont "une valeur exceptionnelle pour l'humanité." Est-ce que vous soutenez cette mission? Pourquoi, ou pourquoi pas?

Du côté des médias

Regardez la carte pour trouver des sites inscrits au patrimoine mondial en France.

7 Patrimoine mondial de l'UNESCO

Faites les activités suivantes.

1. Dites si chaque endroit est un site culturel ou naturel:
   - Bordeaux
   - Chartres
   - La Réunion
   - Arles
   - Lyon
   - Orange
2. Faites des recherches et faites un exposé sur l'un des sites représentés sur la carte. Présentez-le à la classe.

Structure de la langue

Direct Object Pronouns: *me, te, nous, vous*

A direct object is the person or thing that receives the action of a verb. It answers the question *whom?* or *what?* A direct object may be a noun or, as in the following sentences, a pronoun:

Tu **me** regardes.
Tu **m'**aides.

In the sentences above, the pronoun **me (m')**, meaning *me*, is the direct object of the verb. (You are watching *whom*? You are watching *me*. You are helping *whom*? You are helping *me*.) Other direct object pronouns work in the same way.

Direct Object Pronouns			
me (m')	*me*	**nous**	*us*
te (t')	*you [fam.]*	**vous**	*you [form./pl.]*

Elle **me** regarde.	*She is watching me.*
Je **t'**aime.	*I love you.*
L'agent **nous** aide.	*The agent is helping us.*
Je **vous** invite.	*I'm inviting you.*

Note that **me** and **te** become **m'** and **t'**, respectively, before a verb beginning with a vowel sound.

Tu **m'**aides?	*Will you help me?*
Je **t'**aide.	*I'll help you.*

Direct object pronouns come immediately before the conjugated verb. In an infinitive construction, the direct object pronoun comes before the infinitive.

Affirmative statement	Elle **m'**aime.	*She loves me.*
Negative statement	Il ne **nous** invite jamais.	*He never invites us.*
Question	Est-ce qu'ils **te** cherchent? **M'**attends-tu?	*Are they looking for you?* *Are you waiting for me?*
With an infinitive	Elle veut **nous** rembourser.	*She wants to reimburse us.*

Direct object pronouns can also be used before **voici** (*here is, here are*) and **voilà** (*there is, there are*).

Me voici!	*Here I am!*
Te voilà!	*There you are!*

Comparaisons

A transitive verb is a verb that takes a direct object. An intransitive verb is a verb that can stand alone and does not have a direct object. Decide which verb below is transitive and which is intransitive.

Sarah sleeps *in her bed*.
Tyler writes *a composition*.

8 Didier voyage en avion

Interpretive Reading

*Didier voyage en avion à Miami. Complétez le mail qu'il écrit à son ami David avec **me (m')**, **te (t')**, **nous**, ou **vous**.*

(1) voici à l'aéroport Roissy–Charles-de-Gaulle. Au comptoir l'agent vérifie mon billet et (2) aide à trouver le contrôle de sécurité. Je monte à bord et le steward (3) aide à mettre ma valise dans le compartiment à bagages. Je m'assieds près d'une fille américaine, May. L'hôtesse de l'air arrive. Elle dit, "Vous désirez quelque chose?" Elle (4) apporte un coca et une limonade. Bon, David, je vais (5) envoyer des photos de mon voyage! Et je (6) vois tous au ciné-club dans une semaine!

9 Des dialogues

Interpretive Reading

*Utilisez **me (m')**, **te (t')**, **nous**, ou **vous** pour compléter les conversations.*

MODÈLE **–Vous me remboursez 20€ pour le billet?**
–Oui, je vous rembourse maintenant.

1. –Tu… invites à la fête d'anniversaire de Joëlle?
   –Je… invite, Rachid, c'est sûr!
2. –Vos amis… attendent au parc, M. Legras?
   –Non, ils… attendent au café.
3. –Gilles et Jacques, le proviseur… cherche.
   –Mais pourquoi est-ce que le proviseur… cherche?
4. –Chloé et Simon, est-ce que votre prof… aide à mieux parler français?
   –Oui, elle… aide à mieux parler français.
5. –Maxime, ton amie… fait un gâteau d'anniversaire?
   –Non, ma mère… fait un gâteau d'anniversaire.
6. –Pierre et Sarah, votre tante va… payer pour nettoyer son garage?
   –Oui, elle va… payer pour nettoyer son garage.

10 Qu'est-ce que vous dites?

Interpretive Listening

Écrivez les numéros 1–9 sur votre papier. Écoutez les phrases suivantes et dites de qui on parle.

A. tu

B. je

C. vous

D. nous

11 Questions entre amis

Interpersonal Speaking

À tour de rôle, posez des questions à votre partenaire d'après le modèle.

MODÈLE inviter en boîte

A: Tu m'invites en boîte?

B: Oui, je t'invite en boîte.

ou

Non, je ne t'invite pas en boîte.

1. aider à faire le ménage
2. attendre devant l'école demain matin
3. voir ce weekend
4. écouter quand j'ai un problème
5. emmener au restaurant
6. téléphoner ce weekend

Connexions

Professional development

You and your friend are volunteering at the airport at a time when there is a shortage of staff. One of you points out various problems. The other responds, using direct object pronouns, and says what you should do about it. You may use the suggested vocabulary.

A: Nous n'avons pas entendu l'heure du départ.
B: Je vous répète l'annonce.

les voyageurs | **la borne libre-service** | **les bagages** | **l'avion** | **le compartiment à bagages** | **un passager américain** | **une passagère suisse**

Les filles invitent leur copain. Elles l'attendent au café.

Communiquez!

12 À l'agence de voyage

Interpersonal Speaking

With a partner, play the roles of a travel agent and a client who wants to go to a French-speaking country.

The travel agent:

- asks where the client would like to go.
- asks when the client would like to leave.
- states the price of the ticket.
- tells the client the flight number and to arrive early at the airport, then gives the client the ticket.

The traveler:

- states where he or she would like to go.
- tells when he or she would like to leave and return, and then asks the price of the ticket.
- asks if the travel agent can print the ticket today.
- says thank you.

13 Une histoire à l'aéroport

Presentational Speaking and Writing

In small groups, tell a story about someone's trip to a foreign country. Describe everything the traveler does at the airport, from checking in to boarding the airplane. Then tell what happens during the flight. Finally, tell what the traveler sees and does at his or her final destination. To make the story more interesting, you may want to introduce a crisis, such as not being able to find a ticket or boarding pass, losing a passport, or getting lost somewhere. Write the story in either the present or past tense; then take turns with your group members to tell it to the class. Use only notes on index cards.

14 À l'aéroport

Presentational Writing

You are at the airport preparing to fly to Paris when you see a celebrity, traveling incognito, getting on your flight. Take pictures and present them on your blog with captions describing what the star is doing.

Recherche: aéroport de paris étapes

Prononciation

Linking Consonants

» You know that sometimes a word beginning with a vowel is connected to the preceding consonant. However, there are some exceptions; for example, **pas** often has no liaison with a vowel that follows it.

A **Mon voyage à Paris**

Répétez chaque phrase et faites attention aux consonnes et aux voyelles qui n'ont pas de liaison.

1. Je vais à Bordeaux après-demain.
2. Je prends un avion à Orly.
3. Je vais acheter un billet.
4. Rendez-vous à l'aéroport.

B **Les moyens de transport**

*Répétez les questions et les réponses ci-dessous. Ne faites pas de liaison entre **pas** et la voyelle qui suit.*

1. Tu y vas en avion?	Ah non! Pas en avion!
2. Tu y vas en train?	Ah non! Pas en train!
3. Tu y vas en voiture?	Ah non! Pas en voiture!
4. Tu y vas à pied?	Ah non! Pas à pied!

Closed and Open Vowels

» French contains both open and closed vowels. For example, /e/ at the end of **chanter** is a closed vowel and /ε/ at the end of **chantais** is an open vowel. They are pronounced differently.

C **Les verbes réfléchis**

Répétez les phrases suivantes. Faites attention à la prononciation des sons /e/ et /ε/.

1. Il se détend**ai**t.	–	Il s'est détendu.
2. Il s'amus**ai**t.	–	Il s'est amus**é**.
3. Il s'entraîn**ai**t.	–	Il s'est entraîn**é**.

D **Choisissez le son correct**

*Écrivez les numéros 1–6 sur votre papier. Puis écrivez **F** si vous entendez la voyelle fermée /e/ ou **O** si vous entendez la voyelle ouverte /ε/.*

Leçon B Vocabulaire actif

Tu conduis?

Les voitures (f.)

une décapotable

un camion

une voiture de sport

un monospace

un SUV

une voiture électrique

À la station-service, au garage

la station-service

le garage

La voiture **est tombée en panne**.

Le mécanicien répare la voiture.

le capot

le pare-brise

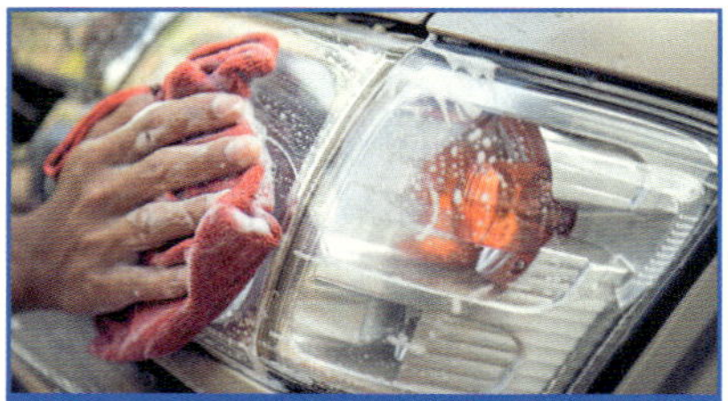
le phare

l'huile (f.)

l'essence (f.)

un pneu

L'intérieur (m.) de la voiture

le volant

l'essuie-glace (m.)

le rétroviseur

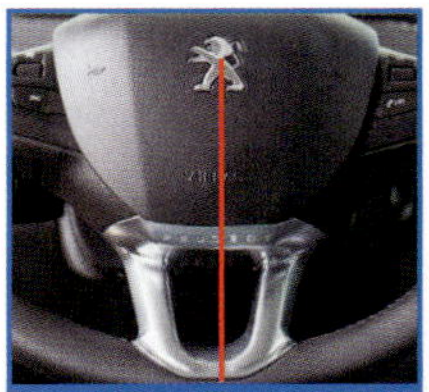
le klaxon (pour éviter un accident)

la clé

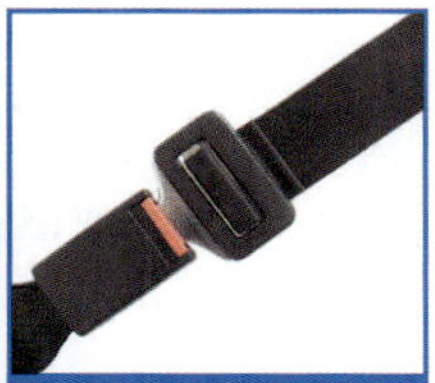
la ceinture de sécurité

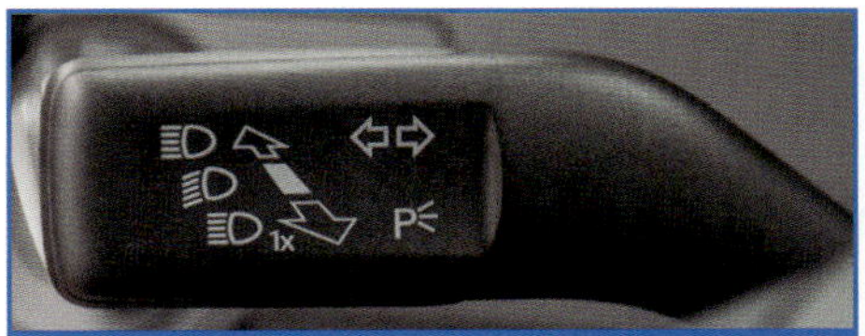
le clignotant

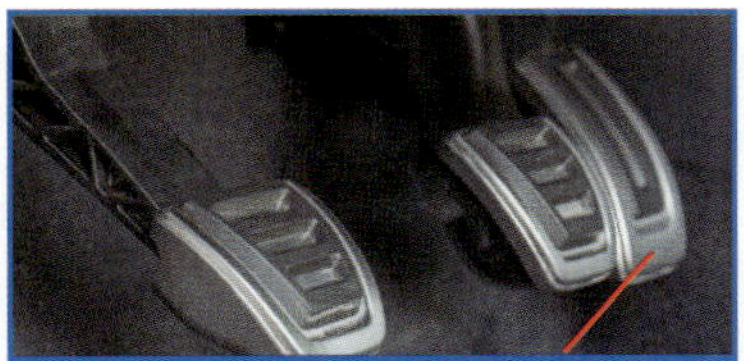
l'accélérateur (m.)

le frein

Pour la conversation

How can I express that I'm looking forward to something?

» Moi, **j'ai hâte d'**être sur place....
I can't wait to be there....

Et si je voulais dire...?

le coffre	*trunk*
la plaque d'immatriculation	*license plate*
la portière	*car door*
la vitre	*window*
accélérer	*to accelerate*
freiner	*to brake*
immatriculer	*to register*

1 Le message d'Étienne

Interpretive Reading

Lisez le message qu'Étienne a laissé sur le portable de son cousin. Ensuite, répondez aux questions.

Salut, Philippe! Je suis près de chez toi, mais la voiture de Maman est tombée en panne. Je suis sur l'autoroute A63 entre Canéjan et Gradignan. Tu peux me rendre un service? Téléphone à ton garage et demande qu'ils envoient une dépanneuse (*tow truck*). C'est une Clio rouge, te rappelles-tu? J'ai hâte de faire le tour de Bordeaux avec toi. Viens vite me chercher!

1. Où est Étienne?
2. Pourquoi est-ce qu'il ne peut pas aller à Bordeaux?
3. Comment est la voiture?
4. À qui est-ce qu'il va rendre visite?
5. Quel service est-ce que cette personne va rendre à Étienne?

2 Qu'est-ce qu'on choisit?

Interpretive Reading

Complétez les phrases avec le nom d'un véhicule approprié de la liste.

un camion **une décapotable** **un scooter** **un monospace** **une voiture électrique**

1. Quand il fait beau, on est content d'avoir....
2. Pour rouler sans (*without*) essence, on choisit....
3. Pour apporter ses légumes au marché, M. Grenier choisit....
4. Quand on fait un voyage en famille, il est bon d'avoir....
5. Les jeunes gens aiment se déplacer avec....

3 À la station-service

Interpretive Reading and Viewing

Complétez les phrases suivantes par un mot ou une expression logique.

1. M. Faure travaille comme... au garage.
2. Il met un nouveau....
3. La voiture de M. Meunier est....
4. Mme Gaumont a besoin...; elle fait le plein.
5. Paul nettoie... du monospace.
6. Mme Dumont vérifie... de sa voiture de sport.

4 À l'intérieur

Interpretive Reading

Identifiez l'objet ou la partie de la voiture dont on se sert dans chaque situation.

MODÈLE Il pleut et on ne peut pas voir.
On se sert des essuie-glace.

1. On veut rouler (*to drive*) plus vite.
2. On met deux mains sur cet objet pour tourner.
3. On signale aux autres qu'on va tourner.
4. On a besoin de regarder la voiture qui suit.
5. Il commence à faire nuit.
6. Une autre voiture circule trop près de vous.
7. On veut éviter un accident.
8. On doit ouvrir la porte de la voiture.

On se sert du frein pour arrêter la voiture.

5 La décapotable

Interpretive Listening

Écrivez les numéros 1–10 sur votre papier. Puis écrivez la lettre qui correspond à la partie de la voiture que vous entendez.

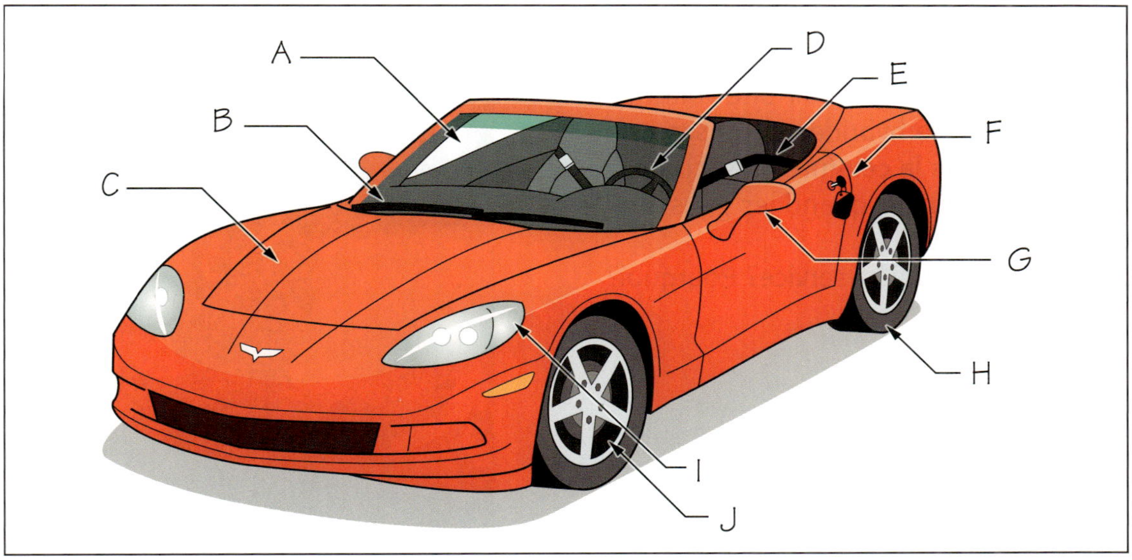

6 Les vacances

Interpersonal Speaking

Vous faites des projets pour ce weekend. À tour de rôle, demandez si votre partenaire a hâte de faire chaque activité.

MODÈLE **A: Tu as hâte de faire un tour de grande roue?**
B: Oui, j'ai hâte de faire un tour de grande roue.
ou
Non, je n'ai pas hâte de faire un tour de grande roue.

1. faire un tour de montagnes russes
2. aller en boîte
3. aller au cinéma avec ton/ta meilleur(e) ami(e)
4. regarder ton feuilleton préféré
5. faire une excursion en bateau
6. nager
7. faire du cheval
8. ranger ta chambre

7 Questions personnelles

Interpersonal Speaking

Répondez aux questions avec un partenaire.

1. Combien de voitures y a-t-il dans ta famille?
2. Est-ce que tu voudrais avoir une voiture de sport, une voiture hybride, ou un scooter?
3. Mets-tu toujours la ceinture de sécurité?
4. Qu'est-ce que tu fais quand les gens n'utilisent pas le clignotant?
5. Tu vas à quelle station-service? Pourquoi?

Rencontres culturelles

Un voyage d'anniversaire

Manon parle à ses parents de leur voyage d'anniversaire de mariage.

Manon: Ben, vous êtes toujours là, devant l'écran? Pour un voyage d'anniversaire, vous n'avez pas l'air enthousiaste!
Mère de Manon: Non, on hésite. Il va pleuvoir en Bretagne.
Manon: Pourquoi pas la baie de Somme? Vous avez aimé la dernière fois. C'est quoi, les prévisions de la météo là-bas?
Père de Manon: Ça a l'air bien... du soleil!
Mère de Manon: Moi, j'ai hâte d'être sur place, de m'installer à l'hôtel, de laisser la voiture, de louer des vélos, et à nous les balades sur la plage....
Manon: Et la Renault... tu as vérifié l'huile, Papa?
Père de Manon: Oui, je l'ai vérifiée. Tout est en ordre; j'ai même fait le plein.
Manon: Alors, bonne route! Conduisez prudemment!

Analyse
List the arguments in favor of the parents' trip to the **baie de Somme**. Which are most convincing to you? Can you think of a few more?

8 Un voyage d'anniversaire

Dites si chaque phrase est vraie ou fausse. Corrigez les phrases qui sont fausses.

1. Les parents de Manon regardent la météo en ligne.
2. Il va faire du vent en Bretagne.
3. Manon suggère la baie de Somme.
4. Il va pleuvoir là-bas.
5. Le père de Manon a hâte de faire une balade sur la plage.
6. Le père de Manon est déjà allé à la station-service.

EXTENSION Au garage

Cyril parle de sa voiture avec le garagiste.

Cyril: Je pars faire un raid dans le désert... alors le quatre-quatre, vous me le révisez complètement.
Garagiste: Vous partez combien de temps?
Cyril: Dix jours.
Garagiste: Et vous voulez emmener quoi?
Cyril: Un jeu d'essuie-glace, un train de pneus, un autre pare-brise, et de l'huile en quantité....
Garagiste: Bon ben, vous repassez dans deux jours.

EXTENSION Pourquoi Cyril emmène-t-il un jeu d'essuie-glace, un train de pneus, un autre pare-brise, et de l'huile en quantité? Quel type de conducteur est-il?

Pre-AP

Question centrale ? What do you need to know to travel successfully?

Groupe PSA

Groupe PSA est un constructeur automobile français qui regroupe les marques Peugeot, Citroën et GM Europe (Opel).

Le SUV 3008

Peugeot a été fondé en 1810 et devient une firme automobile en 1891. C'est jusqu'en 2015 une entreprise familiale. Elle est symbolisée par un lion et son slogan: "Motion & Emotion". Pour les Français, la firme est synonyme de solidité et de fiabilité* et illustre les valeurs* conservatrices. Grâce à* Peugeot Sport, la firme a gagné de nombreux rallyes et championnats du monde automobile. Le SUV 3008 est élu* voiture de l'année en 2017.

Produits

Dans les années 1960, la plus vieille voiture en état de marche aux États-Unis était une Peugeot de 1898.

Citroën est une marque d'ingénieur et d'inventeur, mais aussi d'aventurier. Créée en 1919 par André Citroën, cette entreprise a mis sa marque sur l'industrie automobile, avec la Traction Avant (1934), la DS (1955), et la 2CV (1948–1990), aujourd'hui voiture culte. Aventurier, Citroën a participé à de grandes expéditions automobiles comme la traversée* du Sahara (1922) et la fameuse "Croisière jaune*" (1932-1933). Aujourd'hui les voitures de la marque DS, citadines chic, crossover, et berlines assurent le succès de Citroën. Citroën fabrique aussi la voiture spéciale de la marque qui est la voiture officielle du président de la République.

Recherche: peugeot.fr, citroën.fr

fiabilité *reliability*; **valeurs** *values*; **grâce à** *thanks to*; **élu** *elected*; **traversée** *crossing*; **Croisière jaune** *car expedition across Africa and Asia*

Renault-Nissan

En 1898, Louis Renault fonde le groupe Renault. La compagnie produit toute sorte d'automobile: voiture particulière*, taxi, camion, bus, véhicules militaires. Le groupe produit aussi des modèles populaires: voitures petites (4CV, 4L, Twingo), moyennes (Clio), de luxe (R16, Mégane Scenic, Laguna), mais aussi des voitures concepts (le monospace) et low cost (Logan, Duxter). Aujourd'hui Renault est associé à Nissan et a des usines* en Europe, en Amérique du Sud, et en Asie. Renault est renommé* dans le sport automobile, champion du monde à de nombreuses reprises en Formule 1*.

Recherche: renault france

particulière *private*; **usines** *factories*; **renommé** *renowned*; **Formule 1** *Formula One [famous car race]*

Apprendre à conduire

Le permis de conduire est créé en France en 1893. Aujourd'hui, il est européen et valable* pour toute l'Union européenne. On distingue le permis A pour les motos et scooters, et le permis B pour les voitures. Le permis de conduire est un permis à points. On commence avec 12 points. Chaque fois qu'on commet une faute, on perd des points. Les ados peuvent conduire un scooter à l'âge de 14 ans pour le modèle de scooter le plus petit, et à 16 ans pour les plus grands modèles. Il faut avoir 18 ans pour pouvoir passer son permis* et conduire une voiture. Le permis de conduire se prépare dans une auto-école spécialisée pendant un minimum de 20 heures et s'obtient* après deux tests: un test de connaissance du code de la route et un test de conduite*. Si on ne réussit pas, on doit le repasser. Passer le permis de conduire coûte entre 700 et 1425 euros. Il existe depuis 1990 un apprentissage anticipé de la conduite à partir de 15 ans avec un accompagnateur.

Recherche: le permis de conduire en france

---

valable *valid*; **passer son permis** *take a driver's test*; **s'obtient** *is obtained*; **un test de conduite** *driving test*

Une auto-école à Paris

Perspectives

J'avais très peur mais tout s'est très bien passé, j'ai réussi mon permis ☺. Après 38h de conduite, quand même! –Pitchoune02

Qu'a fait cette personne pour réussir son examen de conduite?

Comparaisons

Quelles voitures hybrides est-ce qu'on trouve sur le marché américain?

Traditions et pratiques

Les français ont l'habitude de conduire vite, et de ne pas toujours respecter les règles. La mise en place de radars et de pénalités rigoureuses a beaucoup amélioré la sécurité routière (*road safety*).

9 Activités culturelles

Faites les activités suivantes.

1. Faites des recherches et décrivez l'emblème ou le logo principal de chacune des firmes automobiles françaises.
   - Peugeot
   - Citroën
   - Renault
2. Dites à quelle compagnie appartiennent les voitures suivantes.
   - la Clio
   - le SUV 3008
   - la 2CV
   - la Mégane Scenic
3. Trouvez sur Internet des voitures construites par des groupes automobiles français. Choisissez une voiture pour vous-même, une autre pour un ou plusieurs membres de votre famille, et une autre pour un ou plusieurs amis. Trouvez une photo pour chaque voiture sélectionnée, et dites pourquoi vous la choisissez pour chaque personne ou groupe de personnes.
4. Sur Internet, faites des recherches sur la Croisière jaune. Expliquez ce que c'est.
5. Décrivez le permis de conduire en France. Donnez les informations suivantes:
   - date de création
   - types de permis
   - âge
   - coût

Perspectives

"J'aime la liberté qu'un scooter me permet. Il ne faut pas que mes parents m'emmènent quand je veux aller en ville ou rencontrer des amis." –Balourd

Pourquoi cet ado est-il heureux d'avoir un scooter?

Du côté des médias

Lisez les informations sur le permis de conduire.

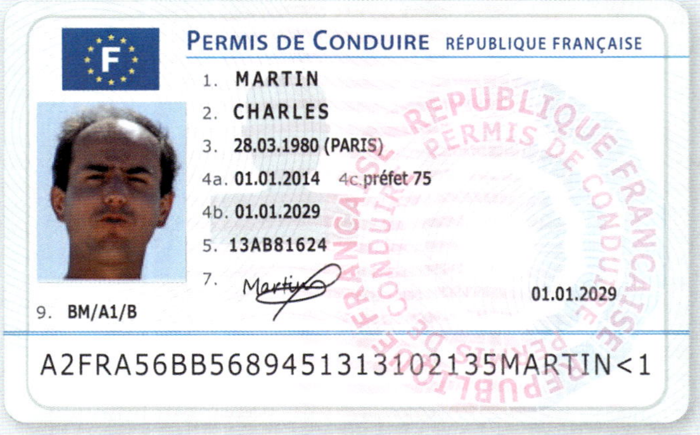

1. nom de famille; 2. prénom; 3. date et lieu de naissance; 4. dates de délivrance et de validité; 5. numéro du titre; 7. signature; 9. catégorie de permis

10 Le permis de conduire

Répondez aux questions.

1. À quelle autre carte ressemble-t-il?
2. Quel symbole français trouvez-vous sur ce permis?
3. À quoi correspondent les lettres A et B?
4. À quelle date Charles Martin a-t-il eu son permis?
5. À quelle date doit-il le renouveler?
6. Est-ce que la photo du conducteur doit apparaître sur le permis?
7. Comment ce permis français est-il différent de ton permis?

Direct Object Pronouns: *le, la, l', les*

You have already learned that the direct object pronouns **me**, **te**, **nous**, and **vous** refer to people. There are three other direct object pronouns that can refer to either people or things. They are: **le** (*him, it*), **la** (*her, it*), and **les** (*them*). When **le** or **la** appears before a verb beginning with a vowel sound, it becomes **l'**.

Sa décapotable noire? Luc ne peut pas la trouver.

	Masculine	Feminine	Before a Vowel Sound
Singular	**le**	**la**	**l'**
Plural	**les**	**les**	**les**

Nous préférons le camion rouge. Vous **le** préférez aussi?	*We prefer the red truck. Do you prefer **it** too?*
Le conducteur? Oui, je **le** vois.	*The driver? Yes, I see **him**.*
Le klaxon? Oui, je **l'**entends.	*The horn? Yes, I hear **it**.*
L'huile? Avant un voyage, le conducteur **la** vérifie.	*The oil? Before a trip, the driver checks **it**.*
La passagère? On **la** cherche à la station-service.	*The passenger? They are looking for **her** at the gas station.*
La voiture de sport? Oui, je **l'**achète.	*The sports car? Yes, I'm buying **it**.*
Les monospaces? Non, mes parents ne **les** aiment pas.	*Minivans? No, my parents don't like **them**.*

Le, **la**, **l'**, and **les** are placed before the conjugated verb. In an infinitive construction, they are placed before the infinitive. They are also used before **voici** and **voilà**.

Les décapotables? Nous ne **les** aimons pas. **Les** aimez-vous?	*Convertibles? We don't like **them**. Do you like **them**?*
L'huile? Tu peux **la** vérifier? Non, je ne peux pas **la** vérifier.	*The oil? Can you check **it**? No, I can't check **it**.*
Où sont les voitures de sport? **Les** voilà!	*Where are the sports cars? There **they** are!*

11 À la station-service

Interpretive Viewing, Presentational Speaking or Writing

Dites si vous voyez les choses suivantes sur l'illustration ou pas.

MODÈLES la ceinture de sécurité
Je la vois.

l'accélérateur
Je ne le vois pas.

1. les clignotants
2. le rétroviseur
3. le capot
4. le mécanicien
5. le volant
6. les pneus
7. la clé
8. le frein

12 Bonne route!

Presentational Speaking or Writing

Vous allez faire un voyage en voiture avec vos amis cette fois, pas un voyage en avion comme d'habitude. Dites si vous allez faire les choses suivantes ou pas.

MODÈLES trouver la carte
Nous allons la trouver.

chercher la porte d'embarquement
Nous n'allons pas la chercher.

1. acheter les billets d'avion
2. vérifier l'huile
3. mettre les valises dans le compartiment
4. mettre les ceintures de sécurité
5. imprimer les billets d'avion
6. écouter l'hôtesse de l'air
7. apporter la clé de la voiture
8. perdre la carte de crédit

13 Le, la, l', ou les?

Interpretive Reading, Presentational Writing

*Lisez chaque histoire et utilisez **le, la, l'**, ou **les** pour répondre à la question qui la suit.*

1. "Je te vois au fitness tous les jours," dit Daniel à Chloé. "Je peux avoir ton numéro de téléphone?" Daniel aime-t-il Chloé?
2. Julien joue aux jeux vidéo et surfe sur Internet quand il a le temps. Il aime aussi regarder les émissions de musique et les comédies. Julien aime-t-il le sport?
3. Martine va organiser une teuf pour son anniversaire. Elle aime bien Salim, Sophie, Bruno, et Claire, mais elle pense que Simon est égoïste et méchant. Martine va-t-elle inviter Simon?
4. Aïcha veut sortir ce soir, mais elle ne trouve pas sa clé. Elle est en retard, mais ses amis sont très patients et veulent sortir avec elle. Les amis vont-ils attendre Aïcha?

14 Es-tu prêt(e) à étudier?

Interpersonal Speaking

À tour de rôle, demandez si votre partenaire a ses fournitures scolaires. Si oui, il faut aussi les montrer.

MODÈLE le livre de maths
A: Tu as ton livre de maths?
B: Oui, je l'ai. Le voici!
ou
Non, je ne l'ai pas.

1. ton stylo noir
2. ta trousse
3. ton taille-crayon
4. tes feuilles de papier
5. ta carte de France
6. ton dictionnaire français-anglais
7. ton sac à dos
8. tes crayons numéro deux
9. tes devoirs de maths

Direct Object Pronouns in the *passé composé*

La voiture de Marc? Le garage l'a réparée.

You have learned all the direct object pronouns in French: **me (m')**, **te (m')**, **nous**, **vous**, **le (l')**, **la (l')**, and **les**. When using the **passé composé**, direct object pronouns come before the helping verb **avoir**.

Quand as-tu fait le plein?	*When did you fill up the gas tank?*
Je **l'**ai fait hier.	*I filled it up yesterday.*

The past participle agrees with the direct object pronoun in gender and in number. If the direct object pronoun is masculine singular, you add nothing to the past participle. If it is masculine plural, you add **-s**. If it is feminine singular, you add **-e**, and if it is feminine plural, you add **-es**.

Tu **m'**as **vue** dans le rétroviseur?	*Did you see me in the rearview mirror?*
Non, je ne **t'**ai pas **vue**, Denise.	*No, I didn't see you, Denise.*
Qui a aidé les passagères avec les valises?	*Who helped the female passengers with the suitcases?*
Les stewards **les** ont **aidées**.	*The flight attendants helped them.*

Past participles that end in **-s** (**mis** and **pris**) do not change in the masculine plural.

Vous avez pris nos billets?	*Did you take our tickets?*
Non, l'agent **les** a **pris**.	*No, the agent took them.*

If the past participle ends in **-s** or **-t**, you pronounce the consonant in the feminine forms.

Les ceintures de sécurités?	*The seatbelts?*
Oui, nous **les** avons **mises**.	*Yes, we put them on.*

15 Mme Adjani fait sa valise

Interpretive Viewing, Presentational Writing

Regardez l'illustration et dites si Mme Adjani a mis les articles suivants dans sa valise.

MODÈLES le tee-shirt
Elle l'a mis dans sa valise.

la chemise bleue
Elle ne l'a pas mise dans sa valise. Elle l'a oubliée.

1. le dentifrice
2. le sèche-cheveux
3. la brosse à cheveux
4. la brosse à dents
5. le pantalon noir
6. les chaussures
7. les tennis
8. la chemise rose

16 Tous en voiture!

Interpretive Listening

Écrivez les numéros 1–7 sur votre papier. Écoutez chaque phrase et choisissez l'objet correspondant.

A. le clignotant
B. l'huile
C. les freins
D. la voiture de sport
E. le monospace
F. les essuie-glace
G. les ceintures de sécurité

17 Une leçon de conduite

Interpretive Reading, Presentational Speaking or Writing

Pierre a cours à l'auto-école. Lisez la liste du moniteur et dites ce que Pierre a fait et n'a pas fait.

MODÈLE vérifier l'huile
Il l'a vérifiée.

1. éviter les mauvais conducteurs
2. regarder les voitures qui suivent
3. voir les gens dans la rue
4. nettoyer le pare-brise
5. mettre la ceinture de sécurité
6. étudier le code de la route
7. démarrer la voiture

- ☑ vérifier l'huile
- ☐ nettoyer le pare-brise
- ☐ étudier le code de la route
- ☑ mettre la ceinture de sécurité
- ☑ démarrer la voiture
- ☐ regarder les voitures qui suivent
- ☑ éviter les mauvais conducteurs
- ☐ voir les gens dans la rue

18 Le weekend dernier

Interpersonal Speaking

*À tour de rôle, posez des questions sur ce qui s'est passé (*happened*) le weekend dernier.*

MODÈLE tes copains (t'inviter à sortir)
A: Est-ce que tes copains t'ont invité(e) à sortir?
B: Oui, ils m'ont invité(e) à sortir.
ou
Non, ils ne m'ont pas invité(e) à sortir.

1. le proviseur (te voir au centre commercial)
2. tes grands-parents (t'emmener au restaurant)
3. ta mère (t'aider à ranger ta chambre)
4. ton père (te laisser en ville pour faire du shopping)
5. ta tante (t'attendre devant la boutique)
6. ta cousine (t'inviter au parc d'attractions)

Present Tense of the Irregular Verb *conduire*

The verb **conduire** (*to drive*) is irregular. Here are the forms.

conduire			
je	**conduis**	nous	**conduisons**
tu	**conduis**	vous	**conduisez**
il/elle/on	**conduit**	ils/elles	**conduisent**

Hélène a bien conduit?

Qu'est-ce que vous **conduisez**? — *What do you drive?*
Nous **conduisons** une Renault. — *We drive a Renault.*

The past participle of **conduire** is **conduit**.

Salim **a conduit** à la station-service. — *Salim drove to the gas station.*

19 Le permis de conduire

Interpretive Viewing

En France, le permis de conduire a 12 points. On perd des points si on ne conduit pas bien. Regardez les informations confidentielles, et dites qui conduit bien (les personnes qui ont encore 9 points ou plus) et qui conduit mal (les personnes qui ont moins de 9 points).

Florence Dupain	12
Rémy Forge	10
Awa Khouma	9
moi	11
Djamel Kadel	6
Étienne Pascal	9
Moussa Traore	12
Charlotte Auprune	4
toi	7

MODÈLES Djamel Kadel
Il conduit mal.

Moussa Traore
Il conduit bien.

1. moi
2. Rémy Forge
3. Moussa et moi
4. toi
5. Djamel Kadel et toi
6. Florence Dupain et Étienne Pascal
7. Charlotte Auprune
8. Étienne Pascal
9. Awa Khouma et Florence Dupain

Mylène conduit bien; elle met sa ceinture de sécurité.

20 Combien de kilomètres est-ce qu'ils ont conduits?

Interpretive Viewing, Presentational Writing

Dites combien de kilomètres ces conducteurs ont conduits pour leur voyage aller-retour. Tout le monde part de Paris. Ensuite, calculez la distance en miles (1,6 km = 1 mi).

MODÈLE Mme Garcia est allée à Strasbourg.
Elle a conduit 798 kilomètres.
Elle a conduit 496 miles.

1. Martine et moi, nous sommes allé(e)s à Nice.
2. Mme Cohen est allée à Bordeaux.
3. Je suis allé(e) à Nantes.
4. Mme Vasseur est allée à Perpignan.
5. Tu es allé(e) à Calais.
6. Mme Durand est allée à Marseille.
7. M. Schmitt et toi, vous êtes allés à Orléans.
8. M. et Mme Maillard sont allés à Lille.

À vous la parole

Communiquez!

21 Les parties de la voiture

Presentational Writing

Print a photo of a French car that you find online. Place a piece of acetate or plastic over the photo and label all the visible parts with a marker. Then, remove the labels and quiz your partner on the car parts. Show your partner the correct answers by replacing the labels.

Recherche: Renault Clio IV, Peugeot 208, Peugeot 308, Renault Captur, 2CV, Citroën C3 III

22 Un jeu de vocabulaire

Presentational Writing

Design a word search, crossword puzzle, or other word game to test car vocabulary. Exchange word games with a partner, and complete them without looking at your book.

23 On part en vacances!

Interpersonal Speaking

Prepare the following conversation and role-play it for your teacher and classmates.

	Tell your friend you can't wait to go to Bordeaux.
Ask if your friend's parents are accompanying him or her.	
	Answer that they are accompanying you.
Ask how they are traveling.	
	Answer that you are taking the train, and provide details.
Ask where they will stay and what they plan to do.	
	Describe your lodging, as well as what you will do and visit.
Wish him or her a good trip.	

Communiquez!

Writing Dialogue

Interpretive Reading

Read the text below, paying close attention to the punctuation and spacing, especially in the dialogue.

> Moussa va passer les vacances à Miami. Il parle à l'agent au comptoir d'Air France à l'aéroport Roissy–Charles-de-Gaulle à Paris. Il montre son billet et son passeport à l'agent. Moussa a une question.
>
> –C'est un vol direct? demande-t-il.
> –Non, dit l'agent. Il y a une escale à New York. Vous avez combien de valises?
> –J'ai une grande valise à faire enregistrer.
> L'agent lui donne sa carte d'embarquement.
> –Bon voyage! dit-il.

After each line of dialogue, write an attribution (the words that identify the speaker), such as **dit l'agent**. Notice that the verb is inverted with the subject. Just as when using inversion with questions, you insert **-t-** if the subject is the pronoun **il** or **elle**; for example, **demande-t-il**. In addition to **dire**, the following verbs may be used in attributions: **ajouter** (*to add*), **confirmer** (*to confirm*), **conseiller** (*to advise*), **demander** (*to ask*), and **suggérer** (*to suggest*).

24 J'écris des dialogues!

Presentational Writing

*Transformez chaque phrase en dialogue. Le nom entre parenthèses est celui (*the one*) de la personne qui dit la phrase. Utilisez **dire** pour les déclarations et **demander** pour les questions.*

MODÈLE Tu conduis vite! (Sébastien)
–Tu conduis vite! dit Sébastien.

1. Je m'occupe des poules. (Marie)
2. Faisons du cheval! (Philippe)
3. Je peux voir votre billet et votre passeport? (l'agent d'Air France)
4. Où est la porte d'embarquement? (la passagère)
5. Tu as fait le plein? (Henri)
6. Les enfants, mettez vos ceintures de sécurité, s'il vous plaît! (Maman)

25 Une narration

Presentational Writing

Écrivez une petite histoire avec narration et dialogues. Décidez si la scène a lieu à la ferme, à l'aéroport, ou à la station-service.

Leçon C

Vocabulaire actif

Un repas à l'hôtel

Une chambre d'hôtel avec wifi (m.)

des lits jumeaux (m.)

Le petit déjeuner français

du chocolat chaud

du café au lait

du thé

une tartine

du Nutella

un croissant

de la confiture

Le petit déjeuner américain

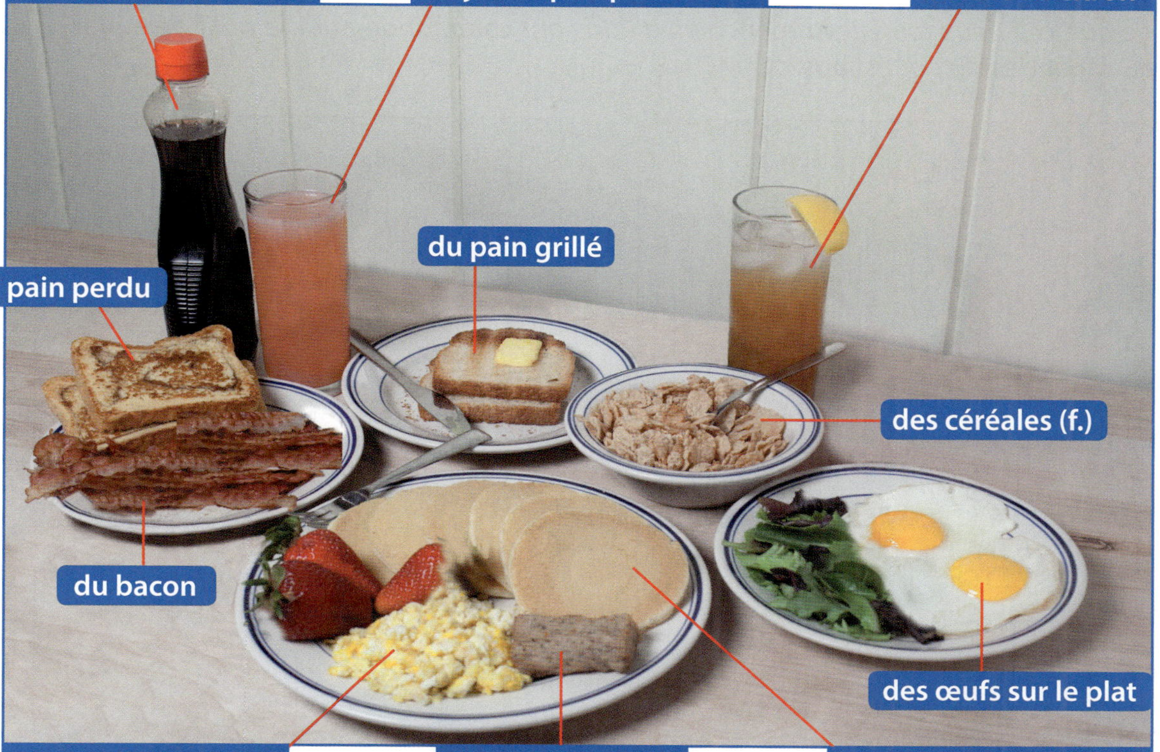

Pour la conversation

What do I say at the hotel?

» Vous avez une chambre pour deux?
Do you have a room for two?

» Le petit déjeuner est **compris**?
Is breakfast included?

What does the receptionist ask?

» Vous **réglez** comment?
How will you pay?

» Vous voulez **commander** maintenant?
Would you like to order now?

Et si je voulais dire...?

une auberge de jeunesse	*youth hostel*
une chambre double	*double room*
une chambre simple	*single room*
un club de vacances	*vacation club*
un croissant aux amandes	*almond croissant*
un pain au chocolat	*chocolate croissant*
en demi-pension	*with breakfast and one main meal*
en pension complète	*with all meals*

1 La fiche de commande

Interpretive Viewing

Lisez ce que ces deux touristes américains à Paris ont commandé pour le petit déjeuner. Ensuite, répondez aux questions.

M. Brown
Chambre 204

Petit déjeuner
Jus de fruits au choix
☑ Orange
☐ Pamplemousse

Au choix
☐ Café
☐ Café au lait
☐ Thé
☑ Chocolat chaud

Pain
☑ Tartine
☑ Pain grillé
☐ Pain perdu
☐ Crêpes

Au choix
☐ Sirop d'érable
☑ Confiture
☑ Nutella

☐ Œufs sur le plat
☐ Œufs brouillés

☐ Bacon
☐ Saucisses
☐ Céréales

Mme Brown
Chambre 204

Petit déjeuner
Jus de fruits au choix
☐ Orange
☑ Pamplemousse

Au choix
☐ Café
☐ Café au lait
☑ Thé
☐ Chocolat chaud

Pain
☐ Tartine
☐ Pain grillé
☐ Pain perdu
☑ Crêpes américaines

Au choix
☑ Sirop d'érable
☐ Confiture
☐ Nutella

☐ Œufs sur le plat
☑ Œufs brouillés

☐ Bacon
☑ Saucisses
☐ Céréales

Qui prend un petit déjeuner américain? Qui prend un petit déjeuner français?

2 Un petit déjeuner français ou américain?

Interpretive Viewing, Presentational Speaking or Writing

Françoise et Julie prennent le petit déjeuner à l'hôtel. Dites qui prend chaque aliment selon les illustrations.

MODÈLE du pain perdu avec du sirop d'érable
Françoise prend du pain perdu avec du sirop d'érable.

1. une tartine avec de la confiture
2. des saucisses
3. du café au lait
4. des œufs sur le plat
5. un croissant
6. du jus de pamplemousse

3 Les préférences

Interpersonal Speaking

Vous avez passé la nuit chez un(e) ami(e). On vous offre le petit déjeuner. Dites poliment ce que vous préférez.

MODÈLE

A: Tu voudrais un croissant?
B: Non, merci, je préfère les tartines.

1. 

2. 

3. 

4. 

5. 

4 À l'Hôtel Sully

Interpersonal Speaking

Avec un partenaire, jouez le rôle d'un(e) réceptionniste et d'un(e) client(e) qui téléphone à l'Hôtel Sully à Paris pour faire une réservation.

Le/la réceptionniste:

- répond au téléphone et donne le nom de l'hôtel
- demande les dates du séjour
- dit qu'il y a une jolie chambre avec une belle vue sur la Seine
- demande comment le client/la cliente va régler

Le client/la cliente:

- demande s'il y a une chambre pour deux avec des lits jumeaux
- dit qu'il/elle va passer une semaine à l'hôtel et donne les dates
- dit qu'il/elle veut prendre la chambre
- dit qu'il/elle va régler avec sa carte de crédit

5 Qu'est-ce que tu prends le matin?

Interpretive Listening

*Écrivez les numéros 1–8 sur votre papier. Écoutez les dialogues et écrivez **F** si ces personnes prennent un petit déjeuner français ou **A** si elles prennent un petit déjeuner américain.*

6 Questions personnelles

Interpersonal Speaking

Répondez aux questions.

1. Prends-tu toujours le petit déjeuner? Pourquoi, ou pourquoi pas?
2. Qu'est-ce que tu as pris aujourd'hui pour le petit déjeuner?
3. Qu'est-ce que tu prends le matin pendant le weekend?
4. Est-ce que tu préfères le jus d'orange ou le jus de pamplemousse?
5. Est-ce que tu voudrais des œufs sur le plat ou des œufs brouillés?

À l'hôtel

Les parents de Manon arrivent à l'hôtel.

Mère de Manon: Tu lui as dit qu'elle pourrait inviter tous ses amis chez nous?
Père de Manon: Juste Madiba, Nicolas, et Rachid. Elle est responsable. Elle a promis de tout remettre en ordre. Ne t'inquiète pas!
(Le réceptionniste arrive au comptoir.)
Réceptionniste: Bienvenue. Vous avez réservé?
Père de Manon: Euh, non… on s'est dit qu'en cette saison…. Il vous reste…. Vous avez une chambre pour deux?
Réceptionniste: Vous avez de la chance. Il me reste une chambre avec vue sur la mer, si cela vous convient….
Père de Manon: Superbe. Le petit déjeuner est compris?
Réceptionniste: Il y a un petit supplément.
Père de Manon: OK, on prend. On avait très envie de venir chez vous.
Réceptionniste: Merci. Vous réglez comment?
Père de Manon: Par carte de crédit. Tu me donnes la carte, chérie?
Mère de Manon: La voici. Et pour le petit déjeuner, on peut l'avoir dans la chambre?
Réceptionniste: Bien sûr, madame. Vous voulez commander maintenant?
Mère de Manon: Des croissants.
Réceptionniste: Vous buvez du café?
Mère de Manon: Du thé, s'il vous plaît.
Réceptionniste: Et pour monsieur?
Père de Manon: La même chose, avec du café au lait.

7 À l'hôtel

Répondez aux questions.

1. Qui a invité ses amis à la maison?
2. Pourquoi est-ce que les parents de Manon ont de la chance?
3. Quelle vue ont-ils?
4. Le petit déjeuner est compris?
5. Que commande la mère de Manon?
6. Qu'est-ce que son père va boire?

EXTENSION Le petit déjeuner à l'hôtel

Nayah et Lamine descendent à la salle du petit déjeuner.

Nayah: Regarde le buffet. Il y a tout ce que j'aime.
Lamine: Pour deux, s'il vous plaît.
Hôtesse: Suivez-moi… English ou continental?
Nayah: Deux petits déjeuners complets.
Hôtesse: Alors, English. Vous prendrez les œufs comment? Sur le plat? Brouillés?
Lamine: Moi, brouillés, et toi, Nayah? Sur le plat, non? Un brouillé, un sur le plat.

EXTENSION Où est-ce que Nayah et Lamine vont prendre le petit déjeuner? Est-ce qu'on trouve des œufs au buffet?

Points de départ

Pre-AP

Question centrale ? What do you need to know to travel successfully?

Hôtels, auberges, gîtes

La France est la première destination touristique dans le monde. Quatre-vingt-cinq millions de touristes visitent le pays chaque année, et il y a plusieurs possibilités d'hébergement*: des hôtels de toute classe, des auberges*, et des gîtes*. Les auberges se trouvent à la campagne. Elles sont souvent proches* des lieux touristiques (monuments, bord de mer*, rivière) et proposent des séjours complets avec chambre et repas, idéales pour des séjours en famille. Les gîtes sont situés chez des personnes qui louent des chambres, un appartement, ou une petite maison sur leur propriété. Ils offrent souvent des séjours plus économiques. Récemment, des sites internet d'hébergement chez les particuliers* sont de plus en plus populaires.

Les petits hôtels dans les petits villages de France sont économiques.

Recherche: hôtels paris, la petite auberge de roussillon, gîtes de france

Comparaisons

Trouvez sur Internet un gîte en France. Ressemble-t-il à un hôtel, un motel, ou un *bed and breakfast* américain?

hébergement *lodging*; **auberges** *inns*; **gîtes** *rural holiday houses*; **proches** *close*; **bord de mer** *seaside*; **particuliers** *households*

Les hôtels de luxe et le cinéma

La France est réputée pour ses hôtels de luxe. Le cinéma a rendu célèbre certains palaces comme le Ritz et le Crillon à Paris, le Carlton à Cannes, le Negresco à Nice, et l'Eden-Roc au Cap d'Antibes. Grâce au* cinéma, certaines idées sont aussi associées au mot *hôtel*. Un *hôtel garni*, par exemple, évoque la France des années 1930 et le cinéma populaire de l'époque où le manque* d'appartements obligeait les gens à vivre à l'hôtel. Un *hôtel terminus* est associé au temps des gares et des voyages en train. "Hôtel de charme" est un nom qui suggère un aspect ancien et rustique. Un "hôtel louche" est un hôtel mal fréquenté comme on en voit dans les films policiers des années 1950. Le cinéma a rendu célèbre aussi certains noms d'hôtels: L'Auberge rouge, l'Hôtel du Nord, l'Hôtel de France, l'Hôtel des Amériques, et l'Hôtel de la Plage.

L'Hôtel Negresco, à Nice, est une destination touristique de luxe.

Perspectives

Cherchez en ligne des commentaires de personnes qui ont fait un séjour dans un hôtel de luxe en France.

Recherche: eden roc cap d'antibes

Grâce au *Thanks to*; **manque** *lack*

AccorHotels

AccorHotels est le sixième groupe hôtelier au niveau mondial avec ses marques telles Raffles, Fairmont, Sofitel, MGallery, Jo&Joe, Novotel, Ibis, et hotelF1. Il offre une capacité de 570 000 chambres dans 4 100 hôtels. Accor est présent dans 95 pays; 26% de ses hôtels sont situés en France, 23% en Europe, 26% en Asie, et 13% aux USA.

Recherche: accorhotels

Produits

Sofitel compte 120 hôtels de luxe et de légende sur tous les continents. Faites une liste de villes américaines où on peut dormir, manger, ou se détendre dans un hôtel Sofitel.

Un Hôtel Ibis, du groupe Accor, à Mulhouse

8 Activités culturelles

1. Expliquez ce que ces possibilités d'hébergement offrent:
   - un hôtel
   - une auberge
   - un gîte
2. Associez sur une carte la ville où est situé chaque hôtel.
   - le Négresco
   - le Ritz
   - le Carlton
   - l'Eden-Roc
   - le Crillon
3. Expliquez quels sont ces genres d'hôtel:
   - un hôtel garni
   - un hôtel terminus
4. Faites des recherches sur Internet et dites à quels films ces hôtels sont associés. Notez aussi le nom du réalisateur (*director*) et la date du film.
   - L'Auberge rouge
   - l'Hôtel du Nord
   - l'Hôtel de France
   - l'Hôtel des Amériques
   - l'Hôtel de la Plage
5. Trouvez un hôtel à Paris qui n'est pas trop cher. Indiquez la station de métro et les sites touristiques près de l'hôtel.

À DISCUTER

Comment est-ce que vous trouveriez (*would find*) un bon hôtel à Paris? Quels sont vos critères?

Du côté des médias

Lisez la description de cet hôtel.

HOTEL DU QUARTIER ★★★
82 rue du marché 75004 Paris

Retour à la liste

Date d'arrivée | Date de départ | RECHERCHER

DÉTAILS

Façade flamboyante et décor élégant pour un séjour au cœur du Paris de la culture et de l'art. L'Hôtel du Quartier compte entre autres majestueux voisins le Panthéon, le Collège de France, la Sorbonne, Notre-Dame, et nous invite à flâner au gré des innombrables charmes de Saint-Germain-des-Prés et du Quartier latin. L'atmosphère chaleureuse et confortable d'une grande maison particulière se retrouve jusqu'aux chambres ponctuées de balcon fleuri, couleurs chaudes, étoffes de bon ton et mobilier de style.

Dans le 5ème arrondissement de Paris, l'Hôtel se situe dans le célèbre quartier de Saint-Germain-des-Prés, à distance de marche de la cathédrale Notre-Dame, près de tous les lieux qui évoquent l'histoire prestigieuse de Paris: Notre-Dame, le musée de Cluny, les rives de la Seine, le Louvre, et le musée d'Orsay.

Les principaux centres d'intérêt de Paris, dont le Louvre et la tour Eiffel, sont facilement accessibles grâce aux nombreuses stations de métro situées à proximité de l'hôtel.

Moyen d'accès:

- Bus: les lignes 21, 38, 63, 82, 84, 85 et 89 passent près de l'hôtel.
- Métro: les stations les plus proches sont Saint-Michel et Maubert-Mutualité.
- RER: Saint Michel et Luxembourg sont les stations les plus proches.

Plus de photos 1/13

Services de l'hôtel

Services d'accueil
Animaux acceptés
Bureau de change
Coffre-fort
Concierge
Consigne à bagages — Voir ▲

Parking & transport
Parking privé extérieur
Parking public couvert — Voir ▲

Accueil personnes handicapées
Accès aux chambres par le rez-de-chaussée
Accès handicapés parties communes
Accueil handicapés
Rampes d'accès — Voir ▲

Services pour familles et enfants — Voir ▼

Autres services — Voir ▼

Restauration — Voir ▼

Affaires — Voir ▼

Tarifs — voir les prix en euro

Voir ▶

Simple	178.00 €	complet
Twin (2 lits)	218.00 €	complet
Double	218.00 €	complet
Quadruple (famille)	248.00 €	complet
Triple	278.00 €	complet

RÉSERVER

Commentaires
Petit déjeuner : 9,80 euros
Animaux acceptés
Wifi gratuit

Haut de page

9 L'Hôtel du Quartier

Répondez aux questions.

1. L'hôtel est près de quels monuments et de quelle université?
2. Il a combien d'étoiles (*stars*)?
3. Quelles sont les stations de métro les plus proches (*nearest*)?
4. Est-ce qu'il faut payer pour avoir le wifi?
5. Combien coûte une chambre lits twin?

Question centrale ? What do you need to know to travel successfully?

Un hôtel à Bordeaux

Introduction et interrogations

Vous allez voir si les prestations (*amenities*) dont vous avez besoin sont disponibles dans les hôtels de Bordeaux.

10 Les prestations dont j'ai besoin

*Vous allez faire des réservations à l'hôtel. Cochez (*check*) la colonne qui indique vos précisions. Ensuite, cherchez un hôtel à Bordeaux qui répond à la majorité de vos besoins.*

Critère	Nécessaire	Pas nécessaire	Pas de préférence
Belle vue			
Balcon			
Douche et baignoire privées			
Toilettes privées			
Petit déjeuner compris			
Télévision câblée			
Centre de fitness			
Espace bien-être (jacuzzi, sauna, spa)			
Wifi gratuit			
Accepte les animaux			
Autres critères?			

Recherche: hôtels bordeaux

11 Faire le point

Avec votre partenaire, répondez à ces questions.

1. Quels sont vos critères pour choisir un hôtel à Bordeaux—par exemple, les équipements, le quartier, la proximité des musées et des monuments?
2. Comment les hôtels à Bordeaux sont-ils différents des hôtels aux États-Unis?
3. Pourquoi est-il important de s'adapter quand on voyage? Qu'est-ce qu'on apprend en voyageant?

Les hôtels français ne servent pas toujours le petit déjeuner américain.

Indirect Object Pronouns: *lui, leur*

The indirect object is the person who indirectly receives the action of the verb. The indirect object answers the question *to whom?* or *for whom?*

À Bruno? Le serveur lui sert un petit déjeuner français ou américain?

Marc téléphone <u>à Khaled</u>.

In the sentence above, **Khaled** is the indirect object of the verb **téléphoner**. Notice the use of the preposition **à** before the indirect object.

As in English, the indirect object may be replaced by a pronoun. The indirect object pronoun **lui** replaces **à** and one person; **leur** replaces **à** and more than one person.

Singular		Plural	
lui	*to him, to her*	**leur**	*to them*

Vous parlez **à la réceptionniste**? — *Are you talking to the receptionist?*
Oui, je **lui** parle de la réservation. — *Yes, I'm talking **to her** about the reservation.*

Offres-tu un cadeau **à tes parents**? — *Are you giving your parents a present?*
Oui, je **leur** offre une carte cadeau. — *Yes, I'm giving **them** a gift card.*

The indirect object pronouns **lui** and **leur** usually come right before the verb. If the verb is followed by an infinitive, the indirect object pronoun comes before the infinitive.

Affirmative statement	Il **lui** téléphone ce soir.	*He is calling her tonight.*
Negative statement	Elle ne **lui** parle pas.	*She is not talking to him.*
Question	Quand **lui** téléphone-t-il?	*When is he calling her?*
With an infinitive	Elle va **lui** dire "non."	*She is going to tell him "no."*

In the **passé composé**, indirect object pronouns come *before* the helping verb. Unlike with direct object pronouns, the past participle does not agree with **lui** and **leur**.

Manon a envoyé un texto **à ses parents**? — *Did Manon send a text to her parents?*
Non, elle ne **leur** a pas envoyé de texto. — *No, she didn't send them a text.*

12 Le petit déjeuner à l'Hôtel International

Presentational Speaking or Writing

À l'hôtel, les garçons prennent un petit déjeuner américain. Les filles prennent un petit déjeuner français. Dites si le serveur leur sert les choses suivantes ou pas.

MODÈLES à Luc: des œufs sur le plat
Le serveur lui sert des œufs sur le plat.

à Marie-Alix et Anne: des saucisses
Le serveur ne leur sert pas de saucisses.

1. à Marc: une tartine avec du Nutella
2. à Diane: des croissants avec du beurre et de la confiture
3. à Nicole et Denise: des céréales et du jus d'orange
4. à Simon et Olivier: des œufs brouillés
5. à Caroline: du pain perdu avec du sirop d'érable
6. à Sophie et Stéphanie: du café au lait
7. à André: des œufs sur le plat et du bacon

À Ghislaine? Le serveur lui sert un café.

13 L'histoire des parents de Manon

Interpretive Reading

*Complétez les dialogues par **lui** ou **leur**.*

MODÈLE –De quoi est-ce que Manon parle à ses parents?
–Elle **leur** parle de leur voyage d'anniversaire.

1. –Où est-ce que Manon dit à ses parents d'aller?
   –Elle... dit d'aller à la baie de Somme.
2. –Qu'est-ce que Manon conseille à ses parents?
   –Elle... conseille de conduire prudemment.
3. –Qui dit à sa femme que Manon a invité ses amis à la maison?
   –Le père de Manon... dit que Manon organise une petite fête.
4. –Pourquoi est-ce que le père de Manon parle au réceptionniste?
   –Il... parle pour demander une chambre pour deux.
5. –Qu'est-ce que le réceptionniste offre aux parents de Manon?
   –Il... offre une chambre avec vue sur la mer.
6. –Pour le payer, qu'est-ce que le père de Manon va donner au réceptionniste?
   –Il va... donner sa carte de crédit.

14 Un anniversaire de mariage

Presentational Speaking or Writing

Éric organise une fête pour ses parents à l'Hôtel Bordeaux pour leur anniversaire de mariage. Il a écrit une liste de choses à faire. Dites s'il a déjà fait les activités suivantes, ou s'il va les faire.

☑ téléphoner aux invités
☐ donner de l'argent à la serveuse

MODÈLES téléphoner aux invités
Éric leur a téléphoné.

donner de l'argent à la serveuse
Éric va lui donner de l'argent.

1. ☑ téléphoner à la réceptionniste de l'hôtel
2. ☑ acheter un cadeau à Papa et Maman
3. ☑ parler au cuisinier du repas
4. ☐ montrer le gâteau à Papa et Maman
5. ☐ offrir le cadeau à Papa et Maman
6. ☐ dire "merci" aux invités

Indirect Object Pronouns: *me, te, nous, vous*

You have already learned that the pronouns **me**, **te**, **nous**, and **vous** can be used as direct objects. These pronouns can also be used as indirect objects. The indirect object pronouns **me**, **te**, **nous**, and **vous** replace **à** (*to*) plus a person or people. They are used with verbs that are followed by the preposition **à** (**téléphoner à**, **parler à**, **dire à**, **rendre visite à**, **donner à**, **envoyer à**, etc.).

Indirect Object Pronouns			
me (m')	*to me*	**nous**	*to us*
te (t')	*to you*	**vous**	*to you [formal, plural]*

Denise **me** dit le numéro de téléphone.	*Denise is telling me the phone number.*
De quoi est-ce qu'elle **te** parle?	*What is she talking to you about?*
Mamy **nous** rend visite.	*Grandma is visiting us.*
Elle **vous** donne des tickets de concert.	*She's giving you some concert tickets.*

Me, **te**, **nous**, and **vous** usually come right before the verb (or the infinitive if there is one).

Affirmative statement	Maman **me** donne de l'argent.	*Mom gives me money.*
Negative statement	Claire ne **m'**envoie jamais de textos.	*Claire never sends me text messages.*
Question	**Te** téléphone-t-elle tous les jours?	*Does she call you every day?*
With an infinitive	Je peux **vous** donner son numéro de portable.	*I can give you her cell number.*

In the **passé composé**, the indirect objects **me**, **te**, **nous**, and **vous** come immediately before the helping verb and do not affect the past participle with **avoir**.

Djamel **m'**a parlé avant les cours. *Djamel talked to me before school.*

15 Des conseils

Interpersonal Speaking or Writing

Choisissez une expression de la liste pour parler à ton ami.

donner 10 euros **montrer la solution** **présenter Amélie** **envoyer un pull** **rendre visite** **montrer le chemin** **offrir cette carte cadeau**

MODÈLE C'est mon anniversaire.
Je t'offre cette carte cadeau.

1. J'ai froid ici dans le Minnesota.
2. J'ai besoin d'argent.
3. Je suis malade à la maison.
4. Je voudrais rencontrer de nouveaux camarades de classe.
5. Je ne comprends pas ce problème de géométrie.
6. Je ne sais pas où est la poste.

Comparaisons

In English, a verb that takes an indirect object is usually used with the preposition *to*. In which sentence below is there no indirect object?

We gave a present to my sister.
Mom is helping me.
To whom are you sending the package?

16 Un portable en panne

Interpretive Reading

Alain a des problèmes avec son portable. Il n'entend pas une partie de sa conversation avec son frère. Complétez ses questions avec ***me (m'), te (t'), nous****, ou* ***vous****.*

MODÈLE –Je te téléphone demain après les cours.
–Quand est-ce que tu me téléphones?

1. –Maman a dit que, toi et moi, nous devons faire les corvées demain.
   –Qu'est-ce qu'elle… a dit de faire?
2. –Je vais t'écrire pour te remercier du cadeau.
   –Pourquoi est-ce que tu vas… écrire?
3. –Papa m'offre sa voiture pour aller à la teuf.
   –Qu'est-ce qu'il… offre?
4. –Il m'a donné 25 euros pour le weekend.
   –Combien d'euros est-ce qu'il… a donné?
5. –Oncle François rend visite à Maman et moi cet après-midi.
   –Qui… rend visite?
6. –Je vais te montrer le nouvel album de Youssou N'Dour.
   –Tu vas… montrer quoi?

17 Tu fais quoi pour moi?

Interpretive Listening and Viewing

Écrivez les numéros 1–8 sur votre papier. Choisissez la photo qui correspond à chaque phrase que vous entendez.

A.

B.

C.

D.

E.

F.

G.

H.

Present Tense of the Irregular Verb *boire*

Qu'est-ce que Julie et Adam boivent?

Here are the forms of the irregular verb **boire** (*to drink*).

boire			
je	**bois**	nous	**buvons**
tu	**bois**	vous	**buvez**
il/elle/on	**boit**	ils/elles	**boivent**

Vous **buvez** toujours du café? — *Do you still drink coffee?*
Non, nous ne **buvons** plus de café. — *No, we no longer drink coffee.*

The irregular past participle of **boire** is **bu**.

Khaled **a bu** du chocolat chaud. — *Khaled drank hot chocolate.*

18 Des phrases logiques

Presentational Writing

*Utilisez le verbe **boire** et un élément de chaque colonne pour former huit phrases logiques.*

A	B	C
l'athlète	du jus d'orange	au restaurant
je	du chocolat chaud	après un match
le chat	du café (au lait)	à la ferme
mon père	de l'eau (minérale)	avec des sandwichs
mon frère/ma sœur et moi	du thé (au citron)	à la cantine
les Anglais	du coca	en hiver
ta camarade de classe et toi	de la limonade	au cinéma
les ados	du lait	avec le dessert

MODÈLE **L'athlète boit de l'eau après un match.**

19 Qu'est-ce qu'on boit?

Interpersonal Speaking or Writing

Répondez aux questions avec un partenaire.

1. Qu'est-ce que tu bois en été?
2. Qu'est-ce que tu aimes boire en hiver?
3. Qu'est-ce que toi et tes amis buvez après un match?
4. Qu'est-ce que tes parents boivent au restaurant?
5. Qu'est-ce que ton/ta meilleur(e) ami(e) boit au cinéma?

The Adjective *tout*

The adjective **tout** (*all, every, the whole*) has four different forms depending on the gender and number of the noun it describes. Note that a definite article (**le**, **la**, **l'**, **les**) usually follows any form of **tout**.

Masculine singular	**tout**	Jean a bu **tout** le jus de pamplemousse. *Jean drank all the grapefruit juice.*
Feminine singular	**toute**	Il a mangé **toute** la crêpe. *He ate the whole pancake.*
Masculine plural	**tous**	Manon a fini **tous** les devoirs. *Manon finished every homework assignment.*
Feminine plural	**toutes**	Anne a invité **toutes** les filles. *Anne invited all the girls.*

Est-ce que Jérôme peut manger tous les hot-dogs?

Tout is used in the common expressions **pas du tout** (*not at all*), **tout le monde** (*everybody*), and **tout le temps** (*all the time*).

The definite article after the form of **tout** may be replaced by a possessive or a demonstrative adjective.

Toute **ma** famille est à l'hôtel. — *My whole family is at the hotel.*
Tous **ces** croissants sont frais. — *All these croissants are fresh.*

20 Il faut faire les courses!

Presentational Speaking or Writing

Mme Rousseau est la mère de trois fils. Elle regarde dans le frigo et le placard et réalise qu'ils ont tout mangé. Jouez le rôle de Mme Rousseau.

MODÈLE

soupe
Vous avez mangé toute la soupe?

1. 

2. 

3. 

4. 

5. 

6. 

21 La semaine de Cécile

Interpretive Reading

*Utilisez **tout**, **toute**, **tous**, ou **toutes** pour compléter l'histoire de Cécile.*

Cécile passe __(1)__ la journée à l'école, excepté le mercredi après-midi quand elle joue au foot avec __(2)__ ses copains. Elle a un cours d'anglais __(3)__ les jours. Le samedi elle aime faire du shopping au centre commercial avec __(4)__ ses amies. Elle a beaucoup d'amis parce qu'elle est heureuse __(5)__ le temps. __(6)__ ses camarades de classe pensent qu'elle est géniale!

Communiquez!

22 À l'hôtel

Interpersonal Speaking

Imagine you have spent the day sightseeing in Bordeaux and need to find a room for the night. With a partner, play the roles of a tourist and a hotel clerk. Discuss available rooms, how much they cost, what the bathroom is like, and if breakfast is included. You might research an actual hotel in Bordeaux and use the information in your conversation.

Recherche: hôtel bordeaux centre-ville

23 Le petit déjeuner à l'hôtel

Presentational Writing, Interpersonal Speaking

Imagine you work for an international hotel in Paris. Create the hotel's breakfast menu, which includes both a continental and an American breakfast. Then role-play a scene in which your partner orders room service using your menu and you take your partner's order.

24 Les hôtels francophones

Interpretive Reading, Presentational Writing or Speaking

Research one of the hotels from this lesson, or a hotel in another francophone country. Then give a presentation to the class or post one online in which you give the name of the hotel, its location, nearby tourist attractions, a list of its amenities, and any reviews you may find. Your class may even wish to create a website about francophone hotels for travelers.

Recherche: le negresco, hôtel de france, eden roc, le crillon, accor

Cet hôtel est situé à la Martinique.

 Pre-AP

Carnet de routes

Rencontre avec l'auteur

Marie Lopez (1995–), aussi appelée EnjoyPhoenix, du titre de son blog, est une blogueuse et une vidéaste (*YouTuber*) française. Au lycée, elle a été victime de harcèlement (*bullying*). Elle a commencé à se servir du web pour s'affirmer. Aujourd'hui, son blog lui rapporte beaucoup de succès, et Marie est un exemple pour beaucoup d'adolescents et adolescentes. Dans son livre, ***Carnet de routes***, Marie Lopez raconte l'histoire de cinq personnages de milieux et de générations différents qui vont former des liens. Dans cet extrait, Gaspard raconte un voyage qu'il a fait dans sa jeunesse. Qu'est-ce que son voyage lui a apporté?

Pré-lecture

Avez-vous fait un voyage qui a changé votre vie?

Stratégie de lecture

Motif. A motif is a recurring object, image, or theme in a work of art or literature. In *Carnet de routes*, the protagonist is drawn by the idea of finding all his answers in the city, which functions as the motif of his travel. Look for descriptions associated with the city as motif in the text, and describe how each reference to it brings new information.

Motif	Meaning
"J'avais entendu parler d'une ville magique…" (l. 2)	The city has the capacity to provide things humanly impossible. What the narrator is looking for can only be found in a place that is supernatural.

Outils de lecture

Cause and Effect. A cause is an action or event that makes something happen. An effect is what happens as a result of the cause. Together they create an action and a resulting reaction. Writing to show cause and effect is one way to organize a piece of writing, such as an essay or screenplay. Why does Gaspard want to go to India? (cause) What transformation (effect) occurs in him at the end of his trip?

Carnet de routes

"Je ne peux pas tout expliquer, mais cet événement m'a donné une énergie nouvelle. J'avais entendu parler d'une ville magique, une cité trois fois millénaire, et je pressentais* que là-bas je trouverais un sens à cette perte*. J'étais jeune et mes croyances fragiles. Je voulais me faire pardonner, enfin… je croyais. Je suis parti pour Bénarès." […]

Pendant la lecture
1. Comment Gaspard décrit-il la ville de Bénarès?

Il est fasciné par un arbre étrange et immense, un "arbre qui marche ," dont les racines* pointent vers le haut et les branches vers le bas. Il ne reconnaît pas l'espèce* mais croît être en présence d'une cathédrale végétale ouverte aux quatre vents. Ses références historiques le ramènent en Europe, et c'est une image de Saint Louis sous le chêne de Vincennes* qui se superpose à cette vision. Ce chef-d'œuvre de la nature lui inspire la paix. Il ferme les yeux et respire. La ville sacrée est proche. […]

Pendant la lecture
2. À quoi lui fait penser l'arbre?

C'est au bout de dix jours que Gaspard se décide à accéder au Gange*. Les barques paraissent immobiles. Au ralenti, les nappes de fumée* mêlées au brouillard* rouge de ce début de journée paressent* à la surface de l'eau.

L'odeur est unique: effluves* complexes, encens et âcreté des bûchers*, épices, patchouli, offrandes* florales, cuisine en plein air et curcuma*, fenugrec, girofle*. Plus loin, défécations bovines, fumée des beedies*, lessive des saris* colorés.

Pendant la lecture
3. Sur quel sens l'auteur insiste-t-il?

Mais ce ne sont pas les couleurs, ni la foule, ni la chaleur qui le bouleversent. Non, c'est quelque chose de plus fort, d'incontournable dans cette cité: l'odeur de mort et d'encens. Vision de ces feux crevant*, cendres* chaudes au bord du Gange, chaleur et humidité, feu et eau. Il regarde autour de lui, la brume se lève à peine sur l'autre rive. Là-bas aussi, on vit, on se lave, on mange, pense-t-il. […]

Pendant la lecture
4. Quelle est l'odeur la plus forte?

Il se libère. Il lui aura fallu venir ici. L'Inde sera sa seconde patrie, pour toujours, une patrie d'esprit et d'amour. Gaspard y a trouvé la paix intérieure, il partira le cœur soulagé.

Pendant la lecture
5. Quelle définition Gaspard donne-t-il de l'Inde?

---

pressentais *sensed*; **perte** *loss*; **racines** *roots*; **espèce** *species*; **Saint Louis sous le chêne de Vincennes** *allusion to a 19th-century painting by Rouget of French King Saint-Louis giving justice and compassion to the people*; **Gange** *river*; **nappes de fumée** *palls of smoke*; **brouillard** *fog*; **paressent** *rest*; **effluves** *scents*; **bûchers** *pyres*; **offrandes** *offerings*; **curcuma** *tumeric*; **girofle** *clove*; **beedies** *tobacco*; **saris** *traditional Indian female garments*; **crevant** *bursting*; **cendres** *ashes*

Stratégie

For each paragraph, find key words that support the main description of the city the traveler is in or headed to. Then in your own words, summarize the traveler's impression of his destination.

Post-lecture

La description des lieux est basée sur quels sens (*senses*)? Donnez des exemples.

Le monde visuel

Vous avez peut-être déjà vu les boîtes de soupe rouges et blanches d'Andy Warhol. Cette tendance artistique contemporaine s'inspire d'objets de la vie quotidienne (*daily*) et s'appelle le pop art. Cette image représente une célébration du festival *Ganesh Chaturthi*, une fête religieuse importante dans les communautés indiennes. Que voyez-vous sur ce tableau? La scène et les personnages sont-ils réalistes? Quels éléments apportent une religiosité, ou un aspect magique à cette représentation de la fête indienne? Décrivez la scène en utilisant plusieurs adjectifs.

Ganesh Chaturthi à Vadodara (Baroda), Gujarat, 2011. Anonyme.

25 Activités d'expansion

Faites les activités suivantes

1. Utilisez les informations dans votre tableau et vos réponses aux questions dans **Outils de lecture** pour écrire un paragraphe sur une destination de vos rêves.
2. Faites des recherches en ligne et trouvez un blog où on décrit un paysage de l'Inde. Cette description est-elle comparable à la lecture que vous avez faite? Expliquez.

Recherche: blog voyage inde

3. Servez-vous d'images ou de dessins pour raconter l'histoire que vous venez de lire; illustrez chaque grande ligne de l'histoire.

Les copains d'abord: Que de surprises!

Communiquez!

26 Difficultés de voyage

Connecting to Collaboration, Critical Thinking and Problem Solving, Flexibility and Adaptability

Interpersonal Speaking

Brainstorm common difficulties and problems that might occur when traveling by air. Write those situations (such as lost baggage, looking for your gate, or too many liquids when going through security) on individual index cards. Play the role of a traveler. With a classmate playing the role of an airline employee, select a situation card, exchange information, and try to find a solution to the problem. When you resolve one problem, select another, and circulate around the room to address different situations with multiple employees.

27 Un cours de conduite

Connecting to Socio- and Cross-Cultural Skills, Civic Literacy

Interpersonal Speaking

Imagine you are in a driving school in France and you can't do anything right according to **les règles de conduite**. Take turns with a partner, playing the roles of the driving student and instructor. The student keeps making mistakes, and the instructor must keep making corrections.

MODÈLE (Student pretends to make a turn without using the signal.)
A (Moniteur d'auto-école): Mettez le clignotant avant de tourner!
B (Étudiant): Merci, j'ai oublié de le mettre.

28 À mon avis

Connecting to Information Literacy, Technology Literacy, Leadership and Responsibility

Interpretive Reading and Viewing, Presentational Writing, Interpersonal Speaking

Research hotels in Bordeaux and read traveler reviews about them online. Select one hotel and, imagining you recently spent time there, create a mock online review about your stay. Use unit vocabulary and structures to write a review for the hotel, citing a minimum of three examples supporting your opinion. With a partner, exchange information about your review. Partners should ask follow-up questions for more detail about the reviewer's opinion.

Recherche: bordeaux tourisme hôtels, guide hôtels bordeaux

Finale

Projets finaux

A Connexions par Internet: L'auto-école

L'examen de conduite

Imagine you are studying in France for a year and want to rent a car to explore the countryside, but first you have to pass the written driving test. Take one online and see how well you do. Then, with your partner, discuss driving rules in France and how they are the same or different from those in the United States.

Recherche: test de code de la route gratuit

B Communautés en ligne

Notre voyage de rêve

In groups, choose an ideal town or city in the world, where one may find relief and regeneration, as Gaspard does in the excerpt of *Carnet de routes*. Take photos or shoot a video of members of your group in front of important locations, and write an explanation in French of why each location is important or memorable for you and your friends. Post your photos or videos online, and have students in another French class or in an English class in a francophone country vote on which destination is the most appropriate for a personal revival.

C Passez à l'action!

Sites du patrimoine mondial

Bordeaux is listed as a World Heritage Site by UNESCO. Find out what other sites in France have this designation. Choose four of these sites; then, in groups, make a **fiche** to describe each site. Your document should include the name of the site, where it is located, when it was built, a list or description of its special features and/or characteristics, and why your group thinks the site is worth preserving.

Recherche: unesco centre du patrimoine mondial

D Faisons le point!

Diagramme

Make a diagram like the one that follows and fill it in to demonstrate what you need to know to travel in other cultures. An example has been done for you.

Leçon A Rencontres culturelles: Un voyage à Bordeaux What do you need to do to take a trip by plane?	→	I need to know how to buy an airline ticket online and print it out (or save it on a smart device).
Leçon A Points de départ: Les aéroports de Paris What do you need to know to take a plane in Paris?	→	
Leçon B Rencontres culturelles: Un voyage d'anniversaire What do you need to consider to choose a destination, and why?	→	
Leçon B À vous la parole: Les parties de la voiture What do you need to know to take a car trip?	→	
Leçon C Rencontres culturelles: À l'hôtel What do you need to know in order to stay at a hotel?	→	
Leçon C À vous la parole: À l'hôtel What do you need to know to be able to negotiate with a hotel clerk and get a good deal?	→	
Leçon C À vous la parole: Le petit déjeuner à l'hôtel How can you ensure you will eat during your stay at a hotel?	→	

Pre-AP

Évaluation

A Évaluation de compréhension auditive

Write the numbers 1–8 on your paper. Listen to the conversation between Aurélie and Stéphane. Then write a short answer for each question you hear.

B Évaluation orale

With a partner, role-play a conversation between a receptionist at a hotel in Bordeaux and a client.

Ask if the hotel has a room for one.

Say you have a room for one with a pretty view of the city.

Ask how much the room costs.

Give the rate.

Ask if breakfast is included.

Say there's a small additional cost.

Say you'll take the room.

Ask if the client would like to order breakfast now.

Say what you want for breakfast.

Ask how the client would like to pay.

Say you'll pay with your credit card.

Say you hope the client will like Bordeaux.

Say you're looking forward to seeing the museums and monuments and eating in the city's good restaurants.

Wish the client a good day.

C Évaluation culturelle

In this activity, you will compare francophone cultures with American culture. You may need to do some additional research on American culture.

1. **Les aéroports**. How many airports does Paris have? What are their names? Which ones are regional and which are international airports? What airports are there in your region? Are they regional or international airports?
2. **L'UNESCO et le patrimoine mondial**. You learned that **le port de la Lune** in **Bordeaux** is classified as a World Heritage Site. Why did it receive this designation? What are five famous places in the United States that are World Heritage Sites? Are there any near you?
3. **Les musiciens**. What famous musicians are from Bordeaux? What genres of music do they play? What musicians from your area have become famous? What musical genres are they known for?
4. **L'industrie automobile**. Which two independent French car companies merged? What is the name of the new company? What are the names of two American car companies that have merged, either with another American company or with a car company from overseas?
5. **Le permis de conduire**. Explain how you get a driver's license in France. Is it easier or harder than in the United States?
6. **Sofitel**. Sofitel is a French chain with hotels in the United States. In which American cities are these hotels located? How does Sofitel compare to American hotels you or your parents have stayed in?

On a vue sur la plage depuis la chambre du Sofitel à Cannes.

D Évaluation écrite

Write eight "do" and "don't" travel tips for a magazine article. You might interview someone you know who has traveled a lot and can therefore help you generate ideas.

E Évaluation visuelle

Imagine that your aunt, who speaks French, recently took a trip. Describe each stage of the trip as suggested by the illustrations. Also include actions that took place before and after those depicted in the illustrations.

F Évaluation compréhensive

Create a storyboard of six frames. Tell the story of a road trip, starting with a stop at the gas station. Introduce a problem or a conflict before the travelers arrive at the hotel in the city of their destination. Use your storyboard to tell the story to a group of your classmates.

Vocabulaire de l'Unité 5

à: à bord on board *A*; **à roulettes** on wheels *A*
l' **accélérateur (m.)** accelerator *B*
un **accident** accident *B*
un(e) **agent(e)** agent *A*
un **anniversaire: anniversaire de mariage** wedding anniversary *B*
atterrir to land *A*
s' **avancer (vers)** to move (toward) *A*
avoir: avoir de la chance to be lucky *C*; **avoir hâte de** to be eager (to) *B*
le **bacon** bacon *C*
un **bagage** piece of luggage *A*
une **balade** ride, walk *B*
boire to drink *C*
bon: Bonne route! Have a good trip! *B*
une **borne libre-service** self-service kiosk *A*
la **Bretagne** Brittany region *B*
le **café: café au lait** coffee with milk *C*
un **camion** truck *B*
le **capot** hood *[car]* *B*
une **carte: carte de crédit** credit card *A*; **carte d'embarquement** boarding pass *A*
la **ceinture: ceinture de sécurité** seatbelt *B*
les **céréales (f.)** cereal *C*
une **chambre: chambre d'hôtel** hotel room *C*
chef sir *A*
le **chocolat: chocolat chaud** hot chocolate *C*
la **clé** *[ignition]* key *B*
le **clignotant** blinker *B*
la **climatisation** air conditioning *C*
un **coffre à bagages** baggage compartment *A*
commander to order *C*
un **compartiment à bagages** baggage compartment *A*
compris included *C*
un **comptoir** *[ticket]* counter *A*
le **conducteur, la conductrice** driver *B*
conduire to drive *B*
le **contrôle: contrôle de sécurité** security checkpoint *A*
convenir (à) to suit *C*; **Si cela vous convient**. If you'd like. *C*
une **crêpe: crêpe américaine** pancake *C*
la **dame** lady *A*
une **date** date *A*
le **début** beginning *A*
une **décapotable** convertible *B*
décoller to take off *[airplane]* *A*
se **dire** to say to oneself *C*
dis: dis donc well *A*
s' **enregistrer (en ligne)** to check in (online) *A*
enthousiaste enthusiastic *B*
l' **essence (f.)** gasoline *B*
un **essuie-glace (des essuie-glace)** windshield wiper *B*
être: être sur place to be on site, on the premises *B*
éviter to avoid *B*
faire: faire enregistrer ses bagages to check one's luggage *A*; **faire le plein** to fill up the gas tank *B*; **faire un voyage** to go on a trip *A*
le **frein** brake *B*
gagner: gagner du temps to save time *A*
le **garage** auto shop *B*
hésiter to hesitate *B*
une **hôtesse de l'air** female flight attendant *A*
l' **huile (f.)** oil *[car]* *B*
s' **installer** to get settled *B*
le **jus: jus de pamplemousse** grapefruit juice *C*
juste only *C*
le **klaxon** horn *B*
les them *B*
leur to them *C*
un **lit: un grand lit** double bed *C*; **un lit jumeau** twin bed *C*
la **matinée** morning *A*
me me, to me *C*
un(e) **mécanicien(ne)** mechanic *B*
même even *B*
un **monospace** minivan *B*
monter: monter à bord to board *A*
nous to us *C*
le **Nutella** spread made of hazelnut and chocolate *C*
un **œuf: œufs brouillés** scrambled eggs *C*; **œufs sur le plat** eggs sunny side up *C*
l' **ordre (m.): en ordre** in order *C*
le **pain: pain grillé** toast *C*; **pain perdu** equivalent of French toast *C*
une **panne: en panne** broken down *B*
le **pare-brise** windshield *B*
un **passager, une passagère** passenger *A*
passer to go through *A*
pendant: pendant que tu y es while you're at it *A*
le **phare** headlight *B*
se **plaindre** to complain *A*
la **plage** beach *B*
un **pneu** tire *B*
une **porte: porte d'embarquement** boarding gate *A*
les **prévisions (f.)** forecast *B*
promettre to promise *C*
une **promo** sale *A*
prudemment carefully *B*
un(e) **réceptionniste** hotel clerk *C*
régler to pay *C*
remettre to put back *C*
rendre: rendre un service (à quelqu'un) to do (someone) a favor *A*
réparer to repair *B*
la **réservation** reservation *A*
réserver to make a reservation *A*
responsable responsible *C*
rester to be left *C*
retirer to withdraw, take out *A*
le **retour** return *A*
le **rétroviseur** rearview mirror *B*
une **saison** season *C*
une **saucisse** sausage *C*
savoir to know *A*
servir to serve *A*
le **sirop d'érable** maple syrup *C*
la **soirée** evening *A*
la **station-service** gas station *B*
un **steward** male flight attendant *A*
superbe excellent *C*
un **supplément** additional cost *C*
un **SUV** SUV *B*
une **tartine** bread with jam, butter *C*
la **télé: télé câblée** cable TV *C*
un **thé** tea *C*; **thé au citron** lemon tea *C*
tomber: tomber en panne to break down *B*
tout(e)(s) every *C*; **tout de suite** right away *A*; **tout le monde** everybody *C*; **tout le temps** all the time *C*; **tout simplement** quite simply *A*
une **valise: valise à roulettes** wheeled suitcase *A*
vérifier to check *A*
voici here, here is *C*
une **voiture: voiture de sport** sports car *B*
un **vol** flight *A*
le **volant** steering wheel *B*
le **wifi** wifi *C*

Unité

6 Les arts maghrébins

Question centrale

?

How do other cultures enrich our lives?

À savoir

Il y a de nombreuses célébrations artistiques et culturelles au Maghreb tout au long de l'année: fêtes folkloriques, religieuses, expositions d'art et de mode, festivals de musique et d'arts visuels ainsi que d'autres événements qui permettent de célébrer la richesse culturelle de chaque pays.

Citation

"Une bibliothèque est une chambre d'amis."

A library is a room full of friends.

—Tahar Ben Jelloun, écrivain franco-marocain

Conseil pratique

Don't be afraid to take risks! Your skills will improve faster if you allow yourself to learn from making mistakes.

Que dit le cousin de Chadia?

Comment s'appelle cet instrument?

Contrat de l'élève

Leçon A I will be able to:

- say what a book is about, and recommend and borrow a book.
- talk about Morocco, francophone comics, and a popular book by Tahar Ben Jelloun.
- use the irregular verbs **lire** and **écrire**.

Leçon B I will be able to:

- ask people what instruments they play.
- talk about Algeria, **raï** and **raï** singer Faudel, and two traditional Arab instruments.
- use **savoir** and **connaître** to express what and whom I know.

Leçon C I will be able to:

- choose appropriate salutations to start and end a letter.
- talk about Tunisia, **souks**, and how to write a formal letter.
- use the verbs **recevoir** and **ouvrir**.

Leçon A Vocabulaire actif

Qu'est-ce que tu lis et écris?

Je lis…

un roman

une pièce (de théâtre)

un conte

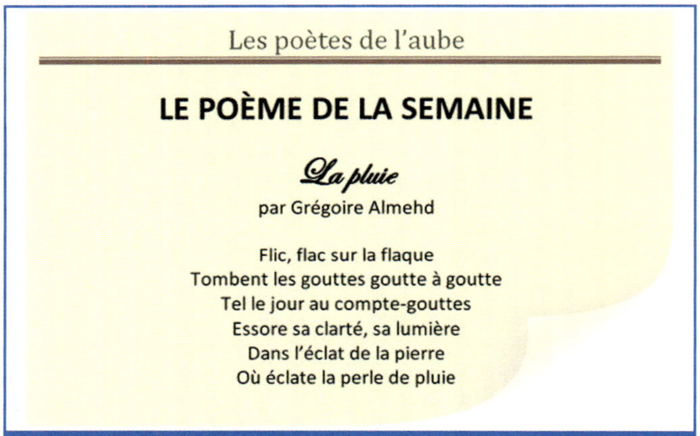
Les poètes de l'aube

LE POÈME DE LA SEMAINE

La pluie

par Grégoire Almehd

Flic, flac sur la flaque
Tombent les gouttes goutte à goutte
Tel le jour au compte-gouttes
Essore sa clarté, sa lumière
Dans l'éclat de la pierre
Où éclate la perle de pluie

un poème

une bande dessinée (une BD)

un magazine

un article

un journal

J'écris....

une lettre

une carte postale

un message

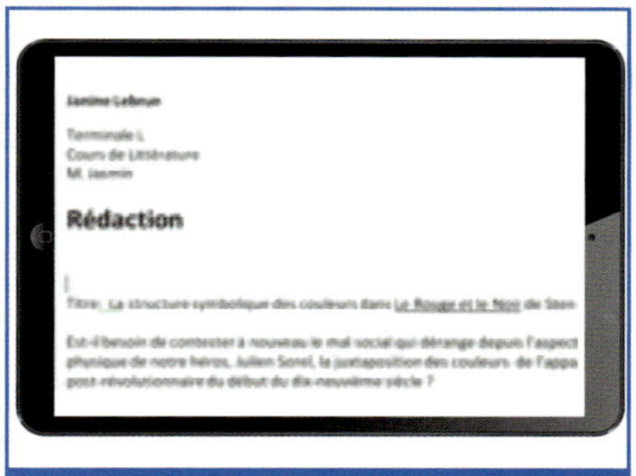

une rédaction

un SMS

un blog

Pour la conversation

How do I say what a book is about?

» **Il s'agit d'une conversation** entre le père et sa fille.

It's about a conversation between the father and his daughter.

» Il **explique** très simplement des choses **compliquées**....

It explains complicated things very simply....

How do I introduce an author or a novel?

» Je vais te **faire connaître** un écrivain que j'adore....

I'm going to introduce you to a writer I adore....

How do I say I'll borrow something?

» Je l'**emprunte** aujourd'hui.

I'll borrow it today.

Et si je voulais dire...?

une biographie	*biography*
un bouquin	*book [slang]*
un compte-rendu	*review, report*
un récit	*account, story*
un témoignage	*testimonial*
paraître	*to be published, released*
un webzine, un e-mag	*web magazine*
un manga	*manga*

1 La lecture au lycée

Interpretive Reading

Catherine a un blog sur les thèmes scolaires. Lisez son commentaire pour aujourd'hui et complétez les phrases pour le résumer (summarize).

1. Catherine critique son cours d'….
2. Dans ce cours, il faut toujours….
3. Les profs donnent aux élèves des romans, des poèmes, des essais, et des… à lire.
4. Catherine pense que les élèves doivent lire des…, des articles, des bandes dessinées, des cartes postales, et des lettres.
5. Elle offre ses… aux profs pour les aider.

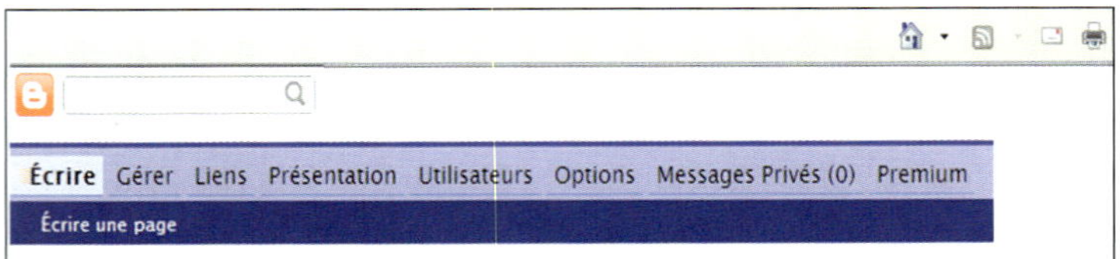

Je voudrais expliquer très simplement mes idées sur les cours d'anglais au lycée. Il faut toujours lire. Pas de problème, parce que j'aime lire. Mais dans mon cours d'anglais, on nous donne des romans, des poèmes, des essais, et des pièces à lire. À mon avis, nous devons lire des contes, des articles, et même des bandes dessinées. Il faut lire aussi des choses simples comme des cartes postales et des lettres. J'ai une idée pour le prof: emprunter mes livres et mes magazines!

2 Tu le lis ou tu l'écris?

Interpretive Viewing, Presentational Speaking or Writing

Identifiez le texte et dites si vous le lisez ou si vous l'écrivez (ou les deux).

MODÈLE

C'est une rédaction. Je l'écris.

1\. 

2\. 

3\. 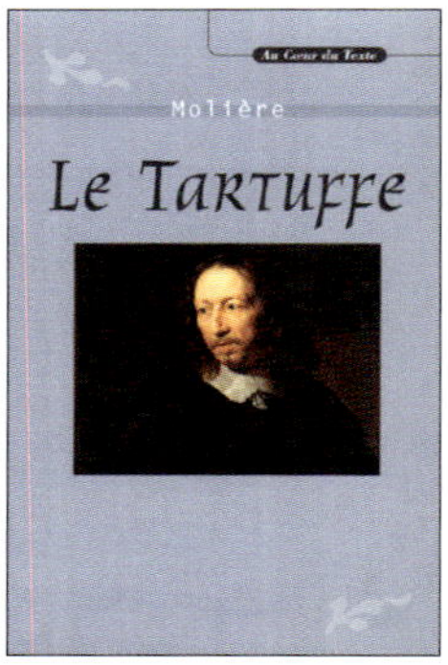

4\. 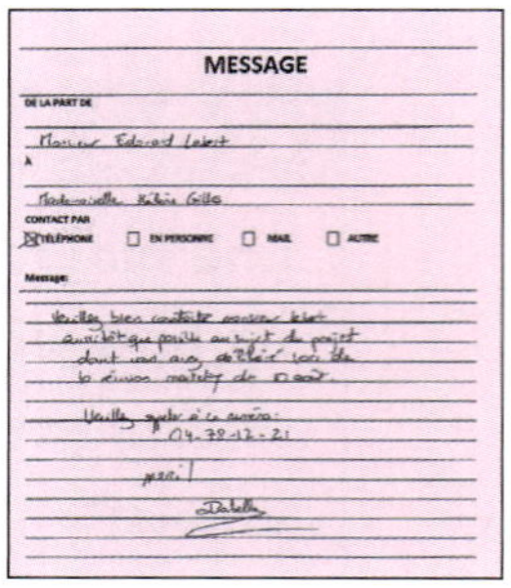

5\. 

6\. 

7\. 

8\. 

9\. 

10\. 

3 Je vais te faire connaître….

Presentational Speaking

À tour de rôle, suggérez quelque chose à votre partenaire qu'il ou elle aimerait (would like) *connaître.*

MODÈLE une chanson
Je vais te faire connaître une chanson de Joe Dassin. Elle s'appelle "Les Champs-Élysées." Il s'agit d'une description de l'avenue à Paris. Tu vas l'aimer.

1. une bande dessinée
2. un roman
3. un magazine
4. un article
5. un blog
6. un poème
7. un conte
8. une chanson

4 Qu'est-ce qu'on lit et écrit?

Interpretive Listening

Écrivez les numéros 1–8 sur votre papier. Choisissez le mot ou l'expression qui correspond à chaque phrase que vous entendez.

A. un conte
B. un journal
C. un blog
D. une rédaction
E. une carte postale
F. un SMS
G. une pièce
H. une bande dessinée

5 Questions personnelles

Interpersonal Speaking

Répondez aux questions avec un partenaire.

1. À qui est-ce que tu envoies des SMS?
2. Est-ce que tu préfères lire des romans, des journaux, ou des magazines?
3. Comment s'appelle la bande dessinée que tu préfères?
4. Qu'est-ce que tu écris pour ton cours d'anglais?
5. Tu empruntes les livres ou les magazines de tes amis?

Ma grand-mère m'envoie des SMS de Tunisie.

Passionnés de lecture

Nicolas et Rachid discutent de ce qu'ils aiment lire.

Nicolas: Tu ne lis pas beaucoup de BD, toi, Rachid?

Rachid: Non, pas beaucoup… enfin, comme tout le monde: un ou deux Astérix.

Nicolas: *Astérix chez les Bretons* et *Le tour de Gaule*, j'espère?

Rachid: Comment tu as deviné?

Nicolas: Parce que c'est les meilleurs! Et les Tintin?

Rachid: Oh, deux que j'ai adorés: *Le trésor de Rackham le Rouge* et *Le secret de la Licorne*… ça vaut *Les Pirates des Caraïbes*!

Nicolas: Bon, eh bien… tu es prêt pour entrer dans l'univers de la BD. Je vais te faire découvrir *L'Incal* de Jodorowsky et Mœbius, et *Lanfeust de Troy* de Tarquin et Arleston. Le héros est un forgeron qui a des pouvoirs extraordinaires.

Rachid: Et moi, je vais te faire connaître un écrivain que j'adore: Tahar Ben Jelloun. Il écrit des poèmes, des contes, des romans, des essais….

Nicolas: Rien que ça! Et qu'est-ce que je dois lire de lui?

Rachid: *Le racisme expliqué à ma fille*, un livre très simple. Il s'agit d'une conversation entre le père et sa fille. Il explique très simplement des choses compliquées: le racisme, l'antisémitisme, les génocides, et l'apartheid.

Nicolas: Vendu! Je l'emprunte aujourd'hui.

6 Passionnés de lecture

Identifiez la personne ou les personnes décrite(s).

1. Qui pense qu'*Astérix chez les Bretons* et *Le tour de Gaule* sont très bons?
2. Qui adore *Le trésor de Rackham le Rouge* et *Le secret de la Licorne*?
3. Qui aime lire les bandes dessinées?
4. Qui recommande *L'Incal* de Jodorowsky et Mœbius, et *Lanfeust de Troy* de Tarquin et Arleston?
5. Qui va emprunter *Le racisme expliqué à ma fille*?

EXTENSION Paul cherche un best-seller

Paul parle au libraire de la librairie du coin.

Libraire: Au fait, vous cherchiez quoi?

Paul: Un livre que m'a conseillé un ami, mais j'ai oublié le titre et le nom de l'auteur.

Libraire: Et ça parle de quoi?

Paul: Il s'agit de l'histoire d'une civilisation perdue… l'auteur en a retrouvé la bibliothèque. C'est un best-seller.

Libraire: Je le connais. Suivez-moi!

EXTENSION Paul veut acheter et lire un livre d'essais, un roman, ou une anthologie de pièces de théâtre?

Pre-AP

Question centrale ? How do other cultures enrich our lives?

La Francophonie

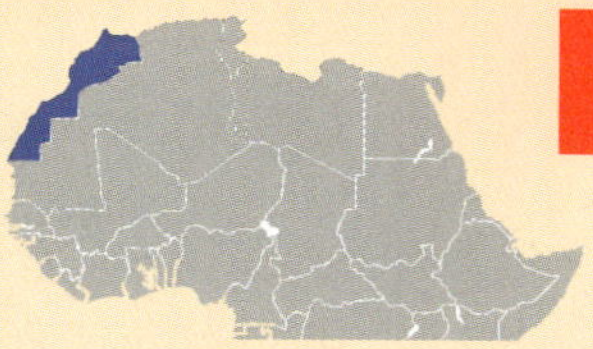

Profil touristique

Le Maroc

Le Maroc est un ancien protectorat français (1912) devenu indépendant en 1956. Aujourd'hui le Maroc est une monarchie constitutionnelle. Son roi s'appelle Mohammed VI; il est aussi le commandeur des croyants musulmans* du Maroc. Le Maroc fait partie de l'Organisation internationale de la Francophonie et il a des liens étroits* avec l'Union européenne. Le Maroc est la cinquième puissance économique d'Afrique.

Le Maroc longe (*follows*) l'océan Atlantique.

Le Maroc a une vie culturelle riche avec sa tradition musicale arabo-andalouse et une littérature classique engagée contre le conservatisme du pouvoir* (Mohamed Choukri, Driss Chraïbi, Abdelkébir Khatibi, et Tahar Ben Jelloun), et de nouveaux talents (Leïla Slimani, Abdellah Taïa, Malika Oufkir, Mahi Binebine, Nedjma, et Fouad Laroui). Le Maroc a une industrie cinématographique très active dominée par le talent du réalisateur Ahmed El Maânouni (*Transes*, *Les cœurs brûlés*) et Nabil Ayouch (*Les chevaux de Dieu*, *Much Loved*).

Profil du Maroc

Habitants	31 000 000
Religion	l'Islam (religion de l'État); libre exercice des cultes*
Langues officielles	arabe et amazighe (berbère)
Devise (*currency*)	le dirham marocain
Villes principales	Rabat (capitale politique), Casablanca (capitale économique), Marrakech (capitale touristique), Fès, Tanger, Agadir, Meknès
Industries principales	agriculture, pêche, tourisme, ressources en phosphates, entreprises européennes délocalisées (automobile, aéronautique, produits pharmaceutiques)
Port principal	Tanger (le plus grand port d'Afrique)
Films	*Lawrence d'Arabie, Gladiator, La Vengeance dans la peau (Jason Bourne), Star Wars: Le Réveil de la Force*

Recherche: tourisme au maroc, maroc destinations, tourisme maroc france diplomatie

croyants musulmans *Muslim believers*; **liens étroits** *close ties*; **pouvoir** *power*; **libre exercice des cultes** *freedom of religion*

Produits

Le racisme expliqué à ma fille de Tahar Ben Jelloun, né de questions que lui posaient sa fille et ***2084: La fin du monde*** de Boualem Sansal, sur le radicalisme religieux, sont des best-sellers marocains qui ont été traduits en plusieurs langues.

Mon dico arabe

bakchich *pourboire*
bled *village isolé*
charabia *incompréhensible*
flouze *argent*
kif kif *pareil, semblable*
ramdam *bruits de fête*
toubib *médecin*

Comparaisons

Connais-tu des auteurs ou acteurs influentiels arabes dans ton pays?

À DISCUTER

Quels livres as-tu lus qui traitent du thème du racisme?

Littérature

La bande dessinée francophone

Aventure franco-belge, la bande dessinée francophone a donné naissance à* de nombreux héros: Tintin, créé par Hergé, Spirou par Rob-Vel, Pif par José Cabrero Arnal, et Astérix le Gaulois créé par Albert Uderzo et René Goscinny. Tous sont nés dans des magazines qui ont connu un énorme succès: *Spirou*, *Le Journal de Tintin*, *Vaillant*, ou *Pilote*. Hergé et Goscinny sont peut-être les plus célèbres. Hergé est le créateur de Tintin, un reporter toujours accompagné de son chien Milou. Goscinny est le créateur d'Astérix et son compagnon Obélix, deux guerriers* gaulois; et de Lucky Luke, le cowboy qui tire* plus vite que son ombre*. Tous ces héros ont fait l'objet d'adaptations au cinéma en France et aux États-Unis. Aujourd'hui les héros de la bande dessinée sont les héros de science-fiction, comme *Valérian* (Jean-Claude Mézières), *Largo Winch* (Jean Van Hamme) et de *l'heroic fantasy*.

La bande dessinée a aussi son festival à Angoulême, fin janvier, depuis 1974. On y retrouve les artistes, les éditeurs, et les répresentatifs des maisons d'édition*. La bande déssinée a aussi son propre musée, le Musée de la BD, situé à Bruxelles, en Belgique.

Recherche: tintin site officiel, astérix site officiel, musée de la bd

a donné naissance à *gave birth to*; **guerriers** *warriors*; **tire** *fires (a gun)*; **ombre** *shadow*; **maisons d'éditions** *publishing houses*

Astérix est une bande dessinée très populaire en France.

7 Activités culturelles

Faites les activités suivantes.

1. Situez sur une carte les grandes villes marocaines mentionnées dans le texte.
2. Choisissez une ville et faites une présentation de cette ville en vous aidant d'Internet et des sites de ces villes.
3. Faites le portrait d'un héro de bande dessinnée francophone; vous pouvez chercher en ligne.

Recherche: tintin, astérix, valérian et laureline, largo winch, l'incal, lanfeust de troy, thorgal

4. Écrivez six phrases qui utilisent des mots arabes, par exemple: "Ta composition, c'est du charabia!"

Perspectives

Pour Tahar Ben Jelloun, on n'est pas raciste de naissance, on le devient. Défendez ou critiquez cette position.

Du côté des médias

Regardez la carte et les photos.

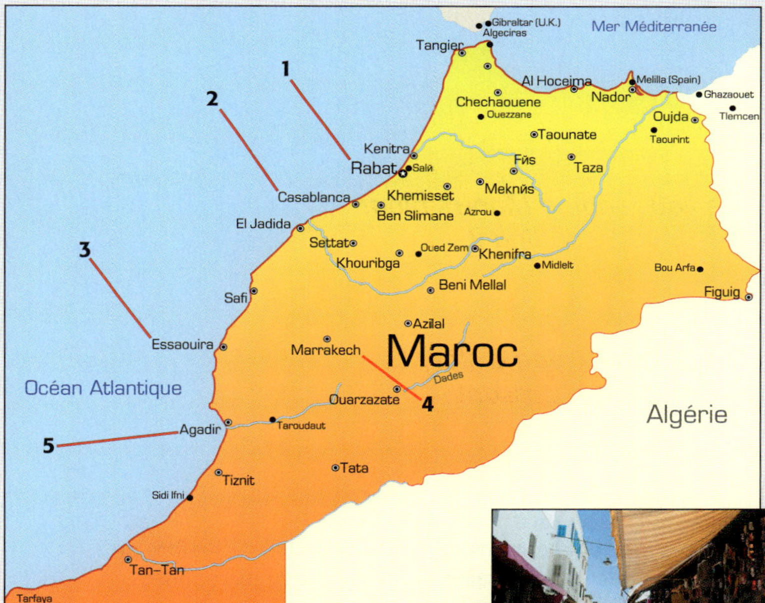

1. Rabat

8 Le Maroc

Faites les activités suivantes.

1. Écrivez une légende (*caption*) pour chaque photo (par exemple: **Je mange au restaurant à Marrakech**).
2. Vous faites le tour du Maroc en voiture. Commencez par Essaouira. Dites dans quel ordre logique vous allez visiter les villes de Rabat, Marrakech, Fès, et Tanger.
3. Vous voulez partir en vacances au Maroc pendant cinq jours. Choisissez une ville de la carte, puis trouvez des restaurants, des sites à visiter, et des activités à faire. Utilisez le web pour faire votre programme.

2. Casablanca

3. Essaouira

4. Marrakech

5. Agadir

Structure de la langue

Present Tense of the Irregular Verb *lire*

Est-ce que Mohammed lit le conte "Ali Baba et les quarante voleurs"?

Here are the present tense forms of the irregular verb **lire** (*to read*).

lire			
je	**lis**	nous	**lisons**
tu	**lis**	vous	**lisez**
il/elle/on	**lit**	ils/elles	**lisent**

Vous **lisez** le blog de Manu? Oui, nous le **lisons**. — *Are you reading Manu's blog? Yes, we are reading it.*

The past participle of **lire** is **lu**.

Les élèves ont **lu** un conte de Guy de Maupassant. — *The students read a story by Guy de Maupassant.*

Comparaisons

How many ways can you translate the following sentence into English?

Ils lisent le journal.

Which translation uses the present participle?

Connexions

English and American Literature

Faite une liste des meilleurs romans, poèmes, et pièces de théâtre de la littérature britannique et américaine, selon vous. Puis demandez à d'autres élèves de la classe s'ils ont lu ces livres et ces œuvres.

Traditions et pratiques

Les Français, qui ont un patrimoine littéraire important (fables du Moyen Âge, théâtre du 17ème siècle, philosophie du 18ème siècle, "siècle des Lumières" [*Age of Enlightenment*], romantisme et naturalisme du 19ème siècle, littérature engagée du 20ème siècle) lisent toujours beaucoup. Aujourd'hui, plus de 90% de la population âgée de 15 à 65 ans se considère un lecteur ou une lectrice. Les genres les plus populaires sont les romans, les livres pratiques et les bandes dessinées et mangas.

9 Qu'est-ce qu'on lit?

Presentational Speaking or Writing

Dites ce que tout le monde lit.

MODÈLE

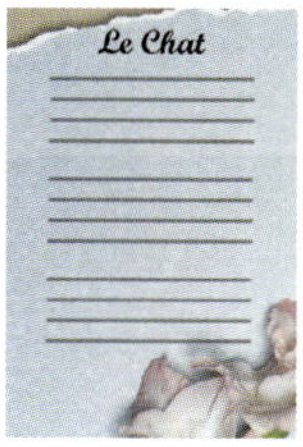

Nous **lisons un poème** en classe.

1. La prof… de Stendhal.

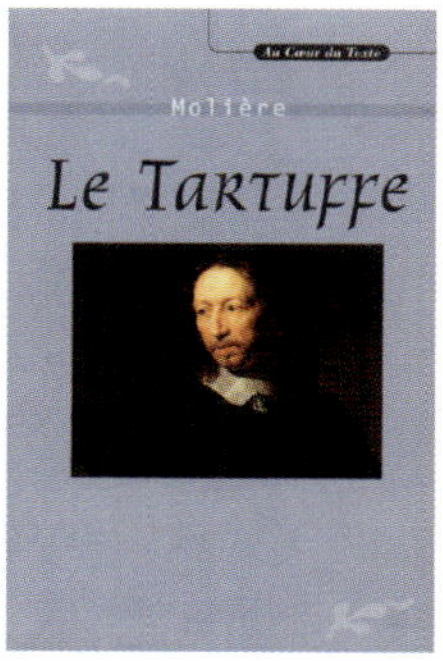

2. Les acteurs… de Molière.

3. Toi, tu….

4. Ton frère et toi, vous… de votre mère.

5. Qui… de Paris?

6. Je… de Perrault.

10 À l'école primaire

Presentational Speaking or Writing

Anne parle à sa mère du concours (contest) *de lecture à son école. Dites qui a beaucoup lu, bien lu, ou peu lu.*

MODÈLE Justin
Justin a peu lu.

X = peu
XX ou XXX = bien
XXXX ou plus = beaucoup

Tyler	XXXXXXXX
Brittany	X
Heather	XX
Damian	XXX
Madisen	XXXXXXXX
moi	XX
toi	XXXXXX
Tiffany	XXXXXX
Justin	X

1. toi, tu
2. Damian et moi
3. Brittany
4. moi, je
5. Brittany et Justin
6. Tiffany et toi
7. Tyler et Madisen

Present Tense of the Irregular Verb *écrire*

Here are the present tense forms of the irregular verb **écrire** (*to write*).

écrire			
j'	**écris**	nous	**écrivons**
tu	**écris**	vous	**écrivez**
il/elle/on	**écrit**	ils/elles	**écrivent**

Qui a écrit un message à l'agente secrète?

Vous **écrivez** un SMS à Thomas?
Non, je ne lui **écris** pas de SMS.

Are you writing a text message to Thomas?
No, I'm not writing a text message to him.

The irregular past participle of **écrire** is **écrit**.

Ils m'ont **écrit** pendant les vacances.

They wrote to me while on vacation.

11 On écrit

Interpretive Viewing, Presentational Speaking or Writing

Dites ce que les personnes suivantes écrivent selon les illustrations.

1. mon prof

2. moi, je

3. Maman

4. Khaled et Nicolas

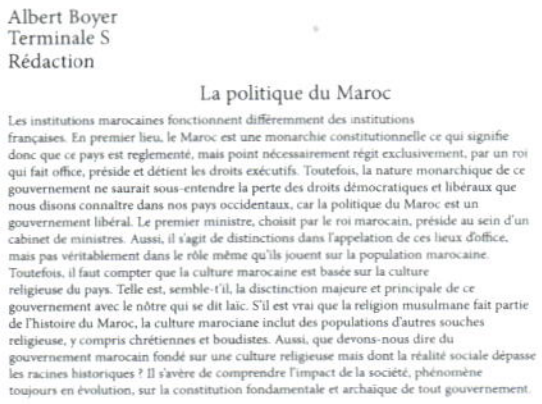

Albert Boyer
Terminale S
Rédaction

La politique du Maroc

Les institutions marocaines fonctionnent différemment des institutions françaises. En premier lieu, le Maroc est une monarchie constitutionnelle ce qui signifie donc que ce pays est reglementé, mais point nécessairement régit exclusivement, par un roi qui fait office, préside et détient les droits exécutifs. Toutefois, la nature monarchique de ce gouvernement ne saurait sous-entendre la perte des droits démocratiques et libéraux que nous disons connaître dans nos pays occidentaux, car la politique du Maroc est un gouvernement libéral. Le premier ministre, choisit par le roi marocain, préside au sein d'un cabinet de ministres. Aussi, il s'agit de distinctions dans l'appelation de ces lieux d'office, mais pas véritablement dans le rôle même qu'ils jouent sur la population marocaine. Toutefois, il faut compter que la culture marocaine est basée sur la culture religieuse du pays. Telle est, semble-t'il, la disctinction majeure et principale de ce gouvernement avec le nôtre qui se dit laïc. S'il est vrai que la religion musulmane fait partie de l'histoire du Maroc, la culture marociane inclut des populations d'autres souches religieuse, y compris chrétiennes et boudistes. Aussi, que devons-nous dire du gouvernement marocain fondé sur une culture religieuse mais dont la réalité sociale dépasse les racines historiques ? Il s'avère de comprendre l'impact de la société, phénomène toujours en évolution, sur la constitution fondamentale et archaïque de tout gouvernement.

5. Maude et moi, nous

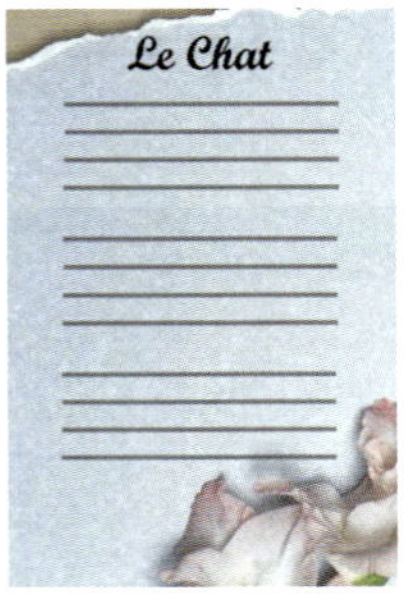

6. toi, tu

7. Noah et toi, vous

12 Les rédactions pour le cours de littérature

Interpretive Viewing, Presentational Speaking or Writing

Selon les notes (grades) suivantes, dites si les élèves ont bien, mal, ou assez bien écrit leur rédaction.

Nom	Note
Noah	6/20
moi	13/20
toi	18/20
Julien	7/20
Julie	8/20
Nasser	19/20
Sophie	14/20

1. Nasser et toi, vous
2. Noah et Julie
3. Sophie et moi, nous
4. toi, tu
5. Julien
6. Julie et Julien
7. Nasser

MODÈLE Sophie
Sophie a assez bien écrit sa rédaction.

J'ai reçu une note de 13/20 pour ma rédaction. Je suis assez content.

13 Qui lit? Qui écrit?

Interpretive Listening

*Écrivez les numéros 1–8 sur votre papier. Écoutez les phrases. Écrivez **L** si les personnes mentionnées lisent ou **E** si elles écrivent.*

Communiquez!

14 Un profil de lecture

Interpersonal Speaking, Presentational Writing

Interview a classmate about what he or she reads. Ask your classmate **Lis-tu…?** Write down the answers in a chart like the one below. Ask your classmate to give one or two examples. Then make a profile of your classmate's reading habits for your group.

Lis-tu…?

Ce qu'il/elle lit	Oui/Non	Au sujet de.... (Exemples)
1. des BD		
2. le journal papier		
3. le journal en ligne		
4. des magazines		
5. des romans		
6. des blogs		
7. des SMS		

15 Vingt questions

Interpersonal Speaking

In groups of three or four, each person writes the title of a well-known book on an index card. Then exchange cards with another group. One person from each group will begin by answering questions from the rest of the group about the title on his or her card. The group member who correctly identifies the book title becomes the next person to answer questions about what is on his or her index card. Repeat until your group has guessed all titles. To make the game more competitive, challenge another group to a speed round–the group that correctly guesses all titles on their cards first wins the game.

16 Le nouveau manga

Presentational Speaking

Japanese science fiction and fantasy manga have become very popular in France. In fact, French and Belgian comic strip writers are now collaborating with Japanese artists to write their own manga: **le manfra** (mix of "**manga**" and "**français**"). Find some of these artists and read their comics online. Share what you have learned with the class about the storylines, settings, and characters.

Recherche: mangas auteurs francais, mangas belges, actualité manga, manfra

17 Rencontres littéraires

Presentational Writing

In small groups, research different popular novels or comics from French and French-speaking authors, such as those mentioned in this lesson. Then each group member chooses one or two books from one author and creates a presentation with images of the author and a description of the work(s), including the genre, the audience, and a summary of the story or plot. If possible, display the presentations in your school media center.

Recherche: bande dessinée populaire, roman best-seller decitre, kamel daoud, boualem sansal, tahar ben jelloun, mœbius, van hamme

18 Mon premier roman

Presentational Writing and Speaking

Pretend you are starting a writing career. You have written a young adult novel in French, and you want the world to discover it. Design a book jacket that will wrap around the hardback edition of your novel. Create an illustration for the front and back, a title for the book spine, as well as a brief description of your story that will go on the inside flap. This description will serve as a hook for your potential audience and make them want to read more. Print it and wrap it around a book. Bring your "novel" to class and present it to one classmate at a time.

Recherche: romans pour ados, romans jeunesse

Prononciation

Linking Consonants with Vowels

» In spoken French, when a word ending in a pronounced consonant is followed by a word beginning with a vowel sound, the consonant sound is linked to the vowel. This is called **enchaînement consonantique**.

J'arrive ⌒ à quatre ⌒ heures.

A **Ce que je fais**

Répétez les phrases suivantes. Faites attention à l'enchaînement consonantique.

1. J'écris un blog ⌒ et je surfe sur Internet.
2. J'envoie ma pièce ⌒ aux éditeurs.
3. Elle lit un conte ⌒ aux enfants.
4. J'écris un message ⌒ à mon amie.
5. Tu envoies une lettre ⌒ à Jean-Paul?

B **Fais ceci!**

Écrivez les phrases suivantes sur une feuille de papier. Marquez l'enchaînement consonantique que vous entendez dans chaque phrase.

MODÈLE **Apporte ⌒ un livre!**

1. Apporte un journal!
2. Emprunte un roman à la bibliothèque!
3. Mange avec nous!
4. Écoute avec attention!
5. Envoie une carte postale à Claire!

Unpronounced Consonants

» When a word ends in a vowel sound or unpronounced consonant, there is no linking, but rather a continuous vowel sound, or **enchaînement vocalique**.

Il écrit ⌒ une lettre.

C **Enchaînement vocalique**

Répétez les phrases suivantes. Faites attention à l'enchaînement vocalique.

1. J'écris ⌒ un roman.
2. Tu lis ⌒ une lettre.
3. Il a invité ⌒ Hélène.
4. Nous avons vu ⌒ Annie.

D **Pratiquons!**

*Est-ce que les enchaînements sont consonantiques ou vocaliques? Écrivez **EC** si vous entendez un enchaînement consonantique ou **EV** un enchaînement vocalique.*

Leçon B Vocabulaire actif

La musique

Musique à télécharger: Artistes, genres et discographies (f.)

Gautier Capuçon
(violoncelliste français)
Téléchargement MP3 EUR 9,99

la musique classique

Les Amazones d'Afrique
(groupe malien)
Téléchargement MP3 EUR 10,99

la musique du monde

Pascal Obispo
(chanteur français)
Téléchargement MP3 EUR 0,99

la musique pop

Phoenix
(groupe français)
Téléchargement MP3 EUR 10,99

le rock

Cécile McLorin Salvant
(chanteuse franco-américaine)
Téléchargement MP3 EUR 9,99

le jazz

Nuttea
(chanteur martiniquais)
Téléchargement MP3 EUR 10,99

le reggae

David Guetta
(DJ français)
Téléchargement MP3 EUR 10,99

la techno

Maître Gims
(chanteur français)
Téléchargement MP3 EUR 10,99

le rap

Cheba Zahouania
(chanteuse algérienne)
Téléchargement MP3 EUR 10,99

le raï

Les instruments

un saxophone

une clarinette

une guitare

un piano, un violon, un violoncelle

une batterie

une trompette

un trombone

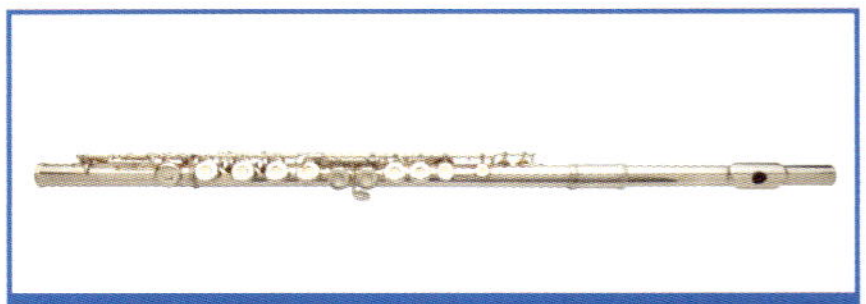

une flûte

un synthé(tiseur)

Les instruments arabes

un oud

un nay

un tambour

Pour la conversation

How do I ask if someone plays a musical instrument?

» **Tu joues d'**un instrument?
Do you play a musical instrument?

How do I say what instrument I play?

» Je joue de la flûte.
I play the flute.

Et si je voulais dire...?

une contrebasse	*bass, double bass*
un orchestre	*orchestra*
un piano à queue	*grand piano*
un son	*sound*
une tournée	*tour*
applaudir	*to applaud*
huer	*to boo, hiss*

1 La musique dans ma famille

Interpretive Reading

Lisez le paragraphe. Ensuite, associez un genre de musique à chaque membre de la famille de Léo.

MODÈLE la tante de Léo
le jazz

J'apprécie tous les genres de musique parce que les membres de ma famille sont très forts en musique. Ma mère joue de la clarinette dans un orchestre. Mon père joue de la guitare dans un groupe de rock. Ma sœur, qui a 14 ans, joue de la batterie à l'école. Mon grand-père est membre d'un groupe folklorique qui chante des chansons traditionnelles françaises comme "Auprès de ma blonde." Ma tante joue du saxophone et chante dans un groupe de jazz. Et moi? Je joue du synthé dans un groupe techno!

1. la mère de Léo
2. le grand-père de Léo
3. le père de Léo
4. Léo
5. la sœur de Léo

De quel instrument joue la sœur de Léo?

2 Qu'est-ce qu'ils préfèrent écouter?

Interpersonal Speaking

À tour de rôle, demandez à votre partenaire ce que les gens qu'il ou elle connaît préfèrent écouter.

MODÈLE tes grands-parents
A: Qu'est-ce que tes grands-parents préfèrent écouter?
B: Mes grands-parents préfèrent écouter le rock des années 70.

1. ton frère ou ta sœur
2. tes cousins
3. ton ou ta meilleur(e) ami(e)
4. ta tante
5. ton oncle
6. ton prof

3 De quel instrument est-ce qu'ils jouent?

Interpretive Viewing, Presentational Speaking

Dites de quel instrument chaque élève joue.

1. Joséphine

2. Leïla

3. Théo

4. Stéphanie

5. Bruno

6. Karim

7. Éric

8. Martine

4 Tu joues de quel instrument?

Interpretive Listening and Viewing

Écrivez les numéros 1–8 sur votre papier. Écoutez les différents adolescents parler des instruments dont ils jouent. Écrivez la lettre qui correspond à la bonne image.

A.

B.

C.

D.

E.

F.

G.

H.

5 Questions personnelles

Interpersonal Speaking

Répondez aux questions avec un partenaire.

1. Est-ce que tu joues d'un instrument?
2. Est-ce que tu préfères le hip-hop ou la musique pop?
3. Quel est ton musicien ou groupe préféré?
4. Qu'est-ce que tes parents aiment écouter?
5. Quel est ton instrument préféré?

Le raï

Rachid et Madiba vont à la FNAC.

Rachid: C'était superbe, le concert hier soir.
Madiba: Quel concert? DJ Djeb sur Urban Hit?
Rachid: Non, sur Wahrai*. Tu connais?
Madiba: Wahrai? C'est différent d'Urban Hit?
Rachid: Wahrai, c'est la radio officielle du raï en direct d'Oran. Tu l'écoutes sur Internet, c'est incroyable.
Madiba: Et qu'est-ce qu'on entend?
Rachid: Tout—le raï traditionnel, la Cheikha Rimitti, elle est super top! Et puis Khaled, le raï funk, reggae, rap, hip-hop… tout, quoi. Non, c'est génial.
Madiba: J'aimerais bien apprendre à jouer d'un instrument traditionnel. Toi, tu joues de quoi?
Rachid: J'essaie de jouer de l'oud, mais c'est difficile et… puis je n'ai pas assez de temps.
Madiba: Bon, on est venu chercher quoi?
Rachid: Ben, le dernier Faudel, *Bled Memory.*
Madiba: On l'écoute d'abord? Je sais qu'il est en écoute libre.
Rachid: Si tu veux.

***Je parle bien!**

« The word **raï** is one of few French words that have the English sound in *tie*. To pronounce the radio name **Wahrai**, say ***wa-rye***. »

6 Le raï

Répondez aux questions.

1. Quel groupe est-ce que Rachid a écouté hier soir?
2. D'où vient Wahrai?
3. Qu'est-ce que Rachid écoute comme musique?
4. Qui joue d'un instrument traditionnel?
5. Qu'est-ce que Rachid veut acheter?
6. Qu'est-ce qu'on peut faire avant d'acheter de la musique à la FNAC?

EXTENSION

De quel instrument aimeriez-vous jouer?

Un journaliste interviewe des gens devant la FNAC.

Journaliste: De quel instrument aimeriez-vous jouer? Et parce que nous sommes curieux: pourquoi?
Passante 1: Du violon… c'est tellement romantique.
Passante 2: Moi, je voudrais jouer du piano… parce que ma mère en jouait.
Passant 3: De la guitare… à cause des classiques des années 80. J'aime tout ce qui est rétro!
Passant 4: Sans hésiter, du saxophone… pour être Robert De Niro qui fait la cour à Liza Minnelli dans *New York, New York*.
Passante 5: De la flûte comme on en jouait dans les châteaux de la Renaissance.

EXTENSION Qui est influencé par d'autres arts dans sa réponse à la question du journaliste? Qui a une réponse historique? Qui a une réponse personnelle?

Points de départ

Pre-AP

Question centrale ? How do other cultures enrich our lives?

La Francophonie

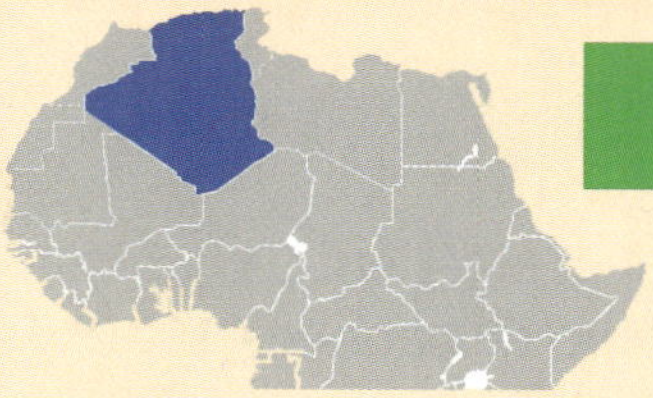

Profil touristique

L'Algérie

Colonie française de 1830 à 1962, l'Algérie est devenue indépendante après une guerre* d'indépendance qui a duré huit ans (1954–1962). Plus de 300 000 personnes sont mortes* dans la guerre, et un million d'Européens appelés les "pieds-noirs" sont venus en France. Aujourd'hui l'Algérie est le plus grand pays du Maghreb. C'est un pays jeune: 70% de ses habitants ont moins de 30 ans. L'économie algérienne est dominée par l'exploitation du pétrole et du gaz, qui lui assurent 97% de ses revenus.

Des ruines romaines sur la plage de Tipaza, en Algérie

Même si* l'Algérie ne fait pas partie de l'Organisation internationale de la Francophonie, c'est le plus grand pays francophone après la France. Ses élites culturelles, politiques, économiques, et universitaires s'expriment en français. Les chaînes de télévision les plus regardées sont les chaînes françaises. Le français est souvent la langue de communication dans les domaines des affaires, de l'éducation, et des arts. L'Algérie a aussi plusieurs sites d'intérêt touristique: des ruines romaines comme Timgad et Tipaza, des plages, des oasis (M'zab), et des paysages du Sahara (Tassili, Hoggar).

Profil de l'Algérie

Habitants	41 300 000	**Religion**	l'Islam
Langues officielles	arabe et tamazight (berbère)	**Devise** (*currency*)	le dinar
Villes principales	Alger (capitale), Sétif, Oran, et Constantine	**Industries principales**	le pétrole, le gaz
Écrivains	Mohamed Dib, Kateb Yacine, Assia Djebar, Rachid Boudjedra, Rachid Mimouni, Leïla Sebbar, Yasmina Khadra, Boualem Sansal et Karem Daoud		
Cinéastes	Mohammed Lakhdar-Hamina (*Le vent des Aurès*, *Chronique des années de braise*), Merzak Allouache (*Omar Gatlato*), Nadir Moknèche (*Viva Laldjérie*), Rachid Bouchareb (*Indigènes*, *Hors-la-loi*)		

Recherche: guide de voyage algérie, algérie jeune afrique

guerre *war*; **sont morts** *died*; **Même si** *Even though*

Musique

Le raï

Le raï est la musique typique de l'Ouest algérien. Sa capitale artistique est Oran. Forme traditionnelle des années 1930, il a beaucoup évolué depuis les années 1970 avec les apports* de nouveaux instruments (batterie, guitare électrique, synthétiseur) et les influences du rock, du reggae, et du funk. Une nouvelle génération d'interprètes a largement contribué à populariser le raï: Khaled, Faudel, Rachid Taha. Ils ont renouvelé* les formes du raï ainsi que les thèmes pour créer un raï à la fois* protestataire et toujours sentimental. Les influences R'n'B et rap ont consacré de nouveaux artistes comme Cheba Zahouania (raï R'n'B) et L'Algérino (raï rap).

Recherche: wahrai la radio officielle du raï

apports *contributions*; **renouvelé** *renewed*; **à la fois** *at the same time*

Traditions et pratiques

La population de l'Algérie est composée de 83% d'Arabes et de 13% de Berbères de Kabylie. Ces deux groupes parlent une langue différente, l'arabe et le berbère.

Produits

Indigènes est un film du metteur en scène algérien Rachid Bouchareb. Les héros sont des soldats maghrébins dans la Deuxième Guerre mondiale (*World War II*) que l'on appelle "indigènes." Face à la désillusion due à la discrimination, ils trouvent néanmoins (*nevertheless*) une conscience politique et de l'espoir (*hope*).

Comparaisons

Quels genres de musique américaine ont évolué depuis les années 1970?

Faudel

Faudel a été appelé "le petit prince du raï." D'origine algérienne kabyle, il est né français en 1978 à Mantes-la-Jolie, dans la région parisienne. À 18 ans, il devient une star du raï avec "Tellement N'Brick" et reçoit le prix de "Révélation de l'année" en 1999. En 1998, il participe avec Khaled et Rachid Taha à la plus grande soirée raï jamais organisée en France: "1, 2, 3, Soleil" qui réunit 20 000 personnes à l'Arena de Bercy à Paris. Ses plus grands succès sont les albums *Samra*, *Un autre soleil*, et *Mundial Corrida* en 2006 avec la chanson "Mon pays." Devenu acteur, il joue au cinéma avec Audrey Tautou dans le film ***Le battement d'ailes du papillon***.

Recherche: faudel le site officiel, vidéo mon pays faudel, bercy

Faudel à la Fête de la musique

Instruments traditionnels

L'oud est le plus vieil instrument de la musique arabe. C'est une sorte de luth* qui existe depuis le 6ème siècle. Il est utilisé comme instrument d'accompagnement ou comme instrument solo. Le nay est une flûte en roseau*. Dans la tradition arabe, le style est rythmique et le son aigu*.

Recherche: tout savoir sur l'oud

luth *lute [stringed instrument]*; **roseau** *reed*; **aigu** *high-pitched*

C'est un oud, un instrument traditionnel de musique raï.

7 Activités culturelles

Faites les activités suivantes.

1. L'Algérie: à quoi correspondent ces chiffres?
   - 300 000
   - 1 million
   - 70%
2. Comparez le Maroc et l'Algérie selon ces critères:
   - population
   - religion
   - langue officielle
   - devise
   - aspects culturels
3. Complétez cette carte d'identité du raï:
   - description des chansons
   - interprètes
   - influences
4. Faites des recherches et créez une petite biographie de Faudel.

Recherche: faudel

5. Dites quel instrument arabe est à cordes (*strings*).

Perspectives

Dans sa chanson "Tellement n'Brick," Faudel chante en français et en arabe. Pour quel groupe de la population française chante-t-il en arabe?

Du côté des médias

Lisez les titres des albums de Faudel.

1997 – Baïda
Télécharger

2001 – Samra
Télécharger

2004 – Une autre société
Télécharger

2006 – Mundial Corrida
Télécharger

2007 – L'essentiel faudel
Télécharger

2009 – Bled Memory
Télécharger

BAÏDA MON AMOUR

Écouter des extraits du nouvel album de Faudel sur son Myspace.

NEWSLETTER
S'inscrire à la newsletter

8 La discographie de Faudel

Répondez aux questions.

Je me souviens
Mon pays
Tellement N'Brick
C'est la vie
Un autre soleil
Des enfants
Je veux vivre
Baïda

1. Cherchez la signification (*meaning*) des titres "Baïda" et "Samra." Qu'est-ce que le mot *bled* veut dire en arabe? À quoi fait allusion "Bled Memory?"
2. Quel album a les meilleurs hits de Faudel? Pourquoi?
3. Écoutez la chanson "Mon pays." Comment comprenez-vous le titre?

Present Tense of the Irregular Verb *savoir*

Martine sait-elle bien jouer du violon?

The verb **savoir** (*to know, to know how*) is irregular.

savoir			
je	**sais**	nous	**savons**
tu	**sais**	vous	**savez**
il/elle/on	**sait**	ils/elles	**savent**

Vous **savez** jouer du violon? — *Do you know how to play the violin?*
Non, mais je **sais** jouer du piano. — *No, but I know how to play the piano.*

The past participle of **savoir** is **su**. The verb **savoir** in the **passé composé** means *to find out.*

Elle a **su** prendre le métro. — *She found out how to use the subway.*

Comparaisons

What is included in the English sentence that does not need to be translated in the French sentence?

I *know how to* rollerblade.
Je **sais faire** du roller.

9 Ils savent jouer d'un instrument

Interpretive Viewing, Presentational Speaking or Writing

Dites de quel instrument les personnes suivantes savent jouer.

MODÈLE

Hamza
Hamza sait jouer **du synthé**.

1. Jacques

2. tu

3. Vincent et Florence

4. je

5. Marc et moi, nous

6. Éric et toi, vous

7. Virginie et Chloé

Les filles savent jouer de quels instruments?

10 Est-ce que tu sais...?

Interpersonal Speaking

Trouvez quelqu'un dans la classe qui sait faire les activités suivantes.

MODÈLE faire du cheval
A: Sais-tu faire du cheval?
B: Oui, je sais faire du cheval.
ou
Non, je ne sais pas faire du cheval.

1. faire une omelette
2. conduire une voiture
3. expliquer un problème de maths
4. imprimer un billet d'avion
5. télécharger une chanson française
6. vérifier l'huile d'une voiture
7. commander le petit déjeuner dans un hôtel français
8. dessiner
9. traire les vaches
10. parler allemand

Present Tense of the Irregular Verb *connaître*

Another verb that means *to know* is **connaître**. It is also irregular. The verbs **connaître** and **savoir** are used in different situations.

connaître			
je	**connais**	nous	**connaissons**
tu	**connais**	vous	**connaissez**
il/elle/on	**connaît**	ils/elles	**connaissent**

L'oiseau connaît cette chanson, mais il ne l'aime pas.

Vous **connaissez** ma cousine? — *Do you know my cousin?*
Non, je ne la **connais** pas. — *No, I don't know her.*

Use **connaître** to say that you are familiar or acquainted with people, places, or things.

Est-ce que tu **connais** Lyon? — *Do you know Lyon?*
Pierre **connaît-il** les affiches de Toulouse-Lautrec? — *Is Pierre familiar with Toulouse-Lautrec's posters?*

The irregular past participle of **connaître** is **connu**. The verb **connaître** in the **passé composé** means *met.*

Elle a **connu** Caro à l'école. — *She met Caro at school.*

11 Est-ce qu'on connaît...?

Presentational Speaking or Writing

Dites que tout le monde connaît la famille (relatives) *de Moussa, mais pas la famille de Jacqueline.*

MODÈLES Alexandre (le cousin de Moussa)
Il le connaît.

moi, je (la grand-mère de Jacqueline)
Je ne la connais pas.

1. toi, tu (le frère de Moussa)
2. Anne et Claire (la cousine de Jacqueline)
3. moi, je (le père de Moussa)
4. Luc et moi (la tante de Jacqueline)
5. Solange et toi (le cousin de Jacqueline)
6. Mireille (les parents de Moussa)
7. Mélanie et Momo (la sœur de Moussa)

Comparaisons

What are the English equivalents of the sentences below?

Je connais un bon roman.
Je sais que tu vas l'aimer.

Does English use a different verb to express knowing people or things versus knowing information or how to do something?

12 Tu connais l'Algérie?

Interpretive Listening

*Écrivez les numéros 1–8 sur votre papier. S'il faut utiliser **savoir**, écrivez **S**, ou s'il faut utiliser **connaître**, écrivez **C**.*

13 Une rédaction

Presentational Writing

*Complétez les phrases avec la bonne forme du verbe **savoir** ou **connaître**.*

1. Je... qu'on doit écrire une rédaction sur l'artiste Toulouse-Lautrec.
2. Je... ses affiches du Moulin Rouge à Montmartre.
3. Mes camarades de classe et moi, nous... que Toulouse-Lautrec aimait peindre les chevaux aussi bien que les chanteurs et danseuses.
4. Toi, tu... le musée de Toulouse-Lautrec à Albi.
5. ...-tu si c'est un peintre réaliste ou moderne?
6. Je ne... pas où commencer ma rédaction.

14 Est-ce que tu connais...?

Interpersonal Speaking, Interpretive Viewing

À tour de rôle, demandez si votre partenaire connaît les personnes et choses suivantes.

affiches poème footballeur chanteur pays quartier musée monument poète château-hôtel château

MODÈLE

A: Est-ce que tu connais ce footballeur?
B: Oui, je le connais. C'est Zinédine Zidane.
ou
Non, je ne le connais pas. Est-ce que tu le connais?

Il pleure dans mon cœur comme il pleut sur la ville.

1. 

2. 

3. 

4. 

5. 

6. 

7. 

8. 

9. 

10. 

Question centrale ? How do other cultures enrich our lives?

Communiquez!

15 L'instrument le plus populaire

Interpersonal Speaking, Presentational Writing

Create a grid like the one below, listing in the second column the instruments you have learned in French. Then poll your classmates to find out which instrument(s) they play now or used to play in the past. Record their answers in the grid. Which instruments are the most popular? Write a paragraph that summarizes the results of your survey.

Tu joues ou jouais de quel instrument?			
Prénom	**Instrument**	**Jouait**	**Joue maintenant**

MODÈLE **Trois élèves jouent du violoncelle. Deux élèves jouent de la clarinette.**

16 Une discographie

Presentational Writing and Speaking

Create a list of albums of a famous French or Maghreb **raï** singer. Include the release date and the titles of the songs. Listen to some of the songs online, and put an asterisk by the names of the songs you recommend. Present your favorite song to the class. Distribute the lyrics. In your introduction, give the title, explain what it is about, and say why you like it.

Recherche: chanteurs de raï, chanteuses de raï

17 Mon groupe de musique

Interpersonal Speaking, Presentational Writing

You and a friend are forming a band. Write a conversation and role-play it for your teacher and classmates. In your conversation, you should present the type of music you want to play (you may compare your style to that of an actual band or singer), what musicians you are looking for, titles of songs you are writing and what they are about, and where you would like to play your music (venues, on the Internet, etc.).

Pre-AP

Communiquez!

Character Sketch

Writing a character sketch is one way to introduce a real or imaginary character to your audience. A character sketch may include the following:

- a physical description
- a description of the person's personality
- what the character says
- what the character does
- what the character thinks
- what the character likes and dislikes
- what others say about the character
- what others think about the character
- what others do to the character
- the setting in which the character finds himself or herself

18 Le personnage principal dans *Le secret de Louise*

Interpretive Reading

Read the selection below. Then identify the ways in which the author presents Anne, choosing from the ten choices above.

Anne est allemande: elle vient d'un petit village près de Munich, en Bavière, et elle étudie le français à l'université. Elle se trouve à Bordeaux pour une période de cinq mois grâce à une bourse d'études (*scholarship*). Elle veut améliorer (*to improve*) sa connaissance de la langue française et voyager un peu pour connaître la France. La mère d'Anne est française: voilà pourquoi elle s'intéresse à cette langue.... Anne adore aller à la plage, et dans cette région elle a la possibilité d'y aller très souvent.

19 Je connais quelqu'un qui....

Interpersonal Speaking

In small groups, take turns describing a real person or a fictional character on TV, in film, or from a book. Begin with a description of the person's general characteristics and end with more specific details that reveal something about his or her personality. Use some of the elements of description outlined above. The members of your group will then try to guess the character's identity.

20 Portrait d'un personnage

Presentational Writing

Choose one of the options below to write a character sketch.

1. Write a character sketch like the one about Anne.
2. Write a character sketch of someone who has a different educational and cultural background from Anne's.
3. Write a character sketch of someone who is about the same age as Anne, but who has different goals.
4. Write a character sketch of a French person Anne gets to know while studying in France.
5. Write a character sketch that shows how Anne has changed at the end of her stay in France.

Le secret de Louise

Leçon C

Vocabulaire actif

Les accessoires et les bijoux

Les accessoires (m.)

un peignoir de bain

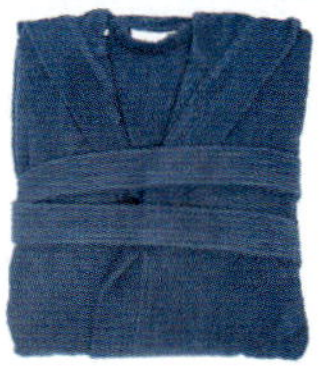

en velours

un mouchoir

en papier

un pyjama

en coton/en lin

un bonnet

en laine

un foulard

en soie

un portefeuille

en cuir

une ceinture

en cuir

des sandales

en cuir

un sac à main

en cuir

Les bijoux (m.)

un collier

en perles

un bracelet

gravé

des boucles d'oreille (f.)

en argent

une montre

en or

une bague

en diamant

Pour la conversation

How do I begin a letter to someone I know well?

» **Cher**…. /**Chère**….

Dear….

How do I end a letter to someone I know well?

» Je t'embrasse **affectueusement**.

Affectionately yours,

How do I thank someone?

» **Je vous remercie de votre hospitalité.**

Thank you for your hospitality.

Et si je voulais dire…?

une alliance	*wedding ring*
un bijou-fantaisie	*costume jewelry*
des lunettes (m.) de soleil	*sunglasses*
un parapluie	*umbrella*
un pendentif	*pendant*
une pierre précieuse	*precious stone*
des sous-vêtements (m.)	*undergarments*

1 Une lettre de remerciement

Interpretive Reading

Lisez la lettre de Patrick. Ensuite dites si chaque phrase qui suit est vraie ou fausse. Corrigez les phrases fausses.

Mes chers amis,

Je vous remercie de votre hospitalité. C'était gentil de m'inviter chez vous pendant la conférence. Monique, est-ce que tu peux m'envoyer ta recette pour le gâteau aux cerises? Je voudrais qu'Hélène le prépare pour mon anniversaire. Je vous offre quelques cadeaux de remerciement: un foulard en soie pour Monique, un portefeuille en cuir pour Julien, des boucles d'oreilles en argent pour Cécile, et un bracelet gravé pour Marcel.

Je vous embrasse affectueusement,

Patrick

1. Patrick est allé chez ses amis quand il a visité leur ville.
2. Il a aimé un plat que Monique a préparé.
3. Il n'a pas envoyé de cadeaux de remerciement à ses amis.
4. Il a offert un foulard en soie à Cécile.
5. Il a offert un bracelet gravé à Monique.

2 Qu'est-ce qu'on porte?

Interpretive Viewing, Presentational Speaking

Dites ce que les personnes suivantes portent.

1. Mlle Hassan

2. M. Leclair

3. Monique

4. Rachid

3 Au grand magasin

Interpretive Viewing, Presentational Speaking

Dites en quoi est fait chaque article et combien il coûte.

cuir argent or soie laine or et diamant

MODÈLE les boucles d'oreilles
Les boucles d'oreilles en perles coûtent 55 euros.

1. la bague
2. le bonnet
3. le bracelet
4. le collier
5. le sac à main
6. le mouchoir
7. le portefeuille

4 L'anniversaire

Interpretive Listening

Écoutez la conversation entre Awa et sa copine Karine. Faites une liste en anglais des cadeaux qu'Awa a reçus.

5 Questions personnelles

Interpersonal Speaking

Répondez aux questions avec un partenaire.

1. Quels sont les accessoires que tu portes souvent?
2. Quels accessoires est-ce que tu portes en hiver? en été?
3. Qu'est-ce que tu portes à l'école aujourd'hui?
4. Qu'est-ce que tu portes quand tu vas à la plage? au théâtre? au restaurant?
5. À qui est-ce que tu donnes des bijoux?

Du courrier de Tunisie

Nicolas et sa famille reçoivent du courrier de Tunisie.

Nicolas: Tiens, Papa, tu as vu? Il y a du courrier de Tunisie.
Père: Ça doit être Samir. J'attendais une lettre de lui.
Nicolas: Oui, c'est le nom de sa société sur l'enveloppe.
Père: Et qu'est-ce qu'il dit, Samir? Ah, c'est une lettre pour toute la famille.
Nicolas: Tu nous la lis?
Père: "Chers amis,
Je suis encore tout dans le souvenir de mon séjour parisien. Quel plaisir de travailler avec Alain... mais surtout quel plaisir de vous revoir toutes et tous. La soirée passée chez vous a été merveilleuse. Merci à Isabelle pour le délicieux dîner; elle a l'art de recevoir."
Mère: C'est joliment dit.
Père: "Et puis comme Nicolas a changé: il m'a étonné par ses réflexions, son engagement, son sérieux aussi...." Là, il exagère un peu.
Nicolas: Pas du tout! Continue!
Père: "Et la petite Chloé est en train de devenir une jolie jeune fille bien charmante. Je vous remercie tous de votre hospitalité et je vous embrasse tous affectueusement."
Nicolas: On a aussi reçu un paquet, Papa. Je l'ouvre?
Père: Oui, vas-y.
Nicolas: Oh, c'est la caverne d'Ali Baba, plutôt d'Ali-Samir! Il nous envoie des cadeaux tunisiens: des sandales pour Chloé, un portefeuille en cuir pour Papa, un foulard en soie pour Maman.
Mère: Et pour toi?
Nicolas: Je ne vous le dirai pas!

Stratégie

Make a chart with three columns: one for the name of each character in the dialogue. Add three rows: one for a trait that Samir appreciates about each person, and one for the gift each receives. Fill out your chart.

Des sandales en cuir

Un portefeuille en cuir

Des foulards en soie

6 Du courrier de Tunisie

Complétez chaque phrase avec une expression de la liste.

un portefeuille en cuir | **une lettre et un paquet** | **de recevoir** | **de Tunisie** | **se souvient**

1. Il y a du courrier... pour Nicolas et ses parents.
2. Samir, l'ami du père de Nicolas, a envoyé....
3. Samir... de son séjour à Paris avec plaisir.
4. Selon Samir, la mère de Nicolas a l'art....
5. Le père de Nicolas a reçu... comme cadeau de Samir.

EXTENSION La liste des cadeaux de Noël

Vanessa et Romain, étudiants à l'université, vont donner des cadeaux ensemble cette année.

Vanessa: Je n'arrive pas à faire la liste des cadeaux.

Romain: Ce n'est pourtant pas compliqué... donne-moi ça. Je résume: un peignoir de bain en velours pour Mamy, un bonnet en laine pour Papy, des mouchoirs en lin pour notre père, des boucles d'oreilles en vieil argent pour notre mère... et pour notre petite sœur?

Vanessa: J'avais pensé un bracelet, mais elle n'aime pas porter de bijoux. Rien ne va! Débrouille-toi!

Romain: Pas de problème... ils sont combien? Cinq, n'est-ce pas? Eh bien, ça fait cinq cartes cadeaux FNAC... comme ça ils peuvent acheter ce qu'ils veulent!

EXTENSION Qui est plus pratique, le frère ou la sœur?

Pre-AP

Question centrale ? How do other cultures enrich our lives?

La Francophonie

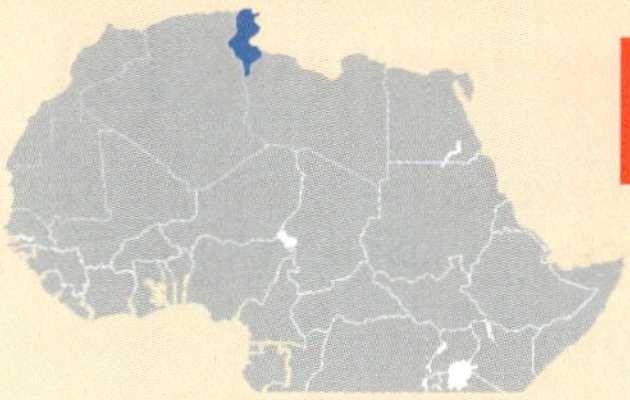

Profil touristique

La Tunisie

La Tunisie se trouve dans le nord de l'Afrique et fait partie du Maghreb. C'est le pays le plus proche du continent européen: 140 kilomètres (*87 miles*) le séparent de l'Europe. C'est ici où l'une des plus grandes civilisations de l'Ouest, la civilisation carthaginoise, est née (814–146 avant l'ère courante). La Tunisie a joué un rôle très important dans l'Empire romain. Protectorat français à partir de 1886, elle est devenue indépendante en 1956.

Chaque ville de Tunisie a au moins une mosquée.

Le président Habib Bourguiba (1957–1987), premier président de la République tunisienne et fondateur du mouvement francophone, a modernisé le pays. Il a créé un *Code du statut personnel*, différent de la loi* islamique et très favorable aux femmes. Il a établi* l'égalité homme-femme, a aboli* la polygamie, n'autorisant le mariage que par* consentement des deux époux, et a créé une procédure pour le divorce. Il a également donné aux femmes le droit* de travailler, d'ouvrir des comptes bancaires, et de créer des entreprises. Sous le régime Zine el-Abidine Ben Ali (1987–2011), ces lois progressistes sont renforcées. Les femmes tunisiennes représentent environ 60% des étudiants à l'université, 72% des pharmaciens, 42% des médecins, 31% des avocats, et 40% des professeurs d'université. Elles travaillent aussi dans l'aviation, l'armée, et la police.

Pendant ce qu'on appelle "la révolution du jasmin" de 2011, la Tunisie est entrée dans une nouvelle phase de son histoire. Elle est le pays où a commencé le mouvement de révolte dans le monde arabe pour la mise en place d'institutions démocratiques et transparentes. Cet épisode a commencé avec la confiscation des fruits d'un vendeur de fruits, Mohamed Bouazizi, qui s'est révolté. La Tunisie est considérée le pays le plus démocratique du monde arabe.

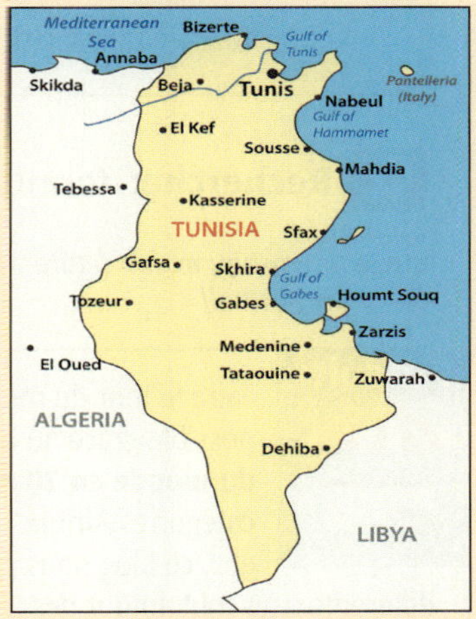

Recherche: ministère du tourisme tunisie, découvrez la tunisie

loi *law*; **a établi** *established*; **aboli** *abolishes*; **n'autorisant le mariage que par** *allowing marriage only by*; **droit** *right*

Connexions

Geography

Cherchez des ruines romaines en Tunisie, et faites une présentation avec des photos montrant des amphithéâtres, des villas, des thermes (*thermal baths*), etc.

Comment écrire une lettre formelle

Quand vous écrivez à quelqu'un que vous ne connaissez pas bien (par exemple, un homme d'affaires ou une femme politique), votre lettre doit être plus formelle que la lettre dans le dialogue de cette leçon. Lisez comment Jean-Marc salue le directeur adjoint, le remercie, et termine sa lettre.

Remerciements

Jean-Marc Cotillon
20, rue des Glaïeuls
69530 Brignais
jmc@yahoo.fr

À Brignais, le 12 juin 2019

Objet: remerciement pour acceptation de stage*

Monsieur le Directeur,

Je suis très heureux d'apprendre que vous m'avez accepté en stage dans votre compagnie, et je vous en remercie vivement.

Ce passage dans votre compagnie est une opportunité considérable pour mon avenir* et me permettra d'approfondir mes connaissances*.

Je vous assure de ma motivation et de mon désir d'apporter entière satisfaction à votre compagnie, et à mes futurs collaborateurs avec qui je vais travailler.

Je vous prie d'agréer, Monsieur le Directeur Adjoint, mes salutations distinguées*.

Jean-Marc Cotillon

Recherche: formules de politesse lettre formelle

stage *internship*; **avenir** *future*; **permettra... connaissances** *will allow me to deepen my knowledge*; **Je... distinguées** *Sincerely [formal]*

Produits

Faire le tour du monde sans quitter Paris? C'est possible grâce au blog **So Many Paris, le tour du monde en 20 arrondissements**. Dans les catégories Afrique, Amérique du Nord, Asie, etc., ce blog nous propose de plonger dans différents pays tout autour des 20 arrondissements de Paris.

Comparaisons

Comment est-ce qu'on commence une lettre formelle en anglais? Comment est-ce qu'on la termine?

Les souks

Un souk, en arabe, est un marché généralement en plein air* où ont lieu des échanges commerciaux. Un souk se divise en quatre zones d'activité: l'alimentation*, les vêtements, l'équipement, et l'artisanat*. On y trouve tous les produits qu'on utilise tous les jours. Les gens de la campagne viennent y vendre leurs fruits, légumes, et animaux.

Un souk à Tunis

Dans les souks, les prix ne sont pas fixes: il est possible de marchander*. L'acheteur et le vendeur négocient jusqu'à ce qu'ils trouvent le prix qui convienne* à tous les deux. Les marchands font tout ce qu'ils peuvent pour attirer* le client vers leur boutique. L'ambiance du souk peut être désordonnée et bruyante*, mais elle est aussi toujours vivante et multicolore.

en plein air *outdoors*; **l'alimentation** *food*; **artisanat** *handicrafts*; **marchander** *to haggle*; **convienne** *suits*; **attirer** *draw*; **désordonnée et bruyante** *disorganized and noisy*

7 Activités culturelles

Faites les activités suivantes.

Thé à la menthe traditionnel

1. Comparez la vie des femmes tunisiennes à celle des femmes américaines.
2. Faites des recherches en ligne et créez un tableau ou autre graphique pour faire le profil de la Tunisie. Notez le nombre d'habitants, la religion, la langue officielle, la devise (*currency*), les villes principales, et les industries principales.
3. Faites un graphique à secteurs (*pie chart*) qui montre le pourcentage d'étudiantes à l'université en France, aux États-Unis, et en Tunisie.
4. Faites un tableau ou graphique pour montrer comment saluer, remercier, et terminer une lettre formelle (comme la lettre dans **Points de départ**) et informelle (comme la lettre dans le dialogue).
5. Dessinez les différentes zones d'activité dans un souk.
6. Vous faites du shopping dans un souk. Dites dans quelle zone vous allez trouver:
   - une jebbah (*shirt*) tunisienne
   - du thé à la menthe
   - une théière (*teapot*) en argent
   - une djellaba (*a traditional robe*)
   - des figues
   - un tapis tunisien

Perspectives

Les facteurs qui ont poussé à la révolution de 2011 (pauvreté, absence de libertés, corruption) ne sont pas totalement éliminés. Le partage du pouvoir est difficile; il faut continuer le progrès. –Abdelaziz

Quelle opinion cet homme a-t-il de la politique de son pays?

Du côté des médias

Lisez les instructions pour adresser une enveloppe.

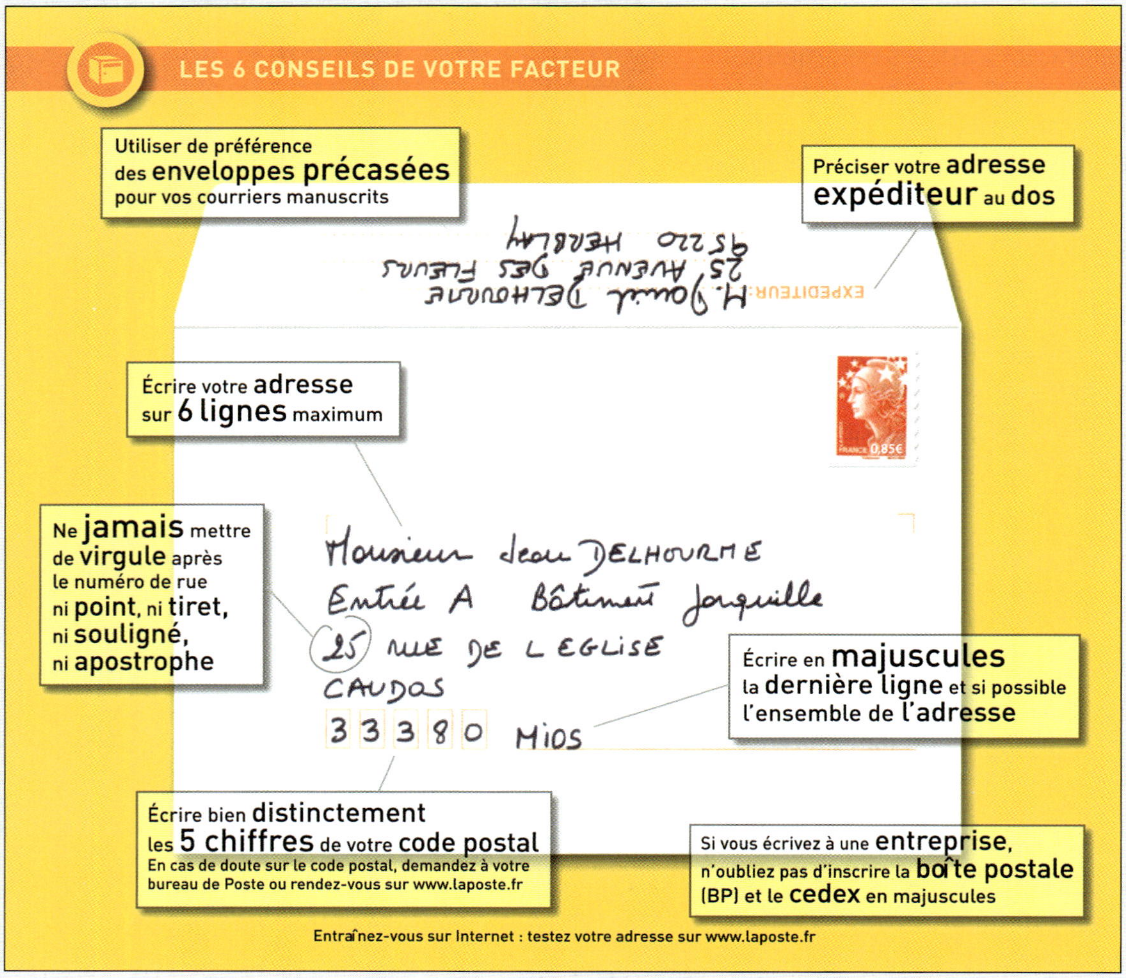

8 Comment adresser une enveloppe

Avec les informations du tableau ci-dessous, faites deux enveloppes: l'une adressée à un(e) ami(e), l'autre à un auteur. Utilisez un langage familier pour votre ami(e), et un langage formel pour l'auteur.

	Lettre informelle	Lettre formelle
Nom de famille	Lemaître	Gaillot
Prénom	Virginie	Bernard
Numéro de domicile	18	37
Rue	Victor Hugo	Richelieu
Ville	La Rochelle	Cergy-Pontoise
Code postal	17000	95027

Question centrale ? How do other cultures enrich our lives?

Au marché

Introduction et interrogations

Les souks tunisiens sont des marchés où les prix ne sont pas fixes, et où on s'attend à marchander (*bargaining is expected*). Mais dans d'autres cultures ou situations, il est parfois inacceptable de le faire. Quand est-ce qu'on sait s'il est acceptable de marchander, et comment est-ce qu'on le fait?

9 Réfléchir

Écrivez vos réponses aux questions suivantes sur une feuille de papier.

1. Aux États-Unis, on marchande dans des situations assez précises. Quelles sont ces situations? (Si vous ne savez pas, demandez à un parent ou à un adulte.)
2. Avez-vous jamais marchandé? Quand? Où? Décrivez la situation en détail.
3. Est-ce que vous aimez marchander? Pourquoi ou pourquoi pas? Partagez vos réponses et vos histoires avec des camarades de classe.

10 Réagir

Marchander n'est pas toujours facile, et les règles varient de culture en culture et de marché en marché. Considérez ces trois situations et imaginez vos réactions. Écrivez quelques phrases qui décrivent votre réaction dans chaque situation.

Situation 1: Vous vous approchez d'un vendeur, et il vous demande tout de suite ce que vous voulez. Qu'est-ce que vous répondez?

Situation 2: Une vendeuse vous donne le prix d'un objet que vous aimez mais qui est très cher à votre avis. Comment est-ce que vous répondez?

Situation 3: Vous voulez acheter un vêtement, et vous dites au vendeur le prix que vous voulez payer. Il se fâche (*gets angry*). Qu'est-ce que vous répondez?

11 Faire l'inventaire

Discutez des questions suivantes avec un partenaire.

1. Dans quelle situation étiez-vous le moins à l'aise (*at ease*)? Dans quelle situation étiez-vous le plus à l'aise? Qu'est-ce que vous pouvez faire pour rendre la situation plus confortable?
2. Si vous entrez dans un marché que vous ne connaissez pas très bien, comment est-ce que vous pouvez savoir s'il est normal de marchander?
3. Pourquoi pensez-vous que marchander est encouragé dans certaines situations et cultures, mais pas dans d'autres?

Present Tense of the Irregular Verb *recevoir*

Here are the forms of the irregular verb **recevoir** (*to receive, to get*).

recevoir			
je	**reçois**	nous	**recevons**
tu	**reçois**	vous	**recevez**
il/elle/on	**reçoit**	ils/elles	**reçoivent**

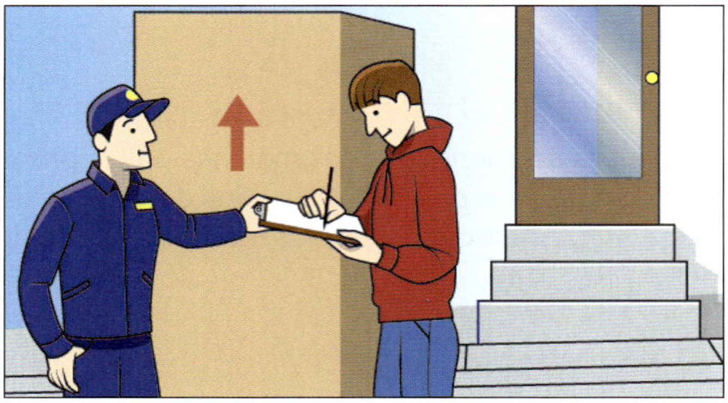

Qu'est-ce que Guillaume reçoit de ses parents?

Usage Tip

The three singular forms of **recevoir** all sound the same.

Qu'est-ce que vous **recevez**? — *What are you getting?*
Je **reçois** une montre en or. — *I'm getting a gold watch.*

The irregular past participle of **recevoir** is **reçu**.

Ma mère a **reçu** un beau collier à Noël dernier. — *My mom received a beautiful necklace last Christmas.*

12 Qu'est-ce qu'on reçoit?

Interpretive Viewing, Presentational Speaking or Writing

Dites ce que les personnes suivantes reçoivent.

1. je

2. Lucie

3. mes grands-parents

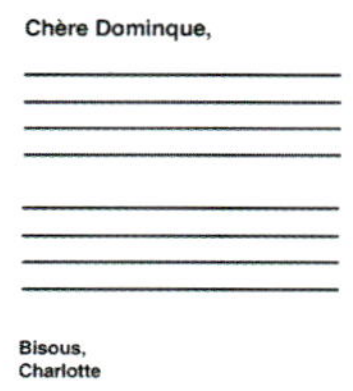

4. tu

5. Maman et moi, nous

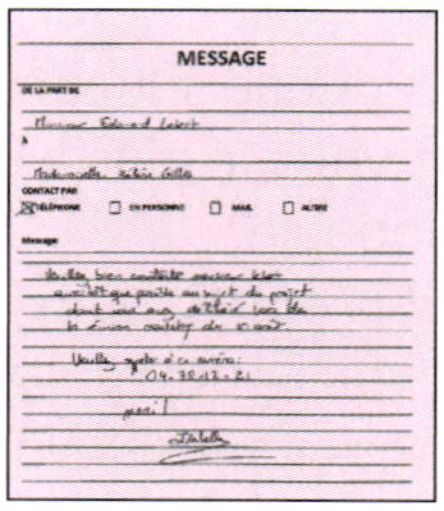

6. Madeleine et toi, vous

13 Concours à la bijouterie

Interpretive Viewing, Presentational Speaking

Regardez la liste des numéros gagnants (winning numbers) *d'un concours. Dites ce que chaque personne a reçu ou dites qu'elle n'a rien reçu.*

Bijouterie Dumont
Félicitations à tous les gagnants!

4332

4308

1112

2053

3831

1538

MODÈLES Damien: 4308
Il a reçu une montre en argent.

Christine: 5239
Elle n'a rien reçu.

1. je: 1112
2. Romain et toi, vous: 4308
3. Vanessa et Jeanne: 6150
4. Thierry: 1538
5. Thibault: 7264
6. Nicolas: 4332
7. Chantale et moi, nous: 3222
8. Abdel-Khaled: 2053
9. tu: 3831

14 Qu'est-ce qu'on envoie? Qu'est-ce qu'on reçoit?

Interpretive Listening

Écrivez les numéros 1–6 sur votre papier. Écoutez les conversations suivantes et écrivez ***E*** *si on envoie quelque chose ou* ***R*** *si on reçoit quelque chose.*

Present Tense of the Irregular Verb *ouvrir*

Here are the present tense forms of the irregular verb **ouvrir** (*to open*).

ouvrir			
j'	**ouvre**	nous	**ouvrons**
tu	**ouvres**	vous	**ouvrez**
il/elle/on	**ouvre**	ils/elles	**ouvrent**

Véro ouvre le portefeuille pour trouver une carte d'identité.

Usage Tip

Note that in the present tense, **ouvrir** has the endings of a regular **-er** verb.

Tu **ouvres** la lettre du Maroc? — *Are you opening the letter from Morocco?*
Oui, je l'**ouvre**. — *Yes, I'm opening it.*

The irregular past participle of **ouvrir** is **ouvert**.

Nous avons **ouvert** nos cahiers. — *We opened our notebooks.*

15 Qu'est-ce qu'on ouvre?

Presentational Speaking or Writing

Dites ce que les personnes suivantes ouvrent dans l'autobus.

MODÈLE toi
Tu ouvres un paquet.

1. Caro et Yasmine
2. Abdoul
3. Léo et toi
4. Anne
5. toi

Communiquez!

16 Je vous remercie de…

Interpersonal Speaking

With a partner, role-play a conversation in which an exchange student calls his or her host mother to thank her.

Say hello.

Identify yourself and ask how things are going for your host mother.

Respond.

Say you are calling to thank her for her hospitality.

Say it was a pleasure and that you hope he or she will come back to visit soon.

Say what gifts you are sending the host family.

Say thank you but it's not necessary.

Say when the package will arrive.

Say you'll talk soon.

Say good-bye.

17 Carthage, en Tunisie

Interpretive Reading and Viewing, Presentational Writing

Research the Roman ruins in Carthage, Tunisia, and make observations. What do the Roman ruins in Carthage look like? Why were these buildings built? Why did the Romans build in this part of the world? How important was Carthage during the Roman Empire? Find out as much as you can by using French-language sites, and then imagine you are conducting a tour of the ruins. Make a brochure that features photos, descriptions, tour departure times, and prices.

Recherche: ruines de carthage

18 Des cadeaux du Maghreb

Interpersonal Speaking, Presentational Writing

Imagine you traveled with a brother or sister to at least one of the countries of the Maghreb. Write a brief conservation in which the two of you discuss what gifts you will buy for five different members of your family. You may want to use the verb **offrir** (conjugated like **ouvrir**). Role-play your conversation for your teacher and classmates.

Recherche: vêtements de tunisie, cadeaux d'algérie, objets du maroc

Pre-AP

"Mon Pays"

Rencontre avec l'auteur

Faudel Belloua (1978–) est un chanteur et compositeur français. Un enfant d'immigrés, ses parents sont venus de l'Algérie pour chercher du travail. C'est le porte-parole (*spokesperson*) d'une génération de jeunes Maghrébins qui vivent dans deux mondes: le monde d'origine de leurs parents (le Maghreb), le monde où ils sont nés (la France). Il se souvient des récits de ses parents et leurs amis dans l'HLM (*subsidized housing*) où il a grandi. Il inclut certains de ces thèmes dans les paroles de ses chansons. Quel est le thème de cette chanson?

Pré-lecture

De quelle façon (way) est-ce que vous avez une double-identité?

Stratégie de lecture

Images. As you read, the words will often create images or pictures in your mind. Read the lyrics of Faudel's song and note the images associated with France and Algeria in a grid like the one below.

France	Algérie
	"… ce soleil/Qui brûle les dunes sans fins"

Outils de lecture

Refrain. A refrain is a line or group of lines repeated in a poem or song. In "**Mon pays**," in which stanzas does the refrain appear?

Le désert du Sahara

"Mon pays"

Je ne connais pas ce soleil
Qui brûle* les dunes sans fins
Je ne connais pas d'autres terres*
Que celle qui m'a tendu* la main
Et si un jour je pars d'ici
Que je traverse le désert
Pour aller voir d'où vient ma vie
Dans quelle rue jouait mon père
Moi qui suis né près de Paris
Sous tout ce vent, toute cette pluie
Je n'oublierai*
Jamais mon pays
Jamais mon pays

Et si demain comme aujourd'hui
Je dois faire le tour de la terre*
Pour chanter aux mondes mes envies
Voyager des années entières
Moi qui suis né tout près d'ici
Même si je quitte mes amis
Je n'oublierai
Jamais mon pays

Trop
De souvenirs gravés qui courent*
D'écoles et d'été
Trop d'amours* pour oublier
Que c'est ici que je suis né

Trop
De temps abandonné
Sur les bancs de ma cité
Trop d'amis pour oublier
Que c'est ici que je suis né
Que c'est ici que je suis né

Je ne connais pas ce parfum
De menthe et de sable brûlant
Mais seulement les embruns*
Sous les rouleaux* de l'océan
Et toi qui me trouves un peu mat*
Pour ses rues bordées de prairies
Un peu trop blanc couleur d'Euphrate*
Pour ses poèmes que j'ai appris
Tu es bien le seul* que j'oublie
Telle l'étoile fidèle* à la nuit
Je n'oublierai

Pendant la lecture
1. L'écrivain parle de quels pays?

Pendant la lecture
2. Quel temps fait-il dans ces deux pays?

Pendant la lecture
3. Quelle est la profession de l'écrivain?

Analyse
Compare and contrast the images conjured up by the descriptions of the author's country of birth with those of France, his country of adoption.

Pendant la lecture
4. L'écrivain a appris les poèmes de quelle culture?

---

brûle *burns*; **terres** *lands*; **a tendu** *held out*; **n'oublierai (jamais)** *(I will never) forget*; **faire … terre** *go around the world*; **courent** *run*; **amours** *romantic relationships*; **embruns** *sea spray*; **rouleaux** *(ocean) surf*; **mat** *dark-skinned*; **Euphrate** *Euphrates River*; **le seul** *the only one*; **Telle l'étoile fidèle** *Like the faithful star*

Post-lecture

Est-ce que la double-identité de l'écrivain enrichit sa vie, ou la rend trop compliquée ou triste?

Le monde visuel

Le photographe Peet Simard (1959–) vient du Canada, mais il habite à Paris depuis 1981. C'est un photographe publicitaire qui aime prendre des photos de Paris après le coucher du soleil (*sunset*). Dans cette photo la composition est basée sur la proximité de deux cafés. Le premier est illuminé de l'intérieur et le deuxième de l'extérieur. La lumière dorée (*golden light*), reflétée dans le pavé (*pavement*), accueille le spectateur. L'emploi (*use*) de la perspective attire (*attracts*) l'œil sur quelle partie de la photographie? De quelles façons (*ways*) cette photo ressemble-t-elle à un tableau?

La place Edgar Quinet à Paris sous la pluie le soir, 2005. Peet Simard.

19 Activités d'expansion

Faites les activités suivantes.

1. Écrivez un paragraphe qui décrit les images évoquées dans la chanson. Servez-vous de votre grille "Stratégie de lecture" pour trouver de bons exemples.
2. Faites un collage qui montre la double-identité de l'écrivain en images. Ajoutez des mots-clés (*keywords*) à votre collage.
3. Interviewez une personne dans votre école qui a aussi une double-identité. Est-ce qu'il ou elle se sent américain ou étranger (*foreign*)? Écrivez les paroles d'une chanson pour décrire sa situation.
4. Gilles Vigneault, un chanteur québécois, a écrit une chanson qui s'appelle aussi "Mon pays." D'abord, trouvez la chanson en ligne. Ensuite, comparez ou contrastez les deux chansons, particulièrement leurs attitudes envers leurs pays.

Recherche: mon pays gilles vigneault

Les copains d'abord: Ça boum et ça zique!

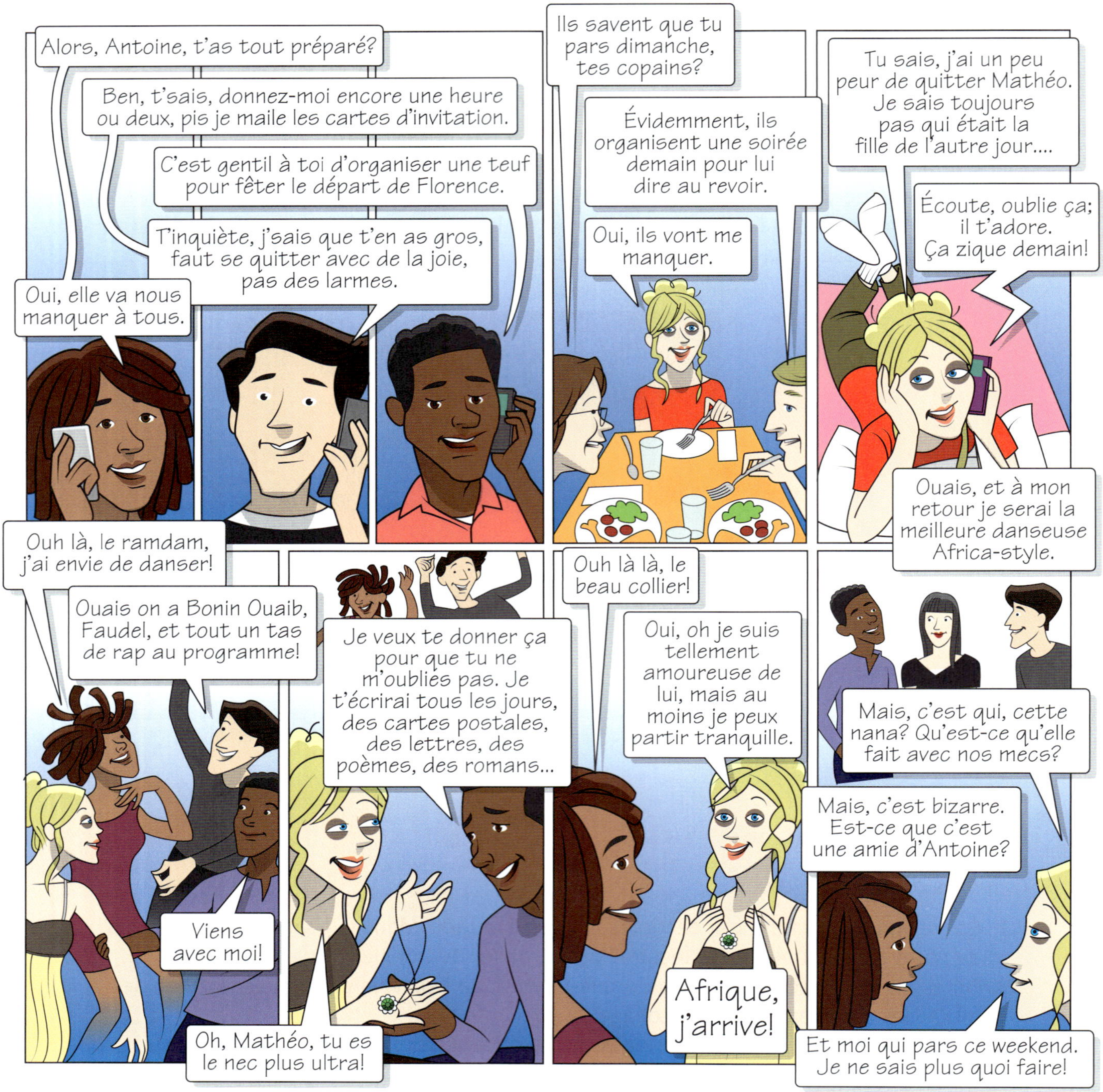

Communiquez!

20 Une bibliothèque maghrébine

Connecting to Information Literacy, Global Awareness

Interpersonal Speaking, Interpretive Reading, Presentational Speaking and Writing

You want to create a classroom library of North African literature and music from the Maghreb for your school's French teachers. Survey your classmates, asking about personal reading and musical interests. Use their answers to determine what you research. Find titles of different types of literature and music in different genres. Use vocabulary and structures from the unit to present your library with visuals to the class, directing classmates to what would interest them personally, while asking if they are already familiar with the titles or people.

Recherche: magazine du sport au maroc, musique rock tunisienne

21 Mon correspondant maghrébin

Connecting to Social and Cross-Cultural Skills, Initiative and Self-Direction

Presentational Writing

You have been assigned a new e-pal from the Maghreb. Use what you have learned in this unit to ask your e-pal additional questions about literature, music, and culture in the Maghreb, and to exchange information in an e-mail about personal interests, activities, and cultural life.

22 Le Maghreb en France

Connecting to Collaboration, Global Awareness, Leadership and Responsibility

Interpersonal Speaking, Interpretive Reading, Presentational Speaking and Writing

Because of the proximity of the Maghreb to Western Europe, many influences from North African cultures have appeared in France through immigration and travel. With a partner or in a small group, brainstorm ways you think the cultures of the Maghreb may have influenced daily life in France. Then do research to find specific examples that support your ideas. Present your findings with visuals to the class.

Recherche: restaurant marocain à paris

Finale

Projets finaux

A Connexions par Internet: la littérature

Œuvres littéraires

Choose one of the francophone titles below and write a few lines explaining the plot. For example, ***Le comte de Monte-Cristo* est un roman français d'Alexandre Dumas. Il s'agit d'un jeune homme injustement emprisonné pendant 14 ans. Il devient riche et décide de se venger.** You may need to use a dictionary to look up unknown vocabulary you would like to use.

Cendrillon—Charles Perrault (France)
Moderato cantabile—Marguerite Duras (France)
La bicyclette bleue—Régine Deforges (France)
La chatte—Colette (France)
Le château de ma mère—Marcel Pagnol (France)
Le fantôme de l'Opéra—Gaston Leroux (France)
Le tour du monde en 80 jours—Jules Verne (France)
Les Misérables—Victor Hugo (France)
La parure—Guy de Maupassant (France)
Les trois mousquetaires—Alexandre Dumas (France)
Maigret et le fantôme—Georges Simenon (Belgium)
Maria Chapdelaine—Louis Hémon (Quebec)
Notre-Dame de Paris—Victor Hugo (France)
Retour au pays natal—Aimé Césaire (Martinique)
Chants d'ombre—Léopold Senghor (Senegal)

Compile the summaries and post them on your class website for other French students to read.

Recherche: littérature canonique francophone

B Communautés en ligne

Festival international de la bande dessinée d'Angoulême

Les bandes dessinées are an important part of French and Belgian culture. Each year, there is an international festival in Angoulême celebrating the work of cartoonists from all over the world. Go to the official website for the festival and read about the events. Look up the festival's competition winners in each category, including those for your age group. In the student participation section, read the blog entries and comment on one of them.

Recherche: festival international de la bande dessinée, communauté bd

C Passez à l'action!

Un défilé de mode

As a class, organize a fashion show. Assign some students to write descriptions in French of the clothing and accessories. Include the colors and the material from which each item is made. Assign other students the roles of costumers, presenters, videographers, and models. You may wish to present your fashion show to other French classes or videotape and upload it to your class website. Before you begin, you might want to watch a real French **défilé de mode** online.

D Faisons le point!

Mes progrès

Je comprends	Je ne comprends pas encore	Mes connexions

What did I do well to learn and use the content of this unit?	What should I do in the next unit to better learn and use the content?
How can I effectively communicate to others what I have learned?	What was the most important concept I learned in this unit?

Sidi Bou Saïd, en Tunisie

Pre-AP

Évaluation

A Évaluation de compréhension auditive

Listen to the conversation between Natacha and Ahmed. Then choose the appropriate response to each question you hear.

1. A. C'était son anniversaire.
   B. Il est allé à la fête d'anniversaire de sa cousine.
   C. Il est allé à la fête d'un ami.

2. A. Ils ont mangé des spécialités tunisiennes, et ils ont dansé.
   B. Ils ont chanté et mangé.
   C. Ils ont mangé des spécialités marocaines.

3. A. de la pop et du rap
   B. du rock et du jazz
   C. de la musique maghrébine

4. A. de la guitare et de la flûte
   B. de la guitare et du nay
   C. de la guitare et de l'oud

5. A. un foulard, un pyjama, et de l'argent
   B. des bijoux, un sac à main, un CD de Faudel, et un foulard en soie
   C. des bijoux, un sac à main, des sandales, et une montre

6. A. Un sac à main, bien sûr!
   B. Un foulard en soie, bien sûr!
   C. Un CD de Faudel, bien sûr!

B Évaluation orale

Role-play a conversation with a partner in which you each recommend a book or movie, explain what it is about and what happens in it, and thank your partner for the name of the book or movie he or she recommends.

C Évaluation culturelle

In this activity, you will compare francophone cultures with American culture. You may need to do some additional research on American culture.

1. **Le Maghreb.** When did Tunisia, Morocco, and Algeria gain their independence? from whom? When did the United States gain its independence? from whom?
2. **La bande dessinée francophone.** Compare a francophone comic strip or book to an American comic strip or book you like. How are they the same? How do they differ? What festivals exist in Europe and the United States for buying, selling, and learning about comics?
3. **L'Algérie.** Compare tourist sites in Algeria with those in the United States. How are they similar? How are they different?
4. **Le raï.** Compare **raï** to hip-hop. What are the similarities between the genres' song themes, artists, and overall popularity? What are the differences?
5. **La révolution du jasmin.** What was the impetus for "Arab Spring" in Tunisia? How did young people change Tunisia? Do you think young people have the power to bring about change here in the United States? Why or why not? What kind of political influence do teens have in the United States?
6. **Les souks.** Compare shopping at **les souks** in North Africa to how people shop at garage sales and flea markets in your area. How is it the same? How is it different?

D Évaluation écrite

Imagine you have just returned from a homestay in France. Write a thank-you letter to the French family with whom you stayed. Tell them what gifts you are sending and for whom each one is intended.

E Évaluation visuelle

Say what instrument each student in the school orchestra is playing.

F Évaluation compréhensive

Create a storyboard with six frames that depicts a teen shopping for Christmas gifts for friends and family. Each frame should have an illustration and caption. Be sure to answer these questions in your story: Where did the teen go to shop? What did he or she buy? For whom were the gifts? Why is each item a good gift for the person receiving it? Tell the story to your group.

Vocabulaire de l'Unité 6

un **accessoire** accessory *C*
adorer to adore *A*
affectueusement affectionately, with warm regards *C*
s' **agir (de): il s'agit de** it's about *A*
l' **antisémitisme (m.)** anti-Semitism *A*
l' **apartheid (m.)** apartheid *A*
arabe Arab *B*
un **article** magazine article, newspaper article *A*
une **bague** ring *C*
une **bande dessinée (BD)** comic strip *A*
une **batterie** (electric) drums *B*
des **bijoux (m.)** jewelry *C*
bon so *A*
un **bonnet** hat *C*
les **boucles d'oreille (f.)** earrings *C*
un **bracelet** bracelet *C*
ça: ça vaut it's worth *A*
une **carte postale** postcard *A*
la **caverne** cavern *C*
une **ceinture** belt *C*
cher, chère dear *C*
une **clarinette** clarinet *B*
un **clip** video clip *B*
compliqué(e) complicated *A*
connaître to be familiar with *[person, place, thing]*, to meet *B*
un **conte** tale *A*
une **conversation** conversation *A*
un **collier** necklace *C*
le **courrier** mail *C*
découvrir to discover *A*
deviner to guess *A*
différent(e) different *B*
une **discographie** discography *B*
emprunter to borrow *A*
en: en argent made of silver *C*; **en coton** made of cotton *C*; **en cuir** made of leather *C*; **en diamant** made of diamond *C*; **en direct de** live from *B*; **en écoute libre** audio trial *B*; **en laine** made of wool *C*; **en lin** made of linen *C*; **en or** made of gold *C*; **en papier** made of paper *C*; **en perles** made of pearls *C*; **en soie** made of silk *C*; **en velours** made of velvet *C*
un **engagement** engagement *C*
entendre to hear *B*
une **enveloppe** envelope *C*
espérer to hope *A*
un **essai** essay *A*
étonner to surprise *C*
exagérer to exaggerate *C*
expliquer to explain *A*
extraordinaire extraordinary *A*
faire: faire connaître (à quelqu'un) to introduce (to someone) *A*; **faire découvrir (à quelqu'un)** to introduce (to someone) *A*
une **flûte** flute *B*
un **forgeron** blacksmith *A*
le **funk** funk music *B*
le **génocide** genocide *A*
gravé(e) engraved *C*
une **guitare** guitar *B*
un **héros, une héroïne** hero, heroine *A*
l' **hospitalité (f.)** hospitality *C*
incroyable incredible *B*
un **instrument** musical instrument *B*
le **jazz** jazz music *B*
joliment; joliment dit nicely said *C*
jouer: jouer de (+ INSTRUMENT) to play (instrument) *B*
un **journal (des journaux)** newspaper *A*
la **lecture** reading *A*
une **lettre** letter *A*
la **licorne** unicorn *A*
un **magazine** magazine *A*
maghrébin(e) from, of the Maghreb *A*
marocain(e) Moroccan *A*
martiniquais(e) from, of Martinique *B*
merveilleux, merveilleuse marvelous *C*
un **message** message *A*
une **montre** watch *C*
un **mouchoir** handkerchief, tissue *C*
la **musique: musique classique** classical music *B*; **musique du monde** world music *B*; **musique pop** pop music *B*
un **nay** ney *B*
officiel, officielle official *B*
un **oud** oud *B*
ouvrir to open *C*
un **paquet** package *C*
parisien(ne) from, of Paris region *C*
un **peignoir (de bain)** bathrobe *C*
un **piano** piano *B*
une **pièce (de théâtre)** (theatrical) play *A*
un **pirate** pirate *A*
un **poème** poem *A*
un **portefeuille** wallet *C*
des **pouvoirs (m.)** powers *A*
un **pyjama** pajamas *C*
le **racisme** racism *A*
la **radio** radio *B*
le **raï** raï music *B*
le **rap** rap music *B*
recevoir to get, to host, to receive *C*
une **rédaction** composition *A*
une **réflexion** thought *C*
le **reggae** reggae music *B*
remercie: je vous remercie (de) thank you (for) *[form.]* *C*
revoir to see again *C*
rien: Rien que ça? Is that it? *A*
un **roman** novel *A*
un **sac à main** purse *C*
des **sandales (f.)** sandals *C*
savoir to figure out, to know how *B*
un **saxophone** saxophone *B*
le **secret** secret *A*
un **séjour** stay *C*
le **sérieux** seriousness *C*
simplement simply *A*
un **SMS** text message *A*
une **société** company *C*
super really, very *B*
un **synthé(tiseur)** keyboard *B*
un **tambour** drum *B*
la **techno** techno music *B*
tiens here *C*
traditionnel, traditionnelle traditional *B*
le **trésor** treasure *A*
un **trombone** trombone *B*
une **trompette** trumpet *B*
la **Tunisie** Tunisia *C*
tunisien(ne) Tunisian *C*
l' **univers (m.)** universe *A*
un **violon** violin *B*
un **violoncelle** cello *B*

Bilan cumulatif

Pre-AP

Listening

I. You will hear a short conversation twice. Select the reply that would come next.

1. A. Je voudrais découvrir d'autres écrivains comme Tahar Ben Jelloun.
   B. J'aimerais porter plus souvent mon foulard et ma montre en or.
   C. Pour te remercier de ton hospitalité.
   D. Eh bien, je ne sais pas jouer d'un instrument de musique, et j'aimerais bien apprendre et en choisir un.

II. Listen to the conversation. Select the best completion to each statement that follows.

2. Julie est surprise de voir Mohamed....
   A. être en train de lire
   B. chercher des essais sur le voyage
   C. écouter parler un écrivain marocain dans la librairie
   D. organiser un voyage au Maroc

3. Avant de connaître cet écrivain, Mohamed....
   A. n'aimait pas voyager
   B. détestait les livres et les librairies
   C. ne lisait que des poèmes
   D. aimait surfer le net et lire des blogs sur le Maroc

4. Julie veut....
   A. découvrir pourquoi Mohamed est passionné de cet écrivain marocain
   B. écrire un blog comme son ami, Mohamed
   C. partir en voyage avec Mohamed et Abdellatif
   D. apprendre à lire et à écrire

Reading

III. Read this conversation between young musician Malika and a club owner. Then select the best completion to each statement.

–Bonjour, Mademoiselle! Bienvenue au Club World.
–Merci, Monsieur. J'ai lu dans le journal que vous cherchez des musiciens pour jouer le soir. J'adore vos soirées en général, alors je suis très contente que vous désirez me parler.
–Oui, bien sûr. Alors, dites-moi ce que vous savez et préférez faire.
–Eh bien, j'ai toujours adoré chanter en arabe et en français, mais maintenant je préfère jouer de la musique. Je sais jouer de plusieurs instruments.
–Excellent. De quels instruments savez-vous jouer?
–Quand j'habitais au Maroc, j'ai appris à jouer de l'oud et du nay, deux instruments traditionnels. J'aime surtout jouer du raï. Connaissez-vous ce genre de musique?
–Oui, bien sûr! J'ai beaucoup d'albums de raï. Un ami m'a fait découvrir Khaled et Faudel. Leurs chansons sont comme des poèmes.

5. Malika est....
   A. une musicienne
   B. une guitariste traditionnelle
   C. l'amie du chanteur Faudel
   D. une écrivaine qui aime écrire des poèmes

6. Malika veut....
   A. découvrir le raï parce qu'elle aime chanter
   B. tout savoir sur la musique traditionelle de la Tunisie
   C. travailler avec ses artistes préférés
   D. jouer de plusieurs instruments traditionnels

7. Malika connaît bien....
   A. Khaled et Faudel; ils sont amis depuis longtemps
   B. les danses traditionnelles arabes
   C. les chansons de deux chanteurs de raï
   D. la musique maghrébine

Writing

IV. Complete the paragraph with the appropriate vocabulary words.

Pierre cherche des souvenirs pour sa famille au ___1___ de Tunis. Il a envie de prendre une ceinture en ___2___ et un portefeuille ou même une montre en or pour son frère, et des ___3___ pour sa sœur. Il est heureux de négocier un bon ___4___ pour une djellaba en coton pour son père. Pierre en veut un en ___5___, lui aussi. Il pense prendre un collier ou un bracelet en ___6___ pour sa mère. Sa mère a déjà acheté une bague en diamant et des ___7___ d'oreille. Il faut dire qu'elle aime vraiment les ___8___. Il veut aussi trouver un ___9___ d'instruments arabes pour acheter un oud. Il adore le ___10___, une sorte de musique du Maghreb.

V. Complete the paragraph with the correct tense and form of the verbs in parentheses.

Un rendez-vous demain à Cannes? Pour Hervé, pas de problème! Il ___11___ qu'il peut tout réserver en ligne. Et pour l'hôtel? Le Carlton, parce qu'il le ___12___ bien. Hier il ___13___ tout et ___14___ avec sa carte de crédit. Il ___15___ son billet chez lui. Le lendemain à l'aéroport, il a de la chance de ___16___ le contrôle de sécurité rapidement. Dans l'avion il ___17___ dans son siège confortable et ___18___ que le vol ___19___ à l'heure. Ensuite: des œufs brouillés avec du pain perdu pour le petit déjeuner. Hervé n' ___20___ pas! Tout va si bien qu'il n'est pas étonné quand le vol ___21___ en avance. C' ___22___ un voyage merveilleux! Son collègue l'attend sur la Croisette. Hervé n'a pas besoin de ___23___!

11. (savoir)
12. (connaître)
13. (vérifier)
14. (régler)
15. (imprimer)
16. (passer)
17. (s'installer)
18. (espérer)
19. (décoller)
20. (hésiter)
21. (atterrir)
22. (être)
23. (se plaindre)

Composition

VI. While on vacation in France, your parents rented a car to tour the region of Bordeaux. Write an e-mail home to your best friend describing your experience. Include vocabulary and structures that you know (object pronouns, the **passé composé**, the **imparfait**, etc.) and:

- opening and closing salutations for the letter.
- a detailed description of the car your parents rented.
- three things your parents checked at the gas station when you stopped there.
- information about your hotel stay (hotel room, the breakfast served, how your parents paid, etc.).

Speaking

VII. Philippe plays in a jazz band and is unfamiliar with the music of the Maghreb. Momo loves the music of the Maghreb, especially Algerian **raï**. With a partner, role-play a conversation in which Philippe and Momo compare their musical tastes and discuss which album to buy. Use the image for ideas about what to include in your conversation.

Unité

7 En province

Question centrale

How do smaller communities enrich a country's culture?

À savoir

Les provinces de France ont existé jusqu'en 1790, quand on a commencé une nouvelle organisation en départements.

Citation

"Le weekend en famille est une tradition plus tenace que la poule au pot."

Family weekends are a tradition more tenacious than chicken stew.

—Henri Verneuil, cinématographe franco-arménien

Conseil pratique

As you come into contact with more French sources, try borrowing expressions and adapting them to use in your writing and speaking. This will push you to a higher level of proficiency.

Que va faire Thomas?

Ces maisons au bord de l'eau se trouvent dans quelle ville française?

Contrat de l'élève

Leçon A I will be able to:

- compliment a host or hostess, politely refuse food, offer to clear the table, and express irony.
- talk about the French region of Alsace, including its capital, and a region of Algeria.
- use the relative pronouns **qui** and **que**, the partitive, and the pronoun **en**.

Leçon B I will be able to:

- ask for news, find out someone's associations with a place, and say I like a suggestion.
- talk about Normandy, including its famous sons and daughters, and the city Rouen.
- use interrogative pronouns.

Leçon C I will be able to:

- ask if someone has decided what to order and order food.
- talk about Brittany, the city of Saint-Malo, and youth hostels in France.
- use stress pronouns like **moi** and **toi**.

Vocabulaire actif

Un repas français

Restaurant Le Voilier

—**L'entrée (f.)**—

les escargots (m.)

le potage

les crudités (f.)

la terrine de saumon

—**Le plat principal**—

la choucroute garnie

le coq au vin

le bœuf bourguignon

—**La salade avec de la vinaigrette**—

—**Le plateau de fromages**—

—**Les desserts (m.)**—

la mousse au chocolat

la crème caramel

Pour la conversation

How do I compliment the host or hostess?

» Les escargots **que** tu prépares sont toujours délicieux.
The snails that you make are always delicious.

How do I politely refuse more food?

» Je ne peux plus manger, merci.
I can't eat any more, thanks.

How do I offer help?

» Laisse-moi **débarrasser la table**.
Let me clear the table.

How do I express irony?

» **Tu parles** d'**une surprise**!
Yeah, right, a surprise!

Et si je voulais dire...?

le kouglof	*Alsatian Bundt cake*
le pain d'épice	*gingerbread*
la tarte flambée	*pizza with bacon and onions*
J'ai assez mangé.	*I've eaten enough.*
Puis-je vous aider?	*May I help you?*

1 Le chef propose un nouveau menu

Interpretive Reading

Lisez le mail du chef. Puis dessinez une carte avec le nouveau menu.

Chers collègues,

Pour attirer (*attract*) plus de clients, je propose un nouveau menu pour le weekend. En entrée, je propose une terrine de saumon ou du potage. Ensuite, comme plat principal, les clients peuvent choisir entre le coq au vin et le bœuf bourguignon. Après, on leur offre une salade avec de la vinaigrette et du camembert ou du brie comme fromage. Comme dessert, je propose une crème caramel ou une mousse au chocolat. Ce menu fixe va coûter 27€. Pas mal, non?

Émile

2 Qu'est-ce qu'on aime?

Interpretive Viewing, Presentational Speaking or Writing

Dites ce qu'on aime manger au restaurant.

MODÈLE

M. Duhamel

M. Duhamel aime les escargots et le coq au vin.

1. Mme Dugarde

2. Isabelle

3. Mme Boudib

4. M. Adjani

5. Justin

6. Mme Deneuve

3 Une réception

Interpretive Viewing, Presentational Speaking or Writing

Dites ce qu'il y a et ce qu'il n'y a pas sur la table à la réception des Fiorini.

MODÈLES une terrine de saumon
Il y a une terrine de saumon.

de la choucroute garnie
Il n'y a pas de choucroute garnie.

1. une crème caramel
2. des escargots
3. des crudités
4. du bœuf bourguignon
5. de la salade
6. du porc
7. du gâteau
8. du potage
9. du coq au vin
10. du pain

4 Qui commande quoi?

Interpretive Listening

Écrivez le nom des plats suivants sur votre papier. Ensuite, écoutez la conversation de quatre amis au restaurant et indiquez qui prend chaque plat.

la choucroute garnie	la crème caramel	les escargots
la terrine de saumon	le potage	les crudités
la mousse au chocolat	le bœuf bourguignon	

5 Questions personnelles

Interpersonal Speaking

Répondez aux questions avec un partenaire.

1. Est-ce que tu manges souvent au restaurant avec ta famille?
2. Est-ce que tu aimes les plats français?
3. As-tu essayé une salade avec de la vinaigrette? C'était bon?
4. Préfères-tu la crème caramel ou la mousse au chocolat comme dessert?
5. Est-ce que les plats que tes parents préparent sont toujours délicieux?
6. Qu'est-ce que tu aimes préparer? Quelle est ta spécialité?
7. Débarrasses-tu la table après les repas?

Traditions et pratiques

Les Français mangent souvent un dessert à la fin du repas, mais uniquement s'ils ont encore faim. L'ordre des plats est très important, et le sucré se mange toujours après le salé.

Perspectives

Chez nous, on ne boit généralement que de l'eau avec les repas, sauf pour les fêtes.
–Justine

Dans ma famille, les sodas et les jus sont souvent consommés en dehors des (*outside of*) repas.
–Nasser

Ces Français ont-ils des habitudes alimentaire similaires?

Le dîner en famille

Manon dîne avec ses parents et ses grands-parents de Strasbourg.

Mère de Manon: Tout le monde a aimé les escargots, j'espère. Encore?
Manon: Sauf Mamy qui ne les a pas touchés….
Mère de Manon: Je ne peux pas imaginer une Alsacienne qui n'aime pas les escargots!
Grand-père: Lucie a raison; moi non plus. Ma chérie, les escargots que tu prépares sont toujours délicieux. Mais, je ne peux plus manger.
Grand-mère: Je ne peux pas en manger, c'est tout. Merci, ma chérie, d'en avoir fait pour Papy.
Mère de Manon: Ah! La solidarité des femmes….
Manon: Rassure-toi, Mamy, il y a encore la choucroute garnie et la mousse au chocolat.
Mère de Manon: Manon, ça ne se fait pas d'annoncer les plats; ça doit rester une surprise.
Manon: Tu parles d'une surprise! Ça sent la choucroute dans toute la maison depuis deux jours!
Mère de Manon: Tu voudrais débarrasser la table, s'il te plaît?
Manon: Ça, c'est la sanction!

Analyse
What did Manon do that prompted her mother to ask her to clear the table? Do you think Manon deserves to clear the table for what she did? Why or why not?

6 Le dîner en famille

Faites un dessin qui montre ce qu'on mange chez Manon.

***Je parle bien!**
Unlike in the feminine form **bonne**, the word **bon** contains a nasal vowel, so the *n* is not pronounced. **Bon** rhymes with **mon**. Say **bon**, then **bonbon**.

EXTENSION **Au restaurant**

Deux couples discutent de ce qu'ils vont commander au restaurant.

François: Bon*, moi, j'ai faim. Qu'est-ce qu'on commande? Léger pour moi: un coq au vin et une crème caramel. Et toi, Larissa?
Larissa: Potage et crudités.
Benoît: Moi aussi, je vais prendre quelque chose de léger mais comme François: un coq au vin et une mousse au chocolat comme dessert. Et toi, Fatou? Léger aussi?
Fatou: Un potage simplement, mais j'espère qu'il n'y a pas d'oignons. Je suis allergique.

EXTENSION Qui va commander le repas le plus léger (*light*)?

Points de départ

Pre-AP

Question centrale ? How do smaller communities enrich a country's culture?

L'Alsace

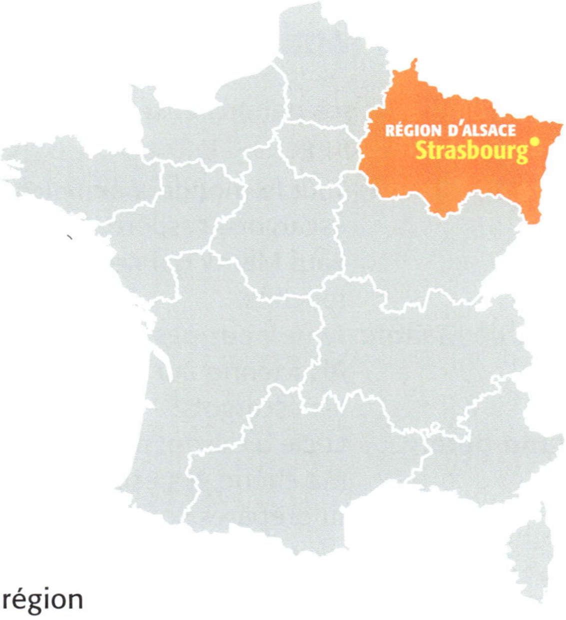

L'Alsace est une région qui fait frontière* avec l'Allemagne par le fleuve le Rhin. Ses villes principales sont Strasbourg, Mulhouse, et Colmar. Cette région a une forte identité: elle a été occupée deux fois par l'Allemagne (1870–1918 et 1939–1945); sa langue, l'alsacien, est proche de l'allemand. Elle est parlée à la télévision et à la radio, et il y a des journaux et une littérature en alsacien. Elle a conservé des particularités dans le domaine du financement des activités religieuses (culte*, enseignement) et de la protection sociale.

L'Alsace est aussi une grande région industrielle avec l'automobile (Peugeot), l'aérospatiale, la construction ferroviaire* (Alsthom-General Electric et le TGV), une riche agro-industrie (viticulture, sucre), et un savoir-faire dans les produits de luxe: bijoux* et verrerie* (Lalique). Grande région de tourisme, on aime l'Alsace pour sa gastronomie traditionnelle, ses jolis villages, ses paysages de vignobles*, la ligne bleue des Vosges; pour Strasbourg avec la cathédrale, la "Petite France," et les marchés de Noël; et Colmar pour ses maisons de la Renaissance, ses canaux* (la Petite Venise) et ses musées.

Recherche: découvrir l'alsace, la petite france, mots alsaciens

---

fait frontière *borders*; **culte** *worship*; **ferrovière** *railroad*; **bijoux** *jewelry*; **verrerie** *glassware*; **vignobles** *vineyards*; **canaux** *canals*

Comparaisons

À part l'anglais, quelles langues parle-t-on aux États-Unis? Dans quelles régions? Quelles langues parle-t-on dans votre ville?

Traditions et pratiques

Les Alsaciens aiment beaucoup la musique, les bals, et les fêtes folkloriques. On peut admirer des danses et des costumes alsaciens traditionnels à de nombreuses fêtes régionales.

Comment sont les maisons et les rues en Alsace?

Strasbourg

Strasbourg (280 000 habitants pour la ville; 868 000 pour l'Eurodistrict*) est la capitale de l'Alsace. Capitale symbolique de l'Europe, Strasbourg est le siège* du Conseil de l'Europe et du Parlement européen. Capitale touristique, Strasbourg est connu pour sa cathédrale et son centre historique avec la "Petite France" et ses belles maisons à colombages*, qui font partie du patrimoine mondial de l'humanité de l'UNESCO.

La Petite France, à Strasbourg

Capitale universitaire (53 000 étudiants dont 20% d'étudiants étrangers), Strasbourg est le siège de nombreuses grandes écoles dont* l'École nationale d'administration, l'*International Space University*, l'*ISEG Business & Finance School*. Dix-huit étudiants de Strasbourg ont reçu le prix Nobel.

Capitale culturelle, la ville a des institutions importantes comme le théâtre national de Strasbourg, l'Opéra national du Rhin, la bibliothèque nationale et universitaire (la seconde bibliothèque patrimoniale de France). Capitale gastronomique, Strasbourg a ses spécialités: la choucroute, le foie gras, le vin d'Alsace, et le gâteau kouglof.

Recherche: gastronomie strasbourg, strasbourg.eu, université de strasbourg

l'Eurodistrict *a Franco-German administrative entity*; **le siège** *headquarters*; **maisons à colombages** *timber-frame houses*; **dont** *including*

Produits

Le port de Strasbourg est le deuxième port fluvial de France. Son trafic (charbon, bois, produits métallurgiques, et farines [*flour*]) date du Moyen Âge.

La Francophonie

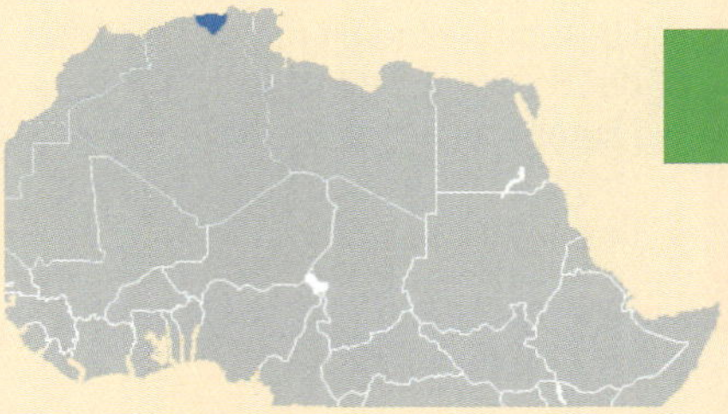

Région

La Kabylie

La Kabylie est une magnifique région dans le nord de l'Algérie, à l'est d'Alger. La population est issue de Kabyles, ou "gens des tribus" connus aujourd'hui sous le nom de berbères ou nomades. En dehors de l'arabe (langue officielle), on y parle l'amazigh (langue berbère). Son économie dépend des olives, des figues, de la poterie, des bijoux, des tapis, et du tourisme. Pour certains touristes, la Kabylie est un éden oublié avec de belles montagnes. La majestueuse chaîne du Djurdjura a des sites pour faire du ski et de l'alpinisme*. Tigzirt est une ville balnéaire* qui conserve la présence de la civilisation romaine. De nombreux Français célèbres ont une origine kabyle: Édith Piaf (chanteuse), Zinédine Zidane (footballeur), Isabelle Adjani (actrice), Jacques Villeret (acteur), Dany Boon (réalisateur), Rachid Arhab (journaliste TV), et Azouz Begag (écrivain, homme politique).

Recherche: kabylie photos, blog kabylie

alpinisme *hiking*; **ville balnéaire** *beach resort*

7 Activités culturelles

Faites les activités suivantes.

1. Faites une carte de la France et indiquez l'Alsace et ses villes principales.
2. Retrouvez les événements qui correspondent aux dates suivantes:
   - 1870–1918
   - 1939–1945
3. Dans quels aspects de la vie de tous les jours parle-t-on alsacien en Alsace?
4. Où doit-on aller à Strasbourg pour voir des maisons à colombage?
5. Choisissez une ville—Colmar ou Mulhouse—et faites un album de photos qui représentent la ville.
6. Explorez le rôle de la ville de Strasbourg dans un domaine particulier: économique, touristique, universitaire. Donnez le nom de personnes importantes. Faites un exposé sur ce sujet.
7. Faites une fiche touristique de la Kabylie. Présentez le paysage (*landscape*), les langues, la population, l'industrie, etc.

Mon dico alsacien

L'alsacien est un dialecte alémanique qui a une prononciation particulière.

homme	[monn]
femme	[froï]
demain	[morne]
aujourd'hui	[hétt]
midi	[mét'tok]
soir	[ôva/ôba]
manger	[assa]
boire	[tré-ngkâ]

Du côté des médias

Rituel printanier, la Fête de l'Europe à Strasbourg offre un mois de festivités du 29 avril au 29 mai pour mettre l'Europe à l'honneur et célébrer le chemin parcouru vers un continent de paix et de liberté.

FÊTE DE L'EUROPE
29 AVRIL – 29 MAI
LIEUDEUROPE.STRASBOURG.EU

Cette grande fête engagée s'organise cette année autour de 5 grands temps forts qui proposent chacun de multiples événements (spectacles, musiques, expositions, conférences, rencontres, etc.) : la Tramfest, la Journée de l'Europe, la Fête des européens, les portes ouvertes des Institutions européennes et l'Erasmus Day pour les étudiants.

8 Strasbourg, Fête de l'Europe

Répondez aux questions.

1. Combien de temps dure cette fête?
2. Quels genres de festivités y aura-t-il ?
3. Quel événement fait découvrir l'extension d'une ligne de tramway?
4. Quelle journée permet de s'informer sur la politique européenne?
5. Quelle journée valorise un programme d'échange pour étudiants?
6. Trouvez sur Internet une de ces rencontres, et créez un poster pour donner plus d'information et de détails sur cet événement.

Recherche: portes ouvertes des institutions européennes, tramfest strasbourg, journée de l'europe, erasmus day, fête des européens

The Relative Pronouns *qui* and *que*

C'est moi qui débarrasse la table!

The relative pronouns **qui** and **que** are used to combine two shorter sentences into one longer sentence. They are called "relative" pronouns because they "relate" or connect these sentences to each other. Note how the following pairs of sentences are combined using **qui** or **que**.

Julie mange la crème caramel. — *Julie is eating the caramel custard.*
La crème caramel est délicieuse. — *The caramel custard is delicious.*

Julie mange la crème caramel **qui** est délicieuse.
Julie is eating the caramel custard that is delicious.

Pierre mange le gâteau. — *Pierre is eating the cake.*
J'ai fait le gâteau. — *I made the cake.*

Pierre mange le gâteau **que** j'ai fait.
Pierre is eating the cake that I made.

Both **qui** and **que** mean *that* in the above sentences. The relative pronoun **qui** is used when it functions as the *subject* of the phrase that follows it (and is immediately followed by a verb): **qui est délicieuse**. The relative pronoun **que** (**qu'**) is used when it functions as a *direct object* (and is immediately followed by a subject and a verb): **que j'ai fait**.

Comparaisons

What is the difference between *that* and *who* in English? What word can you leave out in an English sentence that must always be used in a French sentence?

Le livre que je lis est passionnant.
The book I'm reading is exciting.

Relative Pronoun	Meaning	Refers to	Examples
qui (+ VERB)	*who*	person	Manon achète des escargots pour son papy **qui** a faim. *Manon is buying escargots for her grandpa who is hungry.*
	that, which	thing	Je mange le potage **qui** est une spécialité. *I'm eating the soup which is a specialty.*
que (qu') (+ SUBJECT + VERB)	*who(m)*	person	Le serveur **que** Marc a rencontré est très sympa. *The waiter who Marc met is very nice.*
	that, which	thing	Je voudrais le plat **que** tu as choisi. *I would like the dish that you chose.*

Remember that the past participle of a verb in the **passé composé** agrees in gender and in number with a preceding direct object pronoun. Since **que** is used as a direct object, a past participle following it must agree in gender and in number with the word to which it refers.

Les entrées **qu'**ils ont choisi**es** au restaurant étaient très chères. — *The appetizers that they chose at the restaurant were very expensive.*

9 On a faim à Strasbourg!

Interpretive Viewing, Presentational Speaking or Writing

Dites si les touristes suivants ont choisi un restaurant qui est (ou qui n'est pas) situé près de la cathédrale de Strasbourg.

MODÈLE Michèle (1)
Michèle a choisi un restaurant qui est situé près de la cathédrale.

1. Martine (4)
2. Christine (2)
3. Paul (7)
4. M. Andersen (5)
5. Mme Kraft (3)
6. Mlle Zicarelli (1)
7. Abdel (6)

10 Que choisir?

Interpretive Viewing, Presentational Speaking or Writing

Vous êtes dans un restaurant parisien avec des copains. Dites-leur de choisir ce que le serveur leur a conseillé.

MODÈLE

Jeannette
Choisis les escargots que le serveur t'a conseillés!

1. Hugues

2. Awa

3. Marc

4. Marame

5. Fatou

6. Thomas

11 Résumons le dialogue!

Presentational Speaking or Writing

Complétez les phrases suivantes avec ***qui*** *ou* ***que (qu')*** *pour résumer le dialogue des* Rencontres culturelles *à la page 375.*

1. Manon et ses parents ont quitté leur appartement... est à Paris.
2. Manon rend visite à ses grands-parents... habitent à Strasbourg.
3. Mamy n'aime pas les escargots... sa fille Lucie a préparés.
4. Papy pense que les escargots... il a mangés sont délicieux.
5. Le deuxième plat... on va servir est la choucroute garnie.
6. La personne... va débarrasser la table est Manon.

12 Qui et que

Interpretive Listening

Écrivez les numéros 1–8 sur votre papier. Ensuite, écoutez le dialogue et écrivez une expression qui indique ce qu'on a pris (par exemple, une glace italienne).

Révision: The Partitive Article

Pourquoi Sonia ne veut pas de hamburger?

The partitive article is used to express *some* or *any* of a singular item. It is formed by combining **de** with a definite article (**le**, **la**, **l'**). Here are the forms of the partitive article.

Masculine before a Consonant Sound	Feminine before a Consonant Sound	Masculine or Feminine before a Vowel Sound
de + le → du Nutella	**de + la → de la** salade	**de + l' → de l'**eau

The word **des**, the plural of the indefinite article **un(e)**, is used to express *some* or *any* of a plural item.

Prends **des** spaghetti. — *Have some spaghetti.*

Use the partitive article after the following verbs and expressions to express the idea of "some" or "any": **acheter**, **avoir**, **désirer**, **donner**, **manger**, **prendre**, **vouloir**, **voici**, **voilà**, and **il y a**. But when referring to a whole item, use the indefinite article (**un**, **une**).

Il y a **du** gâteau comme dessert. — *There's cake for dessert.*

but

Je vais prendre **une** crème caramel. — *I'm going to have a caramel custard.*

In negative sentences, the partitive article changes to **de** or **d'**.

Il n'y a pas **de** choucroute. — *There isn't any sauerkraut.*

Maurice ne boit pas **d'**eau. — *Maurice isn't drinking any water.*

Usage Tip

When referring to things in general, use definite articles after these verbs: **aimer**, **adorer**, and **préférer**. Example: **Je préfère les plats italiens.** (I like Italian dishes *in general*.) The definite article does not change in negative sentences: **Je n'aime pas les escargots.**

13 Un critique culinaire

Interpretive Viewing, Presentational Speaking or Writing

*Dites ce que le critique culinaire (*food critic*), M. Laurent, a mangé cette semaine dans six restaurants différents. Puis racontez ce qu'il a dit dans son magazine.*

MODÈLE **Lundi, M. Laurent a mangé des crudités et du coq au vin.**
Il a dit: "J'ai aimé les crudités, mais pas le coq au vin."

lundi

mardi

mercredi

jeudi

vendredi

samedi

14 On fait sa valise pour un voyage en Alsace

Interpersonal Speaking

Dessinez une valise ouverte avec dix choses que vous allez apporter en voyage. À tour de rôle, demandez si votre partenaire a les choses suivantes. Si la chose est dans votre valise, répondez affirmativement. Sinon, répondez négativement.

MODÈLE shampooing/savon
A: Tu as du shampooing?
B: Oui, j'ai du shampooing. Tu as du savon?
A: Non, je n'ai pas de savon.

1. dentifrice/pullovers
2. chaussettes/tennis
3. chocolat/chemises
4. ceintures/eau minérale
5. argent américain et français/photos de ta famille

The Pronoun *en*

The pronoun **en** means *some*, *any*, *of it/them*, *about it/them*, or *from it/them* and refers to part of something previously mentioned. **En** replaces an object introduced by **de**. It comes immediately before the conjugated verb or infinitive in a sentence or question.

The pronoun *en* replaces:

form of *de* + NOUN	Tu voudrais du potage? *Would you like some soup?*	Oui, j'**en** voudrais. *Yes, I would like some.*
	Elle fait de la gym? *Does she do gymnastics?*	Non, elle n'**en** fait pas. *No, she doesn't.*
	Elle va faire du vélo? *Is she going to go biking?*	Oui, elle va **en** faire. *Yes, she's going to do it.*
form of *de* + NOUN (after expressions of quantity: assez, beaucoup, combien, (un) peu, trop)	Tu as bu trop de café? *Did you drink too much coffee?*	Oui, j'**en** ai trop bu. *Yes, I drank too much (of it).*
	On mange beaucoup d'escargots? *Do we eat a lot of snails?*	Non, on n'**en** mange pas beaucoup. *No, we don't eat a lot (of them).*
When the quantity is determined, it is added at the end of the sentence.	Tu as mangé des escargots? *Did you eat any snails?*	Oui, j'**en** ai mangé huit. *Yes, I ate eight (of them).*
	Vous avez une montre? *Do you have a watch?*	Oui, j'**en** ai une. *Yes, I have one.*
form of *de* + NOUN OR *de* + INFINITIVE (after verbs such as avoir envie de, parler de, rêver de, avoir besoin de)	Tu as envie du hot-dog? *Do you want the hot dog?*	Oui, j'**en** ai envie! *Yes, I want it!*
	Avons-nous besoin de voyager? *We don't need to travel.*	Non, nous n'**en** avons pas besoin. *No, we don't need to.*

In affirmative commands, **en** follows the verb and is attached to it with a hyphen; an **–s** is also added to the **tu** form of **–er** verbs before the pronoun **en**. In negative commands, **en** precedes the verb.

Mange **des escargots**!	*Eat some snails!*
Manges-**en**!	*Eat some (of them)!*
N'**en** mange pas beaucoup!	*Don't eat a lot (of them)!*

15 Surfons sur Internet!

Interpersonal Writing

Djamel a reçu beaucoup de commentaires sur son site social. Utilisez ***en*** *pour répondre aux questions de ses amis.*

MODÈLE

Jérôme Il va faire beau. Tu fais du foot avec moi jeudi soir?

Djamel Oui, j'en fais avec toi./Non, je n'en fais pas avec toi.

1. Simone: Nous mangeons des pâtes ce soir. Je t'invite! Tu veux manger des pâtes avec nous?
2. René: Tu veux faire du roller demain après-midi?
3. Benjamin: Tu as envie de regarder la télé avec moi ce weekend?
4. Stéphanie: Qu'est-ce que je dois faire? J'achète des billets pour le concert de Youssou N'Dour?
5. Pamela: Je ne peux pas trouver de melons au marché. Tu as des melons chez toi?
6. Koffi: Salut! Ça va? J'achète des cadeaux de la Côte d'Ivoire pour tes sœurs. Combien de sœurs as-tu?

16 En vacances

Interpretive Viewing, Presentational Speaking or Writing

Regardez les choses dans la chambre d'hôtel de Noah à Paris. Répondez aux questions en utilisant ***en*** *dans des phrases affirmatives.*

1. Noah a visité des musées?
2. Il avait besoin de parler français?
3. Il a écrit des cartes postales?
4. Il a pris des photos des monuments?
5. Il avait envie de prendre le métro?
6. Il a acheté des souvenirs?
7. Il a trouvé des cadeaux pour ses amis?

Communiquez!

17 Un menu fixe

Interpersonal and Presentational Writing

Create a fixed-price menu for a restaurant in France. Provide at least two items for each course based on the listed categories (two entrées, two main dishes, etc.). Exchange menus with a partner and correct each other's work. Then use one of your menus to role-play a scene for the class between a customer and server. In your scene, the server greets the customer, takes the order, and brings the food and bill. The customer greets the server, orders one item for each course and a beverage, and comments on the food.

Menu fixe
- entrée
- plat principal
- salade
- plateau de fromages
- dessert
- boissons

18 On mange chez moi

Presentational Writing

You have invited three French friends over for dinner. Decide on an entrée, main course, and dessert to serve. Look up a recipe (**recette**) for each dish and write a grocery list for the ingredients you will need.

Recherche: recette (+ NAME OF DISH)

19 Un restaurant à Strasbourg

Interpersonal Speaking, Presentational Writing

Your French club is hosting a dinner buffet with typical French dishes prepared by students. You have invited a friend to this party, but he or she injured a leg and is on crutches. You must bring each dish to sample to your friend, explaining what it is and who made it. Your friend is a picky eater and rejects every dish but one. With a partner, write a conversation between you and your friend, and present it to the class.

MODÈLE **Tu veux de la salade niçoise que Manon a faite avec des œufs, des olives noires et du thon?**

Non, je n'en veux pas. Je n'aime pas le thon.

Prononciation

Nasal Vowels

» Vowels followed by an **n** or an **m** are nasal in French, unless the **n** or **m** is followed by another vowel. Two common nasal vowel sounds are /ɛ̃/ as in **faim**, **cinq**, and **demain**, and /ɑ̃/ as in **cent**, **chante**, and **dans**.

A Répétez!

Répétez les expressions et phrases suivantes. Faites attention aux voyelles nasales.

1. un plat pr**in**cipal
2. Tu as f**aim**, Mart**in**?
3. v**in**gt-c**in**q petits p**ain**s
4. comm**an**der et m**an**ger une **en**trée
5. **En**core ce restaur**ant**!
6. Pr**en**ds le croiss**ant** bl**an**c!

B Au restaurant

Écrivez ***E*** *si vous entendez le son /ɛ̃/ comme dans le mot* ***faim****, ou* ***A*** *si vous entendez le son /ɑ̃/ comme dans le mot* ***cent****.*

The Nasal Sound /ɔ̃/

» The **o** in **bon**, pronounced /ɔ̃/, is nasal, but in some cases, if it is followed by a word that begins with a vowel, it is no longer nasal. Other words generally remain nasal.

bon copain VERSUS bo**n**‿ami
ton père VERSUS to**n**‿ami

C Répétez!

Répétez les mots et expressions suivants. Faites attention à la voyelle nasale.

1. mon — mon livre
2. mon — mo**n**‿album
3. bon — un bon café
4. bon — un bo**n**‿artiste
5. son — son frère
6. son — so**n**‿affiche

D Récapitulons!

Écoutez le menu. Ensuite, choisissez la catégorie qui correspond au son nasal que vous entendez.

A. le son **ain** comme "demain" B. le son **en** comme "cent" C. le son **on** comme "bon"

Leçon B

Vocabulaire actif

Les régions françaises

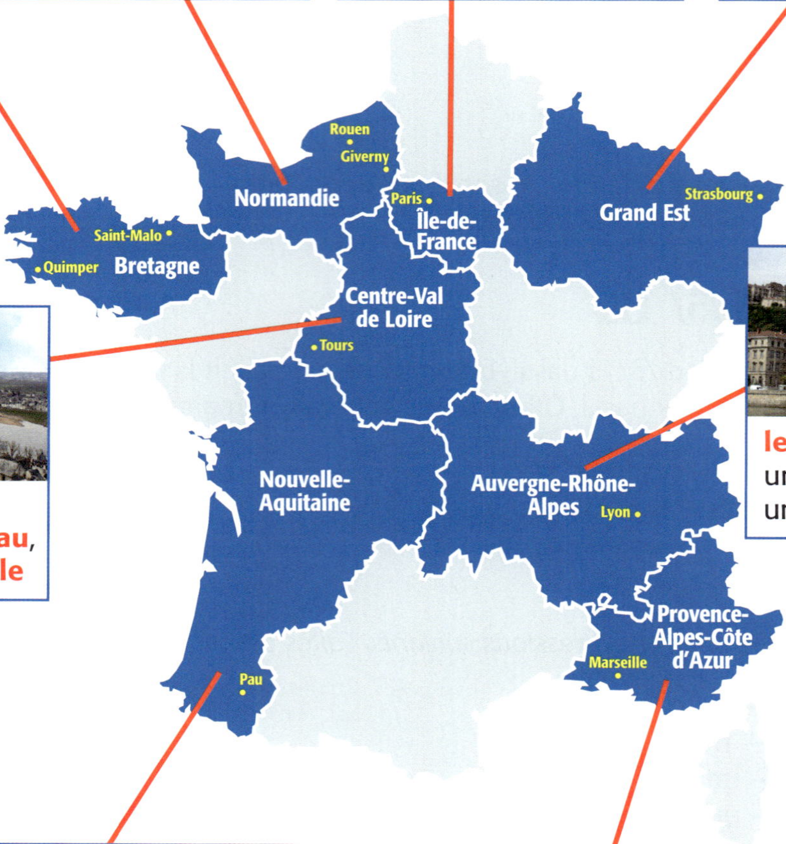

la Bretagne:
un océan **breton**,
une côte bretonne

la Normandie:
un paysage normand,
une falaise normande

La région parisienne:
un fleuve parisien,
une tour parisienne.

l'Alsace (f.):
un bateau **alsacien**,
une maison **alsacienne**

la Touraine:
un château **tourangeau**,
une région **tourangelle**

le Lyonnais:
un immeuble **lyonnais**,
une cathédrale **lyonnaise**

la Gascogne:
un champ **gascon**,
une route **gasconne**

la Provence:
un port provençal,
une ville provençale

Pour la conversation

How do I ask a friend what's new?

» **Quoi de neuf?**
What's new?

How do I find out someone's associations with a place?

» Si je te dis Normandie, tu penses à quoi?
If I say Normandy, what do you think of?

How do I say I like a suggestion?

» Un weekend **prolongé me conviendra parfaitement**!
A long weekend will suit me perfectly!

Et si je voulais dire...?

la Lorraine	*Lorraine [the region]*
lorrain(e)	*from Lorraine*
la Guadeloupe	*Guadeloupe*
guadeloupéen(ne)	*from Guadeloupe*
la Martinique	*Martinique*
martiniquais(e)	*from Martinique*
le Pays basque	*Basque Country*
basque	*Basque*

1 En province

Interpretive Reading

Lisez le paragraphe. Ensuite, utilisez les éléments donnés pour écrire des phrases qui associent des produits à leur région.

Chaque région de la France est associée à certains produits et plats de cuisine. L'Alsace est connue pour son architecture et ses plats qui sont influencés par l'Allemagne. Les Alsaciens aiment manger de la choucroute garnie et des escargots. La Normandie est souvent associée aux pommes et aux produits qu'on fait avec, comme le cidre et le jus de pomme. Les Normands font aussi beaucoup de produits laitiers comme le camembert. La Bretagne est aussi connue pour ses produits laitiers, mais le plat le plus associé aux Bretons est la crêpe. La Provence est souvent associée aux légumes et aux fruits de soleil. Beaucoup de Provençaux mangent de la ratatouille et de la bouillabaisse, un potage célèbre. Lyon est connu pour ses bons restaurants, comme le restaurant Georges Blanc où on sert le poulet mère Blanc. Une autre spécialité que les Lyonnais apprécient est la salade avec des lardons, qui sont comme de petits cubes de bacon.

MODÈLE le poulet mère Blanc (une spécialité)
Le poulet mère Blanc est une spécialité lyonnaise.

1. le jus de pomme (une boisson)
2. les escargots (une entrée)
3. les crêpes (un dessert)
4. la bouillabaisse (un potage)
5. le camembert (un fromage)
6. la ratatouille (un plat)

2 Dans quelle région?

Interpretive Viewing

Indiquez dans quelle région se trouve chacune des villes suivantes.

1. Caen
2. Nice
3. Bordeaux
4. Lyon
5. Tours

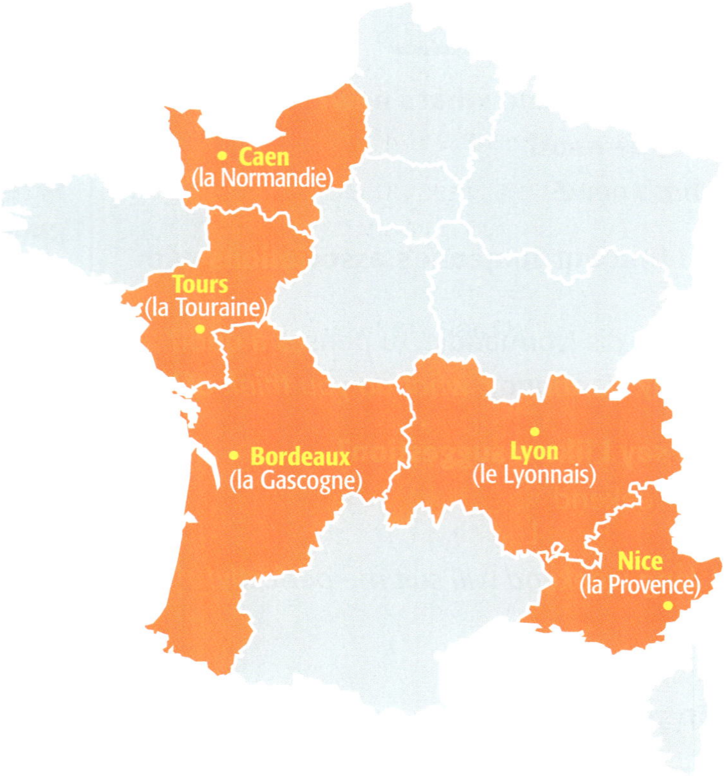

3 On est originaire d'où?

Interpretive Viewing, Presentational Speaking or Writing

Dites où chaque élève habite et quelle est son affiliation régionale.

MODÈLE Leïla
Leïla habite à Pau.
Elle est gasconne.

1. Jean-Luc
2. Momo
3. Simone
4. Karine
5. Mamadou
6. Lucie
7. Marc

4 Des suggestions

Presentational Speaking

Dites si les suggestions suivantes te conviendront ou pas.

MODÈLES Si on passe un weekend prolongé en Alsace?
Ça me conviendra.

Si on prend de la choucroute garnie?
Ça ne me conviendra pas.

1. Si on joue du piano?
2. Si on a une consultation avec une voyante?
3. Si on prend des escargots?
4. Si on voyage en Normandie?
5. Si on regarde une émission de télé-réalité?

5 De quelle région sont-ils?

Interpretive Listening

Écrivez les numéros 1–8 sur votre papier. Choisissez le nom de la région de la personne mentionnée dans chaque phrase que vous entendez.

A. l'Alsace	B. la Normandie	C. la Bretagne	D. la région parisienne
E. la Provence	F. la Touraine	G. la région lyonnaise	H. la Gascogne

6 Questions personnelles

Interpersonal Speaking

Répondez aux questions avec un partenaire.

1. Quoi de neuf?
2. Est-ce que tu as déjà visité la France? Si oui, es-tu resté(e) en région parisienne ou as-tu visité des provinces?
3. Quelles provinces de France voudrais-tu visiter? Pourquoi?
4. Pourquoi est-ce que les touristes viennent visiter la région où tu habites?
5. Qu'est-ce que tu aimes faire quand tu as un weekend prolongé?

Si on allait en Normandie?

Robert téléphone à Nicolas.

Robert: Quoi de neuf?
Nicolas: Alors, c'est quoi, la surprise?
Robert: Je suis en province avec mes parents. Si je te dis Normandie, tu penses à quoi?
Nicolas: Rouen, le *D-Day*, le camembert, Jeanne d'Arc.... Je te propose un itinéraire Monet en Normandie.
Robert: Super! Alors, laisse-moi deviner—Rouen; la cathédrale, bien sûr; Giverny, la maison, le pont japonais....
Nicolas: Et quoi d'autre encore? Si je te dis au bord de la mer....
Robert: Euh....
Nicolas: Étretat, les falaises! Regarde sur ton portable.
Robert: Je suis en train de regarder, je n'en crois déjà pas mes yeux.... Un weekend prolongé avec toi me conviendra parfaitement!

7 Si on allait en Normandie?

Répondez aux questions.

1. Qui est Robert?
2. Où est-il?
3. Qu'est-ce que Nicolas propose de voir?
4. Qu'est-ce qu'on peut voir au bord de la mer en Normandie?
5. Qu'est-ce que Robert regarde sur son portable?

EXTENSION Souvenirs de la guerre

John et Cédric viennent de voir le Mémorial à Caen, en Normandie, et sont maintenant sur la plage.

John: Ah, ces plages normandes sont magnifiques. L'eau est calme. Regarde les enfants qui jouent! Étrange de penser qu'il y a quelques années....
Cédric: ... les forces alliées se battaient juste-là, des millions de soldats—français, britanniques, américains, polonais....
John: La fameuse Bataille de Normandie, le 6 juin 1944... je me rappelle mes cours d'histoire. Ça a été la plus grande invasion par une force militaire dans l'histoire de l'humanité.
Cédric: Moi, ce sont surtout les histoires de mon arrière-grand-père dont je me souviens. Il m'a dit qu'après le *D-Day*, les troupes étaient convaincues d'avoir gagné la guerre, mais les soldats avaient peur de mourir avant la victoire.
John: Le mien m'a raconté qu'il est devenu ami avec un Français qui l'a aidé à échapper à une attaque des Allemands. Il s'était fait blesser et le Français l'a ramené au camp.
Cédric: Je me demande si nos arrière-grands-pères se sont connus....

EXTENSION Quels souvenirs de la guerre les arrière-grands-pères de John et Cédric ont-ils partagés?

Points de départ

Pre-AP

Question centrale How do smaller communities enrich a country's culture?

La Normandie

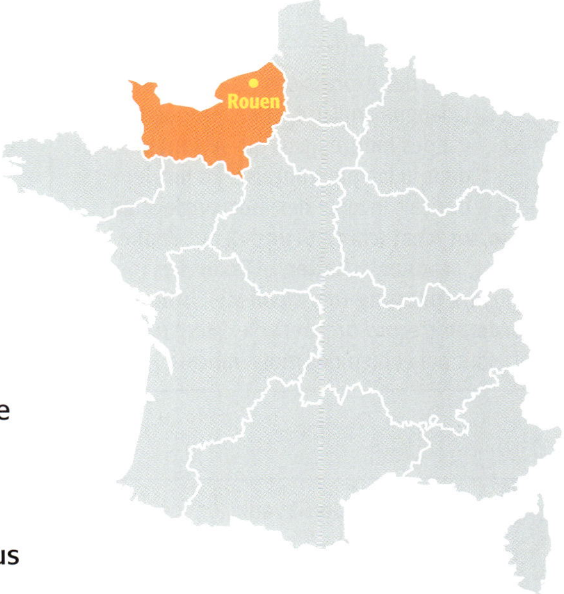

La Normandie se trouve dans le nord-ouest de la France. Elle est marquée par de beaux paysages. À l'intérieur, on y trouve des champs et des forêts. Mais ce sont ses côtes qui sont spectaculaires: les falaises d'Étretat, les plages de Deauville et de Cabourg, les petits ports pittoresques de Honfleur et de Trouville. C'est une région connue par son histoire. C'est ici qu'est né Guillaume le Conquérant* qui a envahi* l'Angleterre à la bataille de Hastings en 1066 pour en devenir le roi. C'est aussi en Normandie que Jeanne d'Arc a rassemblé les armées françaises pour repousser* les Anglais hors de* France. Et c'est sur ses plages qu'une bataille* décisive de la Deuxième Guerre mondiale* a eu lieu. L'endroit le plus fréquenté par les touristes est le mont Saint-Michel, une petite île rocheuse où se trouve l'abbaye dédiée* à saint Michel.

La Normandie est aussi une région connue pour ses artistes: ses peintres impressionnistes, avec Claude Monet à Giverny; ses auteurs, avec Flaubert à Rouen; et ses musiciens, avec Érik Satie, né à Honfleur.

L'agriculture, l'industrie agroalimentaire*, et les activités portuaires forment la base de l'économie normande. La Normandie est le pays du camembert et du cidre. Le Havre, Rouen, et Caen, qui sont les trois grandes villes de la région, sont aussi de grands ports.

L'Abbaye du mont Saint-Michel fait 80 mètres de haut.

Recherche: office du tourisme de deauville, ville de cabourg, office du tourisme de honfleur, office du tourisme de trouville

Guillaume le Conquérant *William the Conqueror [considered the first King of England]*; **a envahi** *invaded*; **repousser** *to push (out)*; **hors de** *out of*; **bataille** *battle*; **Deuxième Guerre mondiale** *Second World War*; **dédiée** *dedicated*; **agroalimentaire** *agribusiness*

Traditions et pratiques

C'est à partir de la Normandie que les Français sont partis faire des conquêtes: le royaume de Sicile entre la Syrie et la Turquie, et la principauté d'Antioche (11ème siècle), l'Acadie, la ville de Québec (17ème siècle), la Guadeloupe et la Martinique (17ème siècle), et la Nouvelle-Orléans (18ème siècle).

Le quai de Honfleur

Produits

Il y a des expressions françaises dans la langue anglaise, et réciproquement il y a des mots anglais qui se sont infiltrés dans la langue française. En fait, le français invente des mots anglais: **un blog**, **un scan**, **un tchat** (*chat*), et **un fax** ont donné les verbes **bloguer, scanner, tchatter,** et **faxer**. Les mots **footing** (*jogging*), **pressing** (*dry cleaner's*), **lifting** (*face-lift*), et **recordman** (*record-breaker*) n'existent pas en anglais mais sont bel et bien des mots français.

Perspectives

J'adore visiter la Normandie car c'est une région où les paysages sont absolument magnifiques, on peut y faire beaucoup d'activités sportives et rester proche de la nature. Il y fait un peu frais, mais la bonne gastronomie compense.
–Tariq

Quel est le seul inconvénient que ce monsieur attribue à la Normandie?

Produits

La tapisserie de Bayeux, longue de 70 mètres (la tapisserie la plus longue au monde), a été réalisée au 11ème siècle. Elle célèbre la conquête de l'Angleterre par Guillaume le Conquérant. Elle montre les vêtements, les chevaux, et les armes des deux adversaires.

Recherche: tapisserie bayeux

Rouen

Rouen, qui a 380 000 habitants, est une grande ville commerciale et industrielle. La ville est aussi une destination touristique importante et une capitale gastronomique. Les sites qu'on aime visiter sont la cathédrale (souvent peinte par Monet), la place du Vieux-Marché, le Gros-Horloge, et le palais de justice.

Guillaume le Conquérant, Jeanne d'Arc, Corneille, et Flaubert font partie des souvenirs historiques et artistiques de Rouen: Guillaume le Conquérant est parti de Rouen conquérir* l'Angleterre; Jeanne d'Arc a organisé la résistance contre l'envahisseur* anglais avant de devenir prisonnière des Anglais et brûlée* sur la célèbre place du Vieux-Marché; Corneille est peut-être le plus grand auteur français de théâtre politique, connu pour sa pièce *Le Cid.* Flaubert est considéré comme l'inventeur du roman moderne. Il a écrit *Madame Bovary* et *L'éducation sentimentale*.

Recherche: office de tourisme de rouen, visiter rouen

On peut passer sous le Gros-Horloge.

conquérir *to conquer*; **envahisseur** *invader*; **brûlée** *burned*

Produits

Au village de **Giverny** on peut visiter la maison et le jardin de l'artiste impressionniste Claude Monet. Il y a un étang et un pont japonais où il a peint des nénuphars (*water lilies*).

Recherche: maison et jardin de monet à giverny

La maison de Monet à Giverny, un village normand

Comparaisons

Jeanne d'Arc est une héroïne de l'histoire de France. Est-ce que vous pouvez nommer une héroïne américaine? Elle a vécu à quel siècle? Qu'est-ce qu'elle a fait?

Peinture sur vitrail de Jeanne d'Arc devant la porte de France

Je parle bien!

« To pronounce **Rouen**, say ***rou*** (as in ***routine***) and ***an***. Then combine the two syllables and repeat as smoothly as you are able. »

8 Activités culturelles

Faites les activités suivantes.

1. Ajoutez la Normandie, ses villes, et les plages du débarquement à la carte de France que vous avez faite dans la Leçon A à la page 378.
2. Faites un axe chronologique (*timeline*) sur la vie de Jeanne d'Arc.
3. Faites une liste de mots anglais qui viennent du français.
4. Trouvez un tableau impressionniste peint en Normandie et décrivez-le.
5. Résumez l'intrigue du *Cid* dans un petit paragraphe.

À DISCUTER

Selon vous, quels sont les attributs d'un héros ou d'une héroïne?

Du côté des médias

Lisez la page du site Web ci-dessous sur le Mémorial de Caen.

9 Exposition du Mémorial de Caen

Répondez aux questions.

1. Quel est le nom de ce musée? L'histoire qu'il revendique est pour quoi?
2. L'exposition d'Arthur Langerman est à propos de quel sujet?
3. Les expositions sont-elles ouvertes aux enfants ou seulement aux adultes?
4. Quelle période historique cette exposition couvre-t-elle?
5. Quelle date historique représente l'année 1945?
6. Quelles sont les heures d'ouverture et de fermeture du musée?
7. Sur quelles applications peut-on suivre les informations du musée?

Interrogative Pronouns

Interrogative pronouns formed with **est-ce qui** or **est-ce que** (*who(m)?* or *what?*) occur at the beginning of questions.

	Interrogative Pronoun	+ Rest of Sentence	
People (*who?*)	**qui/qui est-ce qui**	VERB	**Qui** (est-ce **qui**) est alsacien? *Who is from Alsace?*
People (*whom?*)	**qui est-ce que**	SUBJECT + VERB	**Qui** est-ce **que** vous connaissez? *Whom do you know?*
Things (*what?*)	**qu'est-ce qui**	VERB	**Qu'**est-ce **qui** arrive? *What is happening?*
Things (*what?*)	**qu'est-ce que**	SUBJECT + VERB	**Qu'**est-ce **que** tu sais? *What do you know?*

- Use **qui est-ce qui** to ask *who* is performing an action. Note that the phrase **qui est-ce qui** is often shortened to **qui**:

  Qui est-ce qui parle allemand? — *Who speaks German?*
  Qui parle allemand?

- Use **qu'est-ce qui** to ask *what* is performing an action.

  Qu'est-ce qui va vite? Un avion? — *What goes fast? A plane?*

- Use **qui est-ce que** to ask *who* is the object of an action.

  Qui est-ce que tu aimes? — *Whom do you love?*

- Use **qu'est-ce que** to ask *what* is the object of an action.

  Qu'est-ce que vous faites? — *What are you doing?*

- When using inversion of the subject pronoun and verb, **est-ce que** is not used.

  Qui aimes-tu? — *Whom do you love?*
  Que faites-vous? — *What are you doing?*

- In French, prepositions (**à**, **de**, **pour**, **avec**, etc.) come at the beginning of a question.

  À qui parlez-vous? — *To whom are you talking?*
  À qui est-ce que vous parlez?

After a preposition, the interrogative pronoun **que** becomes **quoi**.

De quoi parlez-vous? — *What are you talking about?*

> **Comparaisons**
>
> Below is one thought expressed in French and English. Why is *whom* used in the English version?
>
> **Qui est-ce que tu connais dans ton immeuble?**
>
> *Whom do you know in your apartment building?*

10 Que sais-je?

Presentational Speaking or Writing

*Posez des questions avec **qui** ou **qu'est-ce que** pour confirmer l'information soulignée.*

MODÈLES Jeanne d'Arc est une heroïne française.
Qui est une heroïne française?

Beaucoup de Français écoutent du raï.
Qu'est-ce que beaucoup de Français écoutent?

1. Samian donne un concert à Québec pour la Saint-Jean.
2. Les Québécois fréquentent le parc d'attractions "*La Ronde*."
3. Monet a peint le tableau "*Terrace à Sainte-Adresse*."
4. Youssou N'Dour est un chanteur sénégalais.
5. Toulouse-Lautrec a fait des affiches de Montmartre.
6. Les étudiants de Paris ont manifesté en 1968.
7. Ben Jelloun a écrit Le racisme expliqué à ma fille.

11 Qui ou qu'est-ce qui?

Presentational Speaking or Writing

*Si le sujet de la phrase est une personne, posez une question avec **qui**. Si le sujet de la phrase est une chose, posez une question avec **qu'est-ce qui**.*

MODÈLES *Robert* habite à Quebec.
Qui habite à Québec?

La Normandie est une belle région.
Qu'est-ce qui est une belle région?

1. *La mousse au chocolat* est un bon dessert.
2. *Nicolas* propose un itinéraire Monet en Normandie.
3. *Cette plage normande* a beaucoup de visiteurs.
4. *Le camembert* est normand.
5. *Une belle falaise* se trouve au bord de la mer.
6. *Léo* sort son portable pour prendre des photos des falaises.

12 Je suis curieux/curieuse!

Interpersonal Speaking

*À tour de rôle, posez des questions à votre partenaire. Si le complément d'objet direct de votre phrase est une personne, utilisez **qui est-ce que**. Si le complément d'objet direct de votre phrase est une chose, utilisez **qu'est-ce que**.*

MODÈLES inviter au cinéma
A: Qui est-ce que tu invites au cinéma?
B: J'invite Catherine au cinéma.

prendre à la cantine
A: Qu'est-ce que tu prends à la cantine?
B: Je prends de la pizza et de la salade.

1. choisir à la boutique
2. aider avec ses devoirs
3. boire
4. rassurer souvent
5. appeler chaque jour
6. aimer lire
7. attendre après les cours
8. écouter à la radio

13 *Rendez-vous à Nice!*

Presentational Speaking or Writing

*Choisissez **qui**, **qui est-ce que**, **qu'est-ce qui**, **que**, **qu'est-ce que**, ou **quoi** pour compléter les questions. Ensuite, répondez aux questions d'après la vidéo* Rendez-vous à Nice!

1. ... Charlotte et Chadia ne connaissent pas à l'école le jour de la rentrée?
2. ... elles trouvent dans le café?
3. ... aide Patrick avec son anglais?
4. ... informe Chadia à la cantine que Thomas voudrait la voir?
5. Charlotte, ... veut-elle faire comme passe-temps?
6. En... Patrick est-il fort?
7. ... se passe entre Jean-Charles et Charlotte?
8. ... est toujours avec Thomas?

14 Découverte de la Normandie

Interpretive Listening

*Écrivez les numéros 1–5 sur votre papier. Ensuite, écoutez la conversation et écrivez **V** si la phrase que vous entendez est vraie ou **F** si elle est fausse.*

Question centrale ? How do smaller communities enrich a country's culture?

Communiquez!

15 J'augmente mon vocabulaire

Interpretive Reading, Presentational Writing

In this lesson, you have learned that many English words come from French. Organize each of the following loan words according to a category, such as diplomacy and foreign policy, food and dining, art, and fashion. Then write ten sentences or a narration showing that you understand the meaning of each word.

à la mode, à votre santé, adieu, Art nouveau, au pair, au gratin, avant-garde, beaux-arts, bon appétit, bourgeois, carte blanche, concierge, connoisseur, debutante, dénouement, détente, décolletage, entente cordiale, gourmand, je ne sais quoi, laissez-faire, nocturne, objet d'art, papier maché, pointillisme, rapprochement, RSVP, salon

16 Quoi de neuf?

Interpersonal Speaking, Presentational Writing

You and a friend are looking for something to do. Write a conversation in which you discuss going to Normandy for a long weekend. Make several suggestions, such as seeing the gardens in Giverny and the house where Monet lived, walking on the shores where the Normandy battle took place, visiting **mont Saint-Michel**, eating specialty foods, and doing various activities. Then role-play your conversation for your teacher and classmates. You may show images of relevant places or foods.

17 Mon voyage en Normandie

Presentational Writing

Imagine you are a student at the International School of Paris. As part of your extended school field trip to Normandy, you are required to write a travel blog including photos and descriptions. You must identify and explain three monuments or sites and what you learned about them, along with one cultural experience. An example of a cultural experience would be eating traditional food at a local restaurant.

Recherche: normandie tourisme

Communiquez!

Combining Sentences

In **Leçon A**, you learned how to combine sentences using **qui** and **que**. By using these relative pronouns, you can create more elegant and complex sentences.

18 J'écris des dialogues!

Presentational Speaking or Writing

Using **qui** or **que**, combine the following sentences about the dialogue characters.

1. Madiba est une fille camerounaise. Elle a une sœur, Babila.
2. Avec Manon elle regarde une émission. L'émission vient du Luxembourg.
3. Nicolas a un copain. Son copain habite à Québec.
4. Il préfère un chanteur africain. Le chanteur s'appelle Youssou N'Dour.
5. Manon décrit un tableau. Monet a peint le tableau.
6. Quand ses parents sont partis, Manon a invité des amis. Ses parents connaissent ses amis.
7. Rachid préfère le raï. Le raï est un genre de musique.
8. Ce sont des BD francophones. Rachid aime ces BD.

19 La salle de séjour

Presentational Writing

Write a paragraph with sentences that use the relative pronouns **qui** and **que** to describe this family scene.

Leçon C

Vocabulaire actif

Un séjour en Bretagne

À la crêperie

une galette forestière

une galette jambon-fromage

une crêpe au sucre

une crêpe au chocolat

un jus de pomme

un diabolo menthe

À l'auberge de jeunesse

une auberge internationale

la réception

une carte de membre

un dortoir

des lits superposés

Pour la conversation

What will the server ask?

» Vous avez fait **votre choix**?
Have you made your choice?

How do I order?

» **Pour commencer**… une crêpe à la confiture.
To start… a crêpe with jam.

Et si je voulais dire…?

les palets bretons	*shortbread cookies*
le réfectoire	*canteen, dining area*
la salle commune	*common room*
la vie communautaire	*community life*
partager sa chambre	*to share a room*
les sanitaires (m.)	*toilets, lavatory*

1 Le journal intime de Raphaël

Interpretive Reading

Lisez le journal de Raphaël et répondez aux questions.

le 12 février

Je passe un super séjour en Bretagne! Hier soir, mes copains et moi, nous sommes allés à la crêperie pour un dîner bon marché. Quand le serveur m'a demandé, "Vous avez fait votre choix?", le choix était facile. J'ai choisi leur galette forestière. Je l'aime beaucoup. J'ai pris aussi un diabolo menthe. C'est la boisson que je prends d'habitude chez moi. Pour Michel, la décision était plus difficile. Il hésitait entre une galette et une crêpe. Alors pour commencer, il a pris une galette jambon-fromage et comme dessert une crêpe à la confiture! Nasser ne mange jamais la même chose, alors on ne sait jamais ce qu'il va commander comme crêpe. Hier, il a pris une galette forestière comme moi, et il a bu un jus de pomme comme d'habitude. Ah! C'est génial, la Bretagne! Après notre bon dîner, à l'auberge de jeunesse, on a parlé avec des Normands, des Gascons, des Parisiens, et des Alsaciens.

1. Où est Raphaël?
2. Où est-il allé avec ses amis hier soir?
3. Qu'est-ce que Raphaël a mangé? Qu'est-ce qu'il a bu?
4. Qu'est-ce que Michel a pris?
5. Qu'est-ce que Nasser a bu?
6. Qu'est-ce que les garçons ont fait après?

2 Un séjour en province

Presentational Speaking or Writing

Décrivez un voyage en Bretagne en vous basant sur les illustrations.

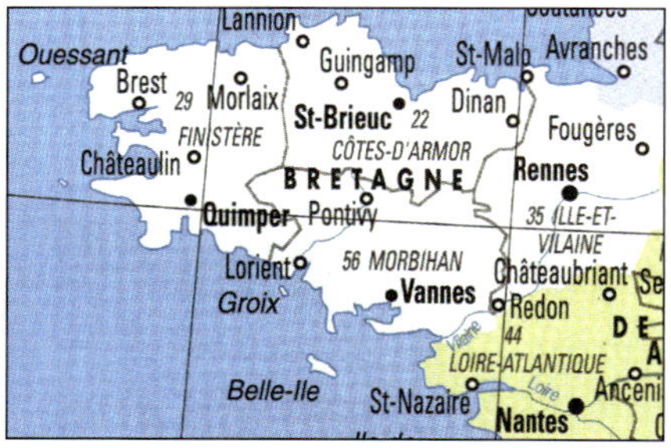

1. Nous sommes allés en….

2. On a passé la nuit dans….

3. Nous avions une… pour payer moins cher.

4. Le réceptionniste nous a indiqué… au deuxième étage.

5. Il y avait des….

6. On est allé à une… pour le dîner.

3 Au restaurant

Presentational Speaking

Dites ce que vous prenez pour commencer votre repas.

MODÈLE une galette aux champignons, une crêpe au sucre
Pour commencer je prends une galette aux champignons, s'il vous plaît.

1. une crêpe à la confiture, une galette jambon-fromage
2. de la choucroute garnie, des escargots
3. une galette forestière, une crêpe au sucre
4. une terrine de saumon, du coq au vin
5. un bœuf bourguignon, du potage
6. un steak-frites, des crudités

4 La crêperie ou l'auberge de jeunesse?

Interpretive Listening

Écrivez les numéros 1–6 sur votre papier. Ensuite, indiquez l'endroit associé à chaque phrase que vous entendez: ***A*** *(auberge de jeunesse) ou* ***R*** *(restaurant).*

5 Questions personnelles

Interpersonal Speaking

Répondez aux questions avec un partenaire.

1. Qu'est-ce que tu demandes à la serveuse d'une crêperie pour commander?
2. Qu'est-ce que tu bois d'habitude au restaurant?
3. Voudrais-tu rester dans une auberge de jeunesse? Pourquoi, ou pourquoi pas?
4. As-tu des lits superposés dans ta chambre?
5. As-tu jamais dormi dans un dortoir? Si oui, où et quand?

Rencontres culturelles

Un repas breton

Nicolas et Robert continuent leur weekend prolongé avec un dîner dans une crêperie bretonne.

Nicolas: Choisis: sucrée, salée, au Nutella, à la confiture, au jambon, ou au fromage.

Robert: Je vais enfin goûter les crêpes bretonnes.

Nicolas: Depuis le temps....

Serveuse: Alors vous avez fait votre choix? Qu'est-ce que vous désirez?

Nicolas: Beurre salé.

Robert: Pour commencer… une crêpe à la confiture.

Serveuse: Et comme boisson?

Robert: Du jus de pomme, bien sûr!

Serveuse: Vous, vous avez un accent qui me rappelle le Québec.

Robert: Vous connaissez?

Serveuse: La Belle Province… j'ai travaillé là-bas deux ans: super souvenir! Et vous, vous êtes en vacances?

Robert: Oui. Hier on était à Saint-Malo—super journée et surtout super soirée à l'auberge de jeunesse.

Nicolas: Il y avait des Anglais, des Danois, des Allemands—chaude ambiance!

Robert: On a chanté, on a dansé, on a bien discuté avec eux.

6 Un repas breton

Identifiez la personne décrite. Deux noms sont parfois possibles.

1. Cette personne demande ce qu'on va boire.
2. Cette personne commande une crêpe avec du beurre salé.
3. Cette personne va boire du jus de pomme.
4. Cette personne a habité au Québec pendant deux ans.
5. Cette personne a dormi dans une auberge de jeunesse hier soir.

EXTENSION Au resto autoroute

Deux amis s'arrêtent au restaurant autoroute.

Julie: Bon, il arrive.... Dis, tu vas me prendre en photo sous le Gros-Horloge?

Sébastien: Certainement.

Serveur: Vous avez choisi?

Sébastien: Un steak tartare, des frites géantes, et pour mademoiselle, le truc vég.

Serveur: Oui, la salade… et comme boisson?

Julie: De l'eau minérale pour moi et un coca pour monsieur qui doit encore faire 300 kilomètres!

EXTENSION Qui conduit?

Points de départ

Pre-AP

Question centrale ? How do smaller communities enrich a country's culture?

La Bretagne

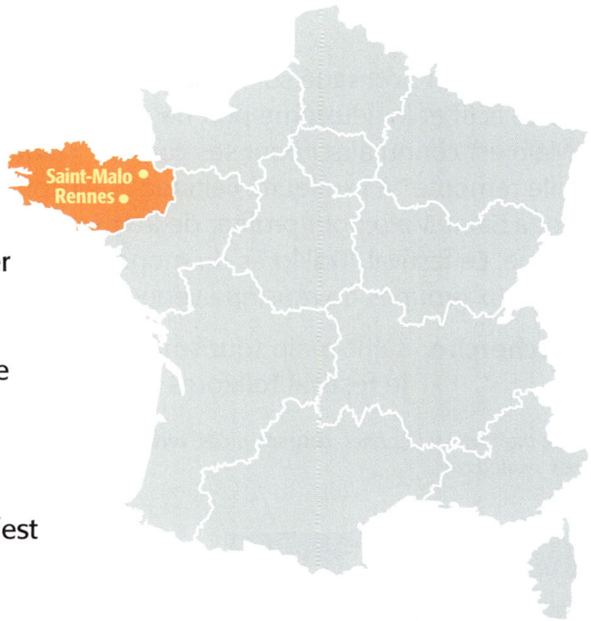

La Bretagne est la région la plus à l'ouest de la France, à la pointe extrême de l'Europe continentale. Région longtemps isolée, elle appartient aux cultures celtiques avec l'Irlande, le pays de Galles*, la Galice*, les Cornouailles*, et l'Écosse*. On peut apprendre le breton, la langue de la région, dans les écoles, participer aux **fest noz** (fêtes de nuit), ou écouter de la musique bretonne à plusieurs festivals, comme par exemple, le Festival interceltique de Lorient. Aujourd'hui, la musique celtique est un mélange de musique traditionnelle et d'influences rock, jazz, symphoniques, et autres.

La Bretagne a de superbes paysages avec ses côtes* sculptées par la mer et les vents, ses caps, et ses îles. C'est la terre de la bande dessinée: c'est là qu'Uderzo et Goscinny, les dessinateurs d'Astérix et Obélix, ont situé le village gaulois des héros. La Bretagne est une région de légendes et de mystères avec Merlin l'Enchanteur*; la célèbre forêt de Brocéliande*, ses saints guérisseurs* et protecteurs; et ses Pardons, pèlerinages* religieux. C'est aussi le pays des célèbres corsaires* de Saint-Malo du 18ème siècle (René Duguay-Touin, Jean Bart, Robert Surcouf).

La ville de Rennes, capitale de la Bretagne

La Bretagne est devenue une région riche et dynamique avec l'industrie automobile (Citroën), les technologies de l'information et de la communication (télécommunications), les recherches océanographiques, l'énergie solaire et du vent, les hypermarchés (Leclerc, Intermarché), l'industrie cosmétique (Yves Rocher) et le matériel de sport nautique (BIC Sport). Rennes, la métropole de 220 000 habitants, est aussi la capitale économique, universitaire, culturelle, et administrative de la Bretagne; c'est une ville réputée et recherchée pour sa qualité de vie.

Recherche: fest noz, cycle d'arthur, cycle breton, cycle de la table ronde, rennes, saint-malo

le pays de Galles *Wales*; **la Galice** *Galicia*; **les Cornouailles** *Cornwall*; **l'Écosse** *Scotland*; **côtes** *coasts*; **l'Enchanteur** *the Wizard*; **Brocéliande** *forest associated with King Arthur*; **guérisseurs** *healers*; **pèlerinages** *pilgrimages*; **corsaires** *privateers*

On pêche des moules sur les côtes bretonnes.

Produits

Les spécialités bretonnes sont nombreuses. Les crêpes sucrées et salées, les galettes au beurre, le cidre, les poissons, et les fruits de mer comme les moules (*mussels*) sont peut-être les plus connues.

Saint-Malo

Saint-Malo est un port situé sur la Manche*. C'est un port de commerce actif et le deuxième port de commerce de Bretagne. Saint-Malo est connu aussi pour ses courses* nautiques. L'histoire de la ville remonte* à l'antiquité celtique. Beaucoup de touristes viennent à Saint-Malo pour profiter de la mer et voir sa ville close* pittoresque. Le festival "Folklores du monde" a lieu en été et accueille de nombreux groupes de musique venus de cinq continents.

Recherche: saint-malo tourisme, saint-malo site officiel, le festival folklores du monde saint-malo

la Manche *the English Channel*; **courses** *races*; **remonte** *dates back to*; **ville close** *walled city*

Traditions et pratiques

Avec ses nombreux ports et ses écoles de voile, c'est une tradition en Bretagne de participer à des weekends de yachting et de suivre les courses à la voile (*sailing races*) auxquelles participent de nombreux navigateurs bretons célèbres comme Michel Desjoyeaux, Olivier de Kersauson, et Armel Le Cléac'h.

Comparaisons

Faites des recherches sur le personnage d'Arthur dans les contes bretons. Est-ce qu'il y a des différences entre ces contes et les contes d'Angleterre que vous connaissez peut-être? Quelles sont ces différences?

Recherche: cycle d'arthur, cycle breton, cycle de la table ronde

Vue de Saint-Malo

Les auberges de jeunesse

Pour voyager bon marché et rencontrer des gens, il faut adhérer au réseau des auberges de jeunesse et posséder la carte de membre. En France, les auberges de jeunesses sont regroupées dans la FUAJ (Fédération unie des auberges de jeunesse) et la LFAJ (Ligue française des auberges de jeunesse). Elles proposent des chambres collectives (de 2 à 8 lits), des repas dans le réfectoire (on peut aussi faire sa cuisine dans les cuisines collectives), des salles de loisirs avec des jeux, des bibliothèques, des salles de détente ou de sport, et des salles de réunion. Les aubergistes organisent aussi des activités pour les jeunes et les moins jeunes, car il n'y a plus de limites d'âge.

Recherche: fuaj, lfaj

Mon dico breton

bihan *petit*
braz *grand*
coz *vieux*
dour *eau*
ker *village*
men *pierre*
goat *forêt*
ty *maison*
mor *mer*
porz *port*

À DISCUTER

Dans le passé, les professeurs forçaient les élèves à parler français, et pas leur langue maternelle, par exemple, le breton ou le provençal. Est-ce une bonne idée de sauvegarder (*save*) ces langues? Faut-il les enseigner (*teach*) dans les écoles aujourd'hui? Pourquoi? Pourquoi pas?

7 Activités culturelles

Faites les activités suivantes.

1. Ajoutez la Bretagne et ses villes à la carte de France que vous avez faite dans les leçons A et B.
2. Cherchez la recette d'une crêpe que vous aimeriez préparer ou goûter.
3. Écoutez de la musique celtique sur Internet et choisissez un morceau qui vous plaît (*pleases you*). Faites-le écouter en classe et dites pourquoi vous l'aimez.
4. Préparez une publicité touristique sur la Bretagne: présentez les paysages, les villes, les traditions, et les activités à faire.
5. Imaginez que vous planifiez un voyage en Europe. Faites une liste de vos destinations et des auberges de jeunesse où vous allez dormir.

Du côté des médias

Lisez le menu de cette crêperie en Bretagne.

Menu Crêperie de Bréhat

Uniquement le midi du lundi au vendredi. Hors jours fériés.

Menu étudiant: 8,50 €

1 galette complète
(œuf, jambon, emmental)
1 crêpe chocolat, caramel, ou beurre sucré
1 jus de pomme ou diabolo menthe

Menu touriste: 9,90 €

1 galette pomme de terre, emmental, crème, poitrine fumée
1 crêpe poire chocolat ou pomme caramel
1 jus de pomme ou diabolo menthe

8 À la Crêperie de Bréhat

1. Quand est-il possible de manger à la Crêperie de Bréhat? Donnez les jours et les heures.
2. Choisissez un menu pour votre déjeuner.
3. Faites un menu en anglais pour les touristes.

Question centrale ? How do smaller communities enrich a country's culture?

Les régions

Vous avez beaucoup appris sur les provinces et les traditions régionales en France. Quelles similarités et différences existent entre différentes régions des États-Unis?

9 Réfléchir

Mettez-vous en groupes de trois. Votre professeur va vous donner deux régions américaines à comparer. Donnez vos impressions des différences et des similarités entre ces deux régions des États-Unis.

- le Nord et le Sud
- La côte Est et la côte Ouest
- Hawaï et le Midwest
- le Nord-Ouest et le Sud-Ouest Pacifique
- Hawaï et l'Alaska

10 Examiner

Avec vos partenaires, répondez aux questions suivantes.

1. Comment avez-vous identifié les différences? Par exemple, est-ce que vous avez voyagé ou vécu dans une de ces régions? Si non, d'où viennent les impressions différentes que vous avez de ces régions (par exemple, de la télé, du cinéma, de votre famille...)?
2. Trouvez un groupe qui a comparé les mêmes régions que vous, et comparez vos réponses. Est-ce que vous partagez les mêmes opinions? Pourquoi, ou pourquoi pas?
3. Est-ce que vous pensez que vos impressions sont des généralisations ou des stéréotypes? À votre avis, quelles expériences vous aideraient à changer votre point de vue?

11 Faire l'inventaire

Avec vos camarades de classe, répondez à ces questions.

1. Pourquoi les élèves ont-ils certaines impressions des régions des États-Unis sans (*without*) les avoir visitées? Pensez-vous que vos impressions sont des stéréotypes? Explicitez (*Explain further*).
2. Pourquoi pensez-vous qu'il existe diverses identités régionales dans un même pays?
3. Quelle(s) forme(s) de diversité peut-on trouver dans une région ou une communauté?
4. Comment pourriez-vous éviter de faire des généralisations ou de construire des stéréotypes en voyageant en France?

Structure de la langue

Stress Pronouns

To emphasize a word in English, you stress it with your voice. In French, you use a stress pronoun to show emphasis. Here are the stress pronouns in French with their corresponding subject pronouns.

Singular		Plural	
Subject Pronoun	**Stress Pronoun**	**Subject Pronoun**	**Stress Pronoun**
je	**moi**	nous	**nous**
tu	**toi**	vous	**vous**
il	**lui**	ils	**eux**
elle	**elle**	elles	**elles**

Use stress pronouns:

• to emphasize the subject pronoun	**Moi**, je suis parisien. Tu veux du jus, **toi**?	I *am Parisian.* You *want some juice?*
• in short phrases with no verb	Non, pas **vous**! Qui a mangé la crêpe? **Elle**?	*No, not* you*!* *Who ate the crêpe?* Her*?*
• after **c'est** or **ce sont**	C'est **lui**? Non, ce sont **eux**.	*It's* him*?* *No, it's* them.
• in a compound subject	**Lui** et **moi**, nous voulons une galette au fromage.	He *and I want a cheese crêpe.*
• after a preposition	Raoul dîne chez **elles**.	*Raoul is having dinner at* their *house.*
• after **que** in a comparison	Ton frère est plus timide que **toi**.	*Your brother is more shy than* you.

12 C'est qui?

Presentational Speaking or Writing

Vous regardez la télé avec Juliette. Elle a perdu ses lunettes, et elle ne voit pas bien. Confirmez pour elle les personnages de l'émission.

MODÈLE La chanteuse, c'est Natasha St-Pier?
Oui, c'est elle.

1. L'acteur, c'est Johnny Depp?
2. L'actrice, c'est Audrey Tautou?
3. Les chanteurs, ce sont Amadou et Mariam?
4. Les footballeuses, ce sont Gaëtane Thiney et Sarah Bouhaddi?
5. Le metteur en scène, c'est Cédric Klapisch?
6. L'animatrice, c'est Mélissa Theuriau?

13 Et toi?

Interpretive Listening

Écrivez les numéros 1–8 sur votre papier. Écoutez les petites conversations. Ensuite, identifiez la personne ou les personnes mentionnées.

A. Christophe
B. Natasha St-Pierre
C. Amadou et Nasser
D. Chloé et Anne-Marie
E. Béatrice et moi
F. Jean-Claude et toi

14 Me voici en Bretagne!

Interpretive Reading, Interpersonal Writing

*Écrivez **moi**, **toi**, **lui**, **elle**, **nous**, **vous**, **eux**, ou **elles** pour compléter le mail d'Étienne.*

À: Kristine
Cc:
Sujet: Mon séjour en Bretagne

Salut!
(1)…, j'adore la Bretagne! Il y a beaucoup de choses à voir ici. Hier, Jonathan et (2)…, nous sommes allés à une crêperie. J'ai mangé une galette forestière mais (3)…, il a choisi une crêpe au sucre. C'était délicieux! Après ça, nous avons rencontré deux jeunes Bretons, Noah et Lise. Ils nous ont invités chez (4)…. Ils habitent une petite maison à Saint-Malo près de la mer, ou comme les Bretons disent, "la mor." C'est une belle maison dans une belle ville! Leur mère et leur tante nous ont offert d'autres crêpes délicieuses. (5)…, elles sont super sympa! Après, Noah et Lise, ils nous ont montré la ville et puis nous les avons invités chez (6)…, c'est-à-dire (*that is to say*) à l'auberge de jeunesse. Qu'est-ce que Raphaëlle et (7)…, vous faites pour vous amuser pendant les vacances? (8)…, vous allez au stade pour voir les matchs de football? Tu sors toujours avec Chloé ? (9)…, elle travaille toujours au supermarché? Quoi de neuf? Ciao!

Étienne

P.S. Je t'envoie une photo depuis mon smartphone.

Saint-Malo de nuit

Communiquez!

15 À la crêperie

Interpretive Reading, Interpersonal Speaking

Find several menus from **crêperies** in France and print them out. Choose **galettes** and **crêpes** from these menus to create your own, and use it to role-play a scene between a customer and server. The server should ask the customer what he or she would like to order. The customer should order a **galette**, a dessert **crêpe**, and a beverage. The server will take the order, bring the food, and, after the meal, the bill.

Recherche: crêperies bretonnes en france, galettes, crêpes

16 Je traverse les auberges de jeunesse

Presentational Writing and Speaking

Choose five cities from the French provinces you learned about in this unit to create a travel itinerary. Then find online a youth hostel in each city. Write the name and address for each youth hostel in which you decide to stay and a sentence about it in French. Share your itinerary with your classmates.

Recherche: auberges de jeunesse en france

17 Ma famille en France

Presentational Writing

Your grandparents took your family on a trip to France. They asked you to create a digital memory album, including the impressions and/or experiences of all the members of the family. They want a picture of the family members and a site or experience accompanied by a comment such as in the **modèle**.

MODÈLE **Voici mes parents. Mon père, lui, il a beaucoup aimé voir le paysage. Ma mère, elle, elle était plus intéressée par la faïence que lui.**

Recherche: ville de (+ CITY NAME)

Pre-AP

Le verger

Rencontre avec l'auteur

Remy de Gourmont (1858–1915) était un écrivain, poète, et critique littéraire français. Il a travaillé à la Bibliothèque nationale et il a été co-fondateur de la revue littéraire *Mercure de France*. Simone est un personnage de plusieurs de ses poèmes. En lisant, essayez de répondre à cette question: Pourquoi Simone est-elle la femme idéale, selon le poète?

Pré-lecture

Avez-vous passé du temps dans un verger de pommiers (*apple orchard*)? Décrivez votre expérience ou imaginez ce que vous faites, ce que vous voyez, ce que vous sentez (*smell*).

Stratégie de lecture

Refrain and Tone. A refrain is a line or group of lines repeated in a poem or song; the refrain can be anywhere in a stanza but is most frequently found at the end or in a separate stanza. Tone is the emotional attitude toward the reader or the subject in a literary work. Examples of different kinds of tone are familiar, ironic, playful, sarcastic, serious, insistent, and sincere. First, identify the refrain. Then, as you read, summarize the content and identify the tone of each stanza in a chart like the one below.

	Summary of the Stanza	Tone
Stanza 1	Le narrateur propose à Simone d'aller avec lui au verger avec un panier d'osier et de dire aux pommiers: "Voici la saison des pommes."	playful
Stanza 2		
Stanza 3		
Stanza 4		
Stanza 5		

Outils de lecture

Anticipating Vocabulary. This poem uses the imagery of an apple orchard. What type of vocabulary do you anticipate? Think of the type of tree, the fruit of the tree, and the insects that feed off the fruit. Make a cluster diagram to show the French words you expect to appear in the poem.

"Le verger"

Simone, allons au verger*
Avec un panier d'osier*.
Nous dirons* à nos pommiers*,
En entrant dans le verger:
Voici la saison des pommes.
Allons au verger, Simone,
Allons au verger.

Les pommiers sont pleins de guêpes*,
Car les pommes sont très mures:
Il se fait un grand murmure
Autour du vieux doux-aux-vêpes*.
Les pommiers sont pleins de* pommes,
Allons au verger, Simone,
Allons au verger.

Nous cueillerons* la calville,
Le pigeonnet, et la reinette*,
Et aussi les pommes à cidre
Dont la chair* est un peu doucette*.
Voici la saison des pommes,
Allons au verger, Simone,
Allons au verger.

Tu auras* l'odeur des pommes
Sur ta robe et sur tes mains,
Et tes cheveux seront pleins
Du parfum doux de l'automne.
Les pommiers sont pleins de pommes,
Allons au verger, Simone,
Allons au verger.

Simone, tu seras* mon verger
Et mon pommier de doux-aux-vêpes;
Simone, écarte* les guêpes
De ton cœur et de mon verger.
Voici la saison des guêpes,
Allons au verger, Simone,
Allons au verger.

Pendant la lecture
1. Quelle activité est suggérée?

Pendant la lecture
2. Les pommiers sont pleins de quels insectes et fruits?

Pendant la lecture
3. Quelles sortes de pommes vont-ils cueillir?

Pendant la lecture
4. Quels sont les deux parfums mentionnés?

Pendant la lecture
5. Est-ce que Simone aime le narrateur, ou est-ce qu'elle lui résiste?

Stratégie

What does the poet want to do with Simone? Write a summary using the main verse in each stanza that begins with **tu** or **nous**. Use the near future with **aller** + INFINITIVE.

Analyse

What does the analogy of love as an orchard reveal about the relationship between the poet and his lover? Provide specific examples.

verger *orchard*; **osier** *wicker*; **dirons** *will say*; **pommier** *apple tree*; **guêpe** *wasp*; **doux-aux-vêpes** *sweet apple [in Gourmont's Norman dialect]*; **plein de** *full of*; **cueillerons** *we will pick*; **le calville, le pigeonnet, et la reinette** types de pommes; **chair** *flesh*; **doucette** *sweet*; **auras** *will have*; **seras** *will be*; **écarte** *push away*

Post-lecture

De quelle façon ce poème est-il une chanson d'amour?

Le monde visuel

Paul Cézanne (1839–1906) aimait peindre des paysages (*landscapes*) et des natures mortes. Une nature morte est une peinture d'objets inanimés, naturels, ou fabriqués par l'homme (*man-made*), mais ils sont posés d'une manière artistique. Cézanne s'intéressait aux formes géométriques. Avec les natures mortes, il a pu expérimenter avec la forme, la couleur, et la lumière. Dans cette peinture, comment les couleurs des objets naturels contrastent-elles avec les couleurs des objets fabriqués par l'homme? Quelles formes ont ces objets?

Nature morte avec pommes, 1893–94. Paul Cézanne. Collection privée.

18 Activités d'expansion

Faites les activités suivantes.

1. Écrivez un paragraphe qui analyse ce poème. Qui parle? Qu'est-ce qui se passe dans le poème? Quel est le refrain? Le ton? Comment est-ce que le refrain est lié au ton du poème? Servez-vous de votre grille pour écrire votre paragraphe.
2. Pensez à un autre lieu idéal pour déclarer son amour. Écrivez un refrain de poème avec ce lieu.
3. Faites une liste de pommes connues en France et aux États-Unis. Quelles sortes de pommes ces deux pays produisent-ils? Faites un diagramme de Venn pour montrer vos résultats.

Les copains d'abord: Weekend à Saint-Malo

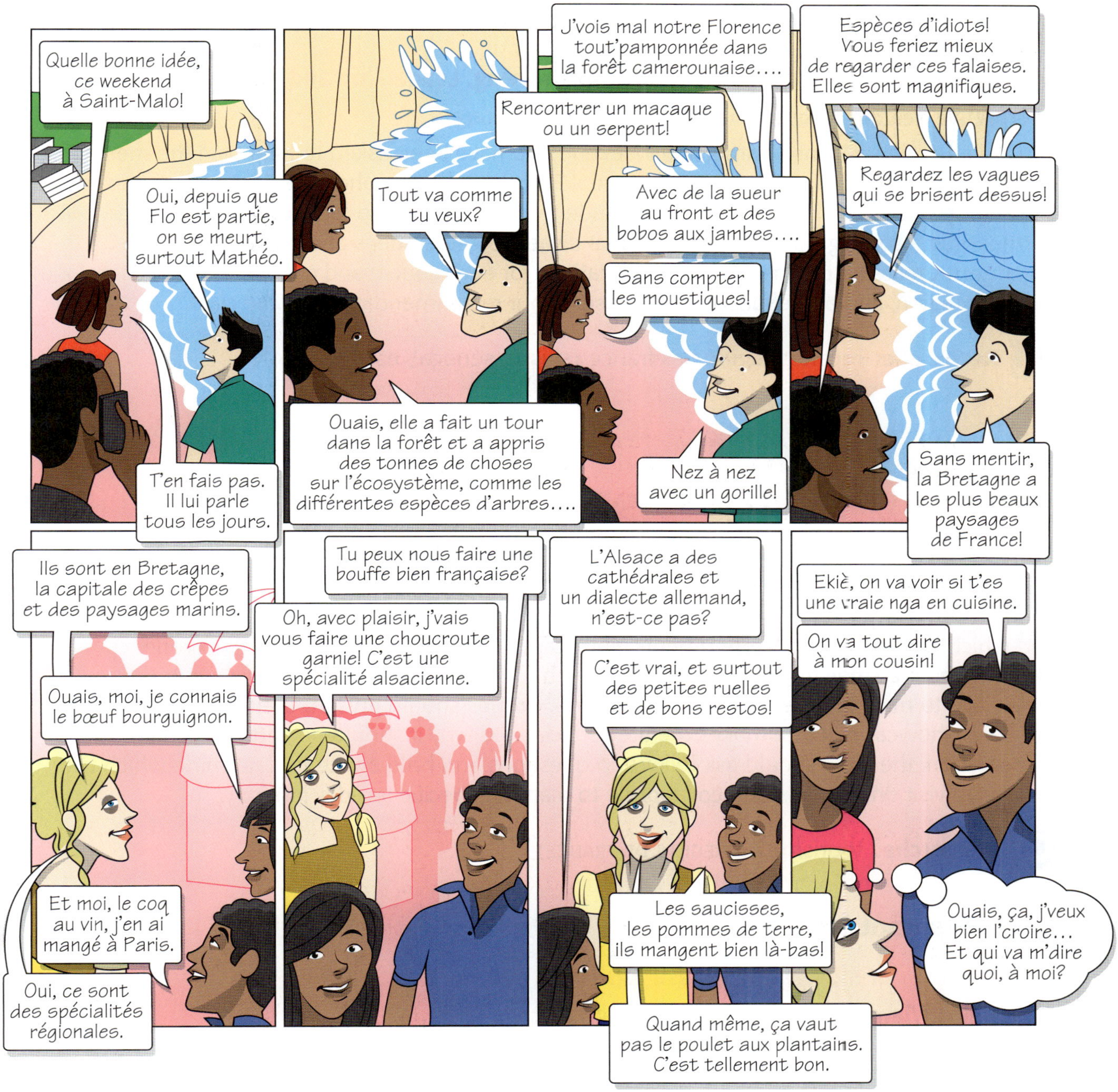

Communiquez!

19 Un weekend en immersion

Connecting to Critical Thinking and Problem Solving, Leadership and Responsibility

Interpretive Reading, Presentational Writing and Speaking

You are attending a French immersion weekend and have been asked to help plan the menu. The organizers have asked for it to include different French and francophone regional specialties for each course at every meal. The weekend will include two breakfasts, two lunches, and two dinners. With a partner or in a small group, research regional dishes to gather ideas and recommend a menu to the organizers. Create an outline of recommendations for each course and meal, listing the name of the dish, the region, and a brief description. Present your recommendations to the class.

Recherche: recettes régionales france (suisse, sénégal, etc.)

20 Un voyage d'été

Connecting to Collaboration, Productivity and Accountability

Interpretive Reading, Presentational Writing and Speaking, Interpersonal Speaking

Your teacher is planning a ten-day class trip to France over the summer. The company that she has selected allows for customizable trips where the school specifies which regions to visit and which highlights (food, monuments, landscapes, historical artifacts, etc.) to experience while there. In a small group, select and research two to three regions for which your group would like to make a case to include on the trip. Groups should present their regions to the class, showcasing what makes the area special and why it should be chosen. After each presentation, the class should ask follow-up questions and hold a vote to determine which five regions to visit on the trip, then collaborate to plan the specific ten-day itinerary.

Recherche: tourisme (+ RÉGION DE FRANCE)

21 Un restaurant à Strasbourg

Connecting to Creativity and Innovation

Interpretive Viewing, Presentational Writing

Find a restaurant in Strasbourg where you would like to eat. Read its menu online and write what you would order for an appetizer, main course, dessert, and beverage. Then use your imagination to write an online review of the restaurant.

MODÈLE Restaurant de la Cathédrale ★ ★

Hier soir j'ai dîné au Restaurant de la Cathédrale. Il se trouve dans la rue…. Le dessert que j'ai pris, un gâteau au chocolat, était délicieux…. Je recommande ce restaurant. —Justin

Recherche: restaurant à strasbourg

Finale

Projets finaux

A Connexions par Internet: La linguistique

Mots d'emprunt

In this unit, you learned about loan words in English from French. But what about loan words in French from English? Many of these English words, particularly business and technology terms, have recently found their way into the French language. Find the approved French equivalent of the anglicisms below and use five of them in sentences to show you understand their meanings.

tchatter, un délai, digital, un e-mail, le marketing, une opportunité, le parking, profitable, réaliser, un smartphone, tester, un tweet

Recherche: anglicismes courants en français, mots empruntés de l'anglais, académie française dictionnaire

B Communautés en ligne

Interview d'un blogueur

Many travelers to France blog about their trip or post photos with commentary. Find a blog about a French province and ask the blogger two questions about the region he or she visited. Share what you learned with the class.

Recherche: blog (+ NAME OF REGION), photos (+ NAME OF REGION)

C Passez à l'action!

Voyageons en province!

Work with several classmates. One group will plan a trip to Alsace, another to Normandy, and the third to Brittany. Assign the following tasks to different group members:

- decide which cities to visit
- decide what activities the group will do in each city
- research the best time of year to go and the weather, and determine what clothes to pack
- find affordable airline tickets, train passes, and hotels
- research good, affordable restaurants in each city

When all the research is complete, your group should create a comprehensive itinerary for your trip and present it to the class. Consider using a form like the one below to prepare your presentation.

Jour	Où?	Quand?	Commentaires
le 12 juin	Voyage à Paris	19h30	N'oubliez pas votre passeport!
le 13 juin	Voyage en train à Saint-Malo	1h15	Ne perdez pas votre billet de train!

D Faisons le point!

Diagramme

Fill in a chart like the one below to demonstrate your understanding of what provincial locations have to offer in other cultures. An example has been done for you.

Leçon A Rencontres culturelles: Le dîner en famille: How many generations of Manon's family are present at this dinner? What do they enjoy doing together? →	Three generations are present. They, like many other families **en province**, enjoy long dinners.
Leçon A Mon dico alsacien: What dialect is spoken in Alsace? →	
Leçon B Rencontres culturelles: Si on allait en Normandie?: What can you see on the coast? →	
Leçon B Points de départ: La Normandie: What picturesque views does Normandy have to offer? →	
Leçon B Points de départ: Produits (tapisserie): What story does the Bayeux tapestry tell? →	
Leçon B Points de départ: Rouen: In which French heroine's footsteps can you walk in Rouen? →	
Leçon C Points de départ: La Bretagne: What is Brittany known for? →	
Leçon C Lecture thématique: "Le verger": In what industry do some people work in Normandy? →	

Évaluation

A Évaluation de compréhension auditive

Write the numbers 1–8 on your paper. Listen to this conversation between three friends about their favorite vacations. If the sentence you hear is **vrai**, write **V**. If it is **faux**, write **F**.

B Évaluation orale

A French teen has invited an American exchange student to her house for dinner. Role-play a conversation between the French teen's mother and the American student. In your conversation, the French mother passes the main dish to the American, who says the dish was delicious. The French mother presses the American to have more, but the student politely refuses. When dinner is over, the American student offers to help clear the table.

C Évaluation culturelle

In this activity, you will compare francophone cultures with American culture. You may need to do some additional research on American culture.

1. **L'Alsace.** How do Alsatian food and language reflect the region's geographical proximity to Germany? What influences from Mexico and Canada are there in border states like Texas, California, New Hampshire, Maine, and Vermont?
2. **Strasbourg.** In what ways is Strasbourg a European city? Where can you find similar cultural activities in your region? Have you ever participated in any of those activities? If so, which ones, and what were your impressions?
3. **La Normandie.** Write a poem about Normandy that begins, "**En Normandie il y a....**" or "**En Normandie on voit....**" Then write a similar poem about your state.
4. **L'influence des pays voisins sur l'anglais.** How many English words can you think of that derive from French? What kinds of words are they—legal- , medical- , or business-related? How would you categorize them? What Spanish words are now a part of American English? Make a list of Spanish words now used in English and categorize them.
5. **La Bretagne.** Compare Brittany with either Alsace or Normandy. Then compare your state with another state. What did you base your comparisons on?

6. **L'économie des provinces.** Make a map of France with the provinces **Alsace**, **Normandie**, and **Bretagne** highlighted. Draw symbols inside each province indicating their products. What products is your state or region known for? Make a similar map for your state.
7. **Les auberges de jeunesse.** What are the advantages and disadvantages of staying in a youth hostel? Where is the closest youth hostel to your town or city? Give its name, address, and cost per night to stay there.

D Évaluation écrite

Write a postcard to a classmate from Alsace, Brittany, or Normandy. Begin by writing the date and greeting your friend. Ask your friend what comes to mind when you mention the province you have chosen. Then describe your impressions and tell your friend what you have already seen and done. Say what you plan to do next, and then write an appropriate closing.

E Évaluation visuelle

With a partner, role-play a conversation between a server and a customer in a **crêperie**. The server begins the conversation by asking if the customer has made a choice. The customer orders a **galette** (savory crêpe), a **crêpe sucrée**, and a beverage from the menu below. The server takes the order, brings the food, and, after the meal, delivers the bill.

F Évaluation compréhensive

Create a storyboard with five to six frames. Write speech bubbles in each frame, showing interactions between you and one or two French people you meet at an **auberge de jeunesse** in **Normandie**. You learn from which part of France each person originates. They suggest an activity to do together, and you say if it will suit you. If not, suggest something else to do together.

Vocabulaire de l'Unité 7

un **accent** accent *C*
l' **Alsace (f.)** Alsace region *B*
alsacien(ne) from, of Alsace region *A*
annoncer to announce *A*
au: au chocolat with chocolate *C*; **au sucre** with sugar *C*
une **auberge: auberge internationale** international hostel *C*; **auberge de jeunesse (f.)** youth hostel *C*
le **bœuf: bœuf bourguignon** beef burgundy *A*
la **Bretagne** Brittany region *B*
breton(ne) from, of Brittany region *B*
ça: ça ne se fait pas you shouldn't do that *A*
une **carte: une carte de membre** membership card *C*
chaud: chaude ambiance great atmosphere *C*
le **choix** choice *C*
la **choucroute** sauerkraut *A*; **choucroute garnie** sauerkraut with smoked pork, sausages, potatoes *A*
conviendra: me conviendra will suit me *B*
le **coq: coq au vin** chicken cooked in wine *A*
une **côte** coast *B*
la **crème caramel** caramel custard *A*
une **crêperie** crêpe restaurant *C*
les **crudités (f.)** raw vegetables *A*
un(e) **Danois(e)** person from Denmark *C*
débarrasser la table to clear the table *A*
depuis since *A*; **Depuis le temps!** At last! *C*
des any *A*
un **diabolo menthe** lemon-lime soda with mint syrup *C*
un **dortoir** dormitory *C*
du any *A*
elle her *C*
elles them (f.) *C*
en any, some, about it/ them, from it/them, of it/them *A*; **en famille** with family *A*
encore more *A*
l' **entrée (f.)** appetizer *A*
les **escargots (m.)** snails *A*
une **falaise** cliff *B*
forestier, forestière with mushrooms *C*
une **galette** buckwheat crêpe *C*
la **Gascogne** Gascony region *B*
gascon(ne) from Gascony region *B*
goûter to taste *C*
un **itinéraire** itinerary *B*
japonais(e) Japanese *B*
le **jus: jus de pomme** apple juice *C*
des **lits (m.): lits superposés** bunk beds *C*
lui him *C*
le **Lyonnais** Lyon region *B*
lyonnais(e) from Lyon region *B*
la **mousse au chocolat** chocolate mousse *A*
non: non plus neither *A*
normand(e) from Normandy region *B*
la **Normandie** Normandy region *B*
Papy grandpa *A*
parfaitement perfectly *B*
parles: tu parles yeah, right *A*
un **paysage** landscape *B*
le **plat** dish *A*; **plat principal** main dish *A*
le **plateau** platter *A*
un **port** port *B*
le **potage** soup *A*
pour: pour commencer for starters *C*
prolongé(e) long, extended *B*
proposer to suggest *B*
la **Provence** Provence region *B*
que which *A*
qui which *A*
quoi: Quoi de neuf? What's new? *B*
se **rassurer: rassure-toi** don't worry *A*
la **réception** reception desk *C*
une **région** region *B*
salé(e) salty, savory *C*
la **sanction** punishment *A*
sauf except *A*
la **solidarité** solidarity *A*
sucré(e) sweet *C*
une **surprise** surprise *A*
une **terrine de saumon** salmon mousse loaf *A*
toucher to touch *A*
la **Touraine** Touraine region *B*
tou from Touraine region *B*
la **vinaigrette** vinaigrette salad dressing *A*

Unité

8 Les Antilles

What are the benefits of encountering other cultures?

À savoir

En 1763, la France a cédé le Canada à l'Angleterre en échange des Antilles.

Citation

"Je ne suis pas anti-français; je suis d'abord martiniquais."

I am not anti-French, I'm first and foremost from Martinique.

—Aimé Césaire, poète martiniquais

Conseil pratique

Find a safe online forum in French on a topic of interest to you, such as young adult novels, music, or travel.

Qu'est-ce qui se passe?

Comment s'appelle ce volcan antillais?

Contrat de l'élève

Leçon A I will be able to:

- ask and talk about preferences.
- talk about Guadeloupe, **le Parc national de la Guadeloupe**, and green tourism.
- use the verb **vivre** and the pronoun **y**.

Leçon B I will be able to:

- make an observation.
- talk about Martinique and its carnival.
- use double object pronouns.

Leçon C I will be able to:

- say what I'm in charge of and express appreciation.
- talk about Haiti, its struggle for independence, and Haitian cuisine.
- use **depuis** with the present tense.

Leçon A

Vocabulaire actif

Nature et activités en Guadeloupe

La faune de la Guadeloupe

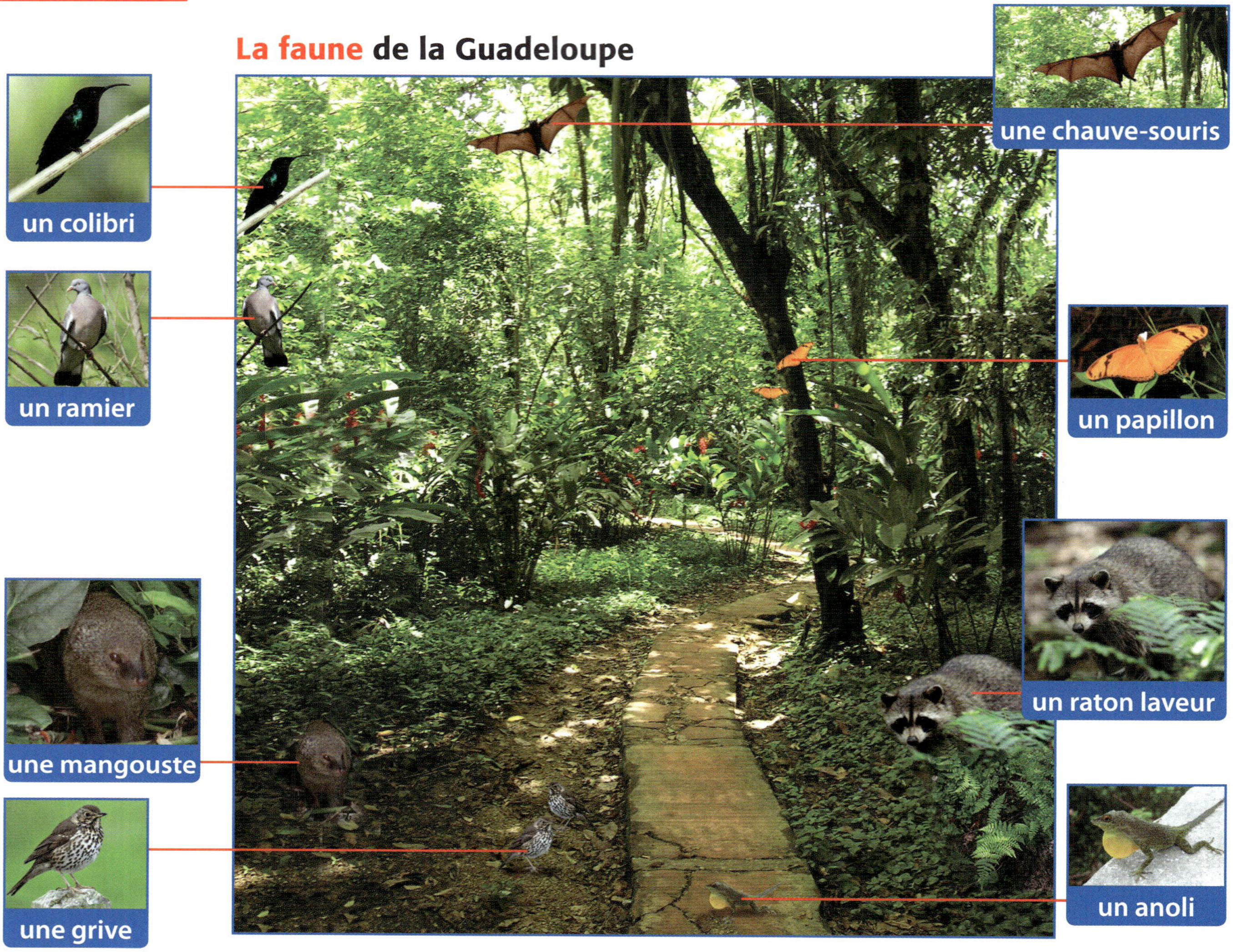

La flore

On fait le touriste!

observer les oiseaux avec des jumelles (f.)

faire une randonnée à pied

faire de la plongée sous-marine

prendre les chutes d'eau (f.) en photo

faire du scooter des mers

pique-niquer

faire du kayak dans une mangrove

pêcher des poissons

Et si je voulais dire...?

un gilet de sauvetage	*life jacket*
faire de la planche à voile	*to windsurf*
faire de la voile	*to sail*
faire du cyclotourisme	*to go bike touring*
faire du kite-surf	*to kitesurf*
faire du parapente	*to paraglide*

Pour la conversation

How do I ask what someone prefers?

» Dites-moi ce que vous préférez: **bord de mer** ou montagne?

Tell me what you prefer: the seaside or the mountains?

How do I state ambivalence?

» **Ça m'est égal.**

It's all the same to me.

» **Je n'arrive pas à choisir.**

I can't decide.

1 La flore et la faune en Guadeloupe

Interpretive Viewing, Presentational Speaking or Writing

Dites ce qu'il y a comme flore et faune sur l'illustration.

MODÈLE **Il y a un raton laveur, deux....**

Connexions

Biology

Imaginez que vous passiez l'été à faire des études scientifiques dans la forêt tropicale en Guadeloupe. Classez les animaux que vous rencontrez selon:

- leur espèce (*species*)
- leur taille
- ce qu'ils mangent
- s'ils sont dangereux pour l'homme ou non
- une autre classification (que vous déterminez)

Recherche: fiche d'identification (+ ANIMAL)

2 Qu'est-ce que tu as pris en photo?

Interpretive Viewing, Presentational Speaking or Writing

Dites ce que vous avez pris en photo pendant votre voyage en Guadeloupe.

MODÈLE  **J'ai pris une orchidée en photo.**

1. 
2. 
3. 
4. 
5. 
6. 
7. 

3 En Guadeloupe

Interpretive Reading

Lisez le blog de Mélanie sur sa journée en Guadeloupe. Ensuite, complétez les phrases.

Tout le monde aimerait vivre en Guadeloupe. Quel paradis! Venez avec moi pour une petite excursion. Hier, j'ai fait de la plongée sous-marine dans un parc national. J'ai beaucoup apprécié les poissons multicolores et les tortues marines qui nageaient avec moi. Hier soir, j'ai pris une chute d'eau en photo, et puis j'ai vu des chauves-souris. Je n'ai même pas eu peur! Ce matin j'ai pris un anoli, deux ramiers, et plusieurs colibris en photo pendant une randonnée parmi des orchidées. Plus tard, je vais pique-niquer dans une mangrove avant de faire une belle promenade à pied pour chercher des fleurs dans la flore—des hibiscus, des balisiers, des ananas montagne....

1. Mélanie a fait... dans un parc national en Guadeloupe.
2. Elle a nagé avec des poissons multicolores et des....
3. Elle a pris... en photo hier soir.
4. Elle n'a pas eu peur de voir des....
5. Ce matin elle a fait... parmi des orchidées.
6. Elle va bientôt dans une mangrove.
7. Elle a découvert la... guadeloupéenne, comme les ananas montagne et les hibiscus.

4 Dis-moi ce que tu préfères!

Interpersonal Speaking

À tour de rôle, demandez ce que votre partenaire préfère faire. S'il ou elle choisit l'une des activités que vous lui proposez, fixez un rendez-vous. Si votre partenaire ne choisit rien, dites ce que vous voulez faire.

MODÈLE observer les oiseaux avec des jumelles/pêcher

A: Dis-moi ce que tu préfères: observer les oiseaux avec des jumelles ou pêcher?

B: Je préfère pêcher. (ou) **Ça m'est égal.** (ou) **Je n'arrive pas à choisir.**

A: Dans ce cas, on va pêcher.

1. prendre des ananas montagne en photo/observer les papillons avec des jumelles
2. faire une randonnée à pied/faire du kayak dans une mangrove
3. pêcher/faire une randonnée à vélo
4. prendre des chutes d'eau en photo/faire de la plongée sous-marine
5. pique-niquer/nager avec des tortues marines
6. chercher des orchidées/se reposer au bord de mer

5 À la découverte de la Guadeloupe!

Interpretive Listening

Écrivez les numéros 1–8 sur votre papier. Écoutez les phrases. Ensuite, faites correspondre la description avec l'illustration.

A.

B.

C.

D.

E.

F.

G.

H.

6 Questions personnelles

Interpersonal Speaking

Répondez aux questions avec un partenaire.

1. As-tu déjà visité une île tropicale? Si oui, où es-tu allé(e)?
2. Préfères-tu prendre la flore et la faune en photo ou faire une randonnée à pied? Pourquoi?
3. Est-ce que tu sais les noms de la flore et la faune dans ta région?
4. Où aimes-tu pique-niquer? Avec qui?
5. Quelles activités dans la nature est-ce que tu voudrais faire? Et tes ami(e)s? Et ta famille?

Un voyage en Gaudeloupe

Manon et ses parents préparent un voyage en Guadeloupe.

Mère de Manon: Tout semble être beau en Guadeloupe: la faune, la flore, les petits colibris, les orchidées suspendues.

Manon: Toi, tu as bien lu le guide.

Père de Manon: Dites-moi au moins ce que vous préférez: bord de mer ou montagne?

Mère de Manon: Ça m'est égal.

Manon: Bon alors, bord de mer!

Père de Manon: Ah! Il y a une très belle randonnée à pied: la Trace des contrebandiers.

Manon: La quoi?

Père de Manon: La trace, c'est comme ça qu'on appelle les "sentiers" en Guadeloupe. Là, c'est un sentier au-dessus de la mer. Superbe! Ils disent que le sentier fait cinq kilomètres et qu'on en a pour trois heures et demie. Ce n'est pas très haut… 500 mètres.

Mère de Manon: On pique-niquera en route!

Manon: Et… on pourra faire de la plongée?

Père de Manon: Ah non, on sera trop haut, mais tu pourras prendre les paysages en photo.

7 Un voyage en Guadeloupe

Dites si chaque phrase est vraie ou fausse. Corrigez les phrases fausses.

1. Le colibri est un insecte en Guadeloupe.
2. Il n'y a pas de montagnes en Guadeloupe.
3. On peut nager dans la mer en Guadeloupe.
4. Le père de Manon recommande un sentier au-dessus d'un lac.
5. Manon pourra prendre le sentier en photo.
6. On peut marcher sur la Trace des contrebandiers.
7. La mère de Manon préfère le bord de la mer à la montagne.

EXTENSION Une journée en Guadeloupe

À l'Hôtel Guadeloupe, Patrice et sa sœur font le programme de leur journée.

Patrice: Il faut qu'on se décide!

Françoise: Je ne sais pas… j'ai envie des deux: faire du footing sur la plage et….

Patrice: … et faire le marché! Moi aussi, j'ai envie des deux, mais on n'a pas le temps.

Françoise: Allons au marché! J'ai envie de saveurs et de couleurs.

Patrice: Oui, et on ira manger des crabes et des crevettes sur le port.

Françoise: Et on achètera des melons pour la balade de demain.

EXTENSION Pourquoi Patrice et sa sœur choisissent-ils le marché et pas le footing sur la plage?

Points de départ

Pre-AP

Question centrale ?

What are the benefits of encountering other cultures?

La Francophonie

Profil touristique

La Guadeloupe

La Guadeloupe est un département français situé dans les Petites Antilles, région qui comprend aussi le département de la Martinique et les collectivités de Saint-Martin et de Saint-Barthélemy. La Guadeloupe est une région tropicale qui comprend deux îles, Grande-Terre et Basse-Terre. Grande-Terre forme un plateau peu élevé. Basse-Terre est une île volcanique avec un important volcan en activité: la Soufrière. Les deux villes principales sont Pointe-à-Pitre et Port-Louis.

Ce volcan de 1 467 mètres s'appelle la Soufrière.

La population de la Guadeloupe (400 000 habitants) est très métissée*. Elle comprend principalement des Amérindiens, des descendants d'esclaves* noirs, d'anciens colonisateurs*, et des Français de l'Hexagone*. L'économie est dominée par la banane, le melon, le café, la vanille, la canne à sucre, et les ananas, qui sont les principaux produits d'exportation de la Guadeloupe. Mais la Guadeloupe doit importer la majorité des produits alimentaires*, industriels, et énergétiques dont elle a besoin. Elle est donc dans une situation de grande dépendance par rapport à la France métropolitaine. Le tourisme est une source importante de revenus, car* la Guadeloupe est une destination touristique recherchée avec ses forêts, ses plages et ses îles (Saint-Martin, la Désirade, les Saintes, Grande-Terre et Basse-Terre, Marie-Galante). Quatre-vingt-douze pour cent des touristes viennent de France.

Les Antilles françaises, départements-régions d'outre-mer pour la Guadeloupe et la Martinique, bien que très éloignées (6 800 km) font partie intégrante du territoire de la République française. De nombreux auteurs, artistes, et champions sportifs guadeloupéens enrichissent la culture française, tels Lilian Thuram (footballeur), Marie-José Pérec (athlète), Teddy Riner (judoka), Maryse Condé (femme écrivain), Jacques Canneval (journaliste), et N'jie (chanteuse).

Recherche: visite des îles de la guadeloupe, visiter la guadeloupe

métissée *of mixed ethnicities*; **esclaves** *slaves*; **anciens colonisateurs** *former colonists*; **l'Hexagone** la France; **alimentaires** *food-related*; **car** *for, because*

Produits

"Prière d'un petit enfant nègre" est un poème célèbre de Guy Tirolien, un poète guadeloupéen qui faisait partie du mouvement de la négritude. Dans le poème, le jeune garçon ne veut plus aller à l'école. Mais pourquoi? Cherchez le poème en ligne pour trouver la réponse.

Écologie

Le parc national de la Guadeloupe

Le parc national de la Guadeloupe a été créé en 1989. L'UNESCO l'a désigné comme réserve de biosphère en 1992. Le parc protège la forêt tropicale (17 300 hectares*) et surtout la mangrove (3 700 hectares) et les fonds marins*. Le parc protège aussi de nombreuses espèces de mammifères* (ratons laveurs, chauves-souris, mangoustes), d'oiseaux (colibris, oiseaux-mouches, ramiers, pélicans), de reptiles (iguanes, tortues marines), de crustacés (crevettes, crabes), et, bien sûr, la forêt avec ses grands arbres (gommiers*) et ses plantes suspendues (orchidées). De nombreuses actions de développement durable* sont entreprises* à la périphérie du parc.

Parc national de la Guadeloupe

Recherche: parc national de la guadeloupe

un hectare *approximately 2.5 acres*; **fonds marins** *ocean floor*; **espèces de mammifères** *species of mammals*; **gommiers** *rubber trees*; **durable** *sustainable*; **entreprises** *undertaken*

Les chutes du Carbet, au parc national de la Guadeloupe, sont les plus impressionnantes des Antilles.

Traditions et pratiques

Les Guadeloupéens aiment nager et plonger dans la mer (des Caraïbes), dans les rivières, et dans les bassins près de chutes d'eau. Ils font attention à la faune marine, et quand il pleut, car le niveau (*level*) d'eau peut monter très vite.

Comparaisons

Es-tu déjà allé(e) à un parc national américain? Si oui, dans quel État?

Tourisme vert et tourisme bleu

La Guadeloupe est une destination de rêve pour les adeptes de l'éco-tourisme (tourisme vert). L'archipel propose de nombreux sites pour les amoureux de la nature (promenades en VTT, kayak) et pour les touristes en recherche de bien-être* (tourisme bleu: sources thermales, baignades*, activités aquatiques). Beaucoup de sportifs aiment pratiquer leur sport (trekking, canyoning) dans un milieu* régénérant. La Guadeloupe est la terre idéale pour vivre un rapprochement avec la nature et retrouver la consommation de denrées* bio. L'éco-tourisme permet de développer toute une économie solidaire entre producteurs et touristes.

Recherche: tourisme vert et bleu en guadeloupe

bien-être *well-being*; **baignades** *swimming*; **un milieu** un environnement; **denrées** produits

8 Activités culturelles

Faites les activités suivantes.

1. Faites le profil de la Guadeloupe. Indiquez:
   - son climat
   - sa population
   - ses villes principales
   - ses produits principaux
2. Faites un graphique ou une affiche qui montre les produits de la Guadeloupe, y compris (*including*) le tourisme.
3. Faites un exposé sur un(e) athlète guadeloupéen(ne). Quel est son sport? Qu'est-ce qu'il ou elle a fait aux Jeux Olympiques? Pourquoi l'avez-vous choisi(e)?
4. Faites une brochure pour le parc national de la Guadeloupe. Indiquez les activités que vous pouvez y faire et la flore et la faune que vous pouvez y voir.

Recherche: parc national de la guadeloupe

5. Écrivez une annonce publicitaire pour un site réel ou imaginaire pour sponsoriser le tourisme vert ou bleu en Guadeloupe.

Une plage sur les îles des Saintes

Perspectives

Le Mémorial ACTe est le plus complet et le plus abouti au monde.
–le pasteur Jesse Jackson

Quelle opinion a cet homme du site Mémorial ACTe?

Du côté des médias

Lisez les informations ci-dessous et expliquez ce qu'est le Mémorial ACTe, et ce qu'on peut y voir et faire.

Present Tense of the Irregular Verb *vivre*

The verb **vivre** (*to live*) is irregular.

vivre			
je	**vis**	nous	**vivons**
tu	**vis**	vous	**vivez**
il/elle/on	**vit**	ils/elles	**vivent**

Ce raton laveur vit au parc national de la Guadeloupe.

Vous **vivez** à Point-à-Pitre? — *Do you live in Point-à-Pitre?*
Non, nous **vivons** à Port-Louis. — *No, we live in Port-Louis.*

The irregular past participle of **vivre** is **vécu**.

Mon oncle a **vécu** en Guadeloupe. — *My uncle has lived in Guadeloupe.*

9 On vit dans quelle ville?

Presentational Speaking or Writing

Dites où ces gens vivent en choisissant une ville sur la carte.

MODÈLE Guillaume est tourangeau.
Il vit à Tours.

1. Marc est alsacien.
2. Chantale et moi, nous sommes parisiens.
3. Awa est bretonne.
4. Je suis parisienne.
5. Thomas et toi, vous êtes normands.
6. Benjamin est breton.
7. Tu es normande.
8. Les Mercier sont gascons.
9. Monique est provençale.
10. Julie et sa cousine sont gasconnes.

Marianne est provençale.

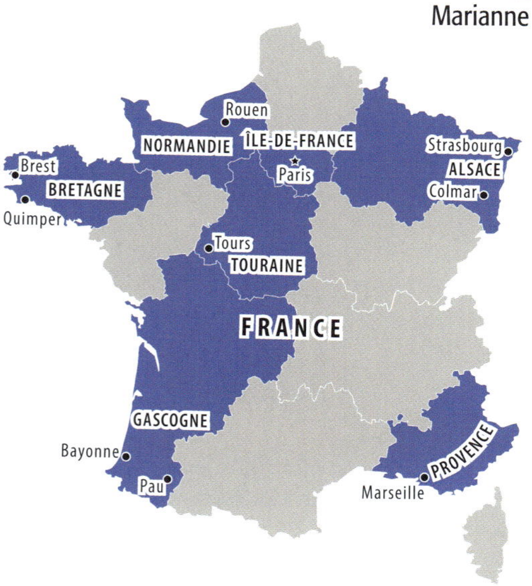

10 Qui vit où?

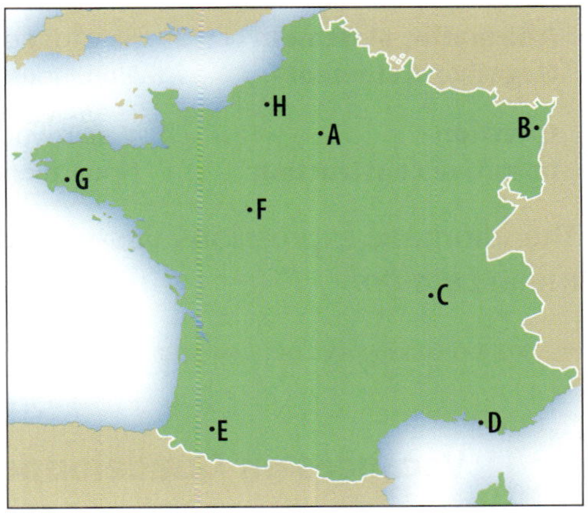

Interpretive Listening and Viewing

Écrivez les numéros 1–8 sur votre papier. Écoutez les phrases. Ensuite, écrivez la lettre qui représente où chaque personne vit.

11 Pendant quelles années ont-ils vécu?

Presentational Speaking or Writing

Dites pendant quelles années ces personnes célèbres ont vécu.

MODÈLE Jeanne d'Arc (1412–1431)
Jeanne d'Arc a vécu de mille quatre cent douze à mille quatre cent trente et un.

1. Louis XIV (1638–1715)
2. Marie-Antoinette (1755–1793)
3. Gustave Flaubert (1821–1880)
4. Claude Monet (1840–1926)
5. Charles de Gaulle (1890–1970)
6. Jacques Prévert (1900–1977)
7. Aimé Césaire (1913–2008)

The Pronoun *y*

The pronoun **y** usually replaces **à** + NOUN, but it may replace other prepositions (**en**, **dans**, **sur**, **chez**, **derrière**, **devant**) + NOUN.

Antoine Griezmann habite **en Espagne**?
Oui, il **y** joue avec son équipe.
Antoine Griezmann lives in Spain?
Yes, he plays there with his team.

Cette actrice a vécu **en Guadeloupe**? — *Has that actress lived in Guadeloupe?*
Non, elle n'**y** a pas vécu. — *No, she hasn't lived there.*

Qui croit **à la technologie**? — *Who believes in technology?*
Nous **y** croyons. — *We believe in it.*

In English, **y** usually means *there*. It can also mean *to it (them)*, *in it (them)*, or *on it (them)*. Sometimes the English equivalent is not expressed.

Vous jouez **au foot**? — *Do you play soccer?*
Oui, nous **y** jouons. — *Yes, we do.*

Like object pronouns, the pronoun **y** is placed directly before the conjugated verb or, in an infinitive construction, directly before the infinitive.

Affirmative statement	Ils **y** font du kayak.	*They are kayaking there.*
Negative statement	Non, nous n'**y** allons plus.	*No, we don't go there anymore.*
Question	**Y** allez-vous?	*Are you going there?*
Infinitive construction	Nous allons **y** vivre.	*We are going to live there.*

The idiomatic expressions **Vas-y!** and **Allez-y!** mean *Go for it!* or *Go on!* **On y va!** and **Allons-y!** mean *Let's go!*

12 Vacances en Guadeloupe

Interpretive Viewing, Presentational Speaking or Writing

Regardez les illustrations et dites si Lian fait les activités suivantes en Guadeloupe.

MODÈLES

Lian pêche en Guadeloupe?
Oui, elle y pêche.

Elle prend des photos dans la forêt?
Non, elle n'y prend pas de photos.

1. Elle pique-nique sur la plage?

2. Elle fait du vélo dans la mer?

3. Elle observe les oiseaux dans la nature?

4. Elle prend son père en photo sur un bateau?

5. Elle fait de la plongée sous-marine dans le parc?

6. Elle se repose dans la mangrove?

13 On y est allé?

Interpretive Viewing, Interpersonal Speaking

À tour de rôle, demandez si chaque personne est allée en ville. Répondez selon l'illustration et utilisez le pronom ***y****.*

MODÈLES

Chloé
A: Chloé est allée en ville?
B: Oui, elle y est allée. Elle a acheté de nouveaux vêtements.

Luc
A: Luc est allé en ville?
B: Non, il n'y est pas allé. Il a fait du ski à la montagne.

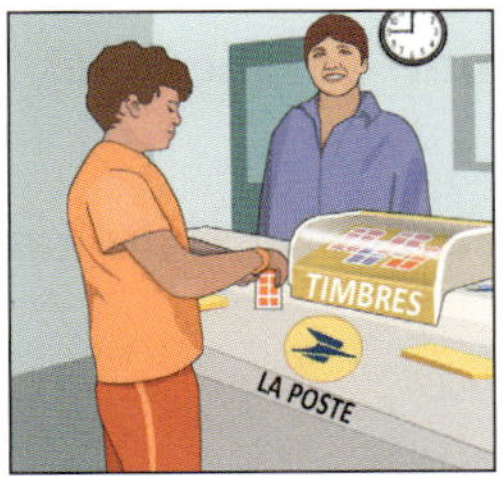

1. Damien

2. Yasmine et Marianne

3. toi

4. Amadou et Julie

5. Marie-Claire

6. Alexandre

7. François et Marc

À vous la parole

Question centrale ? What are the benefits of encountering other cultures?

Communiquez!

14 Un sondage

Interpersonal and Presentational Speaking

Your French class is planning a trip to Guadeloupe. Interview ten classmates to find out what they want to do there. Make a grid like the one below listing the activities from this lesson. Check off each classmate's top three activity choices. Present your survey results to the class.

Qu'est-ce que tu voudrais faire en Guadeloupe?

	1	2	3	4	5	6	7	8	9	10
faire du kayak	x					x				
prendre la flore et la faune en photo			x		x			x		
pique-niquer	x		x			x	x			x

MODÈLE **A: Qu'est-ce que tu voudrais faire en Guadeloupe?**
B: Je voudrais y faire du kayak, prendre la flore et la faune en photo, et pique-niquer.

Présentation: Deux élèves sur dix (ou vingt pour cent des élèves) veulent faire du kayak....

15 Un poème

Presentational Writing

Write a poem in French about Guadeloupe, following the instructions below. Illustrate your poem with your own drawings or pictures you find online. Publish your poem on your own personal blog, the class blog, or the school's website. You might also make a podcast of your poem to share with others.

Instructions: Write **Guadeloupe** for the first line. Write three words or short phrases that symbolize Guadeloupe on the next line. On the third line, write a full sentence. Here is an example about **la Normandie**:

MODÈLE **Normandie**
Province, terre des Normands, lieu de guerre,
J'y achète des pommes qui sont fraîches.

16 Allons en Guadeloupe!

Interpersonal Speaking

You are hoping to travel to Guadeloupe with a friend who wants to go to an exotic site where French is spoken. To better plan your trip, ask your friend which island he or she prefers, what activities the two of you can do there, and which sites you must see and why.

Recherche: tourisme en guadeloupe

Prononciation

Mute *h*

» The letter *h* is often silent at the beginning of a word. This means **liaison** or **l'enchaînement consonantique** will occur with the letter following the *h*.

A Enchaînez!

Écoutez et répétez la liaison ou l'enchaînement consonantique avec le h *muet.*

1. un‿hôtel
2. les‿habitants
3. en‿hiver
4. une‿histoire
5. bien‿heureusement
6. Il s'‿habille.

B Trouvez le "h" muet

Écrivez les phrases suivantes. Ensuite, écoutez-les et mettez le signe ‿ pour indiquer la liaison ou l'enchaînement consonantique avec le h *muet.*

1. Un homme d'affaires n'est pas humanitaire?
2. Invitez les Haïtiens!
3. On hésite de parler aux habitants.
4. Vous habitez dans un hôtel?
5. Il y a trente-huit hôtesses de l'air dans l'avion.
6. J'apprécie ton hospitalité.

Aspirated *h*

» For some words that start with the letter *h*, the *h* is called **aspiré** and is "pronounced." This means there is no linking between the word beginning with the letter *h* and the preceding word (for example, **des haricots verts**).

C Répétez!

Répétez les expressions et phrases suivantes avec le h *aspiré.*

1. la maison **h**antée
2. en **h**aut
3. C'est un **h**amac.
4. Ils mangent des **h**amburgers.
5. C'est **h**orrible!
6. J'ai visité le **h**ameau de la Reine.

D Le *h* aspiré ou muet?

*Écrivez **HA** si vous entendez le **h** aspiré, ou **HM** si vous entendez le **h** muet (avec liaison ou enchaînement consonantique).*

Leçon B

Vocabulaire actif

Au carnaval

Le défilé

se déguiser

un costume

un défilé

un masque

une foule

un char

Un mariage

une mariée

un marié

une robe de mariée

un smoking

Traditions et pratiques

À Haïti, traditionnellement, un homme écrit une lettre d'amour pour faire une demande en mariage à la femme qu'il aime.

Pour la conversation

How do I make an observation?

» **On dirait que** vous n'êtes pas encore revenus!
One would say you're not back yet!

Produits

Le **pâté haïtien** est un hors-d'œuvre souvent servi aux réceptions de mariage. C'est un friand (*deep-fried savory-filled pastry*) fait de viande de porc ou de bœuf, d'oignons, et d'épices.

Et si je voulais dire...?

un déguisement	*costume*
une demoiselle d'honneur	*bridesmaid*
des farces et attrapes (f.)	*paraphernalia for practical jokes*
la lune de miel	*honeymoon (time period)*
une pièce montée	*wedding cake*
un pétard	*firecracker*
une réception	*reception*
un témoin	*witness (best man/maid of honor)*
un voyage de noces	*honeymoon (trip)*

1 Un mariage princier

Interpretive Reading

Lisez le paragraphe sur le mariage d'un prince. Ensuite, répondez aux questions.

C'est Ghislène Dupont en direct de Londres pour le mariage de Prince William et Katherine Middleton, bientôt le duc et la duchesse de Cambridge. C'est le 29 avril et il y a une grande foule ici devant l'abbaye de Westminster où le mariage va bientôt avoir lieu. La voiture de Kate arrive.... Elle descend de la voiture.... Qu'elle est belle! Je peux voir sa robe de mariée—blanche, bien sûr, simple, élégante. C'est une création de Sarah Burton pour Alexander McQueen. Son fiancé, bientôt son mari, ne va pas s'habiller d'un smoking, mais d'un costume militaire. On dit que c'est le couple d'une génération!

1. On parle du mariage de qui?
2. Quelle est la date?
3. Où se trouve la foule?
4. Comment est la robe de mariée?
5. Comment est-ce que le futur mari va s'habiller?
6. Qu'est-ce qu'on dit de ce couple?

2 Le Carnaval martiniquais

Interpretive Reading

Utilisez les mots de la liste pour compléter les phrases.

smoking **masque** **Carnaval** **défilé** **robe de mariée** **un costume** **chars** **foule**

1. Pendant le…, tout le monde se déguise.
2. Pour se déguiser on met…, un…, ou les deux.
3. Traditionnellement, pour un mariage "burlesque," la femme met un… et l'homme met une…, le contraire d'un mariage traditionnel.
4. On voit de beaux… avec leurs décorations qui passent dans la rue.
5. Les chars font partie du grand….
6. Quand il y a beaucoup de participants dans la rue, ça s'appelle une….

3 Au Carnaval

Interpretive Listening

*Écrivez les numéros 1–8 sur votre papier. Écoutez la conversation entre Lilou et Mathéo sur le Carnaval. Ensuite, écrivez **V** si ces phrases sont vraies ou **F** si elles sont fausses.*

1. Lilou et Mathéo ne vont pas aller au Carnaval cette année.
2. Mathéo pense regarder le Carnaval à la télé.
3. Lilou adore se déguiser.
4. Mathéo s'est déguisé en pirate l'année dernière.
5. Lilou et Mathéo sont restés sur le char l'année dernière.
6. Mathéo a adoré le défilé sur le char.
7. Lilou a eu trop chaud. Elle ne veut pas se déguiser cette année.
8. Les deux amis décident d'aller au Carnaval sans masques.

4 Questions personnelles

Interpersonal Speaking

Répondez aux questions avec un partenaire.

1. Comment est-ce que tu te déguisais pour le 31 octobre quand tu étais petit(e)?
2. As-tu déjà marché dans un défilé? Quel défilé? Qu'est-ce que tu as fait?
3. Il y a combien de chars dans les défilés de ta ville?
4. Quels vêtements est-ce que la mariée et le marié ont mis au dernier mariage que tu as vu? Les vêtements étaient de quelles couleurs?
5. Est-ce que tu voudrais mettre une robe de mariée ou un smoking pour ton mariage? Pourquoi, ou pourquoi pas?

Le Carnaval en Martinique

Les parents de Nicolas projettent des photos de leurs vacances.

Nicolas: Donne-la-moi.
Père: La télécommande?
Nicolas: S'il te plaît. Mais, vous vous étiez déguisés?
Mère: Pendant le Carnaval, tout le monde se déguise.
Nicolas: Mais alors, là, sur cette photo, vous êtes incroyables!
Père: Non, on portait le costume de notre groupe de déboulés.
Nicolas: De votre groupe de quoi?
Père: De défilés… en créole, on dit "déboulés," comme on dit "mas" pour masques.
Nicolas: Toi, Papa, avec ce costume rose et toutes ces fleurs collées dessus.
Père: C'était ma robe de mariée!
Nicolas: Et toi, Maman, tu ressembles à un marié dans ton smoking noir!
Mère: C'est à la fois pour dissimuler et mettre en valeur.
Père: Et tu ne nous as pas entendu pousser le cri de Vaval….
Nicolas: Vaval! On dirait que vous n'êtes pas encore revenus!

5 Le Carnaval en Martinique

Mettez les phrases en ordre chronologique.

1. Nicolas regarde une photo de ses parents déguisés.
2. Les parents de Nicolas sont dans les rues de Fort-de-France.
3. Les parents de Nicolas arrivent en Martinique.
4. Nicolas demande la télécommande.
5. Les parents de Nicolas rentrent de vacances.

Stratégie

To help place the sentences in order, draw a map that shows the step-by-step itinerary of Nicolas's parents. Follow along with your map as you read the dialogue.

EXTENSION **Pourquoi les Carnavals?**

On discute du phénomène du Carnaval dans une émission régionale française.

Présentateur: Lille, Basse-Terre en Guadeloupe, Nice— sans compter Cologne, Bâle, Venise, et bien d'autres— les fêtes, défilés de Carnaval connaissent un succès toujours plus grand.
Spécialiste: La tradition du masque et du Carnaval est très ancienne… regardez la peinture… on la trouve représentée à toutes les époques.
Présentateur: Alors, pourquoi aujourd'hui?
Spécialiste: Parce qu'aujourd'hui, comme hier, nos sociétés ont besoin de défoulement, de transgression, de sortir de la norme….
Présentateur: Mais on s'amuse quand même!
Spécialiste: On s'amuse beaucoup! On parodie et on danse au rythme des percussions dans un débordement de couleurs, de paillettes, et de strass… des couleurs qui parfois veulent dire aussi quelque chose….

EXTENSION Pourquoi les sociétés ont-elles besoin du Carnaval, selon le spécialiste?

Pre-AP

Question centrale: What are the benefits of encountering other cultures?

La Francophonie

Profil touristique

La Martinique

La Martinique, appelée aussi "l'Île aux fleurs," est une île dominée par la montagne Pelée, volcan actif dont l'éruption en 1902 a fait 28 000 morts. À la fois* un département et une région française, la Martinique compte près de 396 000 habitants. Sa capitale est Fort-de-France (98 000 habitants) et les villes principales sont Le Lamentin, Le Robert, et Schœlcher. La population martiniquaise est une population métissée* de type créole. Elle est composée principalement de noirs d'origine africaine, de métis* et de mulâtres (80%), d'Indo-Caribéens (10%), d'Européens (10%), et de Békés (descendants blancs des premiers colons européens) (0,5%). Elle comprend aussi des descendants de Syriens, Libanais, et Asiatiques. Le français est la langue officielle, mais le créole martiniquais est parlé dans la vie de tous les jours, en famille, et entre amis. On le parle aussi à la radio, à la télévision, et à l'occasion des cérémonies religieuses. Il est enseigné* au collège, au lycée, et à l'université.

L'économie de la Martinique est dominée par les productions agricoles, surtout la canne à sucre, la banane, l'ananas, et le rhum. Le tourisme fait aujourd'hui de la Martinique la première destination touristique des Antilles françaises.

La Martinique est célébrée pour ses artistes (le cinéaste Euzhan Palcy, le groupe de zouk, Kassav, et pour ses sportifs, dont* Nicolas Anelka (footballeur) et Gaël Monfils (tennisman). Cette terre de culture est aussi célèbre pour ses écrivains, les plus connus étant Aimé Césaire (1913-2008), père de la négritude, mouvement littéraire considéré comme la première affirmation de l'identité noire; Frantz Fanon (1925–1961), théoricien révolutionnaire contre le colonialisme; Édouard Glissant (1928–2011), inventeur de l'antillanité, mouvement postérieur à la négritude qui a affirmé l'identité antillaise; et Joseph Zobel (1915–2006), auteur d'un célèbre roman antillais, *La rue Cases-Nègres*.

Recherche: tourisme en martinique, sites à visiter en martinique, visiter martinique

À la fois *Both*; **métissée** *of mixed ethnicities*; **métis** *mixed-raced ethnicity*; **enseigné** *taught*; **dont** *including*

Les fêtes

Le Carnaval martiniquais

Toute la population participe au Carnaval de la Martinique.

Le Carnaval martiniquais est une tradition importante qui remonte* à l'esclavage*. Il est venu du contact entre les traditions africaines, les religions européennes, et la culture antillaise. Il est maintenant fêté dans toutes les Antilles et jusqu'en Guyane. Le Carnaval marque aussi une résistance à la colonisation. On le fête avec des défilés et de la musique. Il y a des défilés avec des **bwadjak**, de vieilles voitures décorées pour l'occasion, qui transportent des caricatures de personnalités célèbres. Il y a aussi des figures traditionnelles, comme les diables* rouges, et des personnages grotesques. Des concours* de chansons et musiques d'orchestres de rue accompagnent les défilés.

Le Carnaval est l'occasion de dénoncer avec la caricature les personnes et institutions qui profitent du peuple. C'est aussi l'occasion de célébrer les fameux "mariages burlesques." Ce sont des parodies de mariages où les rôles s'échangent, les hommes se déguisant en femmes et les femmes en hommes. À la fin du Carnaval, le roi "Vaval," symbole de l'exubérance du Carnaval, est brûlé* au bord de la mer.

Comparaisons

Comment est-ce que Mardi gras à la Nouvelle-Orléans se compare au Carnaval de la Martinique?

Recherche: carnaval de la martinique, carnaval de martinique facebook, carnaval martinique, de monuments nationaux

remonte *goes back to*; **esclavage** *slavery*; **diables** *devils*; **concours** *competitions*; **brûlé** *burned*

6 Activités culturelles

Faites les activités suivantes.

1. Faites le profil de la Martinique. Indiquez:
   - sa population
   - sa capitale
   - ses villes principales
   - ses produits principaux
   - ses artistes
2. Comparez la Guadeloupe et la Martinique. Qu'est-ce que ces deux îles ont en commun?
3. Faites une recherche sur Victor Schœlcher et rédigez un petit texte. Pourquoi est-ce qu'il y a une ville et des écoles qui portent son nom? Donnez votre opinion.
4. Dessinez un char de Carnaval. Décrivez-le en français à la classe.

Traditions et pratiques

En Guadeloupe et en Martinique, on aime prendre des repas en famille ou avec des amis; on mange beaucoup de riz et de viande accompagnés de légumes et fruits locaux.

Perspectives

Le poète Aimé Césaire a dit que "la colonisation travaille à déciviliser le colonisateur…." Beaucoup de Martiniquais ont commenté sur les conséquences de l'esclavage et de la colonisation sur le peuple de la Martinique, mais comment Césaire pousse-t-il (*move*) le débat contre la colonisation?

Du côté des médias

Lisez ce qui se passe à Fort-de-France pendant le Carnaval.

Carnaval: Programme de la ville de Fort-de-France

Dimanche 30 janvier– *Matnik Caribbean Carnival : Ouverture officielle du Carnaval de Fort-de-France.*

Jeudi 10 février– *Conférence-Débat:* Thème: "Soleil notre étoile, tradition culturelle à la Martinique." Lieu: Salle de réunions de la Mairie.

Samedi 12 février– *Noctarnval:* Parade Nocturne des principaux groupes et orchestres de rue de la Martinique.

Dimanche 20 février– *Concours de la Reine du Carnaval de Fort-de-France.*

Mercredi 23 février– *Élection des Rois et Reines des Centres de Loisirs au Grand Carbet du Parc Culturel Aimé Césaire.*

Vendredi 25 février– *Carnaval des Juniors.* Les enfants ne sont pas en reste. Plus d'un millier d'élèves déferlent dans les rues de Fort-de-France, pour vous gratifier d'un formidable spectacle.

Dimanche 27 février– *Ti-Tan Dans'*: Bal du carnaval au Marché Couvert de Fort-de-France

Lundi 28 février au vendredi 04 mars– *Tradival:* Prélude aux jours gras, vous êtes invités à vous grimer selon des thèmes proposés.

Dimanche gras 06 mars– *Jou Ouvè*: Rendez-vous pour le grand "vidé en pyjama," qui annonce l'apothéose du Carnaval.

Dimanche gras 06 mars– Les rues de Fort-de-France deviennent le théâtre du *Grand Carnaval de la Martinique*.

Lundi gras 07 mars– *Mariage Burlesque*: Parodie de cérémonies de mariages, toutes les plus extravagantes que les autres rassemblent petits et grands.

Mardi gras 08 mars– *Vidé en rouge*: Sortie des Diables Rouges. Tout moun an rouj jou tala.

Mercredi des Cendres 09 mars– *Vidé en noir et blanc*: Costumés en noir et blanc, "djables" et autres carnavaliers accompagnent sa Majesté Vaval dans un dernier tour de ville avant qu'elle ne soit incinérée sur le front de mer.

Jeudi 31 mars (Mi-carême)– *Vavals d'Or*

7 Le Carnaval: Fort-de-France

Faites les activités suivantes.

1. Classez les événements du Carnaval: défilés, masques, débats, concours. Donnez les dates à la française (par exemple, 30/1 pour le 30 janvier).
2. Qu'est-ce qui se passe...?
   - à la mairie
   - au parc Aimé-Césaire
   - dans les rues
   - au marché couvert
3. Décrivez ou dessinez un costume pour le Carnaval de la Martinique. Présentez-le à la classe qui va voter pour choisir le meilleur déguisement.

Double Object Pronouns

Comparaisons

What is the indirect object in these sentences?

Je vais les leur donner.

I'm going to give them to them.

A sentence may have both a direct and an indirect object. When you replace both the direct and indirect objects with pronouns, they must follow a particular order:

SUBJECT	+	**me** **te** **nous** **vous**	+	**le** **la** **les**	+	**lui** **leur**	+	**y**	+	**en**	+	VERB

Elle montre la robe de mariée au marié? — *Is she showing the wedding dress to the groom?*
Oui, elle **la lui** montre. — *Yes, she is showing it to him.*

Tu me donnes ce costume? — *Are you giving me this costume?*
Non, je ne **te le** donne pas. — *No, I'm not giving it to you.*

Remember, direct and indirect object pronouns are placed immediately before the conjugated verb or, in an infinitive construction, before the infinitive.

Affirmative statement	Il <u>te</u> vend <u>le livre</u>? Oui, il **me le** vend.	*Is he selling you the book?* *Yes, he is selling it to me.*
Negative statement	Tu achètes <u>le costume pour ton frère</u>? Non, je ne **le lui** achète pas.	*Are you buying the costume for your brother?* *No, I'm not buying it for him.*
Infinitive construction	Tu peux <u>m'</u>indiquer <u>le chemin</u>? Oui, je peux **te l'**indiquer.	*Can you show me the way?* *Yes, I can point it out to you.*
Question	Le smoking? **Te l'**offre-t-il?	*The tuxedo? Is he giving it to you?*

In the **passé composé** of verbs that use **avoir**, the past participle agrees with the direct object or direct object pronoun when it precedes the verb. It never agrees with the indirect object or indirect object pronoun.

La photo? Je **la** lui ai offert**e**. — *The photo? I gave it to her.*

Voici les masques; je te **les** ai montré**s**. — *Here are the masks; I showed them to you.*

Les mariées en smoking? Vous **les** avez vu**es**? — *The brides wearing tuxedoes? Did you see them?*

À mes parents? Je **leur** ai envoyé une carte postale. — *To my parents? I sent them a postcard.*

8 À la teuf d'anniversaire

Interpretive Reading, Presentational Speaking or Writing

Voici une liste des invités à la fête d'anniversaire de Malika et une liste des cadeaux qu'ils vont lui offrir. Répondez aux questions d'après la liste.

MODÈLES Denise offre des magazines à Malika?
Oui, elle lui en offre.

Khaled offre des livres à Malika?
Non, il ne lui en offre pas.

1. Richard offre des bandes dessinées à Malika?
2. Madiba offre du rouge à lèvres à Malika?
3. Chantal offre des fleurs à Malika?
4. Tu offres des billets de concert à Malika?
5. Awa offre du chocolat à Malika?
6. J'offre des billets de concert à Malika?

Les invités	Leurs cadeaux pour Malika
Chantal	des livres
Awa	du chocolat
moi	des billets de concert
Denise	des magazines
Khaled	des fleurs
toi	des cartes cadeaux
Madiba	du rouge à lèvres
Richard	des bandes dessinées

Qu'est-ce que le copain de Malika lui offre?

Traditions et pratiques

En France, les anniversaires les plus importants sont pour les 12 ans (l'âge de raison), les 15 ans (qui marquent un passage dans l'adolescence), les 18 ans (l'âge de la majorité), puis les 20 ans, 30 ans, 40 ans (début d'une nouvelle décennie), etc.

9 Chez Nicolas

Interpretive Reading, Presentational Speaking or Writing

*Relisez **Rencontres culturelles** et répondez aux questions suivantes. Utilisez les pronoms compléments d'objet directs et indirects.*

1. Est-ce que la mère de Nicolas donne la télécommande à son fils?
2. Est-ce que les parents de Nicolas montrent leurs photos à leur fils?
3. Est-ce que les parents de Nicolas ont mis des costumes en Martinique?
4. Est-ce que le père de Nicolas a mis son smoking au Carnaval?
5. Est-ce que Nicolas regarde les photos sur son téléphone?

10 Le pique-nique

Interpretive Listening and Viewing

Écrivez les numéros 1–8 sur votre papier. Écoutez les petites conversations. Ensuite, écrivez la lettre de l'objet dont on parle.

MODÈLE You hear:
A: Tu as mis la nappe sur la plage?
B: Oui, je l'y ai mise.
You write: **B**

A. 

B. 

C. 

D. 

E. 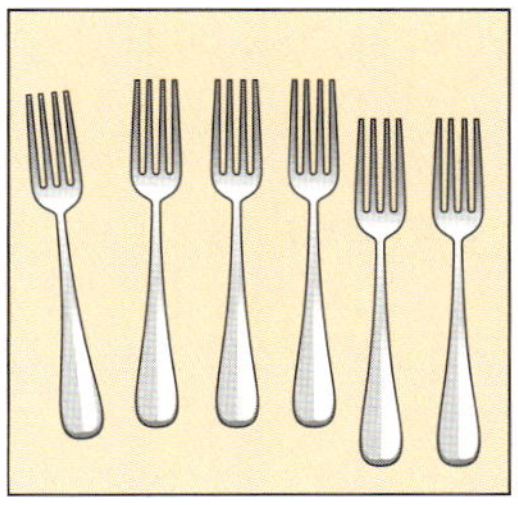

F. 

G. 

H. 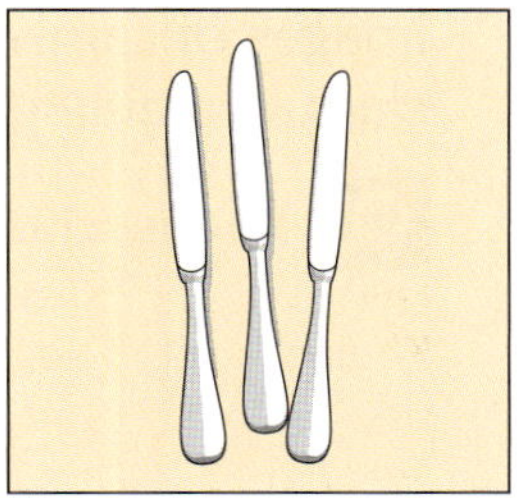

11 Tu as...?

Interpersonal Speaking

À tour de rôle, demandez si votre partenaire a fait les choses suivantes.

MODÈLE nourrir les animaux à la ferme
A: Tu as nourri les animaux à la ferme?
B: Oui, je les y ai nourris.
ou
Non, je ne les y ai pas **nourris**.

1. envoyer des textos à tes parents
2. tondre la pelouse chez toi
3. écrire une lettre au maire
4. acheter la carte de l'Alsace à la station-service
5. suivre le cours à l'auto-école (*driving school*)
6. voir le défilé en Martinique

À vous la parole

Question centrale ? What are the benefits of encountering other cultures?

Communiquez!

12 Mes photos de vacances

Presentational Speaking

Bring four photos from a real or imaginary vacation that you took recently and describe the trip to your group. Be sure to say where you went, for how long you were gone, what you did and saw, and with whom you traveled.

13 Les masques de Carnaval

Presentational Speaking

Masks are a very important part of **Carnaval** in Martinique. Make a mask (using recycled materials) that features some aspect of Martinique's culture. For example, you might make a mask featuring one of the island's traditional carnival characters. Research images of carnival masks from Martinique to get ideas. Then describe your mask to the class, explaining what materials you used and what it represents.

Recherche: grands masques caribéens, tableaux de masques de carnaval martinique, les personnages du carnaval martinique

14 Je vais voyager en Martinique

Interpersonal Speaking and Writing, Interpretive Reading, Presentational Writing

With several classmates, plan a trip to Martinique. Make a list of what you need to know and would like to find out before going there. Then find a website that promotes tourism on the island. Navigate the site and check the information against your list. Were you able to find out everything you wanted to know? Write an e-mail to the website's administrator, asking for the information you need that was not presented on the site.

Recherche: voyage martinique, martinique guide de voyage

15 Souvenirs de Martinique

Interpersonal Speaking

Your French class came back from a trip to Martinique, and you brought back a lot of souvenirs. Some of your classmates who did not go on the trip would like to purchase a few items from those willing to sell them. You have brought pictures of four items you are willing to sell. Put prices on the items in euros. In groups, each student displays his or her objects as in a market, while the other students try to negotiate a lower price.

MODÈLE *(pointing)* **A: Tu me la vends pour 10 euros?**
B: Non, mais je te la vends pour 12 euros.
A: D'accord, voici 12 euros.

Recherche: souvenirs de martinique

16 La musique des Caraïbes

Interpretive Reading, Presentational Speaking

The Caribbean islands have a rich musical tradition, with such genres as: **zouk**, **kompas**, **gwoka**, jazz, rap, and reggae. With your group, research one of the following questions and present what you have learned to the class:

- What does the music of Martinique and its neighboring islands sound like?
- What are the genre's origins?
- What are some of the instruments used?
- What cultures have influenced this genre?
- Who are some of the more influential singers and groups?

Recherche: musique des antilles françaises

Stratégie communicative

Pre-AP

Communiquez!

Circumlocution

When you want to express an idea, but you don't know the specific words you need in French, try using words you do know to get your meaning across. This technique is called *circumlocution*, a term that comes from two Latin words meaning *to talk around*. Circumlocution is an important language skill to practice because it expands what you are able to talk about in French.

To use effective circumlocution, it is helpful to identify the class or category of what you don't know how to express. For example, **C'est un endroit**.... **C'est un produit**.... **C'est une personne**.... **C'est l'action de**....

17 Je me débrouille en France

Presentational Speaking or Writing

Imagine you have just arrived in France and you need to know the following words and expressions. With a partner, use circumlocution to take turns saying what you need.

MODÈLE a small whiteboard for your kitchen
J'ai besoin d'un petit tableau blanc où je peux écrire ma liste d'achats.

1. a laundromat
2. hair conditioner
3. a shoe repair shop
4. a library
5. an Internet café
6. chocolate chips
7. bagels

18 Pas de problème!

Presentational Speaking or Writing

Use circumlocution to accomplish each of the following tasks. You may want to use one of the verbs from the box.

se servir de | **payer** | **aider** | **recevoir** | **préparer** | **donner**

1. You want to know if you can pay cash at your hotel.
2. You want to know if you should tip the server.
3. You want to know how to subscribe to a magazine your friend gets.
4. You want fried onions on your hamburger.
5. Your friend fainted on the street and you're asking someone for help.
6. You want to lend someone your poetry book to help with their homework.

Vocabulaire actif

En Haïti

Les **fruits de mer** (m.)

LA PRESKIL

un crabe

Crabes **farcis**

une coquille Saint-Jacques

Saint-Jacques **meunière** aux **amandes** (f.)

une crevette

Crevettes **épicées**

un lambi

Brochettes (f.) de lambi grillé

une langouste

Langoustes **créoles**

une morue

Accras (m.) de morue

un rouget

Rougets **frits** à l'**haïtienne**

L'eau (f.) et la terre

une source d'eau

un puits

la canalisation

une borne-fontaine

un tremblement de terre

Pour la conversation

How do I say what I'm in charge of?

» **Je suis chargé de la mission d'installer** des bornes-fontaines dans les villages.
I am in charge of installing water hydrants in the villages.

How do I express appreciation?

» Vous nous rendez un grand service.
You are helping us a great deal.

Et si je voulais dire...?

l'aide internationale	*international aid*
les opérations (f.) de déblaiement	*clearing operations*
les premiers soins (m.)	*first aid*
le ravitaillement	*supplies*
la reconstruction	*rebuilding*
les secours (m.)	*emergency services*

1 Une lettre d'Haïti

Interpretive Reading

Lisez la lettre de Josette à M. Duclerc. Ensuite, répondez aux questions.

Monsieur,

On m'a dit que vous étiez chargé d'installer des bornes-fontaines dans les villages de notre région. Mes collègues et moi ici au Lycée Toussaint Louverture, et tous les autres habitants de notre région, nous vous remercions de votre voyage et de votre futur travail après le tremblement de terre. Vous allez nous rendre un grand service et nous voudrions vous remercier avec une photo de nos élèves et une carte qu'ils ont tous signée.

Josette Marcelin

1. Qui est Josette?
2. De quelle mission M. Duclerc est-il chargé?
3. Est-ce qu'il a déjà fini la mission?
4. Pourquoi est-ce que Josette écrit cette lettre à M. Duclerc?
5. À quel événement est-ce que Josette fait référence?
6. Qu'est-ce que Josette envoie à M. Duclerc avec sa lettre?

2 En Haïti

Interpretive Reading

Complétez chaque phrase avec un mot ou une expression de la liste.

canalisations **puits** **poisson** **tremblement de terre** **crevettes**
fruits de mer **sources** **les crabes**

1. En Haïti, il y a eu un... très grave en 2010.
2. Plusieurs... d'eau ont été polluées.
3. Les... sont importantes pour apporter de l'eau aux villages.
4. Souvent, dans les villages, on cherche de l'eau de....
5. En Haïti on aime manger les... comme les langoustes, les..., et....
6. Les gens qui aiment pêcher préparent souvent du... pour le dîner.

3 Qu'est-ce qu'on commande?

Interpretive Viewing, Presentational Speaking or Writing

La famille Marcelin est au restaurant pour fêter un mariage. Dites ce que chaque personne commande.

MODÈLE  le marié
Le marié commande **des accras de morue**.

1. Josette

2. Marcel

3. Jacqueline

4. Julien

5. Rose

6. la mariée

4 Aidez Haïti!

Interpretive Listening

*Écrivez les numéros 1–6 sur votre papier. Écoutez le message de la Croix-Rouge en Haïti. Puis écrivez **V** si la phrase que vous entendez est vraie ou **F** si elle est fausse.*

5 Questions personnelles

Interpersonal Speaking

Répondez aux questions avec un partenaire.

1. Est-ce que tu as déjà vécu un tremblement de terre? Si oui, où?
2. Est-ce que tu connais une personne ou une organisation qui a aidé Haïti après le tremblement de terre? Qu'est-ce qu'ils ont donné?
3. Est-ce que l'eau que tu bois à la maison vient d'une canalisation ou d'un puits?
4. Quels fruits de mer est-ce que tu préfères?
5. Est-ce que tu aimes pêcher? Si oui, où?
6. Est-ce que tu sais préparer le poisson?
7. Quels plats épicés est-ce que tu as essayés? Tu les as aimés?
8. Qui t'a déjà rendu un grand service? Tu l'as remercié(e)?

De l'aide pour Haïti

Le père de Manon parle à un représentant d'une ONG* (organisation non gouvernementale) pour Haïti dans son bureau.

Père de Manon: D'accord. Nous sommes vraiment très inquiets.
Représentant: La situation sanitaire à Haïti est vraiment très difficile. Nous avons un gros problème avec l'eau. Les canalisations, les puits sont détruits depuis le tremblement de terre. Et les sources à la campagne sont polluées.
Père de Manon: Je suis précisément chargé d'une mission eau….
Représentant: Et quel genre de mission?
Père de Manon: Je suis chargé de faire installer des bornes-fontaines dans les villages.
Représentant: C'est exactement ce qu'il nous faut! Il y a encore tellement à faire….
Père de Manon: On peut en discuter davantage au restaurant. On vous invite à un buffet de spécialités haïtiennes: crabes farcis, langoustes créoles, crevettes épicées.
Représentant: Oh, merci! C'est très gentil.

6 De l'aide pour Haïti

Indiquez si on décrit le père de Manon, le représentant de l'ONG, ou Haïti.

1. Son eau est polluée.
2. Il est très inquiet.
3. Il a connu un tremblement de terre.
4. Il représente Haïti.
5. Il offre un repas haïtien.
6. Il est chargé d'une mission d'eau.
7. Ses puits sont détruits.
8. Il y a une mauvaise situation sanitaire.

***Je parle bien!**

Acronyms in French are pronounced as words when possible (as with UNESCO); otherwise, they are pronounced letter by letter (as with **ONG**).

EXTENSION Nouvelles d'Haïti

Taïna, Magny, Akao, et Vincent dînent à un restaurant haïtien à Paris.

Akao: Et comment ça va au pays?
Vincent: C'est très difficile. Les choses avancent très lentement.
Magny: Et tu as pu goûter la cuisine haïtienne?
Vincent: Au village, on avait une vieille dame haïtienne qui faisait la cuisine; on lui donnait de l'argent et elle s'occupait de tout.
Taïna: Qu'est-ce que tu as dégusté?
Vincent: On a mangé beaucoup de poissons, de crabes, de crevettes… avec des sauces extraordinairement parfumées et épicées. Bon, on commande?

EXTENSION Où Vincent a-t-il voyagé?

Pre-AP

Question centrale: What are the benefits of encountering other cultures?

La Francophonie

Profil touristique

Haïti

Haïti est situé dans la partie ouest d'une île de la mer des Caraïbes qui s'appelle Hispaniola. La République dominicaine en occupe la partie est. Le pays compte presque 10 millions d'habitants et sa capitale est Port-au-Prince (2 millions d'habitants). Haïti est la première nation noire qui s'est révoltée contre l'esclavage*, menée* par le héros politique Toussaint Louverture, et devenue indépendante en 1804. Malgré un réel potentiel, Haïti est un des pays les plus pauvres du monde. Il a été victime de nombreuses crises politiques et de catastrophes naturelles (tremblements de terre, choléra, cyclones). Haïti bénéficie d'une aide internationale constante. Son économie dépend essentiellement de sa production agricole: café, cacao, coton, et mangues. Son industrie est tournée vers les composants électroniques, le textile et la fabrication des balles de baseball.

Port-au-Prince, la capitale d'Haïti

En revanche*, la culture haïtienne est très riche. En littérature, de nombreux écrivains haïtiens sont connus dans le monde: Alexandre Dumas (*Les trois mousquetaires*), Jean Métellus, René Depestre, Lyonel Trouillot et Dany Laferrière, premier écrivain noir élu* à l'Académie française*. Haïti a aussi donné naissance* à une importante diaspora* artistique. Le peintre Jean-Michel Basquiat, l'acteur Sydney Poitier, et le cinéaste Raoul Peck sont parmi les plus célèbres qui ont des ascendances* haïtiennes. La peinture haïtienne se reconnaît à* ses courants naïfs* et vaudous*. La musique est un métissage*, comme le kompa ou le zouk avec le merengue, le hip hop, le ragga ou le reggae; Ti-Jack en est la figure emblématique.

Les tableaux de Jean-Michel Basquiat sont exposés au musée d'art moderne de la ville de Paris.

Recherche: tourisme et voyage en haïti, haïti séisme, aider haïti, radio métropole haïti

esclavage *slavery*; **menée** *led*; **En revanche** *On the other hand*; **élu** *elected*; **Académie française** *eminent institution for matters pertaining to the French language*; **naissance** *birth*; **diaspora** *migration*; **ascendances** *origins*; **se reconnaît à** *is recognizable by*; **courant naïf** *naive art style*; **vaudous** *voodoo*; **métissage** *hybridization*

Produits

La vie haïtienne est profondément marquée par le vaudou, synthèse des religions africaines et chrétiennes: il s'agit d'entrer en contact par la magie noire, les sacrifices d'animaux, les chants, avec les forces spirituelles qui se cachent derrière la réalité.

Historique

Toussaint Louverture et l'indépendance haïtienne

La révolution française de 1789 incite les esclaves* noirs à se révolter et conduit* à l'abolition de l'esclavage à Saint-Domingue en 1793. François Dominique Toussaint Louverture, un ancien esclave noir affranchi*, est nommé lieutenant-général de Saint-Domingue et aide la France à combattre* les Espagnols et les Anglais qui menacent la colonie. Respecté du peuple noir et des dirigeants* français blancs, Toussaint Louverture monte au pouvoir* et promeut une constitution autonomiste. Emprisonné, il meurt* en France en 1803. Son successeur, Jean-Jacques Dessalines, mènera* Haïti, le 1er janvier 1804, à devenir la première république noire libre du monde. Haïti est un symbole de résistance pour toutes les autres républiques noires.

Recherche: biographie toussaint louverture, résultats chronologiques pour toussaint louverture

esclaves *slaves*; **conduits** *leads*; **affranchi** *free*; **combattre** *fight*; **dirigeants** *leaders*; **monte au pouvoir** *climbs the ladder of power*; **meurt** *dies*; **mènera** *will lead*

Le portrait de Toussaint Louverture figure sur la monnaie haïtienne.

Comparaisons

Qui étaient les leaders qui se sont battus pour l'indépendance américaine?

Langues

Parlez-vous créole?

Le créole est la langue maternelle des populations de la Caraïbe. Le mot *créole* a une origine espagnole; il vient de **criollo** et signifie "nés ici." Le créole français a beaucoup de mots qui viennent du français, mais aussi de langues africaines des esclaves ou de populations amérindiennes. C'est par la prononciation que les mots se transforment. Dans les Antilles, le créole a sa grammaire, il est écrit et enseigné à l'école avec le français. Il existe des dictionnaires du créole (celui de Raphaël Confiant, 2007) et des dictionnaires bilingues français-créole. Aussi, les écrivains Patrick Chamoiseau et Raphaël Confiant sont à l'origine d'un mouvement littéraire qui revendique* la créolité, une identité propre* aux peuples antillais qui parlent créole (*Éloge de la créolité*, 1989).

Recherche: créolité, antilles créoles françaises

revendique *advances*; **propre** *particular*

Mon dico créole

bonjou *bonjour*
orewa *au revoir*
mèsi *merci*
Ou pale kreyòl? *Vous parlez créole?*
drivé *se promener*
makrélé *s'occuper des affaires des autres*

7 Activités culturelles

Faites les activités suivantes.

1. Faites le profil d'Haïti. Indiquez:
   - sa population
   - sa date d'indépendance
   - sa cuisine
   - sa capitale
   - ses écrivains
   - sa culture
2. Trouvez une chanson en créole et traduisez-la en français.
3. Choisissez un artiste de la diaspora haïtienne. Racontez son histoire. Aidez-vous d'Internet.
4. Trouvez un parc, un gymnase, une école, ou un lycée en Haïti qui porte le nom de Toussaint Louverture, et donnez son adresse.
5. Trouvez sur Internet la recette d'un plat typique de la cuisine haïtienne et faites votre liste d'achats.
6. Cherchez des expressions créoles et leur équivalent en français. Présentez-les et donnez l'exemple d'une petite conversation avec un partenaire.

Perspectives

Qu'est-ce que les Haïtiens perdent après un tremblement de terre, un cyclone, ou une autre catastrophe naturelle?

Du côté des médias

FAIRE UN DON | FINANCER UN PROJET | TRANSMETTRE SES BIENS | BOUTIQUE

Secourisme
Interventions d'urgence
Formation premiers secours
Inondations en France
Catastrophes naturelles

Action sociale
Enfance en danger
Préservons l'avenir
Aide d'urgence aux réfugiés

International
Soutien au peuple syrien
L'accès à l'eau pour tous
Éradication du VIH-SIDA
Protection en Ukraine

Ouragan Matthew – Soutien à la population en Haïti

50€ | 100€ | 150€ | 200€

Je donne

La Croix-Rouge mobilisée pour aider la population

8 L'aide humanitaire

Répondez aux questions.

1. De quelle organisation s'agit-il? De quoi s'occupe-t-elle?
2. Que suggère la photo, selon vous?
3. Comment pouvez-vous aider l'organisation?
4. Quelle action présentée sur ce site aimeriez-vous soutenir (*support*), et pourquoi?

Question centrale ? What are the benefits of encountering other cultures?

Les ONG en Haïti

Introduction et interrogations

Le tremblement de terre en Haïti en janvier 2010, suivi par (*followed by*) une épidémie de choléra, a démontré (*demonstrated*) au monde l'impact dévastateur d'une catastrophe naturelle sur un petit pays. Comment est-ce que les organismes humanitaires ont aidé, et continuent à aider, les habitants d'Haïti?

9 Faites des recherches en ligne

Cherchez sur Internet un organisme humanitaire qui aide Haïti. Servez-vous des mots suggérés ci-dessous.

Recherche: organismes humanitaires pour haïti, séisme en haïti, tremblements de terre, ONG dans le monde

10 Présentons!

Créez une présentation de l'organisme humanitaire que vous avez choisi. Vous pouvez faire un exposé oral, une affiche, une page web, ou autre. Votre présentation doit répondre aux questions suivantes:

1. Quel est l'objectif de cet organisme?
2. Dans quel pays se trouve le siège social (*headquarters*) de cet organisme?
3. Quand est-ce que l'organisme a été fondé?
4. Que fait l'organisme pour aider les habitants d'Haïti?
5. Quels résultats leur aide a-t-elle? Comment l'organisme améliore-t-il (*improve*) la vie des Haïtiens?

11 Faisons l'inventaire!

Avec vos camarades de classe, répondez aux questions suivantes.

1. Que pensez-vous des objectifs des organismes qui viennent en aide à Haïti? D'après vous, quel objectif est le plus important? Préparez une liste de six à dix objectifs. Classez-les par ordre d'importance.
2. Il est parfois difficile d'aider un pays où il y a eu une catastrophe naturelle. Quelles sont les difficultés potentielles?
3. Quels sont d'autres moyens (*ways*) d'aider les habitants d'Haïti?
4. Qu'est-ce que vous pourriez (*could*) faire individuellement ou avec votre classe?

Structure de la langue

Depuis + PRESENT TENSE

To ask about something that began in the past and is still going on in the present, use the expression **depuis quand** followed by a verb in the present tense. To answer, use a verb in the present tense followed by **depuis** and an expression of a moment in time—for example, a day, date, or hour.

M. Célestin pêche les langoustes depuis des années.

Depuis quand êtes-vous en Haïti?	*Since when have you been in Haiti?*
Nous sommes ici **depuis** mercredi.	*We have been here since Wednesday.*
Depuis quand est-ce que Jérôme travaille pour des partenaires d'une ONG?	*Since when has Jérôme worked (been working) for partners of an NGO?*
Il travaille pour eux **depuis** l'été dernier.	*He has worked (been working) for them since last summer.*

To ask how long (for how much time) something has been going on, use the expression **depuis combien de temps** followed by a verb in the present tense. To answer, use a verb in the present tense followed by **depuis** and an expression of a period of time.

Depuis combien de temps êtes-vous en Haïti?	*How long have you been in Haiti?*
Nous sommes ici **depuis** deux jours.	*We have been here for two days.*
Depuis combien de temps est-ce que Jérôme travaille pour des partenaires d'une ONG?	*How long has Jerome worked (been working) for partners of an NGO?*
Il travaille pour eux **depuis** cinq mois.	*He has worked (been working) for them for five months.*

12 Depuis quand...?

Interpersonal Speaking

À tour de rôle, posez des questions pour savoir depuis quand votre partenaire fait certaines choses. Dans chaque réponse, indiquez l'année.

MODÈLE avoir un portable
A: Depuis quand est-ce que tu as un portable?
B: J'ai un portable depuis 2012.

1. savoir télécharger des chansons
2. connaître ton/ta meilleur(e) ami(e)
3. vivre dans ta maison ou ton appartement
4. envoyer des photos sur ton portable
5. savoir conduire
6. étudier le français

13 Depuis combien de temps...?

Interpersonal Speaking

À tour de rôle, demandez ***depuis combien de temps*** *votre partenaire fait les choses suivantes.*

MODÈLE savoir nager
A: Depuis combien de temps est-ce que tu sais nager?
B: Je sais nager depuis huit ans. Et toi?

1. étudier l'Unité 8
2. aller à cette école
3. vivre dans la ville où tu habites
4. faire du sport
5. avoir 14, 15, ou 16 ans
6. connaître le/la prof d'anglais
7. être dans la classe de français
8. parler français

14 Un matin au grand magasin

Interpersonal Speaking

Mme Latortue travaille dans une boutique de cosmétiques et de parfums à Port-au-Prince. Avec un partenaire, résumez sa matinée (morning) *en complétant les questions et en y répondant. Répondez avec les indications entre parenthèses.*

MODÈLE **A: Mme Latortue est au magasin, où elle travaille. Depuis quand est-ce que Mme Latortue travaille aujourd'hui? (9h00)**

B: Elle travaille depuis neuf heures.

1. Il est midi et elle est toujours avec la même cliente. Depuis quand est-ce qu'elle aide Mme Gaillot? (10h00)
2. Mme Latortue connaît très bien Mme Gaillot. Depuis combien de temps est-ce que Mme Gaillot achète son maquillage et son parfum dans ce magasin? (deux ans)
3. Mme Gaillot part, et le directeur du magasin arrive pour parler à Mme Latortue. Depuis combien de temps est-ce que le directeur parle à Mme Latortue? (dix minutes)
4. Le directeur lui annonce une bonne nouvelle (*piece of news*). Depuis quand est-ce que Mme Latortue sait qu'elle est la meilleure employée du magasin? (midi)

15 Depuis quand? Depuis combien de temps?

Interpretive Listening

Écrivez les numéros 1–8 sur votre papier. Écoutez les réponses suivantes. Ensuite, choisissez la lettre qui correspond à la question qu'on a posée.

A: Depuis quand...?
B: Depuis combien de temps...?

Communiquez!

16 Pourriez-vous me rendre un service?

Interpersonal Speaking

You are visiting Guadeloupe, Martinique, or Haiti. With a partner, play the roles of an American tourist and a resident of one of these islands. The resident asks where the tourist is from and his or her name. The tourist asks the resident for help with something, such as finding a place to stay, getting a recommendation for a restaurant, or locating tourist sites. Prepare your dialogue using the search words below.

Recherche: lieux touristiques haïti

17 Du bénévolat

Interpersonal and Presentational Speaking

Create a dialogue with a human resources representative interviewing a college student who is applying to volunteer for a non-profit agency. The human resources representative begins with a short description of a natural disaster, including the type of volunteer opportunity provided by the non-profit agency. The interview continues with five questions to find out since when (or for how long) the candidate has been doing what he or she lists as experience or qualifications on the application. The human resources representative ends by saying that the applicant would be a good fit for the organization. Present the dialogue to the class.

18 Perspectives

Interpretive Listening or Reading, Presentational Speaking

Listen to Haitians in the United States on the radio, or read a blog by Haitian immigrants. Why did they leave Haiti? Where are the Haitian communities in the United States? What are the concerns of Haiti's immigrants? What customs from their homeland have they maintained? In a video or podcast, present what you have learned about Haitian perspectives. Post your video or podcast on your class website, or organize an event with other French classes where you can present it.

Recherche: forum expatriés haïti, haïtiens aux états-unis, radio rfi

Pre-AP

Cent poèmes d'Aimé Césaire

Rencontre avec l'auteur

Daniel Maximin (1947–) est un poète, romancier, et essayiste guadeloupéen. Il était directeur littéraire aux Éditions Présence Africaine à Paris, où il a grandi et étudié. Quand il est retourné en Guadeloupe, il a été nommé directeur régional des affaires culturelles. En 2008, il a publié *Cent poèmes d'Aimé Césaire*, un an après la mort (*death*) du poète. C'est la première anthologie thématique des œuvres de Césaire, illustrée de cent photos et de tableaux d'un peintre cubain, Wifredo Lam. On considère Maximin comme un proche héritier littéraire de Césaire, fondateur du mouvement de la négritude. Comment Maximin organise-t-il son poème?

Pré-lecture

Utilisez les lettres de votre prénom pour commencer une liste d'adjectifs ou d'expressions qui vous décrivent. Par exemple, si votre prénom est Éric, vous pouvez faire une liste comme celle-ci:

Énergique **R**étro **I**ntéressant **C**harmant

Stratégie de lecture

Theme. A theme is a central message or perception about life that is revealed in a literary work. Themes may be stated overtly or implied. For example, the theme of a literary work might be decomposition or rebirth. Create a grid like the one below. In the left column, write the opening subtitle for each stanza of the poem. (Note that each stanza begins with a letter of Césaire's name.) In the right column, state which of Césaire's themes is suggested by each stanza. Two examples have been done for you. As you read the passage on p. 468, note that Maximin uses some of Césaire's own words to make his points; these quotes are in italics.

Recherche: aimé césaire biographie

Stanzas	Themes in Césaire's poetry
C comme *Cahier d'un retour au pays natal*	Césaire écrit des thèmes martiniquais.
E comme Engagement	Césaire écrit des thèmes politiques.

Outils de lecture

Quotations. Sometimes authors use the words of others, as Maximin does when he quotes Césaire. In this case, these words provide a key to understanding the poem and the themes in Césaire's work. What does poetry mean to Césaire? How is it more than creative expression?

Cent poèmes d'Aimé Césaire

"La poésie est une démarche* qui par le mot, l'image, le mythe, l'amour et l'humour m'installe au cœur du vivant de moi-même et du monde."

C comme *Cahier d'un retour au pays natal.** C'est le chef-d'œuvre initial d'Aimé Césaire, un étudiant de 25 ans pétri de* toutes les cultures du monde et qui compose *pour la faim universelle, pour la soif universelle,* ce qu'André Breton définira* comme "le plus grand monument lyrique de ce temps."

E comme Engagement. C'est la puissance* de la création poétique de Césaire qui l'a conduit à l'engagement politique, et non l'inverse*: *ma bouche sera* la bouche des malheurs* qui n'ont point* de bouche.*

S comme *Soleil, œil fascinant mon œil*. Toute sa poésie est fondée sur la parole* donnée à la géographie, à la géologie, à la flore et la faune solaires de la Caraïbe: *soleils à calculer mon être, natif natal.*

A comme *Armes miraculeuses* de résistance créatrice* (titre de son premier recueil* en 1946). Ce sont pour Aimé Césaire celles de la poésie, du théâtre, du discours*: *ma voix*, la liberté de celles qui s'affaissent* au cachot* du désespoir**. Le poète forge des armes* de paroles qui deviennent les outils de l'émancipation et de l'identité conquises*. *Des Ferments* contre les Ferrements*.*

I comme *Insolite bâtisseur.** Le poète comme l'homme politique a toujours l'obsession de bâtir*, d'édifier* la verticalité humaine *avec des bouts de ficelle*, avec des mailles forcées de cadène** contre l'horizontalité des vies courbées* ou écrasées*: *ne dépare* pas le pur visage de l'avenir, bâtisseur d'un insolite demain.*

R comme Résistance. De la dissidence antillaise des années 1940 aux combats de la décolonisation, Césaire promeut* l'idée de résistance créatrice, solidaire de tous ceux qui se battent pour édifier et non pour détruire*: *capte* au décor le secret des racines*, la résistance ressuscite.*

E comme *Espérance* à flanc d'abîme,** du poète qui habite un paradis raté*, mais garde confiance en chaque graine et chaque goutte* endurant solidairement *le défi* du désert* sur *la carte voyageuse du pollen*. Du *Cahier* jusqu'à ses derniers vers*: *tout se retrouvera là/ cumulé pour le sable** généreux.

> **Pendant la lecture**
> 1. Qu'est-ce qu'André Breton pense de la poésie de Césaire?

> **Pendant la lecture**
> 2. L'engagement littéraire pousse (*pushes*) Césaire vers quel autre domaine?

> **Pendant la lecture**
> 3. Césaire parle de quels aspects de sa terre natale?

> **Pendant la lecture**
> 4. Quels sont les outils de la lutte de Césaire?

> **Pendant la lecture**
> 5. Qu'est-ce que Césaire bâtit avec des "vies courbées ou écrasées"?

> **Pendant la lecture**
> 6. Pour Césaire, la résistance est-elle quelque chose qui détruit ou qui embellit (*makes beautiful*) la vie?

> **Pendant la lecture**
> 7. Comment Césaire voit-il l'avenir (*future*) de son pays?

**Cahier d'un retour au pays natal* est un long poème qui décrit la descente aux enfers (*hells*) de l'oppression raciale pour découvrir la fierté (*pride*) d'être nègre, la base du mouvement de la négritude.

---

démarche *step*; **pays natal** *native country*; **pétri de** *steeped in*; **définira** *will define*; **puissance** *power*; **l'inverse** *the opposite*; **sera** *will be*; **malheurs** *misfortunes*; **ne… point** *don't… at all*; **la parole** *words*; **créatrice** *creative*; **recueil** *collection of poetry*; **discours** *speech*; **voix** *voice*; **s'affaissent** *collapse, slump*; **cachot** *dungeon*; **désespoir** *despair*; **armes** *weapons*; **conquises** *conquered*; **ferments** *fermentations*; **ferrements** *irons*; **insolite bâtisseur** *unusual builder*; **bâtir** *to build*; **édifier** *to erect*; **bouts de ficelle** *pieces of thread*; **mailles forcées de cadène** *chain mail (worn by knights)*; **courbées** *bent over*; **écrasées** *crushed*; **dépare** *mar*; **promeut** *promotes*; **détruire** *to destroy*; **capte** *captures*; **racines** *roots*; **espérance** *hope*; **flanc d'abîme** *edge of the abyss*; **raté** *failed*; **goutte** *drop*; **défi** *challenge*; **vers** *lines (in a poem)*; **sable** *sand*

Post-lecture

Qu'est-ce que Césaire a pris de la Martinique pour faire sa poésie?

Le monde visuel

L'artiste français Claude Salez (1924–) peint beaucoup de paysages (*landscapes*) de la Bretagne et des Antilles, ainsi que des paysages marins (*seascapes*). Un paysage marin montre la mer ou la plage. Les artistes peignent ces paysages depuis des milliers (*thousands*) d'années avant l'ère commune. En 1872, le paysage marin de Monet, *Impression, soleil levant*, a donné son nom au mouvement impressionniste. Aujourd'hui, les artistes sont toujours fascinés par la puissance (*power*) et le mouvement de la mer et de l'océan. Dans cette peinture, comment est la mer et de quelle façon est-elle le centre d'intérêt du tableau?

Les Saintes, Guadeloupe, 1995. Claude Salez. Collection privée.

19 Activités d'expansion

Faites les activités suivantes.

1. Utilisez les informations dans votre grille pour écrire un paragraphe sur les thèmes dans la poésie de Césaire.
2. Faites une collection de citations d'Aimé Césaire et groupez-les par thèmes; par exemple, l'histoire, la politique, la colonisation, la géographie.
3. Faites un collage qui montre les buts (*goals*) de la négritude.

Le soleil se couche sur la plage tropicale.

Chevaux sauvages dans les montagnes en Haïti.

Les copains d'abord: Le mystère se perce

Pre-AP 21

Question centrale ? What are the benefits of encountering other cultures?

Communiquez!

20 Un stage dans une société de voyages

Connecting to Communication, Leadership, Initiative and Self-Direction

Interpersonal Writing

You have applied for an internship with a French travel company that wants to promote the Antilles to American tourists, and the company's manager has reached out to you with some follow-up questions. Read the e-mail below and respond to his questions, giving as many details as possible and applying elements of writing a formal letter.

De: Monsieur le Directeur

Sujet: Stage de tourisme

Nous vous remercions de votre intérêt pour le stage dans notre société. Notre département de marketing a l'intention de créer une stratégie pour attirer les touristes américains aux Antilles. Votre réponse aux questions suivantes nous aidera à sélectionner nos candidats.

–Quelles régions des Antilles trouvez-vous particulièrement intéressantes pour les touristes américains et pourquoi?

–Quelles activités sont susceptibles de plaire aux Américains et pourquoi?

Après que nous aurons évalué vos réponses, nous vous contacterons pour la possibilité d'un entretien.

En vous remerciant d'avance, je vous prie d'agréer l'expression de mes salutations distinguées.

Monsieur le Directeur

21 Projet préliminaire

Connecting to Creativity and Innovation, Technology Literacy

Interpretive Reading, Presentational Writing and Speaking, Interpersonal Speaking

You have been awarded the internship! Your first assignment is to create a pitch for the marketing team through a multimedia presentation about how to showcase the Antilles for more American tourists. Research specific information about the islands and create a website, brochure, or commercial that highlights these places and what tourists can experience there. Your class should act as the marketing department, asking you follow-up questions to learn more about your presentation.

Recherche: tourisme antilles françaises

22 Comment se préparer pour un tremblement de terre?

Connecting to Technology Literacy

Presentational Writing

Design a video game proposal and create a mock-up in French that teaches people what to do in case of an earthquake. For example, part of the game might involve preparing **un sac d'urgence** (*emergency kit*). Make a list of important information; then draw images onscreen to show how the game would be played. The goal is keeping people safe.

Recherche: que faire en cas de séisme

Question centrale ? What are the benefits of encountering other cultures?

Projets finaux

A Connexions par Internet: l'histoire

L'histoire d'Haïti

Haiti was the first black nation to become independent. With a group, research Haiti's independence and the ways in which it was affected by Toussaint Louverture, the French Revolution, General Leclerc, and Napoléon Bonaparte. Create a chart with pictures, captions, dates, arrows, and phrases to show these relationships.

Recherche: biographie toussaint louverture, résultats chronologiques pour toussaint louverture

B Communautés en ligne

Global Voices

Global Voices Online is a non-profit organization of more than 400 bloggers and translators around the world. It was founded by the Berkman Center for Internet and Society at Harvard University. Its goal is to give a voice to people often ignored in traditional media. Go to its website and click on "**Pays**," then "**Haïti**." Read a blog entry about a current event in Haiti and post a comment. Then share with your classmates what you learned, what you said, and what you would still like to learn.

Recherche: global voices en ligne

C Passez à l'action!

L'écotourisme chez nous

Ecotourism means traveling to areas of natural beauty, designed so that minimal impact occurs on the environment and the well-being of the local people is improved. It promotes cultural awareness and raises sensitivity to the environmental and political issues of an area and its people. Working in groups, choose an area in your state or region that could be promoted for ecotourism. Then design a webpage in French to promote ecotourism to this area. (You might even work with a Spanish class and an English class so that the information on your site is available in three languages.) Assign each member of your group one or more of the tasks below to create your website.

- home page with logo and contact information
- self-test to see if the reader is ready for an ecotourism experience
- description of the natural area or site
- description of available activities
- actions expected of participants so that they will not harm the environment

D Faisons le point!

Mes progrès

Your teacher will give you a chart to fill in about your learning in this unit.

Pre-AP

Évaluation

A Évaluation de compréhension auditive

Write the numbers 1–8 on your paper. Listen to Maurice and Aline talk about Maurice's vacation in Martinique. Then write **V** if the phrase you hear is **vrai**, or **F** if it is **faux**.

1. Maurice fait du scooter des mers.
2. Maurice a visité l'île avec sa classe.
3. Maurice a pris plein de photos de la faune et de la flore.
4. Maurice a pris les grives, les ramiers, et les colibris en photo.
5. Maurice et Aline se sont déguisés en mariés au Carnaval.
6. Sandrine a porté un smoking pour le Carnaval.
7. Maurice propose à Aline de manger dans un restaurant créole.
8. Les deux amis vont déguster les spécialités de la cuisine créole.

B Évaluation orale

With a partner, role-play a reporter interviewing an employee of a non-profit agency in Haiti after the earthquake. The interview takes place in a Haitian restaurant. Remember, you do not know each other, so you should use formal language.

Ask for how long the non-profit employee has been in Port-au-Prince.

Say you've been here for two months.

Say that you don't know the city.

Say that you will show him or her the city.

Thank the employee and say that that is very nice.

Tell the reporter he or she is doing you a great favor.

Say that you don't know Haitian specialties well, and ask what the employee prefers: the Creole lobster or the spiced shrimp.

Say what you prefer.

Say, "Let's order!"

C Évaluation culturelle

In this activity, you will compare francophone cultures with American culture. You may need to do some additional research on American culture.

1. **La diversité.** Explain why Guadeloupe is considered a diverse place to live. Then compare the ethnic backgrounds of the population there with those of the population where you live.
2. **La dépendance.** Determine what Guadeloupe must import from France. Then compare the Guadeloupe-France relationship to the one between Hawaii or Puerto Rico and mainland United States.
3. **Le tourisme vert et bleu.** Identify the two types of tourism, and name a location where each type exists in the Americas.
4. **La Martinique.** Explain how **la Guadeloupe** and **la Martinique** are similar. Then compare your state with another state, explaining how they are similar. For both comparisons, you might look at similarities among products, natural features, and population.
5. **Les carnavals.** Describe **le Carnaval** in Martinique. Then compare it to Mardi Gras in New Orleans.
6. **Les effets des désastres naturels.** Haiti has long struggled with economic difficulties. How have natural disasters made the country's situation even worse? Compare the natural disasters that have occurred in Haiti with those that have transpired along the Gulf Coast of the United States. How was the aftermath of the disasters in both regions similar? In what ways was it different?

D Évaluation écrite

You and a friend are planning a three-day trip to Guadeloupe. Write an e-mail to your friend in which you do the following:

- say you can't make up your mind about where the two of you should stay: at the seaside or in the mountains.
- use **si** + IMPERFECT to suggest at least one activity for each day.
- ask your friend if he or she can bring a map.
- tell your friend not to forget his or her airline ticket.
- conclude by saying that Guadeloupe seems like paradise.

E Évaluation visuelle

Below is a photo you took at **le Carnaval** in Martinique. Describe it to your partner, who was unable to go with you. Use present tense, the pronoun **y**, and **depuis** in your description.

F Évaluation compréhensive

Create a storyboard with five or six frames that tells the story of your stay with your family in Guadeloupe. Include what you and your family saw and did. You may use labels, speech bubbles, or a combination of both.

Vocabulaire de l'Unité 8

l' **aide (f.)** assistance *C*
une **amande (f.)** almond *C*
un **ananas montagne (des ananas montagne)** mountain pineapple *[flower]* *A*
un **anoli** anole *A*
les **Antilles (f.)** West Indies *A*
arriver (à) to be able to *A*
au: au moins at least *A*
un **balisier** botanical canna *A*
le **bord de mer** seaside *A*
une **borne-fontaine** water hydrant *C*
une **brochette** skewer *C*
un **buffet** buffet *C*
ça: ça m'est égal it's all the same to me *A*
la **canalisation** pipe(line) *C*
le **carnaval** carnival *B*
un **char** float *B*
chargé: être chargé (de) to be in charge (of) *C*
une **chauve-souris (des chauves-souris)** bat *A*
choisir to decide *A*
une **chute d'eau** waterfall *A*
un **colibri** hummingbird *A*
collé(e) glued, stuck *B*
un **contrebandier, une contrebandière** smuggler *A*
une **coquille Saint-Jacques** scallop *C*
un **costume** costume *B*
un **crabe** crab *C*
créole Creole *C*
une **crevette** shrimp *C*
davantage more *C*
un **déboulé** ***[Mart.]*** parade *B*
un **défilé** parade *B*
se **déguiser** to dress up *B*
depuis for *C*; **depuis combien de temps** (for) how long *C*; **depuis quand** since when *C*
dessus on, over (it) *B*
détruit(e) destroyed *C*
dirait: on dirait (que) one would say (that) *B*
dissimuler to hide *B*
en: en route on the way *A*
épicé(e) spicy *C*
faire: faire de la plongée sous-marine to go scuba diving *A*; **faire du kayak** to go kayaking *A*; **faire du scooter des mers** to jet ski *A*; **faire le touriste** to be a tourist *A*; **faire une randonnée à pied** to hike *A*
farci(e) stuffed *C*
la **faune** fauna, wildlife *A*
la **flore** flora *A*
fois: à la fois at the same time *B*
une **foule** crowd *B*
frit(e) deep-fried *C*
les **fruits (m.) de mer** seafood *C*
gentil, gentille nice *C*
une **grive** thrush *A*
la **Guadeloupe** Guadeloupe *A*
Haïti Haiti *C*
haïtien(ne) Haitian *C*
haut(e) high *A*
un **hibiscus** hibiscus *A*
inquiet, inquiète worried *C*
installer to install *C*
des **jumelles (f.)** binoculars *A*
un **lambi** conch *C*
une **langouste** spiny lobster *C*
une **mangouste** mongoose *A*
une **mangrove** mangrove *A*
un **mariage** wedding *B*
un **marié** groom *B*
une **mariée** bride *B*
un **mas** ***[Mart.]*** mask *B*
un **masque** mask *B*
mettre: mettre en valeur to accentuate *B*
meunière rolled in flour and sautéed *C*
une **mission** mission *C*
une **morue** cod *C*
la **nature** nature *A*
ne (n')... pas encore not yet *B*
observer to observe *A*
une **ONG (organisation non gouvernementale)** NGO (non-governmental organization) *C*
une **orchidée** orchid *A*; **orchidée suspendue** tropical orchid *A*
un **papillon** butterfly *A*
pêcher to fish *A*
pique-niquer to picnic *A*
pollué(e) polluted *C*
pourras: tu pourras you will be able to *A*
pousser un cri to scream *B*
précisément precisely *C*
prendre: prendre (quelque chose) en photo to take a picture (of something) *A*
un **puits** well *C*
un **ramier** wood pigeon *A*
une **randonnée** hike *A*
un **raton laveur** raccoon *A*
un(e) **représentant(e)** representative *C*
une **robe de mariée** wedding dress *B*
un **rouget** goatfish *C*
sanitaire health, sanitary *C*
sembler to seem *A*
un **sentier** path *A*
sera: on sera we will be *A*
la **situation** situation *C*
un **smoking** tuxedo *B*
une **source d'eau** spring *C*
une **spécialité** specialty *C*
tellement so much *C*
la **terre** land *C*
une **tortue marine** sea turtle *A*
la **trace** ***[Mart.]*** path *A*
un **tremblement de terre** earthquake *C*
vivre to live *A*
y to it *[pronoun]* *A*

Bilan cumulatif

Pre-AP

Listening

I. You will hear a short conversation. Select the reply that would come next. You will hear the conversation twice.

1. A. Dites-moi, vous nous rendez un grand service.
   B. Eh bien, vous avez, par exemple, la Martinique ou encore la Guadeloupe.
   C. À mon avis, les spécialités créoles sont très bonnes, surtout en été.
   D. Écoutez, je ne sais pas. Je n'arrive pas à choisir entre les lambis et les crevettes.

II. Listen to the conversation. Select the best completion to each statement that follows.

2. Le jeune couple cherche....
   A. une robe de mariée et un smoking blanc
   B. un bon restaurant au bord de la mer
   C. à partir en vacances en couple
   D. un costume pour le Carnaval

3. Ils veulent partir....
   A. en février pour le Carnaval
   B. en vacances au bord de la mer
   C. après leur mariage
   D. en smoking et robe de mariée

4. L'homme et la femme aiment....
   A. se déguiser pour le Carnaval d'hiver
   B. pêcher et manger des fruits de mer
   C. faire de la plongée sous-marine
   D. passer du temps à la plage

5. Le jeune couple....
   A. part en vacances pour la première fois depuis leur mariage
   B. va en Afrique pour la première fois
   C. va faire une excursion en train
   D. aime manger du bœuf et du porc

Reading

III. Read the text from a tourist brochure. Then select the best completion of each statement.

Si vous aimez la foule, la musique, les défilés, et les costumes, rendez-vous en Martinique! Le Carnaval est une expérience incroyable et je n'exagère pas. Amusez-vous et déguisez-vous en fruits de mer, et oui, pourquoi pas un petit costume de crabe ou encore de tortue marine, ou de chauve-souris? En Martinique, pendant ce festival, vous aurez toujours faim! Venez découvrir une cuisine exceptionnelle avec un menu d'accras de morue, de langoustes, de crevettes épicées, de brochettes de lambis, et de coquilles Saint-Jacques. Moi, j'ai déjà hâte d'être en vacances! Une belle aventure à tous et à très bientôt pour un prochain article sur les voyages!

À bientôt dans les Antilles!

1. Cette brochure parle....
   A. d'un tour du monde qu'un écrivain français a fait
   B. de l'importance de la faune et de la flore
   C. des dangers du tourisme sur l'environnement
   D. de différentes activités qu'on peut faire en vacances dans les Antilles
2. L'auteur recommande....
   A. de découvrir les îles au moment où on fait la fête
   B. d'apprendre le français avant de partir en vacances
   C. de voyager avec des Français
   D. de découvrir la cuisine traditionnelle de Normandie
3. Cet écrivain écrit probablement pour....
   A. des gens en voyage en Europe
   B. un office de tourisme
   C. les touristes français qui veulent découvrir le Québec
   D. un magazine spécialisé dans la cuisine alsacienne

Writing

IV. Complete the paragraph by writing appropriate vocabulary words in the blanks.

Le père d'Émilie propose un voyage en famille en Guadeloupe pendant le Carnaval: "Qu'en pensez-vous? La faune est très exotique et la __1__ est extraordinaire: les balisiers et les orchidées! Pour les découvrir, nous pouvons faire une __2__ à pied au parc national. Il y a une 'trace' ou un petit __3__ à prendre pour suivre une __4__ d'eau jusqu'aux chutes! Plus tard nous redescendons à la plage, pour faire des activités au __5__ de la mer. Ça vous dit de faire du kayak ou de la __6__ sous-marine suivi par un repas de langoustes, de crevettes, de crabes, et d'autres __7__ de mer?"

V. Complete the paragraph with verbs in the **infinitif**, **présent**, **impératif**, or **passé composé**.

Dans une auberge de jeunesse à Caen une femme __8__ un plateau de galettes à Marie et lui demande:
–Comment trouvez-vous la région normande?
–Oh là là! Je n' __9__ pas à tout faire! Il y a beaucoup de choses à voir!
–__10__ bien! On __11__ du beau temps.
–__12__-vous Monet? Si vous __13__ à Rouen, n'oubliez pas de visiter la cathédrale et les falaises d'Étretat qui sont représentées dans ses tableaux!
–J'y vais avant de rentrer à Paris en passant par Giverny. Tenez! Vous pouvez me prendre en photo?
–Venez dans le jardin. Ça va vous __14__ en valeur.
(*Après la photo....*)
–Madame, vous m' __15__ un grand service!
–Je vous en prie, Mademoiselle!

8. (offrir)
9. (arriver)
10. (se rassurer)
11. (annoncer)
12. (connaître)
13. (conduire)
14. (mettre)
15. (rendre)

Composition

VI. Write a letter inviting a friend to visit a particular region in France. Tell your friend about the region and describe what there is to see and do there. Find out how he or she feels about staying in a youth hostel. Suggest a departure date. Find out how your friend would like to travel (by car, train, airplane, etc.).

Speaking

VII. You and a friend cannot decide whether to have dinner in a Breton *crêperie* or a Creole restaurant with specialties from the Antilles. Both restaurants are next door to each other in your neighborhood. Role-play the conversation. Discuss what you want to eat and drink, mention prices, and choose a restaurant.

Unité

9 La vie contemporaine

Question centrale

What influences and changes contemporary society?

À savoir

Les *mutants*, enthousiastes de la modernité technologique, s'opposent aux *mutins* qui s'inquiètent de ses conséquences.

Citation

"Pour ce qui est de l'avenir, il ne s'agit pas de le prévoir mais de le rendre possible."

As for the future, our task is not to foresee it but to enable it.

—Antoine de Saint-Exupéry, écrivain français

Conseil pratique

Practice speaking with someone whose level of French is a bit above yours, such as with a francophone speaker via video chat.

Qu'est-ce que la mère de Chadia offre?

Comment s'appelle ce train?

Contrat de l'élève

Leçon A I will be able to:

- ask to borrow things, say I know or don't know how to use something, and express happiness.
- talk about France's innovations in transportation.
- use the conditional.

Leçon B I will be able to:

- hypothesize and propose solutions.
- talk about nuclear energy, education, and youth employment in France.
- use the conditional in **si** clauses.

Leçon C I will be able to:

- express my future goals and give a reason.
- talk about Brussels, Belgium, and the European Union.
- use the future tense.

Leçon A

Vocabulaire actif

Le smartphone

le commutateur (sonnerie/silence)

l'écran (m.) de verrouillage

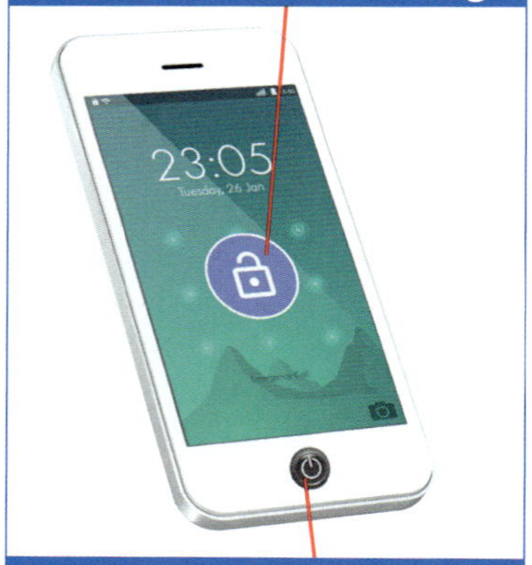

le bouton marche/arrêt

la caméra

la carte SIM

le port micro-USB

publier une photo

Comment envoyer une photo

1. Tu **passes** ton doigt sur l'icône photo.
2. **L'appareil** se met en mode photo. (Tu peux **zoomer**. Tu peux **recadrer** l'image en format paysage, portrait, ou carré.)
3. Tu **appuies** sur le bouton quand tu es content(e) des **réglages**.
4. Pour envoyer la photo, tape sur le nom du **destinataire** dans la messagerie. (Tu peux aussi **joindre** la photo à un mail.)
5. Tu appuies sur ENVOYER.

Pour la conversation

How do I ask someone to lend me something?

» Tu peux me **prêter ton téléphone portable**?
Can you lend me your cell phone?

How do I say that I know or do not know how to use something?

» Je (ne) sais (pas) m'en servir.
I (don't) know how to use it.

How do I express what someone is happy about?

» Ils sont très contents d'avoir reçu cette photo de nous.
They're very happy to have received that photo of us.

Et si je voulais dire...?

un kit mains-libres	*hands-free device*
en mode vibration	*vibrating mode*
le mode avion	*airplane mode*
un opérateur	*network provider*
une oreillette	*earpiece*
un réseau	*network*
une sonnerie	*ring*
verrouiller	*to lock*
déverrouiller	*to unlock*

1 Un smartphone, c'est moderne!

Interpretive Reading

Lisez la lettre que Nakeisha a écrite à ses parents pendant leur visite au Cameroun. Puis répondez aux questions.

1. Qu'est-ce que les parents de Nakeisha viennent d'acheter?
2. Depuis combien de temps est-ce que Nakeisha a un smartphone?
3. Qu'est-ce qu'elle peut faire avec son smartphone? Faites une liste.
4. Nakeisha explique à ses parents comment faire quoi? Nommez deux choses.
5. Comment est-ce que Nakeisha dit "au revoir" à ses parents?

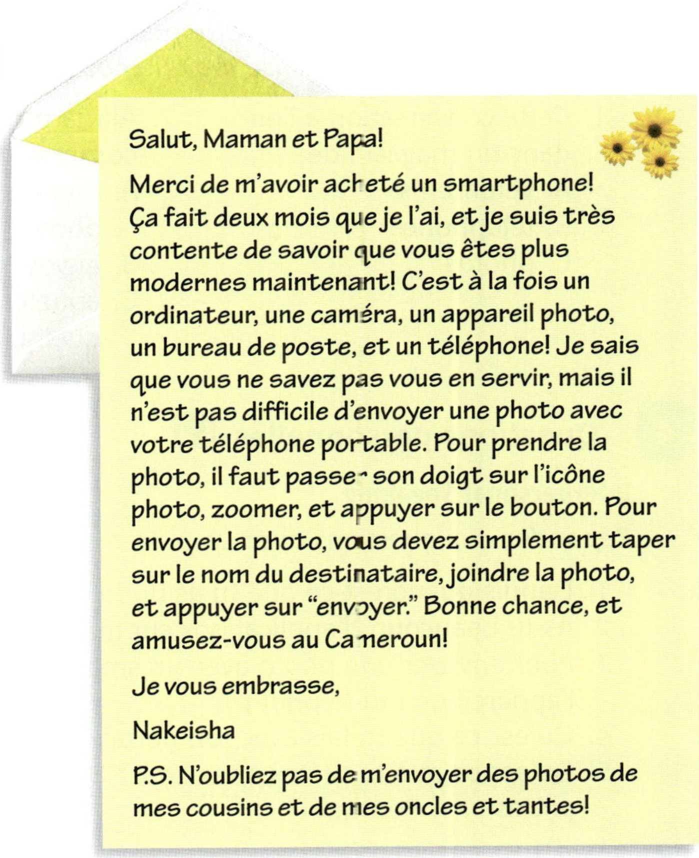
Salut, Maman et Papa!

Merci de m'avoir acheté un smartphone! Ça fait deux mois que je l'ai, et je suis très contente de savoir que vous êtes plus modernes maintenant! C'est à la fois un ordinateur, une caméra, un appareil photo, un bureau de poste, et un téléphone! Je sais que vous ne savez pas vous en servir, mais il n'est pas difficile d'envoyer une photo avec votre téléphone portable. Pour prendre la photo, il faut passer son doigt sur l'icône photo, zoomer, et appuyer sur le bouton. Pour envoyer la photo, vous devez simplement taper sur le nom du destinataire, joindre la photo, et appuyer sur "envoyer." Bonne chance, et amusez-vous au Cameroun!

Je vous embrasse,

Nakeisha

P.S. N'oubliez pas de m'envoyer des photos de mes cousins et de mes oncles et tantes!

2 J'adore mon smartphone!

Interpretive Reading

Complétez chaque phrase par un mot ou une expression logique de la liste.

écran de verrouillage **port micro-USB** **bouton arrêt** **publier**
icône **appli** **fichier son** **interface** **caméra** **messagerie**

1. Je vais télécharger une nouvelle… pour voir des concerts sur mon smartphone.
2. Je prends des vidéos avec ma….
3. Pour utiliser mon smartphone, je dois saisir (*enter*) mon code quand je vois l'….
4. Je consulte la… pour savoir qui a envoyé un texto.
5. J'ouvre le… pour écouter de la musique.
6. Je passe mon doigt sur l'… pour ouvrir un fichier.
7. Quand deux personnes n'ont pas le même logiciel (*software*), on peut avoir des problèmes d'….
8. Mon smartphone a une bonne caméra, c'est parfait pour… mes photos.
9. Pour transférer mes photos sur mon ordinateur, je cherche le….
10. J'appuie sur le… pour éteindre mon smartphone.

3 Alima et sa mère

Interpretive Listening

Écrivez les numéros 1–3 sur votre papier. Écoutez la conversation entre Alima et sa mère. Ensuite, choisissez la réponse logique pour compléter les phrases.

1. Cette conversation a lieu dans un magasin de….
   A. vêtements
   B. téléphones
   C. photos
2. Alima montre à sa mère comment….
   A. prendre et envoyer des photos
   B. envoyer des mails
   C. appeler (*to call*) quelqu'un
3. La mère d'Alima envoie….
   A. une photo à son mari
   B. un mail
   C. une invitation

4 Questions personnelles

Interpersonal Speaking

Répondez aux questions avec un partenaire.

1. Depuis quand est-ce que tu as un téléphone portable? Et tes ami(e)s? Et tes parents?
2. As-tu beaucoup d'applications sur ton portable? Quelles applis est-ce que tu préfères?
3. Pour envoyer une photo avec un smartphone, qu'est-ce que tu fais après avoir mis l'appareil en mode photo?
4. Qu'est-ce que tu fais avec ton portable quand tu entres dans une salle de cinéma?
5. Qu'est-ce que tu prêtes à tes amis? Qu'est-ce qu'ils te prêtent? Qu'est-ce que tu ne leur prêtes pas? Pourquoi?

Babila envoie des photos au Cameroun

La sœur de Madiba demande un service.

Babila: Tu peux me prêter ton téléphone portable?
Madiba: Quoi?
Babila: Ton portable… je devrais envoyer une photo de ma chambre à notre cousine de Yaoundé.
Madiba: Mais tu ne sais pas t'en servir.
Babila: Justement, tu vas m'apprendre.
Madiba: Bon, là, tu as l'icône photo. Tu passes ton doigt dessus; l'appareil se met en mode photo. Ensuite sur le côté, tu as toute une série d'icônes: tu peux régler la largeur du champ, la distance, la lumière…. Tu continues toujours à regarder l'écran pour voir l'effet de tes réglages. Enfin, quand tu es prête, tu appuies comme ça, et voilà.
Babila: Et tu as fait une photo de nous deux. Et pour l'envoyer, comment je fais?
Madiba: Très facile! Tu vas dans la messagerie; tu tapes l'adresse. Puis tu vas chercher la photo dans la galerie. Tu la joins et tu l'envoies.
(Madiba envoie la photo.)
Babila: Et au Cameroun, ils sont maintenant très contents d'avoir reçu cette photo de nous deux. Bon, j'ai compris. Je le prends.

5 Babila envoie des photos au Cameroun

Répondez aux questions.

1. Qui demande un service?
2. Qu'est-ce que Babila devrait envoyer à sa cousine?
3. De quoi est-ce que Babila ne sait pas se servir?
4. Qui aide Babila?
5. De quoi est-ce que Babila prend une photo?

Stratégie
Based on Madiba's cues, create a drawing for a user's manual for a smartphone. Number the different parts of the phone mentioned, and write simple instructions.

EXTENSION **Le radio-réveil de Judith**

Hugues aide sa sœur, Judith, avec son radio-réveil.

Judith: Je veux programmer ce radio-réveil et je n'y arrive pas.
Hugues: Mais qu'est-ce que tu veux programmer?
Judith: Mes cinq postes de radio préférés.
Hugues: Bon, le mode d'emploi, il est où?
Judith: C'est bien là, le problème. Je l'ai perdu!

EXTENSION Pourquoi est-ce que Judith et Hugues ne peuvent pas programmer le radio-réveil?

Pre-AP

Question centrale ? What influences and changes contemporary society?

La France et les technologies innovantes dans les transports

La France a une tradition d'aviateurs aventuriers (Jean Mermoz, Antoine de Saint-Exupéry) et d'ingénieurs (Marcel Dassault).

L'aéronautique et l'aérospatiale connaissent des développements spectaculaires. La France et ses partenaires européens ont créé une industrie aéronautique autour d'Airbus, une société qui est devenue l'un des leaders mondiaux* dans la construction des avions. La ville de Toulouse est la capitale de cette industrie.

Airbus, à Toulouse, construit un avion.

Dans le domaine de l'aviation d'affaires, le groupe Dassault, avec les Falcon, domine le marché mondial. Il est aussi le leader mondial de la conception de simulateur de vols comme celui du Dreamliner de Boeing. C'est aussi en France où s'est développée la série des fusées* Ariane, qui lancent des satellites. Aujourd'hui, le Centre national d'études spatiales (CNES) continue à travailler en coopération avec d'autres pays européens (groupe industriel européen Airbus), et est le leader du marché des satellites. La base de lancement est située à Kourou, en Guyane française.

Le TGV Eurostar relie la France et l'Angleterre.

Dans le domaine des transports terrestres, la France a développé la technologie des trains à grande vitesse (TGV) qui accélèrent jusqu'à 350 à 400 kilomètres à l'heure. La SNCF est l'entreprise qui contrôle les voyages en train. Aujourd'hui les TGV couvrent* une partie du territoire européen avec les réseaux* Eurostar vers le Royaume-Uni*; Thalys vers la Belgique, les Pays-Bas, et l'Allemagne; et Lyria vers la Suisse. Cette technologie a été exportée vers l'Espagne, la Corée, la Chine, et les États-Unis.

L'industrie automobile est également très performante avec les groupes Renault-Nissan et Peugeot-Citroën Opel, qui sont classés parmi les 10 premiers groupes mondiaux. Ces deux compagnies produisent des voitures individuelles (50% de la production exportée) et des voitures de sport qui ont remporté* plusieurs fois le titre de champions du monde de Formule 1 ou de rallyes. Il faut aussi associer à cette réussite le groupe Michelin, deuxième constructeur mondial de pneus.

Recherche: airbus et aéronautique, dassault aviation, airbus group, sncf, eurostar, groupe michelin

---

mondiaux *world*; **fusées** *rockets*; **couvrent** *cover*; **réseaux** *networks*; **Royaume-Uni** *United Kingdom*; **remporté** *won*

Produits

L'Indochine était une colonie française qui regroupait principalement le Vietnam, le Laos, et le Cambodge. C'était une source importante de caoutchouc (*rubber*), matériel essentiel pour fabriquer (*to manufacture*) des pneus, et donc de revenus pour la France. En 1931, par exemple, **les plantations de caoutchouc** en Indochine ont produit 10 millions de tonnes métriques de latex. Avec leur entreprise considérable, les frères Michelin ont connu un grand succès.

Le bonhomme (*man*) Michelin, appelé Bibendum, est la mascotte du groupe Michelin.

Comparaisons

À quelle organisation européenne se compare la NASA? Où est le siège (*headquarters*) de la NASA? D'où est-ce qu'on lance les fusées américaines?

6 Activités culturelles

Faites les activités suivantes.

1. Expliquez ce qu'est:
   - Airbus
   - le TGV
   - Ariane
2. Indiquez un moyen de transport pour aller de Paris à....
   - Londres
   - Bruxelles
   - Zurich
3. Trouvez sur Internet les logos de marques d'automobiles et de pneus. Quelles entreprises sont représentées par les emblèmes suivants?
   - deux chevrons (*inverted* V *shapes*)
   - un losange (*diamond shape*)
   - un lion
4. Faites un axe chronologique pour montrer l'histoire d'une de ces entreprises:
   - la SNCF
   - le CNES
5. Écrivez la biographie de Marcel Dassault, ingénieur qui a travaillé dans l'aviation.

À DISCUTER

Quel avancement technologique a aidé le plus grand nombre de personnes—les pneus Michelin, les avions Airbus, les fusées Ariane, ou le TGV? Que pensent vos camarades? Quelles recherches devez-vous faire pour vous aider à former votre opinion?

Du côté des médias

Lisez les informations suivantes sur les fusées.

Lancement des fusées et satellites

9.4.1968	1er lancement (fusée sonde Véronique) (derniers lancements en 1979)
10.3.1970	1er lancement Diamant B (dernier lancement Diamant le 27 septembre 1975)
5.11.1971	1er lancement lanceur européen Europa II
24.12.1979	1er lancement Ariane 1
4.8.1984	1er lancement Ariane 3
15.6.1988	1er lancement Ariane 4 (dernier lancement Ariane 4 le 15 février 2003)
4.6.1996	1er lancement Ariane 5
10.12.1999	1er lancement commercial Ariane 5
fin 2011	1er lancement de Soyouz en Guyane
2012	1er lancement de Vega
fin 2012	Arianespace a réussi le lancement de 255 satellites.
fin 2016	Ariane 5 a lancé 126 satellites. 227 fusées Ariane ont été lancées depuis le site de Kourou, sur une période de 37 ans.

Génération	Nombre de lancements
Ariane 1	11
Ariane 2	6
Ariane 3	11
Ariane 4	116
Ariane 5	83

arianespace
service & solutions

7 Les fusées Ariane

Faites les activités suivantes.

1. Dites quelle fusée porte le nom:
   - d'une pierre précieuse.
   - d'un prénom de fille.
   - d'un personnage de la mythologie grecque.
   - de la fille d'un roi enlevée par le dieu grec Zeus.
2. Dites à quoi ces dates correspondent:
   - 1979
   - 1999
   - 2011
   - 2012
   - 2016
3. Faites une recherche sur Internet pour trouver les raisons scientifiques du choix de Kourou comme centre spatial.
4. Refaites le tableau de lancements par ordre décroissant (*decreasing*) de nombre de lancements.
5. Faites une carte de la Guyane qui montre:
   - ses pays voisins.
   - son océan voisin.
   - ses villes principales, y compris (*including*) sa capitale.
   - un tableau avec sa devise (*motto*), ses produits principaux, sa population, et sa langue officielle.
   - le site du lancement d'Ariane.

La fusée Ariane en est à son sixième modèle.

The Conditional

Use the conditional (**le conditionnel**) to express a request, make a statement, or ask a question politely.

Tu **pourrais** me prendre en photo devant ce monument?	*Could you take a photo of me in front of this monument?*

Use the conditional to say what people *would do* or what *would happen*.

Si possible, je **voyagerais** dans le monde entier.	*If possible, I would travel the entire world.*

To form the conditional of regular **-er** and **-ir** verbs, add the appropriate imperfect tense ending (**-ais**, **-ais**, **-ait**, **-ions**, **-iez**, **-aient**) to the infinitive form of the verb. For regular **-re** verbs, drop the final **e** from the infinitive before adding the imperfect endings.

choisir			
je	choisir**ais**	nous	choisir**ions**
tu	choisir**ais**	vous	choisir**iez**
il/elle/on	choisir**ait**	ils/elles	choisir**aient**

Usage Tip

Conditional endings have only three possible pronunciations. Which pronunciation is used most often?

Nous **aimerions** prendre des vacances.	*We'd like to take a vacation.*

Some verbs have an irregular stem in the conditional. However, all their endings are regular. Here are some of the verbs that have irregular stems in the conditional:

Infinitive	Irregular Stem	Conditional
aller	**ir-**	**Iriez**-vous en Haïti? *Would you go to Haiti?*
s'asseoir	**assiér-**	Je **m'assiérais** dans ton fauteuil. *I would sit in your armchair.*
avoir	**aur-**	Je n'**aurais** pas peur! *I would not be afraid!*
courir	**courr**	Qui **courrait** le plus vite? *Who would run the fastest?*
devoir	**devr-**	Manon **devrait** étudier. *Manon should study.*
envoyer	**enverr-**	Tu m'**enverrais** ton adresse? *Would you send me your address?*
être	**ser-**	Elles y **seraient**. *They would be there.*
faire	**fer-**	Noah **ferait** du footing. *Noah would go jogging.*
falloir	**faudr-**	Il **faudrait** y aller. *We would have to go.*
pouvoir	**pourr-**	Nous **pourrions** lui demander. *We could ask him.*
recevoir	**recevr-**	Awa **recevrait** de l'argent. *Awa would receive money.*
savoir	**saur-**	Pardon, **sauriez**-vous la date? *Excuse me, would you know the date?*
venir	**viendr-**	Tu ne **viendrais** pas ici. *You would not come here.*
voir	**verr-**	Je **verrais** les monuments. *I would see the monuments.*
vouloir	**voudr-**	Thomas ne **voudrait** rien. *Thomas would want nothing.*

The conditional may also be used to make suggestions.

À ma place, qu'est-ce que vous **feriez**?	*If you were me, what would you do?*
Je **recadrerais** la photo.	*I would crop the photo.*

8 À l'agence de voyage

Interpersonal Speaking

*À tour de rôle, jouez les rôles d'un client et d'un agent de voyage. Le client dit ce qu'il ferait (*would do*), et l'agent lui suggère un endroit francophone.*

MODÈLE voir des sites de la Deuxième Guerre mondiale (*World War II*)
A: Je verrais les sites de la Deuxième Guerre mondiale.
B: Alors, vous aimeriez probablement les plages de Normandie.

1. faire du kayak
2. goûter la cuisine allemande
3. voir des tableaux impressionnistes
4. faire une promenade dans le quartier des cabarets de Toulouse-Lautrec
5. faire des sports d'hiver
6. acheter des souvenirs en cuir
7. faire de la plongée sous-marine
8. visiter des châteaux de la Renaissance

Comparaisons

In French, how would you express the verbs that appear below in boldface?

He **would eat** more if he weren't on a diet.
Last year she **would** always **turn** her assignment in late.

9 Au magasin de portables

Interpretive Listening

Écrivez les numéros 1–7 sur votre papier. Choisissez une réponse à la question.

A. Je vous conseille ce smartphone qui a 900 applis.
B. Oui, je suis libre.
C. Mais je ne me suis pas peignée.
D. Désolé, je ne sais pas m'en servir.
E. Oui, tu mets ton connecteur USB ici.
F. Oui, avec mon smartphone.
G. Appuyez sur cette icône.

10 Si c'était l'été....

Interpretive Viewing, Presentational Speaking or Writing

Dites ce que tout le monde ferait si c'était l'été. Dans chaque phrase, utilisez un verbe de la liste.

voir une comédie romantique | **s'asseoir devant la télé** | **venir à la plage** | **aller au parc d'attractions** | **faire une randonnée à pied** | **recevoir mes amis** | **être serveurs**

MODÈLE

moi, je
Je recevrais mes amis.

1. Julien

2. Yasmine et Marie-Alix

3. Élodie et moi, nous

4. Alexis et René

5. toi, tu

6. Noah et toi, vous

11 À ta place

Presentational Speaking or Writing

Beaucoup d'ados que vous connaissez vous demandent des conseils. Dites-leur ce que vous feriez à leur place en utilisant le conditionnel.

MODÈLE Amadou te dit qu'il ne sait pas comment mettre son smartphone en mode photo.
À ta place, j'essaierais de passer mon doigt sur l'icône photo.

1. Jérémy te dit qu'il ne sait pas quoi acheter pour l'anniversaire de sa copine.
2. Fabienne te dit qu'elle ne sait pas quoi regarder à la télé ce soir.
3. Khaled te dit qu'il ne sait pas quel artiste présenter dans son cours d'art.
4. Marianne et Alex te disent qu'elles ne savent pas comment aller à Versailles.
5. Émilie te dit qu'elle doit choisir un poème pour son cours de littérature, mais elle ne connaît pas les poètes français.
6. Martin et Chantal te disent qu'ils ont faim.
7. Momo te dit qu'il est malade.
8. Marguerite te dit qu'elle va voyager en Europe, mais elle ne sait pas comment trouver de bonnes auberges de jeunesse.

12 Que ferais-tu?

Interpersonal Speaking or Writing

Imaginez les situations suivantes. Que feriez-vous? Travaillez avec deux camarades.

MODÈLE On vous donne 175€.
A: Que ferais-tu?
B: J'achèterais un smartphone avec une caméra. Et toi, que ferais-tu?
A: Moi, je mettrais l'argent à la banque. Et toi, que ferais-tu?
C: Moi, je voyagerais....

1. Vous perdez vos devoirs d'histoire.
2. Vous recevez une carte cadeau pour votre magasin préféré.
3. Vous observez un cambriolage (*burglary*).
4. Vous recevez votre permis de conduire.
5. Vos parents vous achètent un smartphone.
6. Vous voyez une personne célèbre dans le métro.
7. Vous gagnez un billet d'avion pour le Maroc.
8. Une voyante vous dit que vous allez être un grand médecin.
9. On vous donne un guide de spectacles et cinéma.
10. Vous rencontrez un garçon ou une fille français(e) et vous voulez devenir sa petite amie ou son petit ami.

Communiquez!

13 Mon smartphone

Interpersonal Speaking, Presentational Writing and Speaking

With a partner, discuss what the next generation's smartphone should be like. Then design your own prototype and label all its parts. Remember to give your smartphone a name. Present it to your class.

14 Cher Grand-père!

Interpersonal Speaking

Your grandparents are planning a trip out of state. They do not own a smartphone, as your grandfather is resistant to technology. With your partner playing the role of your grandfather, attempt to persuade him that owning a smartphone would be wise and helpful on their trip. You may mention taking photos and videos, finding his way if he gets lost, calling for help, etc.

15 Je choisirais la voiture....

Interpretive Reading, Presentational Writing

Make a list of five features you would like to have in a car (for example, a retractable roof, good gas mileage, room for sports gear, reasonable cost). Go online and choose your favorite car made by Renault-Nissan or Peugeot-Citroën. Then compare it to an American car in the same class, based on your list of features. Write a paragraph about which car you would buy and why. Share what you wrote with the class, explaining what you would do with your car and which features you would use most often.

Recherche: voitures renault, voitures peugeot citroën

16 Un sondage

Interpersonal Speaking, Presentational Writing

Create a survey for your classmates about technologies. You may ask specific questions regarding transportation, identity privacy, defense technology, etc. Interview several classmates, and report your results in a diagram showing the percentage of those opposed to technology, those with arguments in favor of and against it, and those completely in favor of it.

Prononciation

Repeated Consonants

» When the same consonant sound occurs at the end of one word and at the beginning of the following word, each consonant sound must be pronounced separately.

A **À prononcer séparément**

Répétez les phrases suivantes. Faites attention à la prononciation du "l" dans les deux phrases.

1. Il écoute. – Il l'écoute.
2. Il attend. – Il l'attend.
3. Il espère. – Il l'espère.
4. Il oublie. – Il l'oublie.

B **Je sépare les deux consonnes.**

Lisez les phrases suivantes à voix haute. Ensuite, écoutez pour vérifier si vous les avez bien prononcées et puis répétez-les.

1. Elle l'accepte.
2. Elle l'ouvre.
3. Elle l'appelle.
4. Elle l'arrête.

When Nasal Sounds Change

» The masculine and singular forms of certain words contain a nasal vowel. When these words are made feminine or plural, the vowel sound is no longer nasalized.

C **Du masculin au féminin, du singulier au pluriel**

Répétez les phrases suivantes. Les phrases 1–2 montrent la différence entre les formes féminines et masculines, et les phrases 3–4 montrent la différence entre les formes singulières et plurielles.

1. Le musicien joue de la guitare. –La musicienne joue de la guitare.
2. Mon cousin m'a envoyé des photos. –Ma cousine m'a envoyé des photos.
3. Il vient bientôt. –Ils viennent bientôt.
4. Il comprend la technologie. –Ils comprennent la technologie.

D **Nasal ou pas?**

Écoutez les deux phrases. Dans quelle phrase est-ce que vous entendez une voyelle nasale?

Leçon B

Vocabulaire actif

Problèmes dans la société

Les problèmes (m.)

l'éducation (f.)

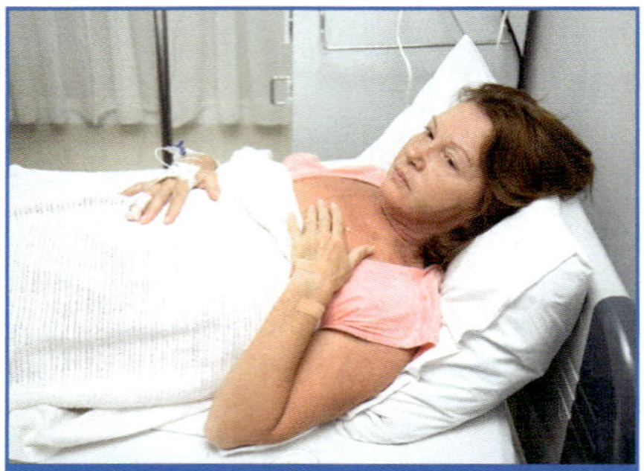
les maladies (f.)

la guerre

la violence

le terrorisme

la drogue

l'alcoolisme (m.)

le chômage

les sans-abri, la pauvreté

la faim

la vieillesse

le racisme

les problèmes économiques

les problèmes de l'environnement

Les solutions (f.)

moderniser

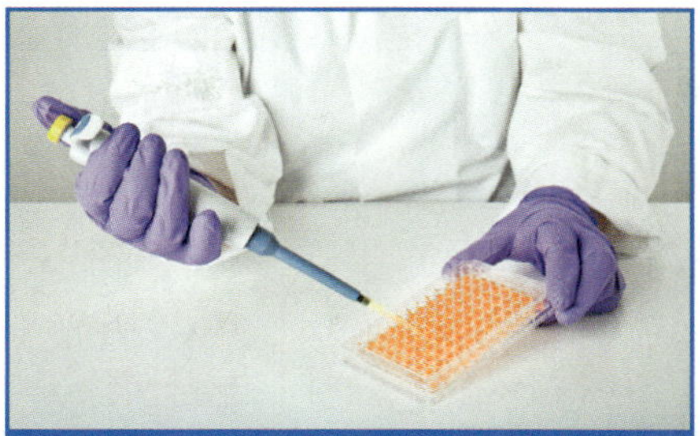
trouver un remède contre....

user de diplomatie (f.)

combattre

intervenir, faire une intervention

créer des emplois (m.)

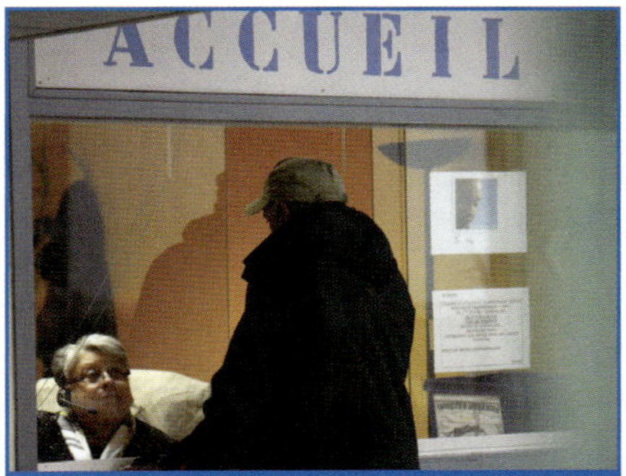

ouvrir un centre d'accueil

faire un don (d'argent, de provisions, de nourriture)

enseigner la tolérance

économiser

arrêter la pollution

faire du bénévolat (pour une ONG)

Connexions
Data analysis
With a partner, research and discuss different aspects of poverty in the United States. What needs are considered essential in this country but are not accessible to all? Make a list and offer suggestions to provide temporary and long-term solutions.

MODÈLE
A: Il y a des enfants qui ne mangent jamais de fruits et de légumes frais.
B: On pourrait encourager les supermarchés à faire des dons.

Pour la conversation

How do I hypothesize?

» Si au moins **le gouvernement** créait des emplois pour les jeunes, il y aurait moins de chômage.

If at least the government created jobs for young people, there would be less unemployment.

How do I propose solutions?

» **Il est nécessaire d'**éliminer la pauvreté.

It's necessary to eliminate poverty.

Et si je voulais dire...?

la famine	*famine*
la sécheresse	*drought*
la surpopulation	*overpopulation*
améliorer	*to improve*
gaspiller	*to waste*
proposer une solution	*to propose a solution*

1 Pas possible!

Interpretive Reading

Charlotte a fait un don de son temps pour aider une organisation sociale dans sa ville. Lisez le mail qu'elle envoie à son copain pour décrire son expérience. Ensuite, répondez aux questions.

1. Quelle est la réaction de Charlotte face aux problèmes de sa ville?
2. Qu'est-ce que Charlotte fait pour aider les églises?
3. Que font les gens qui sont au chômage?
4. Pourquoi est-ce que l'alcoolisme et la drogue sont des problèmes importants dans la ville?
5. Selon Charlotte, quelle est la cause de la violence entre les jeunes?
6. De quoi est-ce qu'elle a peur?

À: Philippe
Cc:
Sujet: Je fais de mon mieux, mais....

Salut, Philippe!

Je suis très triste. Je vois qu'il y a vraiment beaucoup de problèmes dans notre société. Il y a beaucoup de pauvreté. Les gens n'ont pas assez à manger. Je travaille avec des églises pour demander aux gens de faire des dons—d'argent, de nourriture, de provisions. Il y a un pourcentage important de gens qui ont faim chez nous. Le problème, c'est que beaucoup de jeunes sont au chômage, et certains boivent trop ou se droguent. Leurs familles et leurs amis hésitent à faire une intervention. Il y a aussi beaucoup de violence entre groupes de jeunes.... Il n'y a pas beaucoup de tolérance dans la société. Des fois, j'ai peur que les petites organisations comme celle que j'aide ne sont pas assez pour créer des solutions permanentes.

À bientôt,

Charlotte

2 Des solutions

Presentational Speaking or Writing

Proposez une solution à chaque problème suivant.

MODÈLE Il y a beaucoup de chômage.
Quand il y a beaucoup de chômage, il est nécessaire de créer des emplois.

1. Il y a des problèmes de l'environnement.
2. On trouve beaucoup de sans-abri dans les rues.
3. Il y a des maladies sans remède.
4. Une personne qu'on aime prend de la drogue.
5. Il y a du racisme dans les écoles.
6. Deux pays font la guerre.
7. Il y a de la pauvreté dans les villes.

3 Si au moins...

Interpretive Reading

Complétez les phrases selon le modèle en choisissant un mot ou une expression de la liste. Utilisez l'expression il y aurait *(*there would be*) dans vos réponses.*

drogue **pauvreté** **chômage** **racisme** **faim** **guerres**

MODÈLE Si au moins les familles intervenaient....
Si au moins les familles intervenaient, il y aurait moins de drogue.

1. Si au moins le gouvernement créait des emplois pour les jeunes, ...
2. Si au moins les gens faisaient des dons de nourriture, ...
3. Si au moins on enseignait la tolérance, ...
4. Si au moins on usait de diplomatie, ...
5. Si au moins on éliminait le chômage, ...
6. Si au moins on faisait du bénévolat pour les ONG, ...

4 Si je pouvais changer le monde!

Interpretive Listening

Écrivez les numéros 1–8 sur votre papier. Écoutez ces jeunes parler des problèmes de la vie contemporaine. Ensuite, choisissez une action qu'on pourrait faire pour mettre fin à chaque problème.

A. créer des emplois
B. donner des provisions
C. trouver un remède
D. user de diplomatie
E. intervenir
F. enseigner la tolérance
G. moderniser les écoles
H. arrêter la pollution

Rencontres culturelles

Des inquiétudes sur la vie contemporaine

Madiba, Nicolas, Rachid, et Manon parlent des problèmes de la vie contemporaine.

Manon: Pour vous, tout va toujours mal.
Nicolas: Tu ne vas pas dire que tout va bien. Si tout allait bien, ça se saurait.
Rachid: Regarde le chômage des jeunes: bonjour les perspectives! Si au moins le gouvernement créait des emplois pour les jeunes, il y aurait moins de chômage.
Madiba: Et s'il y avait moins de racisme, il y aurait moins de problèmes dans les banlieues*.
Manon: Le racisme n'existerait pas si on enseignait la tolérance.
Nicolas: Je m'intéresse aux problèmes de l'environnement. S'il y avait moins de pollution, la planète se porterait mieux.
Madiba: Et au Cameroun, il y aurait moins de pauvreté si on luttait efficacement contre l'alcoolisme et la drogue.
Nicolas: C'est pareil avec le terrorisme. Il est nécessaire d'éliminer la pauvreté. Comme ça, le terrorisme serait plus facile à combattre.
Manon: Je trouve qu'on parle beaucoup avec des "si".... L'important pour moi, c'est d'agir. Je fais partie d'ATD Quart monde, qui lutte contre la pauvreté dans le monde.

*Je parle bien!

« To pronounce words with many consecutive vowels, such as **banlieues**, remove the silent letters at the end and break the word into syllables: **ban-lieu**. »

Analyse

Quelles sont les solutions proposées aux problèmes mentionnés par chacun des amis? Selon vous, laquelle est la plus plausible, et pourquoi?

5 Des inquiétudes sur la vie contemporaine

Identifiez la personne qui:

1. travaille avec ATD Quart monde pour lutter contre la pauvreté.
2. pense que Nicolas et Rachid sont pessimistes.
3. pense qu'il y a de la violence dans les banlieues parce qu'il y a du racisme.
4. est inquiet pour les jeunes qui n'ont pas de travail.
5. croit qu'il y aurait moins de terrorisme si on combattait la pauvreté.

EXTENSION **On discute à l'Institut d'études politiques**

Trois étudiants qui font leurs études à l'Institut d'études politiques discutent des solutions.

Étudiant 1: T'es d'accord avec le prof sur la difficulté à moderniser ces pays?

Étudiant 2: Absolument pas! Si on n'avait pas laissé tant de problèmes sans solution, si on n'avait pas immobilisé leur gouvernance, on n'en serait pas là.

Étudiant 3: Mais aussi, si on avait dit la vérité aux gens, ils ne se seraient pas laissé imposer des solutions aussi dures que le mal. La question de gouvernance est seulement un de plusieurs problèmes.... Il y a aussi la faim, la pauvreté, les maladies comme le SIDA et le paludisme....

Étudiant 1: Moi, je ne suis pas d'accord. Je trouve que les gouvernances ont toutes leur côté corrompu....

Étudiant 2: Et finalement, on parle diplomatie mais on ne prend que des demi-mesures.

Étudiant 1: Alors, c'est quoi, le remède?

Étudiant 2: C'est refuser d'accepter les justes milieux.... Il faut faire ce qu'on peut.

EXTENSION Les étudiants parlent des problèmes de quel continent? Justifiez votre réponse.

Produits

On appelle les instituts d'études politiques **IEP** ou **Sciences Po**. Les critères de sélection y sont beaucoup plus rigoureux que ceux de l'université publique.

L'énergie nucléaire

La physique nucléaire est une spécialité française. Pierre et Marie Curie et Irène Joliot-Curie ont découvert* le radium, le polonium, la radioactivité, et le principe de la bombe nucléaire. Ces grands scientifiques ont reçu deux prix Nobel. Leur travail a servi de base pour le développement de la radiochimie* pour combattre le cancer. À partir des années 1950, la France, qui n'a pas de ressources énergétiques traditionnelles (pétrole*, charbon*), fait le choix du développement de l'énergie nucléaire. Les 60 unités des centrales nucléaires installées en France produisent 79% de l'électricité consommée en France et placent la France deuxième producteur mondial d'électricité d'origine nucléaire. La France a une réputation d'excellence et une expertise internationale dans le domaine de l'industrie nucléaire avec les groupes Areva, Alstom, et EDF (Électricité de France).

La France possède 10% des centrales nucléaires du monde; c'est le pays le plus nucléarisé du monde.

Recherche: marie curie , prix nobel, la fondation nobel, le nucléaire pour ou contre

ont découvert *discovered*; **radiochimie** *radiochemistry*; **pétrole** *oil*; **charbon** *coal*

Objectifs et problèmes de l'éducation

L'éducation scolaire est très importante pour les Français. L'école doit donner une instruction commune à tous les citoyens et offrir une éducation obligatoire (jusqu'à 16 ans), gratuite (y compris à l'université), et laïque*. Pour les Français, l'école doit permettre de trouver un travail, favoriser la réduction des inégalités* sociales, donner une culture générale, et permettre l'épanouissement* individuel. Les Français réclament* à la fois* une formation générale avec accès à l'université pour tous, et aussi une professionnalisation des études et des diplômes spécialisés. De ces attentes* contradictoires, le système éducatif français est devenu un système à deux vitesses, avec un secteur privé performant et très sélectif, et un secteur public qui connaît l'échec, l'abandon des études, et un chômage massif des jeunes.

Recherche: problèmes de l'éducation scolaire, échecs scolaires, statistiques sur l'éducation

laïque *secular*; **inégalités** *inequalities*; **l'épanouissement** *growth*; **réclament** *demand*; **à la fois** *both*; **attentes** *expectations*

Produits

Une grande école est une université privée (l'École des hautes études commerciales, l'Institut européen d'administration d'affaires) ou publique (l'École nationale d'administration, l'École polytechnique) qui recrute les meilleurs élèves du lycée par concours (*entrance exam*). Souvent ces étudiants deviennent des hauts fonctionnaires (*high-ranking civil servants*) dans le gouvernement ou des dirigeants de grandes entreprises.

Comparaisons

Quelles sont les attentes (*expectations*) des Américains à l'égard de l'école?

Le chômage des jeunes

On estime que presque 25% des jeunes de 20 à 24 ans sont au chômage en France. Les jeunes qui ont fait des études courtes, ou qui ont abandonné leurs études, et par conséquent ont une qualification professionnelle limitée, sont plus exposés au chômage et aux emplois précaires (CDD*, intérim) que les autres. Les étudiants diplômés issus* des filières* générales (littérature) et des sciences sociales (psychologie, sociologie) ont aussi des difficultés à trouver un emploi. Ils doivent passer par des stages peu rémunérés et sont souvent obligés d'accepter des emplois sous-qualifiés. Les jeunes diplômés qui ont fait des études longues, techniques, économiques et financières, ou scientifiques trouvent facilement du travail.

Recherche: chômage des jeunes en france

CDD (contrat à durée déterminée) *short-term contract*; **issus (de)** *stemming (from)*; **filières** *courses of study*

Perspectives

Comment peut-on imposer aux vieux de travailler jusqu'à 68 ans, et en même temps ne rien faire pour que les jeunes de 20 ans aient un emploi stable?
–geo444

Cette personne est-elle satisfaite des mesures du gouvernement?

Comparaisons

Parmi les jeunes Américains de 20 à 24 ans que vous connaissez, combien d'entre eux travaillent? Comment est-ce que le chômage dans ce groupe se compare au chômage du même groupe en France?

6 Activités culturelles

Faites les activités suivantes.

1. Faites des recherches sur Internet pour trouver des informations sur Marie Curie.

Recherche: site officiel du prix nobel

2. Faites des recherches sur l'histoire de l'énergie nucléaire en France. Pourquoi est-ce que cette forme d'énergie domine le marché de l'électricité en France?
3. Quelles sont les attentes (expectations) des Français à l'égard de l'école?
4. Donnez des conseils à un jeune Français qui ne travaille pas.

Les étudiants français manifestent contre la réforme du travail du gouvernement.

Perspectives

"Le nucléaire nous permet de lutter contre l'effet de serre (*greenhouse effect*), d'être indépendants des autres pays, et de ne pas payer cher l'électricité."
–Manuel

Est-ce que ce Français choisirait de continuer avec le nombre de centrales nucléaires en France aujourd'hui, ou de les remplacer (*replace*)?

Du côté des médias

Lisez l'information suivante; puis répondez aux questions.

BAC FILMS

Le Bac au cinéma…est d'abord un objet de comédie.

Les sous-doués… passent le Bac (1980)
Claude Zidi
(avec Daniel Auteuil, Maria Pacôme, Michel Galabru)
Une bande de mauvais élèves se retrouve confrontée au choix de passer le bac, ou de se retrouver en prison!

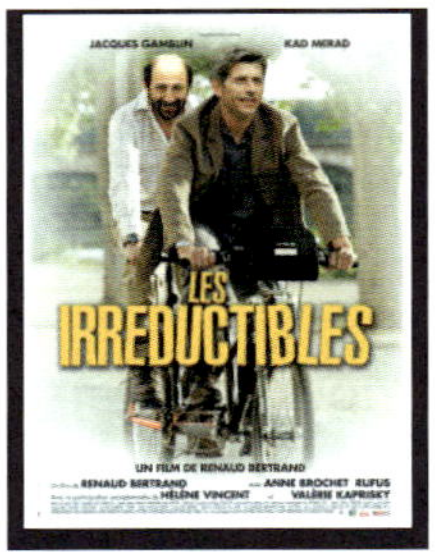

Les Irréductibles (2005)
Renaud Bertrand
(avec Jacques Gamblin, Kad Merad, Anne Brochet)
Deux adultes, qui viennent de perdre leurs boulots, décident enfin de passer le bac.

P.R.O.F.S. (1985)
Patrick Schulmann
(avec Sheila O'Connor, Patrick Bruel, Fabrice Luchini)
Le bac, vu du côté des profs.

Nos 18 ans (2008)
Frédéric Berthe
(avec Théo Frilet, Valentine Catzéfils, Michel Blanc)
Un lycéen décide de se rebeller contre un professeur juste avant les épreuves du bac.

Le péril jeune (1994)
Cédric Klapisch
(avec Romain Duris, Vincent Elbaz, Nicolas Koretzky)
Film culte des années 90. Des jeunes se retrouvent et se remémorent leurs années au lycée.

Les profs 2 (2015)
Pierre-François Martin-Laval
(avec Kev Adams, Isabelle Nanty, Didier Bourdon)
Des professeurs sont enlevés par les services secrets britanniques.

7 Le bac au cinéma

Répondez aux questions.

1. Quel scénario vous semble le plus drôle? Pourquoi?
2. Faites des recherches et choisissez deux acteurs français mentionnés dans les films ci-dessus (*above*). Présentez-les en groupes.
3. Comparez deux films à des dates différentes et présentez-les à la classe.
4. Avec deux ou trois camarades, imaginez que l'un d'entre vous est le réalisateur et que les autres sont des acteurs. Préparez le synopsis d'un film sur le bac. Vous pouvez faire une présentation statique avec des photos, ou une petite vidéo de quelques minutes.

Structure de la langue

The Conditional in Sentences with *si*

A *clause* is a group of words consisting of a subject and a verb. Conditional sentences include two different clauses:

- the "**si**" (*"if"*) clause
- the main (result) clause

"si" clause	main (result) clause
si + IMPERFECT	CONDITIONAL

Si mon copain **buvait** trop, j'**interviendrais**. — *If my friend drank too much, I would intervene.*

When the conditional is used in the main clause, the imperfect is used in the "**si**" clause. As in English, either the "**si**" clause or the main clause can come first in a sentence.

S'il y **avait** une guerre, on **userait** de diplomatie. — *If there were a war, we would exercise diplomacy.*
On **userait** de diplomatie **s**'il y **avait** une guerre. — *We would exercise diplomacy if there were a war.*

In English, the imperfect is translated by a simple past tense (or by *were to*).

Si je **travaillais**.... — *If I worked/were to work....*

The *i* of **si** is dropped only before **il** and **ils**. Otherwise, the *i* of **si** is never dropped.

J'aiderais Mathias **s**'il voulait de l'aide. — *I would help Mathias if he wanted help.*
Élodie ferait un don d'argent **si** elle pouvait. — *Élodie would make a donation if she could.*

Comparaisons

Which part of the following sentence is hypothetical?

Si j'avais le temps, j'apprendrais l'italien.
If I had the time, I'd learn Italian.

How many clauses are in the sentence above?

Produits

Military service, **le service militaire**, was mandatory for all young French men aged 18 to 22 until 1997, when President Jacques Chirac abolished it. If your family was French, which of your relatives would have done their **service militaire**?

8 Des problèmes sociaux

Presentational Speaking or Writing

Si vous étiez président d'une communauté post-apocalyptique, quelles solutions proposeriez-vous à chaque situation suivante? Faites des phrases logiques.

MODÈLE

S'il y avait...	**je...** + CONDITIONNEL
1. du racisme	A. l'éliminer
2. un problème avec l'éducation	B. ouvrir des centres d'accueil
3. du chômage	C. arrêter la pollution
4. du terrorisme	D. parler de la tolérance
5. de la drogue dans les villes	E. moderniser les écoles
6. trop de sans-abri	F. créer des emplois
7. des problèmes de l'environnement	G. le combattre

9 En Guadeloupe

Interpretive Viewing, Presentational Speaking or Writing

Dites ce que les personnes suivantes feraient si elles étaient en Guadeloupe.

MODÈLE

Mégane

Mégane ferait de la plongée sous-marine si elle était en Guadeloupe.

1. Kemajou

2. Naya et Maude

3. ma famille et moi, nous

4. je

5. Océane et toi, vous

6. tu

10 Et si...?

Interpretive Listening

*Écrivez les numéros 1–8 sur votre papier. Écrivez **S** si on a trouvé une solution, ou **I** si c'est juste une idée.*

11 Ce que je ferais

Interpersonal Speaking

Que feriez-vous dans les situations suivantes? À tour de rôle, posez des questions à votre partenaire.

MODÈLE voir le contrôle de français d'un autre élève

A: Si tu voyais le contrôle de français d'un autre élève, qu'est-ce que tu ferais?

B: Je ne le copierais pas.

1. devoir ranger ta chambre avant de sortir avec tes amis
2. avoir un accident de voiture
3. perdre le smartphone de ton frère
4. se reveiller tard
5. faire du baby-sitting pour un enfant méchant
6. être en retard pour ton job
7. voir un sans-abri dans la rue

Connexions

Safety

Describe a few examples of bad or dangerous behavior in public or at school. In groups, work together to say what you would do or how you would respond to these situations.

Communiquez!

12 Des solutions

Presentational Writing

Choose two important problems that the world faces today. Explain each problem and propose a comprehensive solution for each one. Use arguments to explain why these are important problems, and add visuals to your presentation.

MODÈLE **La pollution est un problème sérieux. Si on utilisait des engrais biologiques, il y aurait moins de pollution dans nos fleuves et océans....**

13 Au secours des ados

Interpersonal Speaking, Presentational Writing

In groups, brainstorm a list of problems faced by teenagers in school or at home. As a group, decide which are the five most important issues in your list. Write a summary of the problems by creating a chart. In the first column, list each problem; in the second column, list the actions your class would like to take to improve each situation. Share your presentation with other groups.

Problèmes	Solutions
MODÈLE **Les élèves ne participent pas aux discussions en classe.**	**Si on ne permettait pas les smartphones en classe, les élèves participeraient plus aux discussions.**

14 Il est nécessaire de (d')....

Presentational Writing

Working in groups, create posters telling people what needs to be done to solve each of the social and world problems discussed in this lesson. Each poster should include vocabulary from the unit, a graphic, and a slogan. Display the posters in your classroom or school.

MODÈLE **Il est nécessaire d'ouvrir des centres d'accueil pour aider les sans-abri.**

Pre-AP

Communiquez!

Writing a Proposal

For this lesson you will write a proposal (**une proposition**) for solving a problem in today's society. In your proposal, you will define the problem, develop a clear plan of action, and address the needs and expectations of your readers. Begin by identifying possible solutions to existing problems.

15 Des propositions

Interpretive Reading

Match each solution below with the letter of the corresponding problem.

1. Si on offrait des activités physiques et culturelles aux jeunes, les banlieues seraient plus calmes.
2. Si on payait pour faire des recherches pour éliminer cette maladie, plus d'Africains survivraient.
3. Si on avait plus de transports publics, il y aurait moins de pollution en ville.
4. Si le gouvernement créait des emplois pour les jeunes, ils pourraient contribuer à la société.
5. Si on diversifiait les communautés, il y aurait moins de racisme.

A. Il y a trop de jeunes gens qui sont au chômage.
B. Beaucoup d'Africains meurent (*die*) à cause du paludisme (*malaria*).
C. Il existe des tensions entre différents groupes à l'école.
D. Il y a des problèmes de violence chez les jeunes qui font partie de bandes (*gangs*).
E. Les voitures en ville créent de la pollution.

16 Ma proposition

Presentational Writing

Following the steps below, write a proposal to identify and solve a problem in society today.

Step 1: Choose a problem in society today, and decide who your audience is (classmates, teachers, legislators, etc.). **Step 2:** Write a clear explanation of the problem. Include facts, statistics, and perhaps a quote from an expert. **Step 3:** Outline a plan to solve the problem and give details to support it. Counter possible objections people might raise against your plan. **Step 4:** Review your writing for quality of content and form.

MODÈLE

LECTEUR(S): le directeur de l'école, les parents des élèves

PROBLÈME: Beaucoup d'enfants et d'adolescents aux États-Unis sont trop gros — entre 16% et 33%. C'est difficile pour eux de faire du sport, alors ils ne sont pas en forme. D'après le docteur Koplan, "L'obésité rend les enfants vulnérables aux maladies cardiaques et à d'autres problèmes de santé." Dans notre école, je crois que c'est un problème.

PROPOSITION: Je propose que la cantine de l'école offre des plats végétariens pour donner une alternative à la pizza et aux hamburgers et frites que la cantine sert régulièrement.

ARGUMENTS: Exposer les jeunes à la cuisine végétarienne leur donne l'opportunité de varier leur alimentation. Pour les élèves qui pensent que cette cuisine n'est pas bonne, je suggère d'organiser un coucours des meilleures recettes.

Leçon C

Vocabulaire actif

Les secteurs (m.) du marché et les professions (f.)

Tu voudrais travailler dans...?

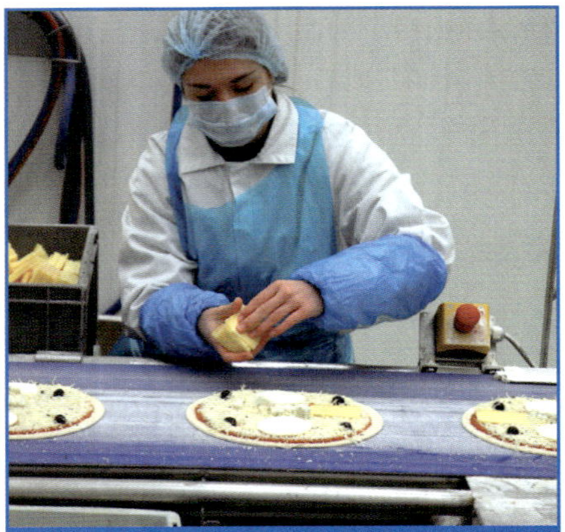
le secteur agroalimentaire

le secteur du développement durable

le domaine des sciences et techniques

le secteur aéronautique

le secteur de l'informatique/du numérique

les télécommunications

le domaine de la santé

l'industrie du divertissement/les industries créatives

le secteur financier

un coiffeur,
une coiffeuse

un vétérinaire,
une vétérinaire

un infirmier,
une infirmière

un pilote

un homme politique,
une femme politique

un chercheur,
une chercheuse

un consultant,
une consultante

un technicien de centrale solaire,
une technicienne de centrale solaire

un designer automobile,
une designer automobile

un concepteur web,
une conceptrice web

un développeur (d'applications),
une développeuse (d'applications)

un animateur de communauté,
une animatrice de communauté

Pour la conversation

How do I express my future goals?

» Je travaillerai dans le développement durable.
I will work in the sustainable development industry.

How do I give a reason?

» **C'est pour ça que** je travaille aujourd'hui à ATD Quart monde.
That's why I'm working now for ATD Fourth World.

Et si je voulais dire...?

un acheteur, une acheteuse industriel(le)	*purchasing manager*
un(e) attaché(e) de presse	*news correspondant*
un chirurgien, une chirurgienne	*surgeon*
un(e) ingénieur agronome	*agronomist*
un ouvrier, une ouvrière	*blue collar worker*
un pompier	*firefighter*
un concepteur de robots	*robot designer*
un concepteur-rédacteur	*copywriter*

1 Un test d'aptitude professionnelle

Interpretive Reading

Romain vient de passer un test d'aptitude professionnelle. Maintenant Mlle Stein lui donne les résultats. Lisez leur conversation et répondez aux questions.

–Romain, vous avez dit que vous ne savez pas ce que vous voulez faire dans la vie.
–Le problème, c'est que je dois choisir une spécialisation pour m'inscrire à l'université. Je n'ai pas encore pris une décision.
–Romain, selon le test, vous êtes fort en maths et en sciences.
–C'est vrai. J'ai étudié l'algèbre, le calcul, la chimie, et la physique.
–Vous vivez dans une ferme, c'est bien ça?
–Oui, avec des chevaux, des vaches, des poules, des cochons….
–Et vous les aidez quand ils sont malades?
–Oui, j'aide le vétérinaire quand il vient chez nous.
–Selon le test, c'est évident que vous pouvez avoir un bon avenir dans le domaine de la santé… des animaux. Mais est-ce que la profession de vétérinaire vous dit?
–J'aime les animaux, mais en fait, je préfère le domaine des sciences et techniques: peut-être designer d'automobiles ultra-performantes!
–Bravo, pour choisir sa profession, il faut connaître ses aptitudes, mais aussi ses intérêts!

1. Qu'est-ce que Romain ne sait pas quand il passe le test?
2. Qu'est-ce que Romain veut faire l'année prochaine?
3. Quel est son problème?
4. En quelles matières Romain est-il fort?
5. Où vit-il?
6. Qu'est-ce que Romain veut peut-être devenir?
7. Dans quel domaine peut-il se spécialiser?

2 Les professions

Interpretive Reading

Complétez chaque phrase avec le nom d'une profession.

MODÈLE **Un chercheur/une chercheuse** trouve des remèdes contre les maladies.

1. … aide les personnes malades.
2. … aide les animaux malades.
3. … crée de nouvelles voitures.
4. … coupe (*cuts*) les cheveux.
5. … voyage beaucoup en avion.
6. … travaille pour le gouvernement.
7. … s'intéresse aux solutions durables pour l'énergie.
8. … doit développer la présence de son entreprise sur les réseaux sociaux.

3 Les secteurs

Interpretive Reading, Presentational Writing

Dites qui travaille dans chacun des secteurs suivants. Choisissez deux professions de la liste.

acteur concepteur web consultant designer automobile animateur de communauté chercheur infirmier médecin musicien ingénieur pilote serveur steward technicien de centrale solaire graphiste vétérinaire agriculteur

MODÈLE l'industrie du divertissement
Les acteurs et les musiciens travaillent dans l'industrie du divertissement.

1. le secteur agroalimentaire
2. le secteur aéronautique
3. le domaine des sciences et techniques
4. le secteur de l'informatique
5. le secteur du développement durable
6. le domaine de la santé
7. le secteur du numérique

4 Dans quel secteur travaillez-vous?

Interpretive Listening and Viewing

Écrivez les numéros 1–7 sur votre papier. Écoutez les personnes suivantes parler de leur travail. Choisissez l'illustration qui correspond à chaque description que vous entendez.

A. 

B. 

C. 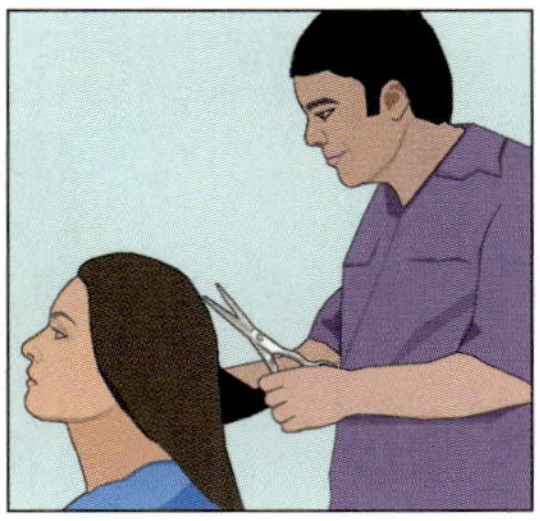

D. 

E. 

F. 

G. 

5 C'est pour ça...

Interpretive Reading

Choisissez la réponse logique à chaque question.

1. Tu vas me prendre en photo?
2. Tu vas me montrer ta nouvelle appli?
3. Tu connais quelqu'un qui boit trop?
4. Tu veux sauvegarder l'environnement?
5. Le domaine de la santé t'intéresse?

A. Oui, c'est pour ça que je viens à l'école à vélo.
B. Oui, c'est pour ça que je passe mon doigt sur l'icône.
C. Oui, c'est pour ça que j'étudie les sciences.
D. Oui, c'est pour ça que j'organise une intervention.
E. Oui, c'est pour ça que je règle la lumière.

6 Questions personnelles

Interpersonal Speaking

Répondez aux questions avec un partenaire.

1. Dans quel domaine d'études est-ce que tu te spécialises?
2. Tu comptes travailler dans quel secteur, domaine, ou industrie?
3. Qu'est-ce qui t'intéresse comme profession?
4. Quelles matières est-il nécessaire d'étudier pour faire la profession de ton choix?
5. Selon toi, quel secteur offrira le plus d'emplois?

Dans l'avenir

Madiba, Manon, Rachid, et Nicolas discutent de l'avenir.

Madiba: C'est sûr, je travaillerai dans le développement durable. Je veux aider le pays de ma famille à s'en sortir.
Manon: Moi, je serai dans le secteur agroalimentaire à l'Union européenne. C'est pour ça que je travaille aujourd'hui à ATD Quart monde.
Rachid: Et moi, vous me trouverez dans le secteur de l'informatique: concepteur de Web 3.0 et 4.0!
Nicolas: Mon truc, c'est le domaine des sciences et des techniques. Je serai designer d'automobile hybride.
Rachid: Il va nous faire la Batmobile!
Madiba: Développement durable contre agroalimentaire: avec Manon on ne va pas être d'accord tous les jours!
Manon: Non, moi, j'ai confiance dans le progrès.
Nicolas: Allez, tous dans ma Batmobile, je vous emmène faire un tour!

7 Dans l'avenir

Répondez aux questions.

1. Où est-ce que chaque ado va travailler?
2. Avec qui est-ce que Madiba anticipe un conflit?
3. Dans quoi est-ce que Manon a confiance?
4. Qu'est-ce que Nicolas va devenir?
5. Pour qui est-ce que Manon travaille?
6. Comme quoi est-ce que Rachid va travailler?

EXTENSION **Un sondage sur l'avenir**

Un sondeur pose une question importante aux passants.

Sondeur: C'est un sondage pour l'émission *Le monde comme il sera*. Qu'est-ce que vous conseillerez à vos enfants de faire dans la vie?
Passante 1: Je leur parlerai du secteur agroalimentaire. Il sera de plus en plus important de nourrir la planète.
Passant 2: Je l'orienterai sur l'industrie du divertissement. La mode et les jeux… rien n'a vraiment changé, et l'avenir reproduit le passé.
Passant 3: Je lui dirai de choisir le secteur de l'informatique. C'est là où le monde s'invente.
Passante 4: Je privilégierai le développement durable. Il y aura encore une prise de conscience, on voudra prendre soin de notre planète.
Passant 5: Je lui conseillerai les métiers traditionnels. On aura toujours besoin d'infirmiers, de vétérinaires, de coiffeurs, de médecins….

EXTENSION Quel conseil voudriez-vous suivre? Pourquoi?

Points de départ

Pre-AP

Question centrale ? What influences and changes contemporary society?

La Francophonie

Profil touristique

La Belgique

La Belgique est un royaume. C'est une monarchie parlementaire où le roi règne mais ne gouverne pas. La Belgique compte 11,3 millions d'habitants répartis entre les Wallons (francophones, 43% de la population) et les Flamands* (57% de la population). La Wallonie et la Flandre sont deux communautés territoriales, linguistiques, économiques et culturelles rivales. La Flandre est aujourd'hui la région la plus riche avec une économie dynamique et en croissance*. La Wallonie a perdu ses industries traditionnelles: le charbon*, l'acier*, et les textiles; aujourd'hui elle connaît un fort taux de chômage. Il existe à l'est de la Belgique une communauté germanophone qui rassemble environ 75 000 personnes. La capitale de la Belgique est Bruxelles, une région autonome et bilingue. Les villes principales sont Anvers, Liège, Gand, Bruges, Mons, et Namur.

Le centre-ville d'Anvers

Recherche: fiche pays belgique, sites touristiques belges

Flamands *Flemish*; **en croissance** *growing*; **le charbon** *coal*; **l'acier** *steel*

Mon dico belge

bihan *petit*
caillant *très froid*
dîner *déjeuner*
lavette *gant de toilette*
pistolet *sandwich*
souper *dîner*
nombres:
septante *soixante-dix*
nonante *quatre-vingt-dix*

Traditions et pratiques

On parle surtout flamand, un dialecte du néerlandais (*Dutch*) en Flandres, et wallon, un dialecte du français, en Wallonie.

Belges célèbres

Dessinateurs bandes dessinées	Hergé (*Tintin*), Morris (*Lucky Luke*), Peyo (*Les Schtroumpfs*), Greg (*Achille Talon*), Edgar P. Jacobs (*Blake et Mortimer*)
Écrivains	Georges Simenon (romans policiers), Henri Michaux (poèmes), Amélie Nothomb et François Weyergans (romans)
Chanteurs	Stromae, Jacques Brel, Salvatore Adamo, Lio, Maurane, Lara Fabian
Peintres	Peter Paul Rubens, James Ensor, René Magritte
Cinéastes	André Delvaux, Chantal Akerman, Jean-Pierre et Luc Dardenne
Acteurs et actrices	Cécile de France, Emilie Dequenne, Virginie Efira, Jérémie Renier, Jean-Claude Van Damme, Matthias Schoenaerts

Tintin et Milou dans *On a marché sur la lune*, par Hergé.

Bruxelles

Bruxelles (ou *Brussel* en flamand) est la région capitale bilingue de la Belgique, majoritairement francophone, et aussi la capitale de l'Union européenne. C'est là où se trouvent de nombreuses institutions européennes: le Conseil de l'Union européenne, la Commission européenne, le Comité des régions, le Conseil des communes et régions d'Europe, et le Parlement (pour certaines sessions), ainsi que les principales confédérations européennes ou mondiales des syndicats. La population de Bruxelles compte plus de 1 140 000 habitants (11 300 000 en Belgique) et environ 32 000 personnes travaillent pour la Commission. Bruxelles est le siège* de l'OTAN* (Organisation du traité de l'Atlantique nord). Bruxelles, capitale officieuse* de l'Europe, est considérée comme une ville de classe mondiale avec ses 120 institutions internationales, ses 1 400 organisations non gouvernementales, ses 159 ambassades* et ses 2 500 diplomates. Elle est connue comme une ville d'art grâce à* ses quartiers "Renaissance" (Grand-Place), ses immeubles "Art nouveau," et ses galeries 19ème siècle. C'est une grande ville de culture avec son opéra, ses nombreux musées (Musées royaux des beaux-arts de Belgique, musée Magritte, Centre belge de la bande dessinée), ses grandes salles de théâtre et de spectacles (Palais des beaux-arts), et la Cinémathèque royale de Belgique.

Recherche: monuments de bruxelles, visiter bruxelles

siège *headquarters*; **OTAN** *NATO*; **officieuse** *unofficial*; **ambassades** *embassies*; **grâce à** *thanks to*

Bruxelles est aussi la capitale de l'Art nouveau.

Comparaisons

Dans quelles provinces parle-t-on français au Canada? Qu'est-ce que le gouvernement et les entreprises font pour communiquer dans les deux langues: en anglais et en français? Est-ce la même chose en Belgique avec le français et le flamand? Visitez les sites webs du gouvernement belge pour trouver ces informations.

Recherche: gouvernement fédéral la belgique, programmes cinéma bruxelles

Produits

Écoutez la chanson d'amour de Jacques Brel, pour une femme et pour un pays, qui s'appelle "**Marieke**." Elle est écrite en français et en flamand.

Recherche: jacques brel marieke paroles, jacques brel marieke écoute gratuite

Traditions et pratiques

La Belgique est un pays où les cultures régionales sont célébrées régulièrement par des marches, des parades, des carnavals, et des kermesses (*fairs*).

L'Union européenne

Devant le Conseil européen de Bruxelles sont dressés (*raised*) les drapeaux des pays membres.

En 1957, la France, l'Allemagne, la Belgique, le Luxembourg, les Pays-Bas, et l'Italie signent le traité de Rome pour instituer une communauté économique européenne. Cette communauté devient, en 1986, un marché unique qui garantit la libre* circulation des personnes, des marchandises, et des capitaux. Petit à petit elle s'élargit* avec de nouveaux membres. Puis, en 1992, elle se transforme encore et devient l'Union européenne (UE) qui donne naissance en 1999 à la monnaie unique, l'euro. Aujourd'hui, l'UE est une institution politique, juridique, et économique. Elle compte 28 pays membres dont la majorité utilise l'euro. Depuis le 29 mars 2017, pour la première fois, à la demande du Royaume-Uni, la procédure de retrait de l'Union européenne a été mise en place. Les capitales de l'Europe sont Bruxelles (Conseil et Commission), Luxembourg (Cour de justice de l'Union européenne), Strasbourg (Parlement européen), et Schengen (gestion* de l'espace de libre circulation).

Recherche: site web officiel de l'union européenne, conseil de l'union européenne bruxelles

---

libre *free*; **s'élargit** *becomes larger*; **gestion** *management*

---

8 Questions culturelles

Faites les activités suivantes.

1. Complétez le profil de la Belgique:
   - population
   - capitale
   - monnaie
   - type de gouvernement
   - villes principales
   - groupes culturels
   - langues
2. Choisissez un(e) Belge célèbre et faites-en une petite biographie.
3. Faites un axe chronologique qui montre les événements (*events*) principaux dans la formation de l'Union européenne.
4. Faites une liste ou une carte des pays membres de l'Union européenne et donnez la capitale de chaque pays en français.

L'Union européenne en chiffres
28 États membres
4,493 millions de km^2
510 millions d'habitants
24 langues officielles
Capitales Bruxelles, Luxembourg, et Strasbourg
PIB 18 162 Mds€
PIB/habitant 33 817€
Hymne "Ode à la joie" (Beethoven)
Journée de l'Europe 9 mai

À DISCUTER

De quelles façons l'Union européenne ressemble-t-elle aux États-Unis? Pensez au gouvernement, au transport entre les frontières, à la monnaie, et à la libre circulation des personnes.

Du côté des médias

Lisez les descriptions du Conseil de l'Europe, du Conseil européen, et de l'Union européenne.

Le Conseil de l'Europe

Il est composé d'une assemblée de 324 membres représentant proportionnellement les 47 pays membres. Elle se réunit quatre fois par an à Strasbourg. Un secrétaire général élu par les représentants assure le fonctionnement du Conseil de l'Europe.

L'Union européenne (UE)

L'UE regroupe 28 pays qui lui ont particulièrement délégué leur souveraineté pour lui permettre de prendre au niveau européen des décisions démocratiques sur des questions d'intérêt commun. À ce jour, aucun pays n'est entré dans l'Union sans être préalablement membre du Conseil de l'Europe.

Le Conseil européen

Il se réunit au moins quatre fois par an (dont deux fois à la fin de chaque présidence tournante semestrielle). Il définit les grandes orientations de la politique européenne.

9 Le Conseil de l'Europe: à ne pas confondre

Complétez chaque phrase avec "Conseil de l'Europe," "Conseil européen," ou "Union européenne."

1. Le... et le... se réunissent au moins quatre fois par an.
2. Le... se trouve à Strasbourg.
3. Les pays membres de l'... doivent aussi faire partie du Conseil de l'Europe.
4. Cherchez sur la page d'accueil du Conseil de l'Europe des événements importants et des activités pour les jeunes.

Recherche: strasbourg europe.eu

5. Recherchez le site de l'UE et faites une fiche d'information sur l'Union européenne et le Conseil européen.

Recherche: europa.eu

Les mots nouveaux

Introduction

Chaque année, dans sa nouvelle édition, *Le Petit Larousse*, un dictionnaire français, annonce les nouveaux mots entrés dans la langue française. Consultez ces listes de mots nouveaux et tenez compte (*consider*) des implications de ces changements. Qu'est-ce que ces mots reflètent de la culture française?

10 Réfléchir

Lisez ces listes de mots:

2018: phablette, captcha, bisounours, déradicalisation, court-termiste, écosystème, youyouter, storytelling, hipster, e-sport, boucané, virophage, infobésité, hacktivisme

2016: selfie, bolos, mémériser, électrosensibilité, sape, dédiabolisation, crudivore, vegan, big data, bitcoin

2014: botoxer, chialeux, googliser, hashtag, nomophobe, prioriser, textoter, écoblanchiment, climatosceptique

2012: astromobile, microblog, caïpirinha, conspirationniste, cross-média, papy-boomeur, télécrochet, cabossé

Faites un graphique avec une colonne pour chaque catégorie ci-dessous. Ensuite, mettez les mots de chaque année dans la bonne catégorie.

- les mots dont je peux facilement deviner le sens (*meaning*) ou qui ressemblent à un mot anglais
- les mots créés pour le public français
- les mots qui ont un rapport avec les avancées technologiques

11 Demander pourquoi

Choisissez un mot des listes que vous avez créées dans l'activité précédente et écrivez quelques hypothèses en français pour en deviner l'origine. Ensuite, recherchez le mot sur Internet. Trouvez des exemples de l'emploi du mot et écrivez deux ou trois phrases originales en l'employant comme il faut. Notez aussi les origines du mot que vous avez choisi.

Structure de la langue

Future Tense

You have already learned how to say what you are going to do in the near future using a present tense form of **aller** and an infinitive.

Dans 20 ans, Hugo sera vétérinaire.

Fatima **va travailler** dans le secteur aéronautique.	*Fatima is going to work in the aviation industry.*

Another way to say what will happen in the future is to use the future tense.

Jean **travaillera** dans l'industrie du divertissement.	*Jean will work in the entertainment industry.*

The future tense has the same stem as the conditional: the infinitive for **-er** and **-ir** verbs, and the infinitive minus **e** for **-re** verbs. The future endings are: **-ai**, **-as**, **-a**, **-ons**, **-ez**, and **-ont**.

finir			
je	**finirai**	nous	**finirons**
tu	**finiras**	vous	**finirez**
il/elle/on	**finira**	ils/elles	**finiront**

Usage Tip

Note that the future endings are the same as the present tense of **avoir**, except for the **nous** and **vous** forms.

La femme politique **trouvera** un remède contre le chômage.	*The politician will find a solution to unemployment.*
Ils **vendront** leur voiture.	*They will sell their car.*

The verbs that have an irregular stem in the conditional have the same irregular stem in the future.

Dans cinq ans, tu **seras** consultant.	*In five years, you will be a consultant.*
Je n'**irai** jamais dans le Minnesota en hiver!	*I will never go to Minnesota in the winter!*

Comparaisons

Read the French sentence below and its English translation. How do you explain the difference between the formation of the future in French and in English?

Je te parlerai ce soir.
I'll talk to you tonight.

12 Au futur

Interpretive Reading, Presentational Writing

Complétez chaque phrase par un verbe de la liste. Utilisez la bonne forme du futur.

commander marcher attendre choisir étudier partir visiter suivre rencontrer

1. Marc et toi, vous… un nouveau jean?
2. Après la pièce, Alima… les acteurs.
3. À l'université, je… un cours d'informatique.
4. Dans trois ans, Moustapha et Félix… l'informatique à l'université.
5. À quelle heure …-tu pour la campagne?
6. À New York, Amir et moi, nous… la statue de la Liberté.
7. Ambre… sur les Champs-Élysées.
8. Salim… des fruits de mer au restaurant.
9. Sandrine et Valérie… le nouveau film de Vincent Cassel.

Dans deux ans, Antoine et Valérie se marieront.

13 Ce qu'on sera

Interpretive Reading, Presentational Speaking or Writing

Choisissez un mot ou une expression de la liste pour dire ce que les personnes suivantes feront comme profession ou métier dans l'avenir, selon ce qu'elles font maintenant.

concepteur web infirmier développeur d'applications chercheur coiffeur animateur de communauté vétérinaire femme politique

MODÈLE Brigitte aime trouver des solutions aux problèmes politiques.
Elle sera femme politique.

1. Augustin aide les gens qui sont malades.
2. Rose et Romain étudient la chimie et la biologie.
3. Inès et toi, vous aimez essayer de nouvelles coiffures (*hairstyles*).
4. J'aime être en ligne et examiner les sites web.
5. Clara et moi, nous aimons télécharger des applis utiles et innovatrices.
6. Mehdi? Il adore les forums et les communautés d'internautes (*Internet users*).
7. Sabrina et Sophie aiment passer du temps avec les animaux.

14 Dans l'avenir

Presentational Speaking or Writing

Vous travaillez pour les Nations unies. Déclarez les changements que vous ferez dans l'avenir.

MODÈLE Aujourd'hui les étudiants sont confrontés au racisme dans les écoles.
Dans l'avenir, les écoles auront plus de professeurs de couleur.

1. Aujourd'hui beaucoup d'écoles n'ont pas assez d'ordinateurs pour leurs élèves.
2. Aujourd'hui on combat le terrorisme.
3. Aujourd'hui on vend de la drogue aux jeunes dans les rues.
4. Aujourd'hui trop de gens n'ont pas de travail.
5. Aujourd'hui beaucoup de jeunes boivent trop.
6. Aujourd'hui le pourcentage des sans-abri augmente (*increases*).
7. Aujourd'hui les fleuves et les océans sont pollués.
8. Aujourd'hui il y a des maladies sérieuses.

15 Dans dix ans

Interpersonal Speaking

À tour de rôle, posez des questions à votre partenaire sur sa vie dans dix ans.

MODÈLE où (habiter)
A: Où habiteras-tu dans dix ans?
B: J'habiterai à San Francisco. Et toi, où habiteras-tu dans dix ans?
A: J'habiterai à New York.

1. dans quel secteur (travailler)
2. que (faire comme loisir)
3. quand (être marié(e))
4. combien d'enfants (avoir)
5. quelle voiture (conduire)
6. où (habiter: dans une maison ou dans un appartement)

16 Le futur ou le conditionnel?

Interpretive Listening

*Écrivez les numéros 1–8 sur votre papier. Écoutez les phrases et écrivez **F** si le verbe est au futur ou **C** s'il est au conditionnel.*

À vous la parole

Question centrale ? **What influences and changes contemporary society?**

Communiquez!

17 Ma profession de rêve

Interpersonal and Presentational Speaking

Interview ten classmates to find out what profession they would like to have. Record their answers in a grid like the one below and report your findings to the class.

Qu'est-ce que tu seras?	1	2	3	4	5	6	7	8	9	10
chanteur		✔				✔				
concepteur web										
acteur										

MODÈLE **Deux élèves seront chanteurs....**

18 Mes amis et moi, on parle de l'avenir

Interpersonal Speaking, Presentational Writing

Write a dialogue with a minimum of eight lines in which you and your classmates discuss your future professional plans, using vocabulary from this lesson and university-related vocabulary from **Unité 4**, **Leçon C**. Be sure to explain why you are making these choices. Practice and present your dialogue in class.

19 Voyageons en Belgique!

Interpretive Reading and Viewing, Presentational Writing

Your school is planning a student trip to Brussels, Belgium. In preparation, students of French have been asked to do online research and plan the itinerary. In small groups, find information about Brussels and the surrounding area. Share your preferences with your class and agree on the sites to visit during your five-day trip. Create a promotional handout to advertise the trip to all the French classes in your school. Summarize what you will do on the trip. Include photos of the sites you plan to visit and the activities you plan to do.

Recherche: bruxelles tourisme, visiter bruxelles

Connexions

Career Readiness

With a partner, make a list of jobs that exist today but did not when your parents were your age. Search online and find ads for these jobs for French companies; see what the qualifications are. Find one job that interests you and prepare an action plan, including which courses to take in high school and college, where those jobs are located, and what they pay.

Pre-AP

Péplum

Rencontre avec l'auteur

Auteur belge, **Amélie Nothomb** est née au Japon en 1967. Elle devient célèbre en 1992 avec son premier roman, *Hygiène de l'assassin*. Depuis lors (*Since then*), elle publie avec succès un roman par an. Dans ses romans, on trouve des éléments autobiographiques. Elle aime soulever (*raise*) des questions complexes de la vie contemporaine. Dans cet extrait de *Péplum*, on lit une conversation entre une personne qui vient de se réveiller après 500 ans et un scientifique qui fait partie de l'élite du nouvel ordre. *Péplum* fait partie de quel genre de fiction?

Pré-lecture

Quand vous pensez à la Terre en 2580, qu'est-ce que vous imaginez? Pensez aux inventions, aux ressources, aux gouvernements.

Stratégie de lecture

Dystopia. A "dystopia" is a fictional future world in which people lead dehumanized lives, often in a totalitarian setting. As you read, complete a graphic organizer like the one below with words or phrases that indicate a dystopian society in this excerpt from ***Péplum.*** One example has been done for you.

Dans l'avenir?	Personnages déhumanisés?	Milieu totalitaire?
		Seule l'élite a droit à l'énergie.

Outils de lecture

Social Commentary. Some science fiction authors make social commentary in their work. What does Nothomb say about life on Earth today? In her opinion, what would make things better?

Péplum

–Bon. Racontez-moi tout, à partir du 8 mai 1995, vers 10 heures du matin.
–Il n'y a pas moyen de raconter une histoire aussi longue.
–Dans les grandes lignes*!
–Il n'y a qu'une ligne: l'énergie. Il n'y a qu'une seule histoire: l'énergie. Il n'y a qu'une seule politique: l'énergie.
–C'est l'hymne national ponantais que vous me chantez là*?
–Ce sont les considérations les plus importantes de l'univers.
–On est poétique, en 2580.
–Moquez-vous* de nous! C'est à cause de votre inconscience que nous en sommes là.
–Ne me faites pas porter le chapeau*. Je ne suis pas responsable des actes de mes contemporains.
–Voilà: vous l'avez dit. Vous venez de l'époque de l'irresponsabilité.
–Je vous préviens*: si vous m'adressez un réquisitoire*, je me bouche* les oreilles.
–Vous êtes encore plus représentative de votre siècle que je ne le croyais. À mon avis, vous ne passeriez pas les tests.
–Quels tests?
–Les tests d'accès à l'oligarchie énergétique. Seule l'élite a droit à l'énergie. Moi qui vous parle, je suis oligarque.
–Compliments.
–Vous ne me demandez pas en quoi consistent ces tests?
–Il est inutile de vous le demander. Quand un petit premier de classe a eu une bonne note, il finit toujours par réciter les questions, les réponses, et les félicitations*.
–Nous sommes évalués sur trois plans: notre intelligence (en ce, compris notre culture), notre caractère (en ce, compris notre honnêteté) et notre santé (en ce, compris notre beauté).
–Votre beauté?!
–Oui, les laids ne sont pas admis*.
–C'est d'une injustice flagrante*!
–Pas plus que le reste. Être jugé sur son intelligence est aussi injuste que d'être jugé sur sa beauté. L'une et l'autre sont à 65% des qualités innées*. Ce sont donc des critères égaux en iniquité*.
–Mais pourquoi faut-il être beau pour faire partie de l'élite?
–Ne jouez pas les scandalisées. Ce critère existe de toute éternité. Notre époque s'est contentée de rendre officiel ce qui ne l'était pas.
–Eh bien, figurez-vous* que c'est une sacrée* différence!

Pendant la lecture
1. Quelle est la grande ligne, d'après l'homme?

Pendant la lecture
2. On est en quelle année?

Pendant la lecture
3. Qu'est-ce que l'homme blâme pour les problèmes de l'énergie?

Pendant la lecture
4. Comment est-ce que l'homme appelle l'époque de la narratrice?

Pendant la lecture
5. Qui a droit à l'énergie en 2580?

Pendant la lecture
6. Quelles sont les trois parties du test?

Pendant la lecture
7. Quel critère est rendu officiel?

---

les grandes lignes *broad strokes (outline)*; **C'est l'hymne... là?** *That's a sad tune you're singing!*; **Moquez-vous** *Make fun*; **Ne me... porter le chapeau.** *Don't pass me the buck.*; **préviens** *warn*; **réquisitoire** *accusation*; **bouche** *cover (lit. stop up)*; **félicitations** *congratulations*; **admis** *admitted*; **flagrante** *flagrant, terrible*; **innées** *innate*; **égaux en iniquité** *equally unjust*; **figurez-vous** *would you believe*; **sacrée** *heck of a*

Post-lecture

Comment est-ce que l'auteur voit le rôle du bon citoyen dans la société contemporaine?

Le monde visuel

Les artistes ont le choix de peindre avec de différents matériaux—par exemple, la peinture à l'huile, le pastel, l'aquarelle (*watercolors*), ou l'acrylique. Pour choisir le bon outil (*tool*), l'artiste doit tenir compte de (*consider*) sa préférence, mais aussi du résultat recherché (*desired outcome*), car l'outil doit actualiser la vision de l'artiste. Daniel Cacouault a choisi l'acrylique pour son tableau moderne *Dialogue* (1996), dans lequel il a mis des couleurs vives. En faisant son choix, Cacouault a dû prendre en compte que la peinture acrylique perdrait ses couleurs en séchant (*drying*), contrairement à la peinture à base d'huile qui ne change pas en séchant. Bien que (*Although*) certains artistes l'évitent pour cette raison, l'acrylique permet de simuler la texture de la poussière de marbre (*marble dust*), de sable (*sand*), d'écorce (*bark*), et d'autres matériaux. Pouvez-vous voir différentes textures dans ce tableau, ou est-ce que la texture est plate (*flat*)?

Dialogue, 1996. Daniel Cacouault. Collection privée.

20 Activités d'expansion

Faites les activités suivantes.

1. Écrivez un paragraphe dans lequel vous décrivez la vision de l'auteur pour l'avenir. Servez-vous de votre tableau.
2. Créez une bande dessinée (avec cinq ou six scènes), dans le style manga, qui montre un aspect de la société de *Péplum*.
3. Comparez et contrastez le monde de *Péplum* avec une autre dystopie que vous connaissez de la littérature, de la télévision, ou du cinéma.

Les copains d'abord: Surprise!

Communiquez!

21 Un nouveau smartphone

Connecting to Information Literacy, Technology Literacy, and Business Literacy

Interpretive Reading, Interpersonal Speaking, Presentational Speaking and Writing

As you prepare for your semester abroad in France, consider getting a French mobile service provider. Compare different phones and plans with providers such as Orange or Bouygues. Select your new phone and plan with a budget in mind. Compare the costs and accessibility of the new plan with what it would cost to use your current phone and plan while in France. Exchange information about your phone and plan with a partner. Then present to the class the phone and service you will use for your trip, and explain your choice.

Recherche: orange.fr, bouygues telecom, sfr forfaits mobiles, free mobile

22 Mon appli préférée

Connecting to Media Literacy

Interpersonal and Presentational Speaking

Choose an app on a smartphone. Tell a partner why you like this app and explain how to use it. Your partner will then explain to the class how to use the app and why he or she will (or will not) buy it now that he or she understands how it works.

23 Je voudrais changer le monde

Connecting to Global Awareness, Initiative and Self-Direction, Leadership and Responsibility

Presentational Writing

You are applying to an international program for young people who want to improve society in parts of the francophone world. It is sponsored by the **Organisation Internationale de la Francophonie**. Part of the application asks you to explain how you would take action in your professional future to be part of the solution to a specific social issue. (1) Research an issue affecting a francophone region; (2) Choose a career that you plan to pursue which would help you have a direct impact on that issue; and (3) Write a proposal, including statistics that clarify the problem and an explanation as to how you will help in your position.

Recherche: OIF actions

24 Ma solution au problème

Connections to Social and Cross-Cultural Skills

Interpretive Reading, Presentational Writing and Speaking

Read an excerpt from Tahar Ben Jelloun's book ***Le racisme expliqué à ma fille***. Use it as a model to write a short dialogue in which you explain to a friend in simple terms the reasons for a social problem.

Finale

Projets finaux

A Connexions par Internet: cours sur les carrières

Les spécialisations

In French, write down one or two careers you are considering. Find out which courses you need to take now and what you need to specialize or major in after high school. Research some schools that would meet your needs, and state which one you would like to attend. Share your career plans with the class.

MODÈLE **Je voudrais devenir vétérinaire. Au lycée il sera nécessaire d'étudier les maths et les sciences. À l'université, je me spécialiserai en médecine vétérinaire. J'aimerais m'inscrire à l'université du Minnesota.**

B Communautés en ligne

Pour améliorer notre école

Make a list of things you like and dislike at your school. Then write six sentences suggesting improvements that would make your school better; for example, **Notre lycée serait meilleur s'il y avait un ordinateur pour chaque élève**. Share your suggestions with a francophone e-pal or with a student from another French class. Also, find out what changes that person would make to improve his or her school.

C Passez à l'action!

On s'engage!

As a class, choose a social problem that you would like to work to improve. Come up with a plan for actions you can take today, next week, and next month to help solve this problem. Complete a chart like the one below to organize your ideas and explain how your plans will work. Keep a record, and report next month on how well your initiatives worked.

	Actions	Réflexions
Aujourd'hui		
La semaine prochaine		
Le mois prochain		

D Faisons le point!

Diagramme

Fill in a chart like the one that follows to demonstrate your understanding of what influences and changes contemporary culture. An example has been done for you.

Leçon A Vocabulaire actif: Mon smartphone	Smartphones allow you to send photos, use a variety of apps, etc. Nearly everyone is connected now.
Leçon A Rencontres culturelles: Babila envoie des photos au Cameroun.	
Leçon A Points de départ: La France et les technologies innovantes dans les transports	
Leçon B Rencontres culturelles: Des inquiétudes avec la vie contemporaine	
Leçon B Points de départ: L'énergie nucléaire	
Leçon B Points de départ: Objectifs et problèmes de l'éducation	
Leçon B Points de départ: Le chômage des jeunes	
Leçon B À vous la parole: Des solutions	
Leçon B Stratégie communicative	
Leçon C Vocabulaire actif: Les secteurs du marché et les professions	
Leçon C Points de départ: L'Union européenne	

Pre-AP

Évaluation

A Évaluation de compréhension auditive

Listen to Maude and Amir talk about their plans for the future. Then choose the logical response to each question.

1. Dans quel secteur Maude veut-elle travailler?
   A. dans le secteur aéronautique
   B. dans le secteur informatique
   C. dans le secteur agroalimentaire
2. Quel métier nécessitera les plus longues études?
   A. ingénieur
   B. informaticienne
   C. conceptrice web
3. Dans quel secteur Amir travaillera-t-il?
   A. dans le secteur aéronautique
   B. dans le secteur informatique
   C. dans le secteur agroalimentaire
4. Qu'est-ce qu'on fait avec la photo?
   A. Maude et Amir la mettent sur Internet.
   B. Ils la joignent à un mail.
   C. Ils la sauvegardent (*back it up to the cloud or another drive*).

B Évaluation orale

With a partner, role-play a scene in which a teen explains to a grandparent how to send a photo using a smartphone. In the scene, do the following:

Ask to borrow the smartphone.

Express concern and tell your grandparent that he or she doesn't know how to use it.

Tell your grandchild that he or she can teach you how. Explain that you want to send photos of the birthday party to your sister in Lyon.

Explain to your grandparent how to open the camera application, take photos, and then adjust settings.

Thank your grandchild; say that you have just taken a photo of him or her, and are trying to adjust it. Ask how to send it.

Explain how to select a contact, attach the photo, and send it.

Tell your grandchild how happy you are to have learned how to send photos with a smartphone.

C Évaluation culturelle

In this activity, you will compare francophone cultures with American culture. You may need to do some additional research on American culture.

1. **Les technologies.** In what areas of technology has France been an innovator? What specific contributions has France made? What innovations has the United States made in computer technology?
2. **L'énergie nucléaire.** How much of France's energy comes from nuclear power? How much of the United States' power comes from nuclear energy? Should we increase or decrease our dependence on nuclear energy? Why?
3. **Les objectifs éducatifs.** What are the perceived goals of education in France and the United States? In what ways are these goals similar? What are the challenges facing both countries in education? What political policies are in place in the United States and in France to make education better?
4. **Le chômage des jeunes.** How many young people aged 20–24 are unemployed in France? What are the unemployment figures for this same group in the United States? What can the French and American governments do to reduce unemployment for young people?
5. **Deux langues pour une population.** What are the two primary language groups in Belgium? Which North American countries have two language groups? How well do these two language groups coexist in both countries?
6. **Deux capitales du gouvernement.** What is the name of the European organization of which France is a member? Why is it sometimes called the "United States of Europe?" How is Brussels important to this organization? In what American city can you find similar governmental institutions?

La Renault Mégane coupé est très populaire.

D Évaluation écrite

Write a paragraph about what your friends like to do today (present tense) and the jobs they will have in ten years (future tense).

MODÈLE **Ma meilleure amie, Sarah, aime les animaux.**
Dans dix ans, elle sera vétérinaire.

E Évaluation visuelle

Describe each problem you see in the illustration below. Then say what the solution is for each problem.

MODÈLE **Si on modernisait l'école, les élèves apprendraient plus.**

F Évaluation compréhensive

Create a storyboard with four to six frames that describe what you would do (conditional) if you were president of the United States to resolve some of the social problems discussed in Unit 9. Use as much of the vocabulary from the unit as possible.

Vocabulaire de l'Unité 9

l' **adresse (f.)** address *A*
agir to act *B*
l' **alcoolisme (m.)** alcoholism *B*
un **animateur de communauté, une animatrice de communauté** community manager *C*
l' **appareil (m.)** camera, device *A*
une **appli (application)** application *A*
apprendre to teach *A*
appuyer to push; **tu appuies** you push *A*
l' **avenir (m.)** future *C*
avoir: avoir confiance (dans, en) to trust *C*
la **banlieue** suburb *B*
le **bouton: bouton principal** home button *A*; **bouton marche/arrêt** power button *A*
c'est: c'est pour ça que this/that is why *C*
ça: ça se saurait it would be known *B*
une **caméra** camera *A*
une **carte SIM** SIM card *A*
un **centre d'accueil** reception center, shelter *B*
le **champ** field of vision *A*
un **chercheur, une chercheuse** researcher *C*
le **chômage** unemployment *B*
un **coiffeur, une coiffeuse** hairstylist *C*
comme: comme ça like this *A*; thus *B*
le **commutateur (sonnerie/silence)** switch (ringer/silence) *A*
un(e) **concepteur (conceptrice) web** web designer *C*
un(e) **consultant(e)** consultant *C*
contemporain(e) contemporary *A*
le **côté** side *A*
demander: demander un service to ask for a favor *A*
un(e) **designer automobile** automotive designer *C*
le **destinataire** recipient *A*
un **développeur, une développeuse d'applications** software developer *C*
la **distance** distance *A*
le **domaine: domaine de la santé** health sector *C*; **domaine des sciences et techniques** science and technology sector *C*
la **drogue** drugs *B*

économique economic *B*
économiser to save (up) *B*
l'écran (m.) de verrouillage lock screen *A*
l' **éducation (f.)** education *B*
efficacement efficiently *B*
un **emploi** job *B*
enseigner to teach *B*
exister to exist *B*
la **faim** hunger *B*
faire: faire du bénévolat to volunteer *B*; **faire partie (de)** to belong (to) *B*; **faire un don (de)** to donate *B*; **faire une intervention** to organize an intervention *B*
une **femme politique** female politician *C*
un **fichier** file *A*; **un fichier image** image file *A*; **un fichier son** audio file *A*; **un fichier vidéo** video file *A*
la **galerie** gallery *A*
le **gouvernement** government *B*
la **guerre** war *B*
un **homme politique** male politician *C*
une **icône** icon *A*
l' **important (m.)** what's important *B*
une **interface** interface *A*
les **industries (f.): l'industrie du divertissement** entertainment industry; **les industries (f.) créatives** cultural and creative industries *C*
un **infirmier, une infirmière** nurse *C*
une **inquiétude** worry *B*
s' **intéresser (à)** to be interested (in) *B*
intervenir to intervene *B*
joindre to attach *A*; **tu joins** you attach *A*
justement exactly *A*
la **largeur du champ** field width *A*
lutter to fight *B*
le **marché** market *[financial]* *C*
la **messagerie** messaging *A*
se **mettre: se mettre en mode photo** to go into photo mode *A*
moderniser to modernize *B*
nécessaire: il est nécessaire de it is necessary to *B*
la **nourriture** food *B*

passer to move over (something) *A*
la **pauvreté** poverty *B*
un **pilote** pilot *C*
un **port micro-USB** micro USB port *A*
se **porter: se porter mieux** to feel/do better *B*
prêter to lend *A*
le **progrès** progress *C*
des **provisions (f.)** supplies *B*
publier une photo to post a photo *A*
recadrer to crop *A*
les **réglages (m.)** settings *A*
régler to adjust *A*
un **remède** remedy, solution *B*
un **sans-abri (des sans-abri)** homeless person *B*
un **secteur** industry *C*; **secteur aéronautique** aviation industry *C*; **secteur agroalimentaire** food industry *C*; **secteur de l'informatique** information technology industry *C*; **secteur du développement durable** sustainable development industry *C*; **secteur financier** financial sector *C*; **secteur du numérique** digital sector *C*
un **smartphone** smartphone *A*
la **société** society *B*
une **solution** solution *B*
se **sortir: s'en sortir** to overcome *C*
sur about *B*
taper to type *A*
un(e) **technicien(ne) de centrale solaire** solar plant technician *C*
un **téléphone portable** cell phone *A*
les **télécommunications (f.)** telecommunications *C*
le **terrorisme** terrorism *B*
la **tolérance** tolerance *B*
tout: toute une série de whole series of *A*
un **truc** thing *C*
l' **Union européenne (f.)** European Union *C*
user de diplomatie to exercise diplomacy *B*
la **vieillesse** old age *B*
un(e) **vétérinaire** veterinarian *C*
la **violence** violence *B*
zoomer to zoom *A*

Unité

10 En vacances

Question centrale ?

What opportunities does travel afford us?

À savoir

Plus de 80% des Français passent leurs vacances d'été en France.

Citation

"Voyager, c'est être une sorte d'enfant professionnel."

Traveling is like being a professional child.

—Jacques Meunier, écrivain et voyageur français

Conseil pratique

Practice speaking with someone whose level will challenge yours.

Qu'est-ce qui se passe?

Quel est cet endroit et que s'y passe-t-il?

Contrat de l'élève

Leçon A I will be able to:

- say I've been wanting to do something for a long time.
- talk about the French Riviera, Nice, and two of its art museums.
- use adverbs and verbs followed by infinitives.

Leçon B I will be able to:

- say what I need and ask someone to return something.
- talk about the Alps, Grenoble, and camping in France.
- use the verb **dormir** and the comparative of adverbs.

Leçon C I will be able to:

- ask someone what to bring.
- talk about French Guiana, what its cities Kourou and Cayenne are known for, and adventure tourism.
- use the superlative of adverbs.

Leçon A

Vocabulaire actif

À la plage

Pour la conversation

How do I say I've been wanting to do something for a long time?

» **Ça fait longtemps que** je voulais venir ici.
I've wanted to come here for a long time.

Et si je voulais dire...?

une chaise pliante	*folding chair*
une épuisette	*fishing net*
un jeu de poche	*travel game*
une pelle	*shovel*
le sable	*sand*
un seau	*bucket*

1 Mes vacances à Nice

Interpretive Reading

Lisez le blog de Xavier au sujet de son voyage sur la Côte d'Azur. Ensuite, répondez aux questions.

Ça fait longtemps que je voulais venir à Nice avec des copains. Quand j'étais petit, ma famille y passait les vacances. On visitait les sites touristiques du Guide Michelin—des églises, des musées, et des marchés. On allait à la plage où je nageais et je plongeais. J'avais envie de faire du parachutisme ascensionnel, du scooter des mers, et du ski nautique, mais je ne pouvais pas. Maman en avait trop peur. Elle avait peur de tout... la mer, le soleil. Elle nous disait toujours, "Mets de la crème solaire. Porte tes lunettes de soleil." Cet été avec les copains a été différent. J'ai fait tout ce que je voulais faire. J'ai fait de la voile, du parachutisme ascensionnel, du ski nautique, et du scooter des mers. J'ai passé des vacances actives! Et, oui, Maman, bien sûr, j'ai aussi mis de la crème solaire et j'ai porté mes lunettes de soleil!

1. Avec qui est-ce que Xavier voulait venir à Nice depuis très longtemps?
2. Qu'est-ce que sa famille faisait pendant les vacances autrefois?
3. Qu'est-ce qu'il faisait à la plage quand il était petit?
4. Qu'est-ce qu'il ne pouvait pas faire?
5. Comment est-ce que ses vacances récentes étaient différentes?
6. Qu'est-ce que Xavier a fait cet été?
7. Qu'est-ce qu'il fait toujours pour faire plaisir à (*to please*) sa mère?

2 Allons à la plage!

Interpretive Reading

Complétez les phrases suivantes par une expression de la liste pour indiquer ce qu'on fait à la plage.

serviette de plage **chaise longue** **sac de plage** **lunettes de soleil**
jet ski **parasol** **best-seller** **crème solaire**

1. On met toutes ses affaires dans un... quand on va à la plage.
2. On porte des... pour protéger ses yeux à la plage.
3. On s'assied sur une... sous un....
4. On met de la... sur la figure, les bras, et les jambes avant de nager ou plonger.
5. Quand on sort de l'eau, on se sèche avec une....
6. On peut lire un... avec une liseuse.
7. Xavier est aventurier et fait du... le weekend.

3 Sur la côte d'Azur

Interpersonal Speaking

À tour de rôle, demandez à votre partenaire ce qu'il ou elle ferait s'il ou elle était sur la Côte d'Azur.

MODÈLE consulter le Guide Michelin ou une tablette pour trouver une belle plage
A: Si tu étais sur la Côte d'Azur, tu consulterais le Guide Michelin ou une tablette pour trouver une belle plage?
B: Je consulterais une tablette. Et toi?...

1. se reposer sur une chaise longue ou une serviette de plage
2. bronzer ou nager
3. apporter un best-seller ou un jeu vidéo
4. faire du parachutisme ascensionnel ou du ski nautique
5. faire de la voile ou du jet ski

4 Les vacances sur la Côte d'Azur

Interpretive Listening

Écoutez Pauline et Catherine planifier leur voyage sur la Côte d'Azur. Écrivez le nom en anglais de chaque chose qu'elles vont apporter.

5 Questions personnelles

Interpersonal Speaking

Répondez aux questions avec un partenaire.

1. Qu'est-ce que tu aimes faire à la plage?
2. Qu'est-ce que tu mets dans ton sac de plage quand tu vas à la plage?
3. Est-ce que tu sais faire du ski nautique?
4. As-tu envie de faire du parachutisme ascensionnel?
5. Est-ce que tu apportes une liseuse ou un roman?
6. De quelle(s) couleur(s) est ta serviette de plage?

Vacances sur la Côte d'Azur

Manon et Nicolas se parlent au téléphone. Manon est toujours à Nice. Nicolas est de retour de vacances chez lui.

Nicolas: Ah, content d'être revenu de vacances!
Manon: Chut*! Je suis encore ici, moi! Je viens de mettre de la crème solaire. Il fait beau et je vais sur la plage. Imagine-moi sur un jet ski....
Nicolas: C'est si beau que ça?
Manon: Imagine: je dis le mot "Côte d'Azur" et je vois tout de suite des couleurs, une lumière; je respire des parfums....
Nicolas: Ce n'est pas du charme, c'est de l'envoûtement!
Manon: Ça fait longtemps que je voulais venir ici. Comme ma mère connaît bien la région, on voit beaucoup de choses!
Nicolas: Vous avez vraiment visité beaucoup d'endroits?
Manon: J'ai surtout adoré le musée Chagall à Nice: le cadre et puis la collection sont splendides.
Nicolas: J'aime beaucoup, moi aussi, la fantaisie de Chagall.
Manon: On s'est aussi beaucoup promené dans l'arrière-pays, et il y a des villages avec des maisons de rêve le long de jolies corniches.
Nicolas: Fais-moi une promesse: la prochaine fois, tu m'emmènes!

6 Vacances sur la Côte d'Azur

Identifiez la personne décrite.

1. Cette personne n'est plus en vacances.
2. Cette personne est à Nice.
3. Cette personne connaît bien la Côte d'Azur.
4. Cette personne va bientôt bronzer.
5. Cette personne aime la fantaisie de l'artiste Marc Chagall.
6. Cette personne veut visiter la Côte d'Azur.

***Je parle bien!**

« The word **chut** is one of the few French words where the final consonant is pronounced. It is pronounced just like **chute**. »

EXTENSION Après les vacances

Clotilde et Elsa passent le temps sur la terrasse d'un café après les vacances.

Clotilde: Tu as une mine superbe!
Elsa: Dix jours de soleil et de douceur....
Clotilde: Eh bien, ça se voit... tu as l'air très détendu. J'admire comme tu peux t'arrêter et tout oublier... moi, j'en suis incapable!
Elsa: Mais moi, je n'ai pas ton énergie: je ne sais pas comment tu fais avec ton boulot d'été.
Clotilde: Et moi, j'aimerais parfois te ressembler: savoir prendre son temps, c'est un art. Toi, c'est l'art de vivre; moi, c'est l'art de travailler!
Elsa: Et si on échangeait?! Pour voir....

EXTENSION En quoi Elsa et Clotilde sont-elles différentes l'une de l'autre?

Points de départ

Pre-AP

Question centrale ? What opportunities does travel afford us?

La Côte d'Azur

Bâtiments et ports typiques de la Côte d'Azur

La Côte d'Azur (le nom apparaît en 1888) s'étend* de Cassis (près de Marseille) à Menton (à l'ouest de la frontière italienne). Elle inclut les villes de Nice, Toulon, Cannes, Antibes, Saint-Tropez, Juan-les-Pins, Hyères, et Monaco.

Il y a "plusieurs" Côtes d'Azur: tout d'abord la Côte d'Azur des palaces, qui sont des hôtels de luxe; on les trouve à Antibes (l'Eden-Roc), Monaco (Hôtel de Paris), Cannes (Majestic) et Nice (Negresco). Ensuite, il y a la Côte d'Azur des stars, avec Saint-Tropez, ville rendue* mythique par l'actrice Brigitte Bardot, et Saint-Paul-de-Vence, la ville du chanteur et acteur Yves Montand et sa femme, l'actrice Simone Signoret. Puis il y a la Côte d'Azur du cinéma, avec Cannes et son festival. La Côte d'Azur des festivals de jazz se découvre* à Antibes–Juan-les-Pins et à Nice. Enfin, il y a la Côte d'Azur des artistes, avec les peintres Henri Matisse et Pablo Picasso, et les écrivains comme Scott Fitzgerald, Jean Cocteau, Guillaume Apollinaire, Colette, et Georges Simenon.

Cette région accueille 31 millions de touristes chaque année dont plus de la moitié sont étrangers*.

Recherche: côte d'azur, office de tourisme (+ VILLE), festival de cannes, festival de jazz

s'étend *extends*; **rendue** *made*; **se découvre** *is found*; **étrangers** *foreigners*

Le festival de Cannes est un événement annuel.

Comparaisons

Où est-ce que les Américains aiment passer leurs vacances dans un climat ensoleillé (*sunny*)?

Traditions et pratiques

Il y a beaucoup de petits villages authentiques et isolés sur la Côte d'Azur, construits de maisons étroites et hautes où les murs se mélangent à la roche (*rock*) près de la mer. Loin des villes touristiques, on y trouve la beauté et le calme de la nature.

Nice

Nice est peut-être la ville la plus représentative de la Côte d'Azur. La douceur* de son climat et la beauté de sa géographie et de ses monuments, comme la baie des Anges, la promenade des Anglais, la colline de Cimiez, la forteresse à l'italienne de la vieille ville, et ses palais et villas de toutes les époques en font depuis des années une importante destination touristique. Beaucoup de ces touristes s'y sont installés. On y retrouve l'influence anglo-saxonne, russe, et italienne dans les bâtiments religieux de la ville. Il y a, entre autres, des églises baroques catholiques de style italien, une cathédrale orthodoxe style "vieille Russie," une église orthodoxe grecque aux fresques byzantines, une église anglicane dans le style de King's College à Cambridge (en Angleterre), et une synagogue. Nice est aussi célèbre pour son carnaval au mois de février, surtout sa bataille* de fleurs, une parade de vingt chars fleuris.

Cette cathédrale russe orthodoxe est représentative de Nice.

Nice est aussi une grande métropole de 500 000 habitants qui forme une agglomération* de près d'un million d'habitants: la deuxième ville de la région Provence-Alpes-Côte d'Azur, et le troisième aéroport de France. L'économie niçoise repose sur le tourisme de loisirs et d'affaires, qui reste la principale activité de la ville. La région niçoise accueille aussi le campus universitaire de Sophia Antipolis, dédié* aux technologies numériques*. Nice est également une grande ville de culture avec ses musées tels* le musée Matisse, le musée Marc Chagall, et le musée international d'art naïf Anatole Jakovsky.

Après Paris, Nice possède avec les studios de la Victorine (aujourd'hui les studios Riviera) le deuxième centre de productions cinématographiques. Nice est la ville d'origine de nombreuses personnalités culturelles niçoises: l'écrivain prix Nobel de littérature Jean-Marie Gustave Le Clézio, le peintre Yves Klein, l'artiste plasticien Ernest Pignon-Ernest, le cinéaste Georges Lautner, l'actrice Nicole Garcia, le chanteur Gilbert Bécaud, le pianiste Samson François, l'accordéoniste Richard Galliano et le jeune chef d'orchestre Lionel Bringuier.

Recherche: office du tourisme nice, églises nice, culture nice

douceur *mildness*; **bataille** *battle*; **agglomération** *urban area*; **dédié** *dedicated*; **numériques** *digital*; **tels** *such as*

Produits

La promenade des Anglais à Nice est une large avenue au bord de la mer Méditerranée. Son nom vient des touristes anglais qui venaient y passer l'hiver au 19ème siècle. De nos jours, on peut y trouver des gens qui aiment faire du roller.

À Nice, on peut marcher ou faire du vélo le long de la promenade des Anglais.

Les musées Chagall et Matisse

L'artiste Marc Chagall est connu pour ses tableaux fantaisistes inspirés par la tradition juive*. Le musée national du message biblique Marc-Chagall a été ouvert en 1973. On y trouve les dix-sept œuvres de Marc Chagall consacrées à la Genèse*, à l'Exode, et au Cantique des Cantiques*, et toutes les esquisses* préparatoires à ce travail sur la Bible.

Henri Matisse est connu pour ses couleurs vives. Il a créé le mouvement du fauvisme, qui a révolutionné le traitement de la couleur. Le musée Matisse a été ouvert en 1963 dans la villa des Arènes à Cimiez grâce aux donations de l'artiste. Il présente une soixantaine* de tableaux, des gravures*, des sculptures, des objets, et des dessins.

Le museé Matisse à Cimiez

Recherche: musée marc chagall nice, musée matisse de nice, tableaux chagall, tableaux matisse

juive *Jewish*; **Genèse** *Genesis*; **Cantique des Cantiques** *Song of Solomon*; **esquisses** *sketches*; **soixantaine** *around 60*; **gravures** *engravings*

7 Activités culturelles

Faites les activités suivantes.

1. Faites une carte de la Côte d'Azur et indiquez les villes principales. Écrivez des légendes (*labels*) pour la masse d'eau (*body of water*) et les provinces ou pays qui entourent la région.
2. Donnez un nom, un événement, une personne, ou un lieu associé à chacune de ces villes:
   - Saint-Tropez
   - Cannes
   - Nice
3. Faites des recherches pour trouver le lien (*link*) entre la Côte d'Azur et un des auteurs suivants: F. Scott Fitzgerald, Jean Cocteau, Guillaume Apollinaire, Colette, Georges Simenon.
4. Sur un plan de Nice, retrouvez les lieux cités dans la présentation de la ville.
5. Trouvez le nom d'un film tourné à Nice, puis faites un profil de ce film: date, acteurs, metteur en scene, genre, intrigue (*plot*).
6. Présentez une peinture de Marc Chagall ou d'Henri Matisse à la classe. Décrivez-le et dites pourquoi vous l'aimez ou ne l'aimez pas.
7. Faites le profil d'une personnalité niçoise.

Perspectives

"Quand j'étais petite, mes parents nous emmenaient en vacances une année à la mer, puis l'autre à la montagne. Il est rare qu'on soit allé à la campagne car il y a moins de choses à faire pour les enfants. Personnellement, j'ai toujours préféré la mer parce qu'il y a de tout: de beaux paysages, du soleil, des sports, des magasins, des restaurants au bord de l'eau, et même des fêtes le soir!" Traditionnellement, les Français vont à la mer, à la montagne, ou à la campagne pour les vacances. Qu'est-ce que cette jeune Française choisirait pour ses futures vacances?

Du côté des médias

Lisez l'axe chronologique sur la vie artistique d'Henri Matisse.

La vie de Matisse en quelques dates

1869
Henri Matisse naît le 31 décembre au Cateau-Cambrésis (Nord). Enfance à Bohain.

1887-89
Il entreprend des études de droit à Paris et devient clerc d'avoué à Saint-Quentin. Parallèlement, il suit des cours de dessin de l'école Quentin-Latour.

1890
Au cours d'une convalescence, Matisse commence à peindre.

1895
Gustave Moreau l'accueille à son atelier de l'école des Beaux-Arts. Il y rencontre Rouault, Camoin et Manguin.

1898
Matisse épouse Amélie Pararye. Voyage de noces à Londres et séjour à Toulouse et Ajaccio.

1901
Il expose au salon des Indépendants présidé par Signac et rencontre Vlaminck.

1904
Première exposition particulière chez Ambroise Vollard.

1905
Rencontre de Léo et Gertrude Stein, collectionneurs américains. Gertrude Stein définit Matisse comme «le pôle Nord» de l'Art moderne et Picasso comme «le pôle Sud.»

1909
Un amateur moscovite, Chachoukine, lui commande deux décorations, *La danse* et *La musique*.

1910
Rétrospective à la galerie Bernheim Jeune.

1912-13
Il voyage au Maroc avec Camoin.

1917
Arrivé a Nice. Il rend sa première visite à Renoir à Cagnes-sur-Mer.

1918
Il expose à la galerie Paul Guillaume avec Picasso.

1921
Il s'installe à Nice et vivra dès lors la moitié de l'année à Nice et l'autre à Paris.

1922
Série des *Odalisques*.

1927
Prix Carnegie à Pittsburgh.

1930-31
Il part pour Tahiti et accepte à la fin de l'année la commande d'une grande décoration pour le docteur Barnes sur le thème de la danse. Il loue un atelier 8, rue Désiré-Niel, à Nice, dans le but de realiser *La Danse*.

1931
Première rétrospective à New York.

1933
Installation de *La Danse* à la fondation Barnes (Philadelphie).

1943
En juin, il s'installe à Vence dans la Villa « Mon Rêve » pour fuir les menaces de bombardements sur Nice.

1948
Il commence à travailler à la décoration de la chapelle du Rosaire pour les Dominicaines de Vence et utilise les gouaches découpées.

1950
Importantes expositions à Nice et à Paris.

1951
Le 25 juin, inauguration de la Chapelle de Vence. Exposition rétrospective au Museum of Modern Art, New York. De nombreux peintres américains contemporains se réclament de l'art de la couleur de Matisse: de Rothko à Sam Francis, de Warhol à Roy Lichtenstein.

1952
Inauguration du musée Matisse du Cateau-Cambrésis.

1953
Matisse donne à la Ville de Nice, en vue de la creation d'un musée, les œuvres *Nature morte aux grenades*, *La danse créole*, *Océanie le ciel*, *Océanie et la mer*, et quatre dessins de la série *Thèmes et variations*.

1954
Matisse meurt le 3 novembre à Nice Il repose au cimetière de Cimiez.

8 La vie d'Henri Matisse

Faites les activités suivantes.

1. Associez la date aux lieux suivants:
   - le Cateau-Cambrésis
   - la chapelle de Vence
   - le Maroc
   - New York
   - Pittsburgh
   - Philadelphie
   - Nice
2. Expliquez avec qui:
   - il parle à Cagnes-sur-Mer.
   - il va à Toulouse et Ajaccio.
   - il expose à la galerie Paul-Guillaume.
3. Donnez la date ayant rapport aux œuvres suivantes de Matisse:
   - *La danse* et *La musique*
   - *Odalisques*
   - *Nature morte aux grenades*
   - *Océanie et la mer*

Adverbs

La crème solaire est toujours dans mon sac de plage, mais c'est peut-être trop tard pour ton père!

French adverbs usually come immediately after the verbs they describe.

J'aime **beaucoup** tes lunettes de soleil.	*I like your sunglasses a lot.*

In the **passé composé**, short, common adverbs (such as **bien**, **déjà**, **beaucoup**, **un peu**, **souvent**, **enfin**, **mal**, **même**, **peut-être**, **surtout**, **toujours**, and **trop**) usually come between the helping verb and the past participle.

Noah a **déjà** fait du jet ski.	*Noah has already gone jet-skiing.*
Nous sommes **enfin** arrivés dans l'arrière-pays.	*We finally arrived in the back country.*

Adverbial expressions of time come either at the beginning or end of a sentence, regardless of the verb's tense.

Aurélie a bronzé **hier matin**.	*Aurélie sunbathed yesterday morning.*
Ce matin Aurélie va encore bronzer.	*This morning Aurélie is going to sunbathe again.*

Many adverbs are formed by adding **-ment** to the feminine singular form of the adjective. For example, to form the adverb *perfectly* in French, change the adjective **parfait** to its feminine singular form **parfaite**, and then add **-ment**: **parfaitement**. The suffix **-ment** corresponds to *-ly* in English. Adverbs ending in **-ment** are placed at the beginning or end of a sentence when they modify the entire sentence. When they modify only the verb, they follow the same rule for placement as short adverbs.

Heureusement, j'ai apporté le Guide Michelin.	*Fortunately, I brought the Michelin Guide.*
Il m'a **généreusement** offert de la crème solaire.	*He generously gave me some sunscreen.*

Comparaisons

Where are adverbs placed in English sentences?

She always tans.	Elle bronze **toujours**.
We have finally arrived!	Nous sommes **enfin** arrivés.

9 Manon et Nicolas

Interpretive Reading

Donnez des détails sur Nicolas et Manon, les personnages du dialogue à la p. 541. Utilisez l'adverbe indiqué.

MODÈLE Manon connaît Nicolas. (bien)
Manon connaît bien Nicolas.

1. Nicolas est à Paris. (déjà)
2. Manon est à Nice. (toujours)
3. Elle adore le musée Chagall. (surtout)
4. Elle va à la plage. (souvent)
5. Elle aime les activités de mer. (beaucoup)
6. Elle va faire du scooter des mers. (bientôt)

10 Ils font comment?

Presentational Speaking or Writing

Utilisez le verbe entre parenthèses et un adverbe pour dire ce que tout le monde fait et comment.

longuement remarquablement simplement parfaitement affectueusement généreusement

MODÈLE L'ensemble de Gabrielle est simple. (s'habiller)
Elle s'habille simplement.

1. Parce que Salim est généreux, il fait des contributions au centre d'accueil de son quartier. (donner)
2. Ton grand-père est long quand il donne des explications. (parler)
3. Nicolas a un contrôle parfait. (réussir)
4. Ta petite sœur t'a écrit un remarquable message sur ta carte d'anniversaire. (écrire)
5. Rahina, une fille affectueuse, a un chat et un chien. (jouer avec ses animaux)

Marc mange rapidement.

11 Les dernières vacances

Interpersonal Speaking

Avec un partenaire, posez des questions sur ce que vous avez fait pendant les dernières vacances. Formez chaque question avec un adverbe de la liste.

déjà souvent le soir bien tous les jours mal le matin (un) peu beaucoup

MODÈLE faire du ski nautique
A: Tu as souvent fait du ski nautique?
B: Oui, j'ai souvent fait du ski nautique. Et toi?
ou
Non, je n'ai pas souvent fait de ski nautique, mais j'ai souvent bronzé.

1. faire de la voile
2. apporter un sac de plage
3. lire un best-seller
4. nager
5. porter des lunettes de soleil
6. faire du parachutisme ascensionnel
7. se reposer

12 Les vacances de Julie et Rachid

Interpretive Listening

*Écrivez les numéros 1–5 sur votre papier. Écoutez l'histoire de Julie et Rachid. Écrivez **V** si la phrase est vraie ou **F** si elle est fausse.*

1. Julie voudrait aller à Lyon.
2. Rachid a décidé de l'accompagner.
3. Ils ont profité de la mer.
4. Julie et Rachid ont toujours fait la même chose.
5. Julie est une bonne conductrice.

Verbs Followed by an Infinitive

Caro s'amuse à faire du ski nautique?

You have seen that an infinitive may directly follow certain conjugated verbs, such as **aimer**, **aller**, **désirer**, **devoir**, **falloir**, **pouvoir**, **préférer**, **venir**, and **vouloir**.

J'**aime aller** à la plage.	*I like to go to the beach.*
Ils **veulent faire** de la voile.	*They want to go sailing.*

With some verbs, **à** must be used before the infinitive.

VERB + *à* + INFINITIVE	
aider	Tu **aides** ton frère **à** faire du jet ski?
s'amuser	Je **m'amuse à** faire du parachutisme ascensionnel.
apprendre	Vous **apprenez à** parler espagnol?
commencer	Nous **commençons à** lire un best-seller.
continuer	Abdoulaye **continue à** bronzer.
s'engager	Tu **t'engages à** protéger l'environnement?
hésiter	Marcel **hésite à** faire un tour de montagnes russes.
s'intéresser	Je **m'intéresse à** travailler dans le secteur agroalimentaire.
inviter	Ils **m'invitent à** venir à la plage.
se préparer	Nous **nous préparons à** voyager.
réussir	Est-ce qu'il **a réussi à** trouver ses lunettes de soleil?

With some verbs, **de** must be used before the infinitive.

VERB + *de* + INFINITIVE	
accepter	J'**accepte de** travailler ici.
arrêter	Luc **a arrêté de** venir en retard.
choisir	Où est-ce que tu **as choisi d'**aller?
conseiller	Je te **conseille d'**aider ta grand-mère.
décider	Vous **avez décidé de** lui offrir un cadeau d'anniversaire?
demander	Qu'est-ce qu'il **demande d'**acheter?
se dépêcher	Nous **nous dépêchons de** finir notre repas.
dire	Qu'est-ce que Mamy **t'a dit de** faire?
essayer	Vous **essayez de** faire de la voile?
finir	Vous **avez fini de** jouer avec le parasol?
offrir	Tu **offres d'**acheter le Guide Michelin pour tes parents.
oublier	Tu **as oublié de** faire la vaisselle?
promettre	Jean **a promis de** ranger sa chambre.
rêver	Je **rêve de** vivre près de la plage!

13 Que faire?

Interpretive Viewing, Presentational Speaking or Writing

*Complétez les phrases suivantes pour dire ce que ces personnes font. Utilisez la préposition **à** ou **de**, si nécessaire, suivi d'un infinitif.*

1. Malika choisit....

2. Est-ce que vous aimez...?

3. Je ne finis pas....

4. Arabéa apprend....

5. Qui t'invite...?

6. Maman nous dit....

7. Normand et moi, nous aidons notre mère....

14 Des questions logiques

Interpersonal Speaking

*Posez des questions à votre partenaire en utilisant un verbe de la liste. N'oubliez pas d'utiliser la préposition **à** ou **de** si nécessaire.*

commencer apprendre devoir finir venir réussir rêver continuer arrêter

MODÈLE faire du ski nautique

A: As-tu appris à faire du ski nautique?

B: Oui, j'ai appris à faire du ski nautique quand j'avais dix ans./Non, je n'ai pas appris à faire du ski nautique.

1. bronzer
2. faire de la voile
3. choisir un smartphone
4. conduire une Fiat
5. ranger ta chambre aujourd'hui
6. me chercher
7. faire tes devoirs pour le cours de français
8. vivre près de la mer
9. tondre la pelouse
10. arriver à l'heure à l'école

À vous la parole

Question centrale ? What opportunities does travel afford us?

Communiquez!

15 Ses dernières vacances

Interpersonal Speaking, Presentational Writing

Using a table like the one below, ask if your partner did the following things during his or her last vacation. Make sure your partner uses **beaucoup/souvent**, **une fois**, or **ne… jamais**. Write out the results of your conversation.

	beaucoup/souvent	une fois	ne… jamais
1. aller au cinéma	✔		
2. faire du shopping			
3. visiter un musée			
4. prendre de la choucroute garnie			
5. faire du ski nautique			
6. bronzer			
7. dîner dans un bon restaurant			
8. lire un best-seller			

MODÈLE aller au cinéma
toi: Es-tu allé(e) au cinéma?
Henry: Oui. Je suis souvent allé au cinéma.
Pendant les dernières vacances, Henry est souvent allé au cinéma….

16 Nos vacances

Presentational Writing

Now that you are studying French, you have decided to plan a five-day family trip to the French Riviera and surrounding areas for the summer. Create an itinerary to convince your parent(s) or guardian(s) to take this trip. Include pictures, and mention art museums, natural beauty, and leisure activities.

Recherche: côte d'azur tourisme

17 Quel est ton rêve?

Interpersonal Speaking

On an index card, write something you have wanted to do for a long time. Your partner will do the same. Place the cards upside down between the two of you. Quiz your partner to find out what he or she has wanted to do for a long time; then switch roles.

Prononciation

Pronouncing /ʁ/ Between Two Vowel Sounds

» When the letter *r* is followed by a vowel, it is pronounced /□/, even if the vowel is the beginning of the next word. When /□/ follows a consonant in high-frequency words (like **quatre**), the /□/ is pronounced when speaking formally but may be omitted when speaking informally.

A Le son /ʁ/

Répétez les phrases suivantes en faisant attention au son /ʁ/.

1. Ça te conviendrait de faire un voyage à Paris?
2. Ça te conviendrait de faire un voyage à Montréal?
3. Il revient le quatre décembre?
4. Il revient le quatre octobre?

B Je parle familièrement

Répétez les mots suivants. Prononcez le son /ʁ/ la première fois, puis ne prononcez pas le /ʁ/ la deuxième fois pour parler de manière familière.

1. quatre — quatre
2. peut-être — peut-être
3. un centre d'accueil — un centre d'accueil
4. mettre — mettre
5. un litre de lait — un litre de lait
6. Je vais faire autre chose. — Je vais faire autre chose.

C Il y a un /ʁ/?

*Écrivez les numéros 1–6 sur votre papier. Écrivez **R** si vous entendez le son /ʁ/, ou **0** si vous n'entendez pas le son /ʁ/.*

The Imperfect versus the Conditional

» To train your ear to hear the distinction between these two tenses, listen for the /□/ at the end of the verb stem, which indicates the conditional.

J'aimais le pays.	*but*	J'aimerais le pays.
I liked the country.		*I would like the country.*
(imperfect)		(conditional)

D Imparfait ou conditionnel?

*Écrivez les numéros 1–6 sur votre papier. Écrivez **I** si vous entendez l'imparfait, ou **C** si vous entendez le conditionnel.*

Leçon B

Vocabulaire actif

On fait du camping

une tente

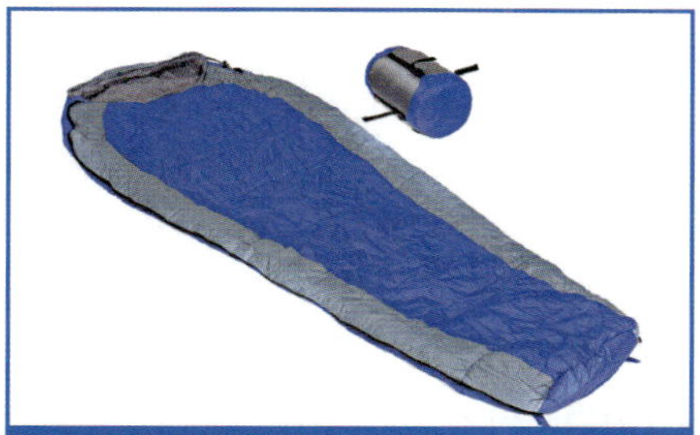
un sac de couchage

une lampe torche

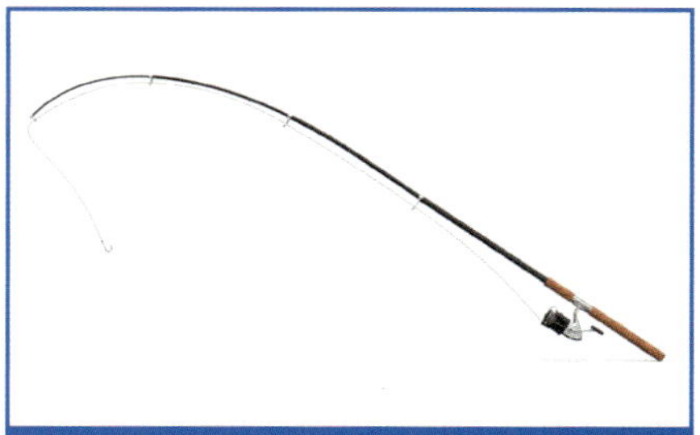
une canne à pêche

une glacière

un camping-gaz

une poêle

une casserole

des chaussures de randonnée

Les Mercier sont dans **un terrain de camping**.

Mme Mercier dort **en plein air**.

Pour la conversation

How do I say I need something?

» **Il me faut** un sac de couchage pour Karim.

I need a sleeping bag for Karim.

How do I ask someone to return something as soon as possible?

» **Rends-le-moi dès que** tu rentres.

Return it to me as soon as you get back.

Et si je voulais dire...?

une bouteille thermos	*thermos*
un gîte rural	*vacation rental home*
un lit de camp	*cot*
une villa	*country house*
loger à l'hôtel	*to stay in a hotel*
transporter	*to transport*

1 On va faire du camping

Interpretive Reading and Viewing

*Lisez l'histoire à haute voix (*aloud*), en remplaçant les images par les mots ou expressions convenables.*

Je pars avec un groupe de jeunes faire du camping pour la première fois. Nous avons huit 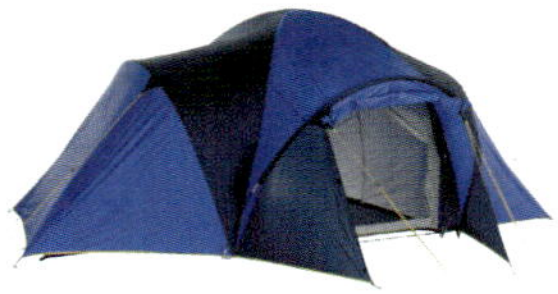 pour 24 garçons. Mais moi, je vais essayer de dormir  dans mon . On apporte deux 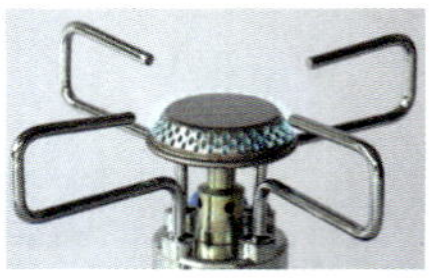 pour faire la cuisine. Chaque personne a une , même (*even*) les adultes. J'ai ma  pour aller aux toilettes pendant la nuit, et mes  pour marcher dans la forêt pendant la journée. Je crois que j'ai tout ce qu'il me faut!

2 Au terrain de camping

Interpretive Reading

Choisissez une expression de la liste pour compléter chaque phrase.

une canne à pêche **en plein air** **une tente**
au terrain de camping **faire du camping**
un sac de couchage **une glacière** **une poêle**

1. Ma famille et moi, on va faire du camping. On arrive... en Provence.
2. Pour pêcher, on se sert d'....
3. Pour garder le poisson au frais, il me faut....
4. Pour cuisiner, nous mettons du poisson dans....
5. Je dors dans..., mais pas sous....
6. Je préfère dormir....
7. J'adore...!

3 Il me faut...

Interpretive Viewing, Presentational Speaking or Writing

Vous partez faire du camping pour la première fois. Dites à vos parents ce qu'il vous faut.

MODÈLE **Il me faut deux shorts.**

4 Allons faire du camping!

Interpretive Listening

Écrivez les numéros 1–8 sur votre papier. Écoutez la conversation. Écrivez la lettre de l'objet dans l'ordre mentionné.

A.

B.

C.

D.

E.

F.

G.

H.

5 Questions personnelles

Interpersonal Speaking

Répondez aux questions avec un partenaire.

1. Est-ce que tu as déjà fait du camping? Si oui, comment c'était? Si non, est-ce que le camping t'intéresse?
2. Si tu faisais du camping, qu'est-ce que tu apporterais?
3. Quand est-ce que tu te servirais d'une lampe torche?
4. Si tu faisais du camping, dormirais-tu dans un camping-car, sous une tente, ou en plein air?
5. Pour passer des vacances idéales, que choisirais-tu: une auberge de jeunesse, un hôtel, ou un terrain de camping?

Connexions

Survival Training

Faites une liste d'accessoires essentiels à avoir avec soi pour faire du camping dans les endroits suivants, et expliquez vos choix. Échangez votre liste avec un partenaire et discutez-en.

les Alpes
la Bretagne
Québec
la Guyane française
la Côte d'Ivoire
le lac Léman

Rachid fait du camping

Rachid rend visite à Nicolas pour emprunter quelque chose.

Nicolas: Vous partez quand?
Rachid: Demain matin… on dort à Grenoble et le lendemain on commence la randonnée dans le massif de la Chartreuse.
Nicolas: Tu as déjà préparé tes affaires?
Rachid: Un vrai déménagement: la lampe de poche, la tente, une casserole, une poêle, une glacière, un réchaud… mais il me faut un sac de couchage pour Karim.
Nicolas: Oui, le sac de couchage! Tiens, prends-le. Rends-le-moi dès que tu rentres.
Rachid: Volontiers….
Nicolas: Bon… bien, bon courage. "Les conquérants de l'inutile!"
Rachid: Tu parles d'une aventure! Moi qui ne suis jamais monté plus haut que le Sacré-Cœur!

6 Rachid fait du camping

Mettez les événements dans l'ordre chronologique.

1. Rachid emprunte un sac de couchage à Nicolas.
2. Rachid prépare ses affaires.
3. Rachid dort à Grenoble.
4. Rachid part faire du camping.
5. Rachid commence sa randonnée dans le massif de la Chartreuse.

Stratégie

To help with **Activité 6**, make a table that shows each step Rachid needs to take to prepare for his trip.

EXTENSION L'année prochaine

Au clubhouse, Kevin s'aperçoit que son copain est de retour de son aventure.

Kevin: Toi, tu as pris le coup de soleil du montagnard.
François: On a eu un temps de rêve. Kevin, tu dois faire ce tour du mont Blanc l'année prochaine….
Kevin: Non, non, je ne suis pas fou!
François: Mais tu vas tout adorer—l'ambiance du groupe, la solidarité, et puis les paysages, la montée vers les solitudes des sommets. Ce sont des sensations incroyables. Et tu en seras fier!
Kevin: Seulement si tu promets de me prendre en photo au sommet!

EXTENSION Qu'est-ce qui convainc Kevin d'accepter la proposition de François?

Pre-AP

Question centrale ? What opportunities does travel afford us?

Les Alpes

Le mont Blanc fait frontière entre la France et l'Italie.

Les Alpes sont un massif long de 1 200 kilomètres et large de 280 kilomètres, situé entre le fleuve Danube et la mer Méditerranée. Elles comptent plus de 80 sommets de plus de 4 000 mètres; le plus haut est à 4 800 mètres. Elles s'étendent* sur huit pays européens. C'est en France qu'on trouve le sommet le plus élevé, le mont Blanc (4 810 mètres). Les Alpes sont synonymes d'activités et de tourisme sportifs. Il y a de grandes stations de ski à Chamonix: Megève, Les Deux Alpes, Val d'Isère, et Avoriaz. Les Alpes s'identifient aussi à l'environnement avec les grands parcs naturels comme le parc national de la Vanoise. Enfin, les Alpes font l'objet d'une politique communautaire européenne de développement durable qui touche l'agriculture de montagne; l'entretien* des paysages; la protection des sols*, de la faune, et des forêts de montagne; et l'énergie.

Recherche: chamonix mont blanc, domaine de megève

s'étendent *extend*; **entretien** *maintenance*; **sols** *soils*

Comparaisons

Servez-vous d'un convertisseur en ligne pour trouver l'équivalent de 4 810 mètres en *feet*.

Grenoble

La ville de Grenoble est un centre urbain moderne.

Grenoble est la capitale des Alpes et la ville symbole de l'entrée de la France dans la modernité après la Seconde Guerre mondiale*. Elle a été un laboratoire social et urbain, et un symbole de qualité de vie. C'est une ville qui continue à se moderniser depuis l'organisation en 1968 des Jeux Olympiques d'hiver.

Avec une agglomération de 700 000 habitants, Grenoble est un grand centre de recherches et d'innovations. C'est à Grenoble qu'on a inventé les capteurs* pour airbags, l'écran plat*, les tickets sans contact, et le silicium sur isolant* (équipement indispensable pour toutes les consoles de jeux). Aujourd'hui la recherche grenobloise est très présente dans les nanotechnologies, les bio-technologies, la bio-informatique et les bio-puces. C'est aussi un centre mondial pour la planétologie, l'astrophysique, et l'imagerie spatiale. Grenoble compte 25 000 chercheurs et accueille plus de 10 000 ingénieurs anglo-saxons: ils ont leur quartier et leur journal.

Recherche: grenoble tourisme, visiter grenoble

Seconde Guerre mondiale *World War II*; **capteurs** *sensors*; **plat** *flat*; **silicium sur isolant** *silicon-on-insulator*

Traditions et pratiques

Comme Grenoble est la ville la plus plate de la France, il y a 300 kilomètres de piste cyclables et les habitants se déplacent régulièrement à vélo ou en Metrovélo, même parfois pour se rendre au travail.

Produits

Le téléphérique (*cable car*) de Grenoble offre un moyen de transport par cabines suspendues à des câbles. On peut aller du centre-ville à la colline de la Bastille en trois ou quatre minutes.

Comparaisons

Où est-ce qu'on peut faire du camping dans votre région? Qu'est-ce que vous pouvez y voir et faire?

Le camping en France

Le camping est le mode de vacances préféré des Français. Avec 9 200 campings, la France est le deuxième pays (après les États-Unis) qui compte le plus de campings. Les vacanciers peuvent choisir entre un camping à la mer, à la montagne, ou à la campagne. À côté du camping farniente*, du camping sportif, et du camping aventurier, de nouvelles formes de campings se développent: le camping collaboratif, qui privilégie la rencontre, le partage, la convivialité; le glamping (contraction de *glamour* et de *camping*) allie confort, logement insolite, et respect de l'environnement; les campings thématiques, dédiés au bien-être avec spa, salon de beauté, et massages; les campings ludiques* avec accrobranches*, murs d'escalade*, ou jeux indoor; l'urban camping, qui développe un habitat écologique et culturel en ville.

Perspectives

Moi, je regrette que les campings deviennent de plus en plus aménagés. On trouve de moins en moins de coins (*corners*) tentes avec douches et toilettes collectives, où on laisse le confort de côté pour avoir un vrai contact avec la nature. Aujourd'hui, aller camper, c'est presque aller au spa! –Daniel

Que pense ce monsieur du camping en France?

Recherche: camping france, campingfrance.com

farniente *leisure*; **ludique** *fun*; **accrobranches** *high ropes courses*; **murs d'escalade** *climbing walls*

7 Activités culturelles

Faites les activités suivantes.

1. Faites des recherches en ligne sur le parc de la Vanoise. Écrivez une liste d'activités à y faire et une liste de faune et de flore à y voir.
2. Trouvez sur Internet des sites qui parlent de Chamonix, de Megève, ou d'une autre station de ski dans les Alpes. Faites un budget pour un weekend de ski. Combien coûte un appartement ou un hôtel? Combien coûte une journée de ski? Quel équipement est-ce qu'on peut louer sur le site? Y a-t-il des forfaits (*package deals*)?

Recherche: skier chamonix, megève, les deux alpes, val d'isère, avoriaz

3. Vous allez passer trois jours à Grenoble. Faites votre itinéraire en indiquant les endroits à visiter et les activités à faire.
4. Faites des recherches et choisissez un camping en France qui répond à vos intérêts. Écrivez une description de l'endroit, des aménagements (*facilities*), et des activités.

À DISCUTER

Quelles sont les valeurs des personnes qui font souvent du camping? Qu'est-ce qu'elles apprécient?

Du côté des médias

Lisez les informations suivantes sur l'écotourisme en Trièves, dans la région Auvergne-Rhône-Alpes près de Grenoble.

TRIÈVES
OFFICE DE TOURISME

LE TRIÈVES **SE LOGER** **BOUGER** **NEIGE** **SAVOURER** **INFOS PRATIQUES**

Accueil > Le Trièves > Écotourisme > La charte

Écotourisme

L'écotourisme est une forme de voyage responsable dans les espaces naturels qui contribue à la protection de l'environnement ou au bien-être des populations locales.

Les acteurs du territoire se sont engagés dans l'écotourisme au travers d'une charte à huit thèmes qui détermine le niveau d'écotourisme de chacun.

La charte

Énergie/habitat
Je m'engage à veiller à réduire les consommations d'énergie et leur impact environnemental, à utiliser des matériaux sains et écologiques…

Eau
Je m'engage à préserver la ressource en eau, en quantité et en qualité.

Déchets
Je m'engage à limiter les déchets produits et à les gérer correctement.

Déplacements
Je m'engage à favoriser un comportement éco-citoyen auprès des clientèles et du personnel.

Achats
Je privilégie les approvisionnements locaux et achète des produits avec un faible impact sur l'environnement.

Le Trièves a mis en place une charte de l'écotourisme afin de garantir des engagements et une démarche de progrès de tous les acteurs du tourisme, qu'ils soient hébergeurs ou prestataires d'activités.

Télécharger la charte

8 L'écotourisme en Trièves

Faites les activités suivantes.

1. Expliquez dans vos propres mots ce que c'est que l'écotourisme.
2. Donnez des exemples concrets qui montrent comment les acteurs de l'écotourisme (entreprises et individus) peuvent favoriser un comportement écotouristique pour les thématiques abordées (*addressed*) dans la charte. Vous pouvez vous servir des situations entre parenthèses, ou en donner d'autres.
   - déplacements (station de ski, skieurs)
   - eau (hôtelier ou hébergeur, clients)
   - achats (supermarché de Grenoble, touristes)
   - déchets (campings, campeurs)
   - énergie/habitat (électricité, hébergement)
3. Imaginez quelles sont les trois autres thématiques de la charte qui ne figurent pas sur cette page. Donnez un sous-titre (*subtitle*) et une définition à chacune.

Present Tense of the Irregular Verb *dormir*

Est-ce que Noah dort bien?

Here are the forms of the irregular verb **dormir** (*to sleep*).

dormir			
je	**dors**	nous	**dormons**
tu	**dors**	vous	**dormez**
il/elle/on	**dort**	ils/elles	**dorment**

Vous **dormez** bien dans les sacs de couchage? — *Do you sleep well in sleeping bags?*
Non, je **dors** très mal! — *No, I sleep very badly!*

The past participle of **dormir** is **dormi**.

Khaled a **dormi** sous la tente. — *Khaled slept in the tent.*

9 Les Duez font du camping!

Interpretive Viewing, Presentational Speaking or Writing

C'est la première semaine de vacances et vous faites du camping avec les Duez. Dites où chaque personne dort: dans le camping-car, sous la tente, ou en plein air.

1. toi
2. Mme Duez
3. Olivier et moi
4. Ariane et Chloé
5. M. Duez
6. grand-père
7. Fabrice et toi
8. moi

10 On dort

Presentational Speaking or Writing

Dites où les personnes suivantes dorment après avoir nagé dans la Méditerranée.

1. Christine et toi, vous (sur la plage)
2. Emmanuel (dans la voiture)
3. Assane et moi, nous (dans le camping-car)
4. Sabrina et toi, vous (sur la table)
5. les chiens (sur les glacières)
6. je (dans un lit)
7. tu (sous un parasol)

11 Où est-ce qu'on a dormi?

Interpretive Listening

*Écrivez **E** si on a dormi à l'extérieur et **I** si on a dormi à l'intérieur.*

Comparative of Adverbs

Comparisons with adverbs are formed in the same way as comparisons with adjectives.

Est-ce que Clément pêche mieux que son grand-père?

plus	+	ADVERB	+	**que**
moins	+	ADVERB	+	**que**
aussi	+	ADVERB	+	**que**

Djamel nage **plus** souvent **que** moi. — *Djamel swims more often than I do.*
Ils font du camping **moins** souvent **que** nous. — *They camp less often than we do.*
Elle conduit **aussi** mal **que** Raoul. — *She drives as badly as Raoul.*

Some adverbs have an irregular comparative form.

Adverb	Comparative
bien (*well*)	**mieux** (*better*)
mal (*badly*)	**pis, plus mal** (*worse*)
beaucoup (*a lot, much*)	**plus** (*more*)
peu (*little*)	**moins** (*less*)

Gérard connaît le terrain de camping **mieux** que Malick. — *Gérard knows the campground better than Malick.*
Je dors **moins** que toi! — *I sleep less than you!*

12 Awa et Justine

Interpretive Reading

Awa doit faire une présentation dans laquelle elle se compare à sa copine Justine. Utilisez les notes qu'Awa a écrites pour compléter chaque phrase par la forme correcte du comparatif de l'adverbe entre parenthèses.

	moi	Justine
jouer au foot	très bien	mal
nager	jamais	quatre fois par semaine
aller au cinéma	une fois par semaine	une fois par mois
jouer du piano	très bien	assez bien
conduire	vite	prudemment
faire du ski nautique	une fois par semaine	une fois par semaine

1. Awa joue au foot… que Justine. (bien)
2. Justine nage… qu'Awa. (beaucoup)
3. Awa va au cinéma… que Justine. (souvent)
4. Awa joue du piano… que Justine. (mal)
5. Justine conduit… qu'Awa. (prudemment)
6. Justine fait du ski nautique… qu'Awa. (souvent)

13 À Roland-Garros

Presentational Speaking or Writing

Les Internationaux de France ont lieu au stade Roland-Garros à Paris. Dites comment les joueurs de tennis ont joué.

	1	2	3	4
Richard Gasquet	7	7	5	6
Gaël Monfils	5	6	7	1

MODÈLES (Match n° 1) *Gaël Monfils — Richard Gasquet*
Gaël Monfils a moins bien joué que Richard Gasquet.

(Match n° 3) *Gaël Monfils — Richard Gasquet*
Gaël Monfils a mieux joué que Richard Gasquet.

1. (Match n° 2) Gaël Monfils — Richard Gasquet
2. (Match n° 4) Richard Gasquet — Gaël Monfils

	1	2
Venus Williams	7	6
Jelena Ostapenko	6	2

3. (Match n° 1) Jelena Ostapenko — Venus Williams
4. (Match n° 2) Venus Williams — Jelena Ostapenko

Le stade Roland-Garros

Communiquez!

14 Les prochaines vacances

Interpersonal Speaking

Fill out a chart like the one below to check how often you will do the following activities on your next vacation. Then use **plus souvent que**, **aussi souvent que**, or **moins souvent que** to compare your results with those of your partner.

	tous les jours	une fois par semaine	ne... jamais
1. bronzer	✔		
2. faire du camping			
3. aller au cinéma			
4. faire du ski nautique			
5. visiter un musée			
6. sortir avec des amis			
7. aller à une teuf			
8. pêcher			

MODÈLE **A: Est-ce que tu bronzeras?**
B: Oui, je bronzerai tous les jours. Et toi?
A: Moi, je bronzerai moins/plus/aussi souvent que toi.

15 On va faire du camping

Interpretive Reading, Interpersonal and Presentational Speaking

You and a friend just won a two-week camping vacation in France and a 500-euro gift certificate to buy equipment. With a partner, find a French sporting goods store online and shop for camping gear. In a conversation in French, discuss with your partner the activities you plan to do, which items you need to buy, and what they will cost. Then come to an agreement on what you will purchase. Be sure to stay within your budget! Present your "purchases" to the class.

Recherche: matériel camping en france, au vieux campeur, decathlon

Connexions

Science

To complete **Activité 15**, decide with your partner to go camping in the French Alps. Find a city in the region and then research its climate at the time of year when you are going to travel. Also, research animal species and vegetation with which you might come into contact. Use that information to discuss what clothing and tools you may want to bring along.

Pre-AP

Communiquez!

Travel Writing

One objective of travel writing is to convince prospective travelers to visit a particular location. A piece of travel writing may narrate a personal experience, have characters and a plot (like a novel), or use powerful description, as in the example below.

Une ville provençale en été

Pourquoi visiter Aix-en-Provence? Ici, le temps s'arrête et les couleurs sont vibrantes. Le bleu lavande, le vert olive, et le jaune soleil sont devenus mes couleurs préférées le temps d'un été. En juillet il y fait très chaud, jusqu'à 40 degrés Celsius, mais les maisons ont des murs en pierres* très épais* qui conservent la fraîcheur si bien qu'il fait frais à l'intérieur. Les rues sont étroites* et au balcon on y voit des vêtements sur un fil* et de belles fleurs roses, rouges, et blanches. C'est une scène si simple et pourtant* si belle que je comprends pourquoi nous la retrouvons dans tant de tableaux, photos, et cartes postales. Les paysages de Provence ont inspiré de nombreux artistes comme Cézanne et Gauguin et moi, qui suis si sensible* à la lumière*, aux couleurs, et aux arts. Je suis tombée complètement amoureuse d'Aix-en-Provence, de ses marchés aux fruits et légumes si colorés, de son rythme de vie doux et de ses nombreux cafés sur le cours Mirabeau où il est bon de prendre sur l'une de ses nombreuses terrasses un petit café crème accompagné d'un croissant frais au beurre un beau matin d'été.

pierres *stones*; **épais** *thick*; **étroites** *narrow*; **fil** *line*; **pourtant** *yet*; **sensible** *sensitive*; **lumière** *light*

16 J'ai compris

Interpretive Reading, Interpersonal Speaking

With a group of classmates, discuss the following questions about the travel writing sample above.

1. What did the title make you think the article would be about?
2. What is the article's focus?
3. How does the author make the place come alive?
4. How does the author feel about being in this location?
5. What would be a good photo or painting to accompany this article?

17 Mon récit de voyage

Interpretive Listening and Viewing, Presentational Writing, Interpersonal Speaking

Watch videos online about a francophone location that interests you. Then choose one aspect of the place to research further. You might choose shopping, a historical site, a museum, a restaurant, or a leisure activity. Write a paragraph describing your chosen location as if you had experienced this place yourself. Decide if you want to write your paragraph as a memoir, a story, or a description. In your writing, show your enthusiasm for your place and topic. Then exchange paragraphs with a partner and answer the questions above about your partner's writing. Did you succeed in conveying your message? Was your partner able to answer all the questions? If not, edit your paragraph before you turn it in.

Leçon C Vocabulaire actif

Le monde et le tourisme d'aventure

Les continents (m.) et les masses d'eau (f.)

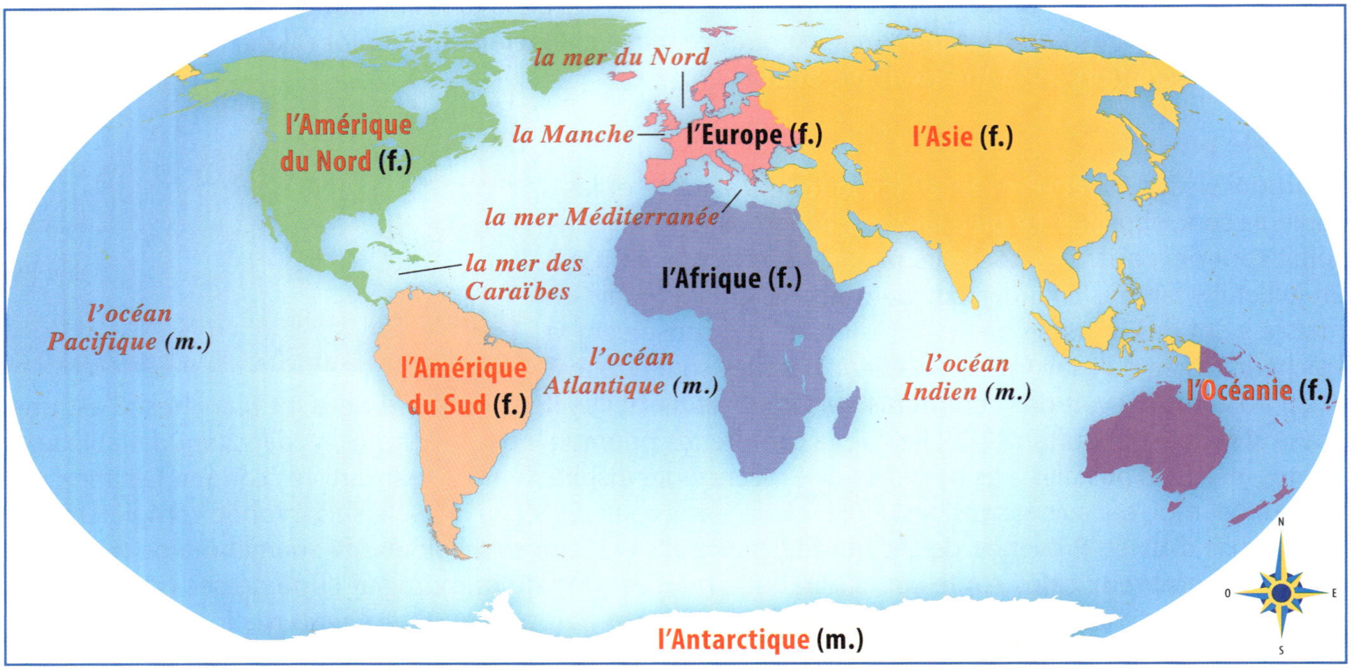

Le tourisme d'aventure: une visite guidée avec un guide amérindien

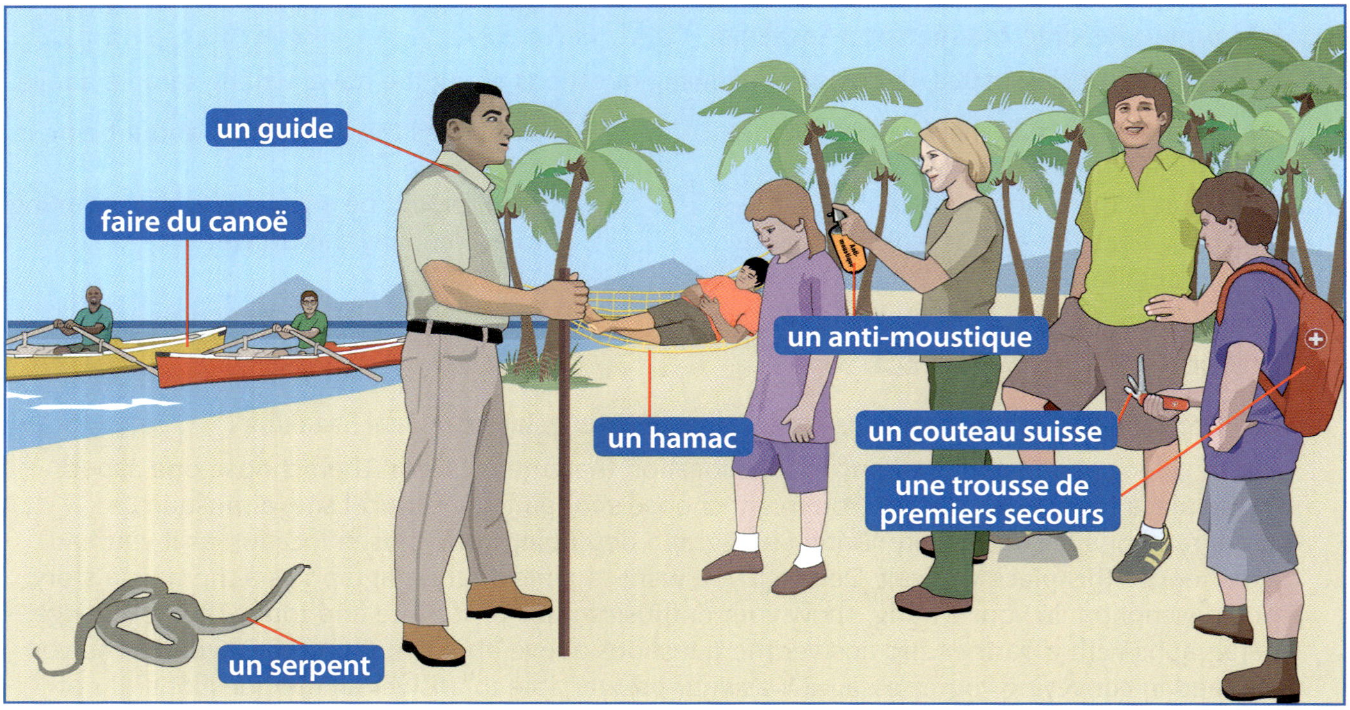

Pour la conversation

How do I ask what to bring?

» Qu'est-ce que nous devrions apporter?
What should we bring?

Et si je voulais dire...?

l'Amérique centrale (f.)	*Central America*
le Moyen-Orient	*the Middle East*
l'Australie (f.)	*Australia*
faire un séjour	*to stay, visit*
faire du trekking	*to hike*

1 Rosalie fait du tourisme d'aventure

Interpretive Reading

Lisez l'e-mail que Rosalie a écrit à sa sœur. Ensuite, répondez aux questions.

1. Dans quel continent est-ce que Rosalie fait du tourisme d'aventure?
2. Comment est-ce qu'elle va d'un endroit (*place*) à un autre?
3. Qu'est-ce qu'elle a appris des Amérindiens guyanais?
4. Pourquoi Rosalie n'a-t-elle pas eu très peur quand elle a vu un gros serpent?
5. Où est-ce qu'elle dort?

À: Myriam
Cc:
Sujet: Mon voyage

Myriam,

C'est vraiment une aventure ici en Amérique du Sud! Heureusement, j'ai demandé ce que je devais apporter avant de partir, parce que le couteau suisse est indispensable. Je l'utilise tous les jours. On marche beaucoup et c'est fatigant! Hier j'ai fait du canoë pour la première fois, et notre guide amérindien guyanais nous a montré la flore et la faune de la région. Un autre guide a expliqué l'histoire et la culture de leur région. J'ai vu un gros serpent—et j'ai eu un peu peur, bien sûr. Je savais qu'on avait une trousse de premiers secours, alors je suis restée calme. On a besoin de mettre un anti-moustique ici parce qu'il y a beaucoup de moustiques et ils sont très gros. La nuit on dort dans des hamacs—tu imagines? Je te recommande vivement le tourisme d'aventure. C'est très amusant et chaque nuit je dors comme un bébé.

Je t'embrasse,

Rosalie

2 Les continents

Interpretive Reading

Complétez les descriptions par les noms des continents et pays de la liste.

l'Europe **l'Océanie** **du Canada** **l'Amérique du Nord** **l'Afrique**
l'Amérique du Sud **l'Angleterre** **la France**

1. La mer Méditerranée se trouve entre… et….
2. La mer du Nord est au nord de….
3. La Guyane française est située dans….
4. La mer des Caraïbes est entre… et….
5. La Manche sépare deux pays: … et ….
6. Le Mexique se trouve dans….
7. L'État d'Alaska n'est pas loin….
8. L'Australie et la Nouvelle-Zélande se situent dans….

Connexions
Geography
Find a blank world map. Label the continents and as many countries as you can name; then, with a partner, find the equivalents in French.

3 Le voyage de Marilou

Interpretive Viewing, Presentational Speaking or Writing

*Marilou veut faire le tour du monde en voilier (*sailboat*). Complétez l'histoire en remplaçant les numéros sur la carte par le nom des masses d'eau correspondantes.*

Marilou commence son voyage en Guadeloupe dans _1_. Ensuite, elle va sur la Côte d'Azur au bord de _2_ où elle reste quatre jours. Puis, elle suit la côte de l'Afrique dans _3_ et passe une semaine au Cameroun avant de continuer son tour du monde. Elle repart et arrive à Madagascar, dans _4_. Enfin, elle finit son voyage en visitant Tahiti dans _5_.

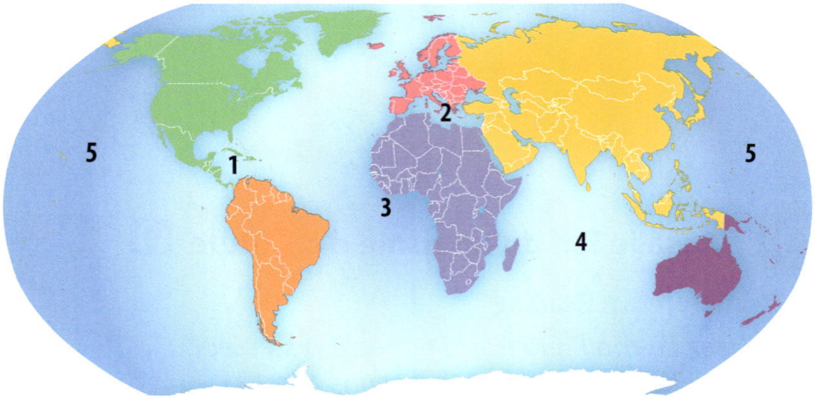

4 Aventure en Guyane

Interpretive Viewing, Presentational Speaking or Writing

*Répondez aux questions suivantes en fonction (*according to*) des illustrations.*

1. Qui fait du tourisme d'aventure?
2. Que fait le père?
3. Que font les fils?
4. Est-ce que le guide amérindien a peur du serpent?
5. Que fait la mère?
6. De quoi est-ce que Sylvie se sert?

5 D'où viennent-ils?

Interpretive Listening

Écrivez les numéros 1–8 sur votre papier. Écoutez les personnes suivantes. Écrivez la lettre qui correspond au continent d'où chaque personne vient.

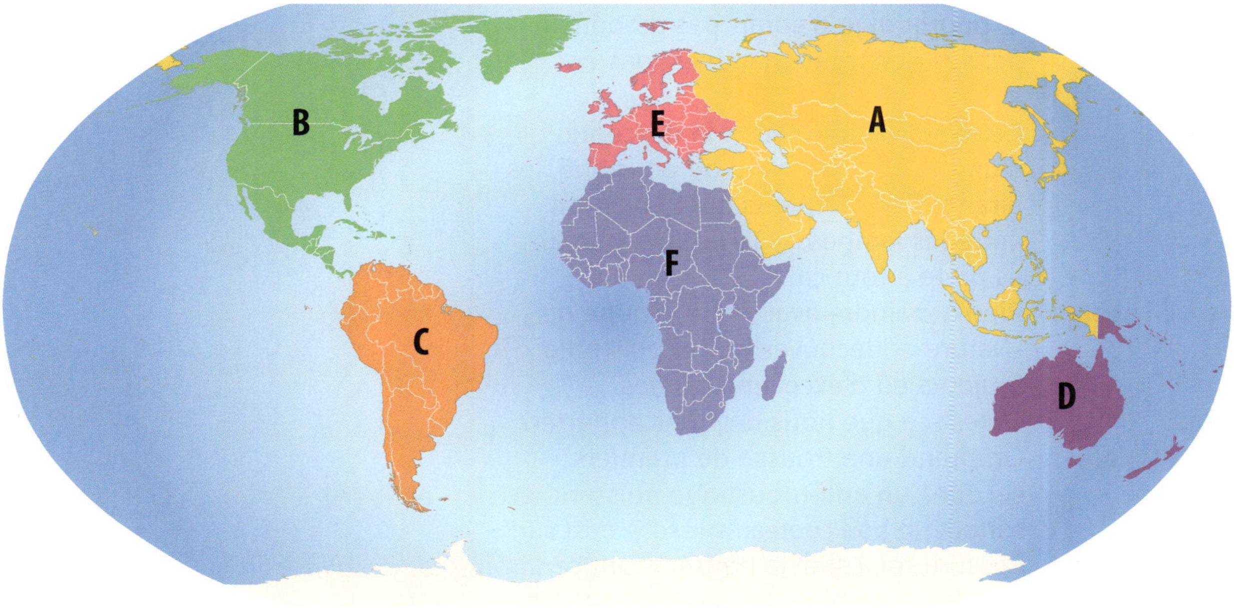

6 Questions personnelles

Interpersonal Speaking

Répondez aux questions avec un partenaire.

1. Quels continents as-tu visités?
2. As-tu déjà vu l'océan Pacifique? l'océan Atlantique?
3. As-tu déjà voyagé en bateau sur un océan ou une mer?
4. Aimerais-tu voyager en Océanie? en Asie? en Afrique?
5. Connais-tu les capitales des pays de l'Europe?
6. Où irais-tu pour faire du tourisme d'aventure? Pourquoi?
7. As-tu peur des serpents?

Une aventure en Guyane française

Nicolas et ses parents projettent une aventure en Guyane.

Nicolas: Bon, vous êtes sûrs?
Père de Nicolas: Oui, oui, c'est décidé! On part en Guyane.
Nicolas: Tu es sûre que tu as dit oui, Maman?
Mère de Nicolas: Et pourquoi je n'aurais pas dit oui? Tu penses que ta maman n'est pas en forme?
Nicolas: Ce n'est pas ça, mais... la descente d'un fleuve en pirogue ou en canoë, les piranhas, les serpents qui te passent entre les jambes.... Tu es sûre que tu es prête à tout ça?
Mère de Nicolas: Rien à craindre avec notre groupe de "Nature et découvertes," et puis on a toujours eu d'excellents guides.
Nicolas: Qu'est-ce que nous devrions apporter?
Père de Nicolas: On prend une trousse de premiers secours, un anti-moustique puissant, et surtout un bon couteau suisse... c'est sûr!
Mère de Nicolas: Rassure-toi, j'ai déjà pensé à tout ce que nous devrions emporter. Tu vois? J'ai déjà fait la liste.
Père de Nicolas: J'ai découvert un site sur Internet d'un amoureux de la Guyane. Il parle des fleuves, de l'extraordinaire beauté des paysages, de la force des sensations, de l'accueil et du regard des indigènes, de leur hospitalité, de la douceur de vivre aussi.
Nicolas: Bon, ben, c'est parti! À nous, l'aventure!

7 Une aventure en Guyane française

Dites si chaque phrase est vraie ou fausse. Corrigez toutes les phrases qui sont fausses.

1. Nicolas et ses parents vont faire du tourisme vert.
2. Nicolas pense que sa mère a peur des ours et des tigres.
3. Le père de Nicolas fait référence à un film d'aventures.
4. On va apporter une trousse de premiers secours, un anti-moustique puissant, et un bon couteau suisse.
5. Le père de Nicolas a trouvé un blog de quelqu'un qui aime la Guyane.

EXTENSION Yves part en vacances

Yves, qui finit un stage dans une compagnie, parle à son collègue d'un futur voyage.

Éric: Tu as prévu des vêtements chauds pour la nuit? Et aussi pour te protéger contre le vent et contre le sable?
Yves: Et contre le soleil? Je vais me servir d'une djellaba.
Éric: Tu en as une?
Yves: Plusieurs! Ça te sert pour tout: contre le vent, le froid, la chaleur.

EXTENSION Yves ira à quelle destination francophone?

Points de départ

Pre-AP

Question centrale: What opportunities does travel afford us?

La Francophonie

Profil touristique

La Guyane française

La Guyane française est située en Amérique du Sud. Colonisée par la France, elle fait partie du domaine royal* à partir de 1604; puis elle devient un département français en 1946. La Guyane est une terre d'aventures qui a attiré 10 000 chercheurs d'or* depuis le 19ème siècle.

La Guyane française est aujourd'hui le plus grand des départements français et la deuxième région de France en superficie (88 000 km²). Elle est recouverte à 96% par la forêt équatoriale très protégée au nom de* la biodiversité. Sa population de 250 000 habitants est composée de Créoles guyanais (40%) et d'Amérindiens (5%), qui sont les ethnies les plus importantes. Les principales villes sont Cayenne (55 000 habitants), puis Saint-Laurent-du-Maroni et Kourou. L'économie de la Guyane dépend beaucoup de la France métropolitaine. Le bois, la pêche, et le riz sont les principales ressources et productions. L'industrie spatiale, avec le site de Kourou, reste l'activité la plus importante et la principale source de revenus pour la Guyane.

Cayenne, la capitale de la Guyane française

Recherche: comité du tourisme de la guyane

du domaine royal du roi de France; **chercheurs d'or** *gold seekers*; **au nom de** *because of*

Produits

Le Guyanais Léon-Gontran Damas (1912–1978) était un poète qui a dit "Trois fleuves/trois fleuves coulent/trois fleuves coulent dans mes veines" en parlant de ses origines africaines, indigènes, et européennes. Étudiant en France et témoin (*witness*) de la discrimination raciale, il a lancé le mouvement de **la négritude** (mouvement littéraire et philosophique) avec ses amis Léopold Sédar Senghor et Aimé Césaire.

Recherche: poèmes léon-gontran damas

Kourou

La base spatiale de Kourou (25 000 habitants) a été créée par le général de Gaulle en 1964 pour développer l'économie du département. Elle est proche* de l'équateur et a une large ouverture* sur l'océan Atlantique. C'est le port spatial de l'Europe. Il profite du succès commercial des lanceurs* Ariane 4 et Ariane 5, Soyouz, et Vega, qui à ce jour ont lancé* près de 300 satellites dans l'espace.

La base de lancement de Soyouz à Kourou

Recherche: arianespace

proche *near*; **ouverture** *opening*; **lanceurs** *launch (satellite) engine*; **ont lancé** *launched*

Le bagne* de Cayenne

Vieille prison sur les îles du Salut (Cayenne)

Les bagnes guyanais ont été établis en 1795 sur des îles rattachées* à la Guyane française pour emprisonner des criminels, délinquants, et opposants politiques. Les prisonniers devaient aussi servir de main d'œuvre* pour la Guyane. Le plus célèbre des bagnes est celui* de Cayenne, créé en 1852 et popularisé par le film *Papillon* (avec Dustin Hoffmann et Steve McQueen). Le dernier groupe de prisonniers à être envoyés en Guyane est parti de la France en 1938. Les bagnes ont été fermés en 1946 et les prisonniers survivants* rapatriés* en France. Le bagne a inspiré les romanciers* (roman noir et roman policier), les cinéastes (*Papillon* [1973]; *La loi de la jungle* [2016]), et les séries télévisées (*Guyane*, 2016).

Recherche: bagne de cayenne, bagne de cayenne papillon

bagne *penal colony, prison*; **rattachées** *attached*; **main d'œuvre** *labor*; **celui** *the one*; **survivants** *surviving*; **rapatriés** *repatriated*; **romanciers** *novelists*

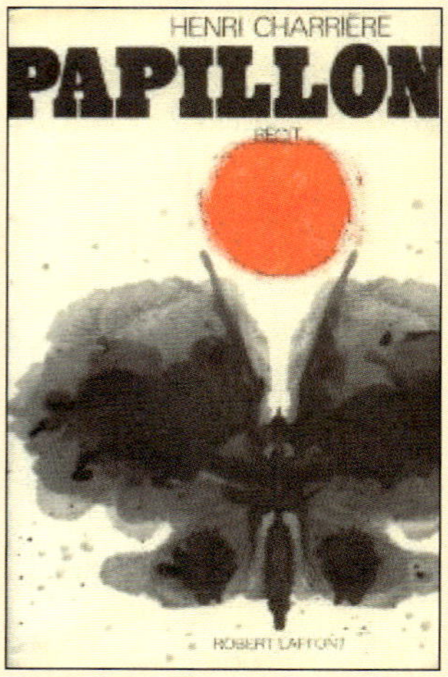

Produits

Henri Charrière, surnommé "Papillon," s'est évadé du bagne de Cayenne. Dans son autobiographie ***Papillon***, il raconte ses expériences dans le bagne de Cayenne. *Papillon* est devenu un film américain avec Steve McQueen et Dustin Hoffman en 1973.

Sports et loisirs

Le tourisme d'aventure en France

En France, on pratique le tourisme d'aventure sur deux terrains: la montagne ou la mer. Ski freestyle, saut à l'élastique*, en parachute, en parapente*… le tourisme d'aventure couvre aussi des sports comme le canyoning*, le rafting, les stages de survie* en haute montagne, ou bien encore des randonnées à pied (GR 20* en Corse), à vélo (VTT*), à cheval ou à ski (raquettes), ou le vol en montgolfière*.

Recherche: tourisme d'aventure, sports extrêmes, GR 20, stages de survie

saut à l'élastique *bungee jumping*; **parapente** *paragliding*; **canyoning** *includes caving and rockclimbing*; **stages de survie** *survival training*; **GR 20** *advanced hiking trail*; **VTT (vélo tout terrain)** *mountain bike*; **montgolfière** *hot air balloon*

Traditions et pratiques

Les adeptes des sports d'aventure aiment les Alpes, où ils peuvent faire des raids (*long-distance treks*) à ski extrêmes, comme sur la **haute route à ski Chamonix-Zermatt** (France–Suisse).

Le tourisme d'aventure en Guyane

La Guyane est un endroit idéal pour faire du tourisme d'aventure. Ses fleuves offrent le seul moyen* naturel de pénétrer l'Amazonie. On peut faire des excursions en pirogues (type de canoë) pendant trois à cinq jours pour explorer la forêt et les villages indigènes. Il y a aussi des randonnées pour tous les niveaux. On peut découvrir le cœur de la forêt amazonienne en compagnie d'un guide, ou simplement marcher au bord des bois. On peut aussi faire de la pêche sportive en mer ou en rivière. Cette activité peut être intense—les poissons ont parfois une longueur de 1 à 2,5 mètres* et peuvent peser jusqu'à 75 kilos*.

Recherche: tourisme d'aventure guyane

le seul moyen *the only way*; **1 à 2,5 mètres** *about 3.3 to 8.2 feet*; **75 kilos** *about 165 pounds*

Le tourisme d'aventure permet de découvrir les petits villages et les habitants.

Comparaisons

Où vont les Américains qui veulent faire du tourisme d'aventure? Faites des recherches en ligne.

Perspectives

La France essaie de protéger tout l'écosystème guyanais, mais ce n'est pas assez, la clandestinité en Guyane française est très importante: l'exploitation de l'or et du mercure, par exemple. Pourquoi le gouvernement du Brésil ne fait rien pour arrêter le trafic qui vient de ce pays?
–Guarana

Selon ce Guyanais, l'écosystème de la Guyane est-il suffisamment protégé? Pourquoi (pas)?

8 Activités culturelles

Faites les activités suivantes.

1. Discutez en groupe de ces questions: Qu'est-ce qui a influencé la Guyane le plus—ses ressources naturelles, son histoire, son climat, ou la technologie?
2. Trouvez un autre poème par Léon-Gontran Damas. Expliquez à la classe pourquoi vous l'aimez ou vous ne l'aimez pas.
3. Trouvez des critiques sur le film *Papillon*. Écrivez un paragraphe qui explique pourquoi vous le regarderiez ou pas.
4. Si vous faisiez du tourisme d'aventure, quelle serait votre activité préférée? Justifiez votre choix ou racontez une expérience que vous avez déjà eue.

À DISCUTER

De quelles façons la faculté d'adaptation est-elle importante pour un(e) touriste?

Du côté des médias

Regardez la carte et lisez les informations sur la Guyane française.

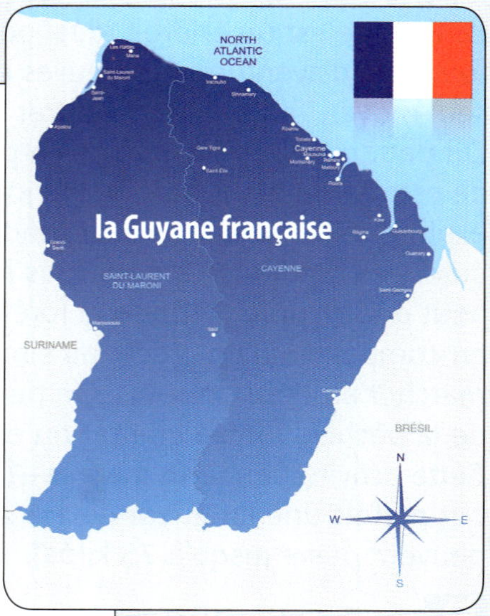

Quand vous reviendrez, personne ne vous croira...

... D'un coup d'ailes, l'océan est franchi, les plages ensoleillées défilent sous vos yeux. Par le hublot, le regard suit un fleuve qui serpente et se perd dans l'immensité verte de l'Amazonie. Cayenne scintille au loin...

... Sur le fleuve, la pirogue glisse entre deux rideaux d'arbres à l'ombre desquels apparaissent, de loin en loin, les pirogues des villages bushenengués. Courant sur le rivage, les enfants saluent de la main...

... Devant le carbet tendu de hamacs, le feu du dîner fait rougeoyer les troncs des grands arbres bruissants, entre lesquels le fleuve paisible s'écoule dans les dernières lueurs du soleil. Les Amérindiens du village d'accueil achèvent la préparation des gibiers et poissons. Les rires des enfants éclaboussent le silence...

... L'ambiance bat son plein au rythme endiablé des groupes dans les rues de Cayenne en Carnaval. Masques et costumes en liesse rient et dansent de toutes leurs couleurs éclatantes jouant du soleil et de l'ombre des vieilles maisons créoles...

... 5... 4... 3... 2... 1... Allumage... Décollage ! Lentement, majestueusement, Ariane s'élève dans le ciel étoilé de Kourou, auréolée de la lumière, inondant le pas de tir. Quelques secondes plus tard, un grondement puissant, profond, fait vibrer le sol puis l'air, effaçant durant quelques minutes les mille bruissements de la forêt équatoriale...

Bienvenue en Amazonie française.

9 Visitez la Guyane française!

Faites les activités suivantes.

1. Regardez la carte. La Guyane française fait frontière avec quels pays? Elle fait partie de quel continent?
2. Retrouvez dans le document:
   - le nom de la région
   - le nom des habitants du village
   - le nom de l'événement qui a lieu chaque année dans les rues de Cayenne
   - le nom de la ville où on lance la fusée Ariane
3. Écrivez un récit de votre expérience imaginaire dans l'Amazonie, au Carnaval, ou à Kourou.

Question centrale ? What opportunities does travel afford us?

Les vacances

Les vacances permettent de réaliser et de diversifier ses activités. Les vacances varient de culture en culture et de famille en famille. Avec vos camarades, discutez de vos vacances idéales, puis comparez-les aux vacances préférées des Français.

10 Réfléchir

Sur une feuille de papier ou sur votre ordinateur, faites la liste de vos vacances idéales. Choisissez plusieurs destinations et, pour chacune, indiquez les activités que vous aimeriez faire.

11 Faire une enquête

Faites une enquête de dix camarades de classe. Demandez (A) lesquelles des destinations suivantes sont leurs préférées, et (B) lesquelles ils ont déjà visitées en famille. Faites le pourcentage des destinations préférées de la classe d'après ces résultats.

à la mer **à la montagne** **à la campagne** **en ville** **près d'un lac** **à l'étranger**

12 Comparer

Regardez où les Français vont en vacances. À titre de (as a) comparaison, mettez ce tableau à côté de la liste de genres de destinations préférées de votre classe.

Type de destination	Pourcentage de séjours dans les espaces suivants*
Mer	27,2
Montagne	14,1
Campagne	35,0
Ville	36,4
Lac	4,0
Autre pays	12,0

*Le total est supérieur à 100% parce qu'un séjour peut compter plusieurs destinations.

13 Faisons l'inventaire!

Répondez aux questions avec un partenaire.

1. À votre avis, est-ce que les vacances reflètent nos désirs? Pourquoi, ou pourquoi pas?
2. Quelles destinations de vacances sont les plus populaires dans votre classe? Pourquoi, à votre avis?
3. Pouvez-vous expliquer les ressemblances et les différences entre les préférences vacancières des Français et celles de vos camarades de classe?

Superlative of Adverbs

Qui nage le plus vite?

The superlative of adverbs is formed in the same way as the superlative of adjectives.

le/la/les + plus + ADVERB

Je voyage **le plus souvent**. *I travel the most often.*

To form the superlative of **bien**, **mal**, **beaucoup**, and **peu**, put **le** before the adverbs' irregular comparative forms.

ADVERB	COMPARATIVE	SUPERLATIVE
bien	mieux	**le mieux**
mal	pis, plus mal	**le pis, le plus mal**
beaucoup	plus	**le plus**
peu	moins	**le moins**

Qui fait du jet ski **le mieux**? *Who can jet ski the best?*

De tous les élèves de sa classe, c'est Violette qui travaille le plus.

Comparaisons

Which example below shows an English example of a superlative form similar to **le plus** + ADVERB?

I run *the fastest*.
She studies *the most*.
He skis *the most carefully*.

14 Le superlatif

Interpretive Listening

Écrivez 1–6 sur votre papier. Écoutez chaque phrase. Ensuite, écrivez le nom de la personne qui fait chaque activité le mieux.

15 Mes camarades de classe

Presentational Speaking or Writing

Formez des phrases au sujet de vos camarades de classe.

MODÈLE parler français (bien)
Ryan parle français le mieux.

1. se lever (tôt)
2. réussir en maths (bien)
3. conduire (mal)
4. travailler (peu)
5. danser (beaucoup)
6. voyager (loin)

16 Les vacances de l'année dernière

Interpersonal Speaking

À tour de rôle, utilisez le superlatif pour demander à votre partenaire qui dans sa famille fait les activités suivantes et comment.

MODÈLE faire du ski nautique (bien)
A: Qui fait du ski nautique le mieux dans ta famille?
B: Mon père fait du ski nautique le mieux.

1. aller au fitness (souvent)
2. se coucher (tard)
3. aimer les serpents (peu)
4. conduire (mal)
5. mettre de l'anti-moustique (plus)
6. dormir (bien)
7. faire du sport (mal)
8. nager (bien)

Communiquez!

17 Un mariage inoubliable!

Interpretive Reading and Viewing, Presentational Writing and Speaking

Your sister and her fiancé are planning a three-day wedding celebration in French Guiana. They know you have knowledge of French and francophone cultures, so they have asked you to help with the planning. Do online research to find options for teens and adults who like vigorous activity, and also provide suggestions better suited to the less active members of the family. Include additional ideas for places to visit, such as parks and zoos. Finally, you will need to help the bride and groom create a menu of local specialties. Include lists of ingredients and highlight special dietary preferences (meats, spicy foods, etc.). Present your plans to a group.

Recherche: guyane-amazonie

18 Le tourisme d'aventure

Presentational Writing

Create a brochure for a seven-day tour of French Guiana. In your brochure, include the following:

- where French Guiana is located
- a list of activities travelers will do on the tour
- different types of accommodation
- prices for airfare to and from French Guiana and the largest city in your area
- a list of recommended travel gear
- the price of the tour
- a slogan for the tour or the tour company

Recherche: guyane française tourisme

19 Une bourse universitaire

Presentational Writing

You are applying for a university travel program offered by the French government. You must write an essay and answer the following questions: If you were the recipient of a financial grant to travel to French Guiana, what would you do there and how would you benefit from the experience?

Lecture thématique

Pre-AP

La plage, c'est chouette

Rencontre avec l'auteur

René Goscinny (1926–1977) est un écrivain français, connu surtout pour ses bandes dessinées *Astérix* et *Lucky Luke*. En 1959, il a publié *Le Petit Nicolas*, une série de contes drôles sur un petit garçon et ses aventures. On voit le monde du point de vue d'un enfant; l'auteur se moque des perceptions des adultes. Est-ce que la plage est chouette pour l'enfant ou le père?

Pré-lecture

Qu'est-ce que vous faisiez à la plage quand vous étiez petit(e)?

Stratégie de lecture

Point of View. Point of view is the vantage point from which a story is told. Think about how different this story would be if it were told from someone else's point of view—for example, that of Nicolas's father or of another adult. As you read, fill out a graphic organizer recording the father's actions and feelings based on what his son describes.

L'évènement	Description du père	Sentiment du père
1. le ballon est tombé sur la tête de papa	Unhappy, kicks ball hard so it goes far in water	angry
2. faire des trous dans le sable	Liked to do it as a child	nostalgic

Outils de lecture

Characterization. One way to create a character is to report what he or she says and does. Who describes his father's speech and actions? What do these descriptions tell us about the narrator's character? How do they contribute to the humor of the story?

Plage, Biarritz, 1999. Delphine D. Garcia. Collection privée.

La plage, c'est chouette

À la plage, on rigole bien. Je me suis fait des tas de* copains, il y a Blaise, et puis Fructueux, et Mamert; qu'il est bête celui-là! Et Irénée et Fabrice et Côme et puis Yves, qui n'est pas en vacances parce qu'il est du pays et on joue ensemble, on se dispute, on ne se parle plus et c'est drôlement chouette.

"Va jouer gentiment avec tes petits camarades, m'a dit papa ce matin, moi je vais me reposer et prendre un bain de soleil." Et puis, il a commencé à se mettre de l'huile partout et il rigolait en disant: "Ah! quand je pense aux copains qui sont restés au bureau!"

Nous, on a commencé à jouer avec le ballon d'Irénée. "Allez jouer plus loin" a dit papa, qui avait fini de se huiler, et bing! le ballon est tombé sur la tête de papa. Ça, ça ne lui a pas plu* à papa. Il s'est fâché* tout plein* et il a donné un gros coup de pied* dans le ballon, qui est allé tomber dans l'eau, très loin. Un shoot terrible….

—Écoutez, les enfants, je veux me reposer tranquille*. Alors, au lieu de* jouer au ballon, pourquoi ne jouez-vous pas à autre chose?

—Ben, à quoi par exemple, hein, dites? a demandé Mamert. Qu'il est bête celui-là!

—Je ne sais pas, moi, a répondu papa, faites des trous*, c'est amusant de faire des trous dans le sable*. Nous, on a trouvé que c'était une idée terrible et on a pris nos pelles*….

On a commencé à faire un trou. Un drôle de trou, gros et profond* comme tout. Quand papa est revenu avec sa bouteille d'huile, je l'ai appelé et je lui ai dit:

—T'as vu notre trou, papa?

—Il est très joli, mon chéri, a dit papa…. Et puis, est venu un monsieur avec une casquette blanche et il nous a demandé qui nous avait permis* de faire ce trou dans sa plage. "C'est lui, m'sieur!" ont dit tous mes copains en montrant papa. Moi j'étais très fier*, parce que je croyais que le monsieur à la casquette allait féliciter* papa. Mais le monsieur n'avait pas l'air content.

—Vous n'êtes pas un peu fou, non, de donner des idées comme ça aux gosses*? a demandé le monsieur. Papa… a dit: "Et alors?" Et alors, le monsieur à la casquette s'est mis à crier que c'était incroyable* ce que les gens étaient inconscients*, qu'on pouvait

continued

Pendant la lecture
1. Selon Nicolas, pourquoi est-ce que la plage est chouette?

Pendant la lecture
2. Qu'est-ce que le père de Nicolas veut faire?

Pendant la lecture
3. Pourquoi le père de Nicolas n'est-il pas content?

Pendant la lecture
4. Qu'est-ce que le père de Nicolas dit aux garçons de faire?

Analyse

Compare and explain the different reactions that each character has regarding the activity in which the kids are involved.

---

des tas de beaucoup de; **ne lui a pas plu** *didn't please him*; **s'est fâché** *got angry*; **tout plein** beaucoup; **coup de pied** *kick*; **tranquille** au calme; **au lieu de** *instead of*; **trous** *holes*; **sable** *sand*; **pelles** *shovels*; **profond** *deep*; **nous avait permis** *had given us permission*; **fier** *proud*; **féliciter** *to congratulate*; **gosses** enfants; **incroyable** *incredible*; **inconscients** *reckless* se casser* une jambe en tombant dans le trou, et qu'à marée haute*, les gens qui ne savaient pas nager perdraient pied et se noieraient* dans le trou, et que le sable pouvait s'écouler* et qu'un de nous risquait de rester dans le trou, et qu'il pouvait se passer des tas de choses terribles dans le trou et qu'il fallait absolument reboucher* le trou.

—Bon, a dit papa, rebouchez le trou, les enfants. Mais les copains ne voulaient pas reboucher le trou.

—Un trou, a dit Côme, c'est amusant à creuser*, mais c'est embêtant* à reboucher.

—Allez, on va se baigner*! a dit Fabrice. Et ils sont tous partis en courant. Moi je suis resté, parce que j'ai vu que papa avait l'air d'avoir des ennuis.

—Les enfants! Les enfants! a crié papa, mais le monsieur à la casquette a dit:

—Laissez les enfants tranquilles et rebouchez-moi ce trou en vitesse! Et il est parti.

Papa a poussé un gros soupir* et il m'a aidé à reboucher le trou. Comme on n'avait qu'une seule petite pelle, ça a pris du temps et on avait à peine fini que maman a dit qu'il était l'heure de rentrer à l'hôtel pour déjeuner, et qu'il fallait se dépêcher, parce que, quand on est en retard, on ne vous sert pas à l'hôtel. "Ramasse* tes affaires, ta pelle, ton seau* et viens," m'a dit maman. Moi j'ai pris mes affaires, mais je n'ai pas trouvé mon seau. "Ça ne fait rien, rentrons" a dit papa. Mais moi, je me suis mis à pleurer plus fort.

Un chouette seau, jaune et rouge, et qui faisait des pâtés terribles. "Ne nous énervons pas*," a dit papa, "où l'as-tu mis, ce seau?" J'ai dit qu'il était peut-être au fond du trou, celui qu'on venait de boucher. Papa m'a regardé comme s'il voulait me donner une fessée*, alors je me suis mis à pleurer plus fort et papa a dit que bon, qu'il allait le chercher le seau, mais que je ne lui casse plus les oreilles*. Mon papa, c'est le plus gentil de tous les papas! Comme nous n'avions toujours que la petite pelle pour les deux, je n'ai pas pu aider papa et je le regardais faire quand on a entendu une grosse voix derrière nous: "Est-ce que vous vous fichez de moi*?" Papa a poussé un cri*, nous nous sommes retournés et nous avons vu le monsieur à la casquette blanche. "Je crois me souvenir que je vous avais interdit* de faire des trous," a dit le monsieur. Papa lui a expliqué qu'il cherchait mon seau. Alors, le monsieur lui a dit que d'accord, mais à condition qu'il rebouche le trou après. Et il est resté là pour surveiller* papa.

continued

Pendant la lecture
5. Pourquoi est-ce que le monsieur pense que le trou est une mauvaise idée?

Pendant la lecture
6. Qui rebouche le trou?

Pendant la lecture
7. Pourquoi Nicolas commence-t-il à pleurer?

Pendant la lecture
8. Que fait le père de Nicolas pour trouver le seau de son fils?

---

se casser *to break*; **marée haute** *high tide*; **se noieraient** *would drown*; **s'écouler** *cave in*; **reboucher** *fill back up*; **creuser** *to dig*; **embêtant** *bothersome*; **se baigner** jouer dans l'eau; **soupir** *sigh*; **Ramasse** *Pick up*; **seau** *bucket*; **ne nous énervons pas** *let's not get upset*; **fessée** *spanking*; **casser les oreilles** *to make deaf*; **vous vous fichez de moi** *are you trying to make a fool out of me*; **a poussé un cri** *shouted*; **interdit** *forbidden*; **surveiller** *monitor*

"Écoute, a dit maman à papa, je rentre à l'hôtel avec Nicolas. Tu nous rejoindras* dès que tu auras retrouvé le seau." Et nous sommes partis. Papa est arrivé très tard à l'hôtel, il était fatigué, il n'avait pas faim et il est allé se coucher. Le seau, il ne l'avait pas trouvé, mais ce n'est pas grave, parce que je me suis aperçu* que je l'avais laissé dans ma chambre. L'après-midi, il a fallu appeler un docteur, à cause des brûlures* de papa. Le docteur a dit à papa qu'il devait rester couché pendant deux jours.

—On n'a pas idée de s'exposer comme ça au soleil, a dit le docteur, sans se mettre de l'huile sur le corps.

—Ah! a dit papa, quand je pense aux copains qui sont restés au bureau!

Mais il ne rigolait plus du tout en disant ça.

Pendant la lecture

9. Selon le médecin, qu'est-ce que le père de Nicolas doit faire?

Pendant la lecture

10. Pourquoi est-ce que le père de Nicolas ne rigole pas quand il pense au bureau?

rejoindras *will join us*; **aperçu** vu; **brûlures** *burns*

Post-lecture

Pour quelles raisons est-ce que le père de Nicolas regrette sa journée à la plage?

Le monde visuel

L'artiste Delphine D. Garcia (1973–) est connue pour ses œuvres d'art autobiographiques. La façon dont (*in which*) elle se sert du point de vue a pour objet de saisir (*seize*) la réalité. Un point de vue est un angle à partir duquel (*from which*) on voit un sujet. Il peut se trouver directement en face du spectateur, à un angle déconcertant (*disconcerting*); il peut être éloigné (*at a distance*) ou rapproché (*close by*), au-dessus ou au-dessous du sujet, ou réunir plusieurs de ces angles. Si le sujet de ce tableau n'est pas une ou plusieurs personnes, quel est-il? Comment est-ce que le point de vue dans ce tableau exprime (*expresses*) la vision que l'artiste a de son passé?

20 Activités d'expansion

Faites les activités suivantes.

1. Écrivez un paragraphe sur l'usage du point de vue dans l'histoire. Servez-vous du tableau que vous avez fait pour l'activité de Pré-lecture à la p. 579.
2. Imaginez que le père de Nicolas rentre au bureau et parle avec ses collègues de ses vacances au bord de la mer. Racontez l'histoire que vous venez de lire, cette fois du point de vue du père de Nicolas.
3. Avec trois autres élèves, faites un sketch (*skit*) où vous jouez les rôles de Nicolas, de son père, de sa mère, et du docteur à l'hôtel. Nicolas raconte au docteur ses aventures à la plage, la mère lui pose des questions sur la santé de son mari, le père se plaint (*complains*), et le docteur répond à chaque membre de la famille.

Les copains d'abord: La grande réunion

Pre-AP 21

Question centrale ? What opportunities does travel afford us?

Communiquez!

21 Sur la Côte d'Azur

Connecting to Media Literacy, Creativity and Innovation

Presentational Writing

Using the unit vocabulary, create a comic strip of at least five frames that takes place on the French Riviera. Make two copies of your comic—one with filled-in captions and/or speech bubbles and one with blank captions. Exchange the blank copy of your comic with a classmate, and fill in each other's captions and/or speech bubbles based on the drawings. Finally, compare your classmate's version with your own completed copy.

22 Les clubs de sport

Connecting to Media Literacy, Information Literacy

Interpretive Reading, Interpersonal Speaking

Select an activity in which you are interested and find several clubs in various parts of France that offer this activity. Look at the clubs' websites, descriptions, and events to determine how the same activity varies by location. Exchange your findings with those of a partner to compare the clubs and how they participate in different events with the same activity.

Recherche: club de (ACTIVITY) + (CITY)

MODÈLE **A: Le club de randonnée à Paris offre des randonnées à la montagne?**
B: Oui, mais il faut voyager plusieurs jours pour sortir de la région. Le club de Grenoble est déjà dans la région des Alpes.

23 Les superfans

Connecting to Information Literacy, Technology Literacy, Creativity and Innovation

Interpretive Reading, Presentational Speaking and Writing

You work for a travel company that creates guides for "superfans" who like to experience the same activities and adventures in several different countries. Choose specific areas of tourism to research and compare the locations and conditions of at least three different francophone countries. Present your findings to the superfans in your class.

Recherche: (ACTIVITY) + (CITY OR COUNTRY)

MODÈLE **Je préfère faire du ski nautique en France plutôt qu'en Suisse parce qu'il y a plus de plages et ça coûte moins cher.**

Finale

Question centrale ? What opportunities does travel afford us?

Projets finaux

A Connexions par Internet: l'Art

Une peinture célèbre

Choose a painting by Chagall or Matisse that you like and describe it to the class, including the following information:

- when it was painted
- what is in the foreground, middle ground, and background
- the colors of the items or subjects in the painting
- why this is typical or atypical of the artist's work
- why you like or dislike it

B Communautés en ligne

Le Centre spatial guyanais

Do research to find ten important facts about the space center in French Guiana and the Ariane rockets used to launch satellites. Then ask French students in other schools in the United States or abroad to add to it. Share what you have learned with the class.

C Passez à l'action!

Le tourisme d'aventure

In a group, create a **bande dessinée** about a teen's experience with adventure tourism in French Guiana. Assign each member one of the following tasks:

- generate a story idea and characters
- write the story
- edit the story
- draw a cartoon frames
- write text in the speech bubbles

D Faisons le point!

Mes progrès

Your teacher will give you a chart to fill in about your learning in this unit.

Je comprends	Je ne comprends pas encore	Mes connexions
What did I do well to learn and use the content of this unit?	What should I do in the next unit to better learn and use the content?	
How can I effectively communicate to others what I have learned?	What was the most important concept I learned in this unit?	

Pre-AP

Évaluation

A Évaluation de compréhension auditive

Write the numbers 1–8 on your paper. Listen to Lilou and Hamza talk about vacations. Then write **V** if the phrase you hear is **vrai**, or **F** if it is **faux**.

B Évaluation orale

With a partner, role-play two cousins planning a camping trip. In your conversation:

Greet your cousin and say you have wanted to go camping in the Alps for a long time.

Say you are going to have fun together. Ask if your cousin prefers swimming or hiking.

State how you feel about these activities. Then ask what you should bring.

Tell your cousin to bring a sleeping bag, flashlight, swimsuit, fishing pole, and boots. Say you need a beach towel, and ask if your cousin wants to shop with you.

Say what you need. Ask if your cousin can lend you these things.

Arrange a time and place to meet your cousin.

C Évaluation culturelle

Beaucoup de campeurs en France louent des mobil-homes.

In this activity, you will compare francophone cultures with American culture. You may need to do some additional research on American culture.

1. **La Côte d'Azur.** Name several famous people associated with this region. Compare it with an area in your region where the wealthy and famous go. What makes these areas special?
2. **Les carnavals.** Compare Nice's winter carnival to Mardi Gras in New Orleans. Which celebration would you prefer to go to? Why?
3. **Les musées d'art.** Visit the web sites of **les musées Chagall et Matisse**. How do they compare to art museums in your region?
4. **Les montagnes.** What is the highest peak in France? in the United States? Compare the activities you can do in the Alps with those available in mountain regions of the United States.
5. **Les téléphériques.** Compare the cable car experience in Grenoble with a comparable experience in the United States. What landscape can you see in each?
6. **Le camping.** Compare the different types of camping available in France with those in your area. How popular is camping in France and where you live?
7. **Les centres spatiaux.** Compare the initiatives of the French and American space programs. What is the focus of each program?
8. **Les bagnes.** Describe what you have learned about the famous French overseas prison system in French Guiana. What correctional facilities are there in your region, and what types of inmates do they house? How has incarceration changed since the time of Papillon?
9. **Le tourisme d'aventure.** What kinds of adventure tourism activities are available in France and French Guiana? What opportunities for adventure tourism are available in the United States?

D Évaluation écrite

Write a note to your roommate, saying the following:

- You are going to the beach.
- You need your roommate's beach towel and beach bag.
- It has been a long time since you have been to the beach.
- Invite your roommate to meet you there.
- Say what he or she should bring (cooler, beverages, sunscreen, etc.).

E Évaluation visuelle

Use the illustration to describe to a partner your activities while on vacation in Nice. Use as much of the vocabulary and structures from the unit as possible.

F Évaluation compréhensive

Imagine you went camping at a real campsite in France or in the Amazon rainforest in Guiana. Create a storyboard with six frames to illustrate your adventures. Begin with trip preparations; then tell what you saw and did there.

Recherche: camping en france

Heng fait du camping avec son meilleur ami.

Vocabulaire de l'Unité 10

l' **accueil (m.)** welcome *C*
un(e) **ado** teenager *A*
les **affaires (f.)** belongings, things *B*
amérindien(ne) Amerindian *C*
l' **Amérique (f.): Amérique du Nord** North America *C*; **Amérique du Sud** South America *C*
un **amoureux, une amoureuse (de)** lover (of) *C*
l' **Antarctique (m.)** Antarctica *C*
un **anti-moustique** insect repellent *C*
l' **arrière-pays (m.)** back country *A*
l' Asie (f.) Asia *C*
aussi: aussi (+ ADVERB) que as (ADVERB) as *B*
un **best-seller (des best-sellers)** best seller *A*
bon: bon courage good luck *B*
bronzer to tan *A*
c'est: C'est décidé. It's settled. *C*; **C'est parti!** Here we go! *C*
ça: ça fait longtemps que it's been a long time since *A*
le **cadre** setting *A*
le **camping** camping *B*; **un camping-car** RV *B*; **un camping-gaz** camp stove *B*
une **canne à pêche** fishing pole *B*
une **casserole** saucepan *B*
une **chaise longue** beach chair *A*
le **charme** charm *A*
chut shh *A*
une **collection** collection *A*
comme as, since *A*
un **conquérant** conqueror *B*
un **continent** continent *C*
la **corniche** cliff road *A*
la **Côte d'Azur** French Riviera *A*
un **couteau: couteau suisse** Swiss army knife *C*
craindre to fear *C*
la **crème: crème solaire** sunscreen *A*
décider to decide *A*
la **découverte** discovery *C*
un **déménagement** move [house] *B*
dès: dès que as soon as *B*
la **descente** descent *C*
la **douceur: douceur de vivre** relaxed style of life *C*
emporter to bring *C*;
en: en canoë by canoe *C*; **en pirogue** by pirogue *C*; **en plein air** outdoors *B*
l' **envoûtement (m.)** spell *A*
être: être de retour to be back *A*
faire: faire de la voile to go sailing *A*; **faire du camping** to go camping *B*; **faire du canoë** to go canoeing *C*; **faire du jet ski** to jet ski *A*; **faire du parachutisme ascensionnel** to go parasailing *A*; **faire du ski nautique** to go water-skiing *A*; **faire un tour** to go on a trip *C*; **faire une liste** to make a list *C*; **faire une promesse** to make a promise *A*
la **fantaisie** fantasy *A*
faut: il me faut I need *B*
la **force** strength *C*
une **glacière** cooler *B*
le **Guide Michelin** Michelin Guide *A*
guidé guided *C*
la **Guyane (française)** French Guiana *C*
un **hamac** hammock *C*
un(e) **indigène** native person *C*
l' **inutile (m.)** what is useless *B*
une **lampe: lampe de poche** flashlight *B*; **une lampe torche** flashlight *B*
le **lendemain** next day *B*
une **liseuse** e-reader *A*
le **long de** alongside *A*
longtemps: ça fait longtemps que it's been a long time since *A*
les **lunettes (f.): lunettes de soleil** sunglasses *A*
des **maisons: maisons de rêve** dream homes *A*
la **Manche** English Channel *C*
une **masse d'eau** body of water *C*
le **massif** mountain range *B*
un **matelas pneumatique** inflatable mattress *A*
la **mer: mer des Caraïbes** Caribbean Sea *C*; **mer Méditerranée** Mediterranean Sea *C*; **mer du Nord** North Sea *C*
mieux: mieux que better than *B*; **le mieux** the best *C*
moins: moins (+ ADVERB) + que less… than *B*; **le moins** the least *C*
le **mot** word *A*
l' **océan (m.): océan Atlantique** Atlantic Ocean *C*; **océan Indien** Indian Ocean *C*; **océan Pacifique** Pacific Ocean *C*
l' **Océanie (f.)** Oceania *[continent]* *A*
un **parasol** umbrella (beach) *A*
un **parfum** perfume, scent *A*
un **piranha** piranha *C*
pis: le pis the worst [*adverb*] *C*
plus: plus mal worse *B*; **plus + (ADVERB) + que** more (ADVERB) than *B*; **le plus** the most *C*; **le plus mal** the worst *C*
une **poêle** frying pan *B*
projeter to plan *C*
se **promener** to go for a walk *A*
puissant(e) powerful *C*
un **réchaud** portable stove *B*
le **regard** look *C*
rendre to give back, to return *B*
respirer to breathe *A*
rêver to dream *A*
un **sac de couchage** sleeping bag *B*; **sac de plage** beach bag *A*
une **sensation** feeling, sensation *C*
une **serviette de plage** beach towel *A*
splendide gorgeous *A*
une **tente** tent *B*
un **terrain de camping** campground *B*
le **tourisme: tourisme d'aventure** adventure tourism *C*
une **trousse: trousse de premiers secours** first-aid kit *C*
un **vacancier, une vacancière** vacationer *A*
volontiers gladly *B*

Bilan cumulatif

Pre-AP

Listening

I. You will hear a short conversation. Select the reply that would come next. You will hear the conversation twice.

1. A. On a besoin d'un anti-moustique et d'une trousse de premiers secours.
   B. Il leur faut un bon matelas pneumatique à la plage.
   C. On va faire du camping.
   D. On a déjà décidé où on passera les vacances.

II. Listen to the conversation. Then select the best completion to each statement that follows.

2. … sont partis en vacances.
   A. Des amis
   B. Un frère, une sœur, et leur mère
   C. Les parents
   D. Des grands-parents

3. La famille a dormi….
   A. en plein air
   B. à l'hôtel à Biarritz
   C. à l'auberge de jeunesse
   D. près de l'Atlantique

4. Bruno a….
   A. rencontré Clothilde
   B. bronzé
   C. rencontré des gens intéressants
   D. beaucoup lu

5. Clothilde a….
   A. lu des guides
   B. mis beaucoup de crème solaire
   C. beaucoup parlé anglais
   D. fini une série de best-sellers

Reading

III. Read the e-mail. Then select the best completion to each statement.

Bonjour à tous!

Me voilà maintenant sur la Côte d'Azur depuis quelques semaines. Ça faisait longtemps que je voulais venir ici voir ce que tout le monde appelle la "grande bleue." La Méditerranée est superbe; je comprends pourquoi chaque année des millions de touristes viennent bronzer sur ses plages. Tout est beau et bien organisé pour les touristes. Et il fait toujours beau. On peut bien se reposer. Pas de stress comme à Paris. Je passe mon temps à nager, faire du jet ski, dîner en plein air, et explorer la région. Les distances entre les villes ne sont pas très grandes, alors j'ai pu facilement visiter beaucoup d'endroits, surtout le long de la corniche. La vie dans le sud est plus calme que la vie dans notre banlieue, mes amis. Si je le pouvais, je resterais ici. Alors, si vous ne me voyez pas la semaine prochaine, venez me retrouver ici sur la plage. Je joins une photo pour vous tenter.

À très bientôt, peut-être!

Affectueusement,

Un amoureux du sud, Marco

1. Marco vient….
   A. du sud de la France
   B. de la corniche
   C. de la région parisienne
   D. de la région

2. Marco passe son temps à….
   A. travailler
   B. faire du ski nautique
   C. explorer la Côte d'Azur
   D. lire des best-sellers

3. En tout, Marco a passé… sur la Côte d'Azur.
   A. une semaine
   B. toute sa vie
   C. l'été
   D. plusieurs semaines

Writing

IV. Complete the paragraph with appropriate words or expressions.

Robert vient de rentrer de vacances. Comme il s'intéresse à l'écologie et fait ses études à la __1__ des sciences et technologies, il a fait du tourisme vert en Guyane française. C'était un voyage de rêve entre la flore et la __2__ très riches du pays car il adore le tourisme d' __3__. Après la montée, il a fait la __4__ d'un fleuve, pas en jet ski comme sur la Côte d'Azur, mais en canoë dans une __5__! Il a dormi dans un __6__ dans la forêt et a préparé ses repas sur un __7__. Il a fait la connaissance des Amérindiens qui lui ont donné un __8__ chaleureux dans cet arrière-pays. Mais dans les villes et la banlieue, la vie n'est pas un rêve! C'est difficile de trouver du travail et beaucoup de gens sont au __9__. Le gouvernement cherche un remède. Une solution sera d'investir dans le __10__ des sciences et techniques.

V. Complete the sentences with verbs in the **présent**, **futur**, **imparfait**, or **conditionnel**.

11. Demain, Cécile __11__ son bac. (passer)
12. Si vous vouliez combattre le racisme, vous __12__ la tolérance. (enseigner)
13. Si vous m'accompagniez, nous __13__ faire des randonnées à Chamonix. (pouvoir)
14. Vous aimez l'art de Matisse et de Chagall, alors, quand vous __14__ en France, vous visitez toujours les musées de Nice. (aller)
15. Je mettrais des pneus Michelin, si j'__15__ des problèmes avec ma voiture. (avoir)
16. Si le Tour de France passe par Grenoble, je __16__ les cyclistes. (voir)
17. Si nous allions en Guyane, nous __17__ voyager avec un guide! (devoir)
18. Elle __18__ de la crème solaire quand elle va à la plage. (mettre)
19. Si tu veux, je te __19__ mon couteau suisse demain. (prêter)

Composition

VI. Write a journal entry about your plans for the future and what your friends will do after finishing their studies.

Speaking

VII. Use the illustrations to tell a story to your partner. Include who the person is, what he or she is doing, and why.

Grammar Summary

The Grammar Summary is in alphabetical order.

Adjectives

Agreement of Regular Adjectives

Masculine	Masculine Plural	Feminine	Feminine Plural
	+ s	**masculine adjective + e**	**masculine adjective + es**
grand	grands	grande	grandes

Exceptions

Masculine	Masculine Plural	Feminine	Feminine Plural
Adjectives ending in **e**	**+ s**	no change	**+ s**
bête	bêtes	bête	bêtes
Adjectives ending in **n, l**	**+ s**	**double consonant + e**	**double consonant + es**
bon intellectuel	bons intellectuels	bonne intellectuelle	bonnes intellectuelles
Adjectives ending in **s**	no change	**double consonant + e**	**double consonant + es**
gros	gros	grosse	grosses
Adjectives ending in **eux**	no change	**-euse**	**-euses**
généreux	généreux	généreuse	généreuses

Irregular Adjectives

Masculine	Masculine Before a Vowel	Masculine Plural	Feminine	Feminine Plural
beau	bel	beaux	belle	**+ s**
nouveau	nouvel	nouveaux	nouvelle	
vieux	vieil	vieux	vieille	
frais	frais	frais	fraîche	
cher	cher	**+ s**	chère	
blanc	blanc	**+ s**	blanche	
long	long	**+ s**	longue	

Invariable Adjectives

Some adjectives do not change in the feminine or the plural form.

orange	marron	super	sympa	bon marché

Position of Adjectives

Article + Noun	+ Adjective
des stylos **bleus**	

Exceptions

beau, joli, nouveau, vieux, bon, mauvais, grand, petit, gros *(BAGS: beauty, age, goodness, size)*

Article + Adjective	+ Noun
une **belle** voiture	

Comparative of Adjectives

plus	*(more)*	**+ adj**	**+ que**	*(than)*
moins	*(less)*	**+ adj**	**+ que**	*(than)*
aussi	*(as)*	**+ adj**	**+ que**	*(as)*

Superlative of Adjectives

For regular adjectives placed after the noun

le/la/les + noun + **le/la/les** + **plus** + adjective

For adjectives placed before the noun

le/la/les + **plus** + adjective + noun

Exception: bon = le/la/les **meilleur**(e)(s)
mauvais = le/la/les **pire**(s)

Interrogative Adjective *quel*

Masculine	Masculine Plural	Feminine	Feminine Plural
quel	quels	quelle	quelles

Adjective *tout*

Masculine	Masculine Plural	Feminine	Feminine Plural
tout	tous	toute	toutes

Possessive Adjectives

Masculine	Feminine	Plural
mon	ma	mes
ton	ta	tes
son	sa	ses
notre	notre	nos
votre	votre	vos
leur	leur	leurs

Adverbs

assez	peut-être
beaucoup	souvent
bien	surtout
déjà	toujours
enfin	trop
mal	un peu
même	vite
peu	

Expressions of Quantity

assez de	une boîte de	une bouteille de
beaucoup de	un paquet de	un pot de
peu de	un morceau de	une tranche de
un peu de	un gramme de	un kilo de
trop de	un litre de	

Formation of Long Adverbs

Long adverbs are formed by adding **-ment** to the feminine form of an adjective.

Feminine Form of Adjective	+ ment
heureuse	heureusement
généreuse	généreusement

Position of Adverbs

Short Adverbs Qualifying Verbs

present tense	*passé composé*
J'aime **beaucoup** les animaux.	Tu as **trop** mangé.

Long Adverbs Qualifying Sentences

Modifying Verbs	Modifying Entire Sentence
Tu dessines **parfaitement**.	Nous avons fini, **heureusement**. **Heureusement**, nous avons fini.

Adverbial Expressions of Time

Tu vas à la teuf **demain soir**?

Ce matin, le prof a apporté des gâteaux.

Comparative of Adverbs

plus	(*more*)	+ adverb	**+ que**	(*than*)
moins	(*less*)	+ adverb	**+ que**	(*than*)
aussi	(*as*)	+ adverb	**+ que**	(*as*)

Some adverbs have an irregular form:

Adverb	Comparative
bien (*well*)	**mieux** (*better*)
beaucoup (*a lot, much*)	**plus** (*more*)
peu (*little*)	**moins** (*less*)
mal (*badly*)	**pis, plus mal** (*worse*)

Superlative of Adverbs

For regular adjectives placed after the noun

le + **plus** + adverb

To form the superlative of **bien**, **beaucoup** and **peu**, put **le** before these adverbs' irregular comparative forms.

Adverb	Comparative	Superlative
bien (*well*)	**mieux** (*better*)	**le mieux** (*the best*)
beaucoup (*a lot, much*)	**plus** (*more*)	**le plus** (*the most*)
peu (*little*)	**moins** (*less*)	**le moins** (*the least*)
mal (*badly*)	**pis, plus mal** (*worse*)	**le pis, le plus mal** (*the worst*)

Articles

Indefinite Articles

Singular		Plural
Masculine	**Feminine**	des
un	une	

Definite Articles

Singular			Plural
Before a Consonant Sound		**Before a Vowel Sound**	les
Masculine	**Feminine**		
le	la	l'	

À + Definite Articles

Singular			Plural
Before a Consonant Sound		**Before a Vowel Sound**	aux
Masculine	**Feminine**		
au	à la	à l'	

De + Definite Articles

Singular			Plural
Before a Consonant Sound		Before a Vowel Sound	des
Masculine	Feminine		
du	de la	de l'	

Partitive Articles

Before a Consonant Sound		Before a Vowel Sound	In the Negative
Masculine	Feminine	**de l'**eau minérale	**pas de** coca **pas de** viande **pas d'**eau minérale
du coca	**de la** viande		

C'est vs. *il/elle est*

c'est	vs.	ce n'est pas
C'est un ballon de foot.		Ce n'est pas un gâteau.
c'est	**vs.**	**il/elle est**
C'est un garçon. C'est une fille.		Il s'appelle Karim. Elle s'appelle Amélie.
ce sont	**vs.**	**ils/elles sont**
Ce sont des étudiants. Ce sont des étudiantes.		Ils sont sportifs. Elles sont sympa.

Negation

ne (n')… pas	Il **ne** joue **pas**. Il **n'**a **pas** joué.
ne (n')… plus	Elle **n'**aime **plus** les frites.
ne (n')… jamais	Nous **ne** dansons **jamais**.
ne (n')… personne	Vous **n'**invitez **personne**?
ne (n')… rien	Ma grand-mère **ne** comprend **rien**.

Nouns

Irregular Plural Nouns

	Singular	Plural
no change	un bus	des bus
-al → **aux**	un cheval	des chev**aux**
-eu → **eux**	un jeu	des **jeux**
-eau → **eaux**	un bateau	des bat**eaux**

Numbers

Cardinal Numbers		Ordinal Numbers	
un	six	premier, première	sixième
deux	sept	deuxième	septième
trois	huit	troisième	huitième
quatre	neuf	quatrième	neuvième
cinq	dix, etc.	cinquième	dixième, etc.

Prepositions

Prepositions before Cities, Countries, Continents

City (Paris)	Masculine (le Japon)	Feminine (la France)	Plural (les États-Unis)
à	au	en	aux

Pronouns

Subject Pronouns

Singular	Plural
je	nous
tu	vous
il/elle/on	ils/elles

Stress Pronouns

Singular	Plural
moi	nous
toi	vous
lui, elle	eux, elles

Direct Object Pronouns

Singular	Plural
me	nous
te	vous
le, la	les

Indirect Object Pronouns

Singular	Plural
me	nous
te	vous
lui	leur

The Pronoun *en*

en replaces…	
de + Noun	Tu manges du pain? Oui, j'en mange. Prenez de la viande! Prenez-en!
de + Noun after Expression of Quantity	Vous voulez un peu de café? Oui, j'en veux un peu. Il a apporté trois assiettes? Oui, il en a apporté trois.

The Pronoun *y*

Replaces a preposition (**à, en, dans, chez, sur, derrière**) and the name of a place.
Il va au stade? Oui, il **y** va.

Order of Double Pronouns

		me										
		te		**le**								
Subject	+	**nous**	+	**la**	+	**lui**	+	**y**	+	**en**	+	Verb
		vous		**les**		**leur**						
		se										

Relative Pronouns *qui* and *que*

	Subject	Object
People	qui l'homme qui parle	que le garçon que je connais
Things	qui le dessin qui est sur la table	que le pull que je porte

Questions

Forming Questions

using **n'est-ce pas**	Il fait chaud, **n'est-ce pas**? Ils regardent un film, **n'est-ce pas**?
using **est-ce que**	**Est-ce qu'**il fait chaud? **Est-ce qu'**ils regardent un film?
using **inversion:** Verb-Subject	**Fait-il** chaud? **Regardent-ils** un film?

Telling Time

Il est une **heure**	…et quart.	…et demie.	…moins le quart.
Il est midi.		(…midi et demi.)	
Il est minuit.		(…minuit et demi.)	

Verbs

Regular Verbs—Present Tense

-er aimer			
j'	aim**e**	nous	aim**ons**
tu	aim**es**	vous	aim**ez**
il/elle/on	aim**e**	ils/elles	aim**ent**

-ir finir			
je	fin**is**	nous	fin**issons**
tu	fin**is**	vous	fin**issez**
il/elle/on	fin**it**	ils/elles	fin**issent**

-re vendre			
je	vend**s**	nous	vend**ons**
tu	vend**s**	vous	vend**ez**
il/elle/on	vend	ils/elles	vend**ent**

Irregular Verbs—Present Tense

acheter			
j'	ach**è**te	nous	achetons
tu	ach**è**tes	vous	achetez
il/elle/on	ach**è**te	ils/elles	ach**è**tent

aller			
je	vais	nous	allons
tu	vas	vous	allez
il/elle/on	va	ils/elles	vont

avoir (avoir besoin de/avoir chaud/avoir faim/avoir froid/avoir soif)			
j'	ai	nous	avons
tu	as	vous	avez
il/elle/on	a	ils/elles	ont

boire			
je	bois	nous	buvons
tu	bois	vous	buvez
il/elle/on	boit	ils/elles	boivent

conduire			
je	conduis	nous	conduisons
tu	conduis	vous	conduisez
il/elle/on	conduit	ils/elles	conduisent

connaître			
je	connais	nous	connaissons
tu	connais	vous	connaissez
il/elle/on	connaît	ils/elles	connaissent

devoir			
je	dois	nous	devons
tu	dois	vous	devez
il/elle/on	doit	ils/elles	doivent

dormir			
je	dors	nous	dormons
tu	dors	vous	dormez
il/elle/on	dort	ils/elles	dorment

écrire			
j'	écris	nous	écrivons
tu	écris	vous	écrivez
il/elle/on	écrit	ils/elles	écrivent

être			
je	suis	nous	sommes
tu	es	vous	êtes
il/elle/on	est	ils/elles	sont

Irregular Verbs—Present Tense *continued*

faire			
je	fais	nous	faisons
tu	fais	vous	faites
il/elle/on	fait	ils/elles	font

falloir
il faut

lire			
je	lis	nous	lisons
tu	lis	vous	lisez
il/elle/on	lit	ils/elles	lisent

mettre			
je	mets	nous	mettons
tu	mets	vous	mettez
il/elle/on	met	ils/elles	mettent

offrir			
j'	offre	nous	offrons
tu	offres	vous	offrez
il/elle/on	offre	ils/elles	offrent

ouvrir			
j'	ouvre	nous	ouvrons
tu	ouvres	vous	ouvrez
il/elle/on	ouvre	ils/elles	ouvrent

partir			
je	pars	nous	partons
tu	pars	vous	partez
il/elle/on	part	ils/elles	partent

pouvoir			
je	peux	nous	pouvons
tu	peux	vous	pouvez
il/elle/on	peut	ils/elles	peuvent

préférer			
je	préf**è**re	nous	préférons
tu	préf**è**res	vous	préférez
il/elle/on	préf**è**re	ils/elles	préf**è**rent

prendre			
je	prends	nous	prenons
tu	prends	vous	prenez
il/elle/on	prend	ils/elles	prennent

recevoir			
je	reçois	nous	recevons
tu	reçois	vous	recevez
il/elle/on	reçoit	ils/elles	reçoivent

savoir			
je	sais	nous	savons
tu	sais	vous	savez
il/elle/on	sait	ils/elles	savent

sortir			
je	sors	nous	sortons
tu	sors	vous	sortez
il/elle/on	sort	ils/elles	sortent

suivre			
je	suis	nous	suivons
tu	suis	vous	suivez
il/elle/on	suit	ils/elles	suivent

venir			
je	viens	nous	venons
tu	viens	vous	venez
il/elle/on	vient	ils/elles	viennent

Irregular Verbs—Present Tense *continued*

vivre			
je	vis	nous	vivons
tu	vis	vous	vivez
il/elle/on	vit	ils/elles	vivent

vouloir			
je	veux	nous	voulons
tu	veux	vous	voulez
il/elle/on	veut	ils/elles	veulent

voir			
je	vois	nous	voyons
tu	vois	vous	voyez
il/elle/on	voit	ils/elles	voient

Regular Imperatives

-er chanter	-ir choisir	-re prendre
Chante!	Choisis!	Prends!
Chantons!	Choisissons!	Prenons!
Chantez!	Choisissez!	Prenez!

Reflexive Verbs—Present Tense

se préparer	
je **me** prépare	nous **nous** préparons
tu **te** prépares	vous **vous** préparez
il/elle/on **se** prépare	ils/elles **se** préparent

Imperative of Reflexive Verbs

s'asseoir
Assieds-toi!
Asseyons-nous!
Asseyez-vous!

Expressing the Near Future

aller + Infinitive
Nous allons dîner.

Passé composé with *avoir*

avoir + past participle

Passé composé* with *avoir *continued*

-er verbs → é	-ir verbs → i	-re verbs → u
Nous avons gagné.	Tu as fini.	On a attendu.

Irregular Past Participles								
avoir	→	**eu**	devoir	→	**dû**	être	→	**été**
faire	→	**fait**	mettre	→	**mis**	offrir	→	**offert**
pouvoir	→	**pu**	prendre	→	**pris**	vendre	→	**vendu**
venir	→	**venu**	voir	→	**vu**	vouloir	→	**voulu**

Passé composé* with *être

***être* + past participle** (+ **agreement** in gender and number)					
je	suis	arrivé(e)	nous	sommes	arrivé(e)s
tu	es	arrivé(e)	vous	êtes	arrivé(e)s
il	est	arrivé	ils	sont	arrivés
elle	est	arrivée	elles	sont	arrivées

Some of the verbs that use **être** as the helping verb in the **passé composé** are:

Infinitive	Past Participle
aller	**allé**
arriver	**arrivé**
descendre	**descendu**
entrer	**entré**
monter	**monté**
partir	**parti**
rentrer	**rentré**
rester	**resté**
retourner	**retourné**
sortir	**sorti**
venir	**venu**

***Passé composé* of Reflexive Verbs**

se préparer	
je **me** suis couché(e)	nous **nous** sommes couché(e)s
tu **t'**es couché(e)	vous **vous** êtes couché(e)s
il **s'**est couché	ils **se** sont couchés
elle **s'**est couchée	elles **se** sont couchées
on **s'**est couché	

Imperfect Tense

aller	
j'all**ais**	nous all**ions**
tu all**ais**	vous all**iez**
il/elle/on all**ait**	ils/elles all**aient**

Conditional

choisir	
je choisi**rais**	nous choisi**rions**
tu choisi**rais**	vous choisi**riez**
il/elle/on choisi**rait**	ils/elles choisi**raient**

Future Tense

finir	
je fini**rai**	nous fini**rons**
tu fini**ras**	vous fini**rez**
il/elle/on fini**ra**	ils/elles fini**ront**

Irregular Stems of Verbs in the Future and Conditional

Infinitive—Irregular stem		
aller—ir	asseoir—assiér	devoir—devr
envoyer—enverr	être—ser	faire—fer
falloir—faudr	pouvoir—pourr	recevoir—recevr
savoir—saur	venir—viendr	voir—verr
vouloir—voudr		

Verbs + Infinitives

aimer	aller	désirer
devoir	falloir	pouvoir
préférer	venir	vouloir
Nous préférons faire du ski.		

Verbs + *à* + Infinitives

aider	s'amuser	apprendre
commencer	continuer	s'engager
hésiter	s'intéresser	inviter
se préparer	réussir	
Il se prépare à conduire.		

Verbs + *de* + Infinitives

accepter	arrêter	choisir
conseiller	décider	demander
se dépêcher	dire	essayer
finir	offrir	oublier
promettre	rêver	
Ils ont oublié d'apporter les boissons.		

Vocabulaire

Vocabulary terms from Level 1 of *T'es branché?* are included but do not have a unit number. Vocabulary terms from Level 2 include the unit number in which the term is introduced.

Français–Anglais

A

à at; by; in; on; to; *à bicyclette* on a bicycle 4; *À bientôt.* See you soon.; *à bord* on board 5; *à côté (de)* beside, next to; *À demain.* See you tomorrow.; *à droite* on the right; *à gauche* on the left; *à l'heure* on time; *à l'horizon* on the horizon 2; *à mon avis* in my opinion; *à pied* on foot; *à roulettes* on wheels 5; *à vélo* by bike

abstrait(e) abstract 2
un **accélérateur** accelerator 5
un **accent** accent 7
accepter to accept 3
un **accessoire** accessory 6
un **accident** accident 5
un **accompagnateur, une accompagnatrice** home health worker
accompagner to accompany
des **accras de morue (m.)** cod fritters
un **accueil** welcome 10; *un centre d'accueil* reception center, shelter 9
un **achat** purchase
acheter to buy
un **acteur, une actrice** actor, actress
l' **action (f.)** action; *l'Action de grâce (f.)* Thanksgiving 1
une **activité** activity
l' **addition (f.)** bill
un(e) **ado** teenager 10
adorer to adore 6
une **adresse** address 9; *un jeu d'adresse* game of skill 1
l' **aérobic (m.)** aerobics
aéronautique: le secteur aéronautique aviation industry 9
un **aéroport** airport
des **affaires (f.)** belongings, things 10; *affaires de ménage* housecleaning items 3; *affaires de toilette* toiletries 3
affectueusement affectionately, with warm regards 6
une **affiche** poster
l' **Afrique (f.)** Africa
agacer to annoy 3; *Tu m'agaces!* You're getting on my nerves! 3
l' **âge (m.)** age; *Tu as quel âge?* How old are you?
un(e) **agent(e)** agent 5; *agent de police* police officer
agir to act 9
s' **agir (de): il s'agit de** it's about 6
un **agneau** lamb 1
agroalimentaire: le secteur agroalimentaire food industry 9
ah oh
l' **aide (f.)** assistance 8
aider to help
aimer to like, to love
l' **air (m.)** air; *avoir l'air* to look 2; *en plein air* outdoors 10
un **album** album 3
l' **alcoolisme (m.)** alcoholism 9
algérien(ne) Algerian
l' **Allemagne (f.)** Germany
l' **allemand (m.)** German *[language]*
allemand(e) German
aller to go; *Tu trouves que... me va bien?* Does this... look good on me?; *Vas-y!* Go for it!
allô hello *[on telephone]*
alors so, then
l' **Alsace (f.)** Alsace region 7
alsacien(ne) from, of Alsace region 7
l' **aluminium (m.)** aluminum; *en aluminium* made of aluminum
une **amande** almond 8
une **ambiance** ambiance 2; atmosphere 1; *chaude ambiance* great atmosphere 7
américain(e) American
amérindien(ne) Amerindian 10
l' **Amérique (f.): Amérique du Nord** North America 10; *Amérique du Sud* South America 10
un(e) **ami(e)** friend
l' **amour (m.)** love 4
un **amoureux, une amoureuse (de)** lover (of) 10
amusant(e) funny 2
amuser to amuse 1
s' **amuser** to have fun 3
un **an** year; *le Jour de l'an* New Year's Day 1
un **ananas** pineapple; *ananas montagne* mountain pineapple *[flower]* 8
l' **anglais (m.)** English *[language]*
anglais(e) English
l' **Angleterre (f.)** England
un **animal** animal; *les animaux en voie de disparition* endangered species
un **animateur, une animatrice** TV host 1; *animateur de communauté* community manager 9
animé: un dessin animé cartoon 1
une **année** year; *en première année* in the first year 4
annexer to annex 4
un **anniversaire** birthday; *anniversaire de mariage* wedding anniversary 5
annoncer to announce 7
un **anoli** anole 8
l' **Antarctique (m.)** Antarctica
les **Antilles (f.)** West Indies 8
un **anti-moustique** insect repellent 10
les **antirétroviraux (m.)** antiretroviral drugs
l' **antisémitisme (m.)** anti-Semitism 6
août August
l' **apartheid (m.)** apartheid 6
un **appareil** camera, device 9
un **appartement** apartment
appeler to call 2
s' **appeler: je m'appelle** my name is; *On s'appelle.* We'll call each other.; *tu t'appelles* your name is
une **appli (application)** app (application) 9
apporter to bring

apprendre to learn; to teach 9
appuyer to push 9
après after
l' **après-midi (m.)** afternoon
arabe Arab 6
l' **argent (m.)** money; silver 6; *en argent* made of silver 6
une **armoire** wardrobe
arrêter to stop
s' **arrêter** to stop
l' **arrière-pays (m.)** back country 10
une **arrivée** arrival
arriver to arrive; *arriver (à)* to be able to 8
arroser to water 3
l' **art (m.)** art 2; *les arts plastiques (m.)* visual arts; *un objet d'art* art object 2
un **article** magazine, newspaper article 6
artifice: un feu d'artifice firework 1
un(e) **artiste** artist 2
l' **Asie (f.)** Asia 10
un **aspirateur** vacuum cleaner 3; *passer l'aspirateur* to vacuum 3
s' **asseoir** to sit down 3
assez (de) enough (of)
une **assiette** plate
assis(e) sitting 2
un(e) **athlète** athlete
attachant(e) likeable 1
attendre to expect (baby) 4; to wait (for)
Attention! Be careful!, Watch out!
atterrir to land 5
attractions: un parc d'attractions amusement park 1
au at (the); in (the), on (the); to (the); with 7; *au bord de la mer* by the seaside 2; *au bout de* at the end of; *au chocolat* with chocolate 7; *au-dessus de* above; *au fait* by the way 1; *au fond de* at the end of; *au moins* at least 8; *au premier plan* in the foreground 2; *Au revoir.* Good-bye.; *au secours* help 3; *au sucre* with sugar 7
une **auberge: auberge de jeunesse** youth hostel 7; *auberge internationale* international hostel 7
une **aubergine** eggplant
aujourd'hui today
aussi also, too; as; *aussi (+ adverb) que* as (+ adverb) as 10
une **auto (automobile)** car 1; *auto tamponneuse* bumper car 1; *un(e) designer automobile* automotive designer 9
un **autobus** bus; *en (auto)bus* by bus 2
autochtone native 1
l' **Autolib' (m.)** car sharing service 2; *en Autolib'* by Autolib' 2
l' **automne (m.)** autumn
un **autoportrait** self-portrait 2
autre other
autrefois formerly, in the past 4
autrement otherwise
aux at (the), in (the), to (the)
avance: en avance early
s' **avancer (vers)** to move (toward) 5
avant before 3
avec with
l' **avenir (m.)** future 9
une **aventure** adventure; *le tourisme d'aventure* adventure tourism 10
une **avenue** avenue
un **avion** plane 2; *en avion* by plane 2
un **avis** opinion; *à mon avis* in my opinion
un(e) **avocat(e)** lawyer
avoir to have; *avoir... an(s)* to be... year(s) old; *avoir besoin de* to need; *avoir bonne mine* to look healthy; *avoir chaud* to be hot; *avoir confiance (dans/en)* to trust 9; *avoir de la chance* to be lucky 5; *avoir envie de* to feel like, to want; *avoir faim* to be hungry; *avoir froid* to be cold; *avoir hâte de* to be eager (to) 5; *avoir horreur de* to hate 1; *avoir l'air* to look 2; *avoir lieu* to take place 1; *avoir mal (à...)* to be hurt, to have a/an... ache; *avoir mal au cœur* to feel nauseous; *avoir mauvaise mine* to look sick; *avoir peur (de)* to be afraid (of) 1; *avoir peur du vide* to be afraid of heights 1; *avoir quel âge* to be how old; *avoir raison* to be right 2; *avoir soif* to be thirsty; *avoir un petit air du pays* to look like (something from) my country
avril April
azur: la côte d'Azur French Riviera 10

B

le **bacon** bacon 5
un **bagage** piece of luggage 5; *faire enregistrer ses bagages* to check one's luggage 5; *un coffre à bagages* baggage compartment 5; *un compartiment à bagages* baggage compartment 5
une **bague** ring 6; *bague en diamant* diamond ring 6
une **baguette** long thin loaf of bread
baigner to bathe 2
une **baignoire** bathtub
un **bain** bath 6; *un peignoir de bain* bathrobe 6
une **balade** ride, walk 5
un **balisier** botanical canna 8
un **ballon (de foot)** (soccer) ball
une **banane** banana
un **banc** bench
une **bande dessinée (BD)** comic strip 6
une **banlieue** suburb 9
une **banque** bank
le **bas** bottom
le **basket (basketball)** basketball
un **bassin** fountain, pond, pool 2
un **bateau** boat; *en bateau* by boat 2
une **batterie** (electric) drums 6
bavard(e) talkative
beau, bel, belle beautiful, handsome
beaucoup a lot, very much; *beaucoup de* a lot of
un **beau-frère** brother-in-law
un **beau-père** stepfather
la **beauté** beauty 2
beige beige
belge Belgian
la **Belgique** Belgium
une **belle-mère** stepmother

une	**belle-sœur** sister-in-law
	ben well
le	**Bénin** Benin
	béninois(e) Beninese
	berbère Berber
un	**best-seller** best seller 10
	bête unintelligent
le	**beurre** butter
une	**bicyclette** bicycle 4; *à bicyclette* on a bicycle 4
	bien really, well; *bien sûr* of course 1
	bientôt soon; *à bientôt* see you soon
	bienvenue welcome
des	**bijoux (m.)** jewelry 6
un	**billet** bill *[money]*; ticket
la	**biologie** biology
	biologique organic
	blanc, blanche white
un	**blason** team logo
	bleu(e) blue; *la bleue* the blue one
un	**blog** blog
	blond(e) blond
un	**blouson** jacket
le	**bœuf** beef; *bœuf bourguignon* beef burgundy 7
	boire to drink 5
une	**boisson** drink
une	**boîte** nightclub 2; *boîte (de)* can (of); *en boîte* at/to the club 2
un	**bol** bowl
	bon so 6; *bon(ne)* good; *Bon Appétit!* Enjoy your meal!; *bon courage* good luck 10; *bon marché* cheap; *Bonne route!* Have a good trip! 5; *Bon voyage!* Have a good trip!; *le bon vieux temps* the good old days 4
	bonjour hello
un	**bonnet** hat 6; *bonnet en laine* wool hat 6
le	**bord** edge, side 2; *au bord de la mer* by the seaside 2; *bord de mer* seaside 8; *monter à bord* to board 5
une	**borne-fontaine** water hydrant 8
une	**borne libre-service** self- service kiosk 5
un	**bosquet** grove 2
des	**bottes (f.)** boots
la	**bouche** mouth; *une bouche du métro* subway entrance
un	**boucher, une bouchère** butcher 4
une	**boucherie** butcher shop
une	**boucle d'oreille** earring 6
	bouger to move
un	**boulanger, une boulangère** baker 4
une	**boulangerie** bakery
le	**bout** end; *au bout de* at the end of
le	**bouton** button 9; *bouton principal* home button 9; *bouton marche/arrêt* power button 9
une	**bouteille (de)** bottle (of)
une	**boutique** shop
un	**bracelet** bracelet 6
le	**bras** arm
une	**brasserie** café-restaurant 2
la	**Bretagne** Brittany region 5
	breton(ne) from, of Brittany region 7
une	**brochette** skewer 8
	bronzer to tan 10
une	**brosse: brosse à cheveux** hairbrush 3; *brosse à dents* toothbrush 3
se	**brosser: se brosser les cheveux** to brush one's hair 3; *se brosser les dents* to brush one's teeth 3
	brouillé: des œufs (m.) brouillés scrambled eggs 5
	brun(e) brown, dark (hair)
un	**buffet** buffet 8
un	**bulletin météo(rologique)** weather forecast 1
un	**bureau** desk, office; *bureau de tabac* news store that sells tobacco, stamps, lottery tickets 2; *bureau du proviseur* principal's office
le	**Burkina Faso** Burkina Faso
	burkinabè from, of Burkina Faso
un	**bus** bus 2; *en bus* by bus 2
un	**but** goal

C

	c'est it is, that is, this is; *C'est ça.* That's right.; *C'est décidé.* It's settled. 10; *C'est le (+ date)* It's the (+ date); *C'est le top!* That's awesome!; *c'est pareil* it's the same 3; *C'est parti!* Here we go! 10; *c'est pour ça que* this/that is why 9; *c'est sûr* that's for sure 1
	ça it, this; that; *Ça fait combien?* How much is it?; *ça fait longtemps que* it's been a long time since 10; *ça m'est égal* it's all the same to me 8; *ça ne se fait pas* you shouldn't do that 7; *ça se saurait* it would be known 9; *ça serait* it would be 2; *Ça va?* How are things going?; *ça va se savoir* it will be revealed (known) 1; *ça vaut* it's worth 6; *ça veut dire* it/that means 3; *c'est pour ça que* that/this is why 9; *comme ça* like this, thus 9; *Rien que ça?* Is that it? 6
une	**cabine d'essayage** dressing room
un	**cabinet: cabinet dentaire** dentist's office 2; *cabinet du médecin* doctor's office 2
un	**cadeau** gift
un	**cadre** setting 10
un	**café** café; coffee; *café au lait* coffee with milk 5
un	**cahier** notebook
se	**calmer: Calme-toi!** Calm down! 3
un(e)	**camarade de classe** classmate
le	**camembert** camembert cheese
une	**caméra** camera 9
le	**Cameroun** Cameroon
	camerounais(e) Cameroonian
un	**camion** truck 5
la	**campagne** country(side)
le	**camping** camping 10; *faire du camping* to go camping 10; *un camping-car* RV 10; *un camping-gaz* camp stove 10; *un terrain de camping* campground 10
le	**Canada** Canada
	canadien(ne) Canadian
la	**canalisation** pipe(line) 8
un	**canapé** sofa
un	**canard** duck 4
une	**canne à pêche** fishing pole 10
un	**canoë** canoe 10; *en canoë* by canoe 10; *faire du canoë* to go canoeing 10

une **cantine** cafeteria
une **capitale** capital
un **capot** hood *[car]* 5
le **caramel** caramel 7; *une crème caramel* caramel custard 7
un **carnaval** carnival 8
une **carotte** carrot
un **carré** square; *en carrés* in squares
une **carte** card; map; menu; *carte cadeau* gift card; *carte de crédit* credit card 5; *carte d'embarquement* boarding pass 5; *carte de membre* membership card 7; *carte postale* postcard 6; *carte SIM* SIM card 9
un **cas** case 3; *en tout cas* in any case 3
une **cascade** waterfall
une **casquette** cap
une **casserole** saucepan 10
une **cathédrale** cathedral
une **cause** cause
causer to cause
une **caverne** cave 6
un **CD** CD
ce it; this; *ce, cet, cette, ces* that, these, this, those; *ce que* what; *ce qui* what 3; *ce mot-là* this/that (very) word 4
un **cédérom** CD
une **ceinture** belt 6; *ceinture de sécurité* seatbelt 5
cela that, this 3
célèbre famous 2
cent (one) hundred
un **centre: centre commercial** mall, shopping center; *centre d'accueil* reception center, shelter 9
des **céréales (f.)** cereal 5
une **cerise** cherry
une **chaîne** channel 1
une **chaise** chair
une **chaise longue** beach chair 10
une **chambre** bedroom; hotel room 5
un **champ** field 4; field of vision 9
un **champignon** mushroom
la **chance: avoir de la chance** to be lucky 5
changer to change 3
une **chanson** song
un **chansonnier, une chansonnière** cabaret singer 4
chanter to sing
un **chanteur, une chanteuse** singer
un **chapeau** hat
une **chapelle** chapel 2
chaque each 4
un **char** float 8
une **charcuterie** delicatessen
un **charcutier, une charcutière** deli owner 4
chargé(e): être chargé(e) (de) to be in charge (of) 8
charmant(e) charming
le **charme** charm 10
un **chat** cat
un **château** castle
chaud: chaude ambiance great atmosphere 7; *avoir chaud* to be hot; *il fait chaud* it's hot; *j'ai chaud* I am hot; *un chocolat chaud* hot chocolate 5
une **chaussette** sock
une **chaussure** shoe
une **chauve-souris** bat 8
chef sir 5
un **chef-d'œuvre** masterpiece 2
un **chemin** path, way
une **chemise** shirt
cher, chère dear 6; expensive
chercher to look for
un **chercheur, une chercheuse** researcher 9
chéri(e) honey 3
un **cheval** horse; *faire du cheval* to go horseback riding 4
les **cheveux (m.)** hair; *une brosse à cheveux* hairbrush 3; *se brosser les cheveux* to brush one's hair 3
une **chèvre** goat 4
chez at/to the house (home) of; *chez le dentiste* at the dentist's 2; *chez le médecin* at the doctor's 2; *chez moi* at/to my house
chic chic
un **chien** dog
la **chimie** chemistry
chimique chemical
le **chocolat** chocolate; *au chocolat* with chocolate 7; *un chocolat chaud* hot chocolate 5; *une mousse au chocolat* chocolate mousse 7
choisir to choose; to decide 8
un **choix** choice 7
le **chômage** unemployment 9
une **chose** thing 4; *Tu en sais des choses.* You sure know a lot about it. 4
la **choucroute** sauerkraut 7; *choucroute garnie* sauerkraut with potatoes, sausages, smoked pork 7
chouette great
chut shh 10
une **chute d'eau** waterfall 8
le **cinéma (ciné)** movie theatre; movies
cinq five
cinquante fifty
cinquième fifth
circuler to drive, to get around
une **cité universitaire** university dormitory 4
un **citron** lemon 5; *un thé au citron* lemon tea 5
clair(e) clear 1
une **clarinette** clarinet 6
une **classe** class
classique classical 6; *la musique classique* classical music 6
un **clavier** keyboard
une **clé** (ignition) key 5; *clé USB* USB key
un **clignotant** blinker 5
la **climatisation** air conditioning 5
un **clip** video clip 6
cliquer to click
un **coca** cola
un **cochon** pig 4
le **cœur** heart; *avoir mal au cœur* to feel nauseous
un **coffre à bagages** baggage compartment 5
un **coiffeur, une coiffeuse** hair stylist 9
une **coiffure** hairstyle 2; *un salon de coiffure* hair salon 2
le **coin** corner; *du coin* on the corner
un **colibri** hummingbird 8
collé(e) glued, stuck 8
une **collection** collection 10
un **collier** necklace 6; *collier en perles* pearl necklace 6
une **colline** hill
la **colonisation** colonization 3

combattre to fight
combien how much; *Ça fait combien?* How much is it?; *C'est combien le kilo?* How much per kilo?; *depuis combien de temps* how long 8; *Il/elle coûte combien?* How much does it cost?
une **comédie** comedy; *comédie romantique* romantic comedy
commander to order 5
comme for; like; as, since 10; *comme ça* like this, thus 9; *comme ci, comme ça* so-so
commencer to begin; *pour commencer* for starters 7
comment how, what; *Comment allez-vous?* How are you?; *Comment est...?* What is...like?
un(e) **commerçant(e)** business, shopping; *un(e) petit(e) commerçant(e)* shopkeeper 2
le **commutateur (sonnerie/silence)** switch (ringer, silence) 9
un **compartiment à bagages** baggage compartment 5
un **complexe** center 1
compliqué(e) complicated 6
un **compositeur** composer, songwriter
une **composition** composition 2
composter to validate (a ticket)
un **composteur** ticket-stamping machine
comprendre to understand
compris included 5
compter to plan to do something 1
un **comptoir** (ticket) counter 5
un **concepteur web, une conceptrice web** web designer 9
un **concert** concert; *concert R'n'B* R&B concert
un **concombre** cucumber
un **conducteur, une conductrice** driver 5
conduire to drive 5
la **confiance: avoir confiance (dans/en)** to trust 9
la **confiture** jam
connaître to be familiar with (person, place, thing), to meet 6; to know 4; *faire connaître (à quelqu'un)* to introduce (to someone) 6
se **connaître** to know each other 4
un **conquérant** conqueror 10
conseiller to advise
un(e) **consultant(e)** consultant 9
une **consultation** consultation 1
un **conte** tale 6
contemporain(e) contemporary 9
content(e) happy 2
un **continent** continent 10
continuer to continue
contre against, versus
un **contrebandier, une contrebandière** smuggler 8
un **contrôle** test; *contrôle de sécurité* security checkpoint 5
un **contrôleur, une contrôleuse** ticket collector
convenir (à) to suit 5; *si cela vous convient* if you'd like 5
une **conversation** conversation 6
conviendra: me conviendra (see **convenir**) 7
un **copain, une copine** (boy/girl) friend
un **coq** rooster 4; *le coq au vin* chicken cooked in wine 7
une **coquille Saint Jacques** scallop 8
une **corniche** cliff road 10
le **corps** body
une **corvée** chore 3
un **costume** costume 8
un **côté** side 9; *à côté (de)* beside, next to
une **côte** coast 7; *la côte d'Azur* French Riviera 10; *la Côte d'Ivoire* Ivory Coast
le **coton** cotton 6; *en coton* made of cotton 6
le **cou** neck
couché(e) in bed 1
se **coucher** to go to bed 3
une **couleur** color; *De quelle(s) couleur(s)?* In what color(s)?
un **couloir** hallway
couper to cut
un **couple** couple 2
le **courage: bon courage** good luck 10
une **courgette** zucchini
un **courrier** mail 6
le **couscous** couscous
un(e) **cousin(e)** cousin
un **coussin** pillow
un **couteau** knife; *couteau suisse* Swiss army knife 10
coûter to cost
un **couturier, une couturière** dressmaker 4
le **couvert** table setting; *mettre le couvert* to set the table
un **crabe** crab 8
craindre to fear 10
un **crayon** pencil
le **crédit: une carte de crédit** credit card 5
créer to create 2
la **crème: crème caramel** caramel custard 7; *crème solaire* sunscreen 10
une **crémerie** dairy store
le **créole** Creole *[language]* 8
créole Creole 8
une **crêpe** crêpe; *crêpe américaine* pancake 5; *un stand de crêpes* crêpe stand 2
une **crêperie** crêpe restaurant 7
une **crevette** shrimp 8
un **cri** cry 8; *pousser un cri* to scream 8
croire to believe, to think 4
un **croissant** croissant
un **croque-monsieur** grilled ham and cheese sandwich
des **crudités (f.)** raw vegetables 7
une **cuillère** spoon
le **cuir** leather 6; *en cuir* made of leather 6
la **cuisine** cooking; kitchen
un **cuisinier, une cuisinière** chef, cook
une **cuisinière** stove
culturel, culturelle cultural
une **cure** spa treatment

D

d'abord first (of all)
d'accord OK
d'habitude usually 4
une **dame** lady 5
un(e) **Danois(e)** person from Denmark 7
dans in
un **danseur, une danseuse** dancer 4
une **date** date 5

de any, some; from, of; *de neuf* new 4; *De quelle(s) couleur(s)?* In what color(s)?
débarrasser la table to clear the table 7
un **déboulé** ***[Mart.]*** parade 8
debout standing 2
un **début** beginning 5
une **décapotable** convertible 5
décembre December
décider to decide 10; *C'est décidé.* It's settled. 10
décoller to take off *[airplane]* 5
décontracté(e) relaxed
une **découverte** discovery 10
découvre (see **découvrir**) 1
découvrir to discover 6; *faire découvrir (à quelqu'un)* to introduce (to someone) 6
décrire to describe 2
un **défilé** parade 8
un **degré** degree
se **déguiser** to disguise oneself, to dress up 8
déjà already
le **déjeuner** lunch
délicieux, délicieuse delicious
demain tomorrow; *À demain.* See you tomorrow.
demander to ask (for); *demander le chemin* to ask for directions; *demander un service* to ask for a favor 9
démarrer to start
un **déménagement** move (house) 10
demi(e) half; *et demie* half past
un **demi-frère** half/step brother
une **demi-sœur** half/step sister
une **dent** tooth; *une brosse à dents* toothbrush 3; *se brosser les dents* to brush one's teeth 3
dentaire: un cabinet dentaire dentist's office 2
le **dentifrice** toothpaste 3
un(e) **dentiste** dentist
un **départ** departure
un **département** department
se **dépêcher (de)** to hurry 3
se **déplacer** to get around 2
depuis for 8; since 7; *depuis combien de temps* how long 8; *Depuis le temps!* At last! 7; *depuis quand* since when 8

dernier, dernière last
derrière behind
des any 7; from (the), of (the); some
désagréable unpleasant
descendre to get off, to go down
une **descente** descent 10
se **déshabiller** to get undressed 3
un(e) **designer automobile** automotive designer 9
désirer to want
désolé(e) sorry
le **désordre** disorder 3
dès que as soon as 10
un **dessert** dessert
un **dessin** drawing 2; *dessin animé* cartoon 1
dessiner to draw 2
dessus on, over (it) 8; *au-dessus de* above
le **destin** destiny 4
le **destinataire** recipient 9
une **destination** destination
un **détail** detail 1
se **détendre** to relax 3
détruit(e) destroyed 8
deux two
deuxième second
devant in front of
un **développement** development 9; *développement durable* sustainable development 9; *le secteur de développement durable* sustainable development industry 9
un **développeur, une développeuse** software developer 9
devenir to become
deviner to guess 6
une **devise** motto
devoir to have to
un **devoir** assignment; *les devoirs (m.)* homework
un **diabolo menthe** lemon-lime soda with mint syrup 7
un **diamant** diamond 6; *en diamant* made of diamond 6; *une bague en diamant* diamond ring 6
un **dictionnaire** dictionary
différent(e) different 6

difficile difficult
diligent(e) diligent
dimanche Sunday
un **dindon** turkey 4
dîner to have dinner
le **dîner** dinner
le **dioxyde de carbone** carbon dioxide
la **diplomatie** diplomacy 9; *user de diplomatie* to exercise diplomacy 9
dirait: on dirait (see **dire**) 8
dire to say, to tell 4; *joliment dit* nicely said 6; *ça veut dire* it/that means 3; *vouloir dire* to mean 3
se **dire** to say to oneself 5
direct: en direct de live from 6
une **direction** direction
dis say; *dis donc* well 5; *disons* let's say
une **discographie** discography 6
une **discussion** discussion
discuter (de) to discuss 1
disparaître to disappear 4
disponible free
disposé(e) laid out 2
se **disputer** to argue 3
dissimuler to hide 8
une **distance** distance 9
le **divertissement** entertainment 9; *l'industrie (f.) du divertissement* entertainment industry 9
divorcé(e)(s) divorced
dix ten
dix-huit eighteen
dixième tenth
dix-neuf nineteen
dix-sept seventeen
un **documentaire** documentary
le **doigt** finger; *doigt de pied* toe
un **domaine** field, sector 9; *domaine de la santé* health sector 9; *domaine des sciences et techniques* science and technology sector 9
un **don: faire un don (de)** to donate 9
donc so, therefore; *dis donc* well 5
donner to give; *donnez-moi* give me

un **dont** whose 4
dormir to sleep
un **dortoir** dormitory 7
le **dos** back
une **douceur** gentleness 10; *douceur de vivre* relaxed style of life 10
une **douche** shower
douze twelve
un **drame** drama
les **draps (m.)** sheets 3
un **drapeau** flag
la **drogue** drugs 9
droite: à droite to the right; *à droite de* to (on) the right of; *tout droit* straight ahead
drôle funny
du about (the); any 7; from (the); of (the); on (the); some; *du coin* on the corner
dur(e) difficult 4
durable: le développement durable sustainable development 9; *le secteur de développement durable* sustainable development industry 9
un **DVD** DVD
dynamique dynamic 2

E

l' **eau (f.)** water; *eau minérale* mineral water; *une chute d'eau* waterfall 8; *une masse d'eau* body of water 10; *une source d'eau* spring 8
une **écharpe** scarf
un **éclair** eclair
une **école** school
économique economic 9
économiser to save (up) 9
l' **écoute (f.): en écoute libre** audio trial 6
écouter to listen (to); *écouter de la musique* to listen to music; *écouter mon lecteur MP3* to listen to my MP3 player
un **écran** monitor, screen; *l'écran de verrouillage* lock screen 9
écrire to write
un **écrivain** writer
une **éducation** education 9; *éducation physique et sportive (EPS)* gym class
un **effet** effect; *effet de serre* greenhouse effect
efficacement efficiently 9
égal(e): ça m'est égal it's all the same to me 8
une **église** church 2
égoïste selfish
eh bien well
électrique electric
un(e) **élève** student
éliminer to eliminate
elle her 7; it; she
elles them (f.) 7; they
l' **embarquement (m.)** boarding 5; *une carte d'embarquement* boarding pass 5; *une porte d'embarquement* boarding gate 5
embrasser to kiss
une **émission** television program; TV show 1; *émission de musique* music show 1; *émission de télé-réalité* reality TV show 1
emmener to bring (person) 1
un **emploi** job 9
emporter to bring 10
emprunter to borrow 6
en any, about it/them, from it/them, of it/them, some 7; at 2; by; in; made of 6; of *[pronoun]*; on; *en aluminium, plastique* made of aluminum, plastic; *en argent* made of silver 6; *en (auto)bus* by bus 2; *en Autolib'* by Autolib' 2; *en avance* early; *en avion* by plane 2; *en bateau* by boat 2; *en boîte* at/to the club 2; *en canoë* by canoe 10; *en coton* made of cotton 6; *en cuir* made of leather 6; *en direct de* live from 6; *en écoute libre* audio trial 6; *en face de* across from; *en famille* with family 7; *en haut* at the top 1; *en laine* made of wool 6; *en ligne* online; *en lin* made of linen 6; *en métro* by subway 2; *en or* made of gold 6; *en ordre* in order 5; *en panne* broken down 5; *en papier* made of paper 6; *en perles* made of pearls 6; *en pirogue* by pirogue 10; *en plein air* outdoors 10; *en plus de* in addition to 1; *en première année* in the first year 4; *en RER* by RER 2; *en retard* late; *en route* on the way 8; *en scooter* by scooter 2; *en soie* made of silk 6; *en solde* on sale; *en taxi* by taxi 2; *en tout cas* in any case 3; *en train* by train 2; *en Vélib'* by Vélib' 2; *en velours* made of velvet 6; *en ville* downtown; *en voiture* by car 2; *en voiture électrique* by electric car; *en voiture hybride* by hybrid car; *en un sens* in a way 4; *Tu en sais des choses.* You sure know a lot about it. 4
enchanté(e) delighted
encore more 7; still 3
un **endroit** place
l' **énergie (f.)** energy; *énergie nucléaire* nuclear energy; *énergie solaire* solar energy
énergique energetic
un **enfant** child
enfin finally; well; come on 1
un **engagement** engagement 6
s' **engager (à, pour)** to commit (to)
l' **engrais (m.)** fertilizer
une **enquête** survey
enregistrer: faire enregistrer ses bagages to check one's luggage 5
s' **enregistrer (en ligne)** to check in (online) 5
enseigner to teach 9
ensemble together
un **ensemble** outfit
ensuite next
entendre to hear 6
s' **entendre** to get along 3
enthousiaste enthusiastic 5
entre between
une **entrée** appetizer 7
entrer to come in, to enter; *entrer à l'université* to go to college 4
une **enveloppe** envelope 6

l' **environnement (m.)** environment
un **envoûtement** spell 10
envoyer to send; *envoyer des textos* to send text messages
une **éolienne** wind turbine
l' **épaule (f.)** shoulder
épicé(e) spicy 8
une **épicerie** grocery store
un **épicier, une épicière** grocery store owner 4
une **époque** era, period 4
l' **EPS (f.)** gym class
une **équipe** team
un **érable** maple tree 5; *le sirop d'érable* maple syrup 5
un **escargot** snail 7
un **espace** area
l' **Espagne (f.)** Spain
l' **espagnol (m.)** Spanish *[language]*
espagnol(e) Spanish
espérer to hope 6
un **essai** essay 6
essayer to try (on)
l' **essence (f.)** gasoline 5
un **essuie-glace** windshield wiper 5
l' **est (m.)** east
est-ce que *[phrase introducing a question]*
l' **estomac (m.)** stomach
et and; *et demie* half past; *et quart* quarter past
un **étage** floor, story; *le premier étage* the second floor
un **étang** pond
les **États-Unis (m.)** United States
l' **été (m.)** summer
étonner to surprise 6
être to be; *être au courant* to know, to be informed; *être chargé(e) (de)* to be in charge (of) 8; *être d'accord* to agree; *être de retour* to be back 10; *être en (bonne, mauvaise) forme* to be in (good, bad) shape; *être en train de (+ infinitive)* to be (busy) doing something; *être occupé* to be busy; *être situé(e)* to be located; *être sur place* to be on site, on the premises 5; *être vert* to be environmentally friendly; *ça serait* it would be 2; *Nous sommes le (+ date).* It's the (+ date).
des **études (f.)** studies 4
un(e) **étudiant(e)** student 4
étudier to study
euh um
un **euro** euro
l' **Europe (f.)** Europe
eux them 2
évidemment obviously 2
un **évier** sink
éviter to avoid 5
exactement exactly
exagérer to exaggerate 6
une **excursion** trip 2; *faire une excursion* to take a trip 2
exister to exist 9
une **expérience** experience 4
expliqué(e) explained 6
expliquer to explain 6
un **exposé** presentation 3
une **exposition** exhibit 2
extraordinaire extraordinary 6

F

fabuleux, fabuleuse fabulous 4
une **fac (faculté)** college 4
face: en face de across from
facile easy
la **faim** hunger 9; *avoir faim* to be hungry
faire to do, to make; *faire connaître (à quelqu'un)* to introduce (to someone) 6; *faire découvrir (à quelqu'un)* to introduce (to someone) 6; *faire de la gym (gymnastique)* to do gymnastics; *faire de la plongée sous-marine* to go scuba diving 8; *faire de la voile* to go sailing 10; *faire du bénévolat* to volunteer 9; *faire du camping* to go camping 10; *faire du canoë* to go canoeing 10; *faire du cheval* to go horseback riding 4; *faire du footing* to go running; *faire du jet ski* to jet ski 10; *faire du kayak* to go kayaking 8; *faire du parachutisme ascensionnel* to go parasailing 10; *faire du patinage (artistique)* to (figure) skate; *faire du roller* to in-line skate; *faire du scooter des mers* to jet ski 8; *faire du shopping* to go shopping; *faire du ski (alpin)* to (downhill) ski; *faire du ski nautique* to go water-skiing 10; *faire du sport* to play sports; *faire du vélo* to bike; *faire enregistrer ses bagages* to check one's luggage 5; *faire griller* to barbecue 1; *faire la connaissance (de)* to meet (for the first time); *faire la cuisine* to cook; *faire la lessive* to do the laundry 3; *faire la vaisselle* to wash the dishes 3; *faire le ménage* to do housework 3; *faire le plein* to fill up the gas tank 5; *faire les courses* to go grocery shopping; *faire le touriste* to be a tourist 8; *faire marcher* to make (something) work; *faire mes devoirs* to do my homework; *faire partie (de)* to belong (to) 9; *faire sécher le linge* to dry clothes 3; *faire un appel vidéo* to send a video call 1; *faire un don (de)* to donate 9; *faire un tour* to go on a ride 1; to go on a trip 10; *faire un tour de grande roue* to go on a Ferris wheel ride 1; *faire un tour de manège* to go on a carnival ride 1; *faire un tour de montagnes russes* to go on a roller coaster ride 1; *faire un voyage* to go on a trip 5; *faire une excursion* to take a trip 2; *faire une intervention* to organize an intervention 9; *faire une liste* to make a list 10; *faire une nuit blanche* to stay up all night 1; *faire une promenade* to go for a walk; *faire une promesse* to make a promise 10; *faire une randonnée à pied* to hike 8
fait: au fait by the way 1; *Ça fait combien?* How much is it?; *il fait beau* it's beautiful out; *il fait chaud* it's hot; *il fait du soleil* it's sunny; *il fait*

du vent it's windy; *il fait frais* it's cool; *il fait froid* it's cold; *il fait mauvais* the weather's bad; *Quel temps fait-il?* What's the weather like?; *tout à fait* completely 1
une **falaise** cliff 7
fallait: il fallait (see **falloir**) 4
falloir to be necessary, to have to; *il faut* it is necessary, one has to/must, we/you have to/must
une **famille** family; *en famille* with family 7
la **fantaisie** fantasy 10
farci(e) stuffed 8
fatigué(e) tired
la **faune** fauna, wildlife 8
faut: il me faut I need 10
un **fauteuil** armchair
une **femme** wife; *femme d'affaires* businesswoman; *femme politique* female politician 9
une **fenêtre** window
un **fer à repasser** (clothes) iron 3
une **ferme** farm 4
fermer to close
un **fermier, une fermière** farmer 4
une **fête** holiday 1; party; *fête foraine* carnival 1; *fête nationale* national holiday 1
fêter to celebrate 1
un **feu: feu d'artifice** firework 1; *feu de joie* bonfire 1
une **feuille de papier** sheet of paper
un **feuilleton** TV soap opera 1
février February
un **fichier** file 9; *fichier image* image file 9; *fichier son* audio file 9; *fichier vidéo* video file 9
la **fièvre** fever
la **figure** face
filer to run *[inform.]* 1
une **fille** daughter; girl
un **film** film; *film d'action* action movie; *film d'aventures* adventure movie; *film d'horreur* horror movie; *film de science-fiction* science fiction movie; *film musical* musical; *film policier* detective movie
un **fils** son
fin(e) fine
finir to finish
un **fitness** gym, health club
un(e) **fleuriste** florist 2
un **fleuve** river
la **flore** flora 8
une **flûte** flute 6
une **fois** occasion, time 2; *à la fois* at the same time 8
fond: au fond (de) at the end (of)
le **foot** soccer
un **footballeur, une footballeuse** soccer player
le **footing** running
une **force** strength 10
forestier, forestière with mushrooms 7
une **forêt** forest
un **forgeron** blacksmith 6
forme: être en (bonne, mauvaise) forme to be in (good, bad) shape
formidable awesome 2
fort(e) strong
un **fou, une folle** crazy person 3; *comme des fous* like crazy 3
un **foulard** scarf
une **foule** crowd 8
un **four** oven
une **fourchette** fork
frais, fraîche cool; fresh; *il fait frais* it's cool
une **fraise** strawberry
le **français** French *[language]*
français(e) French
la **France** France
francophone French-speaking
un **frein** brake 5
fréquenter to frequent, to hang out 4
un **frère** brother; *beau-frère* brother-in-law; *demi-frère* half/step brother
un **frigo** refrigerator
des **frissons (m.)** shivers, chills
frit(e) deep-fried 8
des **frites (f.)** French fries
froid(e) cold; *avoir froid* to be cold; *il fait froid* it's cold
le fromage cheese
un **fruit** fruit; *les fruits de mer (m.)* seafood 8; *une tarte aux fruits* fruit tart
le **funk** funk music 6

G

le **Gabon** Gabon
gabonais(e) Gabonese
gagner to win; *gagner du temps* to save time 5
une **galerie** gallery 9; *galerie des Glaces* Hall of mirrors 2; *galerie des miroirs déformants* fun house 1
une **galette** buckwheat crêpe 7
un **gant de toilette** washcloth 3
un **garage** auto shop 5
garanti(e) guaranteed 1
un **garçon** boy
une **gare** train station
garni(e): la choucroute garnie sauerkraut with potatoes, sausages, smoked pork 7
la **Gascogne** Gascony region 7
gascon(ne) from, of Gascony region 7
un **gâteau** cake
gauche: à gauche on the left; *à gauche de* on/to the left of
géant(e) giant
généreux, généreuse generous
génial(e) fantastic, great, terrific
le **génocide** genocide 6
le **genou** knee
un **genre** type
des **gens (m.)** people
la **géographie** geography
gentil, gentille nice 8
une **glace** ice cream; mirror 2; *la galerie des Glaces* Hall of mirrors 2; *glace à la vanille* vanilla ice cream; *glace au chocolat* chocolate ice cream
une **glacière** cooler 10
la **gorge** throat
un **gorille** gorilla; *gorille des montagnes* mountain gorilla
gourmand(e) fond of food
goûter to taste 7
le **goûter** snack
un **gouvernement** government 9
un **gramme (de)** a gram (of)
grand(e) big, large, tall; *la grande roue* Ferris wheel 1; *faire un tour de grande roue* to go on a Ferris wheel ride 1
grandir to grow

une **grand-mère** grandmother
les **grand-parents (m.)** grandparents
un **grand-père** grandfather
une **grange** barn 4
un(e) **graphiste** graphic designer
gratuit(e) free 1
grave serious
gravé(e) engraved 6
grillé(e) grilled 5; *le pain grillé* toast 5
griller to grill 1; *faire griller* to barbecue 1
la **grippe** flu
gris grey
une **grive** thrush 8
gros, grosse big, fat, large
grossir to gain weight
un **groupe** group 1
la **Guadeloupe** Guadeloupe 8
une **guerre** war 9
un **guichet** ticket booth
un **guide** guide 1; *guide télévisé* TV guide 1; guidebook; *guide touristique* tourist guide; *le Guide Michelin* Michelin Guide 10
guidé(e) guided 10
une **guitare** guitar 6
la **Guyane (française)** French Guiana 10
la **gym (gymnastique)** gymnastics; *faire de la gym (gymnastique)* to do gymnastics

H

s' **habiller** to get dressed 3
un(e) **habitant(e)** inhabitant, resident
habiter to live
Haïti Haiti 8
haïtien(ne) Haitian 8
un **hamac** hammock 10
un **hamburger** hamburger
un **hameau** hamlet 2
hanté: une maison hantée haunted house 1
des **haricots verts (m.)** green beans
la **hâte: avoir hâte de** to be eager 5
le **haut** top
haut(e) high 8; *en haut* at the top 1
un **héros, une héroïne** hero, heroine 6
hésiter to hesitate 5
l' **heure (f.)** hour, o'clock, time; *à l'heure* on time; *Quelle heure est-il?* What time is it?
heureusement fortunately 3
heureux, heureuse happy 2
un **hibiscus** hibiscus 8
hier yesterday
le **hip-hop** hip-hop
l' **histoire (f.)** history
l' **hiver (m.)** winter
un **homme: homme d'affaires** businessman; *homme politique* male politician 9
l' **horizon (m.)** horizon 2; *à l'horizon* on the horizon 2
l' **horreur (f.)** horror; *avoir horreur de* to detest, to hate 1
horrible awful, horrible 1
l' **hospitalité (f.)** hospitality 6
un **hôtel** hotel; *hôtel de ville* city hall
une **hôtesse de l'air** female flight attendant 5
l' **huile (f.)** oil *[car]* 5
huit eight
huitième eighth
humanitaire humanitarian
hybride hybrid

I

ici here
une **icône** icon 9
une **idée** idea; *Bonne idée!* Good idea!
il he; it; *il y a* there are/is; *il y a (+ time)* (time) ago 4
ils they
une **image** image, picture 1; *un fichier image* image file 9
imaginer to imagine 1
un **immeuble** apartment building
l' **important (m.)** what's important 9
impossible impossible
impressionniste Impressionist 2
une **imprimante** printer
imprimer to print
incroyable incredible 6
un(e) **indigène** native person 10
indiquer to indicate, to point out/to 2
une **industrie** industry 9; *industrie du divertissement* entertainment industry 9; *les industries créatives* cultural and creative industries 9
un **infirmier, une infirmière** nurse 9
les **informations (infos) (f.)** news 1
l' **informatique (f.)** computer science; information technology 9; *le secteur de l'informatique* information technology industry 9
informer to inform 2
un **ingénieur** engineer
l' **initiative (f.): un syndicat d'initiative** tourist information office 2
inquiet, inquiète worried 8
une **inquiétude** worry 9
s' **inscrire** to register 4; *s'inscrire en letters* to declare a major in humanities 4
un **insecte** insect 1
insister (sur) to insist (on) 2
installer to install
s' **installer** to get settled 5
un **instant** moment; *pour l'instant* for the moment
un **instituteur, une institutrice** elementary school teacher 4
un **instrument** musical instrument 6
intelligent(e) intelligent
intéressant(e) interesting
intéresser to interest 2
s' **intéresser (à)** to be interested (in) 9
une **interface** interface 9
l' **intérieur (m.)** inside 2
international(e) international
(l') **Internet (m.)** Internet
intervenir to intervene 9
une **intervention: faire une intervention** to organize an intervention 9
l' **inutile (m.)** what is useless 10
un(e) **invité(e)** guest
inviter to invite
l' **Italie (f.)** Italy
italien(ne) Italian
un **itinéraire** itinerary 7
ivoirien(ne) from, of the Ivory Coast

J

la **jambe** leg
le **jambon** ham
janvier January
japonais(e) Japanese 7
un **jardin** garden, park
le **jasmin** jasmine
jaune yellow
le **jazz** jazz music 6
je/j' I
un **jean** jeans
un **jet ski** jet ski 10; *faire du jet ski* to jet ski 10
un **jeu: jeu d'adresse** game of skill 1; *jeu télévisé* (TV) game show 1; *jeu vidéo* video game; *les Jeux Olympiques (m.)* Olympic Games
jeudi Thursday
jeune young 2
un(e) **jeune** young man/woman 4
joindre to attach 9
joins (see **joindre**) 9
joli(e) pretty
joliment dit nicely said 6
jouer to play; *jouer au basket (basketball)* to play basketball; *jouer au foot (football)* to play soccer; *jouer au hockey sur glace* to play ice hockey; *jouer aux jeux vidéo* to play video games; *jouer de (+ instrument)* to play (instrument) 6; *jouer un rôle* to play a role
un **joueur, une joueuse** player
un **jour** day; one day, someday; *le Jour de l'an* New Year's Day 1
un **journal** newspaper 6
une **journée** day
juillet July
juin June
jumeau, jumelle twin 5; *un lit jumeau* twin bed 5
des **jumelles (f.)** binoculars 8
une **jupe** skirt
un **jus** juice; *jus d'orange* orange juice; *jus de pamplemousse* grapefruit juice 5; *jus de pomme* apple juice 7
jusqu'à until
juste fair 3; only 5
justement exactly 9

K

un **kayak: faire du kayak** to go kayaking 8
le **ketchup** ketchup
kiffer to like *[inform.]* 1
un **kilo (de)** kilogram (of)
un **kilomètre** kilometer
un **kiosque** stand 2; *kiosque à journaux* newsstand
un **klaxon** horn 5

L

là there
là-bas over there
un **labo (laboratoire)** science lab
un **lac** lake
laid(e) ugly 2
la **laine** wool 6; *en laine* made of wool 6; *un bonnet en laine* wool hat 6
laisser to leave, to let; *Laisse-moi finir!* Let me finish!
le **lait** milk
un **lambi** lambis 8
une **lampe** lamp; *lampe de poche* flashlight 10; *lampe torche* flashlight 10
une **langouste** spiny lobster 8
une **langue** language
un **lapin** rabbit 4
une **largeur du champ** field width 9
laver: une machine à laver washing machine 3
se **laver** to wash (oneself) 3
un **lave-vaisselle** dishwasher 3
le, la, l' it *[object pronoun]*; the
un **lecteur: lecteur de DVD** DVD player; *lecteur MP3* MP3 player
la **lecture** reading 6
une **légende** legend 4
un **légume** vegetable
le **lendemain** next day 10
les the; them 5
la **lessive: faire la lessive** to do the laundry 3
une **lettre** letter 6
les **lettres (f.)** humanities 4; *s'inscrire en lettres* to declare a major in humanities 4
leur their; to them 5
leurs their

lève: Lève la tête! Look up! 2
se **lever** to get up 3
une **lèvre** lip 3; *un rouge à lèvres* lipstick 3
une **librairie** bookstore 2
libre free 6; *en écoute libre* audio trial 6; *une borne libre-service* self-service kiosk 5
une **licorne** unicorn 6
un **lien** link
un **lieu: avoir lieu** to take place 1
la **ligne** figure; *ta ligne* your figure; *en ligne* online
une **limonade** lemon-lime soda
le **lin** linen 6; *en lin* made of linen 6; *un mouchoir en lin* linen handkerchief 6
le **linge: faire sécher le linge** to dry clothes 3
lire to read
une **liseuse** e-reader 10
une **liste** list 10; *faire une liste* to make a list 10
un **lit** bed; *lit jumeau* twin bed 5; *lits superposés* bunk beds 7
un **litre (de)** liter (of)
un **livre** book
une **livre** pound
un **logiciel** software
loin (de) far (from)
un **loisir** pastime
long, longue long; *le long de* alongside 10
longtemps: ça fait longtemps que it's been a long time since 10
louer to rent
lui to her/him; him 7
une **lumière** light 2
lundi Monday
des **lunettes (f.)** glasses 4; *lunettes de soleil* sunglasses 10
lutter to fight 9
le **Luxembourg** Luxembourg
luxembourgeois(e) from, of Luxembourg
le **lycée** high school
le **Lyonnais** Lyon region 7
lyonnais(e) from, of Lyon 7

M

m'appelle: je m'appelle my name is

une **machine à laver** washing machine 3
madame (Mme) Ma'am, Mrs., Ms.
mademoiselle (Mlle) Miss, Ms.
un **magasin** store
un **magazine** magazine 6
maghrébin(e) from, of the Maghreb 6
magique magical 2
mai May
maigrir to lose weight
un **maillot** jersey; *maillot de bain* bathing suit
la **main** hand; *la main dans la main* hand in hand
maintenant now
le **maire, madame le maire** mayor 4
mais but
une **maison** home, house; *maison de rêve* dream house 10; *maison hantée* haunted house 1
mal badly; *avoir mal (à...)* to be hurt, to have a/an... ache; *Ça va mal.* Things are going badly; *le plus mal* the worst 10; *plus mal* worse 10
un(e) **malade** sick person
malade sick
une **maladie** illness
le **Mali** Mali
malien(ne) Malian
Mamy grandma 4
la **Manche** English Channel 10
un **manège: faire un tour de manège** to go on a carnival ride 1
manger to eat
une **mangouste** mongoose 8
une **mangrove** mangrove 8
une **manif (manifestation)** street demonstration 4
un **mannequin** model
manquer to lack 4
un **manteau** coat
le **maquillage** makeup 3
se **maquiller** to put on makeup 3
un(e) **marchand(e)** merchant
le **marché** market *[financial]* 9; outdoor market; *marché aux puces* flea market
marcher to walk; to work 1; *faire marcher* to make (something) work

mardi Tuesday
une **marée** tide; *marée noire* oil spill
un **mari** husband
un **mariage** wedding 8; *un anniversaire de mariage* wedding anniversary 5
un **marié** groom 8
une **mariée** bride 8; *une robe de mariée* wedding dress 8
se **marier** to get married 4
marine: une tortue marine sea turtle 8
marocain(e) Moroccan 6
marquer to score
marron brown
mars March
martiniquais(e) from, of Martinique 6
la **Martinique** Martinique
un **mas** [Mart.] mask 8
le **mascara** mascara 3
un **masque** mask 8
une **masse d'eau** body of water 10
un **massif** mountain range 10
un **match** game
un **matelas pneumatique** inflatable mattress 10
les **mathématiques (maths) (f.)** math
la **matière** class subject
le **matin** morning
la **matinée** morning 5
mauvais bad; *il fait mauvais* the weather is bad
la **mayonnaise** mayo
me (m') me; to me 5
un(e) **mécanicien(ne)** mechanic 5
méchant(e) mean
un **médecin** doctor; *un cabinet de médecin* doctor's office 2
une **médiathèque** media center
les **meilleurs (m.)** the best
un **melon** melon
même even 5; same
le **ménage** household, housework 3; *des affaires (f.) de ménage* housecleaning items 3; *faire le ménage* to do housework 3
la **menthe** mint 7; *un diabolo menthe* lemon-lime soda with mint syrup 7
un **menu fixe** fixed-price menu

une **mer** sea 2; *mer des Caraïbes* Caribbean Sea 10; *mer Méditerranée* Mediterranean Sea 10; *mer du Nord* North Sea 10; *au bord de la mer* by the seaside 2; *le bord de mer* seaside 8; *les fruits de mer (m.)* seafood 8
merci thank you
mercredi Wednesday
une **mère** mother; *belle-mère* stepmother
merveilleux, merveilleuse marvelous 6
mesdemoiselles (f.) plural of *mademoiselle*
un **message** message 6
une **messagerie** messaging 9
la **météo** weather 1; weather forecast 1; *un bulletin météo(rologique)* weather forecast 1
un **métier** job
le **métro** subway; *en métro* by subway 2
un **metteur en scène** movie director
mettre to put (on), to set; *mettre en valeur* to accentuate 8; *mettre le couvert* to set the table
se **mettre: se mettre en mode photo** to go into photo mode 9; *mets-toi* set yourself down
un **meuble** piece of furniture
meunière rolled in flour and sautéed 8
un **micro-ondes** microwave
midi noon
mieux better; *mieux que* better than 10; *le mieux* the best 10; *se porter mieux* to feel/do better 9
mille thousand
un **millefeuille** layered custard pastry
un **million** million
mince darn, shoot 1
une **mine** appearance, expression
minuit midnight
une **minute** minute
un **miroir** mirror 1; *une galerie des miroirs déformants* fun house 1

une **mission** mission 8
moche ugly
un **mode: se mettre en mode photo** to go into photo mode 9
moderne modern 2
moderniser to modernize 9
moi me
moins less; *moins le quart* quarter to; *moins (+ adverb) + que* less… than 10; *au moins* at least 8; *le moins* the least 10
un **mois** month
mon, ma, mes my
le **monde** everyone, world; *tout le monde* everybody 5; *la musique du monde* world music 6
un **monospace** minivan 5
monsieur (M.) Mr., sir
une **montagne** mountain; *un ananas montagne* mountain pineapple 8; *faire un tour de montagnes russes* to go on a roller coaster ride 1
monter to get in/on, to go up; *monter à bord* to board 5
une **montre** watch 6
montrer to show
un **monument** monument
se **moquer (de)** to make fun (of) 2
un **morceau (de)** piece (of)
mort(e) dead
une **morue** cod 8; *des accras (m.) de morue* cod fritters
une **mosquée** mosque
un **mot** word 10; *ce mot-là* this/that (very) word 4
un **mouchoir** handkerchief, tissue 6; *mouchoir en lin* linen handkerchief 6; *mouchoir en papier* paper tissue 6
une **mousse au chocolat** chocolate mousse 7
la **moutarde** mustard
un **mouton** sheep 4
un **mouvement** movement 2
un **moyen** means 2; *moyen de transport* means of transportation 2
moyen(ne) medium
mûr(e) ripe
un **musée** museum
un **music-hall** music hall 4
la **musique** music; *musique alternative* alternative music; *musique classique* classical music 6; *musique du monde* world music 6; *musique pop* pop music 6; *une émission de musique* music show 1

N

n'est-ce pas isn't that so
nager to swim
une **nappe** tablecloth
national(e) national 1; *une fête nationale* national holiday 1
la **nature** nature 8; *nature morte* still life 2
naviguer to browse
un **nay** ney *[instrument]* 6
ne: ne (n')… jamais never; *ne (n')… pas* not; *ne (n')… pas encore* not yet 8; *ne (n')… personne* nobody, no one, not anyone; *ne (n')… plus* no longer, not anymore; *ne (n')… rien* nothing
nécessaire necessary 9
neiger to snow; *il neige* it's snowing
nettoyer to clean 4
neuf nine
neuf, neuve new 4; *de neuf* new 4; *Quoi de neuf?* What's new? 7
neuvième ninth
le **nez** nose
niçoise: une salade niçoise tuna salad
un **niveau** level 2
Noël Christmas 1
noir(e) black
un **nom** name 2
un **nombre** number
non no; *non plus* neither 7
le **nord** north; *l'Amérique du Nord (f.)* North America 10
normand(e) from, of Normandy region 7
la **Normandie** Normandy region 7
une **note** grade
notre, nos our
nourrir to feed 4
la **nourriture** food 9
nous to us 5; us; we
nouveau new; *nouvel, nouvelle* new
le **Nouveau-Brunswick** New Brunswick
novembre November
nucléaire nuclear
la **nuit** night; *faire une nuit blanche* to stay up all night 1
nul, nulle bad *[inform.]* 1
un **numéro** number; *numéro de téléphone* phone number
le **Nutella** spread made of hazelnut and chocolate 5

O

un **objet** object 2; *objet d'art* art object 2
obligatoire mandatory
observer to observe 8
occupé(e) busy; *être occupé(e)* to be busy
occuper to occupy 4
s' **occuper (de)** to take care (of) 4
un **océan** ocean; *océan Atlantique* Atlantic Ocean 10; *océan Indien* Indian Ocean 10; *océan Pacifique* Pacific Ocean 10
l' **Océanie (f.)** Oceania 10
octobre October
l' **œil (m.)** eye
un **œuf** egg; *œufs brouillés* scrambled eggs 5; *œufs sur le plat* eggs sunny side up 5
une **œuvre** work 2
officiel, officielle official 6
offrir to give, to offer
oh oh; *oh là là* oh dear, oh no, wow
un **oignon** onion
un **oiseau** bird
une **olive** olive
une **omelette** omelette
on one, they, we; *On s'appelle.* We'll call each other.
un **oncle** uncle
une **ONG (organisation non gouvernementale)** NGO (non-governmental organization) 8
onze eleven
l' **or (m.)** gold 6; *en or* made of gold 6
une **orange** orange

	orange orange
une	**orangerie** orangery 2
une	**orchidée** orchid 8; *orchidée suspendue* tropical orchid 8
un	**ordre** order 5; *en ordre* in order 5
un	**ordinateur** computer; *ordinateur portable* laptop computer
l'	**oreille (f.)** ear; *une boucle d'oreille* earring 6
	ou or
	où when; where
	oublier to forget
un	**oud** oud *[instrument]* 6
l'	**ouest (m.)** west
	oui yes; *Oui?* Yes? hello? *[on telephone]*
	ouille ouch
un	**ours** bear; *ours polaire* polar bear
	ouvrir to open 6

P

le	**pain** bread; *pain grillé* toast 5; *pain perdu* French toast 5
un	**pamplemousse** grapefruit; *un jus de pamplemousse* grapefruit juice 5
un	**panda** panda; *panda géant* giant panda
une	**panne: en panne** broken down 5
un	**panneau** panel
un	**pantalon** pants
le	**papier** paper; *feuille de papier* sheet of paper; *en papier* made of paper 6
un	**papillon** butterfly 8
	Papy grandpa 7
un	**paquet** package 6; *paquet (de)* packet (of)
	par through, via 2; with
le	**parachutisme ascensionnel: faire du parachutisme ascensionnel** to go parasailing 10
un	**parasol** (beach) umbrella 10
un	**parc** park; *parc d'attractions* amusement park 1
	parce que because
	pardi of course *[regional]*
	pardon pardon me
un	**pare-brise** windshield 5
	pareil, pareille the same 3; *c'est pareil* it's the same 3
les	**parents (m.)** parents
	paresseux, paresseuse lazy
	parfaitement perfectly 7
	parfois sometimes 1
un	**parfum** perfume, scent 10
	parisien(ne) from, of Paris 6
	parlementaire parliamentary 1
	parler to speak, to talk
se	**parler** to talk to each other/ one another
	parles: tu parles yeah right 7
des	**paroles (f.)** lyrics
une	**partie: faire partie (de)** to belong (to) 9
	partir to leave; *C'est parti!* Here we go! 10
	partout everywhere
	pas not; *pas du tout* not at all; *pas mal* not bad; *pas très bien* not very well; *ne (n')... pas* not; *ne (n')... pas encore* not yet 8
un	**passager, une passagère** passenger 5
	passer to go through 5; to move over (something), to pass 9; to spend (time); *passer l'aspirateur* to vacuum 3
une	**passion** passion
	passionnant(e) exciting 1
	passionné(e) (de) passionate (about)
le	**pâté** pâté
des	**pâtes (f.)** pasta
le	**patinage (artistique)** (figure) skating
une	**pâtisserie** bakery, pastry shop
	pauvre poor 2
la	**pauvreté** poverty 9
	payer to pay
un	**payeur, une payeuse** someone who pays
un	**pays** country
un	**paysage** landscape 7
une	**pêche** peach; *la pêche* fishing 10; *une canne à pêche* fishing pole 10
	pêcher to fish 8
un	**peigne** comb 3
se	**peigner** to comb one's hair 3
un	**peignoir de bain** bathrobe 6
un(e)	**peintre** painter 2
une	**peinture** painting 2
une	**pelouse** lawn 3
	pendant during; for; *pendant que tu y es* while you're at it 5
une	**pendule** clock
	penser to think
	perdre to lose
	perdu lost; *le pain perdu* French toast 5
un	**père** father; *beau-père* stepfather
une	**perle** pearl 6; *un collier en perles* pearl necklace 6
une	**personnalité** celebrity 1
une	**personne** person; *ne (n')... personne* nobody, no one, not anyone
une	**perspective** perspective 2
	persuadé(e) persuaded
	petit(e) little, short, small
un(e)	**petit(e) commerçant(e)** shopkeeper 2
le	**petit déjeuner** breakfast
des	**petits pois (m.)** peas
le	**pétrole** petroleum
(un)	**peu** (a) little; *un peu de* a little of
la	**peur: avoir peur (de)** to be afraid (of) 1; *avoir peur du vide* to be afraid of heights 1
	peut-être maybe
une	**pharmacie** drugstore 2
le	**phare** headlight 5
une	**photo** photo; *prendre (quelque chose) en photo* to take a picture (of something) 8; *publier une photo* to post a photo 9; *re-photo* another photo
la	**physique** physics
un	**piano** piano 6
une	**pièce (de théâtre)** (theatrical) play 6; room
le	**pied** foot; *à pied* on foot; *faire une randonnée à pied* to hike 8
un	**pilote** pilot 9
	pique-niquer to picnic 8
un	**piranha** piranha 10
un	**pirate** pirate 6
une	**pirogue** pirogue 10; *en pirogue* by pirogue 10
	pis: le pis the worst *[adverb]* 10
une	**piscine** swimming pool
une	**pizza** pizza
un	**placard** cupboard
une	**place** square

une **plage** beach 5; *une serviette de plage* beach towel 10
se **plaindre** to complain 5
une **plaine** plain 1
un **plaisir** pleasure
un **plan** city map; *au premier plan* in the foreground 2
une **planète** planet
une **plante** plant 3
la **plastique** plastic; *en plastique* made of plastic
un **plat** dish 7; *plat principal* main dish 7; *des œufs (m.) sur le plat* eggs sunny side up 5
un **plateau** platter 7
plein full 5; *en plein air* outdoors 10; *faire le plein* to fill up the gas tank 5
pleurer to cry
pleuvoir to rain; *il pleut* it's raining
la **plongée sous-marine: faire de la plongée sous-marine** to go scuba diving 8
plonger to dive
plus more; *plus mal* worse 10; *plus (+ adverb) + que* more (+ adverb) than 10; *plus de (+ noun)* more 3; *en plus de* in addition to 1; *le/la/les plus (+ adjectif)* the most (+ adjective); *le plus* the most 10; *le plus mal* the worst 10; *ne (n')... plus* no longer, not anymore; *non plus* neither 7
plusieurs several 2
plutôt instead; rather 2
un **pneu** tire 5
pneumatique: un matelas pneumatique inflatable mattress 10
une **poche** pocket 10; *une lampe de poche* flashlight 10
une **poêle** frying pan 10
un **poème** poem 6
un **point de vue** viewpoint 1
une **poire** pear
un **poisson (rouge)** (gold)fish
la **poitrine** chest
le **poivre** pepper
un **poivron** bell pepper
politique political 9; *une femme politique* female politician 9; *un homme politique* male politician 9
polluant polluting
pollué(e) polluted 8
polluer to pollute
un **pollueur, une pollueuse** polluter
la **pollution** pollution
une **pomme** apple; *un jus de pomme* apple juice 7; *une tarte aux pommes* apple pie
un **pont** bridge
pop: la musique pop pop music 6
le **porc** pork
un **port** port 7; *port micro-USB* micro USB port 9
un **portable** cell phone, laptop
portable: un téléphone portable cell phone 9
une **porte** door; *porte d'embarquement* boarding gate 5
un **portefeuille** wallet 6
porter to wear
se **porter: se porter mieux** to feel/do better 9
un **portrait** portrait 2
une **possibilité** possibility 2
possible possible
postale: une carte postale postcard 6
une **poste** post office
un **pot (de)** a jar (of)
un **potage** soup 7
une **poubelle** garbage can 3
une **poule** hen 4
le **poulet** chicken
pour for; *pour commencer* for starters 7; *c'est pour ça que* that/this is why 9
pourquoi why
pourrais (see **pouvoir**) 4
pourras (see **pouvoir**) 8
pousser un cri to scream 8
pouvoir to be able (to)
un **pouvoir** power 6
précisément precisely 8
préférait (see **préférer**) 2
préféré(e) favorite
préférer to prefer
premier, première first; **le premier plan** foreground 2; *au premier plan* in the foreground 2; *en première année* in the first year 4
les **premiers secours (m.)** first-aid 10; *une trousse de premiers secours* first-aid kit 10
prendre to have (food or drink), to take; *prendre des vacances* to take a vacation 4; *prendre (quelque chose) en photo* to take a picture (of something) 8
un **prénom** first name
préparer to make 7; to prepare
se **préparer** to get (oneself) ready 3
une **préposition** preposition
près de near
un **présentateur, une présentatrice** news anchor 1
présenter (à) to introduce (to someone)
presque almost 3; nearly
prêt(e) ready
prêter to lend 9
les **prévisions (f.)** forecast 5
principal(e) main 7; *un plat principal* main dish 7
le **printemps** spring
un **problème** problem
prochain(e) next 1
un(e) **prof** teacher
une **profession** profession; *Quelle est votre profession?* What is your profession?
un **profil** profile
profiter (de) to take advantage (of); *profiter de* to benefit from; *tu profiterais de* you would benefit from
un **programme** plan 1; program 1
le **progrès** progress 9
un **projet** project
projeter to plan 10
prolongé(e) extended 7
une **promenade** walk
se **promener** to go for a walk 10
une **promesse: faire une promesse** to make a promise 10
promettre to promise 5
une **promo** sale 5
proposer to suggest 7
protéger to protect
provençal(e) from, of Provence
la **Provence** Provence 7

une **province** province
un **proviseur** principal
des **provisions (f.)** supplies 9
prudemment carefully 5
une **publicité (pub)** commercial 1
publier une photo to post a photo 9
puis then
puissant(e) powerful 10
un **puits** well 8
un **pull** sweater
un **pyjama** pyjamas 6

Q

qu'est-ce que what; *Qu'est-ce qu'ils ont?* What's wrong with them?; *Qu'est-ce que tu aimes faire?* What do you like to do?; *Qu'est-ce que tu fais?* What are you doing?
qu'est-ce qui what 7
un **quai** platform
quand when; *depuis quand* since when 8
quarante forty
un **quart** quarter; *et quart* quarter past; *moins le quart* quarter to
un **quartier** area, district 2
quatorze fourteen
quatre four
quatre-vingt-dix ninety
quatre-vingts eighty
quatrième fourth
que as, than; that; which 7; *dès que* as soon as 10
le **Québec** Quebec
québécois(e) from, of Quebec
quel, quelle what, which
quelque chose something
quelqu'un somebody, someone
une **question** question
qui that, who; which 7; *ce qui* what 3
une **quiche** quiche
quinze fifteen
quitter to leave
quoi what; you know what I mean 4; *Quoi de neuf?* What's new? 7
quotidien(ne) daily 3

R

le **racisme** racism 6
raconter to tell 4
la **radiation** radiation
une **radio** radio 6
le **raï** Rai music 6
un **raisin** grape
la **raison: avoir raison** to be right 2
un **ramier** wood pigeon 8
une **randonnée** hike 8; *faire une randonnée à pied* to hike 8
ranger to arrange, to pick up 3
le **rap** rap music 6
rapide fast 2
se **rappeler** to remember 3
se **raser** to shave 3
un **rasoir** razor 3
se **rassurer** to reassure (oneself) 7; *rassure-toi* don't worry 7
la **ratatouille** ratatouille
raté(e) failed 1
un **raton laveur** raccoon 8
un **réalisateur** director
réaliser to realize
réaliste realistic 2
recadrer to crop *[photography]* 9
la **réception** reception desk 7
un(e) **réceptionniste** hotel clerk 5
une **recette** recipe
recevoir to get, to host, to receive 6
un **réchaud** portable stove 10
réchauffer to heat up
reconnaître to recognize 2
recycler to recycle
une **rédaction** composition 6
réfléchir (à) to consider, to think over
une **réflexion** thought 6
un **regard** look 10
regarder to watch
se **regarder** to look at oneself 3
le **reggae** reggae music 6
une **région** region 7
les **réglages (m.)** settings 9
régler to adjust 9; to pay 5
une **reine** queen 2
une **religieuse** cream puff pastry
remarquable remarkable 2
remarque look, well 3
remarquer to notice 2
rembourser to reimburse
un **remède** remedy, solution 9
remercie: je vous remercie (de) thank you (for) *[form.]* 6
remettre to put back 5
se **remettre (à)** to start something again 3; *on s'y remet* let's get back to it 3
remplacer to replace
remplir to fill 3
se **rencontrer** to meet 3
un **rendez-vous** meeting
rendre to give back, to return 10; to turn in 3; *rendre un service (à quelqu'un)* to do (someone) a favor 5; *rendre visite à (+ person)* to visit (person) 1
se **rendre (à)** to go, to show up 3
la **rentrée** back to school/work (after vacation) 1
rentrer to come back, to come home, to return
réparer to repair 5
un **repas** meal
repasser to iron 3; *un fer à repasser* (clothes) iron 3
re-photo another photo
un **reportage** news report; *reportage sportif* sports coverage 1
se **reposer** to rest 3
un(e) **représentant(e)** representative 8
le **RER** express train from Paris to suburbs 2; *en RER* by RER 2
une **réservation** reservation 5
réserver to make a reservation 5
une **résolution** resolution
respiratoire respiratory
respirer to breathe 10
responsable responsible 5
ressembler (à) to resemble
un **restaurant** restaurant
rester to be left 5; to remain, to stay
un **resto-U (restaurant universitaire)** university cafeteria 4
retirer to withdraw, take out 5
un **retour** return 5; *être de retour* to be back 10
retourner to return

se **retrouver** to meet
un **rétroviseur** rearview mirror 5
se **réunir** to meet, get together 1
réussir (à) to pass (a test), to succeed
un **rêve** dream 10; *une maison de rêve* dream house 10
se **réveiller** to wake up 3
revenir to come back; to return
rêver to dream 10
revoir to see again 6
une **révolution** revolution 4
le **rez-de-chaussée** ground floor
un **rhume** cold
une **riad** riad
riche rich, wealthy 2
rien: Rien que ça? Is that it? 6; *ne (n')... rien* nothing
rigoler to laugh
rire to laugh
une **rive** river bank 2
une **rivière** river
une **robe** dress; *robe de mariée* wedding dress 8
le **rock** rock (music)
un **roi** king 2
un **rôle** role
le **roller** in-line skating
un **roman** novel 6
une **rondelle** circle; *en rondelles* in circles
rose pink
une **roue: la grande roue** Ferris wheel 1; *faire un tour de grande roue* to go on a Ferris wheel ride 1
rouge red
un **rouge à lèvres** lipstick 3
un **rouget** goatfish 8
rougir to blush
une **roulette** wheel 5; *à roulettes* on wheels 5; *une valise à roulettes* suitcase with wheels 5
une **route** highway, road, route; *Bonne route!* Have a good trip! 5; *en route* on the way 8
une **routine** routine 3
roux, rousse red (hair)
une **rue** street
le **Rwanda** Rwanda

S

s'il vous plaît please
un **sac** bag; *sac à dos* backpack; *sac à main* purse 6; *sac de couchage* sleeping bag 10; *sac de plage* beach bag 10
la **Saint-Jean** national Quebec holiday 1
la **Saint-Valentin** Valentine's day 1
une **saison** season 5
une **salade** lettuce; salad; *salade niçoise* tuna salad
salé(e) salty, savory 7
une **salle** room; *salle de classe* classroom; *salle à manger* dining room; *salle de bains* bathroom; *salle d'informatique* computer lab
un **salon** living room; *salon de coiffure* hair salon 2
salut good-bye, hi
samedi Saturday
une **sanction** punishment 7
des **sandales (f.)** sandals 6
un **sandwich** sandwich; *sandwich au fromage* cheese sandwich; *sandwich au jambon* ham sandwich
sanitaire health, sanitary 8
un **sans-abri** homeless person 9
la **santé** health 9; *le domaine de la santé* health sector 9
une **saucisse** sausage 5
le **saucisson** salami
sauf except 7
le **saumon** salmon 7; *une terrine de saumon* salmon mousse loaf 7
sauvage wild
sauvegarder to protect; to back up (a computer file)
savoir to figure out, to know how 6; to know 5; *Tu en sais des choses.* You sure know a lot about it. 4
se **savoir: ça se saurait** it would be known 9; *ça va se savoir* it will be revealed (known) 1
un **savon** soap 3
un **saxophone** saxophone 6
une **scène** scene 2
les **sciences (f.)** science; *le domaine des sciences et techniques* science and technology sector 9
la **science-fiction** science fiction
un **scooter** scooter 2; *en scooter* by scooter 2; *faire du scooter des mers* to jet ski 8
scotché(e) (à) glued (to) 3
une **sculpture** sculpture 2
une **séance** film showing
un **sèche-cheveux** hairdryer 3
un **sèche-linge** clothes dryer 3
sécher: faire sécher le linge to dry clothes 3
un **secours: au secours** help 3
un **secret** secret 6
un **secteur** industry 9; *secteur aéronautique* aviation industry 9; *secteur agroalimentaire* food industry 9; *secteur de développement durable* sustainable development industry 9; *secteur de l'informatique* information technology industry 9; *secteur du numérique* digital sector 9; *secteur financier* financial sector 9
la **sécurité: une ceinture de sécurité** seatbelt 5; *un contrôle de sécurité* security checkpoint 5
seize sixteen
un **séjour** living room; stay 6
le **sel** salt
selon according to 1
une **semaine** week
sembler to seem 8
le **Sénégal** Senegal
sénégalais(e) Senegalese
un **sens** sense, way 4; *en un sens* in a way 4
une **sensation** feeling, sensation 10
un **sentier** path 8
sentir to smell; *Ça sent quoi?* What does it smell like?
sept seven
septembre September
septième seventh
sera (see **être**) 8
une **série** series 1; *toute une série (de)* whole series (of) 9
le **sérieux** seriousness 6
sérieux, sérieuse serious 2
un **serpent** snake 1

un **serveur, une serveuse** server
un **service: rendre un service (à quelqu'un)** to do (someone) a favor 5; *demander un service* to ask for a favor 9
une **serviette** napkin; towel 3; *serviette de plage* beach towel 10
servir to serve 5
se **servir (de)** to use 3
un **shampooing** shampoo 3
le **shopping** shopping
un **short** shorts
si how about, if only, what if 4; if; yes *[on the contrary]*; *si cela vous convient* if you'd like 5
le **SIDA** AIDS
un **siège** seat
SIM: une carte SIM SIM card 9
simple simple
simplement simply 6; *tout simplement* quite simply 5
le **sirop** syrup 5; *sirop d'érable* maple syrup 5
une **sitcom** sitcom 1
un **site** site 2; *site web* website
une **situation** situation 8
situé(e) located
six six
sixième sixth
le **ski (alpin)** (downhilll) skiing; *faire du ski nautique* to go water-skiing 10
un **smartphone** smartphone 9
un **smoking** tuxedo 8
un **SMS** text message 6
une **société** company 6; society 9
une **sœur** sister; *belle-sœur* sister-in-law; *demi-sœur* half/step sister
la **soie** silk 6; *en soie* made of silk 6
soif: avoir soif to be thirsty
le **soir** evening; *tous les soirs* every night 4
une **soirée** evening 5
soixante sixty
soixante-dix seventy
solaire solar; *la crème solaire* sunscreen 10; *l'énergie (f.) solaire* solar energy; *un panneau solaire* solar panel
solde: en solde on sale
le **soleil** sun; *des lunettes (f.) de soleil* sunglasses 10; *il fait du soleil* it's sunny
la **solidarité** solidarity 7
une **solution** solution 9
sombre dark 2
son, sa, ses her, his, one's, its
une **sorte** kind, sort 2
une **sortie** exit 2
sortir to come out; to go out; to take out 3
se **sortir: s'en sortir** to overcome 9
la **soupe** soup
une **source d'eau** spring 8
une **souris** mouse
sous under
soutenir to support; *je soutiens* I support
se **souvenir (de)** to remember 3
un **souvenir** memory
souvent often
se **spécialiser (en)** to major (in) 4
une **spécialité** specialty 8; *spécialité du jour* daily special
un **spectacle** show 3
splendide gorgeous 10
un **sport** sport; *une voiture de sport* sports car 5
sportif, sportive athletic 1; *un reportage sportif* sports coverage 1
un **stade** stadium
un **stand de crêpes** crêpe stand 2
une **station** station 2
une **station-service** gas station 5
une **statue** statue
un **steak-frites** steak with fries
le **step** step aerobics
une **stéréo** stereo
un **steward** male flight attendant 5
strict(e) strict
un **stylo** pen
le **sucre** sugar; *au sucre* with sugar 7
sucré(e) sweet 7
le **sud** south; *l'Amérique du Sud (f.)* South America 10
la **Suisse** Switzerland
suisse Swiss; *un couteau suisse* Swiss army knife 10
la **suite: tout de suite** right away 5
suivre to follow, to take (a class) 2
un **sujet** subject 2
super awesome; really, very 6
superbe excellent 5
un **supermarché** supermarket
superposé: des lits (m.) superposés bunk beds 7
un **supplément** additional cost 5
un **supporter, une supportrice** fan
sur about 9; of; on; *être sur place* to be on site, on the premises 5
sûr sure; *bien sûr* of course 1; *c'est sûr* that's for sure 1
surfer: surfer sur Internet to surf the web
surprend: ça ne me surprend pas it doesn't surprise me
une **surprise** surprise 7
surtout especially; mostly 1
survivre to survive
un **SUV** SUV 5
sympa nice
synchroniser to synchronize
un **syndicat d'initiative** tourist information office 2
un **synthé(tiseur)** keyboard 6

T

t'appelles: tu t'appelles your name is; *Tu t'appelles comment?* What's your name?
t'inquiète: ne t'inquiète pas don't worry 2
le **tabac: un bureau de tabac** news store that sells tobacco, stamps, lottery tickets 2
une **table** table; *débarrasser la table* to clear the table 7
un **tableau** chalkboard, smartboard; painting; *tableau des arrivées et des départs* arrival and departure timetable
une **tablette** tablet
une **tache** spot 2
un **taf** work
tahitien(ne) Tahitian
une **taille** size; *de taille moyenne* of average height; *Quelle taille faites-vous?* What size are you?
un **taille-crayon** pencil sharpener
un **tailleur** tailor 4
un **tambour** drum 6

tamponneuse: une auto tamponneuse bumper car 1
tant pis too bad
une **tante** aunt
taper to type 9
un **tapis** rug
tard late 1
une **tarte** pie; *tarte aux fruits* fruit tart; *tarte aux pommes* apple pie
une **tartine** bread with butter, jam 5
une **tasse** cup
un **taxi** taxi 2; *en taxi* by taxi 2
te (t') to you, you
un(e) **technicien(ne) de centrale solaire** solar plant technician 9
la **technique** technology 9; *le domaine des sciences et techniques* science and technology sector 9
la **techno** techno music 6
un **tee-shirt** T-shirt
une **télé (télévision)** television, TV; *télé câblée* cable TV 5; *à la télé* on TV 1
télécharger to download
une **télécommande** TV remote control 1
les **télécommunications** telecommunications 9
un **téléphone portable** cell phone 9
téléphoner to phone (someone), to make a call
la **télé-réalité** reality TV 1; *une émission de télé-réalité* reality TV show 1
télévisé(e) televised 1; *un jeu télévisé* (TV) game show 1
tellement so much 8
la **température** temperature
le **temps** time 5; weather; *depuis combien de temps* how long 8; *Depuis le temps!* At last! 7; *gagner du temps* to save time 5; *le bon vieux temps* the good old days 4; *Quel temps fait-il?* What's the weather like?; How's the weather?; *tout le temps* all the time 5
des **tennis (f.)** sneakers
une **tente** tent 10
tenter to tempt 1
un **terrain de camping** campground 10
une **terrasse** terrace
la **terre** land 8
une **terrine de saumon** salmon mousse loaf 7
le **terrorisme** terrorism 9
un **testeur de jeux vidéo** video game tester
la **tête** head; *Lève la tête!* Look up! 2
une **teuf** party
un **texto** text message
Thanksgiving Thanksgiving (US) 1
un **thé** tea 5; *thé au citron* lemon tea 5
un **théâtre** theatre 2
un **thème** topic
thermal(e) hydrotherapeutic
le **thon** tuna
un **thriller** thriller
un **ticket** ticket
tiens here 6; hey
un **tigre** tiger; *tigre de Sumatra* Sumatran tiger
timide shy
un **tissu** fabric
le **Togo** Togo
togolais(e) Togolese
toi you
les **toilettes (f.)** bathroom; *des affaires (f.) de toilette* toiletries 3; *un gant de toilette* washcloth 3
un **toit** roof
la **tolérance** tolerance 9
une **tomate** tomato
tomber: tomber en panne to break down 5
ton, ta your; *tes* your
une **tondeuse** lawn mower 3
tondre to mow 3
top awesome; *C'est le top!* That's awesome!
une **tortue** turtle 8; *tortue marine* sea turtle 8
tôt early 1
totale: Total vintage! It has a totally vintage look!; *La totale!* The whole deal! 2
une **touche** key *[on keyboard]*
toucher to touch 7
toujours always; still
un **tour** tour; *faire un tour* to go on a ride 1; to go on a trip 10; *faire un tour de grande roue* to go on a Ferris wheel ride 1; *faire un tour de manège* to go on a carnival ride 1; *faire un tour de montagnes russes* to go on a roller coaster ride 1
une **tour** tower
la **Touraine** Touraine region 7
tourangeau, tourangelle from, of Touraine region 7
le **tourisme: tourisme d'aventure** adventure tourism 10
un(e) **touriste** tourist 8; *faire le touriste* to be a tourist 8
tourner to turn
la **Toussaint** All Saints Day 1
tout(e), tous, toutes all; every 5; *tous les soirs* every night 4; *tout à fait* completely 1; *Tout ça!* All that!; *tout de suite* right away 5; *tout le monde* everybody 5; *tout le temps* all the time 5; *tout simplement* quite simply 5; *toute une série (de)* whole series (of) 9; *en tout cas* in any case 3
une **trace** ***[Mart.]*** path 8
traditionnel, traditionnelle traditional 6
un **train** train; *en train* by train 2
traîner to dawdle, to hang around 3
traire to milk 4
une **tranche (de)** a slice (of)
un **transport** transportation 2; *un moyen de transport* means of transportation 2
travailler to work
traverser to cross
treize thirteen
un **tremblement de terre** earthquake 8
trente thirty
très very; *Très bien, et toi/ vous?* Very well, and you?
un **trésor** treasure 6
triste sad 2
trois three
troisième third
un **trombone** trombone 6
une **trompette** trumpet 6

trop too; *trop de* too much of
une **trousse** pencil case; *trousse de premiers secours* first-aid kit 10
trouver to find
se **trouver** to be located
un **truc** thing 9
tu you
la **Tunisie** Tunisia 6
tunisien(ne) Tunisian 6

U

un a, an; one
une a, an, one
l' **Union européenne (f.)** European Union 9
l' **univers (m.)** universe 6
universitaire: une cité universitaire university dormitory 4
une **université** university 4; *entrer à l'université* to go to college 4
un **USB: un port micro-USB** micro USB port 9
user de diplomatie to use diplomacy 9
une **usine** factory
utiliser to use 3

V

les **vacances (f.)** vacation; *prendre des vacances* to take a vacation 4
un **vacancier, une vacancière** vacationer 10
une **vache** cow 4
la **vaisselle: faire la vaisselle** to wash the dishes 3
une **valise** suitcase; *valise à roulettes* suitcase with wheels 5
une **vallée** valley
vas: Tu vas bien? Are things going well?
vaut: ça vaut it's worth 6
le **Vélib'** bicycle sharing service 2; *en Vélib'* by Vélib 2
un **vélo** bike; *à vélo* by bike
le **velours** velvet 6; *en velours* made of velvet 6
un **vendeur, une vendeuse** salesperson
vendre to sell
vendredi Friday
venir to come; *venir de (+ infinitive)* to have just (done something) 1
le **vent** wind; *il fait du vent* it's windy
le **ventre** stomach
vérifier to check 5
un **verre** glass
vers around 1; towards
une **version** version 1
vert(e) green
une **veste** jacket
des **vêtements (m.)** clothes
un(e) **vétérinaire** veterinarian 9
veux: je veux bien I'd like that
le **vide: avoir peur du vide** to be afraid of heights 1
une **vie** life 4
la **vieillesse** old age 9
vieux, vieil, vieille old; *le bon vieux temps* the good old days 4
vif, vive vivid 2
un **village** village 4
une **ville** city; *en ville* downtown
la **vinaigrette** vinaigrette salad dressing 7
vingt twenty
la **violence** violence 9
violet, violette purple
un **violon** violin 6
un **violoncelle** cello 6
une **visite** visit; *rendre visite à (+ person)* to visit (person) 1
visiter to visit
vite fast, quickly
vivre to live 8; *une douceur de vivre* relaxed style of life 10
voici here, here is 5
une **voie** path; train platform; *les animaux en voie de disparition* endangered species
voilà here are/is
la **voile: faire de la voile** to go sailing 10
un **voilier** sailboat 2
voir to see; *Je vois.* I see.
se **voir** to see each other/one another
une **voiture** car; *voiture de sport* sports car 5; *voiture électrique* electric car; *voiture hybride* hybrid car; *en voiture* by car 2
un **vol** flight 5
un **volant** steering wheel 5
volontiers gladly 10
votre, vos your
voudrais (see **vouloir**)
vouloir to want; *vouloir dire* to mean 3; *ça veut dire* it/that means 3
vous to you; you; *Vous voulez…?* Would you like…?
un **voyage** trip; *faire un voyage* to go on a trip 5
voyager to travel
un **voyageur, une voyageuse** traveler
un(e) **voyant(e)** fortune teller 1
vrai(e) true
vraiment really
une **vue** view; *Quelle belle vue!* What a beautiful view!; *un point de vue* viewpoint 1

W

un **wagon-restaurant** dining car
les **W.C. (m.)** restroom, bathroom
le **web: un concepteur web, une conceptrice web** web designer 9
le **weekend** weekend
le **wifi** Wi-Fi 5
la **world** world music

Y

y there *[pronoun]* 1; to it *[pronoun]* 8
un **yaourt** yogurt
les **yeux (m.)** eyes
le **yoga** yoga

Z

zéro zero
zoomer to zoom 9

Vocabulary

Vocabulary terms from Level 1 of *T'es branché?* are included but do not have a unit number. Vocabulary terms from Level 2 include the unit number in which the term is introduced.

English–French

A

a, an un; une; (a) *little* (un) peu; *a little of* un peu de; *a lot* beaucoup; *a lot of* beaucoup de; *You sure know a lot about it.* Tu en sais des choses. 4

to be **able to** arriver (à) 8; pouvoir
about sur 9; *about (the)* du; *about it/them* en 7; *it's about* il s'agit de 6
above au-dessus de
abstract abstrait(e) 2
accelerator un accélérateur 5
accent un accent 7
to **accentuate** mettre en valeur 8
to **accept** accepter 3
accessory un accessoire 6
accident un accident 5
to **accompany** accompagner
according to selon 1
ache: to have a/an… ache avoir mal (à)…
across from en face de
to **act** agir 9
action l'action (f.)
activity une activité
actor un acteur, une actrice
addition: in addition to en plus de 1
additional cost un supplément 5
address une adresse 9
to **adjust** régler 9; *to adjust the field width* régler la largeur du champ 9
to **adore** adorer 6
adventure une aventure; *adventure tourism* le tourisme d'aventure 10
to **advise** conseiller
aerobics l'aérobic (m.); *step aerobics* le step
affectionately affectueusement 6
afraid: to be afraid (of) avoir peur (de) 1; *to be afraid of heights* avoir peur du vide 1
Africa l'Afrique (f.)
after après
afternoon l'après-midi (m.)
again: to see again revoir 6; *to start something again* se remettre (à) 3
against contre
age l'âge (m.); *old age* la vieillesse 9
agent un(e) agent(e) 5
ago: (time) ago il y a (+ time) 4
to **agree** être d'accord
AIDS le SIDA
air l'air (m.); *air conditioning* la climatisation 5
airplane un avion 2
airport un aéroport
album un album 3
alcoholism l'alcoolisme (m.) 9
Algerian algérien(ne)
all tout(e), tous, toutes; *All that!* Tout ça!; *all the time* tout le temps 5; *to stay up all night* faire une nuit blanche 1
almond une amande 8
almost presque 3
along: to get along s'entendre 3
alongside le long de 10
already déjà
Alsace region l'Alsace (f.) 7; *from, of Alsace region* alsacien(ne) 7
also aussi
aluminum l'aluminium (m.); *made of aluminum* en aluminium
always toujours
ambiance une ambiance 2
America: North America l'Amérique du Nord (f.) 10; *South America* l'Amérique du Sud (f.) 10
American américain(e)
Amerindian amérindien(ne) 10
to **amuse** amuser 1
amusement park un parc d'attractions 1
anchor: news anchor un présentateur, une présentatrice 1
and et
animal un animal
to **annex** annexer 4
anniversary: wedding anniversary un anniversaire de mariage 5
to **announce** annoncer 7
to **annoy** agacer 3; *You're getting on my nerves!* Tu m'agaces! 3
anole un anoli 8
another photo re-photo
Antarctica l'Antarctique (m.)
antiretroviral drugs les antirétroviraux (m.)
anti-Semitism l'antisémitisme (m.) 6
any d', de; des, du, en 7; *in any case* en tout cas 3
apartheid l'apartheid (m.) 6
apartment un appartement; *apartment building* un immeuble
app (application) une appli (application) 9
appearance une mine
appetizer une entrée 7
apple une pomme; *apple juice* un jus de pomme 7; *apple pie* une tarte aux pommes
April avril
Arab arabe 6
area un espace; un quartier 2
to **argue** se disputer 3
arm le bras
armchair un fauteuil
around vers 1; *to get around* se déplacer 2
to **arrange** ranger 3
arrival une arrivée; *arrival and departure timetable* un tableau des arrivées et départs
to **arrive** arriver

art l'art (m.) 2; *art object* un objet d'art 2

article: magazine article un article 6; *newspaper article* un article 6

artist un(e) artiste 2

as aussi, que; comme 10; *as (+ adverb) as* aussi (+ *adverb)* que 10; *as soon as* dès que 10

Asia l'Asie (f.) 10

to **ask (for)** demander; *to ask for a favor* demander un service 9; *to ask for directions* demander le chemin

assignment un devoir

assistance l'aide (f.) 8

at à; en 2; *at (the)* au, aux; *At last!* Depuis le temps! 7; *at least* au moins 8; *at my house* chez moi; *at/to the club* en boîte 2; *at the dentist's* chez le dentiste 2; *at the doctor's* chez le médecin 2; *at the end of* au bout de; au fond de; *at the house (home) of* chez; *at the same time* à la fois 8; *by the seaside* au bord de la mer 2; *at the top* en haut 1

athlete un(e) athlète

athletic sportif, sportive 1

atmosphere une ambiance 1; *great atmosphere* chaude ambiance 7

to **attach** joindre 9

audio trial en écoute libre 6

August août

aunt une tante

Australia l'Australie (f.) 10

automotive designer un(e) designer automobile 9

auto shop un garage 5

autumn l'automne (m.)

avenue une avenue

aviation industry le secteur aéronautique 9

to **avoid** éviter 5

away: right away tout de suite 5

awesome formidable 2; super; top; *That's awesome!* C'est le top!

awful horrible 1

B

back le dos; *back country* l'arrière-pays (m.) 10; *back to school/work (after vacation)* la rentrée 1; *let's get back to it* on s'y remet 3; *to be back* être de retour 10; *to give back* rendre 10; *to put back* remettre 5

backpack un sac à dos

to **back up (a computer file)** sauvegarder

bacon le bacon 5

bad mal; mauvais; nul, nulle *[inform.]* 1; *the weather is bad* il fait mauvais

badly mal; *Things are going badly.* Ça va mal.

bag un sac; *beach bag* un sac de plage 10; *sleeping bag* un sac de couchage 10

baker un boulanger, une boulangère 4

bakery une boulangerie, une pâtisserie

banana une banane

bank une banque; *river bank* une rive 2

to **barbecue** faire griller 1

barn une grange 4

basketball le basket (basketball)

bat une chauve-souris 8

bath un bain 6

to **bathe** baigner 2

bathing suit un maillot de bain

bathrobe un peignoir de bain 6

bathroom une salle de bains; les toilettes (f.); les W.C. (m.)

bathtub une baignoire

to **be** être; *to be able (to)* pouvoir; arriver (à) 8; *to be a tourist* faire le touriste 8; *to be afraid (of)* avoir peur (de) 1; *to be afraid of heights* avoir peur du vide 1; *to be back* être de retour 10; *to be busy* être occupé(e); *to be (busy) doing something* être en train de (+ infinitive); *to be cold* avoir froid; *to be eager* avoir hâte de 5; *to be environmentally friendly* être vert; *to be familiar with (person, place, thing)* connaître 6; *to be hot* avoir chaud; *to be how old* avoir quel âge; *to be hungry* avoir faim; *to be hurt* avoir mal (à…); *to be in charge (of)* être chargé(e) (de) 8; *to be informed* être au courant; *to be in (good, bad) shape* être en (bonne, mauvaise) forme; *to be interested (in)* s'intéresser (à) 9; *to be left* rester 5; *to be located* être situé(e), se trouver; *to be lucky* avoir de la chance 5; *to be necessary* falloir; *to be right* avoir raison 2; *to be on site, on the premises* être sur place 5; *to be thirsty* avoir soif; *to be… year(s) old* avoir… an(s); *it would be* ça serait 2

beach une plage 5; *beach chair* chaise longue 10; *beach towel* une serviette de plage 10; *beach bag* un sac de plage 10

bear un ours; *polar bear* un ours polaire

beautiful beau, bel, belle; *It's beautiful out.* Il fait beau.

beauty la beauté 2

because parce que

to **become** devenir

bed un lit; *bunk beds* des lits superposés 7; *in bed* couché(e) 1; *to go to bed* se coucher 3; *twin bed* un lit jumeau 5

bedroom une chambre

beef le bœuf; *beef burgundy* bœuf bourguignon 7

before avant 3

to **begin** commencer

beginning un début 5

behind derrière

beige beige

Belgian belge

Belgium la Belgique

to **believe** croire 4

to **belong (to)** faire partie (de) 9

belongings des affaires (f.) 10

belt une ceinture 6

bench un banc

to **benefit from** profiter de; *you would benefit from* tu profiterais de

Benin le Bénin

Beninese béninois(e)

Berber berbère
beside à côté de
best: the best les meilleurs (m.); le mieux 10
best seller un best-seller 10
better mieux; *better than* mieux que 10; *to do/feel better* se porter mieux 9
between entre
bicycle une bicyclette 4; *on a bicycle* à bicyclette 4
big grand(e); gros, grosse
to **bike** faire du vélo; *by bike* à vélo
bike un vélo
bill l'addition (f.); *bill* [money] un billet
binoculars des jumelles (f.) 8
biology la biologie
bird un oiseau
birthday un anniversaire
black noir(e)
blacksmith un forgeron 6
blinker un clignotant 5
blog un blog
blond blond(e)
blue bleu(e); *the blue one* la bleue
to **blush** rougir
to **board** monter à bord 5
boarding l'embarquement (m.) 5; *boarding gate* une porte d'embarquement 5; *boarding pass* une carte d'embarquement 5
boat un bateau; *by boat* en bateau 2
body le corps; *body of water* une masse d'eau 10
bonfire un feu de joie 1
book un livre
bookstore une librairie 2
boots des bottes (f.)
to **borrow** emprunter 6
botanical canna un balisier 8
bottle (of) une bouteille (de)
bottom le bas
bowl un bol
boy un garçon
bracelet un bracelet 6
brake un frein 5
bread le pain; *long thin loaf of bread* une baguette; *bread with butter, jam* une tartine 5
to **break down** tomber en panne 5
breakfast le petit déjeuner
to **breathe** respirer 10
bride une mariée 8
bridge un pont
to **bring** apporter; emporter 10; *to bring (person)* emmener 1
Brittany region la Bretagne 5; *from, of Brittany region* breton(ne) 7
broken down en panne 5
brother un frère; *half/step brother* un demi-frère; *brother-in-law* un beau-frère
brown marron; *brown (hair)* brun(e)
to **browse** naviguer
to **brush: to brush one's hair** se brosser les cheveux 3; *to brush one's teeth* se brosser les dents 3
buckwheat crêpe une galette 7
buffet un buffet 8
building: apartment building un immeuble
bumper car une auto tamponneuse 1
bunk beds des lits (m.) superposés 7
Burkina Faso le Burkina Faso; *from, of Burkina Faso* burkinabè
bus un (auto)bus; *by bus* en (auto)bus 2
business commerçant(e)
businessman un homme d'affaires
businesswoman une femme d'affaires
to be **busy** être occupé(e); *to be (busy) doing something* être en train de (+ infinitive)
busy occupé(e)
but mais
butcher un boucher, une bouchère 4; *butcher shop* une boucherie
butter le beurre
butterfly un papillon 8
button bouton 9; *home button* bouton principale 9; *power button* bouton marche/arrêt 9
to **buy** acheter
by à; de 6; en; *by bike* à vélo; *by boat* en bateau 2; *by bus* en (auto)bus 2; *by canoe* en canoë 10; *by car* en voiture 2; *by electric car* en voiture électrique; *by hybrid car* en voiture hybride; *by pirogue* en pirogue 10; *by plane* en avion 2; *by RER* en RER 2; *by scooter* en scooter 2; *by subway* en métro 2; *by taxi* en taxi 2; *by the way* au fait 1; *by train* en train 2

C

cabaret singer un chansonnier, une chansonnière 4
café un café
café-restaurant une brasserie 2
cafeteria une cantine; *university cafeteria* un resto-U (restaurant universitaire) 4
cake un gâteau
to **call** appeler 2; *to send a video call* faire un appel vidéo 1
to **calm: Calm down!** Calme-toi! 3
camembert cheese le camembert
camera un appareil, une caméra 9
Cameroon le Cameroun
Cameroonian camerounais(e)
campground un terrain de camping 10
camping le camping 10; *to go camping* faire du camping 10
can (of) une boîte (de); *garbage can* une poubelle 3
Canada le Canada
Canadian canadien(ne)
canoe un canoë 10; *by canoe* en canoë 10; *to go canoeing* faire du canoë 10
cap une casquette
capital une capitale
car une auto (automobile) 1; une voiture; *bumper car* une auto tamponneuse 1; *by car* en voiture 2; *dining car* un wagon-restaurant; *electric car* une voiture électrique 9; *hybrid car* une voiture hybride; *sports car* une voiture de sport 5
caramel le caramel 7; *caramel custard* une crème caramel 7

carbon dioxide le dioxyde de carbone
card une carte; *credit card* une carte de crédit 5; *membership card* une carte de membre 7; *SIM card* une carte SIM 9
care: to take care (of) s'occuper (de) 4
careful: Be careful! Attention!
carefully prudemment 5
carnival un carnaval 8; une fête foraine 1; *to go on a carnival ride* faire un tour de manège 1
carrot une carotte
cartoon un dessin animé 1
case un cas 3; *in any case* en tout cas 3
castle un château
cat un chat
cathedral une cathédrale
to **cause** causer
cause une cause
cave une caverne 6
CD un CD; un cédérom
to **celebrate** fêter 1
celebrity une personnalité 1
cello un violoncelle 6
cell phone un portable; un téléphone portable 9
center un complexe 1; *reception center* un centre d'accueil 9
cereal des céréales (f.) 5
chair une chaise; *beach chair* une chaise longue 10
chalkboard un tableau
to **change** changer 3
channel une chaîne 1
chapel une chapelle 2
charge: to be in charge (of) être chargé(e) (de) 8
charm le charme 10
charming charmant(e)
cheap bon marché
to **check** vérifier 5; *to check in (online)* s'enregistrer (en ligne) 5; *to check one's luggage* faire enregistrer ses bagages 5
checkpoint: security checkpoint un contrôle de sécurité 5
cheese le fromage; *camembert cheese* le camembert; *cheese sandwich* un sandwich au fromage
chef un cuisinier, une cuisinière
chemical chimique
chemistry la chimie
cherry une cerise
chest la poitrine
chic chic
chicken le poulet; *chicken cooked in wine* le coq au vin 7
child un enfant
chills des frissons (m.)
chocolate le chocolat; *chocolate mousse* une mousse au chocolat 7; *hot chocolate* un chocolat chaud 5; *spread made of hazelnut and chocolate* le Nutella 5; *with chocolate* au chocolat 7
choice un choix 7
to **choose** choisir
chore une corvée 3
Christmas Noël 1
church une église 2
circle [object or piece of food] une rondelle
city une ville; *city hall* un hôtel de ville
clarinet une clarinette 6
class une classe; un cours; *class subject* la matière; *gym class* l'éducation physique et sportive (EPS) (f.)
classical classique 6; *classical music* la musique classique 6
classmate un(e) camarade de classe
classroom la salle de classe
to **clean** nettoyer 4
to **clear: to clear the table** débarrasser la table 7
clear clair(e) 1
to **click** cliquer
cliff une falaise 7; *cliff road* une corniche 10
clip: video clip un clip 6
clock une pendule
to **close** fermer
clothes des vêtements (m.); *clothes dryer* un sèche-linge 3; *to dry clothes* faire sécher le linge 3
club: at/to the club en boîte 2
coast une côte 7
coat un manteau
cod une morue 8; *cod fritters* des accras (m.) de morue
coffee un café; *coffee with milk* un café au lait 5
cola un coca
cold un rhume
cold froid; *it's cold* il fait froid; *to be cold* avoir froid
collection une collection 10
college une fac (faculté) 4; *to go to college* entrer à l'université 4
colonization la colonisation 3
color une couleur; *De quelle(s) couleur(s)?* In what colors?
to **comb one's hair** se peigner 3
comb un peigne 3
to **come** venir; *to come back* rentrer; revenir; *to come home* rentrer; *to come in* entrer; *to come out* sortir; *come on* enfin 1
comedy une comédie; *romantic comedy* une comédie romantique
comic strip une bande dessinée (BD) 6
commercial une publicité (pub)
to **commit to** s'engager (à, pour)
community manager un animateur de communauté 9
company une société 6
compartment: baggage compartment un compartiment à bagages 5; un coffre à bagages 5
to **complain** se plaindre 5
completely tout à fait 1
complex un complexe 1
complicated compliqué(e) 6
composer un compositeur
composition une composition 2; une rédaction 6
computer un ordinateur; *laptop computer* un ordinateur portable; *computer lab* la salle d'informatique; *computer science* l'informatique (f.)
concert un concert
conqueror un conquérant 10
to **consider** réfléchir (à)
consultant un(e) consultant(e) 9
consultation une consultation 1
contemporary contemporain(e) 9
continent un continent 10
to **continue** continuer

conversation une conversation 6
convertible une décapotable 5
to **cook** faire la cuisine
cooking la cuisine
cool frais, fraîche; *it's cool* il fait frais
cooler une glacière 10
corner le coin; *on the corner* du coin
to **cost** coûter
cost: additional cost un supplément 5
costume un costume 8
cotton le coton 6; *made of cotton* en coton 6
to **count on** compter 1
counter (ticket) un comptoir 5
country un pays; *country(side)* la campagne; *back country* l'arrière-pays (m.) 10
couple un couple 2
course un cours
course: of course bien sûr 1
couscous le couscous
cousin un(e) cousin(e)
coverage: sports coverage reportage sportif 1
cow une vache 4
crab un crabe 8
crazy: crazy person un fou, une folle 3; *like crazy* comme des fous 3
cream puff pastry une religieuse
to **create** créer 2
credit card une carte de crédit 5
Creole créole 8; *[language]* le créole 8
crêpe une crêpe; *buckwheat crêpe* une galette 7; *crêpe restaurant* une crêperie 7; *crêpe stand* un stand de crêpes 2
croissant un croissant
to **crop [photography]** recadrer 9
to **cross** traverser
crowd une foule 8
to **cry** pleurer
cry un cri 8
cucumber un concombre
cultural culturel, culturelle
cup une tasse
cupboard un placard
custard: caramel custard une crème caramel 7
to **cut** couper

D

daily quotidien(ne) 3; *daily special* la spécialité du jour
dairy store une crémerie
dancer un danseur, une danseuse 4
dark sombre 2; *dark (hair)* brun(e)
darn mince 1
date une date 5
daughter une fille
to **dawdle** traîner 3
day un jour; une journée; *New Year's Day* le Jour de l'an 1; *next day* le lendemain 10; *one day, some day* un jour; *the good old days* le bon vieux temps 4; *Valentine's day* la Saint-Valentin 1
dead mort(e)
dear cher, chère 6
December décembre
to **decide** choisir 8; décider 10
to **declare a major in humanities** s'inscrire en lettres 4
deep-fried frit(e) 8
degree un degré
delicatessen une charcuterie
delicious délicieux, délicieuse
delighted enchanté(e)
deli owner un charcutier, une charcutière 4
demonstration: street demonstration une manif (manifestation) 4
Denmark: person from, of Denmark un(e) Danois(e) 7
dentist un(e) dentiste; *at the dentist's* chez le dentiste 2; *dentist's office* un cabinet dentaire 2
department un département
departure un départ
descent une descente 10
to **describe** décrire 2
designer: automotive designer un(e) designer automobile 9; *web designer* un concepteur web, une conceptrice web 9
desk un bureau; *reception desk* la réception 7
dessert un dessert
destination une destination
destiny le destin 4
destroyed détruit(e) 8
detail un détail 1
to **detest** avoir horreur de 1
developer: software developer un développeur, une développeuse 9
development un développement 9; *sustainable development* le développement durable 9; *sustainable development industry* le secteur de développement durable 9
device un appareil 9
diamond un diamant 6; *diamond ring* une bague en diamant 6; *made of diamond* en diamant 6
dictionary un dictionnaire
different différent(e) 6
difficult difficile; dur(e) 4
diligent diligent(e)
dining: dining car un wagon-restaurant; *dining room* la salle à manger
to have dinner dîner
dinner le dîner
diplomacy la diplomatie 9; *to exercise diplomacy* user de diplomatie 9
direction une direction
director un réalisateur; *movie director* un metteur en scène
to **disappear** disparaître 4
discography une discographie 6
to **discover** découvrir 6
discovery une découverte 10
to **discuss** discuter (de) 1
discussion une discussion
to **disguise oneself** se déguiser 8
dish un plat 7; *main dish* un plat principal 7; *to wash the dishes* faire la vaisselle 3
dishwasher un lave-vaisselle 3
disorder le désordre 3
distance une distance 9
district un quartier 2
to **dive** plonger
divorced divorcé(e)(s)
to **do** faire; *to do gymnastics* faire de la gym (gymnastique); *to do housework* faire le ménage 3; *to do (someone) a favor* rendre un service (à quelqu'un) 5; *to do the*

laundry faire la lessive 3; *to do my homework* faire mes devoirs; *you shouldn't do that* ça ne se fait pas 7
doctor un médecin; *at the doctor's* chez le médecin 2; *doctor's office* un cabinet de médecin 2
documentary un documentaire
dog un chien
to donate faire un don (de) 9
don't worry rassure-toi 7
door une porte
dormitory un dortoir 7; *university dormitory* une cité universitaire 4
down: broken down en panne 5; *to break down* tomber en panne 5
to download télécharger
downtown en ville
drama un drame
to draw dessiner 2
drawing un dessin 2
to dream rêver 10
dream un rêve 10; *dream house* une maison de rêve 10
dress une robe; *wedding dress* une robe de mariée 8
dressed: to get dressed s'habiller 3
dressing room une cabine d'essayage
dress-maker une couturière
to dress up se déguiser 8
to drink boire 5
drink une boisson
to drive circuler; conduire 5
driver un conducteur, une conductrice 5
drugs la drogue 9
drugstore une pharmacie 2
drum un tambour 6; *(electric) drums* une batterie 6
to dry clothes faire sécher le linge 3
dryer: clothes dryer un sèche-linge 3
duck un canard 4
during pendant
DVD un DVD; *DVD player* un lecteur de DVD
dynamic dynamique 2

E

each chaque 4
eager: to be eager (to) avoir hâte de 5
ear l'oreille (f.)
early en avance; tôt 1
earring une boucle d'oreille 6
earthquake un tremblement de terre 8
east l'est (m.)
easy facile
to eat manger
eclair un éclair
economic économique 9
edge le bord 2
education une éducation 9
effect un effet; *greenhouse effect* l'effet de serre
efficiently efficacement 9
egg un œuf; *scrambled eggs* des œufs brouillés 5; *eggs sunny side up* des œufs sur le plat 5
eggplant une aubergine
eight huit
eighteen dix-huit
eighth huitième
eighty quatre-vingts
electric électrique
elementary school teacher un instituteur, une institutrice 4
eleven onze
to eliminate éliminer
end le bout; *at the end (of)* au bout (de); au fond (de)
endangered species les animaux (m.) en voie de disparition
energetic énergique
energy l'énergie (f.); *nuclear energy* l'énergie nucléaire; *solar energy* l'énergie solaire
engagement un engagement 6
engineer un ingénieur
England l'Angleterre (f.)
English anglais(e); *[language]* l'anglais (m.); *English Channel* la Manche 10
engraved gravé(e) 6
enjoy: Enjoy your meal! Bon Appétit!
enough (of) assez (de)
to enter entrer
entertainment le divertissement 9; *entertainment industry* l'industrie (f.) du divertissement 9
enthusiastic enthousiaste 5
envelope une enveloppe 6
environment l'environnement (m.)
era une époque 4
e-reader une liseuse 10
especially surtout
essay un essai 6
euro un euro
Europe l'Europe (f.)
European Union l'Union européenne (f.) 9
even même 5
evening le soir; une soirée 5
every tout(e)(s) 5; *every night* tous les soirs 4
everybody tout le monde 5
everyone le monde
everywhere partout
exactly exactement; justement 9
to exaggerate exagérer 6
excellent superbe 5
except sauf 7
exciting passionnant(e) 1
exhibit une exposition 2
to exist exister 9
exit une sortie 2
to expect (baby) attendre 4
expensive cher, chère
experience une expérience 4
to explain expliquer 6
explained expliqué(e) 6
expression une mine
express train from Paris to suburbs le RER 2
extended prolongé(e) 7
extraordinary extraordinaire 6
eye l'œil (m.); *eyes* les yeux (m.)

F

fabric un tissu
fabulous fabuleux, fabuleuse 4
face la figure
factory une usine
failed raté(e) 1
fair juste 3

familiar: to be familiar with (person, place, thing) connaître 6
family une famille; *with family* en famille 7
famous célèbre 2
fan un supporter, une supportrice
fantastic génial(e)
fantasy la fantaisie 10
far (from) loin (de)
farm une ferme 4
farmer un fermier, une fermière 4
fast rapide 2; vite
fat gros, grosse
father un père; *stepfather* un beau-père
fauna la faune 8
favor: to ask for a favor demander un service 9; *to do (someone) a favor* rendre un service (à quelqu'un) 8
favorite préféré(e)
to **fear** craindre 10
February février
to **feed** nourrir 4
to **feel/do better** se porter mieux 9; *to feel like* avoir envie de; *to feel nauseous* avoir mal au cœur
feeling une sensation 10
female politician une femme politique 9
Ferris wheel la grande roue 1; *to go on a Ferris wheel ride* faire un tour de grande roue 1
fertilizer l'engrais (m.)
fever la fièvre
field un champ 4; un domaine 9; *field of vision* un champ 9
fifteen quinze
fifth cinquième
fifty cinquante
to **fight** combattre; lutter 9
figure la ligne; *your figure* ta ligne
to **figure out** savoir 6
file un fichier 9; *image file* fichier image 9; *audio file* fichier son 9; *video file* fichier vidéo 9
to **fill** remplir 3; *to fill up the gas tank* faire le plein 5
film un film; *film showing* une séance
finally enfin
to **find** trouver
fine fin(e)
to **finish** finir
finger le doigt
firework un feu d'artifice 1
first premier, première; *first name* un prénom; *first (of all)* d'abord; *in the first year* en première année 4
first-aid les premiers secours (m.) 10; *first-aid kit* une trousse de premiers secours 10
to **fish** pêcher 8
fish un poisson 8; *goldfish* un poisson rouge
fishing la pêche 10; *fishing pole* une canne à pêche 10
five cinq
fixed-price menu un menu fixe
flag un drapeau
flashlight une lampe de poche 10; une lampe torche 10
flight un vol 5; *female flight attendant* une hôtesse de l'air 5; *male flight attendant* un steward 5
float un char 8
floor un étage; *the ground floor* le rez-de-chaussée; *the second floor* le premier étage
flora la flore 8
florist un(e) fleuriste 2
flour: rolled in flour and sautéed meunière 8
flu la grippe
flute une flûte 6
to **follow** suivre 2
fond of food gourmand(e)
food la nourriture 9; *food industry* le secteur agroalimentaire 9
foot le pied; *on foot* à pied
for comme; depuis 8; pendant; pour; *for starters* pour commencer 7
forecast les prévisions (f.) 5; *weather forecast* la météo; un bulletin météo(rologique) 1
foreground le premier plan 2; *in the foreground* au premier plan 2
forest une forêt
to **forget** oublier
fork une fourchette
formerly autrefois 4
fortunately heureusement 3
fortune teller un(e) voyant(e) 1
forty quarante
fountain un bassin 2
four quatre
fourteen quatorze
fourth quatrième
France la France
free disponible; gratuit(e) 1; libre 6
French français(e); *[language]* le français; *French fries* des frites (f.); *French Guiana* la Guyane (française) 10; *French Riviera* la côte d'Azur 10; *French-speaking* francophone; *French toast* le pain perdu 5
to **frequent** fréquenter 4
fresh frais, fraîche
Friday vendredi
friend un(e) ami(e); *(boy/girl) friend* un copain, une copine
fritters: cod fritters des accras de morue (m.)
from d', de; *from (the)* des, du; en *[pronoun]*; *from it/them* en 7; *live from* en direct de 6
front: in front of devant
fruit un fruit; *fruit tart* une tarte aux fruits
frying pan une poêle 10
full plein 5
fun: fun house une galerie des miroirs déformants 1; *to have fun* s'amuser 3; *to make fun (of)* se moquer (de) 2
to **function** marcher 1
funk music le funk 6
funny amusant(e) 2; drôle
furniture: piece of furniture un meuble
future l'avenir (m.) 9

G

Gabon le Gabon
Gabonese gabonais(e)
to **gain weight** grossir
gallery une galerie 9
game un match; *game of skill* un jeu d'adresse 1; *(TV)*

game show un jeu télévisé 1; *Olympic Games* les Jeux Olympiques
garbage can une poubelle 3
garden un jardin
gas: gas station une station-service 5; *to fill up the gas tank* faire le plein 5
Gascony region la Gascogne 7; *from, of Gascony region* gascon(ne) 7
gasoline l'essence (f.) 5
gate: boarding gate une porte d'embarquement 5
generous généreux, généreuse
genocide le génocide 6
geography la géographie
gentleness une douceur 10
German allemand(e); *[language]* l'allemand (m.)
Germany l'Allemagne (f.)
to get recevoir 6; *to get along* s'entendre 3; *to get around* circuler; se déplacer 2; *to get dressed* s'habiller 3; *to get in/on* monter; *to get married* se marier 4; *to get off* descendre; *to get (oneself) ready* se préparer 3; *to get settled* s'installer 5; *to get undressed* se déshabiller 3; *to get up* se lever 3; *let's get back to it* on s'y remet 3
giant géant(e)
gift un cadeau; *gift card* une carte cadeau
girl une fille
to give donner; offrir; *to give back* rendre 10; *give me* donnez-moi
gladly volontiers 10
glass un verre
glasses des lunettes (f.) 4
glued collé(e) 8; *glued to* scotché(e) à 3
to go aller; se rendre (à) 3; *to go camping* faire du camping 10; *to go canoeing* faire du canoë 10; *to go down* descendre; *to go for a walk* faire une promenade; se promener 10; *to go grocery shopping* faire les courses; *to go horseback riding* faire du cheval 4; *to go into photo mode* se mettre en mode photo 9; *to go kayaking* faire du kayak 8; *to go on a carnival ride* faire un tour de manège 1; *to go on a Ferris wheel ride* faire un tour de grande roue 1; *to go on a guided tour* faire une visite guidée 10; *to go on a ride* faire un tour 1; *to go on a roller coaster ride* faire un tour de montagnes russes 1; *to go on a tour* faire un tour 10; *to go on a trip* faire un voyage 5; *to go out* sortir; *to go parasailing* faire du parachutisme ascensionnel 10; *to go running* faire du footing; *to go sailing* faire de la voile 10; *to go scuba diving* faire de la plongée sous-marine 8; *to go shopping* faire du shopping; *to go through* passer 5; *to go to bed* se coucher 3; *to go to college* entrer à l'université 4; *to go up* monter; *to go water-skiing* faire du ski nautique 10; *Go for it!* Vas-y!; *Here we go!* C'est parti! 10
goal un but
goat une chèvre 4
goatfish un rouget 8
gold l'or (m.) 6; *made of gold* en or 6
good bon(ne); *good-bye* au revoir, salut; *Good idea!* Bonne idée!; *good luck* bon courage 10; *the good old days* le bon vieux temps 4; *Have a good trip!* Bonne route! 5; Bon voyage!
gorgeous splendide 1
gorilla un gorille; *mountain gorilla* un gorille des montagnes
government un gouvernement 9
grade une note
gram (of) un gramme (de)
grandfather un grand-père
grandma Mamy 4
grandmother une grand-mère
grandpa Papy 7
grandparents les grand-parents (m.)
grape un raisin
grapefruit un pamplemousse; *grapefruit juice* un jus de pamplemousse 5
graphic designer un(e) graphiste
great chouette; génial(e)
green vert(e); *green beans* des haricots verts (m.)
grey gris
to grill griller 1
grilled grillé(e) 5
grocery store une épicerie; *grocery store owner* un épicier, une épicière 4
groom un marié 8
ground floor le rez-de- chaussée
group un groupe 1
grove un bosquet 2
to grow grandi
Guadeloupe la Guadeloupe 8
guaranteed garanti(e) 1
to guess deviner 6
guest un(e) invité(e)
guide un guide 1; *Michelin Guide* le Guide Michelin 10; *TV guide* un guide télévisé 1
guided guidé(e) 10; *guided tour* une visite guidée 10
guitar une guitare 6
gym un fitness; *gym class* l'éducation physique et sportive (l'EPS) (f.)
gymnastics la gym (gymnastique)

H

hair les cheveux (m.); *hair salon* un salon de coiffure 2; *hair stylist* un coiffeur, une coiffeuse 9; *to brush one's hair* se brosser les cheveux 3; *hairbrush* une brosse à cheveux 3; *hairstyle* une coiffure 2
hairdryer un sèche-cheveux 3
Haiti Haïti 8
Haitian haïtien(ne) 8
half demi(e); *half-brother* un demi-frère; *half past* et demi(e); *half-sister* une demi-sœur
hallway un couloir
ham le jambon; *ham sandwich* un sandwich au jambon
hamburger un hamburger

hand la main; *hand in hand* la main dans la main
handkerchief un mouchoir 6; *linen handkerchief* un mouchoir en lin 6
handsome beau, bel, belle
to **hang around** traîner 3
to **hang out** fréquenter 4
happy content(e), heureux, heureuse 2
hat un bonnet 6; un chapeau; *wool hat* un bonnet en laine 6
to **hate** avoir horreur de 1
haunted house une maison hantée 1
to **have** avoir; *(food or drink)* prendre; *to have a/an... ache* avoir mal (à...); *to have dinner* dîner; *to have fun* s'amuser 3; *to have just (done something)* venir de (+ infinitive) 1; *to have to* devoir; falloir; *Have a good trip!* Bonne route! 5; Bon voyage!; *one/we/you have to* il faut
hazelnut: spread made of hazelnut and chocolate le Nutella 5
he il
head la tête
health la santé 9; sanitaire 8; *health club* un fitness; *health sector* le domaine de la santé 9
to **hear** entendre 6
heart le cœur
to **heat up** réchauffer
heights: to be afraid of heights avoir peur du vide 1
hello bonjour; *[on the telephone]* allô
to **help** aider
help au secours 3
hen une poule 4
her elle 7; sa, ses, son
here ici; tiens 6; voici 5; *here are/is* voilà; *here is* voici 5; *Here we go!* C'est parti! 10
hero, heroine un héros, une héroïne 6
to **hesitate** hésiter 5
hey tiens
hi salut
hibiscus un hibiscus 8
to **hide** dissimuler 8
high haut(e) 8
high school un lycée
highway une route
to **hike** faire une randonnée à pied 8
hike une randonnée 8
hill une colline
him lui 7
hip-hop le hip-hop
his sa, ses, son
history l'histoire (f.)
holiday une fête 1; *national holiday* une fête nationale 1; *national Quebec holiday* la Saint-Jean 1
home une maison; *home health worker* un accompagnateur, une accompagnatrice
homeless person un sans-abri 9
homework les devoirs (m.)
honey chéri(e)3
hood [car] un capot 5
to **hope** espérer 6
horizon l'horizon (m.) 2; *on the horizon* à l'horizon 2
horn un klaxon 5
horrible horrible 1
horror l'horreur (f.)
horse un cheval
horseback: to go horseback riding faire du cheval 4
hospitality l'hospitalité (f.) 6
to **host** recevoir 6
host: TV host un animateur, une animatrice 1
hot: hot chocolate un chocolat chaud 5; *to be hot* avoir chaud; *it's hot* il fait chaud
hotel un hôtel; *hotel clerk* un(e) réceptionniste 5; *hotel room* une chambre 5
hour une heure
house une maison; *house cleaning items* des affaires (f.) de ménage 3; *dream house* une maison de rêve 10; *fun house* une galerie des miroirs déformants 1; *haunted house* une maison hantée 1
household le ménage 3
housework le ménage 3; *to do housework* faire le ménage 3
how comment; *how about* si 4; *How are things going?* Ça va?; *How are you?* Comment allez-vous?; *how long* depuis combien de temps 8; *how much* combien; *How much is it?* Ça fait combien?; *How much per kilo?* C'est combien le kilo?; *How old are you?* Tu as quel âge?; *How's the weather?* Quel temps fait-il?
humanitarian humanitaire
humanities les lettres (f.) 4; *to declare a major in humanities* s'inscrire en lettres 4
hummingbird un colibri 8
hundred: (one) hundred cent
hunger la faim 9
hungry: to be hungry avoir faim
to **hurry** se dépêcher (de) 3
hurt: to be hurt avoir mal (à...)
husband un mari
hybrid hybride
hydrant: water hydrant une borne-fontaine 8
hydrotherapeutic thermal(e)

I

I j'/je
ice cream une glace; *chocolate ice cream* une glace au chocolat; *vanilla ice cream* une glace à la vanille
ice-skating (figure skating) le patinage (artistique)
icon une icône 9
idea une idée
if si; *if only* si 4; *if you'd like* si cela vous convient 5
illness une maladie
image une image 1; *image file* un fichier image 9
to **imagine** imaginer 1
important: what's important l'important 9
impossible impossible
impressionist impressioniste 2
in à; dans, en; *in a way* en un sens 4; *in addition to* en plus de 1; *in any case* en tout cas 3; *in circles* en rondelles; *in front of* devant; *in-line skating* le roller; *in my opinion* à mon avis; *in order* en ordre 5; *in the* au, aux;

in the first year en première année 4; *in the foreground* au premier plan 2; *in the past* autrefois 4; *in the spring* au printemps; *In what color(s)? in winter* en hiver
included compris 5
incredible incroyable 6
to **indicate** indiquer 2
industry une industrie 9; un secteur 9; *aviation industry* le secteur aéronautique 9; *cultural and creative industries* les industries créatives 9; *digital industry* le secteur du numérique 9; *entertainment industry* l'industrie du divertissement 9; *financial industry* le secteur financier 9; *food industry* le secteur agroalimentaire 9; *information technology industry* le secteur de l'informatique 9; *sustainable development industry* le secteur de développement durable 9
inflatable mattress un matelas pneumatique 10
to **inform** informer 2
information technology l'informatique (f.) 9; *information technology industry* le secteur de l'informatique 9
inhabitant un(e) habitant(e)
insect un insecte 1; *insect repellent* un anti-moustique 10
inside l'intérieur (m.) 2
to **insist (on)** insister (sur) 2
to **install** installer
instrument: musical instrument un instrument 6
intelligent intelligent(e)
to **interest** intéresser 2
interested: to be interested (in) s'intéresser (à) 9
interesting intéressant(e)
interface une interface 9
international international(e); *international hostel* une auberge internationale 7
Internet Internet (m.)
to **intervene** intervenir 9
intervention: to organize an intervention faire une intervention 9
to **introduce** (to someone) présenter; faire connaître (à quelqu'un), faire découvrir (à quelqu'un) 6
to **invite** inviter
to **iron** repasser 3
iron (clothes) un fer à repasser 3
is: isn't that so n'est-ce pas
it ça, ce; elle, il; l', la, le *[object pronoun]*; *to it* y *[pronoun]* 8; *it doesn't surprise me* ça ne me surprend pas; *It has a totally vintage look!* Total vintage!; *it is* c'est; *it is necessary* il faut; *it/that means* ça veut dire 3; *it will be revealed (known)* ça va se savoir 1; *it would be* ça serait 2; *it would be known* ça se saurait 9; *it's all the same to me* ça m'est égal 8; *It's beautiful out.* Il fait beau.; *it's been a long time since* ça fait longtemps que 10; *it's cold* il fait froid; *it's cool* il fait frais; *it's hot* il fait chaud; *it's raining* il pleut; *It's settled.* C'est décidé. 10; *it's snowing* il neige; *it's sunny* il fait du soleil; *It's the (+ date).* Nous sommes le (+ date), C'est le (+ date).; *it's the same* c'est pareil 3; *it's windy* il fait du vent; *it's worth* ça vaut 6; *it would be* ça serait 2; *You sure know a lot about it.* Tu en sais des choses. 4
its sa, ses, son
Italian italien(ne)
Italy l'Italie (f.)
items: housecleaning items des affaires (f.) de ménage 3
itinerary un itinéraire 7
Ivory Coast la Côte d'Ivoire; *from, of the Ivory Coast* ivorien(ne)

J

jacket un blouson; une veste
jam la confiture
January janvier
Japanese japonais(e) 7
jar (of) un pot (de)
jasmine le jasmin
jazz music le jazz 6
jeans un jean
jersey un maillot
to **jet ski** faire du scooter des mers 8; faire du jet ski 10
jet ski un jet ski 10
jewelry des bijoux 6
job un emploi 9; un métier
juice un jus; *apple juice* un jus de pomme 7; *grapefruit juice* un jus de pamplemousse 5; *orange juice* jus d'orange
July juillet
June juin
just: to have just (done something) venir de (+ infinitive) 1

K

kayaking: to go kayaking faire du kayak 8
ketchup le ketchup
key (ignition) une clé 5; *[on keyboard]* une touche
keyboard un clavier; un synthé(tiseur) 6
kilogram (of) un kilo (de)
kilometer un kilomètre
kind une sorte 2
king un roi 2
kiosk: self-service kiosk une borne libre-service 5
to **kiss** embrasser
kit: first-aid kit une trousse de premiers secours 10
kitchen la cuisine
knee le genou
knife un couteau; *Swiss army knife* un couteau suisse 10
to **know** connaître 4; être au courant; savoir 5; *to know how* savoir 6; *to know each other* se connaître 4; *You sure know a lot about it.* Tu en sais des choses. 4
known: it would be known ça se saurait 9

L

lab: computer lab une salle d'informatique; *science lab* un labo (laboratoire)
to **lack** manquer 4
lady une dame 5
laid out disposé(e) 2
lake un lac
lamb un agneau 1
lambis un lambi 8
lamp une lampe
to **land** atterrir 5
land la terre 8
landscape un paysage 7
language une langue
laptop (ordinateur) portable
large grand(e); gros, grosse
last dernier, dernière; *At last!* Depuis le temps! 7
late en retard; tard 1
to **laugh** rigoler; rire
laundry: to do the laundry faire la lessive 3
lawn une pelouse 3; *lawn mower* une tondeuse 3
lawyer un(e) avocat(e)
lazy paresseux, paresseuse
to **learn** apprendre
least: at least au moins 8; *the least* le moins 10
leather le cuir 6; *made of leather* en cuir 6
to **leave** laisser; partir; quitter
left: on the left à gauche; *on/ to the left of* à gauche de; *to be left* rester 5
leg la jambe
legend une légende 4
lemon un citron 5; *lemon- lime soda with mint syrup* un diabolo menthe 7; *lemon tea* un thé au citron 5
to **lend** prêter 9
less moins; *less (+ adverb) than* moins *(+ adverb)* + que 10
to **let** laisser; *Let me finish!* Laisse-moi finir!
letter une lettre 6
lettuce une salade
level un niveau 2
life une vie 4; *relaxed style of life* une douceur de vivre 10
light une lumière 2
to **like** aimer; kiffer *[inform.]* 1; *if you'd like* si cela vous convient 5; *like this* comme ça 9
likeable attachant(e) 1
linen le lin 6; *linen handkerchief* un mouchoir en lin 6; *made of linen* en lin 6
link un lien
lip une lèvre 3
lipstick un rouge à lèvres 3
list une liste 10; *to make a list* faire une liste 10
to **listen (to)** écouter; *to listen to music* écouter de la musique; *to listen to my MP3 player* écouter mon lecteur MP3
liter (of) un litre (de)
little petit(e); *(a) little* (un) peu; *a little of* un peu de
to **live** habiter; vivre 8
live from en direct de 6
living room un salon, un séjour
loaf: salmon mousse loaf une terrine de saumon 7
lobster: spiny lobster une langouste 8
located situé(e); *to be located* être situé(e)
lock screen l'écran (m.) de verrouillage 9
logo: team logo un blason
long long, longue; *how long* depuis combien de temps 8; *it's been a long time since* ça fait longtemps que 10
to **look** avoir l'air 2; *to look at oneself* se regarder 3; *to look for* chercher; *to look healthy* avoir bonne mine; *to look like (something from) my country* avoir un petit air du pays; *to look sick* avoir mauvaise mine; *Does this… look good on me?* Tu trouves que… me va bien?; *Look up!* Lève la tête! 2
look remarque 3; un regard 10
to **lose** perdre; *to lose weight* maigrir
lost perdu(e)
lot: a lot beaucoup; *a lot of* beaucoup de
to **love** aimer
love l'amour (m.) 4
lover (of) un amoureux, une amoureuse (de) 10
luck: good luck bon courage 10
lucky: to be lucky avoir de la chance 5
luggage: piece of luggage un bagage 5; *luggage compartment* un compartiment à bagages, un coffre à bagages 5; *to check one's luggage* faire enregistrer ses bagages 5
lunch le déjeuner
Luxembourg le Luxembourg; *from, of Luxembourg* luxembourgeois(e)
Lyon region le Lyonnais 7; *from, of Lyon* lyonnais(e) 7
lyrics des paroles (f.)

M

Ma'am madame (Mme)
machine: washing machine une machine à laver 3
made: made of en 6; *made of aluminum* en aluminium; *made of cotton* en coton 6; *made of diamonds* en diamant 6; *made of gold* en or 6; *made of leather* en cuir 6; *made of linen* en lin 6; *made of paper* en papier 6; *made of pearls* en perles 6; *made of plastic* en plastique; *made of silk* en soie 6; *made of silver* en argent 6; *made of velvet* en velours 6; *made of wool* en laine 6
magazine un magazine 6; *magazine article* un article 6
Maghreb: from, of the Maghreb maghrébin(e) 6
magical magique 2
mail un courrier 6
main principal(e) 7; *main dish* un plat principal 7
to **major (in)** se spécialiser (en) 4
to **make** faire; préparer 7; *to make a call* téléphoner; *to make a list* faire une liste 10; *to make a promise* faire une promesse 10; *to make a reservation* réserver 5; *to make fun (of)* se moquer (de) 2; *to make (something) work* faire marcher

makeup le maquillage 3; *to put on makeup* se maquiller 3
male politician un homme politique 9
Mali le Mali
Malian malien(ne)
mall un centre commercial
mandatory obligatoire
mangrove une mangrove 8
map une carte; *city map* un plan
maple: maple tree un érable 5; *maple syrup* le sirop d'érable 5
market [financial] le marché 9; *flea market* un marché aux puces; *outdoor market* un marché
married: to get married se marier 4
Martinique la Martinique; *from, of Martinique* martiniquais(e) 6
marvelous merveilleux, merveilleuse 6
mascara le mascara 3
mask un mas *[Mart.]*, un masque 8
masterpiece un chef-d'œuvre 2
math les mathématiques (maths) (f.)
mattress: inflatable mattress un matelas pneumatique 10
May mai
may: May I help you? Je peux vous aider?
maybe peut-être
mayo la mayonnaise
mayor le maire, madame le maire 4
me m', moi; me; *to me* me 5
meal un repas
to **mean** vouloir dire 3; *it/that means* ça veut dire 3
mean méchant(e)
means un moyen 2; *means of transportation* un moyen de transport 2
mechanic un(e) mécanicien(ne)5
media center une médiathèque
medium moyen(ne)
to **meet** connaître 6; faire la connaissance (de); se retrouver; se réunir 1; *to meet* se rencontrer 3; *we'll meet* on se retrouve
meeting un rendez-vous
melon un melon
memory un souvenir
menu une carte
merchant un(e) marchand(e)
message un message 6
messaging une messagerie 9
microwave un micro-ondes
midnight minuit
to **milk** traire 4
milk le lait
million un million
mineral water une eau minéral
minivan un monospace 5
mint la menthe 7; *lemon- lime soda with mint syrup* un diabolo menthe 7
minute une minute
mirror une glace 2; un miroir 1; *Hall of mirrors* la galerie des Glaces 2; *rearview mirror* un rétroviseur 5
Miss mademoiselle (Mlle)
mission une mission 8
mode: to go into photo mode se mettre en mode photo 9
model un mannequin
modern moderne 2
to **modernize** moderniser 9
moment un instant; un moment 1; *for the moment* pour l'instant
Monday lundi
money l'argent (m.)
mongoose une mangouste 8
monitor un écran
month un mois
monument un monument
more davantage 8; encore 7; plus; plus de (+ noun) 3; *more (+ adverb) than* plus (+ adverb) + que 10
Moroccan marocain(e) 6
morning la matinée 5; le matin
most: the most le plus 10; *the most (+ adjective)* le/la/les plus (+ adjectif)
mostly surtout 1
mother une mère; *stepmother* une belle-mère
motto une devise
mountain une montagne; *mountain pineapple [flower]* un ananas montagne 8; *mountain range* un massif 10
mouse une souris
mousse: chocolate mousse une mousse au chocolat 7
mouth la bouche
to **move** bouger; *to move over (something)* passer 9; *to move (toward)* s'avancer (vers) 5
move (house) un déménagement 10
movement un mouvement 2
movie un film; *action movie* un film d'action; *adventure movie* un film d'aventure; *detective movie* un film policier; *horror movie* un film d'horreur; *movie director* un metteur en scène; *movie theatre* le cinéma (ciné); *science fiction movie* un film de science-fiction
to **mow** tondre 3
MP3 player un lecteur MP3
Mr. monsieur (M.)
Mrs. madame (Mme)
Ms. madame (Mme), mademoiselle (Mlle)
much: so much tellement 8; *very much* beaucoup; *How much is it?* Ça fait combien?
museum un musée
mushroom un champignon; *with mushrooms* forestier, forestière 7
music la musique; *music-hall* un music-hall 4; *music show* une émission de musique 1; *alternative music* la musique alternative; *classical music* la musique classique 6; *funk music* le funk 6; *jazz music* le jazz 6; *pop music* la musique pop 6; *Rai music* le raï 6; *rap music* le rap 6; *reggae music* le reggae 6; *techno music* la techno 6; *world music* la musique du monde 6
musical un film musical; *musical instrument* un instrument 6
must: one/we/you must il faut
mustard la moutarde
my ma, mes, mon

N

name un nom 2; *first name* un prénom; *my name is* je m'appelle; *your name is* tu t'appelles
napkin une serviette
national national(e) 1; *national holiday* une fête nationale 1; *national Quebec holiday* la Saint-Jean 1
native un(e) autochtone 1; *native person* un(e) indigène 10
nature la nature 8
nauseous: to feel nauseous avoir mal au cœur
near près de
nearly presque
necessary nécessaire 9
neck le cou
necklace un collier 6; *pearl necklace* un collier en perles 6
to **need** avoir besoin de; *I need* il me faut 10
neither non plus 7
never ne (n')... jamais
new de neuf, neuf, neuve 4; nouveau, nouvel; nouvelle; *New Brunswick* le Nouveau-Brunswick; *New Year's Day* le Jour de l'an 1; *What's new?* Quoi de neuf? 7
news les informations (infos) (f.) 1; *news anchor* un présentateur, une présentatrice 1; *news report* un reportage; *news store that sells tobacco, stamps, lottery tickets* un bureau de tabac 2
newspaper un journal 6; *newspaper article* un article 6
newsstand un kiosque à journaux
next ensuite; prochain(e); *next day* le lendemain 10; *next to* à côté (de)
ney [instrument] un nay 6
NGO (non-governmental organization) une ONG (organisation non gouvernementale) 8
nice gentil, gentille 8; sympa
nicely said joliment dit 6
night la nuit; *nightclub* une boîte 2; *every night* tous les soirs 4; *to stay up all night* faire une nuit blanche 1
nine neuf
nineteen dix-neuf
ninety quatre-vingt-dix
ninth neuvième
no non; *no longer* ne (n')... plus; *no one* ne (n')... personne
nobody ne (n')... personne
noon midi
Normandy region la Normandie 7; *from, of Normandy region* normand(e) 7
north le nord; *North America* l'Amérique du Nord (f.) 10
nose le nez
not ne (n')... pas, pas; *not anymore* ne (n')... plus; *not anyone* ne (n')... personne 10; *not at all* pas du tout; *not bad* pas mal; *not well* pas très bien; *not yet* ne (n')... pas encore 8
notebook un cahier
nothing ne (n')... rien
to **notice** remarquer 2
novel un roman 6
November novembre
now maintenant
nuclear nucléaire
number un nombre, un numéro; *phone number* un numéro de téléphone
nurse un infirmier, une infirmière 9

O

o'clock l'heure (f.)
object un objet 2; *art object* un objet d'art 2
to **observe** observer 8
obviously évidemment 2
occasion une fois 2
to **occupy** occuper 4
ocean un océan; *Atlantic Ocean* l'océan Atlantique 10; *Indian Ocean* l'océan Indien 10; *Pacific Ocean* l'océan Pacifique 10
Oceania l'Océanie (f.) 10
October octobre
of de/d'; en [pronoun]; sur; *of (the)* des; du; *of average height* de taille moyenne; *of course* bien sûr 1; *of course* pardi [regional]; *of it/them* en 7
to **offer** offrir
office un bureau; *dentist's office* un cabinet dentaire 2; *doctor's office* un cabinet du médecin 2; *principal's office* le bureau du proviseur; *tourist information office* un syndicat d'initiative 2
official officiel, officielle 6
often souvent
oh ah, oh; *oh dear* oh là là; *oh no* oh là là
oil [car] l'huile (f.) 5; *oil spill* une marée noire
OK d'accord
old vieux, vieil, vieille; *old age* la vieillesse 9; *the good old days* le bon vieux temps 4
omelette une omelette
on à, en; dessus 8; sur; *on a bicycle* à bicyclette 4; *on board* à bord 5; *on foot* à pied; *on sale* en solde; *on the* au, du; *on the corner* du coin; *on the horizon* à l'horizon 2; *on the left* à gauche; *on the right* à droite; *on the way* en route 8; *on time* à l'heure; *on TV* à la télé 1; *on wheels* à roulettes 5; *come on* enfin 1
one on; un; une; *one's* sa, ses, son
oneself: to say to oneself se dire 5
onion un oignon
online en ligne
only juste 5
to **open** ouvrir 6
opinion un avis; *in my opinion* à mon avis
or ou
orange une orange; *orange juice* un jus d'orange
orange orange
orangery une orangerie 2
orchid une orchidée 8; *tropical orchid* une orchidée suspendue 8

to **order** commander 5
order un ordre 5; *in order* en ordre 5
organic biologique
to **organize an intervention** faire une intervention 9
other autre
otherwise autrement
ouch ouille
oud [instrument] un oud 6
our nos, notre
outdoors en plein air 10
outfit un ensemble
oven un four
over (it) dessus 8; *over there* là-bas
to **overcome** s'en sortir 9
owner: grocery store owner un épicier, une épicière 4

P

package un paquet 6
packet (of) un paquet (de)
painter un(e) peintre 2
painting une peinture 2; un tableau
pan: frying pan une poêle 10
pancake crêpe américaine 5
panda un panda; *giant panda* un panda géant
panel un panneau
pants un pantalon
paper le papier; *made of paper* en papier 6; *paper tissue* mouchoir en papier 6; *sheet of paper* une feuille de papier
parade un déboulé *[Mart.]*, un défilé 8
parasailing: to go parasailing faire du parachutisme ascensionnel 10
pardon me pardon
parents les parents (m.)
Paris: from, of Paris parisien(ne) 6
park un jardin; un parc; *amusement park* un parc d'attractions 1
parliamentary parlementaire 1
party une fête, une teuf
to **pass** passer 9; *to pass (a test)* réussir (à)
pass: boarding pass une carte d'embarquement 5
passenger un passager, une passagère 5
passion une passion
passionate (about) passionné(e) (de)
pasta des pâtes (f.)
pastime un loisir
pastry: pastry shop une pâtisserie; *cream puff pastry* une religieuse; *layered custard pastry* un millefeuille
pâté le pâté
path un chemin; un sentier 8; une trace *[Mart.]* 8; une voie
to **pay** payer; régler 5; *someone who pays* un payeur, une payeuse
peach une pêche
pear une poire
pearl une perle 6; *pearl necklace* un collier en perles 6
peas des petits-pois (m.)
pen un stylo
pencil un crayon; *pencil case* une trousse; *pencil sharpener* un taille-crayon
people des gens (m.)
pepper le poivre; *bell pepper* un poivron
perfectly parfaitement 7
perfume un parfum 10
period une époque 4
person une personne; *crazy person* un fou, une folle 3; *homeless person* un sans-abri 9; *native person* un(e) indigène 10
perspective une perspective 2
persuaded persuadé(e)
petroleum le pétrole
to **phone (someone)** téléphoner
phone: cell phone un téléphone portable 9
photo une photo; *another photo* re-photo; *to post a photo* publier une photo 9; *to go into photo mode* se mettre en mode photo 9
physics la physique
piano un piano 6
to **pick up** ranger 3
to **picnic** pique-niquer 8
picture une image 1; *to take a picture (of something)* prendre (quelque chose) en photo 8
pie une tarte; *apple pie* une tarte aux pommes
piece (of) un morceau (de); *piece of furniture* un meuble; *piece of jewelry* un bijou 6; *piece of luggage* un bagage 5
pig un cochon 4
pillow un coussin
pilot un pilote 9
pineapple un ananas; *mountain pineapple* un ananas montagne 8
pink rose
pipe(line) la canalisation 8
piranha un piranha 10
pirate un pirate 6
pirogue une pirogue 10; *by pirogue* en pirogue 10
pizza une pizza
place un endroit; *to take place* avoir lieu 1
plain une plaine 1
to **plan** projeter 10; *to plan to do something* compter 1
plan un programme 1
plane un avion; *by plane* en avion 2
planet une planète
plant une plante 3
plastic la plastique; *made of plastic* en plastique
plate une assiette
platform un quai
platter un plateau 7
to **play** jouer; *to play (instrument)* jouer de (+ instrument) 6; *to play a role* jouer un rôle; *to play basketball* jouer au basket (basketball); *to play ice hockey* jouer au hockey sur glace; *to play soccer* jouer au foot (football); *to play sports* faire du sport; *to play video games* jouer aux jeux vidéo
play une pièce (de théâtre) 6
player un joueur, une joueuse
please s'il vous plaît
pleasure un plaisir
pocket une poche 10

poem un poème 6
to point out/to indiquer 2
pole: fishing pole une canne à pêche 10
police officer un agent de police
political politique 9
politician: female politician une femme politique 9; *male politician* un homme politique 9
to pollute polluer
polluted pollué(e) 8
polluter un pollueur, une pollueuse
polluting polluant
pollution la pollution
pond un bassin 2; un étang
pool un bassin 2
poor pauvre 2
pop music la musique pop 6
pork le porc
port un port 7; *micro USB port* un port micro-USB 9
portable stove un réchaud 10
portrait un portrait 2
possibility une possibilité 2
possible possible
to post a photo publier une photo 9
postcard une carte postale 6
poster une affiche
post office une poste
potato une pomme de terre
pound une livre
poverty la pauvreté 9
power un pouvoir 6
powerful puissant(e) 10
precisely précisément 8
to prefer préférer
to prepare préparer
preposition une préposition
presentation un exposé 3
pretty joli(e)
principal un proviseur
to print imprimer
printer une imprimante
problem un problème
profession une profession
profile un profil
program le programme 1; *television program* une émission
progress le progrès 9
project un projet
to promise promettre 5
promise: to make a promise faire une promesse 10
to protect protéger, sauvegarder
Provence la Provence 7; *from, of Provence* provençal(e)
province une province
punishment une sanction 7
purchase un achat
purple violet, violette
purse un sac à main 6
to push appuyer 9
to put (on) mettre; *to put back* remettre 5; *to put on make-up* se maquiller 3
pyjamas un pyjama 6

Q

quarter un quart; *quarter past* et quart; *quarter to* moins le quart
Quebec le Québec; *from, of Quebec* québécois(e)
queen une reine 2
question une question
quiche une quiche
quickly vite
quite simply tout simplement 5

R

rabbit un lapin 4
raccoon un raton laveur 8
racism le racisme 6
radiation la radiation
radio une radio 6
Rai music le raï 6
to rain pleuvoir; *it's raining* il pleut
range: mountain range un massif 10
rap music le rap 6
ratatouille la ratatouille
rather plutôt 2
raw vegetables des crudités (f.) 7
razor un rasoir 3
R&B: R&B concert un concert R'n'B
to read lire
reading la lecture 6
ready prêt(e); *to get (oneself) ready* se préparer 3
realistic réaliste 2
reality TV la téléréalité 1; *reality TV show* une émission de télé-réalité 1
to realize réaliser
really bien; super 6; vraiment
rearview mirror un rétroviseur 5
to reassure (oneself) se rassurer 7
to receive recevoir 6
reception: reception center un centre d'accueil 9; *reception desk* la réception 7
recipe une recette
recipient le destinataire 9
to recognize reconnaître 2
to recycle recycler
red rouge; *red (hair)* roux, rousse
refrigerator un frigo
regards: with warm regards affectueusement 6
reggae music le reggae 6
region une région 7
to register s'inscrire 4
to reimburse rembourser
to relax se détendre 3
relaxed décontracté(e); *relaxed style of life* une douceur de vivre 10
to remain rester
remarkable remarquable 2
remedy un remède 9
to remember se rappeler, se souvenir (de) 3
to rent louer
to repair réparer 5
repellent: insect repellent un anti-moustique 10
to replace remplacer
report: news report un reportage
representative un(e) représentant(e) 8
RER: by RER en RER 2
researcher un chercheur, une chercheuse 9
to resemble ressembler (à)
reservation une réservation 5; *to make a reservation* réserver 5
resident un(e) habitant(e)
resolution une résolution
respiratory respiratoire
responsible responsable 5

resident un(e) habitant(e)
resolution une résolution
respiratory respiratoire
responsible responsable 5
to **rest** se reposer 3
restaurant un restaurant
restroom les W.C. (m.)
to **return** rendre 10; rentrer, retourner, revenir
return un retour 5
revealed: it will be revealed (known) ça va se savoir 1
revolution une révolution 4
riad une riad
rich riche 2
ride une balade 5; *to go on a carnival ride* faire un tour de manège 1; *to go on a Ferris wheel ride* faire un tour de grande roue 1; *to go on a ride* faire un tour 1
right: right away tout de suite 5; *That's right.* C'est ça.; *to be right* avoir raison 2; *to the right* à droite; *to (on) the right of* à droite de; *yeah right* tu parles 7
ring une bague 6; *diamond ring* une bague en diamant 6
ripe mûr(e)
river un fleuve; une rivière; *river bank* une rive 2
riviera: French Riviera la côte d'Azur 10
road une route; *cliff road* une corniche 10
rock (music) le rock
role un rôle
rolled in flour and sautéed meunière 8
roller coaster: to go on a roller coaster ride faire un tour de montagnes russes 1
roof un toit
room une pièce; une salle; *bathroom* une salle de bains; *classroom* une salle de classe; *dining room* une salle à manger; *hotel room* une chambre 5; *living room* un salon
rooster un coq 4
route une route
rug un tapis
to **run** *[inform.]* filer 1
running le footing
RV un camping-car 10
Rwanda le Rwanda

S

sad triste 2
sailboat un voilier 2
sailing: to go sailing faire de la voile 10
saint: All Saints Day la Toussaint 1
salad une salade; *tuna salad* une salade niçoise
salami le saucisson
sale une promo 5; *on sale* en solde
salesperson un vendeur, une vendeuse
salmon le saumon 7; *salmon mousse loaf* une terrine de saumon 7
salon: hair salon un salon de coiffure 2
salt le sel
salty salé(e) 7
same même; *at the same time* à la fois 8; *it's all the same to me* ça m'est égal 8; *it's the same* c'est pareil 3; *the same* pareil, pareille 3
sandals des sandales (f.) 6
sandwich un sandwich; *cheese sandwich* un sandwich au fromage; *ham sandwich* un sandwich au jambon; *grilled ham and cheese sandwich* un croque-monsieur
sanitary sanitaire 8
Saturday samedi
saucepan une casserole 10
sauerkraut la choucroute 7; *sauerkraut with potatoes, sausages, smoked pork* la choucroute garnie 7
sausage une saucisse 5
sautéed: rolled in flour and sautéed meunière 8
to **save (a computer file)** sauvegarder; *to save (up)* économiser 9; *to save time* gagner du temps 5
savory salé(e) 7
saxophone un saxophone 6
to **say** dire 4; *to say to oneself* se dire 5; *nicely said* joliment dit 6
scallop une coquille Saint Jacques 8
scarf une écharpe; un foulard
scene une scène 2
scent un parfum 10
school une école
science les sciences (f.); *science and technology sector* le domaine des sciences et techniques 9; *science fiction* la science-fiction; *science lab* un labo (laboratoire)
scooter un scooter 2; *by scooter* en scooter 2
to **score** marquer
scrambled eggs des œufs (m.) brouillés 5
to **scream** pousser un cri 8
screen un écran
scuba diving: to go scuba diving faire de la plongée sous-marine 8
sculpture une sculpture 2
sea une mer 2; *sea turtle* une tortue marine 8; *Caribbean Sea* la mer des Caraïbes 10; *Mediterranean Sea* la mer Méditerranée 10; *North Sea* la mer du Nord 10
seafood les fruits de mer (m.) 8
seaside le bord de mer 8; *by the seaside* au bord de la mer 2
season une saison 5
seat un siège
seatbelt une ceinture de sécurité 5
second deuxième
secret un secret 6
sector un domaine 9; *health sector* le domaine de la santé 9; *science and technology sector* le domaine des sciences et techniques 9
security checkpoint un contrôle de sécurité 5
to **see** voir; *to see again* revoir 6; *to see each other/one another* se voir; *See you soon.* À bientôt.; *See you tomorrow.* À demain.; *I see.* Je vois.

to **seem** sembler 8
selfish égoïste
self-portrait un autoportrait 2
self-service kiosk une borne libre-service 5
to **sell** vendre
to **send** envoyer; *to send text messages* envoyer des textos; *to send a video call* faire un appel vidéo 1
Senegal le Sénégal
Senegalese sénégalais(e)
sensation une sensation 10
sense un sens 4
September septembre
series une série 1; *whole series (of)* toute une série (de) 9
serious grave; sérieux, sérieuse 2
seriousness le sérieux 6
to **serve** servir 5
server un serveur, une serveuse
to **set** mettre; *to set the table* mettre le couvert; *to set oneself down* se mettre
setting un cadre 10
settings les réglages (m.) 9
settled: It's settled. C'est decidé 10; *to get settled* s'installer 5
seven sept
seventeen dix-sept
seventh septième
seventy soixante-dix
several plusieurs 2
shampoo un shampooing 3
to **shave** se raser 3
she elle
sheep un mouton 4
sheets les draps 3; *sheet of paper* une feuille de papier
shelter un centre d'accueil 9
shh chut 10
shirt une chemise
shivers des frissons (m.)
shoe une chaussur
shoot mince 1
shop une boutique; *butcher shop* une boucherie
shopkeeper un(e) petit(e) commerçant(e) 2
shopping commerçant(e); le shopping; *shopping center* un centre commercial
short petit(e)
shorts un short
shoulder l'épaule (f.)
to **show** montrer; *to show up* se rendre (à) 3
show un spectacle 3; *(TV) game show* un jeu télévisé 1; *music show* une émission de musique 1; *reality TV show* une émission de télé-réalité 1; *TV show* une émission 1
shower une douche
shrimp une crevette 8
shy timide
sick malade; *sick person* un(e) malade
side le bord 2; un côté 9
silk la soie 6; *made of silk* en soie 6
silver l'argent (m.) 6; *made of silver* en argent 6
SIM card une carte SIM 9
simple simple
simply simplement 6
since comme 10; depuis 7; *since when* depuis quand 8
to **sing** chanter
singer un chanteur, une chanteuse
sink un évier
sir chef 5; monsieur (M.)
sister une sœur; *half/step sister* une demi-sœur; *sister-in-law* une belle-sœur
sitcom une sitcom 1
to **sit down** s'asseoir 3
site un site 2; *to be on site, on the premises* être sur place 5
sitting assis(e) 2
situation une situation 8
six six
sixteen seize
sixth sixième
sixty soixante
size une taille
to **skate: to (figure) skate** faire du patinage (artistique); *to in-line skate* faire du roller
skating: (figure) skating le patinage artistique
skewer une brochette 8
to **ski: to (downhill) ski** faire du ski (alpin)
skiing (downhill) le ski (alpin)
skill: game of skill un jeu d'adresse 1
skirt une jupe
to **sleep** dormir
slice (of) une tranche (de)
small petit(e)
smartboard un tableau
smartphone un smartphone 9
to **smell** sentir; *What does it smell like?* Ça sent quoi?
smuggler un contrebandier, une contrebandière 8
snack le goûter
snail un escargot 7
snake un serpent 1
sneakers des tennis (f.)
snow: it's snowing il neige
so alors; bon 6; donc; *so much* tellement 8; *so-so* comme ci, comme ça
soap un savon 3
soap opera: TV soap opera un feuilleton 1
soccer le foot; *soccer ball* un ballon de foot; *soccer player* un footballeur, une footballeuse
society la société 9
sock une chaussette
soda: lemon-lime soda une limonade *lemon-lime soda with mint syrup* diabolo menthe 7
sofa un canapé
software un logiciel; *software developer* un développeur, une développeuse 9
solar solaire; *solar energy* l'énergie (f.) solaire; *solar panel* un panneau solaire
solidarity la solidarité 7
solution un remède 9; une solution 9
some d', de, des, du; en 7
somebody quelqu'un
someday un jour
someone quelqu'un; *to introduce (to someone)* faire connaître (à quelqu'un), faire découvrir (à quelqu'un) 6
something quelque chose
sometimes parfois 1
son un fils
song une chanson
songwriter un compositeur

south le sud; *South America* l'Amérique du Sud (f.) 10
Spain l'Espagne (f.)
Spanish espagnol(e); *[language]* l'espagnol (m.)
spa treatment une cure
to **speak** parler
specialty une spécialité 8
species: endangered species les animaux (m.) en voie de disparition
spell un envoûtement 10
to **spend (time)** passer
spicy épicé(e) 8
spiny lobster une langouste 8
spoon une cuillère
sport un sport; *sports car* une voiture de sport 5; *sports coverage* un reportage sportif 1
spot une tache 2
spread made of hazelnut and chocolate le Nutella 5
spring le printemps; une source d'eau 8; *in the spring* au printemps
square un carré; une place; *in squares* en carrés
stadium un stade
stand un kiosque 2; *crêpe stand* un stand de crêpes 2
standing debout 2
to **start** démarrer; *to start something again* se remettre (à) 3
starters: for starters pour commencer 7
station une station 2; *gas station* une station-service 5
statue une statue
to **stay** rester; *to stay up all night* faire une nuit blanche 1
stay un séjour 6
steak with fries un steak- frites
steering wheel un volant 5
step: step aerobics le step; *stepbrother* un demi-frère; *stepfather* un beau-père; *stepmother* une belle-mère; *stepsister* une demi-sœur
stereo une stéréo
still encore 3; toujours; *still life* une nature morte 2
stomach l'estomac (m.), le ventre
to **stop** arrêter; s'arrêter
store un magasin; *dairy store* une crémerie; *grocery store* une épicerie
story un étage
stove une cuisinière; *portable stove* un réchaud 10; *camp stove* un camping-gaz 10
straight ahead tout droit
strawberry une fraise
street une rue; *street demonstration* une manif (manifestation) 4
strength une force 10
strict strict(e)
strong fort(e)
stuck collé(e) 8
student un(e) élève; un(e) étudiant(e) 4
studies des études (f.)4
to **study** étudier
stuffed farci(e) 8
stylist: hair stylist un coiffeur, une coiffeuse 9
subject un sujet 2
suburb une banlieue 9
subway le metro; *subway entrance* une bouche du métro; *by subway* en métro 2
to **succeed** réussir (à)
sugar le sucre; *with sugar* au sucre 7
to **suggest** proposer 7
to **suit** convenir (à) 7
suitcase une valise; *suitcase with wheels* une valise à roulettes 5
summer l'été (m.)
Sunday dimanche
sunglasses des lunettes (f.) de soleil 10
sunny: eggs sunny side up des œufs (m.) sur le plat 5; *it's sunny* il fait du soleil
sunscreen la crème solaire 10
supermarket un supermarché
supplies des provisions (f.) 9
to **support** soutenir; *I support* je soutiens
sure sûr(e); *that's for sure* c'est sûr 1
to **surf the Web** surfer sur Internet
to **surprise** étonner 6
surprise une surprise 7
survey une enquête
to **survive** survivre
sustainable: sustainable development le développement durable 9; *sustainable development industry* le secteur de développement durable 9
SUV un SUV 5
sweater un pull
sweet sucré(e) 7
to **swim** nager
swimming pool une piscine
Swiss suisse; *Swiss army knife* un couteau suisse 10
switch (ringer, silence) le commutateur (sonnerie/silence) 9
Switzerland la Suisse
to **synchronize** synchroniser
syrup le sirop 5; *maple syrup* le sirop d'érable 5

T

table une table; *table setting* le couvert; *to clear the table* débarrasser la table 7
tablecloth une nappe
Tahitian tahitien(ne)
tailor un tailleur 4
to **take** prendre; *to take (a class)* suivre 2; *to take advantage (of)* profiter (de); *to take a picture (of something)* prendre (quelque chose) en photo 8; *to take a trip* faire une excursion 2; *to take a vacation* prendre des vacances 4; *to take care (of)* s'occuper (de) 4; *to take off* [airplane] décoller 5; *to take out* sortir 3; *to take out* retirer 5; *to take place* avoir lieu 1
tale un conte 6
to **talk** parler; *to talk to each other/one another* se parler
talkative bavard(e)
tall grand(e)
to **tan** bronzer 10
tart: fruit tart une tarte aux fruits
to **taste** goûter 7
taxi un taxi 2; *by taxi* en taxi 2

tea un thé 5; *lemon tea* un thé au citron 5

to **teach** apprendre 9; enseigner 9

teacher un(e)prof; *elementary school teacher* un instituteur, une institutrice 4

team une équipe; *team logo* un blason

technician: solar plant technician un(e) technicien(ne) de centrale solaire 9

technology la technique 9; *science and technology sector* le domaine des sciences et techniques 9

techno music la techno 6

teenager un(e) ado 10

teeth: to brush one's teeth se brosser les dents 3

telecommunications les télécommunications 9

televised télévisé(e) 1

television une télé (télévision); *television program* une émission

to **tell** dire 3; raconter 4

temperature la température

to **tempt** tenter 1

ten dix

tent une tente 10

tenth dixième

terrace une terrasse

terrific génial(e)

terrorism le terrorisme 9

test un contrôle

text message un SMS 6; un texto

than que

Thanksgiving l'Action de grâce (f.) 1; Thanksgiving (US) 1

thank you merci; *thank you (for) [form.]* je vous remercie (de) 6

that ça; ce, cet, cette, ces; cela 3; que; qui; *that is* c'est; *that's for sure* c'est sûr 1; *That's right.* C'est ça.; *Is that all?* Rien que ça? 6; *you shouldn't do that* ça ne se fait pas 7

the le, la, l'; les; *the most (+ adjectif)* le/la/les plus (+ adjective)

theatre un théâtre 2

their leur, leurs

them elles 7; eux 2; les 5; *to them* leur 5

then alors, puis

there là; y *[pronoun]* 1; *Are we going (there)?* On y va?; *over there* là-bas

therefore donc

these ce, cet, cette, ces

they: they (f.) elles; *they (m.)* ils; on

thing une chose 4; un truc 9; *things* des affaires (f.) 10

to **think** croire 4; penser; *to think over* réfléchir (à)

third troisième

thirsty: to be thirsty avoir soif

thirteen treize

thirty trente

this ce, cet, cette, ces; cela 3; *this is* c'est; *that/this is why* c'est pour ça que 9; *this/that (very) word* ce mot-là 4; *like this* comme ça 9

those ce, cet, cette, ces

thought une réflexion 6

thousand mille

three trois

thriller un thriller

throat la gorge

through par 2

thrush une grive 8

Thursday jeudi

thus comme ça 9

ticket un billet; un ticket; *ticket booth* un guichet; *ticket collector* un contrôleur, une contrôleuse; *ticket-stamping machine* un composteur

tide une marée

tiger un tigre; *Sumatran tiger* un tigre de Sumatra

time l'heure (f.); le temps 5; une fois 2; *all the time* tout le temps 5; *at the same time* à la fois 8; *it's been a long time since* ça fait longtemps que 10; *on time* à l'heure; *to save time* gagner du temps 5; *What time is it?* Quelle heure est-il?

tire un pneu 5

tired fatigué(e)

tissue mouchoir 6; *paper tissue* mouchoir en papier 6

to à; *to my house* chez moi; *to the* au; aux; *to him* lui; *to her* lui; *to me* moi; *to you* te; vous

toast le pain grillé 5; *French toast* le pain perdu 5

tobacco: news store that sells tobacco, stamps, lottery tickets un bureau de tabac 2

today aujourd'hui

toe le doigt de pied

together ensemble; *to get together* se réunir 1

Togo le Togo

Togolese togolais(e)

toiletries des affaires (f.) de toilette 3

tolerance la tolérance 9

tomato une tomate

tomorrow demain; *See you tomorrow.* À demain.

too aussi; trop; *too bad* tant pis; *too much of* trop de

tooth une dent

toothbrush une brosse à dents 3

toothpaste le dentifrice 3

top le haut; *at the top* en haut 1

topic un thème

to **touch** toucher 7

tour un tour; *guided tour* une visite guidée 10

Touraine region la Touraine 7; *from, of Touraine region* tourangeau, tourangelle 7

tourism: adventure tourism le tourisme d'aventure 10

tourist un(e) touriste 8; *tourist guide* un guide touristique; *tourist information office* un syndicat d'initiative 2; *to be a tourist* faire le touriste 8

towards vers

towel une serviette 3; *beach towel* une serviette de plage 10

tower une tour

traditional traditionnel, traditionnelle 6

train un train; *train station* une gare; *train platform* une voie; *by train* en train 2; *express train from Paris to suburbs* le RER 2

transportation un transport 2; *means of transportation* un moyen de transport 2

to **travel** voyager

traveler un voyageur, une voyageuse

tray un plateau 7

treasure un trésor 6

tree: maple tree un érable 5

trial: audio trial en écoute libre 6

trip une excursion 2; un voyage; *Have a good trip!* Bonne route! 5; *to go on a trip* faire un voyage 5; *to go on a trip* faire un tour 10; *to take a trip* faire une excursion 2

trombone un trombone 6

truck un camion 5

true vrai(e)

trumpet une trompette 6

to **trust** avoir confiance (dans/en) 9

to **try (on)** essayer

T-shirt un tee-shirt

Tuesday mardi

tuna le thon; *tuna salad* une salade niçoise

Tunisia la Tunisie 6

Tunisian tunisien(ne) 6

turkey un dindon 4

to **turn** tourner; *to turn in* rendre 3

turtle une tortue 8; *sea turtle* une tortue marine 8

tuxedo un smoking 8

TV une télé (télévision); *TV host* un animateur, une animatrice 1; *TV guide* un guide télévisé 1; *TV remote control* une télécommande 1; *TV show* une émission 1; *TV soap opera* un feuilleton 1; *cable TV* une télé câblée 5; *on TV* à la télé 1; *reality TV* la téléréalité 1; *reality TV show* une émission de téléréalité 1

twelve douze

twenty vingt

twin jumeau, jumelle 5; *twin bed* lit jumeau 5

two deux

to **type** taper 3

type un genre

U

ugly laid(e) 2; moche

um euh

umbrella (beach) un parasol 10

uncle un oncle

under sous

to **understand** comprendre

undressed: to get undressed se déshabiller 3

unemployment le chômage 9

unicorn une licorne 6

unintelligent bête

United States les États-Unis (m.)

universe l'univers (m.) 6

university une université 4; *university cafeteria* un resto-U (restaurant universitaire) 4; *university dormitory* une cité universitaire 4

unpleasant désagréable

until jusqu'à

up: Look up! Lève la tête! 2; *to get up* se lever 3; *to wake up* se réveiller 3

us nous; *to us* nous 5

USB: USB key une clé USB; *micro USB port* un port micro-USB 9

to **use** utiliser, se servir (de) 3

useless: what is useless l'inutile (m.) 10

usually d'habitude 4

V

vacation les vacances (f.); *back to school/work (after vacation)* la rentrée 1; *to take a vacation* prendre des vacances 4

vacationer un vacancier, une vacancière 10

to **vacuum** passer l'aspirateur 3

vacuum cleaner un aspirateur 3

Valentine's day la Saint-Valentin 1

to **validate (a ticket)** composter

valley une vallée

vegetable un légume; *raw vegetables* des crudités (f.) 7

velvet le velours 6; *made of velvet* en velours 6

version une version 1

versus contre

very super 6; très; *Very well, and you?* Très bien, et toi/vous?

veterinarian un(e) vétérinaire 9

via par 2

video: video clip un clip 6; *to send a video call* faire un appel vidéo 1; *video games* les jeux vidéo (m.); *video game tester* un testeur de jeux vidéo

view une vue; *What a beautiful view!* Quelle belle vue!

viewpoint un point de vue 1

village un village 4

vinaigrette salad dressing la vinaigrette 7

violence la violence 9

violin un violon 6

to **visit** visiter; *to visit (person)* rendre visite à (+ person) 1

visual arts les arts plastiques (m.)

vivid vif, vive 2

to **volunteer** faire du bénévolat 9

W

to **wait (for)** attendre

to **wake up** se réveiller 3

to **walk** marcher

walk une balade 5; une promenade; *to go for a walk* se promener 10

wallet un portefeuille 6

to **want** avoir envie de; désirer; vouloir

war une guerre 9

wardrobe une armoire

to **wash: to wash (oneself)** se laver 3; *to wash the dishes* faire la vaisselle 3

washcloth un gant de toilette 3

washing machine une machine à laver 3

to **watch** regarder; *Watch out!* Attention!

watch une montre 6

to **water** arroser 3

water l'eau (f.); *water hydrant* une borne-fontaine 8; *body of water* une masse d'eau 10

waterfall une cascade; une chute d'eau 8

water-skiing: to go water-skiing faire du ski nautique 10

way un chemin; un sens 4; *by the way* au fait 1; *in a way* en un sens 4; *on the way* en route 8

we on; nous; *We'll call each other.* On s'appelle.

wealthy riche 2

to **wear** porter

weather la météo 1; le temps; *weather forecast* la météo 1; un bulletin météo(rologique) 1; *the weather's bad* il fait mauvais

web designer un concepteur web, une conceptrice web 9

website un site web

wedding un mariage 8; *wedding anniversary* un anniversaire de mariage 5; *wedding dress* une robe de mariée 8

Wednesday mercredi

week une semaine

weekend le weekend

welcome un accueil 10

welcome bienvenue

well un puits 8

well ben; bien, eh bien; dis donc 5; enfin; remarque 3; *Are things going well?* Tu vas bien?

west l'ouest; *West Indies* les Antilles (f.) 8

what ce que; ce qui 3; comment; quel, quelle; qu'est-ce que; qu'est-ce qui 7; quoi; *What a beautiful view!* Quelle belle vue!; *What are you doing?* Qu'est-ce que tu fais?; *What do you like to do?* Qu'est-ce que tu aimes faire?; *What does it smell like?* Ça sent quoi?; *what if* si 4; *what is useless* l'inutile (m.) 10; *What is your profession?* Quelle est votre profession?; *What size are you?* Quelle taille faites-vous?; *What's the weather like?* Quel temps fait-il?; *what's important* l'important 9; *What's new?* Quoi de neuf? 7; *What's wrong with them?* Qu'est-ce qu'ils ont?; *What's your name?* Tu t'appelles comment?; *you know what I mean* quoi 4

wheel une roulette 5; *Ferris wheel* la grande roue 1; *on wheels* à roulettes 5; *steering wheel* un volant 5; *suitcase with wheels* une valise à roulettes 5; *to go on a Ferris wheel ride* faire un tour de grande roue 1

when où; quand; *since when* depuis quand 8

where où

which que 7; quel, quelle; qui 7

while you're at it pendant que tu y es 5

white blanc, blanche

who qui

whole: whole series (of) toute une série (de) 9; *The whole deal!* La totale! 2

whose dont 4

why pourquoi

width une largeur 9

wife une femme

Wi-Fi le wifi 5

wild sauvage

wildlife la faune 8

to **win** gagner

wind turbine une éolienne

window une fenêtre

windshield un pare-brise 5; *windshield wiper* un essuie-glace 5

windy: it's windy il fait du vent

wine: chicken cooked in wine le coq au vin 7

winter l' hiver (m.)

with au 7; avec; par; *with chocolate* au chocolat 7; *with family* en famille 7; *with mushrooms* forestier, forestière 7; *with sugar* au sucre 7; *with warm regards* affectueusement 6; *sauerkraut with potatoes, sausages, smoked pork* la choucroute garnie 7

to **withdraw** retirer 5

wood pigeon un ramier 8

wool la laine 6; *wool hat* un bonnet en laine 6; *made of wool* en laine 6

word un mot 10; *this/that (very) word* ce mot-là 4

to **work** marcher 1; travailler

work une œuvre 2; un taf

world le monde; *world music* la world, la musique du monde 6

worried inquiet, inquiète 8

worry une inquiétude 9; *don't worry* ne t'inquiète pas 2; rassure-toi 7

worse pis, plus mal 10

worst: the worst le pis, le plus mal 10

worth: it's worth ça vaut 6

wow oh là là

to **write** écrire

writer un écrivain

Y

yeah right tu parles 7

year un an, une année; *New Year's Day* le Jour de l'an 1; *in the first year* en première année 4

yellow jaune

yes oui; *yes* [on the contrary] si; *Yes? Hello? [on the telephone]* Oui?

yesterday hier

yoga le yoga

yogurt le yaourt

you te/t', toi, tu, vous

young jeune 2

young man/woman un(e) jeune 4

your ton, ta; tes, votre, vos; *your name is* tu t'appelles

youth hostel une auberge de jeunesse 7

Z

zero zéro

to **zoom** zoomer 9

zucchini une courgette

Grammar Index

Credits

Abbreviations: top (t), bottom (b), right (r), center (c), left (l)

001abacus/iStock: 157 (#2)
A. Aleksandravicius/Shutterstock: 553 (*un camping-gaz*)
Adisa/iStock: 555 (jeans)
Adisa/Shutterstock: 339 (*des sandales*)
AdrianHancu/iStock: 155 (#1, #5)
AF archive/Alamy Stock Photo: 207
Africa Studio/Shutterstock: 156 (#6)
AGE/Photononstop: 558 (b)
Agefotostock/Robert Harding Library: 304
Airportrait/iStock: 313 (#4)
Alain Le Bot/Photononstop: 312
Albachiaraa/Fotolia: 264
Alberto Pomares Photography/iStock: 161 (*se render (à)*), 427 (*faire du kayak*)
AlcelVision/Fotolia: 372 (#6, r)
AlenKadr/Shutterstock: 130 (*le savon*)
Alex/Fotolia: 426 (*une grive*)
Alexandr, Demeshko/Shutterstock: 257 (*le clignotant*)
Alexandra/Fotolia: 370 (*la crème caramel*)
AlexandrMoroz/iStock: 339 (*une montre*)
Alle12/iStock: 157 (*Modèle*: lawn mower)
Alliance Digital Arts Studio/iStock: 322 (*un saxophone, une clarinette*)
Alphotographic/iStock: 155 (#2), 405
Anadel/Fotolia: 517
Anderson, Leslie: 131 (*Elle s'habille., Elle se déshabille., Elle se maquille., Elle se peigne., Elle se regarde dans la glace., Elle se repose après les cours.*), 291 (*Modèle*, #1), 306 (*un poème, un roman*), 482 (*comment envoyer une photo*)
Andesign101/iStock: 66 (*C'est un portrait abstrait. Le sujet a l'air sérieux.*), 68 (#3), 496 (*le chômage*)
Andrearoad/iStock: 319
Andrew Howe Photography/iStock: 426 (*un ramier*)
Andrewduhan/Wikipedia: 446 (snake flag)
Andrey_Popov/Shutterstock: 146 (*Mme Richard repasse les vêtements.*)
Andyworks/iStock: 38 (*les autos tamponneuses*)
AngiePhotos/iStock: 547
Annthphoto/iStock: 565
Anouchka/iStock: 87 (l); 91 (#3)
AntiMartina/iStock: 556 (B)
Anutik/iStock: 151 (b)
Anytka/iStock: 156 (#4)
Aradan/Fotolia: 332 (*Modèle*)
Arcurs, Yuri/Fotolia: 203 (B: man), 235
Arquiplay77/Fotolia: 243 (*L'avion décolle.*)
Ars Infinitum, Borut Trudina s.p/iStock: 277 (#4: r)
Arsenik Photography/iStock: 465, 510 (*le secteur de l'informatique, du numérique*)
ArtJazz/iStock: 202
Artuko/iStock: 322 (*une guitare*)
Asclepias/CC BY-SA 3.0: 54 (t, b)
Ataman, Stefan/Fotolia: 402 (*une galette jambon-fromage*)
Ataman, Stefan/Shutterstock: 105
AtarzynaBialasiewicz/iStock: 98
Atkins, Peter/Fotolia: 522
Audy_indy/iStock: 274 (*des lits jumeaux*)
Avid Creative, Inc./iStock: 244 (#1)
Avillfoto/Shutterstock: 110
Axie2001/iStock: 429 (#4)
Ayzek/iStock: 129 (r), 135 (Cameroun flag), 139 (flag)
Azoury, Ricardo/iStock: 510 (*le secteur aéronautique*)
B. Claire/Fotolia: 277 (*Modèle: tartines*)
B., Christophe/Fotolia: 192 (t)
Baggett, Tony/iStock: 74 (Vincent Van Gogh)
Bain, Kitch/Shutterstock: 156 (#2)
Bamlou/iStock: 3 (br)
Baona/iStock: 156 (*Modèle*: clock)
Barach, Poppy/iStock: 277 (#3: r)
Baranov, Vyacheslav/Fotolia: 203 (C)
Bareta/iStock: 65 (r), 72
Baudot, Christophe/Fotolia: 427 (*observer les oiseaux*)
Baziz, Chibane/SIPA Press: 335 (*Modèle*)
Bella Bronko/iStock: 79 (b)
BellaOra Studios/iStock: 210 (#3)
Beltsazar/Shutterstock: 383 (*mardi*: t)
Benaroch/SIPA Press: 525
Benedek, Arpad/iStock: 103 (b)
Bernard 63/Fotolia: 502
Berquez, Jerome/Fotolia: 203 (E)
Bertson, Phil/iStock: 427 (*pêcher*)
BertyS30/Fotolia: 569
Bespaliy/Shutterstock: 482 (*le commutateur*)
Bgblue/iStock: 51
BHFoton/iStock: 256 (*le pare-brise*)
Bibikoff/iStock: 140 (#4)
BigEye Photography/iStock: 429 (#5)
BijoyVerghese/iStock: 31 (b)
BillionPhotos.com/Fotolia: 291 (#2)
BIM/iStock: 288 (D), 487
Bjphotographs/iStock: 339 (*un peignoir de bain*)
Blach, Mariusz/Fotolia: 47 (#2)
Blackboard/Fotolia: 511 (*un homme politique*)
Blackwaterimages/iStock: 157 (#3)
Blanco, Rodrigo/iStock: 332 (#6)
Blend Images/Fotolia: 335 (#1)
Blend_Images/iStock: 161 (*se retrouver*), 341 (#3)
Blue Lab Media/iStock: 38 (*un tour de manège*)
Bluesman, C./Fotolia: 370 (*le coq au vin*), 372 (#3: r)
Bo1982/iStock: 163
Bobbieo/iStock: 450
Bobin, Baptiste/Fotolia: 402 (*une crêpe au sucre*)
Boggy22/iStock: 435 (*Expositions*)
Bokach, Natallia/iStock: 555 (shorts)
Bombuscreative/iStock: 427 (*prendre les chutes d'eau en photo*)
Bonardelle, Danielle/Fotolia: 221
Bondvit/Shutterstock: 257 (*le volant, le klaxon*)
Borghi, Pierre/Fotolia: 168
Bosc, Bernard/Parc national de la Guadeloupe 426 (*orchidée*), 429 (*Modèle*)
Bouchard, Sylvie/Shutterstock: 135 (t)
Bounine, Jean-Paul/Fotolia: 38 (*les jeux d'adresse*)
Bouvier, L./Fotolia: 455 (*Brochettes de lambis grillé*), 458 (#1)
Bowdenimages/iStock: 532 (r)
Brammer, Nancy/iStock: 322 (*un trombone*)
Bratovanov/Fotolia: 511 (*un animateur de communauté*: sign)
Brennan Wesley Photo/iStock: 41 (C)
Brkovic, Ugurhan Betin/iStock: 532 (l)
Brown, Katrina/Fotolia: 139 (t)
Bryukhanova, Anna/iStock: 155 (#6)
Btrenkel/iStock: 100 (*en Vélib'*), 510 (*l'industrie du divertissement*)
Bubaone/iStock: 511 (*un consultant, vétérinaire*)
Bunyarit/iStock: 256 (*l'essence*)
Burges, Sean/Icon SMI/Corbis: 3 (bl)
C.Bluesman/Fotolia: 381 (#4, #5), 383 (*jeudi*: b)
Cabrera, Robert/iStock: 332 (#5)
Callall00Fred/Fotolia: 288 (H)
Calzada/Fotolia: 424
Canadapanda/iStock: 553 (*une poêle*)
Capman, Vincent/SIPA Press: 355 (t)
Cassini, Isabella: 275
Cedric/Fotolia: 2 (*Le jour de l'an*)
CEFutcher/iStock: 463
Cégalerba, Nicolas/Parc national de la Guadeloupe: 429 (#7)
Cervo, Diego/iStock: 66 (*un(e) artiste*), 292 (t)
Cessay, Jy/Fotolia: 191
Chabraszewski, Jacek/Shutterstock: 383 (*mardi*: b)
ChameleonsEye/Shutterstock: 28
CharlieAJA/iStock: 274 (*de la confiture*), 277 (#2: r), 291 (#6)
Chic Type/iStock: 148 (#1)
Chlorophylle/Fotolia: 17 (t), 510 (*le secteur du développement durable*)
Choja/iStock: 203 (A)
ChollaCholla/Shutterstock: 339 (*une ceinture*)
Choucashoot/Fotolia: 497 (*combattre*)
Chris Bernard Photography/iStock: 588
Chris32m/Fotolia: 388 (*la Gascogne*)
ChrisGorgio/iStock: 504 (film reel), 511 (*coiffeur*)
Chulov, Dmitry/Shutterstock: 192 (b)
Cipolli, Martina/Fotolia: 171 (b)
CIS/Shutterstock: 100 (*en train*)
Claudiad/iStock: 469 (br)
Cokan76/iStock: 245
Colombo, Claudio/iStock: 186 (*un village*)
Cooddy/Shutterstock: 383 (*mercredi*: t)
Coquilleau, Claude/Fotolia: 388 (*la Provence*)
Corepics/Fotolia: 187 (cl)
Corepics/Fotolia: 188 (#4)
Coste, Simon/Fotolia: 307 (*un message*)
Cote, Sébastien/iStock: 322 (*un tambour*)
Craig Dingle Photography/iStock: 426 (*une chauve-souris*)
Crisma/iStock: 351 (wallet)
Cr-Management GmbH & Co. KG/iStock: 404 (#4)
Crucillo, Niki/Shutterstock: 383 (*samedi*: t)
Csondor, Agnes/iStock: 301
Cstar55/iStock: 69 (A)
Ctruongngoc/CC BY-SA 4.0: 293

Cw/Fotolia: 203 (D)
Cynoclub/iStock: 188 (#3)
Daboost/iStock: 91 (#2)
Dalmas/SIPA Press: 121, 220 (t), 579 (t)
Damian/iStock: 351 (rings)
Dana.S/Shutterstock: 2 (*1er juillet*)
Dancette, Jérome/Fotolia: 256 (*une décapotable*)
DarthArt/iStock: 155 (#3, #4), 262
Date, Phil/Shutterstock: 285
D'Aufin, Christian/CC BY-SA 3.0: 26 (b)
Davaine, Laurent/Fotolia: 210 (#4)
David G. Freund Photography/iStock: 47 (*Modèle*)
David, Mickael/Author's Image/Photononstop: 7 (t)
Davidson, Gail/BrittanyFerry.com: 280 (t)
Dcdp/iStock: 291 (#3)
DeadDuck/iStock: 332 (#2)
Dean Mitchell Photography/iStock: 23
Decar66/CC BY-SA 2.0: 404 (#6)
Del Amo, Tomas/Fotolia: 66 (*un autoportrait réaliste*)
Delahaye, Jerome/Fotolia: 46, 407 (c)
Delisle, Jean-Philippe/Fotolia: 48
Deloche, Pascal/Godong/Photononstop: 497 (*ouvrir un centre*)
Delphimages/Fotolia: 41 (A), 47 (#3)
Deng, Songquan/Shutterstock: 9 (b)
Denir, Zeynep/Shutterstock: 482 (*la caméra*)
Dennisvdw/iStock: 435 (*Généalogie*)
Denys/CC BY-SA 3.0: 537 (r), 571 (b)
Deschamps, Tristan/Photononstop: 434 (waterfall)
Designs of Integrity/iStock: 161 (*s'entendre, se disputer*)
Devanne, Philippe/Fotolia: 149 (H), 455 (*Accras de morue*), 458 (*Modèle*)
Devsup/CC BY-SA 3.0: 295
Dgdimension/iStock: 510 (*les télécommunications*)
Diane555/iStock: 277 (#5: r)
Diego1012/Fotolia: 511 (*un technicien de centrale solaire*)
Digital Hallway/iStock: 266
Digital Planet Design/iStock: 243 (*un steward*), 253 (l), 507, 577
Dijour, Elena/Shutterstock: 496 (*la vieillesse*)
Dimitrova, Angelina/Shutterstock: 87 (b)
Discpicture/iStock: 171 (t)
Divenah, Le, Francois/Photononstop: 388 (*la Bretagne*)
DMEPhotography/iStock: 374
Donatella2311/CC BY-SA 4.0: 504 (films logo)
DonNichols/iStock: 553 (*une glacière*)
Dorneman, Amber: 131 (*Caro se réveille à 7h00., Elle se brosse les dents., Elle se couche à 23h00., Elle se lave., Elle se lève à 7h15.*)
Doucet, Martine/iStock: 95
DRB Images/iStock: 216
DreamSlamStudio/Shutterstock: 8
Dred2010/Fotolia: 66 (*un tableau*)
Drozdin, Vladimir/Shutterstock: 35
Durand, Florence/SIPA Press: 335 (#5)
Dusco/Fotolia: 288 (A)
Dutka, Pawel/Fotolia: 376 (b)
Dutourdumonde/Fotolia: 325 (A)
DX/Fotolia: 2 (*La Toussaint*), 394
EasyBuy4u/iStock: 147 (*un aspirateur*), 277 (#2: l)
EdStock/iStock: 542 (b)
Efesenko/iStock: 354
Elenakor/iStock: 370 (*la terrine du saumon*), 372 (#3: l)
Elenathewise/Fotolia: 68 (t)
Eléonore H/Fotolia: 444, 560
Eliandric/iStock: 455 (*Rougets frits*), 458 (#5)
Elkor/iStock: 333 (t)
Elnethewise/iStock: 370 (*les crudités*)
Elnur/Shutterstock: 146 (*Océane fait la lessive.*)
EMC: 20 (*un dessin animé, un jeu télévisé*), 306 (*une bande dessinée*), 307 (*une rédaction*)
Emholk/iStock: 187 (tl)
Empire331/iStock: 322 (*un nay*), 325 (F)
Erel Photography/iStock: 161 (*se détendre*)
Eric Hood Photography/iStock: 102
Erickson Photography/iStock: 370 (*vinaigrette*)
Ericsphotograph/iStock: 59
Erkanatbas/Shutterstock: 257 (dashboard)
Ernst, Daniel M/Shutterstock: 21 (*une animatrice, un animateur*)
Eskimo71/Fotolia: 393 (c)
Euro Color Creative/Shutterstock: 91 (*Modèle*)
Eutoch/iStock: 555 (socks)
Evemilla/iStock: 553 (*une tente*)
Evenfh/Shutterstock: 572 (t)
Eye Design Photo Team/iStock: 196
FatCamera/iStock: 287, 398, 399
Featureflash Photo Agency/Shutterstock: 443
Fed, Albert/Fotolia: 288 (G)
Felinda/iStock: 351(scarf)
Felker, Inna/Fotolia: 198
Figure8Photo/iStock: 157 (#5)
FikMik/Fotolia: 41 (B)
Filipk/iStock: 388 (*Paris*)
Flash Pop Photo/iStock: 186 (*une ferme*)
Flint, James/Shutterstock: 80
Floortje/iStock: 324 (#7), 372 (*Modèle*: *le coq au vin*, #4, r)
Flory/iStock: 260
Folkerts, Kellie L./Shutterstock: 41 (E)
FOOD-micro/Fotolia: 381 (#2)
Fotografiche.eu/Fotolia: 42
Fotostorm/iStock: 317
Foubert, Bernard/Photononstop: 167 (t)
Foxytoul/Fotolia: 205 (t)
Frank Oppermann/iStock: 496 (*la violence*)
Frankwalker.de/Fotolia: 122 (r)
Fred de Noyelle/Godong/Photononstop: 152
Freelance designer/iStock: 77
FreshPics/Fotolia: 100 (*en taxi*)
Fried, Robert: 16, 68 (#2), 292 (b), 446, 516 (b)
Frischhut, Thomas/Tellus Vision Production AB, Lund, Sweden: 5 (t), 24, 42, 70 (t, b), 86 (t, b), 104 (t, b), 134, 150, 165, 185 (l), 190, 204, 217 (t, b), 246, 261, 279, 310, 326, 343 (t, c), 375, 392, 406, 432, 459, 485, 500, 515, 541, 570
Frontier, Henri/Fotolia: 20 (*une émission de musique*)
Ft2010/Fotolia: 41 (G)
Fudge, Lloyd/iStock: 21 (*une télécommande*)
Furman, Anna/iStock: 210 (#2)
Fuzephoto/iStock: 342 (l)
G.6sou/CC BY-ND 2.0: 9 (t)
Gaelj/Fotolia: 573
GagliardiImages/Shutterstock: 257 (*le rétroviseur*)
Gagne, Lise/iStock: 159 (r)
Gaillot, Bernard: 214 (*l'université, la cité universitaire, le resto-U, s'inscrire, se spécialiser, une étudiante, une faculté*), 242 (*la porte d'embarquement, le contrôle de sécurité, un(e) agente, une valise*)
Gaillot, Nathalie: 93; 112 (b); 155 (*Modèle*: car), 256 (*la station-service*)
Galmiche/TF1/SIPA Press: 166 (b)
Gary/Fotolia: 543 (t)
Garymilner/iStock: 38 (*la galerie des miroirs déformants*)
Gasnier, R.: 408
Genekrebs/iStock: 101 (*une reine, un roi*)
George Peters Design And Illustration/iStock: 322 (*un synthé*)
GeorgiosArt/iStock: 74 (*Modèle*, William Shakespeare)
Gheorghe, Radu Razvan/Fotolia: 403 (*la réception*)
Gillow, Mark/iStock: 277 (#1: r)
Ginies/SIPA Press: 460 (b)
Gipi/iStock: 453
Girarte, José Luis/iStock: 499
GKCRN/iStock: 203 (H)
Gladiolus/iStock: 94 (b)
Gluszkowski, Matthieu/CC BY-SA 3.0: 403 (youth hostel logo), 404 (#3)
Gnatush, Alexandra/Fotolia: 516 (t)
Goir/iStock: 274 (*du thé*)
Goldmund Photography/iStock: 431
Golero/iStock: 278
Goodluz Shutterstock: 576
Gordon D/iStock: 313 (#2)
Gradyreese Photography/iStock: 497 (*moderniser*)
Graffizone/iStock: 89
Grandriver/iStock: 141
Grantham, Jen/iStock: 288 (B)
Grassetto/iStock: 351 (watch)
Gresei/Shutterstock: 130 (*le rouge à lèvres*)
Griessel, Scott/Fotolia: 41 (D)
Grinvalds, Kaspars/Fotolia: 482 (*publier une photo*)
Guihal, Marie-Thérèse/Fotolia: 556 (D)
Gutchka/iStock: 243 (*une hôtesse de l'air*)
Gyssels, Hervé/Photononstop: 395 (b)
Hadrian/Shutterstock: 219, 306 (*un magazine*), 503 (b)
Harand, Olivier/Fotolia: 426 (*flora*)
HAYKIRDI/iStock: 256 (*l'huile*)
Haylden/Fotolia: 122 (l)
Herpens-Office-Media/iStock: 332 (#7)
Hester, Darren/Fotolia: 291 (#5)
High Impact Photography/iStock: 148 (#2), 332 (#1)
Hillerby, David/iStock: 555 (shirt)
HLPhoto/Fotolia: 370 (*le bœuf bourguignon*), 381 (#6), 402 (*un jus de pomme*)
HLPhoto/Shutterstock: 383 (*vendredi*: b)
Hoerold Photography/iStock: 101 (*à vélo*)
Hofmeester, Patricia/Shutterstock: 383 (*lundi*: b)

Holbox/Shutterstock: 79 (t)
HooRoo Graphics/iStock: 480
Horten/Shutterstock: 339 (*un portefeuille*)
Huls, Mark/Fotolia: 91 (#1)
Huron Photo/iStock: 496 (*la faim*)
IBO/SIPA Press: 174 (t)
Illustrez-vous/Fotolia: 455 (*crabes farcis*), 458 (#3)
Image Source/Photononstop: 188 (#2), 240 (group of teens)
Imageegaml/iStock: 38 (*une consultation avec la voyante*), 47 (#5)
Imagepassion/Fotolia: 249
Inkret, Grega/iStock: 20 (*une émission de télé-réalité*)
InnaFelker/iStock: 267
Innovative Photography/iStock: 243 (*Un passager monte à bord.*)
Ionescu, Bogdan/Fotolia: 325 (B)
iPandaStudio/iStock: 33
iQoncept/Fotolia: 511 (*un développeur*)
Isselée, Eric/Fotolia: 186 (*un canard, un mouton*)
Italiapuglia73/Fotolia: 372 (#1: l)
Ivanmateev/iStock: 140 (*Modèle*: mascara)
Izusek/iStock: 203 (F)
JackF/iStock: 193 (*Services et Métiers*)
Jane/iStock: 341 (#4)
Jani Bryson Studios, Inc./iStock: 497 (*enseigner la tolérance*)
JanTyler Photos/iStock: 540 (t)
JazzIRT/iStock: 147 (*un lave-vaisselle*), 148 (*Modèle*), 149 (F), 157 (#4)
J-C.&D. Pratt/Photononstop: 447
Jcphoto/iStock: 553 (*des chaussures de randonnée*)
Jess311/iStock: 193 (cow)
Joe Potato Photo/iStock: 277 (#4: l)
JohnnyGreig/iStock: 253 (r)
Joron, A./Fotolia: 256 (*un camion*)
Josfor/Fotolia: 257 (*l'accélérateur*)
Juanmonimo/iStock: 342 (r)
Junglefrog Images/iStock: 76 (t)
Justyle/Shutterstock: 482 (*la carte SIM*)
Juti/iStock: 556 (E)
K.I./iStock: 159 (l)
Kaarsten/iStock: 257 (*la ceinture de sécurité*)
Kabugui/Fotolia: 496 (*le terrorisme*)
Kaewsai, Norasit/iStock: 257 (*le frein*)
Kali Nine LLC/iStock: 208, 344, 501
Kanashkin/Fotolia: 403 (*des lits superposés*)
Karandaev/iStock: 274 (*du café au lait*)
Karkas/Shutterstock: 339 (*un sac à main*)
Katalin, Eva/Fotolia: 25
KatarzynaBialasiewicz/iStock: 146 (*Le grand-père tond la pelouse.*)
Katerynap/iStock: 193 (*cultures*)
Kativ/iStock: 523
Kenkuza/Shutterstock: 52 (#6)
Kevinjeon00/iStock: 274 (hotel room)
Kevinruss/iStock: 247 (t: teen boy)
Kgfoto/iStock: 188 (#5: carrot)
Khomenko, Irina/Fotolia: 186 (*un dindon*)
Khuruzero/Shutterstock: 482 (*l'écran de verrouillage, le port micro-USB*)
Kickstand/iStock: 130 (*le dentifrice, la brosse a dents*)
Kiruk/iStock: 553 (*une lampe torche*)
KiWiE/Fotolia: 91 (#5)
Kmaassrock/iStock: 146 (*La grand-mère arrose les plantes.*)
Kochergin/Fotolia: 167 (b)
Kolomietz, Alexander/Fotolia: 19
Konovalov, Art/Shutterstock: 100 (*en voiture*)
Korolevskaya, Nataliya/Shutterstock: 383 (*vendredi*: t)
Korostyshevskiy, Vladimir/Shutterstock: 101 (*les jardins de Versailles*)
Kosmider, Patryk/Fotolia: 445 (television)
Kotoyamagami/Fotolia: 496 (*l'alcoolisme*)
Kotula, Matej/Shutterstock: 52 (*Modèle*, #3, #4, #7)
Kotyukh, Yevgen/Fotolia: 66 (*Le peintre met des couleurs vives.*)
Kravchenko, Yuliya/Fotolia: 107 (r)
Krinke, Michael/iStock: 50
Krohn/Event Press Herrmann/SIPA Press: 117 (t)
Krzyzak/Shutterstock: 2 (*le 14 juillet*)
Ktmoffitt/iStock: 325 (b)
Kudryavtsev, Dmitry/iStock: 332 (#4)
Kulikov, K./Shutterstock: 101 (*la chapelle*)
Kulish, Tais/iStock: 188 (#5)
Kyrylyuk, Volodymyr/Fotolia: 259
Kzck/iStock: 404 (#5)
Kzenon/Shutterstock: 47 (#4)
Langerova, Olga/Fotolia: 393 (b)
Lark, Beau/Fancy/Photononstop: 128
Laurent/iStock: 555 (hiking boots)
Lauri/iStock: 277 (#5: l)
Layland, Edie/Fotolia: 81
LDprod/Shutterstock: 214 (*un étudiant*)
Leaf/iStock: 256 (*le capot*)
Leduc, Vincent/Author's Image/Photononstop: 347 (b)
Legg, Rich|Legacy One Photography/iStock: 20 (*un feuilleton*)
Lehman, Simon/iStock: 193 (goat)
Lembit/Fotolia: 325 (D)
Lemonenko, Eva/Fotolia: 188 (#1)
Lerich, R.J./iStock: 455 (*Langoustes créoles*), 458 (#6)
Leroy, Arthur/Iconotec/Photononstop: 395 (t)
LeventKonuk/iStock: 553 (*une casserole*)
Libbach, B./Fotolia: 20 (*la météo*)
Librakv/Shutterstock: 156 (*Modèle*: boy, #5)
Lido/SIPA Press: 335 (#10)
Life on White/iStock: 90, 186 (*une chèvre*)
Lightpoet/Fotolia: 215
LiliGraphie/iStock: 307 (*une carte postale*)
Lilya/Fotolia: 186 (*un coq, une poule*)
Lim, JJ./iStock: 341 (#1), 343 (bl)
Lindquist, Mary: 542 (t), 544
LisaFX Photographic Designs/iStock: 421, 497 (*intervenir/faire une intervention*)
LiseGagne/iStock: 161 (*se dépêcher*)
Lissac, Philippe/Godong/Photononstop: 244 (#4), 497 (*faire du bénévolat*)
Loic, Jacques/Photononstop: 412, 486 (t)
Lokibaho/iStock: 187 (cr)
Loops7/iStock: 343 (bc)
Loran, Nicolas/iStock: 510 (*le domaine des sciences et techniques*)
LORENVU-TV/SIPA Press: 328
Louro, Luis/Fotolia: 203 (G)
Loveleah/iStock: 496 (*l'éducation*)
Lu, Yenwen: 322 (*un piano, un violoncelle, un violon*)
Lucian/iStock: 173 (r)
Lucido, Sogno/Shutterstock: 2 (*Thanksgiving*)
Luisierra/iStock: 553 (*Mme Mercier dort en plein air.*)
Lumley, Jana/Fotolia: 96
Lya_Cattel/iStock: 553 (*un camping-car*)
M 93/BY-SA 3.0: 533
M. Studio/Fotolia: 409
Maaram/iStock: 435 (*Médiathèque*)
Madtwinsis/iStock: 339 (*un pyjama*)
Madzia71/iStock: 388 (*le Lyonnais*)
Maeva's/Fotolia: 38 (*un tour de grande roue*)
Magalice/Fotolia: 146 (*Alicia range ses pulls.*)
Magann/Fotolia: 308 (#9)
Maica/iStock: 173 (l), 436
Makai/Fotolia: 388 (*la Normandie*)
Malkovstock iStock: 256 (*un pneu*)
Maltese-Crottier, Kev/Fotolia: 91 (#7)
Mangostock/Fotolia: 270
Mangostock/iStock: 497 (*faire un don*)
Manu1174/iStock: 68 (#4)
Manuel-F-O/iStock: 091 (#3)
Marcocchi, Giulio/SIPA Press: 1 (r), 7 (b)
Margouillat photo/Fotolia: 370 (*la mousse au chocolat, le potage*), 381 (#1, #3)
Margouillat photo/Shutterstock: 156 (#1)
Margouillatphotos/iStock: 2 (*Noël*)
Maridav/iStock: 353 (l)
Mariordo/CC BY-SA 3.0: 100 (*en Autolib'*)
Mark Herreid Photography/iStock: 556 (A)
Martin/JTP/Photononstop: 244 (t)
Mattera, Marie-Reine/Photononstop: 427 (*faire du scooter des mers*)
Mauritius/Photononstop: 442 (*se déguiser, un char, un défilé*)
Maxik/iStock: 85 (r)
Mayer, Marco/Fotolia: 370 (*les escargots*), 372 (*Modèle*: *les escargots*, #5: l), 381 (*Modèle*), 426 (forest)
Mazin, Rosine/Parc national de la Guadeloupe: 426 (*un anoli, un colibri*), 429 (#1, #2, #6)
Mcfischer/iStock: 47 (#6)
Mediaphotos/iStock: 391 (b)
Megapress.ca: xviii , 2 (*La Saint-Jean*), 44
Melki, Serge/CC BY-SA 2.0: 402 (tl)
Mendelewski/iStock: 247 (t)
Mertinlee/Fotolia: 370 (*fromage*)
Michaeljung/Fotolia: 586 (l, r)
Micromonkey/Fotolia: 20 (*une série/une sitcom*)
Mika, Jan/Fotolia: 402 (*une crêpe au chocolat*)
Mike Valdez Photography/iStock: 38 (*un tour de montagnes russes*)
Milamon0/Fotolia: 482 (smartphone)
Mimohe/Shutterstock: 269
Mimon/Fotolia: 372 (#1: r, #4: l)
Minik/Fotolia: 404 (#1)
Mironov, Sergey/Shutterstock: 339 (*un bonnet*)

Missaigong/iStock: 210 (#1)
Mitiukhin, Oleg/Fotolia: 461
Mitza/iStock: 66 (*Le peintre a dessiné une nature morte.*)
Mladn61/iStock: 155 (*Modèle*: bus)
MLenny Photography/iStock: 313 (#3)
Mm88/iStock: 140 (#3)
Moniaphoto/iStock: 554 (hiking boots)
Monkey Business Images/Shutterstock: 455 (*Saint-Jacques meunière aux amandes*), 458 (#4)
Monkeybusinessimages/iStock: 22, 109 (b), 332 (b)
Monregard/Fotolia: 402 (*un diabolo menthe*)
Monticello/Shutterstock: 130 (*le shampooing*)
Moodboard/Fotolia: 288 (C)
MoodboardImages/iStock: 540 (b)
mrohana/iStock: 100 (*en scooter*)
MrsWilkins/iStock: 87 (compass)
Mshake/iStock: 2 (*le 4 juillet*)
Muamu/Fotolia: 372 (#2: l)
Muha04/iStock: 327 (b)
Mustang_79/iStock: 277 (#3: l)
Nakic, Aleksandar/iStock: 510 (*le domaine de la santé*)
Nataly-Nete/iStock: 242 (boarding pass)
Nayashkova, Olga/Shutterstock: 383 (*samedi*: b)
Nazdravie/iStock: 149 (B)
NB80/CC BY-SA 3.0: 481 (r), 486 (b)
Nelik/Shutterstock: 130 (*la serviette*)
NeonJellyfish/iStock: 71
NeydtStock/Shutterstock: 281
NickHam/CC BY-SA 3.0: 5 (b)
Nimbus/Fotolia: 497 (*économiser*)
Niroworld/Fotolia: 511 (*un animateur de communauté*)
Nisangha/iStock: 311 (b)
Noah Strycker Bird Images/iStock: 74 (t)
Nubumbim/iStock: 256 (*le phare*)
Ocean-Image.net/Fotolia: 427 (*faire de la plongée*)
Okea/iStock: 132
Okfoto/iStock: 435 (*Restaurants*)
Olinchuk/Shutterstock: 313 (map of Morocco), 335 (#2), 345 (b)
Olivier2000/Wikimedia: 404 (#2)
Omelchenko, Anna/iStock: 497 (*arrêter la pollution*)
OMG Images/iStock: 14
Onebluelight/iStock: 274 (*une tartine*)
Online Creative Media/iStock: 496 (*les problèmes de l'environnement*), 554 (night sky)
Openme/iStock: 130 (*le mascara*)
Orly, Patty/Shutterstock: 383 (*mercredi*: b)
Oxy_gen/Shutterstock: 306 (*Je lis…*)
Ozkok/Sipa/SIPA Press: 74 (Jacques Prévert)
Pack-Shot/Shutterstock: 101 (*le château de Versailles; le hameau de la reine*)
Pagadesign/iStock: 149 (G)
Paire, Gilles/Fotolia: 203 (B: sash on man)
Paray, Jacques, Ville de Saint-Germain-en-Laye: 43
Parc national de la Guadeloupe: 426 (*un ananas montagne, un balisier, un hibiscus, un papillon, un raton laveur, une mangouste, une tortue marine*), 434 (logo)
Pasc06/Fotolia: 543 (b)
Paty/Fotolia: 311 (t)
Paulussen, Claudia/Fotolia: 164
Pavliha/iStock: 313 (#1)
Payne, Thomas/Shutterstock: 106 (t)
Péchard, Pascal/Fotolia: 100 (*en métro*)
Pederk/iStock: 140 (*Modèle*: lipstick)
Peerasak kamngoen/Shutterstock: 257 (*la clé*)
PeopleImages/iStock: 146 (*Antoine change les draps., Antoine passe l'aspirateur.*)
Pepeira, Tom/Iconotec/Photononstop: 347 (t)
Pépin, Denis/Fotolia: 107 (l)
Perets/iStock: 324 (#8)
Perugini, William/Shutterstock: 283
Peshkov/iStock: 435 (*Privatisation*)
PetrMalyshev/iStock: 554 (flashlight)
Pfluegl, Franz/Fotolia: 493
Phil Date Photography/iStock: 473 (l, r)
Phil_Good/Fotolia: 587
Photlook/Fotolia: 388 (*la Touraine*)
Photofort 77/Shutterstock: 435 (t)
Photography by Ryasick/iStock: 439 (bl)
Photolook/Fotolia: 361
Photomoment/iStock: 12
PHOTOPOLITAIN/Fotolia: 536
PhotoTalk/iStock: 514
Piccoli, B./Fotolia: 429 (#3)
Pikselstock/Fotolia: 2 (*La Saint-Valentin*)
Pinpin/CC BY 2.5: 403 (*une auberge internationale*)
Pixhook/iStock: 322 (*une batterie, une flûte*), 324 (#1, #4), 332 (#3)
Pointofocus/iStock: 4
Pokrovskaya, Elena/iStock: 496 (*les maladies*)
Pong,Tinna/Shutterstock: 146 (*Antoine sort la poubelle.*)
Popa, Sorin/Fotolia: 325 (G)
Prather, Leigh/Fotolia: 227 (#5)
Prescott, Paul/Fotolia: 496 (*les sans-abri, la pauvreté*)
Pressmaster/Fotolia: 210 (#5)
Prève, Béatrice/Fotolia: 166 (t), 178
Prikhodko, Oleg/iStock: 147 (*une tondeuse*), 148 (#6), 149 (D), 324 (#3), 325 (E)
Prill/iStock: 435 (*Morne Mémoire*)
Prochasson, Frédéric/Fotolia: 554 (camping stove)
Prokopenko, Alexander/Shutterstock: 274 (*du Nutella*)
Propartganda/iStock: 288 (E)
PT Images/iStock: 78
Quavondo Photographer/iStock: 244 (#2, #3), 247 (b)
Quavondo/iStock: 11 (b)
Rainford, Roy/Hemis: 64
Ramirez, Rafael/Fotolia: 66 (*un chef d'œuvre*)
Rauluminate/iStock: 15
Reeve, Philip/Shutterstock: 309
Reflekcija/Fotolia: 147 (*une machine à laver*)
Rega, Sylvana/Fotolia: 74 (Albert Einstein)
Renaud, Louis, Fotolia: 291 (#4)
Renault, François/Photononstop: 100 (*en RER*)
Renier Stefano/Sime/Photononstop: 558 (t)
Richardschramm/iStock: 257 (*l'essuie-glace*)
Rise, Anderson/Fotolia: 210 (#6)
Robas/iStock: 373
RoBeDeRo/iStock: 100 (*à pied*)
Robertharding/Alamy Stock Photo: 571 (t)
Robynmac/Fotolia: 372 (#6, l)
Romain, Jean-Marc/Photononstop: 263
RomGuig/CC BY-SA 4.0: 376 (t), 388 (map of France), 393 (t)
RonTech2000/iStock: 427 (*pique-niquer*)
Rook76/Fotolia: 74 (Napoléon)
Rosenberg, Anthony/iStock: 556 (H)
Rozencwajg, Roger/Photononstop: 151 (t)
Rugina, Sandra/iStock: 148 (#3)
Rusm/iStock: 26 (t)
Rusyanto, Paulus/Fotolia: 133
Ryall, Bill: 184, 212, 240 (hotel), 335 (#4, #6, #8, #9), 402 (bl)
S. Chantal/Fotolia: 288 (F)
S. Greg Panosian/iStock: 335 (#3)
Sablamek/iStock: 371
Saez, Pascal/SIPA Press: 467
Salez/iStock: 157 (*Modèle*: bed)
Salort, Jérôme/Fotolia: 304 (tea set)
Sargeant, Rick/Fotolia: 306 (*un journal*)
Sashkin/Fotolia: 149 (A)
Saturated/iStock: 147 (*un sèche-linge*), 148 (#5)
Scanrail/iStock: 20 (*un film*)
Schmidt Productions/iStock: 351 (necklace)
Sebastian/iStock: 147 (*un fer à repasser*)
See Hear Media, Inc./iStock: 323
Sekowska, Elzbieta/Shutterstock: 455 (*crevettes épicées*), 458 (#2)
SellOnlineMarketing/iStock: 3 (*un feu d'artifice*)
Semichev, Ruslan/Shutterstock: 556 (G)
Senoldo/Fotolia: 511 (*un concepteur web*)
Serassot/CC BY-SA 3.0: 130 (*le gant de toilette*)
Sergey Ilin/Fotolia: 511 (*un chercheur*)
Sergio Delle Vedove/iStock: 084
Serot, Damien/Fotolia: 407 (b)
Sharon Dominick Photography/iStock: 161 (*se remettre (à)*)
Sharply_done/iStock: 243 (*L'avion atterrit.*)
Shaun Lowe Photographic/iStock: 20 (*les informations*), 21 (*un présentateur, une présentatrice*)
Shea David Sky Marketing/iStock: 351 (purse)
Shellyagami-photoar/Shutterstock: 111
Shioba/iStock: 130 (*le sèche-cheveux*)
Shutswis/Shutterstock: 554 (sleeping bag)
Simmosimosa/iStock: 308 (#7), 350 (#1)
Simon McConico Photography/iStock: 497 (*user de diplomatie*)
Simon, Krzic/Shutterstock: 383 (*jeudi*: t)
SimpleFoto/iStock: 140 (#5)
Siridhata/Shutterstock: 482 (*le commutateur*: volume icons)
Sjo/iStock: 256 (*une voiture électrique*)
Sjoerd van der Wal Fotogra e/iStock: 256 (*un monospace, une voiture de sport*)
Skynesher/iStock: 3 (*un feu de joie*), 439 (br)
Small tom/Fotolia: 325 (C)
Smirnof/Shutterstock: 339 (*une bague*)
Smite, Ludmila/Fotolia: 518
Soleil Noir/Photononstop: 199
SolStock/iStock: 435 (*Visite*)

Sommai damrongpanich/Shutterstock: 339 (*un collier*)
Sompinmaeki, Juha/Shutterstock: 38 (*la maison hantée*), 47 (#7)
Sorbis/Shutterstock: 241 (r), 248 (b)
Soreau, Frédéric/Photononstop: 349
Soto, Jose Ignacio/Fotolia: 185 (r)
Soto, Jose Ignacio/Shutterstock: 101 (*la chambre de la reine dans les petits appartements, la galerie des Glaces*), 206
Spectrum Photofile: 229
SpeedKingz/Shutterstock: 10, 187 (tr)
Sportgraphic/Fotolia: 20 (*un reportage sportif*)
Ssstep/iStock: 511 (*un designer automobile*)
Starfotograf/iStock: 61
Stefan1234/iStock: 186 (*un lapin*)
Steiner, Carmen/Shutterstock: 383 (*lundi*: t)
Stellalevi/iStock: 242 (*une borne libre-service*)
Steller Photography/iStock: 341 (#2)
Steve Debenport Imagery/iStock: 161 (*s'amuser*)
Stevegeer/iStock: 427 (r), 433
STILLFX/iStock: 140 (#2)
StockPhotosArt/Shutterstock: 130 (*le rasoir*)
Stocksnapper/iStock: 161 (*se rappeler, se souvenir(de)*)
Stuart.ford/Shutterstock: 339 (*un mouchoir*)
Studio 10/iStock: 427 (*faire une randonnée*)
Studio Five/iStock: 94 (t)
Sturti/iStock: 548
Sumanon, Surachate/Shutterstock: 339 (*un bracelet*)
Sumos/iStock: 277 (#1: l)
Sunabesyou/Shutterstock: 156 (#3)
Surmely, Philippe/Fotolia: 489
Sutyagin, Konstantin/Fotolia: 31 (t)
Sv_sunny/iStock: 67
Svega/iStock: 556 (F)
Svstudio/iStock: 66 (*une sculpture*)
Swilmor/iStock: 313 (#5)
T photography/Shutterstock: 442 (*un masque*)
Takashi Images/Shutterstock: 106 (b)
Tarasov_vl/iStock: 274 (*un croissant*), 277 (*Modèle: croissant*)
Tarzhanova/iStock: 339 (*des boucles d'oreille*)
Tassel78/Shutterstock: 307 (*J'écris...*)
Tateyama/Shutterstock: 100 (*en autobus, en bus*)
Tauzin, Alexis/Fotolia: 369 (r), 377
TAW4/Shutterstock: 482 (*un fichier image, un fichier vidéo, un fichier son*)
Taylorg, K./iStock: 149 (b)
Tele52/Shutterstock: 307 (*une lettre*)
Teracreonte/Fotolia: 511 (*un pilote*)
Terraxplorer/iStock: 244 (#5)
The Desktop Studio/iStock: 555 (sleeping bag)
Thegift777/iStock; 442 (*une foule*)
Thepalmer/iStock: 325 (H)
Thepencils/iStock: 306 (*un conte*)
Thibaut, Nicolas/Photononstop: 205 (b), 345 (t)
Thierry, Daniel/Photononstop: 220 (b)
Thomas, Bob/iStock: 442 (*un mariage*)
Thomas-Soellner/iStock: 553 (*une canne à pêche*)
Thomazo, Julien/Photononstop: 497 (*créer des emplois*)
Thouvenin, Guy/Robert Harding: 368
Tiburon Studios/iStock: 68 (#1)
Tiler84/iStock: 324 (#5)
Timmary/Shutterstock: 274 (*du chocolat chaud*)
Tischler-Andre/iStock: 327 (t)
Togmit/iStock: 555 (flashlight)
Tomacco/iStock: 103 (G)
Toome, Maksim/Shutterstock: 66 (*un objet d'art*)
Torugo/Fotolia: 322(*une trompette*)
TouchofArt.eu/Fotolia: 66 (*L'ambiance est sombre.*)
Tracer77/Fotolia: 469 (bl)
Track5/iStock: 226, 362
Tramino/iStock: 256 (*un SUV*)
Travert, Yves/Photononstop: 460 (t)
Trekandshoot/iStock: 149 (E)
TriggerPhoto/iStock: 161 (*se rencontrer*)
Trillet, Thibault: 27
Trombax/Fotolia: 563
Tsekhmister/iStock: 186 (*un cochon*)
Ttoos/iStock: 497 (*trouver un remède contre*)
Tunart/iStock: 305 (r)
Tunart/iStock: 322 (*un oud*), 324 (#2), 329
Turgut, Eriksi/iStock: 353 (r)
Tuulimaa/iStock: 355 (b)
Uckyo/Fotolia: 402 (*une galette forestière*)
Untch, Hans-Walter/iStock: 100 (*en avion*)
Valentin, Lionel/Fotolia: 280 (b)
Valio84sl/iStock: 307 (*un SMS*)
Vamapaull/iStock: 130 (*la glace*)
Van de Wal, An/Shutterstock: 100 (*en bateau*)
VanHart/Shutterstock: 130 (*la brosse à cheveux, le peigne*)
Vertebrate Outdoor/iStock: 554 (tent)
Vesalainen, Tero/iStock: 242 (online e-ticket)
Vichinterlang/iStock: 462
Villalon, Richard/Fotolia: 256 (*le garage*), 510 (*le secteur agroalimentaire*)
Villesèche, Florian/Fotolia: 203 (B: building)
Vinten, Paul/iStock: 343 (br)
Vitalytitov/iStock: 388 (*l'Alsace*)
VladimirGerasimov/iStock: 193 (cheese)
Vladone/iStock: 335 (#7)
Vm/iStock: 114
Voin_Sveta/Shutterstock: 52 (#1, #5)
Vovan13/iStock: 554 (fishing pole), 555 (fishing pole)
Vvoe/Shutterstock: 339 (*un foulard*)
VvoeVale/iStock: 109 (t)
Wacquier, Alain/Fotolia: 496 (*la drogue*)
Wagner, Martine/Fotolia: 370 (*la choucroute garnie*), 372 (#5, r)
Wall, Janet/Fotolia: 47 (#1)
Wavebreakmedia/iStock: 496 (*les problèmes économiques*)
Wdstock/iStock: 491
Weakley, Kent/Shutterstock: 41 (F)
Weibell, Trista: 300 (l)
Weibell, Trista: 300 (r)
Weihrauch, Michael/Tellus Vision Production AB Lund Sweden: 1 (l), 65 (l), 129 (l), 241 (l), 305 (l), 369 (l), 425 (l), 481 (l), 537 (l)
White, Alex/Fotolia: 511 (*infirmier*)
Wiedemann, Ken/iStock: 475
William, Mikkel/iStock: 445
Wilson, Jamie/iStock: 496 (*le racisme*)
Wisbauer, Camilla/iStock: 556 (C)
Wisniewska, Monika/Shutterstock: 391 (t)
Wong Yu Liang/Shutterstock: 52 (#2)
Woodsy/Fotolia: 372 (#2: r)
Wooster, Ignatius/Fotolia: 210 (M. André), 218 (b)
Xxmmxx/iStock: 140 (#1), 148 (#4, C)
Xyno/iStock: 218 (t)
YaleShutter/iStock: 306 (*une pièce*)
YaromirM/Shutterstock: 168 (b)
Yellow Garnet Photography/iStock: 91 (#4)
Yingko/Fotolia: 370 (*salade*)
YinYang/iStock: 30, 157 (#1), 496 (*la guerre*)
Yuill, Mark/Shutterstock: 74 (Marie Curie)
Yunava1/iStock: 146 (*M. Richard fait la vaisselle., M. Richard fait sécher le linge.*)
ZavgSG/iStock: 553 (*un sac de couchage*)
Zimmermann, Jean-Louis/CC BY 2.0: 17 (b)
Živa, Kirn/iStock: 324 (#6)

Art Credits

The Bridgeman Art Library International: *Washerwomen in Antibes*, 1869 (oil on canvas), Meissonier, Jean-Louis Ernest (1815-91)/Musée d'Orsay, Paris, France/Giraudon: 56; *Beach Scene* (oil on canvas), Manet, Edouard (1832-83)/Private Collection: 99 (b); *Vahine No Te Tiare* (Woman with a Flower), 1891 (oil on canvas), Gauguin, Paul (1848-1903)/Ny Carlsberg Glyptotek, Copenhagen, Denmark: 99 (t); *The Farm at Osny*, 1883, Pissarro, Camille (1831-1903), Galerie Daniel Malingue, Paris, France: 231; *Still Life with Apples*, 1893-94 (oil on canvas) by Paul Cezanne (1839-1906) Private Collection: 416; *Le dialogue*, 1996. Daniel Cacouault. Collection privée: 525; *Plage, Biarritz*, 1999 (oil on cardboard) by Delphine D. Garcia: 579 (b)
Laberge, Marc: *jeux d'été*, 2005: 117 (b); *Les Saintes, Guadeloupe* (oil on canvas) by Claude Salez/J.P. Zenobel: 469 (t)
National Football Museum, Preston, UK: African batik (textile) by English School (20th century): 174 (b)
Simard, Peet: *La place d'Edgar Quinet à Paris sous la pluie, le soir*, 2005: 357

Realia Credits

© Succession H. Matisse: 545
Assembly of First Nations, http://www.afn.ca/index.php/en/about-afn: 003 (autochtone)
Caen-Normandie Mémorial: 396
Musée du quai Branly - Jacques Chirac : 073
Parc national de la Guadeloupe (logo): 436
Salon International de l'Agriculture: 193
Recoins de France: 222 (*Paris, Quartier Latin*)
www. lieudeurope.strasbourg.eu: 378
Strasbourg & Communauté Urbaine/www.strasbourg.eu: 519